사회에서의 범죄와 범죄의 두려움, 다양한 범죄예방기법을 소개

9th Edition

범죄예방론

CRIME PREVENTION

사회의 범죄문제 | 범죄의 두려움 | 범죄예방기법

| Steven P. Lab 지음 |
| 이순래 · 박정선 · 박철현 옮김 |

ROUTLEDGE

도서출판 그린

ISBN : 9780323357722
Translated Edition ISBN : 9788957272879
Publication Date in Korea : 2019. 3. 4

Translated by Green Publishing Co.
Printed in Korea

9판 저자서문

『범죄예방론: 접근방법, 프로그램, 평가』 9판의 체제는 지금까지 출판된 이전의 8개 판들과 크게 다르지 않다. 범죄예방분야에 접근하는 방식은 다양하며 서로 다를 수 있다. 그러나 여러 독자들로부터 수년 동안 내가 일관되게 받은 피드백은 이 책의 구성이 범죄예방을 체계적으로 학습하고 교육목적을 달성하는데 매우 적절하다는 것이었다. 이번 9판에서도 책의 기본틀은 지속적으로 유지한다. 이와 함께 새로운 아이디어나 최근에 실시된 범죄예방 프로그램들을 기존논의에 반영하고자 노력했다. 책의 전반적 구성은 이전과 같이 1차, 2차, 3차 예방의 공공보건 모형을 기반으로 한다. 하지만 최근의 새로운 연구내용들을 공공보건 기본모형에 맞추어 정확히 반영하기는 쉽지 않았다. 일부 주제의 경우는 세 가지 유형에 걸쳐 서술하였다. 이런 경우의 대표적 사례는 물리적 설계와 고위험의 개인/상황에 대한 예방이다. 물리적 설계 특히 환경설계를 통한 범죄예방(Crime Prevention Through Environmental Design, CPTED)은 1차 예방의 핵심이지만, 상황적 범죄예방 활동 그리고 이런 아이디어를 신제품에 적용한 물품설계 부분에서도 서술했다. 고위험의 개인/상황에 대한 예방은 기본적으로 2차 예방활동이지만 (정의상, 대상의 위험성에 기초한) 고위험의 범죄자에 대한 억제, 무력화, 사회복귀 활동은 3차 예방으로 구분했다. 이런 사례들이 책의 의도를 훼손하지 않을 것이다; 오히려 새롭게 대두하는 범죄대책들에 대한 관심과 흐름을 반영할 것이다.

범죄예방 분야는 학문적으로 크게 발전하고 있다. 이런 발전은 물리적 설계에서부터 발전 예방론, 고위험 범죄의 판별, 상황적 범죄대책, 파트너쉽과 그 너머까지, 범죄예방의 모든 영역에 걸쳐 일어나고 있다. 범죄예방의 고전적 토대를 유지하면서 시간적으로 새롭게 대두한 프로그램들과 대처방안들을 다루기 위해서는 거의 모든 영역에서 논의의 범위를 확장할 필요가 있다. 이런 배경에서 9판에서 수정한 내용들은 다음과 같다.

- 책 전체에 걸쳐 범죄와 범죄예방의 자료들을 업데이트했다.
- 1장에서는 범죄/범죄피해 자료를 업데이트했고, 공식통계에 없는 개인정보 절도와 여타의 범죄피해에 관한 논의를 새로 추가했다.
- 4장에서는 영역성을 예방활동의 정점으로, 그간의 감시, 활동 지원, 이미지, 기타 요소들을 영역성의 구성요소로 가정하는 CPTED의 새로운 견해를 소개했고; CCTV 활용에 대한 논의를 보완하고; 새로운 3세대 CPTED를 검토했으며, 이전에 서술했던 물품설계는 다른 장으로 옮겼다.
- 5장에서는 이웃범죄예방의 새로운 논리모형을 소개하고, 감시(guardianship)에 대해 보다 심층적 논의를 추가하고, 감시의 활성화 방안에 대한 자료를 보완했다.
- 6장에서는 범죄유형이론을 보다 명확히 서술하고, 범죄의 전이에 관한 연구결과들을 추가했다.
- 대중매체와 범죄예방을 다룬 7장에서는 범죄와 범죄예방의 관점에서 소셜미디어 사용에 대한 논의들을 새로이 포함했다.
- 8장에서는 발전범죄 예방의 효과적 사례들을 추가했고, 멘토링 프로그램을 별도의 절로 구성해 포함했다.
- 위험요인들에 관한 논의(10장)에서 형사사법절차의 여러 단계에서 사용하는 위험평가 도구들에 대한 자료들을 보완했다.
- 상황적 범죄예방을 다룬 11장에서는 형사사법 실무자가 사용할 수 있는 예방기법들(11 Ds)에 대한 자료를 보완했고, 물품설계에 대한 새로운 논의들을 추가했고, 조직범죄와 군중폭력(이 주제는 책의 웹사이트에서 참조할 수 있다)에 대한 절을 삭제했다.
- 12장에서는 핫스팟 경찰활동에 관한 새로운 절을 추가했고, 시설폐쇄에 관한 논의에서 민사적 금지명령을 포함했고, 잡초와 씨앗 프로그램과 상업지구개선대책에 관한 절을 삭제했으며, PSN과 갱억제 대책에 대한 논의를 보완했다.
- 13장에서는 ADAM II를 포함해 범죄자의 약물남용에 대한 논의를 수정했고, DARE 프로그램의 최근 운영실태에 대한 자료를 보완했다.
- 14장에서는 GREAT 프로그램과 스쿨폴리스에 대한 자료들을 업데이트했다.
- 특별억제/무력화와 사회복귀를 다룬 마지막 15장은 업데이트했지만, 큰 변화가 없다.

역자서문

약 20년 전 OECD 가입과 이어진 IMF 경제위기를 겪으면서, 외국 서적의 저작권료가 천정부지로 치솟아 번역서 출간이 거의 불가능했다. 10여년이 지난 후에 다행히 그린출판사에서 비싼 저작권료를 지불하고 이 책의 출간을 맡아주어 지금도 고마운 마음을 갖지 않을 수 없다. 한국어 번역판은 이런 이유로 약 18년 전에 이 책의 3판을 번역한 원고(미출간)가 있었으나 출간되지 못하고 5판(미출간)과 7판으로 업데이트되는 지난한 과정을 거쳐 초판이 지난 2011년에 출간될 수 있었다. 범죄예방에 대한 문헌들이 국내외에 부족한 현실에서 한국어 번역판이 우리나라 대학교육과 범죄예방대책의 마련에 기여한 바가 있다면 우리 역자들은 무한한 영광으로 생각한다.

저자 서문에서 알 수 있듯이, Steven P. Lab교수는 9판에서 책의 기본체제는 유지했지만 여러 부분에서 최근에 개발된 다양한 범죄예방대책들에 관한 논의들이 대폭 보완했다. 이 책은 총론, 1차 예방, 2차 예방, 3차 예방 등 네 부분으로 구성되어 있다. 총론에서는 범죄예방이 목표로 하는 범죄와 범죄두려움의 개념과 실태를 기술했고(1장), 이런 목표를 달성하는 수단으로서 범죄예방의 유형을 구분했으며(2장), 수단이 목표를 얼마나 달성했는가? 즉 다양한 범죄예방대책들이 과연 얼마나 범죄와 범죄두려움을 줄였는가를 분석하는 평가방법을 설명했다(3장). 1차 예방 부분에서는 CPTED(4장), 이웃범죄예방(5장), 전이와 확산(6장), 대중매체를 활용한 범죄예방(7장), 발전범죄예방(8장), 일반억제(9장) 등 범죄유발요인들을 원천적으로 차단하는 대책들을 기술했다. 2차 예방에 관한 부분에서는 예측기법(9장), 상황적 범죄예방(10장), 범죄예방의 파트너 쉽(11장), 약물대책(12장), 학교예방대책(13장) 등 범죄의 개연성이 높은 사람/상황에 개입해 범죄로 나아가지 않도록 하는 대책과 방법들을 기술했다. 3차 예방은 주로 재범예방대책에 관한 부분이다. 특별억제와 무력화(14장), 사회복귀(15장), 미래전망(16장) 등 위법행위를 이미 저지른 범죄자들의 재범을 예방할 수 있는 대책들을 기술했다. 더불어 9판에서는 범죄예방 분야의 최신 이론, 새롭게 개발된 범죄예방기법, 기존 연구들에 대한 비판적 재분석들이 대폭 반영되었다. 이 책의 체계적 구성과 최근문헌들에 대한 소개는 범죄예방 분야를 공부하는 학생, 연구자, 형사사법 실무자들에게 훌륭한 지침서가 될 수 있을 것이다.

그간 강의교재 등으로 사용하면서, 우리 역자들은 워낙 오래된 초기원고의 번역투 문장과 일부 오역으로 부끄러운 마음을 금할 수 없었다. 이 책의 9판으로 업데이트할 기회가 생겨 번역상의 오류들을 이번에 바로잡을 수 있어 매우 다행이라고 생각한다. 업데이트를 하면서 문장을 가다듬고 원서의 내용을 충실히 반영하고자 노력했다. 그럼에도 불구하고 우리 역자들이 발견하지 못하고 수정하지 못한 부분이 있다면 이는 우리 역자 모두의 책임이 될 것이다. 끝으로 출간을 결정하고 많은 지원을 아끼지 않은 그린출판사의 사장님 이하 여러 직원분들께 감사를 드린다.

2018년 8월

이순래 · 박정선 · 박철현

차 례

제1장 범죄와 범죄의 두려움 | 13

- 사회의 범죄문제 …… 14
- 범죄/범죄피해의 비용 …… 25
- 범죄의 두려움 …… 28
- 요약 …… 38

제2장 범죄예방 | 41

- 범죄예방의 역사 …… 42
- 범죄예방의 개념 …… 48
- 범죄예방의 분류 …… 49
- 모형의 선택 …… 55

제3장 평가와 범죄예방 | 57

- 평가 유형 …… 58
- 평가에서 이론과 측정 …… 63
- 평가의 방법 …… 67
- 본서의 개관 …… 74

제1부 1차적 범죄예방

제4장 물리적 환경과 범죄 | 79

- 환경설계를 통한 범죄예방 ······ 80
- 환경설계의 시행 ······ 88
- 물리적 설계의 효과 ······ 91
- 비문화성, 무질서, 범죄 ······ 110
- 요약 ······ 112

제5장 이웃범죄예방 | 117

- 이웃범죄예방 접근방법의 유형 ······ 119
- 감시의 구축 ······ 125
- 이웃범죄예방의 평가 ······ 127
- 시민참여와 지지 ······ 141
- 요약 ······ 149

제6장 전이와 확산 | 151

- 범죄전이 ······ 152
- 확산 ······ 158
- 범죄자의 선택과 이동 ······ 159
- 전이와 확산의 증거 ······ 168
- 전이와 확산의 함의 ······ 178

제7장
대중매체와 범죄예방 | 179

- 매체와 범죄 ······ 180
- 대중매체의 범죄예방활동 ······ 187
- 범죄예방에 대한 언론의 책임 ······ 203
- 요약 ······ 204

제8장
발달적 범죄 예방 | 207

- 배경 ······ 208
- 위험 요인과 발달적 예방 ······ 211
- 프로그램 ······ 213
- 발달적 우려들 ······ 226
- 요약 ······ 228

제9장
일반억제 | 229

- 억제 ······ 230
- 법적 제재의 억제효과 ······ 233
- 지각과 억제 ······ 243
- 요약 ······ 249

제2부 2차적 범죄예방

제10장 2차적 예방과 예측 | 255

- 미래 범죄에 관한 예측 …… 256
- 위험요인과 예측 …… 262
- 장소나 사건 예측 …… 270
- 반복피해자화 …… 273
- 범죄예방에 있어서의 함의 …… 281

제11장 상황적 범죄예방 | 283

- 상황적 예방의 성장 …… 284
- 이론적 근거 …… 285
- 상황적 유형론 …… 289
- 상황적 예방에서의 쟁점과 우려 …… 295
- 상황예방실행 …… 297
- 상황적 예방 연구 …… 301
- 요약 …… 311

제12장 범죄예방에 대한 파트너십 | 313

- 지역사회 경찰활동 …… 315
- 문제의 인식 …… 320
- 파트너십 노력과 평가 …… 322
- 성공적인 파트너십 …… 333
- 요약 …… 335

제13장 약물, 범죄, 그리고 범죄예방 | 337

- 약물의 사용실태 ······ 339
- 약물-범죄 관계 ······ 345
- 개입방안과 예방대책 ······ 350
- 약물과 범죄예방 ······ 363

제14장 학교와 범죄예방 | 365

- 이론적 고찰 ······ 366
- 교육요인과 비행 ······ 368
- 비행예방 학교프로그램 ······ 376
- 범죄예방에 있어 학교/교육 프로그램의 미래 ······ 390

제3부 3차적 범죄예방

제15장 특별억제와 무력화 | 397

- 형사제재의 특별억제효과 ······ 398
- 무력화 ······ 404
- 미래에 대한 함의 ······ 418

제16장

사회복귀 | 421

- "무슨 효과가 있는가?"라는 주장 ········ 422
- 사회복귀 프로그램들에 대한 평가들 ········ 427
- 사회복귀와 범죄예방에 대한 평가 ········ 442

제17장

범죄예방과 미래에 대한 맺음말 | 445

- 범죄예방효과에 대한 현재의 지식수준 ········ 446
- 바람직한 평가연구의 조건 ········ 448
- 범죄예방에서 다양성의 인식 ········ 450
- 요약 ········ 451

- INDEX ········ 453
- 참고문헌 ········ 463

제1장 범죄와 범죄의 두려움

장 개요

- 사회의 범죄문제
  - 범죄의 공식통계
  - 범죄피해의 측정
  - 요약
- 범죄/범죄피해의 비용
- 범죄의 두려움
  - 두려움의 정의
  - 두려움의 측정
  - 두려움의 수준
  - 두려움과 범죄
  - 두려움과 인구학적 요인
  - 다양한 연구결과의 설명
  - 두려움 요약
- 요약

학습 목표

이 장을 읽은 후 여러분은 다음을 할 수 있어야 한다.

- 범죄와 범죄피해의 차이를 구별하고 그 차이를 이해한다.
- 범죄율의 변화추세를 이해한다.
- 공식통계의 한계를 이해한다.
- 패널조사의 조사방법을 설명한다.
- NCVS와 범죄피해의 수준을 설명한다.
- 범죄/범죄피해의 비용에 대한 정보를 제시한다.
- 범죄두려움을 정의하고 표출형태를 설명한다.
- 범죄에 대한 두려움, 걱정, 평가의 차이를 설명한다.
- 범죄두려움의 사회적 수준과 범죄와 범죄피해와의 관련성을 설명한다.
- 간접피해를 정의한다.
- 범죄두려움의 측정결과를 설명한다.
- 비문화성을 정의하고 범죄두려움과의 관련성을 설명한다.

제1장 범죄와 범죄의 두려움

현대사회에서 범죄문제는 대다수까지는 아니더라도 많은 사람들이 어쩔 수 없이 겪고 있는 불행한 일이다. 최근에 들어 범죄문제는 감소하는 경향이고 이전과 비교할 때에 발생건수는 낮은 수준이다. 그러나 범죄의 전체 발생건수가 감소했어도, 여전히 많은 사람들이 범죄피해로 인해 온갖 고통을 겪으며 범죄피해의 당사자 외에 일반 사회구성원들은 범죄두려움과 피해자화의 걱정 등으로 여러 어려움에 시달리고 있다. 나중에 상세히 검토하겠지만, 범죄두려움은 개인과 사회공동체에 심각한 폐해를 유발하는 요인이다. 범죄와 두려움에 직면한 사람들은 형사사법체계가 뭔가를 할 것을 기대한다. 하지만 형사사법체계 단독으로 범죄와 범죄두려움을 해결하기는 쉽지 않다. 이점에 대해서는 형사사법체계의 성과를 인정하거나 부정하는 입장이나 같은 견해이다. 형사사법체계의 역량에 대해 모두 심각한 의문을 갖고 있다. 물론 1990년 초반부터 지속된 범죄율의 감소가 그동안 법집행을 강력하게 추진했기 때문이라는 주장이 있기는 하지만, 형사사법기관의 활동이 이런 추세의 중요한(혹은 유일한) 원인이라고 믿을만한 근거는 거의 없다. 오늘날, 많은 사람들이 일상생활에서 범죄와 범죄두려움으로 어려움을 겪고 있다. 범죄와 두려움을 예방하고 대처하는 방법을 모색하는 일은 사회적으로 긴급히 해결해야 할 당면과제이다.

제1장에서는 범죄와 범죄두려움이 시대별로 어떻게 발전했는가를 살펴보고, 앞으로 해결해야 할 문제들을 검토한다. 이런 정보는 범죄예방활동을 지속적으로 개선해야 할 필요성을 이해하는 데 기초가 될 것이다. 먼저 사회에서 발생하는 범죄의 규모와 변화 양상을 살펴보고, 그 다음으로 범죄가 피해자와 사회에 미치는 영향을 검토할 것이다. 또한, 범죄두려움과 관련된 주요쟁점들을 살펴볼 것이다. "범죄두려움"은 사회와 구성원들에게 심각하고 장기적 문제를 유발하는 요인이다. 범죄와 범죄두려움의 사회적 심각성을 알게 되면 독자들은 범죄예방활동의 필요성을 더욱 확연히 깨달을 수 있을 것이다.

사회의 범죄문제

범죄문제의 규모는 공식통계와 피해자조사로 파악할 수 있다. 공식통계는 미국 연방수사국(FBI)의 표준범죄보고서(Uniform Crime Reports)처럼 형사사법체계가 처리해야 하는 사건이라는 관점에서 범죄실태를 보고한 자료이다. 그동안 많은 학자들이 공식통계의 문제점을 비판했다. 학자들은 공식통계가 사회에서 발생한 범죄의 규모를 부정확하고 불완전하게 반영한다고 지적했다. 그 근거로 흔히 피해자조사의 결과를 제시했다. 공식통계와 피해자조사를 비교하면 범죄사건의 절대수치에서 많은 차이가 있다. 그러나 범죄의 시간적 변화추세는 공식통계와 피해자조사에서 크게 다르지 않고 유사한 패턴을 보인다.

범죄의 공식통계

FBI의 표준범죄보고서(UCR)는 미국에서 가장 널리 활용하고 인용되는 공식통계이며, 경찰이 인지한 범죄사건들을 집계한 통계자료이다. UCR은 제1유형의 범죄(폭력범죄: 살인, 강간, 강도, 중폭행, 재산범죄: 침입절도, 단순절도, 자동차절도, 방화)만을 대상으로 범죄율(crime rate)을 산출한다. 다른 범죄유형들(예를 들어, 사기, 유괴, 마약범죄)은 제2유형의 범죄로 분류하며 범죄율을 산출하는 데 포함하지 않는다. 따라서, UCR의 범죄율[1]은 미국의 형사사법기관들이 처리한 범죄들 중에서 일부만을 대상으로 계산한 수치라는 것을 알 수 있다.

UCR에 의하면, 2013년에 발생한 제1유형의 범죄, 즉 지표범죄(index crime)는 약 975만건이다. 그 중에서 약 120만건이 대인범죄(살인, 강간, 강도, 중폭행)이고 나머지 860만 건이 재산범죄이다(FBI, 2014). "범죄율"로 표현하면, 인구 10만 명당 약 3,099건의 지표범죄가 발생했다. 대인범죄와 재산범죄로 나눠 보면 각각 367.9건과 2,730.7건이다. 이런 범죄율에 대해 다양한 해석이 있다. 콩클린(Conklin, 2003)은 낙관주의적 해석을 경계했다. 일부의 학자들이 1980년대 중반이나 1990년대 초반의 범죄율과 최근의 범죄율을 비교하고, 범죄문제가 이제 현저히 감소추세에 들었다고 자만한다는 것이다. 또한, 이런 수치는 다양한 집단들이 서로 자기들 덕분이라고 해석하는 근거가 되기도 했다: 경찰수뇌부는 공격적 경찰전략으로 범죄율이 감소했다고 주장하고, 자치단체장들은 광범위한 지역사회 개선정책이 감소의 원인이었다고 주장하고, 정치인들은 의무양형법(mandatory sentencing law)[2]이 이런 변화를 가져왔다고 주장했다(Conklin,

1) 역주: 미국에서 범죄율은 제1유형의 범죄만을 대상으로 계산한다. 우리나라는 범죄를 제1유형과 제2유형으로 구분하지 않는다. 대신에 전체 범죄건수를 인구 10만 명당 발생건수로 계산하며, 경우에 따라 형법 범죄와 특별법 범죄로 구분하여 계산하기도 한다. 미국의 범죄율과 우리나라의 범죄율을 비교할 때는 산출과정에 포함된 범죄가 같지 않다는 사실을 항상 고려해야 한다.

2003). 범죄가 감소한 원인을 밝히는 것은 중요한 일이지만, 이 책의 범위를 벗어나므로 여기서 구체적으로 다루지 않는다. 대신에 이 책에서는 범죄의 "현저한 감소"의 의미를 정확히 이해하는 것이 필요하므로 전체적 맥락에서 재분석하고자 한다.

웹 자료

UCR의 범죄발생건수와 범죄율에 관한 상세한 정보는 FBI UCR 사이트에서 참조할 수 있다. (http://www.fbi.gov/about-us/cjis/ucr/crime-in-the-u.s/2013/crime-in-the-u.s.-2013)

그림 1.1과 그림 1.2는 1962년 이후의 폭력범죄와 재산범죄의 추세를 나타낸 것이다. 그림 1-1에서와 같이, 2013년도의 폭력범죄율은 1970년의 수준으로 감소했다. 따라서 지난 45년을 통틀어 최근의 폭력범죄가 가장 낮은 수준이라는 주장이 틀리지 않다. 재산범죄의 경우도 기준연도를 1968년으로 하면 비슷한 추세이다(그림 1-2 참조). 그러나 1960년대와 비교하면 폭력범죄와 재산범죄는 모두 월등히 높은 수준이다. 1960년대에 미국의 법집행과 사법정책에 관한 대통령위원회(President's Commission on Law Enforcement and the Administration of Justice)는 범죄문제가 심각하다고 개탄하고 사법제도의 전반적 개혁을 통해 문제해결의 필요성이 있다고 진단했다.

그림 1.1 폭력범죄율의 추세변화(인구 10만 명당)

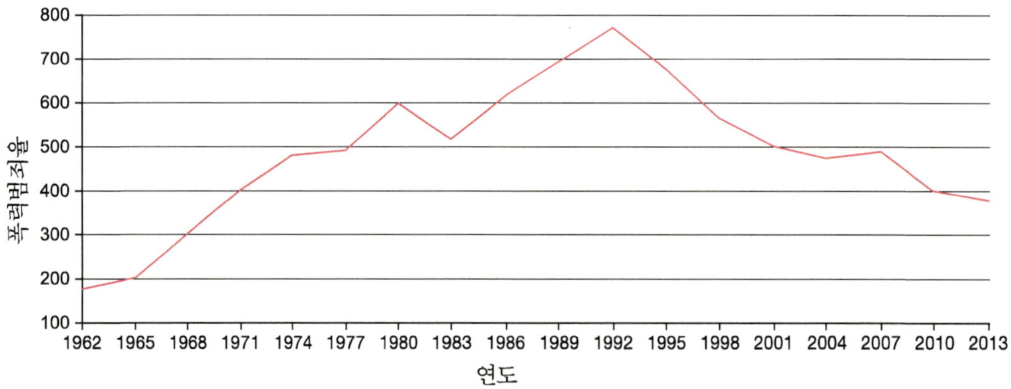

출처: UCR자료의 저자 재구성

2) 역주: 의무양형법(mandatory sentecing law)은 범행의 정황과 관계없이 판사로 하여금 일정한 형량을 부과하도록 하는 내용이다.

그림 1.2 재산범죄율의 추세변화(인구 10만 명당)

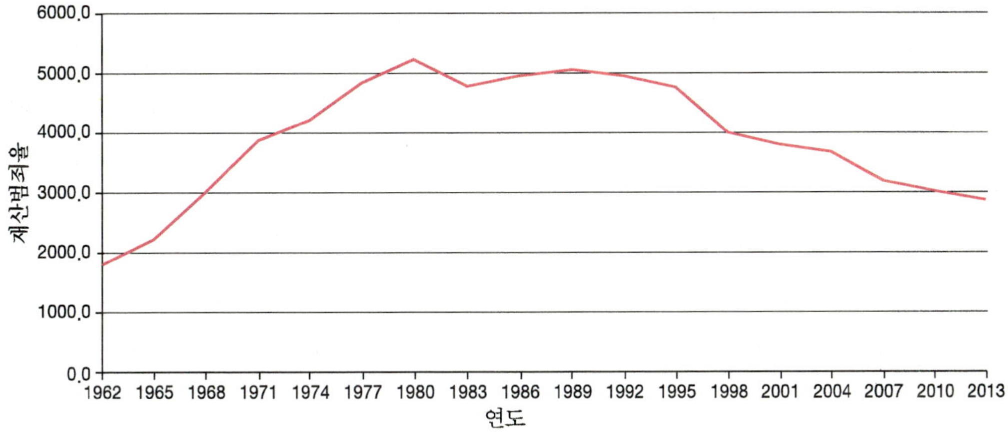

출처: UCR자료의 저자 재구성

최근 범죄율을 1960년대와 비교하면 월등히 높다는 것을 알 수 있다. 특히 이런 추세는 사람들이 우려하는 폭력범죄에서 더욱 확연하다. 그림 1.1에서 알 수 있듯이, 1962년의 폭력범죄율은 인구 10만 명당 162건에 불과하다. 이는 1977년 폭력범죄율의 1/3 미만이며, 1992년과 비교하면 약 1/3에 해당한다. 재산범죄율도 마찬가지이다. 1962년의 재산범죄율(1,858건)은 1971년의 절반에 미치지 못하며, 1980년 재산범죄율의 약 1/3에 불과하다(그림 1-2). 즉, 최근의 폭력범죄율과 재산범죄율은 범죄문제가 심각하다고 해서 사회적으로 큰 문제가 되었던 40년 전보다 매우 높은 수준이다. 2013년의 재산범죄율은 1962년에 비해 126%, 폭력범죄율은 약 46% 더 높은 수준이다. 요즈음 보인 범죄율의 감소가 그간 범죄대처를 잘했기 때문이라고 자화자찬하는 사람들은 이런 비교결과에 주목할 필요가 있다.

UCR에 의하면, 한 해에 약 1,000만 건에 이를 정도의 많은 범죄가 발생하고 있다. 그러나 이런 규모조차 축소보고 되었을 것이라는 비판이 오래전부터 있었다. 오브리언(O'Brian, 1985)은 비판들이 주로 자료수집방법과 경찰인지과정을 중심으로 UCR의 정확성을 의심한 것이라고 보았다. 비판의 핵심은 경찰의 자료와 기록들이 사회에서 발생한 범죄를 과연 중립적이고 철저하게 반영하는가에 대한 의문이다. 이런 의문을 접했을 때에 대부분은 "그렇지 않다!"고 할 것이다. UCR을 분석한 학자들은 UCR이 정확하지 않을 수 있는 이유로 세 가지를 지적했다.

첫째, UCR이 경찰서의 자의적 자료수집에 의존한다는 것이다. 자의적이므로, 개별 경찰서는 범죄자료를 조작해 업무성과를 과장하거나 관할지역의 이미지를 좋게 보이게 할 수 있다. 경찰예산의 배분은 흔히 치안서비스를 얼마나 했는가에 따라 결정되며, 경찰의 생산성은 경찰서가 처리한 범죄사건의 수에 의해 주로 평가된다(O'Brien, 1985). 이에 따라 경찰서는 자료의 수집방법과 보고방식을 해당 경찰서에 유리한 방향으로 변경해 조직의 이익을 도모할 수 있다. 재미있는 사실은, 경찰서는 범죄사건의 수를 줄이거나 늘리는 방법 모두를 사용할 수 있다는 것이다. 예컨대, 범죄율이 높아졌다면 해당 경찰서의 치안활동이 개선되고 경찰생산성이 향상된 것이라고 선전할 수 있다. 특히 특정범죄를 "집중단속"을 한 후에 이런 단속활동이 효과적이었다고 선전하고 싶으면, 범죄율의 증가는 "집중단속"의 성과를 입증하는 유용한 지표가 될 수 있다. 범죄율이 감소한 경우도 마찬가지이다. 이때는 경찰활동을 철저히 했기 때문에 범죄가 줄어든 것이라고 홍보할 수 있다.

UCR의 두 번째 문제는 개별 경찰관의 재량에 따라 범죄율이 달라질 수 있다는 것이다. 범죄사건에 대해 경찰관은 체포를 자제할 수 있고 또한 공식절차에 따른 보고를 하지 않을 수 있다. 경찰관의 재량권 행사는 처리해야 할 사건으로 이미 포화상태에 이른 형사사법체계에서 사소하고 경미한 사건들을 배제하는 역할을 하므로 나름대로 필요한 조치이다. 그러나 문제는 경찰관의 재량권 행사로 범죄율이 왜곡되고 축소된 채 보고될 수 있다는 것이다. 또한 경찰서의 사건처리 방침도 범죄율에 영향을 미칠 수 있다. 맥클리어리와 동료들(McCleary et al., 1982)은 경찰서의 방침에 따라 어떤 변화가 있는가를 분석했다. 어떤 경찰서에서 침입절도가 발생하면 형사들이 반드시 수사해야 한다고 사건처리 방침을 변경했다. 그 이후로 관할지역의 공식통계에서 침입절도의 발생건수가 감소하는 경향이었다. 즉, 이전 같으면 침입절도라고 대충 분류했던 사건들을 형사들이 경찰서의 방침을 엄격히 적용해 올바르게 분류함으로써(예, 단순절도) 침입절도의 발생건수가 줄어들었다. 이처럼 UCR의 범죄율은 의도적이건 비의도적이건 간에 개별 경찰관의 재량에 따라 달라질 수 있다.

UCR의 세 번째 문제는 경찰이 상당수의 범죄를 인지하지 못한다는 것이다. 경찰은 기본적으로 피동적 조직이다. 시민의 요청이 있을 때에 비로소 경찰은 조치를 취한다. 순찰이 경찰의 능동적 조치이지만, 순찰을 하면서 범죄가 진행되는 현장을 발견하는 경우는 거의 없다. 대부분의 경우는 피해자나 목격자가 신고를 하면 그때부터 경찰조치가 개시되는 형태이다. 따라서 범죄가 일어나도 피해자나 목격자가 신고를 하지 않으면 경찰은 알 수가 없다. 공식통계에 집계되지도 않는다. 미신고 범죄와 함께, 앞서 검토한 자료수집에서의 문제로 인해 범죄실태를 연구하는 학자들 중에 공식통계에만 의존하는 학자는 거의 없다. 대부분의 학자들은 피해자 조사를 활용한다.

네 번째 문제는 UCR 자료가 대부분 제1유형 범죄와 관련된 것이며, 제2유형 범죄에 관한 정보가 미흡하다는 것이다. 제2유형에 관한 정보는 몇 종류의 범죄에서 체포된 사람들의 숫자일 뿐이다. 제2유형으로 분류되는 범죄는 기타폭행(중폭행 이외의 폭행), 문서위조와 통화위조, 사기, 기물파괴, 성범죄(강간과 매춘 이외의 성범죄), 주취, 풍기문란 등이다. UCR이 상세한 정보를 제공하는 제1유형 범죄의 경우에 범죄의 해결율(체포율)이 약 20% 수준이었다. 이를 고려하면, 제2유형 범죄에 관한 통계는 실제 발생건수를 매우 낮게 보고한 수치라는 것을 알 수 있다. 그럼에도 불구하고 제2유형 범죄의 체포율이 결코 낮은 수준이 아니다. 기타폭행의 체포율이 360.5(인구 10만 명당)이며, 사기 46.2, 기물파괴 66.0, 주취 145.7, 기물파괴 152.7 등이다(FBI, 2014). UCR 자료의 한계와 함께 제1유형 범죄의 범죄율을 중심으로 사회에서 발생하는 범죄규모를 파악하는 데에는 많은 문제가 있다는 것을 알 수 있다.

UCR의 문제들로 인해 그동안 범죄를 제대로 측정할 수 있는 새로운 방법에 대한 요구가 늘 있었다. 아마도 일반시민을 직접 조사하는 실태조사가 유력한 대안일 것이다.

범죄피해의 측정

피해자 조사(victimization survey)는 일반시민을 대상으로 실태조사를 실시하고 범죄피해의 수준을 측정하는 방법이다. 1967년 '법집행과 사법정책에 관한 대통령위원회'는 UCR의 정확성(혹은 정확성의 결여)을 평가하는 과정에서 피해자 조사를 발전시켰다. 초기 피해자 조사의 결과는 충격적이었다. 그동안 믿어왔던 경찰의 UCR이 사회에서 일어나는 범죄의 절반 정도만을 겨우 반영했을 뿐이었다(참조, Ennis, 1967). 이를 계기로, 피해자 조사는 1970년대 후반부터 범죄실태를 파악하는 가장 보편적 방법으로 정착했으며, 미국 정부는 1972년 아예 법률로써 미국범죄피해조사(National Crime Victimization Survey, NCVS)의 시행을 제도화했다(처음에는 전국범죄조사(National Crime Survey)로 불렸다). 피해자 조사는 일정기간(지난 6개월 또는 1년) 자신이나 자신의 가정에 있었던 범죄피해를 질문하는 방식이다. 이런 방식을 사용하면 공식통계의 한계를 극복하고 경찰에 신고하지 않은 범죄까지도 파악할 수 있으므로 피해자 조사는 사회적 범죄실태를 보다 정확히 측정할 수 있는 방법이라고 평가되었다.

피해자 조사들 중에서 가장 널리 알려진 것은 미국의 범죄피해조사(NCVS)이다. NCVS는 미국의 전 지역에서 표본가구를 추출하고, 조사대상 패널을(이 경우에 주소지) 일정기간 동안에 반복조사하는 패널조사이다. 표본가구를 3년간에 걸쳐 6개월마다 반복조사하며, 전체 표본가구의 1/6을 6개월마다 제외시켜 새로운 가구로 교체한다. 자료수집은 조사원들이 가구를 직접 방문해 12세 이상의 모든 가구원을 면접하는 것을 원칙으로 한다. 최근 NCVS는 컴퓨터활용 면접을 시도하고, 예비검색질문을 활용하는 등 자료수집에서 여러 변화가 있었다. 이런 변화에도 불구하고 자료의 분석결과를 공식통계와 비교했을 때에 지금까지 결과들과 크게 다르지 않았다. NCVS가 성과를 거두자 다른 국가들도 피해자 조사를 실시했고, 그중 대표적 사례로는 영국범죄조사(British Crime Survey)가 있다.

웹 자료

NCVS에 관한 상세한 정보는
http://bjs.org.usdoj.gov/index.cfm? ty=detail&iid=245와
http://bjs.ojp.usdoj.gov/index.cfm?ty=pbdetail&iid=2173에서 참조할 수 있다.

2013년의 NCVS에 의하면, 미국에서 12세 이상이 범죄피해를 당한 사례는 연간 약 2,300만 건이었다(Truman과 Lagnton, 2014). 그 중에서 폭력범죄가 610만 건이었고 나머지 약 1,700만 건이 재산범죄이었다. 범죄피해율로 계산하면, 폭력범죄 피해율은 2,380건(10만 명당)이었고 재산범죄 피해율은 13,140건(10만 가구당)이었다. UCR과 비교할 때에 NCVS의 발생건수와 범죄율 모두가 현저히 높은 수준이다. 구체적으로, NCVS의 폭력범죄율이 UCR에 비해 6.5배 가량 높았다. 재산범죄의 경우에 UCR 자료는 개인을 단위로 하지만 NCVS는 가구 단위의 재산범죄를 수집한다. 이런 차이에도 불구하고 NCVS의 재산범죄율이 UCR에 비해 약 5배 높은 수준이었다. 즉, 사회에서 재산범죄의 실제 발생규모는 경찰통계보다 월등히 많았다. 이를 통해 UCR이 범죄를 축소보고한다는 기존의 주장들이 옳다는 것을 알 수 있다.

웹 자료

2010 NCVS에 관한 상세한 정보는 이 책의 웹사이트에 게재된 트루맨과 랭톤(Truman과 Langton, 2014)의 보고서에서 참조할 수 있다.

범죄추세를 살펴보면, UCR과 같이 NCVS에서도 피해수준이 감소하는 경향이다. 특히 지난 10년 동안에 폭력범죄가 많이 줄었다. 1973년의 NCVS 추정치는 35,646,755건이었다. 1981년에는 41,267,496건으로 증가했다. 그리고 1981년 이후로 재산범죄 피해는 꾸준히 감소하는 경향이다(Rand et al., 1997; Rand, 2009). 이와 달리, 폭력범죄율은 1970년대에는 대체로 안정적 경향이었다. 이후 1980년대 초에 감소했고, 1986년부터 1994년까지 증가했으며, 그 후로는 꾸준히 감소하는 추세이다(Rand, 2009; Rennison과 Rand, 2003). 이런 추세는 구체적 범죄유형별로 다소의 편차가 있지만(예컨대, 자동차 절도는 1985년부터 1991년까지 지속적으로 증가했다), 전반적 추세는 UCR과 일치했다. 표 1.1을 참조하라.

최근의 피해자 조사를 통해서는 공식통계나 이전의 NCVS에서 다루지 않았던 범죄와 범죄피해의 실태를 알 수 있다. 인터넷이 발전하고 전자기록의 사용이 많아지면서 개인정보 절도는 많은 사람들이 걱정하는 범죄유형이다. 사회생활이 종이 없는 기록과 컴퓨터 정보저장 위주로 변화하면서 범죄자들은 더 이상 물리적으로 자료에 접근하지 않아도 된다. 범죄자들은 적법한 절차로 전자기록에 접근하거나, 컴퓨터 시스템을 해킹해 불법적으로 자료에 접근해 인터넷으로 정보를 수집할 수 있게 되었다. 전자적 수법으로 옆집이나 전 세계를 대상으로 절도범죄를 저지를 수 있게 된 것이다. 2006년에 5,000명의 성인을 대상으로 한 전국조사에서 대다수(56%)가 범죄피해를 당했다는 사실이나 어떻게 당했는지를 알지 못했다(Synovate, 2007).

개인정보 절도는 다양한 형태로 발생한다. NCVS는 2004년부터 개인정보 절도에 관한 내용을 질문문항에 포함했다(Baum, 2007). 연방거래위원회(Federal Trade Commission, FTC)는 2003년부터 일반시민을 대상으로 개인정보 절도를 조사했다(Synavate, 2007). NCVS에 의하면, 2012년에 약 790만 가구가 개인정보 피해를 겪었다(표 1.2 참조). 가장 빈번한 피해유형은 사용 중인 신용카드나 은행계좌에 대한 절도범죄였고, 신규계좌의 개설과 개인신상정보에 대한 절도 역시 발생빈도가 높은 유형이었다.

표 1.1 2013년도 범죄피해 실태(발생건수와 10만명당 피해율)

범죄피해의 유형	발생건수	피해율
전체 폭력범죄	6,126,420	2,320
강간/성폭행	300,170	110
강도	645,650	240
중폭행	994,220	380
단순폭행	4,186,390	1,580
전체 재산범죄	16,774,090	13,140
가구 침입절도	3,286,210	2,570
자동차절도	661,250	520
절도	12,826,620	10,050

출처: J.L. Truman and L.Langton(2014), Criminal Victimization, 2013, Washington, DC: Bureau of Justice Statistics. 저자 인용.

표 1.2 개인정보 절도의 유형과 실태

유형	발생건수
사용 중 신용카드	7,698,550
사용 중 은행계좌	7,470,700
기타 계좌	1,696,400
신규계좌	1,125,100
신상정보	883,600
전체	7,928,500

출처: E. Harre and L. Langton(2013), Victims of Identity Theft, 2012, Washington, DC: Bureau of Justice Statistics. 저자 재구성.

다른 부가적 정보들도 알 수 있었다. NCVS에 의하면 대다수 피해자는 가구의 수입이 연간 75,000불 이상이었다(Harrel과 Langton, 2013). 그리고 개인정보 절도는 2003년에 제1차 조사가 완료된 이후로 지속적으로 증가하는 경향이었다. 많은 피해자들이 오랜 시간이 지났어도 절도피해를 입었다는 사실을 알지 못했다. 금융기관이 자신의 은행계좌에 대해 문의할 때에야 비로소 피해사실을 알게 되었다는 응답이 가장 많았다.

웹 자료

대량판매 사기의 상세한 정보와 피해자와 사회적 반응은 http://222.justica.gov/criminal/fraud 에서 참조할 수 있다.

대량판매 사기는 기존 자료들이 거의 다루지 않았던 범죄유형이다. 이런 범죄는 다수의 피해자로부터 소액의 금전을 편취하거나, 큰 돈을 벌 수 있다고 일부 부유층을 속이는 방식으로 주로 발생한다. 대량판매 사기는 내국인뿐 아니라 전 세계의 사람들을 대상으로 한다. 메일, 전화, 인터넷, 대중매체를 활용하므로 지리적 국경이나 상징적 국경이 범행에 큰 장애요소가 되지 않기 때문이다. 대량판매 사기수법은 여러 가지가 있지만 몇 가지 공통점이 있다. 첫 번째는 대중매체를 이용해 지리적으로 광범위한 지역의(국제적인 경우도 많다) 피해자를 대상으로 한다는 것이다. 두 번째는 서비스나 혜택을 약속하고 피해자의 재산을 빼돌리거나 그렇지 않으면 피해자가 직접 송금하도록 유인하는 수법을 사용한다는 것이다. 대량판매 사기의 범행수법은 앞서 살펴봤던 개인정보 절도와 크게 다르지 않았다.

대량판매 사기의 실태를 파악하기는 쉽지 않다. 자료가 부족한 이유로는 세 가지를 들 수 있다. 첫째, 대부분의 대량판매 사기가 새로운 신종범죄이므로 일반시민이나 형사사법기관이 아직까지 범죄라는 인식과 대처방향에 대해 명확한 입장을 갖지 못하기 때문이다. 둘째, 자료수집과 보고에 대한 체계적 절차가 개발되지 못했기 때문이다. FBI와 관계기관들이 개선하려고 노력하지만 현재로선 겨우 첫발을 내딛은 수준이다. 셋째, 피해를 당했다는 사실을 많은 사람들이 모르고 있으며, 알았더라도 당혹감과 수치심으로 사법기관에 사건을 신고하지 않기 때문이다. 이런 문제가 있지만, 가용한 자료들을 종합하면 개략적으로 대량판매 사기의 발생수준과 영향을 파악해볼 수 있다.

대량판매 사기에 관한 정보는 주로 피해자 조사와 민원신청 기록을 통해 수집한 것이다. 영국의 공정거래국(U.K. Office of Fair Trading, 2006)은 일반시민을 대상으로 대량판매 사기의 실태를 조사했다. 조사대상자의 약 과반수가 일생에 최소한 한번 이상 사기꾼이 접근한 적이 있었다고 응답했다. 이런 응답자의 8%가 실제 피해를 당했으며, 피해를 당한 시기는 지난 한 해였던 경우가 가장 많았다. 이를 바탕으로 영국의 공정거래국은 매년 320만 명 이상(영국 성인인구의 6.5%)이 피해를 당하고 있다고 추정했다. 미국에서는 연방거래위원회(FTC)가 2011년에 소비자 사기에 대한 실태조사를 실시했다. 이에 의하면 연간 약 3,800만 건의 사기사건이 있었고, 성인인구의 10.8% 가량이 피해를 입었던 것으로 조사되었다(Anderson, 2013). 인터넷범죄 민원센터(Internet Crime Complaint Center)를 통해서도 대량판매 사기의 실태를 알 수 있었다. 2012년에 인터넷범죄 민원센터가 접수한 민원신청은 289,874건이었다(Internet Crime Complaint

Center, 2013). 이는 인터넷범죄 민원센터가 접수한 사례들이며 다른 기관들이 접수한 경우는 포함하지 않은 수치이다.

피해자 조사는 완벽하지 않으며 비판의 여지가 없지 않다. 여러 문제들이 있지만, 흔히 지적되는 문제는 응답자들이 다양한 범죄들을 실제 어떻게 생각하는지에 대한 정보가 부족하고, 응답자의 기억에 오류가 있을 수 있다는 것이다. 질문문항 작성과 관련된 이슈 등도 있다. 다른 학자들이 이런 문제를 상세히 검토했으므로(O'Brien, 1985 참조) 이 책에서는 별도로 논의하지 않는다. 대신에 잊지 말아야 할 사실은 공식통계와 피해자 조사의 결과가 많이 다르며, 두 자료의 현저한 차이를 피해자 조사의 문제로만 볼 수 없다는 것이다. 피해자 조사가 공식통계보다 범죄를 더 많이 포착한다는 것은 의심의 여지가 없는 사실이다.

요약

공식통계와 피해자 조사 모두가 완벽하지 않다. 각각의 자료는 범죄의 다른 측면을 반영한 것일 수 있다. 엄밀히 얘기하자면, 사회에서 범죄가 얼마나 발생하는지에 대해 우리는 정확히 모른다. 공식통계인 UCR에 의하면 해마다 엄청난 규모의 범죄가 발생한다. 그리고 피해자 조사가 시사하듯이, 신고하지 않은 사건을 포함하면 공식통계가 보고하는 사건보다 최소한 두 배 이상의 많은 범죄가 발생하고 있다. 더욱이 새롭게 출현한 신종범죄까지 포함하면 그 규모는 더욱 늘어날 것이다. 비록 최근에 다소 감소하지만, 놀라울 정도로 많은 범죄가 사회에서 발생하고 있다.

범죄의 규모가 정점에 이르렀을 때나 다소 감소했을 때나 모두 형사사법체계가 처리할 수 있는 한계를 벗어나는 수준이다. 형사사법체계는 이미 과부하상태로 범죄자들을 법적 절차라는 미로로 통과시키기에 급급할 뿐이다. 범죄발생을 억제할 수 있는 역할을 기대하기는 어렵다(Conklin, 2003). 최근의 범죄감소에 형사사법체계가 기여했다는 주장이 있지만, 이런 주장은 현재 입증되지 못했으며 앞으로 검증이 필요한 견해이다. 형사사법체계의 근본적 한계는 대부분의 활동이(예를 들어, 체포, 유죄판결, 교도소수감, 교정선도) 사후적 대처라는 것이다. 형사사법체계는 기본적으로 범죄가 발생한 이후에 비로소 범죄에 대처할 수 있다. 형사사법체계가 범죄발생 이전에 개입해 범죄를 중단시켰다는 증거는 거의 없으며, 있더라도 극히 미약한 수준에 불과하다.

범죄/범죄피해의 비용

범죄와 범죄피해의 문제는 단순히 발생건수에 그치지 않는다. 범죄는 사회와 피해자에게 다양한 종류의 영향을 미친다. 이런 영향은 UCR과 NCVS에서 보고하는 통계수치의 범위와 규모를 뛰어넘는 것이다. 경제적 손실, 상해, 치료의 필요성, 근로손실 등은 범죄의 영향을 보여주는 또 다른 지표들이다.

UCR과 NCVS는 해마다 범죄의 영향에 관한 자료를 수집한다. 표 1.3은 범죄유형별로 경제적 손실을 UCR과 NCVS을 통해 살펴본 것이다. UCR에 의하면, 피해자들이 범죄로 인해 직접 겪은 총 손실은 170억 달러 이상이었다. 범죄유형별로는 절도범죄가 75억 달러의 손실을 유발했고, 1건당 평균 1,259 달러의 손실을 끼쳤다. 은행강도는 전체적으로 2,000만 달러의 손실을, 1건당으로는 평균 3,542 달러의 손실을 야기했다. NCVS 자료에서도 UCR과 비슷하게, 총 손실은 180억 달러에 조금 못 미치는 수준이었다. 여기서도 절도가 전체적으로 가장 많은 비용(64억 달러)을 유발했으나 1건 당으로는 가장 적은 손실(524 달러)이었다. 강도는 전체적으로 가장 적은 손실(8.9억 달러)을 유발했다. 이런 차이는 UCR과 NCVS의 자료출처가 다르기 때문일 것이다. 금전적 손실액 이외에 주목해야 할 사실은 최근에 범죄율이나 발생건수가 줄었지만 1건당 경제적 손실은 인플레이션을 감안해도 계속 증가한다는 것이다.

표 1.3 범죄유형별 경제적 손실(단위 $)

범죄유형	평균 손실		총 손실	
	UCR	NCVS	UCR	NCVS
침입절도	2,322	1,539	4.5B	4.9B
절도	1,259	524	7.5B	6.4B
자동차 절도	5,872	6,077	4.1B	4.8B
강도	1,170	1,482	404M	885M
은행강도	3,542		20M	
폭행		236		1B
방화	14,390		645M	

출처: FBI(2014), Crime in the United States, 2013, http://www.fbi.gov/about-us/crime-in-the u.s.-2013. Burea of Justic Statistics(2010), Criminal victimization in the United States, 2007, Statistical Tables, Washington, D.C. Bureau of Justice Statistics. 저자 재구성

금전적 손실액 이외에, NCVS는 범죄피해로 인한 신체적 상해와 근로손실에 관한 자료를 수집한다. 2008년 자료에 의하면, 강도 피해자의 36%와 폭행 피해자의 23%가 신체적 상해를 당했다. 그리고 강도피해자의 17%와 폭행 피해자의 10%가 입원치료를 받아야 했다(Bureau of Justice Statistics, 2010). 강도, 폭행, 침입절도 피해자의 약 10%가 근로손실이나 수입감소가 있었다고 응답했다. 근로손실을 겪었던 응답자 중에서, 폭행 피해자의 26%가 10일 이상 일을 못했으며 강도 피해자의 경우는 12%가 10일 이상 일을 하지 못했다.

웹 자료

NCVS와 UCR의 비용추계와 밀러 등(Miller et al., 1996)의 보고서는 교과서 웹사이트에서 참조할 수 있다.

UCR과 NCVS를 통해 범죄피해자가 심각한 수준의 경제적 손실이나 근로손실을 입는다는 것을 알 수 있다. 그러나 범죄의 실제적인 영향은 이보다 훨씬 크다. 직접 손실 이외에, 범죄는 개인이나 사회에 또 다른 많은 비용과 고통을 유발한다. 범죄를 저지른 사람을 수사하고, 체포하고, 기소하고, 재판하고, 수감/처벌하기 위해서는 형사사법체계를 운영해야 하며 이 과정에 막대한 사회적 비용이 발생한다. 피해자의 경우도 직접 손실뿐 아니라 상해를 입었으면 치료비를 지불해야 하고 후유증으로 미래의 수입이 감소할 수 있다. 또한 고통과 괴로움, 심리적 충격, 불안한 생활과 같은 불가시적 비용도 치러야 한다.

최근에 맥콜리스터와 동료들(McCollister et al., 2010)은 범죄의 사회적 비용을 다양한 자료를 이용해 상세히 분석했다. 이들은 UCR, 국가 사건기반보고 체계(National Incident-based Reporting System, NIBRS), NCVS, 미국 연방재난관리청(Federal Emergency Management Agency), 미국 소방행정청(U.S. Fire Administration, 방화사건), 사법지원국(Bureau of Justice Assistance, 구치소와 교도소 자료, 형사사법기관의 근무인력과 예산), 노동통계국(Bureau of Labor Statistics, 수입과 임금)의 자료를 활용했다. 이와 함께 밀러 등(Miller et al., 1996)이나 에이오스(Aos, 2003b)의 연구를 포함해 다른 연구들과 자료를 참조했다. 표 1.4는 2008년을 기준으로 가시적 비용과 불가시적 비용을 13개 범죄유형별로 살펴본 것이다. 전체 비용이 가장 많았던 범죄는 살인으로 1건당 약 900백만 달러가 들었으며, 가장 낮았던 범죄는 1건당 3,532 달러가 들었던 단순절도/절도였다. 1건의 범죄로 이처럼 많은 비용이 들었지만, 2010년에 발생한 살인사건 수에 1건당 비용을 곱하면 살인범죄 한 가지만으로도 총비용이 총 1,320억 달러에 달했다. 13개 범죄유형별을 이런 식으로 계산하면 2010년에 범죄로 인한 총비용은 무려 295조 달러이다[3].

표 1.4 범죄의 가시적 비용과 불가시적 비용(단위 $)

범죄유형	피해자 비용	형사사법체계 비용	범죄경력 비용	전체 가시적 비용	고통과 괴로움 비용
살인	737,517	392,352	148,555	1,278,424	8,442,000
강간/성폭행	5,556	26,479	9,212	41,247	198,212
폭행	8,700	8,641	2,126	19,537	13,435
강도	3,299	13,827	4,272	21,398	4,976
자동차절도	6,114	3,867	533	10,534	262
방화	11.452	4,392	584	16,428	5,133
가구 절도	1,362	4,127	681	6,170	321
단순절도/침입절도	480	2,879	163	3,523	10
장물범죄	n/a	6,842	1,132	7,974	0
기물손괴	n/a	4,160	701	4,860	0
위조/변조	n/a	4,605	660	5,265	0
횡령	n/a	4,820	660	5,480	0
사기	n/a	4,372	660	5,032	0

출처: K.E.McCollister et al.(2010)."The cost of crime to society: New Crime-specific estimate for policy and program evaluation." Drug and Alcohol Dependence 108:98-109. 저자 재구성.

범죄가 개인이나 사회에 미치는 경제적 손실은 엄청난 수준이다. 흔히 범죄피해를 검토할 때에 직접손실에 주목하지만 이는 올바르지 않다. 직접손실과 함께, 형사사법체계의 비용, 피해자나 가족이 치르는 비용, 고통과 괴로움, 범죄자로 인한 근로손실 등을 합산해야 한다. 비록 최근에 범죄의 발생규모가 다소 감소했지만, 범죄로 인해 피해자와 사회가 지불해야 하는 경제적 비용은 결코 무시할 수 없다.

3) 295조 달러를 원화로 환산하면 약 31.5경 원이다(환율 1,070원 적용, 2018년 1월)

범죄의 두려움

"실질적 범죄"의 수준과 범죄가 사회에 미치는 경제적·물질적 피해를 정확히 파악하기 어려운 또 다른 이유는, 범죄의 지각수준과 사회구성원이 이로 인해 갖는 두려움을 고려해야하기 때문이다. "범죄의 두려움"은 범죄피해를 당할 수 있는 가능성에 대한 주관적 견해이다. 범죄피해의 가능성이 객관적 상황과 일치하지 않아도 두려움은 사회구성원의 일상적 "소극성"과 불안감을 형성하는 원인이 될 수 있다. 그동안 많은 범죄예방프로그램들이 두려움의 감소를 중요한 구성요소로 했다. 이런 점에서 두려움의 수준과 두려움을 측정하고 설명하는데 제기되었던 이슈들을 이해할 필요가 있다.

범죄의 두려움이 사회적 이슈로 대두한 때는 1960년대 중반이었고 이후 곧 범죄학 연구의 핵심주제가 되었다. 워낙 갑작스럽다보니 리(Lee,2007)는 두려움이 1960년대에 "창조되었다"라고 표현했다. 갑작스럽게 대두한 이유로 그는 몇 가지를 들었다. 그중에서 특히 1967년에 법집행과 사법정책에 관한 대통령위원회에 의해 피해자 조사가 개발되었고(이후 다른 국가들에서도), 범죄의 원인에 대한 전문적/학술적 관심이 증가했고, 범죄와 두려움이 정치선전의 대상이 되었고, 페미니스트 운동이 발전했다는 사실을 중요한 원인들로 지적했다(Lee, 2007). 새롭게 발견된 "범죄의 두려움"은 이후 국가나 지방정부의 정책결정과정에서 핵심사항이 되었다.

두려움의 정의

두려움이 정확히 무엇일까? "범죄의 두려움"에 관심이 증가했지만 정확히 무엇을 의미하는지에 대해서는 합의가 되지 않은 상태이다. 가장 널리 인정받는 정의는 케네스 페라로(Kenneth Ferraro)와 동료들이 내린 개념규정이다. 페라로(Ferraro, 1995)는 두려움을 다음과 같이 정의했다:

> 범죄 혹은 범죄와 연관된 상징에 대한 공포나 불안감의 정서적 반응이다. 두려움의 이런 정의는 잠재적 위협에 대한 어느 정도의 지각이, 소위 지각된 위험이, 두려움의 형성에 필요하다는 것을 암시한다. (1995, p.8)

페라로 등의 개념정의는 정서적 반응을 요구하지만, 두려움은 사람에 따라 그리고 불안감의 원인에 따라 다양한 형태로 나타날 수 있다. 어떤 사람은 집 근처의 길거리를 걷는 것이 두렵고, 다른 사람은 자기 집 안에서 폭력피해가 두려울 수 있다. 이로 인해, 경우에 따라 혈압이 올라가고 심장박동이 빨라지는 등의 신체적 변화가 나타날 수 있다. 이와 달리, 특정장소를 혼자 걷는 것에 대한 태도를 바꾸거나 일상 활동 중의 일부를 포기할 수도 있다. 대부분의 경우에 두려움의 개인적인 원인은 두려움에 대한 각자의 반응에 중요한 영향을 미친다. 그리고 두려움의 원인과 관계없이, 두려움은 그 사람에게 실제적인 것이다.

두려움의 측정

페라로(Ferraro, 1995)는 두려움을 기존의 연구자들이 서로 다르게 측정했다고 지적했다. 일부 연구자들은 응답자에게 범죄 피해자가 되는 것을 얼마나 걱정하는지를 질문했다. 다른 연구자들은 거주지역 범죄문제에 대한 인식을 질문했다. 또 다른 연구에서는 응답자들에게 피해자가 될 가능성을 평가하도록 했다. 이런 다양한 측정방식은 같은 결과를 보여주지 못했다.

측정방식의 차이와 관련해서 페라로와 라그랑지(Ferraro and LaGrange, 1988)는 연구자들이 주목했던 응답자의 지각수준(level of perception)과 응답의 기준이 자기 자신인가 아니면 다른 사람인가의 준거수준(level of reference)에 따라 분류도식을 작성했다(그림 1.3 참조). 이들은 지각수준을 위험평가(judgements of risk), 가치(values), 정서적 감정(emotions)으로 구분했다. 위험평가는 응답자 자신이나 주위사람이 얼마나 안전하다고 생각하는지에 대한 것이고, 가치는 범죄와 범죄피해를 얼마나 염려하는지에 대한 것이며, 감정은 피해자가 될까봐 얼마나 두려워하고 걱정하는지에 대한 것이다. 개인적인 범죄의 두려움은 우측 하단의 칸(F칸)에 해당한다. 이런 두려움은 흔히 응답자에게 특정범죄의 피해자가 되는 것을 얼마나 두려워하는지를 직접적으로 물어 측정하며, 대체로 장소나 시간 등을 한정하지 않는다. 이런 질문들은 개인의 "공포심과 불안감"을 직접 다룬 것이다. 정반대(A칸)의 두려움은 응답자가 다른 사람들의 일반적 안전도를 평가한 것이다. 이런 경우는 심지어 범죄를 언급하지 않고 측정하기도 한다.

그림 1.3 범죄지각의 분류와 예시

준거수준	지각수준		
	인지적 평가	가 치	정서적 감정
일반적	A 다른 사람들의 위험; 범죄 혹은 안전에 대한 평가	B 다른 사람들의 범죄피해에 대한 관심	C 다른 사람들의 범죄피해에 대한 두려움
개인적	D 자신의 위험; 자신의 안전; 개인적 과민성	E 자신의 범죄피해에 대한 관심	F 자신의 범죄피해에 대한 두려움

출처: K.F. Ferraro and LaGrange, "Are Older People Afraid of Crime?" Journal of Aging Studies, 2(3):277–287. Elsevier Science 승인후 재인용.

"범죄의 두려움"을 많이 애기했지만, 대부분의 연구자들은 응답자의 정서적 반응보다는 위험이나 범죄수준의 평가를 반영하는 측정방식을 활용했다(Ferraro, 1995). 대규모의 일반조사에서도 다양한 측정방식이 사용되었다. 표 1.5는 과거의 조사나 연구에서 사용된 "두려움"의 질문문항들을 정리한 것이다. 범죄수준의 변화에 대한 인식을 묻는 질문에서부터(Gallup Poll), 범죄를 언급하지 않고 야간외출의 안전에 대한 느낌을 묻는 질문(NCVS), 특정범죄의 두려움을 평가하도록 하는 질문까지(Fear of Crime in America Survey) 다양한 질문들이 사용되었다. 각각의 질문들은 앞서 서술했던 두려움 개념의 일정한 부분을 반영한 것이다.

표 1.5 "두려움'의 일반적 질문문항

미국범죄피해조사(NCVS) :

야간에 당신의 이웃에 혼자 있을 때 얼마나 안전하다고 느끼거나, 느끼실 것 같습니까?

일반사회조사(General Social Survey) :

근처에 – 예를 들어 1마일 이내에 – 야간에 혼자 걸어 다니기에 두려운 지역이 있습니까?

"범죄 한입 물기" 운동 평가조사(Taking A Bite Out of Crime Campaign Evaluation) :

- 내년에 당신의 가정에 누가 침입하거나 물건을 훔쳐갈 가능성이 얼마나 된다고 생각하십니까?

- 당신의 가정에 누가 침입하거나 물건을 훔쳐가는 것을 걱정하십니까?

형사사법에 대한 전미여론조사(National Opinion Survey on Criminal Justice) :

다음의 사항들에 대해서 당신이 걱정하는 정도를 '매우 자주, 약간 자주, 거의 없다, 절대 없다'로 답한다면?

- 본인이나 가족 구성원 누군가가 성폭력을 당하는 것
- 운전하는 도중에 공격을 받는 것
- 강도피해를 당하는 것
- 폭행, 칼로 인한 상해, 총기 상해를 당하는 것
- 살해당하는 것
- 집안에 누가 있을 때에 침입절도를 당하는 것
- 집에 아무도 없을 때에 침입절도를 당하는 것

Harris 여론조사 :

작년에, 당신의 거주지역에서 범죄는 증가하였다, 감소하였다, 이전과 같았다 중에서 어떠하다고 느끼십니까?

미국의 범죄두려움 조사(Fear of Crime in America Survey) :

당신의 두려움을 평가하십시오(1=전혀 두렵지 않다; 10=매우 두렵다).

– 거리에서 거지나 잡상인이 접근한다.
– 강간을 당하거나 성폭력을 당한다.
– 살해당한다.
– 무기를 소지한 사람으로부터 공격을 받는다.
– 자동차 절도를 당한다.
– 재물이 고의적 장난에 의해 피해를 입는다.

두려움의 수준

두려움의 수준이 실제 어느 정도인지를 파악하는 것은 이동표적을 맞추려는 시도와 같다. 두 개의 연구에서 동일한 결과를 찾아볼 수 없다. 이는 두려움의 측정방식이 서로 달랐기 때문일 수 있다. 이런 한계가 있지만 다음에서는 두려움의 "개략적 추정치"와 시사점을 살펴보고자 한다.

많은 연구들에서 조사대상자의 40-50%가 범죄두려움을 느끼는 것으로 나타났다(Hindelang, 1975; Maguire와 Pastore, 1995; Skogan과 Maxfield, 1981; Toseland, 1982). 2011년의 경우, 조사대상자의 38%가 야간에 혼자 걷기가 두려운 지역이 집 근처에 있다고 응답했다(Maguire, 2011). 범죄 변화에 대한 인식을 질문했을 때에 과거에 비해 미국 전체나 주거지역의 범죄가 "증가했다"고 응답한 경우가 66% 이상이나 될 정도로 두려움의 수준이 높았다(Jones, 2010).

표 1.6은 특정범죄의 피해자가 될 것을 "걱정하는" 정도를 조사한 결과이다. 매과이어(Maguire, 2011)의 연구에서 5명의 응답자 중에서 1명꼴로 살인피해자가 되는 것을 자주 혹은 가끔씩 걱정했고, 거의 절반이 외출했을 때에 침입절도를 당할 것을 걱정했고, 30%가 집에 있을 때에 침입절도를 걱정했고, 44%가 차량절도나 차량침입을 걱정했으며, 3명 중에서 1명꼴로 노상강도를 걱정했다. 하지만 이런 범죄를 실제 당했는지를 물었을 때에 그렇다고 한 응답자는 거의 없었다.

표 1.6 서로 다른 유형의 범죄피해를 자주 또는 가끔 걱정한 응답자의 백분율

	남자	여자	백인	백인이외	전체
집에 없을 때 주거침입절도	47	52	48	49	47
차량절도 혹은 차량침입	39	50	45	43	44
노상강도	27	47	33	37	34
집에 사람이 있을 때 주거침입절도	24	36	29	33	30
성폭행	6	37	21	26	22
살인	14	24	17	28	20
운전하는 중의 폭행피해	15	23	17	24	19

출처: K.Maquire, (2011). Sourcebook of Criminal Justice Statistics,. Washington, DC: Bureau of Justice Statistics. http://www.albany.edu/sourcebook/toc_2.html 발췌인용.

두려움과 범죄

한 가지 명심해야 할 사실은 두려움의 수준이 범죄의 실제 수준을 상회한다는 것이다. 스코간과 맥스필드(Skogan and Maxfield, 1981)는 두려움과 실제범죄가 서로 관련이 없다는 사실을 강도범죄를 예로 들어 설명했다. 강도피해가 없었던 사람들 중에서 다소 혹은 매우 불안하다고 응답한 비율은 48%가량이었다. 그리고 강도피해가 있었던 경우는 54%가 이런 두려움이 있다고 응답했다. 상식적으로는, 실제 피해자들이 그렇지 않은 사람에 비해 월등히 높은 수준의 두려움을 가져야 한다. 공식통계와 피해자 조사

에서도 마찬가지이다. 실제 범죄피해자는 인구의 10% 미만이지만, 공식통계와 피해자 조사 모두에서 40% 이상이 두려워하고 있는 것으로 나타났다. 더욱 놀라운 사실은 공식통계와 피해자 조사에 따르면 범죄가 감소했는데, 2002년의 갤럽조사에서 조사대상자의 66%가 전년도에 비해 미국에서 범죄가 증가했다고 응답했다는 것이다(Jones, 2010).

두려움과 범죄와의 관계를 살펴보는 또 다른 방법은 두려움과 과거 피해경험과의 연관성을 분석하는 것이다. 일부 연구에서 두려움과 피해경험이 긍정적 관계(positive relationship)로 나타났다(Bachman et al., 2011; Ferguson and Mindel, 2007; Keane, 1995; Lumb et al., 1993; McCoy et al., 1996; Roundtree, 1998; Skogan, 1987; Will and McGrath, 1995; 코매 et al., 2015)). 그러나 다른 연구에서는 그렇지 않았다. 두려움과 피해경험 간에는 아무런 관계가 없었다(Ferraro, 1995; Garofalo, 1979; Gates and Rohe, 1987; Liska et al., 1982; McGarrell et al., 1997; Perkins and Taylor, 1966; Rifai, 1982). 그리고 일부 학자들은 둘 간의 관계가 두려움과 피해경험의 개념규정과 측정방법에 따라 달라진다고 지적했다(Baumer, 1985; Bennett and Flavin, 1994; Ferraro and LaGrange, 1987; Garofalo, 1981; Gomme, 1988).

두려움과 인구학적 요인

두려움과 피해경험의 다양한 관계와 함께, 두려움의 수준은 인구학적 집단별로도 일관적이지 않았다. 두려움은 주로 도시지역의 문제였고 특히 노인층과 여성이 다른 집단에 비해 심하게 겪는 경향이었다. 도시지역에서 범죄두려움을 호소한 주민은 대체로 60% 이상이었다. 반대로, 농촌에서는 단지 30%만이 두려움을 호소했다. 많은 연구들에서 노인층과 여성이 두려움을 가장 많이 느끼는 집단으로 조사되었다(Baumer, 1985; Bennett and Flavin, 1994; Ferraro, 1995; Hindelang et al., 1978; McGarrell et al., 1997; Perkins and Taylor, 1996; Riger et al., 1978; Will and McGrath, 1995). 노인과 여성이 범죄피해를 가장 적게 겪었지만, 이런 결과는 일관된 것이었다. 이에 대해 여러 학자들이 두려움에 관한 연구결과는 두려움을 어떻게 측정했는가에 따른 인위적 산물이며 실제로는 젊은 층이 가장 두려워한다고 주장했다(Chiricos et al., 1997; Ferraro, 1995; Lumb et al., 1993).

두려움은 인구학적 측면에서도 차이가 있었다. 여러 연구에서 두려움을 많이 느끼는 사람은 흑인들이고(Biderman et al., 1967; Chiricos et al., 1997; Lab, 1990; Parker, 1988; Parker and Ray, 1990; Skogan and Maxfield, 1981), 사회경제적으로 하류계층이고(Bennett and Flavin, 1994; Biderman et al., 1967; Gomme, 1986; Greenberg et al., 1985; Riger et al., 1978; Will and McGrath, 1995), 규모가 큰 지역사회에 거주하는 주민들이었다(Baumer, 1985; Biderman et al., 1967; Boggs, 1971; Kennedy and Silverman, 1985; Liska et al., 1982; Will and McGrath, 1995). 다른 연구에서는 두려움과 인구학적 유형은 관계가 없거나, 기존 연구결과들과 반대되는 경향이었다(Gomme, 1986; Gomme, 1988; Kennedy and Krahn, 1984; Kennedy and Silverman, 1985; Lab, 1990; Menard and Covey, 1987; Ortega and Myles, 1987; Smith and Lab, 1991; Toseland, 1982).

다양한 연구결과의 설명

범죄두려움에 관한 기존연구들을 살펴보면 두 가지 의문이 생긴다. 첫째, 범죄피해의 개연성이나 실제수준과 일치하지 않는 두려움의 수준을 어떻게 설명할 수 있을까? 둘째, 왜 연구마다 두려움을 느끼는 사람들이 다르게 나타나는가? 이런 의문들에 대해 명확한 답변을 찾을 수 없다. 단지 여러 요인이 관계되었을 것으로 추정할 뿐이다.

간접 피해경험

호우(Hough, 1995)는 두려움이 간접 피해경험과 관련이 있다고 주장한다. 간접 피해경험은 어떤 개인 혹은 누군가 범죄피해자가 되었음을 알게 되는 것이다. 이런 인식은 동정적 반응이나 공감적 범죄두려움을 유발할 수 있다. 그로헤와 동료들(Grohe et., 2012)은 미국의 동남부 도시에서 주민을 상대로 전화조사를 실시했는데, 침입절도의 두려움이 도시의 실제 침입절도 수준과 밀접한 관련이 있는 것으로 나타났다. 자오와 동료들(Zhao et al., 2015)이 휴스턴에서 주민들의 두려움을 연구했을 때에도 개인적 피해경험과 무관하게 도시의 전체 범죄수준이 폭력범죄, 재산범죄, 무질서행위에 대한 두려움과 관련이 있었다. 간접 두려움은 언론매체, 특히 텔레비전에서 방송하는 범죄사건의 보도나 범죄드라마와 밀접한 관련이 있을 수 있다. 끊임없이 방영되는 경찰드라마와 폭력과 범죄에 관한 뉴스를 접함으로써 사람들은 범죄가 항상 위협이 된다고 생각할 수 있다. 보도의 내용도 주목할 필요가 있다. 언론매체는 일상적으로 발생하는 "경미범죄"는 대체로 보도하지 않는다. 언론매체가 보도하는 것은 살인, 강간, 침입절도와 같이 매우 잔인하고 무서운 범죄들이다. 여러 연구들에서 언론매체의 범죄보도를 많이 접할수록 범죄두려움이 높은 것으로 나타났다(Chiricos et al., 1996; Lane and Meeker, 2003a; Weitzer and Kubrin, 2004).

인지된 위험과 손상

두 번째는 피해를 당했을 때에 개인이 입게 될 잠재적 손상을 중심으로 두려움을 설명하는 것이다(Riger et al., 1978; Skogan and Maxfield, 1981; Warr, 1984). 범죄를 당했을 때에 일부 사람은 다른 사람들에 비해 더 많은 피해를 입는다. 예를 들어 노인들은 대부분 고정수입으로 살아야 한다. 그런데 절도피해, 재물손괴, 병원치료와 같은 손실이 발생하면 자신들의 처지에서 이를 극복하기가 매우 어렵다. 사소한 금전적 손실이라도 노인들은 심각한 곤경상태에 빠져들 수 있다. 또한 신체상해를 입으면 노인들은 젊은 사람과 달리 오랫동안 고통스런 치료를 받아야 회복할 수 있다. 노인이나 여자가 범죄자와 조우했을 때에 이들은 신체적으로 취약한 상태이다. 대부분의 범죄자는 젊은 남성이며 신체적으로 강건하고 힘에 있어서도 우월하다. 일반적으로 신체상해 위험에 대한 인지수준은 육체적 힘과 사회적 위력에서 피해자와 가해자의 차이가 클수록 증가하는 경향이다. 맥코이와 동료들(McCoy et al., 1996)과 스미스와 톨스텐슨(Smith and Torstensson, 1997)은 이런 인지된 취약성이 여성과 노인들이 느끼는 두려움을 설명하는 중요한 요인이라고 지적했다.

또한, 취약성은 사회적 고립의 형태로 나타날 수 있다(Akers et al., 1987; Bursik and Grasmick, 1993; Kennedy and Silverman, 1985; Riger et al., 1981). 많은 노인들은 혼자 살며 가까이에 가족이나 친한 친구가 거의 없다. 이런 노인들은 범죄피해를 당해도 이후 도움을 요청할 사람이 없다고 생각할 수 있다. 즉, 사회적 지원네트워크로부터 고립되어 있는 상태이다. 젊은 사람은 그렇지 않다. 대인 관계를 적극적으로 맺기 때문에 지원네트워크로부터 도움을 받을 수 있다.

비문화성(Incivility)

두려움과 피해경험의 낮은 상관관계를 설명하는 세 번째 견해는 지역의 비문화성에 주목하는 것이다. 비문화성은 지역사회의 무질서와 퇴락과 관련된 물리적 요인과 사회적 요인을 지칭한다. 비문화성의 물리적 징후로는 건물의 퇴락한 외형, 쓰레기, 낙서,

기물파괴, 버려진 건물이나 차량 등이 있다. 비문화성의 사회적 징후에는 공공장소에서의 음주, 부랑자, 청소년들의 집단배회, 위협(예를 들어, 구걸이나 상품강매), 마약판매나 복용의 모습 등이 있다. 이런 비문화성 징후를 보게 되면 지역주민이나 범죄자는 해당 지역에서는 사회응집력이 부족하고, 주거불안정성이 높고, 지역자원이 미비하고, 주민들이 서로 무관심하다고 생각할 수 있다(Lewis and Salem, 1986; Skogan, 1990). 지역주민들은 이를 사회통제의 결핍으로 판단하고 범죄두려움을 더 많이 느끼게 된다. 이와 반대로, 사회통합의 수준이 높고 집합효율성이 강한 지역에서는 상대적으로 두려움의 수준이 낮을 수 있다(Doran and Burgess, 2012; Jackson and Gray, 2010; Zhao et al., 2015).

최근에 몇 편의 연구들은 비문화성이 두려움에 미치는 영향을 분석했다. 맥가렐과 동료들(MaGarrell et al., 1997)은 지역사회의 무질서/비문화성 수준에 따라 응답자의 범죄두려움이 크게 다르다고 보고했다. 라운드트리(Roundtree, 1988)가 시애틀 시민 5,302명을 대상으로 조사했을 때에도 연구결과는 비슷했다. 무질서의 인지수준이 높을 때에 폭력범죄와 침입절도에 대한 두려움이 현저히 증가했다. 레인과 동료들(Lane, 2002; Lane and Fox, 2012; Lane and Meeker, 2000, 2005, 2011)의 연구에서도 지역사회의 무질서한 환경과 징후는 두려움 수준과 밀접한 연관이 있는 것으로 나타났다. 마지막으로, 맥코이와 동료들(McCoy et al., 1996)의 연구에서는 지역사회에 대한 불만족(비문화성의 지표)이 두려움의 핵심요소로 판명되었다.

방법론적 요인

방법론의 차이가 연구결과에 영향을 미쳤을 수 있다. 앞서 살펴봤듯이, "두려움"의 다양한 측정방식이 상충된 연구결과의 원인이었을 수 있다. 같은 사람이라도 다른 방식의 질문을 하면 그 사람의 두려움에 대한 응답이 다를 수 있다. 예를 들어, 어두워진 뒤에 집 근처 "1마일"을 혼자 걷는 것을 질문을 하면 "두렵다"고 답하지만, 강간의 위험성을 질문하면 "그렇지 않다"고 답할 수 있다. 유사하게, 1년 전보다 범죄가 심각해졌다고 생각하지만 일상생활에서 강도피해에 대해서는 크게 걱정하지 않을 수 있다. 뿐만 아니라 누구에게 어떤 질문을 하는가에 따라서도 응답자의 두려움 수준은 다를 수 있다. 예를 들어 여자는 남자보다 성폭행을 더욱 걱정할 것이다. 이런 점에서 페라로(Ferraro, 1995)는 여자들이 느끼는 두려움은 강간에 대한 두려움이 확대된 것으로 이해해야 한다고 지적했다. 따라서 두려움을 다양하게 측정했기 때문에 연구결과가 서로 달랐을 수 있다. 두려움은 조사대상 지역과도 관련이 있을 수 있다. 예를 들어, 치리코스와 동료들(Chiricos et al., 1997)은 커빙턴과 테일러(Covington and Talyor, 1991)와 비슷한 방식으로 연구했지만 두려움에 관한 연구결과에서 차이가 있었다. 치리코스와 동료들은 그 이유를 자신들은 플로리다(Florida)주의 탈라하시(Tallahassee)에서 조사했고 커빙턴과 테일러는 메릴랜드(Maryland)주의 볼티모어(Baltimore)에서 조사했기 때문이라고 설명했다. 즉, 조사대상 지역의 환경이 연구결과에 영향을 미칠 수 있다는 것이다.

범죄와 두려움

두려움의 수준은 범죄의 실제 발생수준에 의해서도 영향을 받을 수 있다. 범죄두려움이 실제 발생한 피해경험과 범죄와 대체로 무관하지만, 그렇다고 범죄율의 변화가 전혀 영향을 미치지 않는다고 단정할 수는 없다. 범죄와 흉악한 사건들을 언론매체에서 많이 보도하면 분명히 일반시민들은 지역사회가 안전하지 못하다고 생각할 것이다. 그렇지만, 범죄율의 감소는 낮은 두려움을 쉽게 유도하지 못할 수 있다. 언론매체들은 일반적으로 좋은 소식을 나쁜 소식만큼 보도하지 않는다. 따라서 두려움과 걱정이 일단 형성되면 그것을 역전시키기는 어려울 것이다.

두려움의 유용성

두려움은 이 장에서 주로 부정적 의미로 다루었다. 말하자면, 두려움이 나쁜 것이며 사람들에게 부정적 결과를 초래하는 개념으로 다루었다. 부정적 결과의 종류는 많겠지만 대표적으로 행동의 변화, 밀폐된 장소에서 은둔, 타인에 대한 불신, 불안감, 우울함 등을 들 수 있다. 이로부터 추론되는 논리적 결론은 두려움을 감소하고, 가능하면 완전히 없애야 한다는 것이다. 그렇지만, 두려움을 긍정적인 것으로도 볼 수 있다.

잭슨과 그레이(Jackson and Gray, 2009)는 '기능적 두려움'이란 용어를 소개했다. 핵심 주장은 두려움이 사전예방을 동기화하는 기능을 하면 좋을 것일 수 있다는 것이다. 사전예방에는 위험장소와 위험시간을 회피하는 행동에서부터, 가정에서 보안장비의 활용, 외출할 때에 다른 사람과 동행 등에 이르기까지 여러 가지가 있을 수 있다. 리(Lee, 2007)도 "두려워하는 주체"를 소개하면서 비슷한 주장을 했다. "두려워하는 주체"는 스스로 책임감을 갖고 신체와 재산의 안전을 지키려는 사람이다. 잭슨과 그레이(Jackson and Gray, 2010)가 런던에서 실시한 지역사회 안전조사를 분석했을 때에, 두려움은 실제로 사전예방을 증진시켰고 이후 많은 응답자들의 두려움 수준이 감소하는 경향이었다.

이런 시각에 의하면, 두려움을 완전히 없애려는 노력은 잘못된 일이다. 오히려 두려움이 사람들에게 유익할 수 있다. 이 경우에 주요 문제는 "유익한 수준"이 과연 무엇이며, 어떻게 두려움을 적정한 수준으로 제한할 것인가를 판단하는 것이다. 이런 시각에 따르면, 두려움의 해소는 사람들을 위험상황을 경시하고 불필요한 모험에 빠져들게 만들 수 있다는 것이다.

두려움 요약

범죄두려움의 측정과 관련해 그간에 많은 논쟁과 비판이 있다. 그렇지만 한 가지 사실만큼은 분명하다. 그것은, 범죄 피해자라고 신고한 경우보다(공식적이건 비공식적이건) 사람들이 월등히 높은 수준의 두려움을 느끼고 있다는 것이다. 두려움에 직면해 사람들은 다양한 반응을 보인다. 일부는 특정장소와 특정시간을 회피하거나 혹은 외출을 아예 포기하는 반응도 보인다. 자물쇠와 보안장치를 설치하는 사람이 있고, 거주지를 요새처럼 만들고 그 안에 머무는 사람도 있다. 일반시민들은 경찰력의 증원을 요구할 수 있다. 또한 많은 돈을 들여 호신술을 수강하고, 경비견, 권총, 다른 보안장비 등을 구매함으로써 스스로를 보호하고 두려움의 감정을 줄이려는 경우도 있다. 대응방법이 어떤 것이든, 두려움은 개인과 사회에 많은 영향을 미친다는 것을 알 수 있다.

요약

범죄문제의 규모는 정확히 파악하기가 힘들고 여러 형태로 나타날 수 있다. 범죄의 규모를 측정하려는 많은 시도가 있었지만 연구결과는 일치하지 않았고 경우에 따라서는 상충되기도 했다. 집계방법의 차이로 인해 숫자로 나타난 범죄와 범죄피해의 규모는 일치하지 않지만, 범죄가 중대한 사회문제라는 점에 대해서는 이견의 여지가 없다. 범죄가 최근에 들어 감소추세일 수 있다. 그렇다 해도 오늘날의 범죄 규모는 1960년대 후반에 대통령위원회가 범죄와 피해자 문제에 대처하려면 획기적 개혁이 필요하다고 역설했던 때에 비해 월등히 높은 수준이다. 발생건수에 그치지 않고 범죄는 경제적 측면에서 피해자와 사회 전반에 심각한 손실을 초래한다. 범죄로 인한 심리적 그리고 시간손실 역시 심각하다. 범죄두려움도 문제이다. 두려움은 실제로 발생한 범죄건수보다 월등히 높은 수준이며 범죄피해를 겪지 않은 사람, 심지어 피해를 겪지 않을 사람에게까지 영향을 미친다. 범죄예방은 범죄의 실제적 수준과 인지적 수준 모두를 고려해야 하며, 여러 측면의 범죄문제에 대처할 수 있어야 한다.

주요 용어

- 두려움
- 패널조사
- 두려워하는 주체
- 제1유형 범죄
- 기능적 두려움
- 제2유형 범죄
- 표준범죄보고서(UCR)
- 비문화성
- 간접 피해경험
- 범죄피해조사
- 미국범죄피해조사(NCVS)

제2장 범죄예방

장 개요

- 범죄예방의 역사
  - 현대의 범죄예방
  - 요약
- 범죄예방의 개념
- 범죄예방의 분류
  - 범죄예방/보건의료모형
  - 범죄예방의 대안모형
- 모형의 선택

학습 목표

이 장을 읽은 후 여러분은 다음을 할 수 있어야 한다.

- 역사적으로 개인과 지역사회가 범죄를 예방하고 대처하는 데 사용했던 방법을 이해한다
- 범죄예방의 개념을 설명한다
- 범죄예방과 범죄통제를 구분한다
- 공중보건모형에 기초한 범죄예방모형의 개요를 설명한다
- 1차적, 2차적, 3차적 범죄예방을 구분한다
- 범죄예방모형별로 예방활동의 사례들을 제시한다
- 기타 범죄예방모형의 종류를 제시한다
- 미시, 중범위, 거시 수준 예방의 차이를 구별한다
- 범죄과학을 정의하고 설명한다

제2장 범죄예방

범죄예방은 새로운 아이디어가 아니다. 사실 오래 전부터 사람들은 피해를 당했을 때에 자신과 가족을 보호하기 위한 많은 노력을 해왔다. 하지만 "범죄예방"이란 용어로 범죄대처의 방법들을 지칭하게 된 것은 비교적 최근에 들어서이다. 사람들은 흔히 오늘날의 범죄예방, 특히 시민참여에 의한 범죄예방이 새롭고 독창적인 것이라고 알고 있다. 그러나 범죄예방이라고 불리는 최근의 활동들은 역사적으로 이미 오래전부터 있었다. "최근"의 범죄예방 전략과 아이디어 중에 과거의 것을 재현했거나 아니면 이전(아주 오래전)의 대처방법을 확장시킨 것에 불과한 경우가 적지 않다. 일반시민들이 범죄와 범죄피해에 대처하는 데 중요한 역할을 하지 않은 건 오히려 최근 얼마 기간에 일어난 일이다. 이 장에서 다룰 내용은 다음과 같다. 첫째, 범죄예방의 역사를 간략히 검토한다. 둘째, 범죄예방의 개념을 소개할 것이다. 셋째, 일반적 범죄예방 모형을 제시한다. 제시하는 범죄예방 모형은 이 책에서 앞으로 다룰 내용들의 골격이 될 것이다.

범죄예방의 역사

어떤 논의에서든 우리의 아이디어와 생각이 출현하게 된 배경을 살펴보는 것이 중요하다. 과거에 있었던 일에 대한 이해는 가장 좋은 출발점이 될 수 있다. 범죄예방의 경우도 예외가 아니다.

역사적으로 가장 초기의 범죄 대처는 개인과 가족이 담당했다. 응보, 복수, 보복이 초기 단계의 역사 내내 추진력이었다. 이런 행동은 피해자의 원상회복을 위한 것이었으나, 가해자가 범죄로 이득을 볼 수 없게 하는 역할도 했다. 잠재적 가해자가 범죄를 저질러도 얻을 것이 없으면 그런 행동이 *억제*될 것이라는 가정이 있었다. 함무라비 법전(기원전 약 1900년)은 상해에 대해 피해자나 가족의 응보를 적절한 대응이라고 규정했다. 탈리오법칙(Lex talionis), 즉 "귀에는 귀"는 함무라비 법전의 기본원칙이었다. 이런 법과 관습은 시민개인의 행동에 정당성을 부여했다.

공식 사회통제체계의 출현은 상대적으로 새로운 것이었다. 초기의 "경찰활동"은 로마제국과 프랑스에서와 같이, 도시들에 집중되었고, 군대가 수행했으며, 중앙정부와 귀족(혹은 왕)과 관련된 사항만을 처리했다(Holden, 1992; Langworthy and Travis,

1994). 일반 시민의 경우는 여전히 스스로를 보호하는 자기부조 방식이었다.

1066년 영국의 노르만 정복 이후에 의무경찰활동(obligatory policing)으로 지칭된 시민 경찰활동의 형태가 나타났다(Klockars, 1985). 남자들은 서로서로를 경찰활동의 대상으로 하는 집단에 의무적으로 가입해야 했다. 집단 구성원이 악행을 저지르면(집단내 사람에게나 혹은 다른 집단의 사람에게) 집단의 다른 구성원들은 그 사람을 체포하고 징계해야 하는 책임이 있었다. 이런 의무활동 이외에, 시민참여에 바탕을 둔 여러 협동활동이 출현해 지역사회와 서로간의 보호에 기여했다. 그중 감독과 감시(watch and ward)는 밤중에 도회지와 일정지역을 감시하는 역할을 번갈아 맡는 형태로, 남자들이 이런 책임을 담당했다. 위협요소를 발견하면 감시자는 경보를 울리고 도움을 청했다(고함과 외침(hue and cry). 시민의 역할이 중요했는데 가해자를 체포하고(가능한 경우에) 처벌하는 일을 시민들이 담당했다. 도와달라는 요청에 조치를 취하는 사람은 국가에 고용된 사람이 아니었다. 평범한 다른 시민들이 그 일을 담당했다. "감독과 감시(watch and ward)"와 "고함지르기(hue and cry)"는 1285년에 윈체스터(Winchester)법으로 입법화되었다(Klockars, 1985). 또한 이 법은 도와달라는 요청이 있을 때에 남자들은 의무적으로 필요한 무기를 휴대해야 한다고 규정했고(무장 칙령(assize of arms)), 경관(constable)의 역할도 규정했는데 법에 의하면 경관은 감독과 감시 체계를 관리하고, 법에 규정된 사항들을 두루 살피는 책임이 있었다. 그러나 경관에게 급여는 지급되지 않았다. 이런 사례를 통해 일반시민들이 범죄예방에 중요한 책임을 맡았다는 것을 분명히 알 수 있다.

시민책임은 새로운 식민지와 미국의 초기 역사에서도 일반적 현상이었다. 자경단운동(vigilante movement)은 앞서의 "고함지르기"를 계승한 것으로 신생국가의 확대된 영토에서 법과 질서를 유지하는 데 중요한 요소였다(Klockars, 1985). 주민치안집단(posses of citizens)은 범죄자를 체포하고 처벌해야 할 필요가 있을 때에 구성되었다.

개인이 자발적으로 범죄예방의 책임을 담당했던 전통은 영국에서 1800년대까지 지속되었다. 이런 추세에서 예외적 사례는 특정산업이나 집단을 위해 일하면서 봉급을 받는 민간보안경찰의 발전이다(Klockars, 1985; Langworthy and Travis, 1994). 양모산업의 보호를 위해 16세기에 대두한 영국의 상인경찰은 초기 민간경찰의 가장 대표적 사례이다. 부자들의 사업과 주택을 보호하기 위해 고용된 교구경찰(parochial police)은 민간경찰의 또 다른 사례이다.

1692년 영국에서 노상강도법이 실시되면서 기업적 경찰력이 태동했다. 이 법은 범죄자를 체포하거나 강탈된 재산을 회복한 경우에 현상금을 지급하는 방법을 규정했다. 현상금을 위해 자발적으로 범죄자들을 잡으려 다녔던 사람들을 포리(捕吏) 혹은 도둑사냥꾼(thief takers)이라고 했으며(Klockars, 1985; LaGrange, 1993), 이들은 1700년대 중반에 이르러 영국 치안판사의 지휘 아래 조직화되었다. 도둑사냥꾼들은 주로 과거에 범죄를 저지르고 참회한 범죄자들이었으며 이들은 회수된 재산총액의 일부를 지급받는 방식으로 다른 사람들을 보호하고 금전을 "지급받았다". 자발적으로 활동했던 도둑사냥꾼들이 정부의 통제에 의해 합법화되고, 조직화된 집단으로 진화한 것이 경찰 설립의 초기단계라고 할 수 있는데, 이런 과정은 1829년에 런던에서 도시경찰의 설립으로 완결되었다.

도시경찰조직의 핵심은 범죄예방이었다. 로버트 필(Robert Peel)경은 도시경찰법이 입안될 때 배후에서 가장 중요한 역할을 담당했고 찰스 로만(Charles Roman)은 새로운 조직의 위원장이 되었는데, 두 사람 모두 범죄예방을 경찰활동의 기본원칙으로 생각했다(LaGrange, 1993). 17세기 파리(Paris)에서 공공 경찰을 설립하기 위한 초기 노력에서도 예방순찰, 가로등 개선, 거리청소 등을 통한 범죄예방을 강조하였다(Stead, 1983). 미국의 경우에 공공 경찰조직은 영국을 모방해 1800년대 중반에 생겨났으나 이런 조직은 북동부의 대도시에 국한해 설립되었고, 그 외 다른 지역에서는 여전히 주민들이 자기보호를 위한 활동을 담당했다.

개인행동과 자기보호를 지금까지 강조했지만, 그렇다고 이런 보호활동이 항상 응보와 복수를 위한 것이었다고 생각해서는 안 된다. 예방적 성격을 띤 대안적 방법들이 실시된 사례가 많이 있다. 외부침입으로부터 지역사회를 보호하기 위해 장벽을 쌓고, 해자를 파고, 도개교를 설치하고, 그 외 물리적 설계특성을 활용한 사례들이다. "감독과 감시"를 통해 감시망을 구축한 경우도 문제가 악화되기 전에 그것을 파악하는 방법이었다. 그리고 초기의 예방대책 중에는 폭력행위를 억제하는 수단으로 무기소지를 제한한 경우도 있었다(Holden, 1992).

20세기가 도래하면서 일탈행동에 대한 사회적 반응에는 큰 변화가 있었다. 공공 경찰조직이 일반화되었을 뿐만 아니라, 범죄와 일탈을 담당하는 여러 기구들이 출현했다. 또한 범죄와 범죄행위에 대한 과학적 연구가 증가하면서 일탈행동에 대한 새로운 대처방안들이 개발되었다. 1800년대 후반과 1900년대 전반에 태동한 심리학과 사회학은 일탈행위에 대한 기존의 견해에 의문을 제기했다. 이전까지 지배적 견해는 일탈행동을 선과 악(신과 악마)의 싸움으로 보는 것이었다. 그러나 신흥학문의 학자들은 범죄가 발생하는 장소와 시간 그리고 범죄를 저지르는 사람들의 유형에 주목하기 시작했고, 이런 유형들과 사회구조와 대인관계의 변화 등과의 관련성을 탐구했다. 연구들이 많아지면서 도출된 논리적 결론은 억압, 복수, 응보와 같은 단순한 대응방법에서 벗어나야 하며 그 대신 일탈행위를 유발하는 원인들을 제거해야 하다는 것이었다. 이후의 형사사법체계나 소년사법체계는 따라서 사전예방을 추구하는 기능들을 이들의 업무영역에 포함했다.

초기 "범죄예방" 의 대표적 사례는 소년법원의 발전과 하층계급이 겪는 빈곤, 교육결손, 부적절한 양육 등의 문제에 대처하려고 했던 소년법원의 노력이다. 소년체계의 예방적 성격은 국친사상(parens patriae philosophy), 즉 소년들이 도움을 필요로 하는데 성인법원은 예방이 아니라 처벌을 목적으로 사건을 처리한다고 비판한 사상에서 찾아볼 수 있다. 소년법원의 관할대상이 지위비행(status offenses)까지 확대된 이유는 통행금지 위반, 흡연, 거리배회, 규칙위배, 기타 행동(형법에는 금지되지 않은) 등이 나중에 범죄행위를 저지를 수 있는 징후라고 믿었기 때문이다. 소년법원은 지위비행에 적극적으로 개입함으로써 해당소년들의 차후범죄를 예방하고자 했다. 따라서 소년사법체계는 범죄예방을 위한 시도였다는 것을 분명히 알 수 있다.

초기 범죄예방의 또 다른 사례는 시카고지역 프로젝트이다. 쇼와 맥케이(Shaw and McKay, 1931; 1942)는 시카고에서 인구이동이 많고 사회적 유대가 약한 도심지역에서 범죄와 소년비행이 집중적으로 발생한다는 것을 발견했다. 쇼와 맥케이(Shaw and McKay, 1942)는 주민들이 계속해 바뀌어 해당지역에서는 사람들이 비공식 사회통제를 할 수 없었다고 지적했다. 주민들은 자기 일에만 전념했고 다른 지역으로 이주하는 데에만 관심을 가졌다. 상대적으로 지역의 환경을 개선하거나 정착하려는 등의 노력을 하지 않았다. 범죄자들은 따라서 이 지역에서 큰 위험 없이 범죄를 저지를 수 있었다. 시카고지역 프로젝트(Chicago Area Project)가 처음 실시된 때는 1931년이었다. 프로젝트의 목적은 주민들이 지역사회에 긍지를 갖도록 함으로써 거주의지를 고취시키고 다른 사람들의 행동에 통제력을 행사하려는 의지를 동기화하는 것이었다. 프로젝트의 주요 구성요소는 청소년을 위한 오락시설 설치, 자경단, 지역사회 재개발, 주민자치의 갈등해결 등이었다(Schlossman and Sedlak, 1983). 프로젝트의 핵심은 지역사회를 역동적이고 번창하는 곳으로 만들어 주민들과 지역을 찾아온 방문객들의 행동을 주민 스스로가 통제할 수 있는 환경을 만드는 것이었다.

현대의 범죄예방

범죄예방의 역사에서 현대는 1960년대의 범죄 변화와 함께 시작되었다고 할 수 있다. 1960년대에 범죄와 비행이 급격히 증가했고, 미국에서는 월남전과 사회 불평등으로 대규모의 사회적 혼란이 있었다. 사람들은 이런 상황에서 범죄와 사회적 혼란을 해결할 수 있는 방안을 강력히 요구했다. 1967년의 법집행과 사법정책에 관한 대통령위원회(President's Commission on Law Enforcement and the Administration of Justice, 이하 위원회)는 기존의 형사사법체계가 문제의 해결에 실패했을 뿐 아니라 범죄로 인해 곤경과 어려움을 겪는 피해자도 방치했다고 비판했다. 이에 위원회는 교육 프로그램, 지역분권의 범죄대책, 형사사법대책을 위한 예산의 증액, 범죄의 원인과 해결방법에 관한 연구사업 등을 강조하는 새로운 접근방법을 요구했다.

범죄문제에 관심을 가진 학자들은 현대적 범죄예방 활동들을 제안했다. 지역사회의 물리적 설계가 범죄가 미치는 영향은 초기 관심영역의 하나였다. 제이콥스(Jacobs, 1961)는 '미국 대도시의 죽음과 삶'(*The Death and Life of Great American Cities*)에서 도시쇠퇴와 자연적·사회적 환경에 주목하고 이런 요인들이 범죄와 일탈행동에 미치는 영향을 검토했다. 이 책에 의하면, 활기찬 지역사회가 훼손된 원인은 현대적인 도시환경과 도시개발 계획이다. 활기찬 지역사회는 스스로를 보호하고 주민들은 서로를 위해 감시를 한다. 그런데 지역사회의 활기가 현대적 도시환경과 도시개발 계획에 의해 약화되었다는 것이다. 따라서 제이콥스는 물리적 환경을 이웃주민들 간의 자연적 감시능력을 향상시키는 방향으로 개선해야 하며 이럴 때에 합법적 거주자들이 안전하게 생활할 수 있다고 주장했다. 비슷한 맥락에서, 우드(Wood, 1961)는 시카고의 공공주택단지에서 평가연구를 실시했다. 평가결과에 의하면 주민들 간에 감시와 상호작용이 활발한 지역일수록 안전도가 증가하는 경향이었다.

제프리(Jeffery)는 '*환경설계를 통한 범죄예방*'(*Crime Prevention Through Environmental Design*)에서 제이콥스와 우드의 아이디어를 더욱 발전시켰다. 이 책에서 제프리는 범죄예방을 위해서는 환경공학이 필요하며, 과거행위(기존 사회통제체계의 대상)가 아니라 미래범죄에 주목해야 한다고 강조했다. 제프리(1971)는 범죄행위, 특히 잠재적 미래 활동은, 개인의 행위가 초래할 잠재적 미래 결과에 의해 영향을 받는다고 보았다. 또한 범죄행위를 강화하는 환경적 단서들을 제거하면 범죄행위를 감소시킬 수 있다고 기대했다. 물리적이나 사회적 환경에 따라 어떤 사람이 경험하게 될 즐거움과 괴로움의 수준이 크게 달라지기 때문이다. 이런 배경에서 제프리는 환경변화를 통해 범죄행위를 줄이고 준법행위를 증진시키는 것이 가능하다고 보았다. 환경변화는 물리적 변화만을 의미하지 않는다. 오히려 제프리는 주민들이 지역사회활동과 감시에 적극적으로 참여하고, 경찰이나 사회통제기관들이 사전조치를 강화하는 등의 사회적 환경변화가 범죄를 예방하는데 더욱 효과적인 방법이라고 주장했다.

제이콥스, 제프리 등의 학자들이 새로운 범죄예방대책에 필요한 학문적 기초를 마련하는 동안에 건축가와 지역개발계획자들은 연방정부기구와 민간 기업들과 함께 새로운 대책을 실시하고 그 효과를 검증했다. 뉴먼(Newman, 1972)은 '*방어공간: 폭력도시에서 인간과 설계*'(*Defensible Space: People and Design in the Violent City*)에서 건축가들이 물리적 환경을 조성할 때에 영역성과 주민의 자연적 감시를 극대화하고, 지역의 이미지가 잘 방어되고 정성스럽게 관리되는 것처럼 보이도록 해야 한다고 주장했다. 그리고 건축을 적절히 했을 때에 얼마나 범죄와 무질서가 감소하는지를 실례를 들어 보여주었다. 뉴먼의 연구를 계기로 미국 법무부, 유관 정부기관, 민간기업들(웨스팅하우스 전기회사와 같은)이 시범사업들에 예산을 지원하게 되었다. 이런 시범사업들을 시행한 결과로 이웃감시, "범죄 한 입 물기(Take a Bite Out of Crime)", 시민순찰, 보안등 사업, 기타 다양한 예방기법들이 개발되었다.

마지막으로, 현대적 범죄예방에서 또 다른 중요한 발전은 1983년에 소개된 상황적 범죄예방이다. 영국 내무성이 개발한 상황적 범죄예방은 사회와 지역사회의 변화와 같은 광범위한 변화를 목표로 하지 않았다. 대신에 구체적인 범행대상, 범행시간, 범행장소를 중심으로 범죄를 저지를 수 있는 기회를 감소시키는 것을 목표로 했다. 상황적 범죄예방은 거시수준에서 미시수준으로 범죄예방의 관심을 이동시켰다.

요약

지금까지 간략히 살펴보았듯이, 범죄예방에 대한 아이디어는 범죄가 존재했던 순간부터 계속 있어 왔다. 구체적 형태는 역사적으로 서로 달랐고 "범죄예방"이란 용어는 비교적 최근에 사용되었지만, 안전에 대한 관심은 매우 오래되었다. 역사적으로 보았을 때 범죄와 범죄자에 대처하는 일은 자발적이건 강제적이건 대부분 개인들의 책임이었다. 19세기와 20세기에 들어서야 경찰, 법원, 교정시설 등이 1차적 책임을 맡게 되었다.

1960년대 이후로 일반시민을 범죄예방에서 적극적 참여자로 되돌리려는 운동이 늘고 있다. 일부의 학자들이 이런 유형의 지역사회 활동을 "새로운" 것이라고 보지만, 이런 운동은 사실 범죄통제의 새로운 혁명적 변화가 아니다. 오히려 개인책임에 기초했던 오랜 전통으로 회귀하는 것이다. 범죄예방을 위해서는 사회 전반의 다양한 아이디어와 자원을 활용해야 한다. 지역사회 개발계획, 건축설계, 지역행사, 청소년 보호기관, 안전설계, 교육과 기술훈련, 기타 공식 혹은 비공식 활동들 모두가 범죄와 범죄 두려움에 영향을 미칠 수 있다. 범죄예방의 영역은 광범위하며 앞으로 계속해 늘어날 것이다.

범죄예방의 개념

범죄예방의 개념은 연구마다 다르고, 프로그램마다 다르다. 엑브롬(Ekblom, 2005: 28)은 "범죄예방은 범죄와 무질서한 사건들의 원인에 개입하여 이런 사건들의 발생 위험 그리고/혹은 잠재적 심각성을 감소시키려는 활동이다"라고 정의했다. 엑브롬의 정의는 범죄와 함께 그것이 개인과 사회에 미치는 영향 모두를 언급하고 있다. 이전 장에서 살펴봤듯이, 범죄의 결과는 결코 무시할 수 없는 문제이다. 범죄예방에 관한 정의는 대부분 범죄의 양적 수준을 감소하거나 범죄의 증가를 억제하는 내용을 포함했다. 범죄두려움과 인식된 수준의 범죄와 범죄피해를 고려한 경우는 거의 없었다. 이 책은 매우 간결하지만 포괄적인 개념을 사용한다:

> *범죄예방*은 범죄의 양적 수준 그리고/또는 인식된 범죄두려움을 감소하기 위한 모든 활동을 포함한다.

이런 활동은 형사사법체계의 노력뿐 아니라 공공부문과 민간부문, 개인과 단체에 의한 활동까지도 포함한다. 범죄를 유발하는 원인이 다양하듯이, 범죄예방의 효율적 접근방법도 여러 가지이기 때문이다.

이런 개념정의는 엑브롬(Ekblom)의 정의와 다르다. 범죄의 결과를 직접 언급하지 않는다. 그 이유는 두 가지이다. 첫째, 범죄와 두려움에 효과적으로 대처하면 범죄의 결과가 영향을 받기 때문이다. 둘째, 범죄에 직접 대처하지 않아도 범죄피해의 결과를 다룰 수 있기 때문이다. 범죄피해의 결과는 여러 방법으로 다룰 수 있다. 피해보상제도를 통해 피해자에 보상금 지불할 수 있고, 정신건강 치료자를 알선할 수 있고, 형사사법과정에 참여함으로써 잃게 되는 시간을 감소시켜 줄 수 있고, 그 외의 다른 조치들을 지원할 수 있다. 이런 방법들 모두는 피해자에게 도움이 되지만, 범죄의 원인에 대처하는 것과는 직접적 관련이 없다. 따라서, 이 책에서는 범죄와 범죄의 두려움을 주로 다루고, 상대적으로 범죄의 결과는 많이 다루지 않는다.

범죄예방(crime prevention)과 범죄통제(crime control)는 같은 의미가 아니다. 범죄예방은 최초 범죄를 저지르기 이전 또는 다른 범죄를 저지르기 전에 범죄를 제거하려는 시도들이다. 반면에, 범죄통제는 일정한 목표수준이나 현재의 수준으로 범죄발생을 유지하거나 범죄의 규모를 관리하려는 노력이다. 범죄통제는 또한 범죄의 두려움과 관련한 문제에는 관심을 갖지 않는다. 여러 학자들이 범죄예방과 범죄통제의 구분을 비판했다. 그러나 이런 비판은 이 책의 저자가 추구하는 이념을 제대로 이해하지 못한 것이다. 비록 범죄가 발생할 수밖에 없고 회피하기 어렵다고 사회나 형사사법기관은 단순히 일정수준의 범죄를 관리하는 역할에 그쳐서는 안 된다. 범죄와 범죄 두려움을 감소하기 위해 뭔가를 해야 하며 이 책의 저자는 사회와 형사사법기관이 그럴 수 있다고 믿는다. 기능주의자들은 범죄가 사회적 필요물이며 항상 발생할 수밖에 없다고 가정하고, 우리가 할 수 있는 일은 단지 그것을 "통제"하는 것이라고 생각한다. 기능주의 견해는 나름대로 일리가 있다. 하지만 기능주의 견해는 범죄 "예방"을 시도조차 하지 않으려는 잘못된 사고방식을 갖게 할 수 있다.

범죄예방의 분류

범죄예방은 여러 방식으로 분류할 수 있다. 가장 초기의 분류방법은 질병예방의 보건의료모형을 차용한 것이었다(Brantingham and Faust, 1986; Caplan, 1964; Leavell and Clark, 1965; Shah and Roth, 1974).

범죄예방/보건의료모형

세 축으로 구성된 보건의료모형은 1차적 예방, 2차적 예방, 3차적 예방으로 예방활동을 구분한다. 각각은 문제의 발전단계별로 대처하려는 시도이다. 보건의료 관점에서, 1차적 예방은 질병이나 문제가 처음부터 발생하지 않도록 하는 활동이다. 여기에는 예방

접종과 공중보건 책임자들에 의한 위생관리 등이 있다. 2차적 예방은 사회의 일반적 우려수준을 넘어 질병의 조기징후를 보이는 사람이나 상황에 집중하는 활동이다. 결핵진단 검사를 하거나 유해물질을 다루는 직원을 정기적으로 정밀검사를 하는 것 등이 2차적 예방에 포함된다. 3차적 예방은 질병이나 문제들이 이미 발생한 시점에 개입하는 것이다. 이 단계의 활동으로는 당면문제를 해결하거나 차후에 재발하는 것을 방지하려는 노력들이 있다. 범죄예방의 분류는 이런 보건의료모형과 매우 유사하다.

1차적 범죄예방

형사사법 분야에서 1차적 예방은 "범죄행위를 촉발하거나 범행기회를 제공하는 물리적, 사회적 환경조건을 판별하는" 것이다(Brantingham and Faust, 1976). 이에 속하는 예방대책은 다양한 종류가 있고 많은 사회조직들이 관련되어 있다(표 2.1 참조). 구체적으로 환경설계, 이웃감시, 일반예방, 민간경비, 발달론적 예방대책, 범죄와 범죄예방에 관한 교육 등이 1차적 예방에 포함된다. 환경설계는 범죄자에게는 범행을 어렵게 만들고, 주민들에게는 감시를 쉽게 하고 안전하다는 느낌을 확대하는 범죄예방기술이다. 예컨대, 감시를 용이하게 하는 건축계획의 사용, 보안등과 열쇠의 설치, 용이한 식별을 위한 재물표시표의 부착 등이 환경설계의 영역에 포함된다. 이웃감시와 시민순찰을 통해서는 지역주민들이 주거지역을 통제할 수 있는 능력이 향상되고, 잠재적 범죄자에 대해서는 적발될 위험성을 증가시킬 수 있다.

표 2.1 범죄예방 접근방법

1차적 예방 :
- 환경설계
  - 건축설계
  - 보안등
  - 접근통제
  - 재물인식표
- 이웃감시
  - 감시
  - 시민순찰
- 일반예방
  - 체포와 재판
  - 양형 방법

대중교육
범죄수준
두려움
자기부조
발달론적 범죄예방
조기개입 프로그램
사회적 범죄예방
실업
빈곤
취업/취업 훈련
민간경비

2차적 예방 :
판별과 예측
조기판별과 문제행위자의 예측
범죄지역분석
상황적 범죄예방
문제판별
상황특유의 대처방안
지역사회경찰활동
약물남용
예방과 처우
학교와 범죄예방

3차적 예방 :
특별예방
무력화
사회복귀와 처우

1차적 예방에서는 다양한 집단/조직이 중요한 역할을 담당한다. 경찰이 지역사회에 배치되면 해당지역의 범행 매력성에 영향을 미치고 주민들의 범죄 두려움을 낮출 수 있다. 법원과 교정시설은 범죄자들에게 인지된 위험을 증가시켜 1차적 예방에 기여할 수 있다. 또한 형사사법체계의 조치들은 일반 억제효과로 작용할 수 있다. 대중교육은 범죄의 정확한 실태를 알려주고 형사사법기관과 시민들의 바람직한 상호작용을 홍보함으로써 범죄에 대한 인식과 위법행위와 관련된 개인선택에 영향을 미칠 수 있다.

발달론적 범죄예방(developmental crime prevention)은 사람들을 일탈행동으로 유인하는 위험요인들(risk factors)에 주목한다. 발달론적 접근방법의 대표적 사례들은 부모와 자녀가 함께 참여해 부모의 양육기술과 사회성 기술(social skill), 예비학습, 인지능력 등의 향상을 도모하는 프로그램들이다. 사회적 예방은 일탈행동의 근본원인에 개입하는 대처활동이다. 실업문제, 열악한 교육수준, 빈곤, 이와 유사한 사회적 질병을 해결함으로써 범죄와 두려움을 감소하려는 활동들이다. 이런 대책들을 포함해 1차적 예방활동들은 최초 혹은 지속적 범죄와 범죄피해를 줄이고 범죄 두려움의 감소를 목적으로 한다.

2차적 범죄예방

2차적 예방은 "잠재적 범죄자를 조기에 판별하고 이들이 불법행위를 저지르기 전에 개입하려는 대처방안이다"(Brantingham and Faust, 1976). 2차적 예방은 사회와 형사사법체계가 잠재적 범죄자들과 문제 상황을 사전에 정확히 판별하고 예측할 수 있다는 것을 전제로 있다. 지금까지 가장 잘 알려진 2차적 예방은 상황적 범죄예방이다. *상황적 범죄예방(situational crime prevention)*은 미시적 수준에서 기존문제의 원인을 파악한 후에 이에 가장 적절한 해결방안을 개발하고 실시하는 예방대책이다. 해결방안들은 물리적 환경설계, 사회적 행위습관의 변화, 감시의 증가, 이외 여러 가지 변화와 활동 등을 포함한다. 지역사회 경찰활동은 상황예방과 긴밀히 관련이 있다. 지역사회 경찰활동에서는 지역주민의 우려사항에 대한 문제해결 방법으로 주민참여를 적극적으로 활용한다.

2차적 예방 노력의 상당 부분은 1차적 예방에서 소개한 활동들과 유사하다. 그 차이는 범죄행위를 발생하게 하는 문제의 해결을 강조하는 프로그램인가(1차적 예방), 아니면 범죄행위를 유발하는 이미 존재하는 요인들에 더욱 관심을 두는가(2차적 예방)에 대한 것이다. 또한, 2차적 예방은 비행 이전의 우범소년과 폭력범죄로 발전할 수 있는 일탈행위에 대해서도 조치를 취한다. 예를 들어, 음주나 마약사용은 다른 유형의 일탈과 매우 밀접한 관련이 있다. 마약사용이 개인의 범죄경향성(criminal propensity)을 나타내므로 2차적 예방에서는 마약사용자를 예방대책의 주요 대상자로 한다. 학교도 2차적 예방에서 주요 대상이다. 학교에서 문제학생을 사전에 판별하고 학교환경을 이용해 이들에 필요한 조치를 실시한다. 2차적 예방의 상당 부분은 부모, 교육자, 지역사회 지도자 등의 노력에 의존한다. 왜냐하면 이들이 일탈행동과 두려움을 유발하는 사람과 상황을 일상적으로 접하기 때문이다.

3차적 범죄예방

브랜팅햄과 파우스트(Brantingham and Faust, 1976)에 의하면, 3차적 예방은 "범죄를 이미 저지른 사람들이 앞으로 더 이상 범죄를 저지르지 않도록 하는 예방대책이다." 3차적 예방은 대부분 형사사법체계가 담당한다. 체포, 기소, 수감, 처우, 재활 등이 모두 3차적 예방활동이다. 형사사법체계와 관련이 없는 프로그램은 민간기업의 교정활동, 지역사회에서의 전환처우, 사회내처우 등이다. 범죄예방에 관한 논의에서 3차적 예방은 흔히 생략되었다. 법률과목 교과서에서 충분히 서술했고 방대한 양의 관련문헌들이 이미 발표되었기 때문이다.

앞서 언급한 대처방안 외에도, 범죄예방의 각 유형별로 다양한 접근방법들과 개입방법들이 있을 수 있다. 또한 세 가지 예방유형의 각각에는 여러 변종들이 있고 특정한 범죄에 대한 새로운 방법들이 있다. 사실, 새로운 범죄예방기법의 종류는 범죄와 범죄두려움을 감소시키는 데 관심을 가진 사람들의 상상력에 의해서만 제한을 받을 것이다.

범죄예방의 대안모형

범죄예방은 앞서의 보건의료모형과 다른 방식으로 분류할 수 있다. 그 중의 하나는 반 다이크와 디 와드(van Dijk and de Waard, 1991)가 제안한 모형이다. 반 다이크와 디 와드는 세 축의 보건의료모형을 다소 변형하여 한 차원을 첨가해 3 x 3 형태로 분류했다. 한 축은 1차/2차/3차이며 다른 축은 피해자-지향/지역사회나 이웃-지향/가해자-지향이다. 예를 들어, 1차적 예방방법들을 적용대상이 피해자, 지역사회, 잠재적 가해자인가에 따라 더욱 세분화했다. 이들의 모형은 보건의료 기반의 분류체계를 보다 정교화한 것이다. 크로포드(Crawford, 1998)도 2차원의 유형론을 제안했다. 1차/2차/3차적 관점을 출발점으로 사회적 접근과 상황적 접근을 각각에 추가했다. 이들 두 가지 모형은 모두 범죄예방과 범죄예방대책을 분류하는 데에 대안적 관점을 제안한 것이다.

헌터(2010)는 새로운 층위를 추가한 범죄예방모형을 제안했다. 헌터는 범죄예방의 1차적, 2차적, 3차적 구분을 유지하면서 미시, 중범위, 거시 수준으로 구분했다. 미시-수준의 범죄예방은 개인, 소집단, 작은 지역, 소규모 기업 등을 대상으로 하는 것이다. 이런 예방기법들은 장소지향적이거나 개인의 취약성을 대상으로 한 것일 수 있다. 중범위-수준의 범죄예방은 넓은 범위의 지역사회나 이웃지역, 대규모 집단 혹은 기업을 대상으로 한다. 이런 사례로는 마을이나 동네 전체, 전문판매점 체인 등을 들 수 있다. 중범위-수준 예방에서는 범죄문제의 해결에 있어 여러 집단들이 참여한 협동적 대처를 강조한다. 끝으로 거시-수준의 범죄예방은 넓은 범위의 지역사회, 사회 전체, 대규모 집합체를 대상으로 한다. 이런 수준의 대책으로는 범죄와 무질서에 대처하기 위한 광범위한 사회변화, 교육제도의 혁신, 새로운 고용기회의 창출, 법제도의 개혁 등을 들 수 있다.

톤리와 패링턴(Tonry and Farrington, 1995)은 범죄예방을 (1) 발달론적, (2) 지역사회, (3) 상황적, (4) 형사사법제도의 4개 범주로 구분했다. 각 범주는 보건의료모형의 일부를 세분화한 것이다. 예를 들어, 형사사법제도 범주는 3차 예방과 유사하고 지역사회 범주는 대체로 1차 예방과 같은 것이다. 비오르고(Bjørgo, 2013)는 9개 범주의 일반 범죄예방모형을 제안했다. 9개 범주는 (1) 규범적 장벽의 설치와 관리, (2) 범죄활동 유입인원의 감소, (3) 억제, (4) 범행의 사전규제, (5) 범행대상의 보호, (6) 범죄피해의 감소, (7) 범죄이익의 감소, (8) 시설구금, (9) 범행단절과 재활이다. 9개 범주들은 대부분 보건의료모형이 포함하는 내용이다.

범죄과학(crime science)은 범죄예방에 새롭게 대두한 분야이다. 레이콕(Laycock, 2005)은 범죄과학을 새로운 학문영역 혹은 새로운 패러다임으로 범죄자의 수사와 처리를 범죄예방 노력과 결합하여 범죄에 대처하려는 학문이라고 정의했다. 범죄과학은 기존의 형사사법 패러다임, 즉 "범죄를 상황이 아니라 기본적으로 범죄자와 관련한 문제"로 보는 견해와 분명한 차이가 있다(Laycock, 2005: 21). 범죄자의 강조는 결국 형사사법체계가 중심이 되어 가해자를 체포하고, 재판하고, 처벌/재활해야 한다는 것을 의미한다. 범죄예방은 거의 혹은 전혀 관심을 두지 않는다. 이에 대해, "범죄과학은 범죄와 무질서에 대해 과학적 방법을 적용한다"(Laycock, 2005: 4).

한 마디로, 범죄과학은 여러 학문분야의 다양한 방법을 활용해 범죄에 대처한다. 범죄과학은 사회학, 심리학, 범죄학, 형사사법학과 같이 범죄와 범죄성을 다루었던 전통적 학문분야들을 포함한다. 또한, 공학, 생물학, 물리학, 건축학, 유전학, 의사소통학, 컴퓨터과학, 교육학 등도 포함한다. 각각의 학문 분야는 개인행위, 물리적·사회적 환경을 통제하고 조정하는 방법, 안전장비와 보안장비의 개발, 범죄와 범죄통제에서 중요한 요인들, 등에 통찰력을 제공할 수 있다. 범죄과학의 핵심목표는 다양한 학문분야를 포섭하여 범죄문제에 보다 기능적이고 체계적으로 대처하는 것이다(Laycock, 2005).

여러 면에서, 범죄과학은 보건의료 모형의 이념과 정확히 일치한다. 표 2.1에서 살펴본 범죄대책들은 다양한 활동내역과 개입방법들을 포함한다. 이런 활동내역과 개입방법들은 기존의 전통적 관련학문만으로는 다룰 수 없다. 공학이나 건축학 등의 학문에서 축적된 지식과 전문성이 필요한 부분이다. 또한 형사사법체계는 새로운 범죄예방대책을 집행하는 일과 함께 범죄자를 수색하고, 체포하고, 처리하는 업무도 담당한다. 이 책에서 앞으로 검토할 예방대책과 방법들은 범죄와 범죄예방의 전통적 학문 이외에서 축적된 지식과 정보들도 활용한 것들이다.

모형의 선택

앞서 살펴봤던 여러 분류방법들은 나름대로 의의가 있지만, 이 책에서는 보건의료모형을 활용한다. 다른 분류방법들은 사실 보건의료모형과 크게 다르지 않다. 1차적, 2차적, 3차적 범죄예방은 가정과 지역의 물리적 설계에서부터, 이웃감시. 대중교육, 발달론적 접근방법, 상황특유의 개입방법, 약물예방, 억제, 무력화, 재활에 이르기까지 다양한 예방대책들을 모두 포함한다. 범죄예방은 형사사법체계의 활동에 국한된 분야가 아니다. 범죄문제를 설명하고 예방대책을 연구하는 수많은 학자들과 전문가 집단이 축적한 다양한 지식과 역량에 의존해야 하는 분야이다. 또한, 이 책은 범죄예방의 여러 접근방법들을 단순히 설명하는 데 그치지 않는다. 접근방법들의 효과에 대해서도 독자들에게 통찰력을 제공하고자 한다. 하지만 예방대책을 평가하는 데에는 많은 문제가 있다. 다음 장에서는 범죄예방의 평가와 관련된 문제들을 살펴본다.

주요 용어

- 무장 칙령
- 시카고지역 프로젝트
- 범죄통제
- 범죄예방
- 발달론적 예방
- 고함지르기
- 도둑사냥꾼
- 탈리오 법칙
- 경관(constable)
- 의무경찰활동
- 국친사상
- 교구경찰
- 보건의료모형
- 감독과 감시
- 2차적 예방
- 상황적 범죄예방
- 사회적 예방
- 지위비행
- 3차적 예방
- 자경운동
- 미시-, 중범위-, 거시-수준의 범죄예방

제3장 평가와 범죄예방

장 개요

- 평가 유형
  - 영향 평가
  - 과정 평가
  - 비용편익 평가
- 평가에서 이론과 측정
  - 이론적 문제
  - 측정문제
  - 추적기간(follow-up periods)
  - 요약
- 평가의 방법
  - 실험설계
  - 현실 평가
  - 요약
- 본서의 개관

학습 목표

이 장을 읽은 후 여러분은 다음을 할 수 있어야 한다.

- 영향 평과와 과정 평가를 구분한다
- 영향 평가를 하는데 장애요소를 설명한다
- 비용편익 평가를 정의하고 범죄예방에서의 문제점을 설명한다
- 프로그램의 운영과 평가가 타당한 이론에 기초해야 하는 이유를 제시한다
- 범죄예방 프로그램을 평가하는 데 있어 측정오류의 문제점을 설명한다
- 적절한 추적기간이 왜 중요한가를 설명한다
- 평가에서 "황금기준"이 어떤 의미인가를 설명한다
- 평가에서 하나의 방법론적 기준을 사용할 때의 문제점을 설명한다
- 범죄예방평가에 영향을 미치는 내적 타당성과 외적 타당성을 설명한다
- 과학적 방법의 메릴랜드 척도를 설명한다
- 현실 평가를 설명한다

제3장 평가와 범죄예방

이 책은 범죄예방 프로그램과 대처방안에 대한 정보를 제공하는 데 그치지 않는다. 어떤 프로그램들이 범죄예방에서 효과적인가에 대해서도 통찰력을 제공하고자 한다. 이런 목적을 위해서는 예방프로그램과 운영에 대한 평가가 필수적이다. 이 책은 범죄예방 분야에 대한 소개이므로, 평가에 대한 부분은 다른 학자들의 연구결과를 활용해 설명한다. 이미 발표된 평가결과들을 정리하는 작업은 얼핏 생각하면 간단하고 단순해 보일 수 있다. 불행히도 그렇지 않다. "좋은" 평가가 어떤 것인지를 놓고 많은 논란이 있기 때문이다(Holcomb and Lab, 2003).

이 장의 목표는 평가와 관련된 이슈들을 살펴보고 앞으로 소개될 예방대책들의 평가결과를 이해하는데 필요한 기초지식을 쌓는 것이다. 여러 이슈들을 논의한다. 첫째, 평가의 유형들을 검토한다. 일부에서는 평가의 유형들을 효과평가(effective evaluation)의 하위 부분에 불과하다고 주장하기도 한다. 두 번째, 이론적 문제와 측정 문제와 관련한 이슈들을 검토한다. 적절한 방법론을 둘러싼 논쟁이 이 장에서 다룰 핵심내용이다. 이런 논쟁의 이해는 "좋은 평가"에 관한 다양한 주장들을 통합하는 데에 도움이 될 것이다. 이 장의 궁극적 목표는 범죄예방에서 평가의 중요성을 이해하는 토대를 구축하는 것이다.

평가 유형

일반적으로 평가는 어떤 활동이나 현상의 유용성을 심사하는 것이다. 따라서 범죄예방의 평가는 예방대책이나 개입방안을 실시했을 때에 범죄, 두려움, 기타 기대효과에 어떤 영향을 미쳤는지를 심사하는 것이다. 평가를 하려면 다양한 방법들을 사용해야 한다. 이런 점에서 엑브롬과 피즈(Ekblom and Pease, 1995)는 평가연구를 다양한 방법을 사용해 두 가지의 연구목적을 추구하는 것이라고 보았다. 그 중의 하나는 대처방안의 운영과정을 이해하는 과정 평가(process evaluation)이며, 다른 하나는 대처방안의 성과를 분석하는 영향 평가(impact evaluation)이다. 평가의 세 번째 유형은 비용편익평가(cost-benefit evaluation)이다. 비용편익평가는 최근에 들어 더욱 증가하는 추세이다.

영향 평가

영향(결과) 평가(impact(outcome) evaluation)는 범죄정책, 대처방안, 프로그램을 실시한 이후에 어떤 변화가(예를 들어, 범죄율의 변화) 있는가에 관심을 둔다. 형사사법 분야에서 영향 평가의 사례는 많이 있다. 예를 들어, 교정시설에서 사용한 재활프로그램이 재범과 약물복용의 감소에 어떤 효과가 있는가를 평가하는 경우이다. 마약거래의 수준을 감소하려고 순찰방식을 변경하고 이후 마약거래의 빈도를 평가한 경우도 있다. 학교에서 비폭력적 문제해결 방법을 가르친 후에 학교에서 발생한 신체적 대결의 빈도와 유형을 평가하기도 했다. 이웃감시 프로그램의 경우는 지역의 범죄에 미친 영향과 주민들의 두려움에 미친 영향이 평가되었다. 교통체계, 보행통로, 건축설계, 주거지역의 배치 등을 바꾼 후에 범죄율이 어떻게 변했는가를 평가한 경우도 있다. 소식지와 언론매체를 이용해 범죄예방방법을 홍보하고 이런 홍보활동이 주민의 행동과 범죄피해에 어떤 효과가 있는가를 평가한 경우도 있다. 이런 사례들은 범죄예방 문헌과 앞으로 살펴볼 많은 평가들의 일부이다.

범죄예방에서 영향 평가를 하는 데에는 몇 가지 문제가 있다. 가장 중요한 문제는 범죄예방대책을 실시할 때에 한 가지 대처방법만 사용하지 않는다는 것이다. 예방프로그램을 실시할 때는 흔히 여러 방법들을 동시에 사용한다. 예를 들어, 이웃범죄예방을 실시할 때는 감시활동, 재물등록, 이웃지역 청소, 주민들의 정규회합, 범죄소식지의 배포 등을 함께 사용한다. 해당지역에서 범죄율의 변화가(만일 있다면) 있더라도 평가자는 이런 방법들 중에 어떤 것 때문에 그렇게 되었는지를 정확히 판단할 수 없다. 모든 대처방법들을 패키지로 한꺼번에 사용해서 변화가 있었을 수 있고, 한 가지 방법이 그런 변화를 가져왔을 수 있다. 혹은 범죄와 두려움에 어떤 방법은 긍정적 영향이었지만 다른 방법들은 그 영향을 상쇄시켰을 수도 있다. 범죄예방대책에서 한 가지 대처방법만을 사용하고 다른 방법들을 전혀 사용하지 않는 경우는 거의 없다.

범죄예방의 평가에서 두 번째 문제는 동네나 이웃지역을 대상으로(즉, 평가에서 분석의 단위) 대처활동을 실시하는 것과 관련이 있다. 범죄예방 프로그램을 동네나 이웃지역을 단위로 실시하는 것 자체를 잘못이라고 할 수 없다. 문제가 되는 것은 방법론에 관한 이슈이며 여러 측면에 걸쳐 있다. 첫째, 동네나 이웃지역을 분리할 수 없다. 해당지역의 범죄에 영향을 미치는 요인들에는 예방프로그램 이외에 다른 많은 요인들이 작용한다. 특히 인접한 동네나 이웃지역으로부터 많은 영향을 받는다. 둘째, 예방프로그램이 이웃지역에 골고루 실시되지 않으며 지역주민들 모두가 그것을 똑같이 수용하지 않는다. 그 결과, 예방프로그램에 참여한 주민들한테서는 분명히 범죄와 두려움이 감소했지만 해당지역 전체에서는 아무 영향이 없었던 것처럼 나타날 수 있다. 영향 평가를 할 때에 만일 예방프로그램에 대한 주민 수용도와 협조가 완전하지 않으면 특히 각별한 주의가 요구된다.

범죄예방프로그램의 영향평가에서 세 번째 문제는 범죄의 전이와 혜택의 확산과 관련된 사항이다. 전이와 확산은 나중에 이 책에서 상세히 검토하지만, 이는 특정지역의 예방활동이 다른 지역의 범죄와 두려움에 미치는 영향에 관한 사항이다. 영향 평가의 장애요인들은 이 장의 후반부에서 상세히 검토할 것이다.

과정 평가

과정 평가(process evaluation)는 프로그램과 대처방안의 실시과정을 분석하고 특정 프로그램을 실시하는데 사용된 절차를 심사하는 것이다. 과정 평가는 또한 프로그램과 대처방안이 실시되는 사회적 상황을 파악한다(Ekblom and Pease, 1995). 일반적으로, 과정 평가는 프로그램의 내용과 실시과정에 대한 상세한 정보를 제공한다. 과정 평가는 다양한 변수들과 점검사항들을 선정하고 프로그램의 최초 목표에서부터 현재 운영 상태 혹은 중지)에 이르기까지 이들 변수들과 점검사항들을 검토한다. 주로 검토하는 사항들은 프로그램의 임무/목표, 프로그램 운영진의 수준과 자질, 프로그램의 예산과 자원, 프로그램을 집행하고 운영할 때의 장애요인, 계획한 대로 프로그램이 수행된 정도, 프로그램에 대한 후원수준, 주민들이나 대상자들이 프로그램을 준수한 수준, 관리기록의 질적 수준, 시간의 흐름에 따른 프로그램의 수정 등이다. 이런 자료를 통해 과정 평가는 예방프로그램이 계획대로 얼마나 성공적으로 실시되었는가를 분석한다. 과정 평가의 옹호론자들은 평가자료를 통해 예방프로그램의 맥락적 상황과 프로그램이 진행되면서 실제 어떤 일들이 있었는가를 정확히 알 수 있다고 지적한다.

그러나 안타깝게도, 기존의 평가들은 과정에만 주목했다. 영향 평가를 병행하려는 시도를 거의 하지 않았다. 따라서 무엇을 하려고 했고 얼마나 제대로 했는지는 보여주었지만, 프로그램이 범죄와 두려움에 실제 어떤 영향을 미쳤는지는 보여주지 못했다. 미국과 영국에서 과정 평가들은 주로 포괄적 지역사회 프로그램(Comprehensive Communities

Program), 전략적 접근을 통한 지역사회 안전대책(Strategic Approaches to Community Safety Initiative), 침입절도 감소대책(Burglary Reduction Initiative), 범죄와 무질서 법(Crime and Disorder Act) 프로젝트 등과 같이 협력체계 프로그램들을 대상으로 했다. 미국의 평가연구들은 거의 예외 없이 전적으로 과정에 집중한 것이었다(예를 들어, Bureau of Justice Assistance, 1997; Kelling, 1998; Rosenbaum and Kaminska-Costello, 1998). 심지어 영향 평가를 병행하겠다고 계획한 경우도, 예산이 지원되기 이전이나 프로그램이 종료되기 전에 영향 평가를 포기하는 경향이었다.

예방 프로그램이나 범죄대책의 과정 평가는 흔히 성공여부를 프로그램의 성과목표(outcome goals)를 도외시하고 판단했다. 성과목표 대신에, 성공여부는 주로 회합의 개최회수, 회합에 참가한 기관들의 수, 얼마나 오랫동안 프로그램이 실시되었는지, 처리한 대상자들의 수, 예산지출의 규모, 운용계획의 발전 등을 중심으로 측정했다. 예방프로그램이 범죄, 두려움, 삶의 질, 기타 기대효과에 미친 영향은 대부분 고려하지 않았다. 범죄에 얼마나 영향이 있었는지에 관해서는 과정 평가만으로는 아무런 정보를 얻을 수 없다.

과정 평가는 예방프로그램에 대한 핵심 질문(예를 들어, 그것이 범죄를 줄였는가)에는 해답을 주지 못한다. 그런데 왜 그렇게 널리 사용되었을까? 몇 가지의 이유가 있다. 첫째, 과정 평가는 이후에 있을 결과 연구의 시발점이 될 수 있다. 왜냐하면 예방프로그램이나 범죄대책이 올바로 실시되었는지 혹은 기대하는 변화가 있을 만큼 충분히 대상자들에 개입활동을 했는지를 과정 평가를 통해 알 수 있기 때문이다. 둘째, 과정 평가는 예방프로그램이 실시되는 상황에 관한 정보를 제공할 수 있다. 상황에 대한 지식은 매우 중요하다. 범죄의 배경환경, 프로그램의 운영실태, 무슨 일들이 일어났는지, 어떤 부작용이 있었는지, 기타의 사항들을 제대로 알아야 해당 예방프로그램을 다른 시간과 장소에도 적용할 수 있는지를 알 수 있기 때문이다. 즉, 과정 평가는 예방프로그램의 일반화가능성에 관한 정보를 제공할 수 있다. 이런 점에서 과정 평가는 예방프로그램의 총체적 판단을 하는 데 매우 중요한 부분이다. 끝으로, 과정 평가에는 실패가 없다는 독특한 특성이 있다. 과정 평가를 하면 무슨 일이 있었고, 얼마나 있었고, 얼마나 많은 사람들이 참여했고, 기타 사항들에 대한 정보를 제공할 수 있다. 이런 정보들은 예방프로그램이 많은 일을 했다고 보여주는 방대한 보고서의 기초가 될 수 있다. 즉, 프로그램의 많은 업적들을 보여줄 수가 있다.

영향 평가와 비교할 때에, 과정 평가는 상황적 여건, 예방프로그램의 운영실태, 결과산출의 기여요인들 등에 대한 정보를 제공한다(Tilley, 2002). 과정 평가는 영향 평가를 병행해야 한다. 과정 평가는 예방프로그램이 제대로 실시되었는지, 성과산출에 필요한 만큼 실시되었는지, 실험집단이 예방프로그램을 받아들였는지, 프로그램의 성공에 장애요인이 있었는지, 기타 사항 등을 살펴본다. 분명한 사실은 예방프로그램의 효과가 사회적, 물리적, 상황적 요인에 따라 달라질 수 있다는 것이다.

비용편익 평가

세 번째 평가유형은 비용편익 평가(cost-benefit evaluation)이다. 비용편익 평가(혹은 비용편익 분석)는 예방프로그램의 소용비용이 프로그램으로 얻게 되는 이득이나 성과에 의해 정당화될 수 있는지를 분석하는 것이다. 에이오스(Aos, 2003)는 예방프로그램의 비용과 편익에 대한 평가는 어떤 프로그램에 대한 총체적 평가에서 중요한 구성요소라고 지적했다. 형사사법체계(정부나 사기업도 마찬가지이다)의 가용자원에는 한계가 있다. 제한된 가용자원 내에서, 형사사법체계는 기대 효과를 최소의 비용으로 달성할 수 있는 프로그램을 실시해야 한다. 비용편익 분석은 영향 평가가 완료된 이후에 수행하는 일종의 과정 평가이다. 그 이유는 간단하다: 프로그램이 기대했던 변화를 가져왔는지를 모르는 상태에서는 소요비용이 정당화될 수 있는지를 판단할 수가 없다. 따라서 비용편익 분석은 과정 평가와 영향 평가 모두를 필요로 한다.

범죄예방과 형사사법분야에서 비용편익 분석에는 다른 분야와 달리 여러 가지 어려움이 있다. 가장 큰 어려움은 계량화하기가 어려운 사항들에 금전적 가치를 매겨야 한다는 것이다(Tilley, 2009). 예를 들어, 침입절도 예방프로그램의 경우는 금전적 가치를 계산할 수 있다. 과거 침입절도의 평균 손실액을 구하고 예방프로그램에 의해 감소한 범죄건수를 곱하면 그만큼 이득이 발생한 것으로 추정할 수 있다. 하지만 그럴 수 없는 경우가 있다. 폭행이나 살인을 예방했을 때에 줄어든 범죄두려움, 범죄피해의 심리적 충격, 심리적/감정적 상실감 등의 금전적 가치는 얼마로 계산할 수 있을까? 결근 날짜와 관련이 없는 시간손실을 어떻게 계산할 것인가? 금전적 가치의 계산 문제는 사회과학 평가에서 고질적 어려움이다. 두 번째는 프로그램의 비용 전부(프로그램 운영비용을 포함해서)를 추산하기가 어렵다는 것이다. 몇 장의 서류가 복사되었는지 혹은 사무실에서 근무한 시간이 얼마인지 등은 철저히 계산할 수 있지만 그렇지 못한 경우가 많이 있다. 각종의 활동에서 내역별 시간손실 비용, 노력 수준별 가치, 기타 요인 등은 계산하기가 매우 어렵다. 이런 문제가 있지만 비용편익 분석 자체가 불가능하지는 않다. 비용편익 평가를 하려면 많은 노력과 열정이 필요하다.

평가에서 이론과 측정

평가의 가치는 주로 배경이론과 주요 개념의 측정과 관련한 기본사항들에 의해 결정된다. 평가의 가능성도 마찬가지이다. 기존의 평가연구를 살펴보면, 이론에 관심을 두지 않거나 프로그램에 부적절한 변수들을 무비판적으로 사용한 경우가 적지 않다. 흔히 범했던 또 다른 잘못은 프로젝트에 적절한 추적기간(follow up)을 고려하지 않았다는 것이다. 다음에서는 각각의 이슈를 차례로 검토한다.

이론적 문제

범죄예방프로그램은 흔히 이론적 공백상태에서 실시되고, 평가도 마찬가지로 이론이 없는 상태에서 진행되었다(Holcomb and Lab, 2003). 예방프로그램의 운영자나 평가자가 모두 프로그램의 이론적 가정에는 관심을 두지 않았다. 따라서 기본질문들을 대부분 간과했다. 예를 들어, 주차장의 구조변경이 왜 자동차 절도에 영향을 미칠 수 있는지, 지역사회의 동반자관계가 왜 마약사용을 줄일 수 있는지, 교육프로그램이 왜 공격행위를 줄일 수 있는지 등에 의문을 갖지 않았다. 이런 질문들이 프로그램의 평가에서 핵심사항이라는 점에서 놀라운 일이 아닐 수 없다. 물론 예방프로그램들 모두가 엄격한 형식적 이론을 필요로 하지 않는다. 하지만 예방프로그램이 어떻게 그리고 왜 기대효과를 가져오는지에 대해서는 적어도 설명할 수 있어야 한다.

예방프로그램을 평가할 때에 배경이론을 고려해야 한다는 것은 오래전부터 강조되었다. 그럼에도 불구하고, 성공적이었던 평가들조차 상당수가 이론적 공백상태에서 수행되었다. 이런 평가들은 예방프로그램의 기대했던 영향이 있었는지에 대해 해답을 제공한다. 그렇다면, 이론의 부재가 왜 평가에서 문제인가? 첫 번째 이유는 비록 성공여부는 알 수 있지만, 왜 프로그램이 성공했는지 혹은 왜 실패했는지를 알 수 없기 때문이다. 이런 평가들은 또한 해당 프로그램을 다른 장소와 다른 시간에 이식할 수 있는지를 판단하는 데에 충분한 정보를 주지 못했다(Holcomb and Lab, 2003). 이론적 배경이 필요한 두 번째 이유는 불필요한 평가를 하지 않을 수 있기 때문이다. 배경이론을 살펴보면 프로그램의 효율성이 처음부터 의심스런 경우가 있다(Holcomb and Lab, 2003). 통행금지의 영향을 평가하는 연구를 예로 들어보자. 통행금지를 실시하면 소년범죄가 줄어들 듯 하지만, 배경이론을 살펴보면 그럴 수 없다는 것을 쉽게 알 수 있다. 통행금지 대책은 소년들을 길거리에 못나오게 하면 범죄를 저지르기가 힘들 것이라는 논리를 배경이론으로 한다. 그러나 자정에서 새벽까지의(전형적인 경우이다) 통행금지는 소년범죄의 발생에 영향을 미치기 어렵다. 왜냐하면 소년범죄의 대부분이 방과 후에 일어나기 때문이다. 통행금지의 배경이론을 검토한다면, 평가 자체가 필요 없다는 것을 쉽게 알 수 있다. 나아가 통행금지 대책의 폐지까지를 제안할 수 있다(Holcomb and Lab, 2003). 이론적 배경이 없는 프로그램의 평가는 "안개 속의 연구"와 같다고 할 수 있다. 판단지침이 없는 채로 프로그램을 이해하고, 평가항목을 구성하고, 적절한 방법론을 선정하고, 평가연구를 수행하는 것이다.

평가연구에서 배경이론은 매우 중요하다. 그런데, 왜 많은 평가연구들이 이론이 부재한 상태에서 수행되었을까? 몇 가지 이유가 있다(Holcomb and Lab, 2003). 첫째, "근시안적 성과우선주의"가 평가연구에 깔려있기 때문이다. 프로그램의 운용자나 평가자들은 대부분 성과유무에만 관심을 갖고, 왜 어떻게 이런 성과가 나왔는지에 대해서는 관심을 갖지 않는 경향이다. 이들은 긍정적 성과가 있으면, 예방프로그램이 제대로 실시되었다고 무조건 믿는다. 이런 믿음이 타당한 결론일 수 있다. 하지만 성과달성에는 다른 요인들이 개입되었을 수 있고, 또한 평가결과가 부정적일 때에 왜 프로그램이 제대로 작동하지 않은지에 대해서는 성과우선주의로는 해답을 얻을 수가 없다. 평가연구에서 이론이 부재했던 두 번째 이유는 프로그램 운영자들이 프로그램의 효과를 너무 "잘 알기" 때문이다. 운영자들에게, "프로그램이 효과적이라는 것은 상식이다!" 따라서 이들은 시간, 자금, 노력을 들여 이미 잘 알고 있는 사실을 입증하는 데에 적극적이지 않다. 프로그램이 실제 어떻게 작용하는지를 이해하거나 평가연구를 하는 데에는 관심을 갖지 않는다. 운영자들은 프로그램이 효과적일 것이라고 맹목적으로 믿을 뿐이다. 프로그램에 대한 맹목적 믿음은 정치인들이 주목하고 법률적 지원과 예산 지원이 있는 경우에 더욱 심각해질 수 있다. 이론부재의 세 번째 이유는 예방프로그램들이 주로 소규모 단체들의 풀뿌리 노력으로 개발되었기 때문이다. 소규모 단체들은 프로그램의 실시 자체에 만족하며, 평가연구라든지 어떻게 작동되는지에 대해서는 크게 관심을 갖지 않는다.

따라서 프로그램이 시작된 한참 후에 외부의 평가자들이 평가를 하게 된다. 운영자들은 평가연구에 투입할 수 있는 재원이 부족하고 프로그램 진행과정의 자료들도 대부분 비축하지 않는다. 이런 결과로 평가연구들은 성과에 주목할 뿐이고 왜 프로그램이 그랬는지에 대한 질문은 간과한다. 평가연구자들은 짧은 기간 프로그램에 개입하고, 평가를 수행하고, 그리고 프로그램을 떠나는 것이다. 제대로 된 평가를 하려면 연구대상 프로그램의 배경이론을 철저히 검토해야 한다. 프로그램이 효과적인지, 그렇지 않은지를 아는 것만으로는 충분하지 않다. 어떤 이유로 효과적이었고, 어떤 이유로 그렇지 않았는지를 이해하는 것이 더욱 중요하다. 또한, 다른 장소와 다른 시기에 프로그램을 이식할 수 있는지에 관한 통찰력을 제공하는 것도 중요하다. 배경이론을 검토한 평가는 그렇지 않은 평가에 비해 월등히 풍부한 정보를 제공할 수 있다.

측정문제

주요 개념의 측정은 경험적 연구 전체의 관심사항이다. 평가연구에서 개념측정은 특히 중요한 문제이다. 범죄예방 프로그램과 관련해서는 몇 가지 독특한 측정문제가 있다. 우선, 주요 결과변수의 측정문제가 있다. 대다수의 예방프로그램은 지리적 단위로 실시된다. 도시 단위의 평가에서는 경찰자료를 활용해 범죄문제의 수준을 측정할 수 있다. 동네나 소규모 지역인 경우는 그렇지 않다. 지역구분이 경찰의 관할구역과 일치하지 않아 경찰자료를 그대로 사용할 수 없다. 경찰의 공식통계를 사용하려면 자료를 대대적으로 재구성해야 한다. 최근에 개발된 지리정보체계(geographical information system)를 이용해 범죄발생장소를 맵핑(mapping)하면 이 문제를 어느 정도 해결할 수 있다. 그러나 지리정보체계가 아직 완전하지 않아 맵핑기술을 쓸 수 있는 지역이 많지 않다.

피해자 조사자료는 공식자료의 사용문제를 해결하는 대안이 될 수 있다. 실제, 여러 평가연구들이 공식통계자료와 피해자 조사자료를 병행해 사용했다. 피해자 조사자료에는 몇 가지의 장점이 있다. 평가대상 지역과 정확히 일치하는 지역의 자료를 수집할 수 있고, 경찰에 신고되지 않은 범죄를 포착할 수 있으며, 공식통계가 집계하지 않는 두려움이나 개인인식에 대한 정보를 수집할 수 있다. 그러나 평가대상 지역에서 피해자 자료가 수집되지 않았을 수 있다. 피해자 자료를 직접 수집하려면 비용이 많이 들고 시간이 오래 걸린다. 특히 평가연구가 비교집단이나 비교지역의 자료를 필요로 하면 자료부족은 더욱 심각한 문제이다.

피해자 조사를 하면 두려움 등의 주요 개념에 관한 자료를 수집할 수 있다. 그러나 문제가 없지는 않다. 제 1장에서 검토했듯이, 두려움의 조작화(operationalizing)가 간단하지 않다. 두려움은 그간 서로 다른 방식으로 측정되어 조사결과를 다른 연구들과 비교할 수 없었다. 두려움에 대한 질문문항이 프로그램에 적절하지 않을 수도 있다. 예를 들어, 주민의 야간활동을 위해 동네에 보안등을 설치하는 프로그램에서 주민들에게 사회전반의 범죄변화를 묻는 것은 적절한 질문이라고 할 수 없다. 대신에 야간에 거리를 걷는 것을 어떻게 생각하는지를 묻는 질문이 프로그램에 적합할 것이다. 조작화를 할 때에 예방 프로그램의 내용과 배경이론을 충실히 반영해야 한다. 이런 점에서 예방 프로그램에서 배경이론은 변수들과 측정방법의 선택에도 필요하다는 것을 알 수 있다.

측정의 또 다른 이슈는 프로그램의 성과를 상쇄하는 대립효과를 구분하는 방법에 관한 것이다. 범죄예방 프로그램에는 독특한 이율배반적 특성이 있다. 예방프로그램은 대부분 범죄문제의 수준을 낮추고 동시에 주민들의 범죄신고 의지를 고취시키려고 노력한다. 이웃감시 프로그램이 대표적 사례이다. 이웃감시 프로그램에서는 재물인식표의 부착, 이웃집에 대한 감시, 경찰에 적극적인 범죄신고 등을 강조한다. 프로그램으로 이웃지역에서 범죄수준이 분명히 감소했어도 자료상으로는 영향이 없었던 것으로 보일 수 있다. 이런 일이 어떻게 가능할까? 해당지역에서 범죄수준이 감소하고 동시에 주민들의 범죄 신고가 증가했다면 이런 일이 나타날 수 있다. 범죄가 감소했어도 공식통계에서 해당지역의 범죄율에는 아무런 변화가 없다. 평가연구는 이런 유형의 문제에 유의해야 하고 문제를 해결할 수 있는 방법(예를 들어, 사전 피해자 조사와 사후 피해자 조사)을 사용해야 한다.

추적기간(follow-up periods)

프로젝트를 추적하는 데 적절한 기간은 조사대상을 어떻게 측정할 것인가와 밀접히 관련된 문제이다. 추적기간의 문제는 사실 두 가지이다. 첫째, 프로그램이나 대처방안을 실시하면 언제 범죄수준의 변화(혹은 다른 결과)가 나타날 것인가? 둘째, 초기의 변화가 시간이 지나면서 약화되거나 없어질 가능성이 없는가? 평가연구들이 흔히 설정하는 추적기간은 6개월과 같이 비교적 단기간이다. 단기간을 선택한 이유는 프로그램의 영향을 빨리 알려는 욕구와 추적기간이 길면 평가비용이 그만큼 증가하기 때문이다. 하지만 추적기간이 짧으면 프로그램을 제대로 평가하지 못할 수 있다. 효과가 시간이 한참 지난 뒤에 나타나는 프로그램들은 추적기간이 짧으면 모두 효과가 없는 것으로 평가된다. 반대의 경우도 있다. 즉각적 효과가 있어도 시간이 지나면 효과가 없어질 것이 확실한(알 수는 없다) 경우에 추적기간이 짧으면 이 프로그램은 성공적인 것으로 평가된다. 적절한 추적기간에 관한 원칙은 없다. 배경이론을 세심히 검토해 추적기간을 설정할 필요가 있다. 다양한 추적기간의 설정이 바람직한 방법이 될 수 있다. 예를 들어 3개월, 6개월, 12개월, 18개월로 추적기간을 설정하고 자료를 수집하는 방법이다. 추적기간이 다양하면 예방프로그램의 효과가 나타나는(만일 있다면) 시기와 효과의 시간적 변화추세를 파악할 수 있다.

요약

이론 경시의 평가(혹은 이론적 공백의 평가)와 측정이나 추적기간과 관련된 문제는 범죄예방 프로그램에 대한 연구에서 흔히 있는 일반적인 문제이다. 이런 문제의 대부분은 평가연구가 프로그램의 후반기에 실시되는 것과 관련이 있다. 후반기에서는 자료를 수집하기가 어렵고, 또한 프로그램이 처음 시작된 이후로 이미 몇 차례 수정된 상태이다. 예방프로그램과 밀접히 연관된 개인이나 단체 또는 "효과를 맹신하는" 사람이 평가를 하는 경우가 있는데, 이때는 편견에 의해 평가 결과가 왜곡될 수 있다. 평가연구의 문제들은 손쉽게 해결할 수 없고, 비용을 치르지 않고서는 극복할 수가 없다. 평가자들은 이런 문제들에 대해 가능한 모든 방법과 절차를 모색하고 활용해야 한다.

평가의 방법

범죄예방문헌들을 살펴보면 효과적인 예방대책을 찾기 위해 다양한 방법들이 사용되었다는 것을 알 수 있다. 지난 10년 동안에 어떤 방법이 적절한가를 둘러싸고 심각한 논쟁이 있었다. 일부의 학자들은 실험설계가 적절하다고 주장했고, 이에 반대하는 학자들은 연구문제와 예방프로그램이 실시되는 상황에 따라 적절한 방법을 선택해야 한다고 주장했다.

실험설계

진실험설계(true experimental design)를 사용한(혹은 그에 근사한 방법을 사용한) 평가만이 가치가 있다는 주장과 관련해 많은 논의가 있었다. 무작위통제시험(randomized control trials)이라고도 불리는(Tilly, 2009) 실험설계는 평가의 황금 기준으로 정착하였다. 왜 실험설계가 많은 평가자들이 선호하는 방법일까? 오로지 방법론적 시각에서 보면, 실험설계에는 여러 가지의 장점이 있다. 첫째, 실험집단과 통제집단으로 사례들을 임의 할당하는 무작위통제시험은 두 집단의 동질성을 높일 수 있다. 둘째, 평가과정에서 통제가 용이하여 실험집단은 처치나 대처방안을 받고 통제집단은 받지 않도록 확실히 조치할 수 있다. 또한 결과에 영향을 미치는 다른 요인들을 통제해 실험집단과 통제집단이 이들 요인들에 의해 영향을 받지 않도록 할 수 있다. 요약하면, 실험설계는 내적 타당성을 위협하는 다양한 요인들을 통제할 수 있다. 즉, 의도적으로 투입한 변수 이외에 연구결과에 영향을 미칠 수 있는 다른 요인들의 영향을 배제할 수 있다(표 3.1 참조). 프로젝트가 이런 요인들을 통제하면 통제집단에는 나타나지 않고, 실험집단에만 나타난 변화는 대처방안 때문이라고 해석할 수 있다. 즉, 연구자는 관찰한 변화의 원인을 "알았다"고 확신할 수 있다.

표 3.1 내적 타당성의 위협요인

역사	실험과 관계없는 사건이 실험기간 중에 일어나 측정결과의 변화를 유발하는 경우
성장	프로그램이나 투입자극과 별개로 연구대상자의 성장이 측정결과의 변화를 유발하는 경우
테스트	과거 측정경험(예를 들어, 서베이, 관찰조사, 자료수집 등)에 의해 측정결과의 변화가 일어나거나 투입자극의 효과 이상의 측정결과가 나타는 경우
도구	실험 진행과정에서 연구도구 혹은 연구절차의 변화가 측정결과의 변화를 유발하는 경우
통계적회귀	양극단을(낮은 범죄율이나 높은 범죄율) 대상으로 한 실험에서 시간이 지나면서 자연적으로 통계적 평균으로 회귀하는 현상
피험자선택	모집단을 대표하지 않는 실험대상자로 인해 측정결과가 영향을 받는 경우
피험자상실	실험과정에서 탈락한 연구대상자로 인해 측정결과가 영향을 받는 경우. 특히 탈락자가 남은 대상자들과 차이가 있을 경우에 측정결과가 부정확할 수 있다.

출처: Shadish et al. (2002) Experimental and Quasi-experimental Designs for Generalized Cuasal Inference. Boston: Houghton Miffin. 저자 재구성.

이 "황금 기준"은 자연과학(예를 들면 생물학과 화학)에서는 오랜 역사를 갖고 있고 일반적으로 수용하는 방법이다. 형사사법과 범죄예방 분야에서도 셔먼과 동료들(Sherman et al., 1997)이 미국 의회에 보고서를 제출한 이후로 실험설계에 더욱 많은 관심을 갖게 되었다. 의회 보고서에서 셔먼 등은 진실험설계의 기준에 얼마나 부합하는가에 따라 범죄예방대책 기존문헌들에 등급을 부여했다(Berk and Rossi, 1999; Cook and Campbell, 1979). 셔먼(1997)은 과학적 방법의 메릴랜드 척도(Maryland Scale of Scientific Methods, 표 3.2 참조)를 적용해 기존문헌들을 분석했다. 그리고 예방활동에 관한 대부분의 평가에서 효과적인 프로그램이나 대처방안이 거의 없는 것으로 나타났다고 결론지었다. 셔먼의 입장을 지지하는 후속 연구들은 황금 기준을 따른 연구만을 정책결정권자들이 참조해야 하고 연구기금은 실험설계 (혹은 그에 유사한 연구)가 가능한 경우에만 지원되어야 한다고까지 주장했다(Sherman et al., 2002). 안타깝게도, 범죄예방연구(그리고 보다 일반적으로는 사회과학에서)에 이런 기준을 적용하는 것은 어렵고 흔히 가능하지 않다.

표 3.2 과학적 방법의 메릴랜드 척도

레벨 1	범죄예방프로그램과 범죄/범죄위험요인과의 상관관계를 1회에 연구한 경우
레벨 2	프로그램과 범죄 또는 위험결과와의 관계를 시간적 순서에 따라 연구한 경우, 실험집단과 통제집단이 있지만 두 집단의 유사성을 검증하지 않은 경우
레벨 3	프로그램을 실시한 집단과 실시하지 않은 집단을 둘 혹은 그 이상 비교한 경우
레벨 4	프로그램을 실시한 집단과 실시하지 않은 집단을 다른 요인들을 통제하고 비교한 경우, 혹은 미세한 차이가 있는 비교집단을 사용한 경우
레벨 5	무선 할당을 하고 프로그램이 실시된 집단과 비교집단을 분석한 경우

출처: Sherman et al. (1998). "Preventing crime: What works, what doesn't, what's promising." Research in Brief. Washington, DC: National Institute of Justice.

범죄예방 분야에서 전적으로 실험설계에 의존할 때는 다양한 문제가 있다. 가장 심각한 문제는 연구결과가 다른 장소, 환경, 시간대에도 적용될 수 있는지, 즉 연구결과의 일반화 가능성과 관련한 문제이다. 이런 문제를 흔히 외적 타당성의 위협이라고 한다. 표 3.3은 외적 타당성에 대한 다양한 위협요인들을 정리한 것이다. 목록을 살펴보면 프로그램의 평가결과를 재연(replication)하는 데에는 여러 문제가 있다는 것을 알 수 있다. 가장 심각한 문제는 많은 대처방안들이 개인이 아니라 지역사회나 대단위 집합체를 대상으로 실시된다는 것이다. 지역사회들을 실험집단과 통제집단으로 무작위로 할당하는 것은 불가능하지는 않더라도 매우 어려운 일이다(Ekblom, 2002; Ekblom and

Pease, 1995; Laycock, 2002). 무작위화를 할 수 없을 때에, 최선의 방법은 실험지역과 가능한 많은 측면에서 유사한 이웃지역이나 지역사회를 찾아 통제집단으로 하는 것이다. 그러나 이런 매칭(matching)은 두 지역이 비교 가능하다는 사실을 보증해 주지 못한다. 무작위 할당이 가능하고 혹은 훌륭한 매칭이 되어도, 실험지역과 통제지역에 작용하는 다른 요인들의 영향을 배제할 수 있는 방법이 없다. 예컨대, 어떤 지역사회에 실시한 대책이나 대처방안을 눈에 안 보이게 할 수 없다. 실험지역과 통제지역의 사람들 모두가 주위에 일어나는 일을 목격할 수 있다. 목격한 일이 좋으면 통제지역의 사람이나 집단이 대처방안을 따라 할 수가 있다. 혹은 실험지역의 대처방안을 방해할 수도 있다. 실험실에서 했던 것처럼, 실험지역에서 외부 영향요인들을 완전히 배제할 수 있는 방법이 존재하지 않는다.

웹 자료

캠벨 연합회는 실험설계에 의한 평가와 형사사법제도에서 증거기반 정책을 주도하고 옹호하는 단체이다. 캠벨 연합회의 접근방법과 출판물에 대해서는 http://www.campbellcollaboration.org/ 웹사이트에서 참조할 수 있다.

외적 타당성 위협요인들의 몇몇은 대처방안을 실시할 때에 특히 문제가 될 수 있다(Tilley, 2009). 대처방안에 참여하는 개인/집단은 장소에 따라 매우 다를 수 있다. 개인/집단의 참여수준은 대처방안의 질적 수준에 영향을 미칠 수 있다. 혹은 프로그램을 원래 계획한 대로 실시하거나/제공하는 수준(예, 투입량)에 영향을 미칠 수 있다.

장소, 범죄, 피해자, 범죄자 등이 서로 다른 지역과 장소에서 똑같을 수는 거의(있다고 하더라도) 없다. 이런 차이가 대처방안의 성과에 영향을 미칠 수 있다. 한 마디로, 범죄예방대책이 어떤 지역에서 효과적인 것으로 평가되어도 다른 지역에서도 그만큼 효과적일 것이라고 확신할 수가 없다.

외적 타당성의 근원적 문제는 실험설계가 프로그램이나 대처방안이 실시되는 사회적 맥락을 고려하지 않는다는 사실과 관련이 있다. 이것이 의미하는 바는 프로그램이 특정 지역과 특정시간에서는 성공적이지만 다른 지역과 시간에서는 완전한 실패작도 될 수 있다는 것이다. 이웃지역들은 여러 면에서 서로 다르다. 인구, 범죄, 지역의 사회적 자료와 같은 명백한 차이 이외에도 많은 차이가 있다. 단순 무작위배치나 매칭으로도 이런 차이를 없앨 수 없다. 결국, 영향 평가와 병행해 철저한 과정 평가를 해야 할 필요가 있다.

표 3.3 외적 타당성의 위협요인

외적 타당성의 위협	설명
장소 속성	장소들이 똑같은 경우는 없다. 구체적 차이가 연구결과에 중요할 수 있다.
피해자 속성	피해자 속성의 유형이 지역마다 다를 수 있다. 구체적 차이가 연구결과에 중요할 수 있다.
가해자/잠재적 가해자 속성	가해자/잠재적 가해자 속성의 유형이 지역마다 다를 수 있다. 구체적 차이가 연구결과에 중요할 수 있다.
개입자 속성	대처활동의 실시에 개입한 지도자, 현장요원, 기관이 지역마다 다를 수 있다. 구체적 차이가 연구결과에 중요할 수 있다.
지역사회/가족/동료집단 속성	가해자와 피해자가 속한 사회적 관계의 유형이 지역마다 다를 수 있다. 구체적 차이가 연구결과에 중요할 수 있다.
대처활동 속성	활동내역을 똑같이 복제해 실시할 수 없다. 구체적 차이가 연구결과에 중요할 수 있다.
비범죄적 옵션	비범죄적 행위의 선택기회가 지역마다 다를 수 있다. 구체적 차이가 연구결과에 중요할 수 있다.
범죄적 옵션	특정 범죄를 저지른 사람이 선택할 수 있는 다른 범죄의 기회가 지역마다 다를 수 있다. 구체적 차이가 연구결과에 중요할 수 있다.
대처활동의 수준	범죄문제의 장소와 대상자에 따라 대처활동의 개입강도가 지역마다 다를 수 있다. 개입강도가 연구결과에 중요할 수 있다.

출처: Tilley (2009). Crime Prevention,. Cullompton, Devon, U.K.: Willian. 승인후 복사인용.

실험설계에 지나치게 의존했을 때의 또 다른 문제는 결론을 너무 쉽게 내린다는 것이다. 분석에서 영향이 나타나지 않으면 연구자는 실패했다고 주장하고 앞으로 해당 대처방안을 더 이상 사용하지 말 것을 권고하는 식이다. 하지만 부정적 결과가 프로그램의 부실한 집행, 문제의 원인에 대한 부정확한 진단, 프로그램 대상자의 잘못된 선정, 프로그램 대상자의 반발 등(Eck, 2002)에 비롯된 것일 수 있다. 이런 경우에, 실험설계를 엄격히 했더라도 프로그램의 효과는 나타나지 않을 것이며 그리고 대처방안이 실패했다고 선언할 것이다. 그렇지만 대처방안이 다른 지역에서는 효과적이고 혹은 제대로 실시했다면 효과적이었을 수 있다.

안타깝게도, 엄격한 실험설계를 사용한 많은 평가연구들에서 방법론이 프로그램을 이끄는 경향이었다. 배경이론이 프로그램의 발전이나 분석에서 주도적 역할을 하지 못했다. 훌륭한 실험설계를 했지만 프로그램의 영향이 나타나지 않았을 때에, 영향이 있을 것이라고 기대할만한 이론적 근거가 처음부터 없는 경우가 있다. 이런 경우의 대표적 사례는 청소년 야간외출금지법에 대한 평가이다(본 장의 앞부분에서 검토했다). 이 평가는 셔먼 등(1997)의 과학적 엄밀성 기준에 맞는 실험설계를 했지만 대처방안의 이론적 결함을 무시했다. 이론적 측면에서 야간외출금지법이 제대로 작동하지 않을 것이 분명하므로, 방법론적 기준을 충족했다고 해서 평가를 시작할 이유가 없는 경우이다.

현실 평가

"정확한" 방법론(즉, "황금 기준")에의 집착은 다른 접근방법의 가치를 떨어뜨려 범죄예방에 관한 지식을 구축하는 데 장애가 될 수 있다. 사실 범죄예방의 필수적 기초지식들은 민속학적 방법론과 질적 방법론과 같은 다른 접근방법에 의해 축적되었다. 이런 대표적 예가 침입절도범과 이들의 범행대상 선택에 관한 지식이다. 침입절도에 대해 광범위한 민속학적 연구들이 있었다. 민속학자들은 상이한 집단의 절도범을, 서로 다른 환경에서, 여러 국가에 걸쳐 연구했다. 그리고 연구방법들도 서로 달랐다. 예를 들어, 어떤 민속학자는 최적의 범행대상을 알려고 절도범과 함께 차를 타고 다녔고 다른 학자는 주택들의 사진들을 보여주고 절도범에게 범행에 적합한 주택을 선택하도록 했다. 이런 연구들은(Bennett,1986; Bennett and Wright, 1984; Cromwell et al., 1991; Reppetto, 1974; Wright and Decker, 1994) 절도범의 행동에 대해 많은 통찰력을 제공했다(상세한 내용은 제6장 참조). 이런 정보는 주택의 침입절도를 예방하려면 어떤 대처방안이 효과적일지를 이해하는 데 도움이 된다. 유사한 연구들이 강도, 재산범죄, 그리고 범죄자들을 대상으로 수행되었다(Feeney, 1986; Gill and Matthews, 1994; Shover, 1991; Tunnell, 1992). 이런 연구프로젝트들은 실험설계의 기준에 근접조차 할 수 없는 수준이다. 그렇다고 연구성과를 무시하고 이런 연구방법을 포기해야 할까? 질문에 대한 답은 "아니오"이다. "황금기준"이 모든 연구에 적합하지 않다는 사실을 인식하는 것이 중요하다.

포슨과 틸리(Pawson and Tilley, 1997)는 평가연구에서 보다 "현실적" 접근방법을 요구한다. 현실 평가는 실험적 접근방법에 전적으로 의존하는 대신에 현상을 전체적으로 관찰하는 것을 강조한다. 현실 평가의 두 가지 핵심 아이디어는 기제(mechanism)와 상황(context)이다. 기제는 "프로그램의 무엇이 그것을 효과적인 것으로 만드는가?"

(Pawwon and Tilley, 1997: 66)를 이해하는 것이다. 달리 표현하면, 어떤 과정으로 프로그램이 범죄나 범죄두려움과 같은 측정결과에 영향을 미치는가? 정교한 실험설계는 프로그램이 관찰된 변화를 초래했는지는 알려주지만, 왜 프로그램이 종속변수에 영향을 미치는지를 설명하지 못한다. 그렇지만 중요한 것은 변화를 유발한 기제를 이해하는 일이다. 기제를 이해했을 때에 기초지식을 쌓을 수 있으며 프로그램을 한 곳에서 다른 곳으로 이식할 때에 성공가능성을 높일 수 있다(Ekbolm, 2002).

프로그램의 효과성 기제에 대한 연구를 넘어, 포슨과 릴리(1997: 69)는 "인과기제와 그것의 효과와의 관계는 일정하지 않고, 상황 의존적이다"라고 주장한다. 즉, 대처방안이 실시되는 상황이 그것의 효과성에 영향을 미친다는 것이다. 따라서 예방노력의 영향은 그것이 시행되는 상황에 따라 달라질 수 있고, 나아가 프로그램이 다른 상황에서도 유사한 영향이 있을지 여부와 관련이 있다(Tilley, 2002). 엑브롬과 피즈(1995)는 프로그램의 상황적 맥락을 무시하고 하나의 가장 최선의 방법론을 찾으려는 노력을 근시안적이라고 비판했다. 지역의 독특한 환경과 상황은 대처방안으로 목표를 달성하는 데에 직접적으로 영향을 미칠 수 있다. '황금 기준'을 준수하는 피상적 영향평가로는 부족하고 그 이상이 필요하다. 기제에 대한 지식과 상황에 대한 이해를 결합하는 것이 중요하다. 즉, 변화가 일어나는 기제에 대한 지식과 특정한 범죄예방대책이 실시되는 광범위한 상황에 대한 이해를 결합하는 방법이 필요하다는 것이다.

효과성을 이해하는 데 적합한 방법론을 결정하는 것은 연구문제, 배경이론, 맥락이나 상황이라는 사실을 인식해야 한다. 하나의 기준이 모든 문제와 질문에 적합할 수 없다. 레이콕(Laycock, 2002: 234)이 현명하게 지적했듯이, "어떤 특정한 방법론이 '황금 기준'이 되어서는 안 된다. 그것은 적합한 방법론을 선택하기 위한 심사숙고의 의사결정 과정이어야 한다."

요약

위의 논의에 기초해, 이 책은 평가연구에서 사용한 방법론을 차별하지 않고 범죄예방대책들의 경험적 증거들을 살펴본다. 당면문제와 예방대책을 실시하는 상황에 적합한 방법론을 사용했는지를 중요하게 고려한다. 건실한 이론에 기초하고 프로젝트의 상황에 주목한 실험설계를 선호하지만, 이런 연구들이 항상 가용하지 않다. 이런 경우는, 가능한 최적의 정보를 소개하고 프로그램의 어떤 부분이 효과적이고 그렇지 않은지를 살펴본다. 맥락이나 상황이 중요하다는 점에서, 이 책에는 결과 혹은 영향평가를 강조하는 편견이 분명이 있다는 것을 인정한다. 각 장에서 과정평가에 관한 자료와 결과를 배경 정보로 고려했지만 책의 분량 문제로 직접적으로 많이 기술하지 않는다.

본서의 개관

이 책에서는 독자들에게 지난 40년간에 있었던 범죄예방의 대표적 이슈들과 방법들을 균형을 맞추어 소개하려고 한다. 모든 논의들을 현실적 제약으로 반영하지 못했고 지금까지 시행되고 평가된 모든 예방프로그램들을 다루지 못했다. 이 책의 목적은 예방적 접근방법의 유형들을 소개하고, 선택한 프로그램과 관련 이슈를 개괄하고, 프로그램에 관한 연구와 평가결과(만일 있으면)를 제시하고, 예방노력과 접근방법이 범죄와 범죄두려움에 미치는 영향을 비판적으로 검토하는 것이다.

이 책에서 다양한 범죄예방 방법의 효과성을 평가하는 데 가장 핵심적 기준은 범죄와 범죄 두려움이 감소되는 수준이다. 감소되는 범죄는 최초 범죄일 수 있고(1차적 예방) 재범일 수 있다(3차 예방). 범죄 두려움은 여러 대처방법, 특히 1차적 예방프로그램에 의해 감소될 수 있다. 범죄예방 프로그램을 평가하는 데 다양한 결과지표들이 사용되었지만(예를 들어, 프로그램 운용, 비용, 프로그램 대상자의 수), 범죄와 두려움의 감소가 궁극적인 목표이다. 다른 지표들은 각 장에서 많이 서술하지 않는다. 그렇다고 이런 지표들이 하찮은 사항이라는 것은 아니다. 그리고 예산배정의 측면에서 프로그램의 비용을 아는 것은 매우 중요하다. 하지만, 비용이 범죄나 범죄 두려움에 줄일 수 있는 프로그램의 영향력을 반영하지 않는다.

주요 용어

- 상황
- 영향(결과) 평가
- 과정 평가
- 비용편익 평가
- 현실적 평가
- 평가
- 외적 타당성의 위협
- 일반화 가능성
- 내적 타당성의 위협
- 황금 기준
- 기제(mechanism)
- 과학적 방법의 메릴랜드 척도

제1부

1차적 범죄예방

제4장 물리적 환경과 범죄

제5장 이웃범죄예방

제6장 전이와 확산

제7장 대중매체와 범죄예방

제8장 발달적 범죄 예방

제9장 일반억제

제1부 1차적 범죄예방

"범죄예방"이란 단어를 들으면 사람들은 흔히 공식 형사사법체계와 별개로 시민들의 노력에 크게 의존하는 프로그램들을 떠올린다. 이런 노력들은 대부분 1차적 예방의 영역에 속한다. 1차적 예방은 일탈행동을 유발하는 물리적, 사회적 환경을 제거하는 것이다. 이런 예방은 이미 범죄자이거나 범죄성향이 있는 사람을 대상으로 하지는 않는다. 대신에 1차적 예방프로그램들은 일탈이 발생하고 증가할 기회를 만드는 물리적, 사회적 요인들에 대처한다. 다음 장들에서는 사회내에서 범죄를 유발하는 요인들을 제거 혹은 완화하려는 다양한 방법들을 살펴본다.

4장에서는 범죄예방의 물리적 설계요소들을 다룬다. 환경설계를 통한 범죄예방(Crime Prevention Through Environmental Design, CPTED)은 과거 40년 동안 가장 많이 논의했던 범죄예방 프로그램의 하나이다. CPTED 아래에 자리 잡은 생각은 범죄를 저지르는 것을 보다 어렵게 만들고, 주민들이 자신들의 주변이 보다 안전해졌다고 느끼도록 하는 것이다. 이런 의도는 물리적 환경을 바꿈으로써 실현할 수 있다. 가로등의 개선, 자물쇠의 개선, 보다 튼튼한 출입문, 감시 장비의 이용, 그 외의 물리적 변화는 사회적 결속을 높이고, 시민의 관심과 참여를 이끌어 내며, 궁극적으로 범죄와 범죄 두려움을 줄일 수 있다. 5장에서는 이웃범죄예방(Neighborhood Crime Prevention)을 검토한다. 이웃범죄예방의 주요 관심사는 범죄예방활동으로 이웃간 결속과 상호관심을 증진시키는 매커니즘이다. 구역감시(block watches)와 시민순찰(citizen patrols)이 이웃들의 노력에서 핵심요소이다. 6장에서는 범죄예방 프로그램을 시행한 결과로 나타나는 범죄의 전이(displacement)와 확산(diffusion)이라는 대립된 현상을 살펴본다. 범죄예방 지역에서 범죄수준이 감소하면 흔히 이를 범죄가 해결되었다는 지표로 해석한다. 그러나 범죄는 몇몇 차원을 따라 전이될 수 있다. 전이의 경우에, 범죄유형, 범행시점, 범행장소에서 변화가 있어도 전체 범죄율은 이전과 같은 수준으로 유지된다.

범죄예방의 논의에서 중요한 사항은 프로그램이 범죄 두려움에 미치는 영향이다. 7장에서 설명하는 대중매체를 통한 범죄예방 기법은 넓은 범위의 사회구성원들을 대상으로 실제 범죄와 함께 범죄 두려움에 직접 대처하려는 시도이다. 8장의 주제는 발달론적 예방이다. 이 장에서는 위험에 처한 사람의 발견과 관련한 이슈와 조기 사회개입으로 다룰 수 있는 상황에 관한 이슈를 논의한다. 마지막으로, 9장에서는 공식 형사사법체계에 주목한다. 억제(deterrence)는 공식적 사법처리의 기본전제이다. 일반억제(15장에서 논의하는 특별억제와 반대되는 것으로)는 범죄에 연루되지 않은 사람들을 위하(威嚇)하는 것이다. 일반억제는 명백히 1차적 예방의 영역이다. 앞의 장들에서는 범죄예방 활동이 범죄와 범죄 두려움 모두에 미치는 영향을 논의하지만, 9장에서는 실제 범죄행동에 미치는 영향만을 검토한다.

제4장 물리적 환경과 범죄

장 개요

- 환경설계를 통한 범죄예방
  - 영역성
  - 감시
  - 이미지와 환경
  - 접근통제와 목표물 견고화
  - 활동지원과 동기강화
  - CPTED 요소들 간의 갈등
  - 요약
- 환경설계의 시행
- 물리적 설계의 효과
  - 개별적 요인의 효과
  - 이웃지역의 물리적 설계
  - 방어공간에 대한 도전
  - 2세대 CPTED
  - 3세대 CPTED
- 비문화성, 무질서, 범죄
- 요약

학습 목표

이 장을 읽은 후 여러분은 다음을 할 수 있어야 한다.

- CPTED를 설명한다
- 방어공간을 설명한다
- 뉴먼(Newman)의 방어공간 구성요소를 예시하고 설명한다
- OTREP와 범죄와의 관계를 설명한다
- 물리적 설계변화의 4가지 중간목표를 설명한다
- 설계를 통한 보호(Secure by Design)의 기본원칙을 예시하고 설명한다
- 범죄예방을 위한 보안등의 효과를 검토한다
- 전망, 은신처, 탈출로를 범죄예방과 관련하여 정의하고 설명한다
- CCTV의 효과에 관한 자료들을 검토한다
- 재물표시 활동과 그 영향을 설명한다
- 도로설계가 범죄예방에 미치는 영향을 설명한다
- 이웃단위 환경설계 프로그램과 범죄와 두려움에 미치는 영향을 논의한다
- 방어공간에 관한 메리(Merry)의 분석과 연구결론을 논의한다
- 비문화성과 그것의 범죄와 범죄예방과의 관계를 설명한다
- 물품 설계에 대한 아이디어를 논의하고 범죄예방의 사례를 제시한다

제4장 물리적 환경과 범죄

현대적 범죄예방은 1950-1970년대 건축설계를 기점으로 발전했다. 당시 건축가와 도시계획가들은 지역의 레이아웃과 도시 주거형태가 주민의 행동, 특히 범죄행위에 미치는 영향에 관심을 가졌다. 지역사회, 가정, 상업지구의 물리적 설계를 바꾸면 다양한 방식으로 범죄에 영향을 미칠 수 있다고 믿었다.

물리적 변화는 범죄를 저지르는 것을 어렵게 할 수 있다. 이런 어려움은 노력에 비해 범죄로 얻는 이익을 적게 만들 수 있다. 또 다른 효과는 범행 중 적발되고 붙잡힐 위험을 증가시킬 수 있다는 것이다. 마지막으로, 물리적 설계변화는 주민들의 행동양식 변화를 유도하여 지역에서 범죄를 저지르는 것을 더욱 어렵게 만들 수 있다. 이 장에서는 범죄대응과 범죄예방을 위한 다양한 물리적 설계들을 소개하고 설명한다. 그리고 이런 방법들이 범죄에 미친 영향을 살펴보고 앞으로의 발전가능성을 평가한다.

환경설계를 통한 범죄예방

일반적으로, 환경설계를 통한 범죄예방(CPTED)은 지역이나 시설의 물리적 설계를 변화시켜 범죄에 영향을 미치려는 노력을 의미한다. 이런 접근방법은 영역성과 감시를 강화하고, 목표물을 견고화(target hardening)하고, 지역의 합법적 거주자를 더욱 잘 인식할 수 있게 하는 건축설계를 포함한다. CPTED의 기본 아이디어는 오스카 뉴먼(Oscar Newman, 1972)의 "방어공간"(defensible space) 개념에서 발전했다.

웹 자료

쿠시묵과 위트모어(Kushmuk and Whittemore, 1981)는 물리적 환경설계의 범죄에 대한 효과는 간접적이며 4개의 중간목표를 통해 작용한다고 주장했다. 4개의 중간목표는 출입통제, 감시, 활동지원, 동기강화이다. 이들이 중간목표인가 아니면 CPTED의 부분들인가는 논쟁의 대상이다. 쿠시묵과 위트모어는 중간목표들을 포함한 인과관계를 도식으로 표현했다. 교과서 웹사이트에서 쿠시묵과 위트모어의 인과관계 도식을 참조할 수 있다.

방어공간(Defensible Space) 이론은 "자신을 방어하려는 사회적 구조의 물리적 표현을 형성함으로써 범죄를 억제하는 모델"을 제안한다(Newman, 1972). 기본 아이디어는 지역의 물리적 특성이 지역주민과 잠재적 범죄자 모두에게 영향을 미칠 수 있다는 것이다.

지역주민과 범죄자에 대한 영향은 서로 다르다. 주민의 경우, 지역의 외형과 설계는 보살핌과 배려의 태도를 함양하고, 상호간 접촉을 유도하고, 지역의 개선과 이용을 강화하고, 범죄통제와 해결에 의한 이득을 얻게 해 줄 수 있다. 잠재적 범죄자에 대해서는, 지역의 외형은 주민들이 주위환경을 돌보고 이용하는 정도, 발생하는 사건들에 쏟는 관심의 수준, 범죄를 목격했을 때의 개입의지 등을 알게 할 수 있다.

뉴먼(Newman, 1972)은 방어공간을 네 가지 요소로 구분했다 – 영역성, 자연적 감시, 이미지, 환경(표 4.1 참조). 이에 더해, CPTED 지지자들은 출입통제, 목표물 견고화, 활동지원 등의 요소들을 첨가했다. 어떤 면에서 이런 요소들에는 많은 공통점이 있다. 하지만 요소들은 서로 충돌할 수도 있다. 각각의 CPTED 요소는 지역의 범죄유발적(criminogenic) 속성에 영향을 미친다.

표 4.1 CPTED 구성요소

뉴먼의 방어공간 구성요소	
영역성	지역에 대한 소유의식. 이런 의식은 일상적이지 않은 일이 있으면 행동을 취하도록 자극한다.
자연적 감시	실내와 실외의 활동을 관찰할 수 있는 능력. 이는 특별한 장치(폐쇄회로 TV와 같은)의 도움 없이 관찰할 수 있는 능력이다.
이미지	이웃지역의 외관. 지역의 외관이 다른 지역과 고립되어 있지 않으며, 보호되고 있으며, 주민의 적극적 행동의지를 보여주는 것.
환경	이웃지역의 주위환경. 범죄가 적은 지역에 주택, 건물, 지역사회가 위치하는 것.
다른 구성요소들	
접근 통제	합법적 이용자만 접근할 수 있도록 지역이나 건물에 출입하는 사람들을 단속할 수 있는 능력.
활동 지원	지역사회 내의 시민과 합법적 이용자 간의 상호작용을 지원하고 강화하는 기능
목표물 견고화	범죄자가 범죄를 저지를 때의 노력과 비용을 증가시키는 일련의 행동

출처: O. Newman (1972). Defensible Space: People and Design in the Violent City. New York: Macmillan; J. Kushmuk and S.L. Whittemore (1981). A Reevaluation of the Crime Prevention Through Environmental Design Program in Portland, Oregon. Washington, DC: National Institute of Justice; Cozens et al. (2005). "Crime prevention through environmental design(CPTED): A review and modern bibliography." Properety Management 23: 328–356

영역성

영역성은 지역에 대한 권리를 주장하는 합법적 이용자들의 능력과 희망을 지칭한다. 지역에 대한 통제(area control)는 실제의 또는 지각된 경계를 만들고, 지역의 합법적 이용자와 낯선 사람들을 구별할 수 있고, 지역주민들 사이에 공동체적 분위기가 만들어졌을 때에 가능하다. 영역성은 특정의 지역, 건물, 재물을 어떤 사람이 소유했으며 다른 사람들은 이에 대한 권리를 주장할 수 없다는 것을 의미한다. 보다 중요한 사실은 주민/소유자/합법적 이용자(범죄자가 아닌 사람)와 잠재적 범죄자까지도 해당 영역의 "소유권"을 인정하고 이런 인식에 따라 행동을 결정한다는 것이다. 카즌스와 동료들(Cozens et al., 2005)은 영역성에는 두 가지 유형이 있다고 지적했다. 하나는 상징적 영역성이며, 다른 하나는 실질적 영역성이다. 상징적 영역성은 간판, 조경, 기타 물건으로 소유권의 변화나 지역을 표시하는 경우이다. 이와 달리 실질적 영역성은 다른 사람의 출입을 물리적으로 차단하는 벽, 울타리, 출입문, 기타 물건 등에 의해 확보할 수 있다.

감시

감시는 범죄자가 관찰될 기회를 증가시키는 활동이다. 뉴먼(1972)은 특히 자연적 감시(natural surveillance)를 강조했다. 자연적 감시는 주민이나 합법적 이용자가 특별한 수단을 사용하지 않고서도 주위에서 일어나는 일들을 보고 관찰할 수 있는 상태이다(이를 코젠과 동료들(2005)은 비공식 감시라고 지칭했다). 뉴먼은 창문을 달 때는 거주자가 집주변의 어느 곳이든 관찰할 수 있도록 설치해야 한다고 주장했다. 출입문은 길거리 방향으로 설치해 지나가는 사람들이 주택 진입로에서 일어나는 일들을 볼 수 있도록 해야 하며, 같은 출입문을 사용하는 주민들의 수는 가능한 적게 해 합법적 이용자들이 서로를 잘 알 수 있도록 해야 한다. 또한, 지역사회 내외의 통행로를 깨끗하게 하고, 시야를 가리지 않도록 유지해 주민들이 나들이할 때 무슨 일이 일어날지를 알 수 있도록 해야 한다(Newman, 1972). 집주변에서의 많은 활동과 보행자의 잦은 통행은 "길거리에서 감시의 눈"을 증가시키는 것이다.

웹 자료

감시유형(자연적, 공식적, 비공식적)의 논리도식은 교과서 웹사이트에서 참조할 수 있다.

감시는 다른 방법으로도 늘릴 수 있다. 공식 혹은 조직적 감시는 경비원이나 범죄감시를 전담하는 인력을 활용하는 경우이다(Cozens et al., 2005). 이같은 공식 감시는 시민순찰이나 조직화된 감시활동 등에 참여하는 일반시민이 할 수도 있다. 반면에 기계감시(mechanical surveillance)는 주변상황을 주시하는 카메라나 다른 장치를 활용하거나, 사람들이 주변상황을 잘 볼 수 있도록 보안등을 설치하는 유형이다(Cozens et al., 2005).

감시활동의 증가는 범행기회에 직접효과가 있을 것이다. 주변의 일을 관찰하는 사람이 많으면, 그만큼 범죄를 저지르고 몰래 도주할 수 있는 기회가 감소하기 때문이다. 그러나 이런 주장은, 범죄나 의심스러운 사람을 목격하면, 관찰자가 경찰에 신고하거나 범죄를 차단하기 위해 어떤 행동을 할 것이라는 가정을 기반으로 하고 있다.

이미지와 환경

뉴먼(Newman, 1972)의 저서에서 이미지는 영역성을 다소 확장한 개념이다. 이미지는 기본적으로 외향적 모습이다. 지역의 소유자가 지역과 건물을 잘 관리하고 있는 것을 외부적으로 보이는 모습이다. 이미지는 잠재적 범죄자에게 지역주민들이 늘 주변을 감시하고 지역보호를 위해 적극적으로 나설 것이라는 정보를 전달한다. 주민들이 소유권을 주장하고(영역성) 이를 다른 사람들에게 보인다면, 범죄자가 행동을 취할 가능성이 줄어들 것이다. 환경은 이런 아이디어를 더욱 확장한 개념이다. 지역을 둘러싼 주변지역이 잘 관리되고, 주변지역에 범죄가 없으면 해당지역의 범죄예방 가능성이 향상될 수 있다는 것이다. 따라서 주택, 상업시설, 새로운 주거단지를 범죄가 발생하지 않는 지역주변에 건설하면 범죄예방의 가능성이 높을 수 있다. 지역의 이미지를 유지하는 것은 잠재적 범죄자와 합법적 이용자 모두에게 올바른 메시지를 전달하는데 필수적이다(Cozens et al., 2005).

웹 자료

CPTED 구성요소가 범죄예방을 위한 지역사회 형성에 미치는 영향에 관한 전체 모형은 교과서 웹사이트에서 참조할 수 있다.

접근통제와 목표물 견고화

접근통제(access control)는 합법적 용건을 가진 사람에 한해 지역출입을 허가하려는 시도이다. 이는 범죄를 저지르기 위해 어떤 건물이나 지역에 출입하는데 필요한 노력을 증가시킴으로써 범죄의 기회를 감소시키는 것이다. 접근통제는 지역사회나 이웃지역 전체에 대한 접근과 같이 대규모로 실시할 수 있다. 지역사회에 통문을 설치하거나, 도로를 폐쇄하거나, 기타의 수단을 사용하는 방법이 이에 속한다. 이웃지역의 경우는 낯선 사람의 통행을 제한하거나, 관통도로의 수를 줄이거나, 원형도로와 막다른 도로를 설치하는 등의 설계로 범행을 어렵게 하고 주민들이 합법적 이용자를 쉽게 구별할 수 있도록 할 수 있다. 접근통제의 핵심은, 지역에의 출입을 통제하여 범죄를 저지르려는 사람의 투과성(permeability)을 낮추는 것이다.

목표물 견고화(target hardening)는 접근통제와 밀접히 연관된 요소이다. 목표물의 견고화는 잠재적 범행대상이 쉽게 피해를 당하지 않도록 하는 조치이다. 자물쇠, 창문의 막대, 방탄유리, 침입경보, 담장, 금고, 기타 장치들을 사용하면 범죄를 수행하는 것이 어려워진다. 간접방식도 있을 수 있다. 개인물건에 인식표시표를 부착하면 장물시장에 절도한 물건을 내다 파는 것이 어려워지고, 나중에 쉽게 확인해 피해자에게 반환해 줄 수 있다.

지역이나 건물의 설계를 넘어, 물품의 경우도 범행대상이 쉽게 되지 않도록 설계할 수 있다. 물품설계(product design)는 CPTED의 초기논의에서는 검토되지 않았다. 그러나 이후 물품설계는 중요한 흐름이 되었다. 목표물의 견고화에서 대표적 사례로는 자동차에 운전대 잠금장치를 부착한 것을 들 수 있다. 이 장치는 자동차절도 사건의 감소라는 한 가지 목표를 위해 사용되었다. 물품설계에 대해서는 이 장의 후반부에서 자세히 검토한다.

활동지원과 동기강화

활동지원(activity support)과 동기강화(motivation reinforcement)는 쿠쉬묵과 위트모어(Kushmuk and Whittemore, 1981)가 제안했으며 지역사회의 분위기 구축과 관련된 개념들이다. 두 개념은 거의 같으며 모두 지역사회와 장소의 합법적 사용을 권장하는 의미이다(Cozens et al., 2005). 이웃주민들을 식별할 수 있는 능력과 지역사회의 공통문제에 대한 인식은 사회적 결속을 향상시키고, 범죄문제와 기타 공통문제를 해결하고자 하는 공동체 분위기를 형성하는 데에 도움이 될 수 있다. 활동지원과 동기강화는 길거리 박람회, 이웃공동체의 날, 그 밖의 이벤트 등에 의해 간접적으로 유도할 수 있다. 혹은 범죄억제 활동과 사회적/공동체적 문제를 전담하는 사람을 고용하는 직접방법으로 도모할 수 있다.

지역사회의 분위기와 지역관리에 대한 태도는 부분적으로 지역의 물리적 구성과 설계에 의해 형성될 수 있다.(Newman, 1972). 접근통제/목표물의 견고화 그리고 감시의 효과는, 서로 보완적인 형태로, 합법적 이용자들의 행동에 달려 있다. 창문의 개선, 보다 밝은 조명, 그리고 깨끗한 시야의 확보는 주민이 이러한 수단을 선택하고자 했을 때에 영향을 미칠 수 있다. 더욱이, 주민들이 어떤 조치를 취하기 위해서는, 합법적 이용자들과 낯선 사람들을 식별하는 능력이 필요하다. 이러한 능력은 합법적 이용자들 사이의 상호작용으로부터 획득할 수 있다.

CPTED 요소들 간의 갈등

CPTED의 요소들은 명료해 보이며 지난 40년간에 걸친 환경개선 사업에서 적극적으로 활용되었다. 그렇지만 일부 요소들이 서로 갈등관계인 것도 사실이다. 코젠과 동료들(2005)과 레이날드(Reynald, 2011)을 포함한 여러 학자들은 영역성, 출입통제, 감시가 서로의 효과를 상쇄할 수 있다고 지적했다. 예를 들어, 담장, 울타리, 구조물 등을 설치하면 지역의 경계를 명확히 하지만 동시에 자연적 감시에 장애요인이 될 수 있다(Reynald, 2011). 이와 유사하게 출입통제와 목표물의 견고화는 특정지역과 개인 주위에 요새를 구축하는 것일 수 있다. 요새를 쌓게 되면 거주자들은 지역사회활동과 이웃활동에 적극적으로 참여할 수 없게 되고 활동지원의 수준이 낮아진다(Cozens et al., 2005). 이에 따라, CPTED를 실시할 때에 요소들 간의 균형을 맞추는 것이 중요하다.

CPTED에서 심각한 문제의 하나는 주요 개념들이 명확히 정의되지 못했다는 것이다(Ekblom, 2011b). 영역성의 경우는 다양한 정의들이 혼재하여, 개념을 적용하고 평가하는 데 어려움이 있었다. 감시의 경우도 경찰과 경비원의 활용과 같은 적극적 조치부터, 시민들의 감시활동을 권고하고 진작하는 소극적 조치까지 지나치게 넓은 의미로 사용되었다. 주민의 지역사용 확대를 목적으로 하는 환경설계를 통한 활동지원의 경우도 그것의 구체적 의미가 명확하지 않아 실제 집행하는데 어려움이 있었다(Ekblom, 2011b). 이에 따라 CPTED의 시행과 성과는 아직까지 충분히 구현되지 못했다고 할 수 있다.

표 4.2 영역성의 구분

개념	구성요소	과업의 예 (예비과업과 작동과업)
감시	공식 감시	CCTV 가로등 경비원 감시/관찰 순찰 용의자 검문
	비공식 감시	시야의 확보 개방된 도로 공간의 사용 용의자/낯선 사람 검문 물리적 설계
긍정적 강화	이미지 관리/유지	공간의 관리 소유권 징표 비문화성 해소 사회적 낙인의 회피 공공 공간의 보호
	활동지원	공공 공간의 사용 활용강화 설계 안전 활동지역 공간의 합법적 사용 범죄의욕 꺾기
출입 통제	목표물 견고화	열쇠 출입문 강화 창문 표준 행동의 구성 보안의 조직화 출입구 경비원
	경계 규정	토지 사용의 다양화 구획 공간 물리적 장애물 사용자의 지역 통제 침입자 확인

출처: D. Johnson et al. (2014). "Designing in crime prevention, designing out ambiguity: Practical issues with the CPTED knowledge framework available to professionals in the field and its potentially ambiguious nature." Crime Prevention and Community Safety 16: 147–168

존슨과 동료들(Johnson et al., 2014)은 CPTED의 기본틀을 제안했다. 이들이 제안한 기본틀은 CPTED를 시행하고 이를 통해 범죄를 예방하기 위해 필요한 개입방법/활동을 논리적으로 구성한 것이다. 존슨 등은 기존의 CPTED 프로그램들과 사업들을 분석한 후에 영역성이 가장 핵심개념/기제라고 결론지었다. CPTED의 다른 요소들은 영역성을 형성하는 "예비과업"이거나, 주민들 사이에 영역성이 형성된 이후에 나타나는 "작동과업"이라고 보았다. 기본적으로, 환경설계에 의해 주민들은 행동을 개시하고 준비하며, 즉 환경설계는 주민행동에 선행한다는 것이다. 표 4.2는 CPTED 요소들 간의 관계를 기술한 것이다. 표 4.2에서 영역성은 최상위 개념이며, CPTED의 다른 요소들은 영역성을 구성하는 부분이다. 존슨 등의 기본틀은 학자나 실무자들에게 환경변화를 위한 지침이 될 수 있을 것이다. 각각의 주요 개념(구성요소)은 하위개념으로 구성되며, 예비과업과 작동과업을 위한 구체적 활동들도 포함한다.

요약

CPTED의 기본가정은 물리적 설계가 지역의 주민/합법적 이용자뿐 아니라 잠재적 범죄자의 행동에도 영향을 미친다는 것이다. 지역주민에 대해서는 주변의 일에 더욱 주목할 것이며, 만일 범죄행위를 목격하면 적절한 행동을 취할 것이라고 기대한다. 반면에, 잠재적 범죄자의 경우는 물리적 설계변경으로 자신의 행동에 따른 이익과 손해를 계산하는 데 영향을 받게 될 것이라고 기대한다.

카플란과 동료들(Kaplan et al., 1978)은 물리적 설계가 범죄자에게 미치는 영향을 OTREP 아이디어로 설명했다. 이들에 의하면, 범죄는 기회(Opportunity), 목표물(Target), 위험(Risk), 노력(Effort), 수익(Payoff)의 결과물이다. 카플란 등은 검거위험이 높고 범죄수익이 없으면 범죄가 줄어들 것이라고 가정했다. 범죄자는 잠재적 비용(범행노력)이 잠재적 이익(범죄수익)보다 크면 범죄를 저지르지 않는다는 것이다. 물리적 설계의 변화는(검거될 가능성을 높이고 범행대상물의 수를 줄이는) 범죄수익에 비해 범죄비용을 증가시키는 한 가지 방법이 될 것이다.

환경설계의 시행

환경설계 전략의 이행이 항상 원만하게 진행되거나 명확한 계획에 따라 이뤄진 것만은 아니다. 대부분의 시도가 장기적 계획이 거의 없는 상태에서 이루어졌고 정부조직과 지원은 간헐적이었다. 대부분의 초기 프로젝트들은, 예를 들어 하트포트, 코네티컷, 포틀랜드, 오리건에서 있었던 프로젝트들은 정부 또는 특정 민간기금(웨스팅하우스 전기회사)의 지원을 받은 시범사업이었다. 그렇다고 해서 환경설계가 무시되었거나 조직적 지원이 없었던 건 아니다.

1990년대 중반에 들어 지역사회에 환경설계를 지속적으로 적용하려는 조직적 운동이 있었다. 1989년, 영국에서 경찰지휘관협의회(ACPO, Association of Chief Police Officers)가 설계를 통한 안전(SBD, Secure by Design) 운동을 전개했다. 상시 시행된 이 대책은 신축건물과 기존건물들에 안전대책과 보안대책을 적용하는 것을 강조하고 고취시키는 것을 목적으로 했다(ACPO, 2009). SBD 프로젝트는 자문을 원하는 모든 기관에 건축과 보안에 관한 지원을 제공했다. 현재, 18 가지의 건축지침을 마련해 건물, 주택, 시설, 현장 등을 안전하고 외부의 위협으로부터 보호받도록 건축하는 방법을 지원하고 있다(ACPO, 2015). 그중에서 가정, 상업시설, 병원, 학교에 대한 건축지침은 새롭게 추가된 것이다. SBD 프로그램은 방어공간 아이디어와 밀접하게 연관된 6개의 핵심원칙을 기본지향으로 한다. 6개의 핵심원칙은 (1) 통합적 접근, (2) 환경관리와 소유의식, (3) 자연적 감시, (4) 출입과 보행자통로, (5) 개방공간과 공간관리, (6) 조명이다.

표 4.3은 영국 내무성이 2004년에 SBD의 핵심원칙을 바탕으로 수립한 지속가능한 지역사회의 7가지 속성을 정리한 것이다. 이런 속성들은 범죄예방을 하는데 매우 유용한 사항들이다. 7가지 속성에 포함된 출입통제, 감시, 소유의식(영역성), 활동(지원)은 모두 CPTED의 핵심요소들이다.

웹 자료

설계를 통한 안전(SBD) 웹사이트는 범죄예방을 위한 물리적 설계의 실시와 평가에 관한 상세한 정보를 제공한다. http://www.securebydesign.com/index.aspx에서 참조할 수 있다.

1998년 영국에서 제정된 '범죄와 무질서법'(Crime and Disorder Act, CDA)은 정부 차원에서 환경설계를 도입한 또 다른 대표적 사례이다. CDA는 범죄문제에 대처하는데 관련 기관들의 협조를 의무화했다. 예컨대, 건축을 할 때에 범죄감소를 위한 설계를 건축가와 도시계획가에 꼭 의뢰해야 한다고 규정했다(Everson and Woodhouse, 2007).

표 4.3 지속가능한 지역사회의 속성

- 접근과 이동 : 이동이 편하도록 통행로, 공간용도, 출입구가 잘 구획된 장소(지역경비에 장애가 되지 않는 범위에서)
- 구조 : 상이한 목적의 공간사용이 마찰되지 않도록 구조화된 장소
- 감시 : 공개적으로 접근가능한 모든 공간이 감시되는 장소
- 소유의식 : 소속감, 존중, 구역 책임감, 공동체의식을 함양하는 장소
- 물리적 보호 : 잘 설계된 필수적 보안설비들이 구비된 장소
- 활동 : 인간의 기본 활동수준에 적합하고, 일상적으로 범죄위험을 낮추며 안전의식을 형성하는 장소
- 관리와 유지 : 설계과정에서 현재와 미래의 범죄예방을 위한 관리와 유지가 반영된 장소

출처: Home Office (2004). Safer Places. The Planning and Crime Prevention. London: Home Office.

뉴질랜드는 범죄억제를 위한 건축과 설계에 관한 국가지침을 시행하고 있다. 표 4.4는 국가지침의 내용을 소개한 것이다. 뉴질랜드에서 국가지침을 마련한 목적은 지역개발을 할 때에 CPTED 원칙들을 적용하기 위한 것이었다. 호주에서도 유사한 지침을 시행하고 있다. 빅토리아(표 4.5 참조)와 뉴 사우스 웨일즈(표 4.6 참조)를 포함한 일부 지역에서는 건축지침에 법적 의무를 부과해 이를 충족하지 못하면 관계당국이 건설중지를 명령할 수 있도록 했다. 빅토리아와 뉴 사우스 웨일즈의 건축지침을 살펴보면 이는 CPTED를 직접 반영한 것이며 영국의 SBD 원칙과 일치한다는 것을 알 수 있다.

웹 자료

빅토리아, 뉴 사우스 웨일즈, 버지니아 주의 지침과 규칙들은 Victoria(www.dtpli.vic.gov.au/_data/assets/pdf_file/0004/231619/Safer_Design_Guideline.pdf), New South Wales(http://www.planning.nsw.gov.au/rdaguidelines/documents/duapguide_ s79c.pdf), the State of Virginia (www.dcjs.virginia.gov/cple/documents/cpted.pdf)에서 참조할 수 있다.

빅토리아, 뉴 사우스 웨일즈, 버지니아 주의 지침과 규칙들은 CPTED 원칙들을 엄격히 준수한다. 이런 지침과 규칙들 중에서, CPTED의 기본 아이디어를 확장하는 새로운 아이디어는 무엇인가?

미국의 경우는, 민간조직과 전문학술조직이 CPTED를 보급하는 역할을 담당하고 있다. 국가단위와 국제수준의 조직들이 환경설계를 적극적으로 추진하고 있다. 이런 조직들로는 세계 CPTED 협의회(International CPTED Association), CPTED 보안기구(CPTED Security), 국가범죄예방 위원회(National Crime Prevention Council), 범죄예방 연구소(National Institute of Crime Prevention)의 CPTED 웹사이트, 영국 범죄감소설계연합회(Designing Out Crime Association, U.K.) 등이 있다. 주(州) 단위에서는, 버지니아 주의 법무부가 지역사회, 주택단지, 상업지구에 적용할 수 있는 안전설계(Safer by Design)원칙들을 널리 알리고 있다. 또한 많은 연구사업과 평가연구가 환경설계 변화의 효과를 검증할 목적으로 실시되고 있다.

표 4.4 뉴질랜드 국가 CPTED 지침

1. 접근	안전한 이동과 연결
2. 감시와 시야	관찰과 피관찰(see and be seen)
3. 레이아웃	명확하고 논리적인 지향
4. 활동 구성	거리에서의 감시
5. 소유의식	정비된 공간 보여주기
6. 환경속성	잘 설계되고, 관리되고, 유지되는 환경
7. 물리적 보호	작동하는 경비장치들의 사용

출처: Ministry of Justice (2005). Crime Prevention Through Environmental Design Principles. New Zealand Ministry of Justice. http://justice.or.nz/policy/crime-prevention/environmental-design. 저자 인용.

표 4.5 안전설계를 위한 빅토리아 원칙들

감시	공중환경(public environment)의 가시성과 감시 극대화
접근, 이동, 시야	안전한 이동, 양호한 연결과 접근의 제공
활동	공중장소(public place)에서의 활동 극대화
소유의식	사적과 공적 공간에 대한 책임감을 명확히 규정
관리와 유지	매력성과 활용성 유지를 위한 공적 공간의 관리

출처: State of Department of Sustainability and Environ (2005). Safe Design Guidelines for Victoria. East Melbourne: Department of Sustainability and Environment. 저자 인용.

표 4.6 설계요소를 통한 안전: 뉴 사우스 웨일즈

영역성 강화
실질적 그리고 상징적 경계표시물을 사용해 공공장소와 공공시설에 대한 공동체적 책임감을 진작하고, 주민들에게 적절한 활동과 허용된/허용되지 않은 장소에 대한 정보를 제공
감시
자연적 감시는 일상적 공간이용자가 다른 사람들을 볼 수 있고 다른 사람들에 의해 보여지는 것이다.
기술적/기계적 감시는 CCTV, 응급구호전화기(help point), 반사거울 패널(mirrored building panels) 등과 같은 기계적/전기적 장치를 활용하는 것이다.
공식(혹은 조직화된) 감시는 사전계획을 세우고 감시인들을 배치하는 것이다.
접근 통제
접근통제 조치는 사람들과 차량들을 지역이나 시설의 내부로, 외부로, 주위로 제한하거나 통과시키거나 유도하는 것이다.
자연적 접근통제는 토지의 형상과 수로(水路)의 특징, 건물형태를 포함한 설계요소들, 공식적과 비공식적 도로망, 조경, 담장과 정원 등을 계획적으로 활용하는 것이다.
기술적/기계적 보안장비들을 활용하는 것이다.
공식(조직화된) 경비원 고용과 같이 현장 감시인을 배치하는 것이다.
공간/활동 관리
지역이나 시설에 대해 공식(조직화된) 감시, 통제, 보호를 하는 것이다.

출처: New South Wales (2015). Safer by Design. http://www.police.nsw.gov.au/community_issues/crime_prevention/safer_by_design. 저자 인용.

물리적 설계의 효과

CPTED와 환경설계 특성이 범죄와 두려움에 미치는 영향은 오랫동안 많은 학자들과 평가연구의 관심대상이었다. 뉴먼(1972)은 방어공간 개념을 소개하면서, 두 유형의 공공주택단지를 비교하며 CPTED 특성의 효과를 보여주었다. 첫 번째 주택단지는 고층이고 범죄율이 높은 지역이었다. 이 단지에서는 이방인들이 감시장치가 없는 공용 출입문으로 쉽게 접근할 수 있었다. 또한 건물들에는 주택단지의 공공구역과 외부통로를 관찰할 수 있는 창문과 관찰수단이 없었다. 단지 내에는 주민들이 너무 많아 합법적 이용자와 낯선 사람을 구별하기가 쉽지 않았다. 반대로, 두 번째 주택단지는 저층 건물지구였으며 범죄율이 낮았다. 저층단지의 건물들에서는 같은 출입구를 사용하는 가구의 수가 제한되었다. 이를 통해 주민들은 이방인을 쉽게 구별할 수 있었다. 감시는 공공의 통로와 접해 있는 출입구에 의해 향상되었다. 또한, 저층구조에서는 창문을 통해 외부활동을 자연스럽게 관찰하는 것이 가능했으며 효과적이었다.

뉴먼(Newman, 1972)은 주변을 관찰하기 쉽게 만드는 창문의 위치선정, 다른 사람들에 의해 관찰될 수 있는 출입구의 위치, 가시성을 증가시키는 가로등의 설치, 주민에 의해 통제되는 공공지역의 건설을 포함하는 다양한 물리적 디자인을 통해 방어공간을 만들 수 있다고 주장했다. 이러한 모든 특성들이 저층단지에서는 명백했고 고층의 고밀도 단지에서는 없거나 제한적이었다. 가장 중요한 것은, 이러한 특징들은 합법적인 이용자와 잠재적인 범죄자 모두의 행동에 영향을 미친다는 것이다(Newman, 1972).

웹 자료

미국 형사사법프로그램국(U.S. Office of Justice Program)은 범죄예방을 포함해 범죄대처 방법들에 관한 자료들을 제공하기 시작했다. 범죄해결 사이트(http://crimesolutions.gov/default.aspx)에서 유용한 정보를 참조할 수 있다.

물리적 설계를 평가할 때에, 설계변화의 영향이 직접적일 수 있고 간접적일 수도 있다는 것을 고려해야 한다. 루벤슈타인과 동료들(Rubenstein et al., 1980)은 범죄예방의 분석에서 나타날 수 있는 세 가지 유형의 변화 또는 효과를 요약해서 보여준다(그림 4.1 참조).

그림 4.1 범죄예방의 효과에 관한 모형

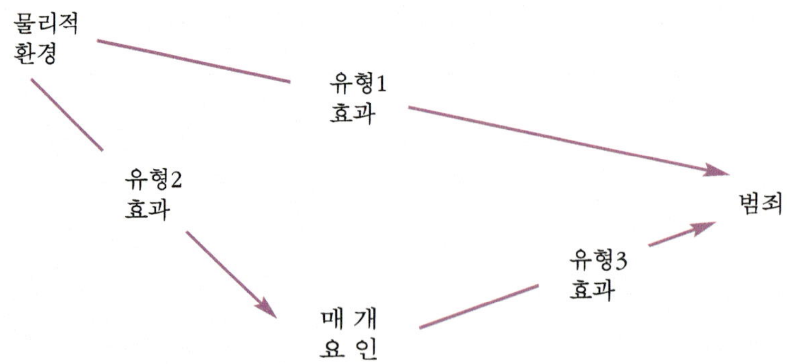

유형1 효과는 범죄에 대한 물리적 설계(예를 들면 잠금장치, 가로등, 혹은 울타리)의 직접효과를 나타낸다. 유형2 효과는 다양한 매개요인들에 대한 물리적 설계의 효과이다. 가능한 매개요인들에는 지역사회에 대한 주민들의 태도, 영역성(territoriality)의 느낌, 범죄와 싸우는 지역사회 구성원들의 노력, 그리고 향상된 지역사회 분위기가 포함된다. (일부 학자는 영역성, 활동지원, 동기강화를 CPTED의 요소로 고려한다. 교과서 웹사이트에 소개된 모형과 많은 논의들은 이들을 매개요인 혹은 중재요인으로 본다) 물리적 설계특성들이 범죄에 영향을 미치려면 그전에 이런 요인들의 변화를 가져와야 한다. 마지막으로 유형3은 범죄에 대한 매개요인의 직접효과와 매개요인들을 통해 범죄에 영향을 미치는 물리적 설계의 간접효과를 나타낸다.

물리적 설계와 그것의 범죄에 대한 효과는 다음의 몇 가지로 나누어 논의할 것이다. 첫째, 접근통제/목표물의 견고화 그리고 감시기법의 효과는 개별적 요인으로 논의할 것이다. 둘째, 방어공간(defensible space) 개념을 폭넓게 사용해 거주지역과 상업지역을 평가한 연구들을 살펴볼 것이다. 마지막으로, 범죄예방을 목적으로 물품설계를 통해 물리적 환경을 변화하는 방법들을 검토할 것이다.

개별적 요인의 효과

접근통제/목표물의 견고화 그리고 감시와 같은 아이디어는 범죄에 대처하는 다양한 수단들을 포함한다. 가로등의 개선, 은폐지의 제거, 자물쇠의 설치, 깨지지 않는 유리창의 사용, 경보기와 폐쇄회로 카메라, 재물표시, 그리고 경비원의 고용 등이 범죄예방을 위한 여러 가능한 수단들의 일부분이다. 다양한 수단이 활용되었지만, 이런 수단에 대한 개별적 평가는 거의 실시되지 못했다. 대부분의 범죄예방프로그램은 한 가지 접근방법에 의존하지 않고 일련의 다양한 대처활동을 병합해 실시한다. 또한, 대부분의 평가연구는 물리적 설계가 범죄와 범죄두려움에 미치는 직접효과만을 살펴보았다.

가로등 개선

지역 내의 가로등 개선은 1970년대 범죄예방사업의 주요 부분이었으며, 지금도 미국과 영국 모두에서 활용하고 있는 접근방법이다. 피즈(Pease, 1999)는 가로등 개선이 다양한 기제를 통해 범죄에 영향을 줄 수 있다고 주장한다. 예를 들면 가로등 개선은 야외활동의 증가를 가져올 수 있고, 따라서 보다 많은 감시를 이끌어낼 수 있다. 가로등 개선은 또한 진행 중인 범죄를 탐지하거나 범죄자를 식별할 수 있는 능력을 향상시킬 수 있다. 가로등 개선을 주장하는 사람들은 종종 가로등 개선의 잠재적 억제효과를 지적한다. 가로등을 개선하면 잠재적 범죄자로 하여금 가로등이 덜 밝은 지역으로 범행대상지역을 선택하게 만들 수 있다는 것이다. 가로등의 개선은 잠재적 피해자들이 그들의 주변환경을 잘 볼 수 있도록 하며, 그들로 하여금 가로등이 어두운 장소를 피하도록 할 수도 있다.

가로등 개선의 효과에 관한 연구들은 일반적으로 새로운 조명을 설치한 지역의 범죄수준과 새로운 가로등이나 밝은 가로등을 설치하지 않은 지역의 범죄수준을 비교하는 방법을 사용한다. 가로등 효과를 입증한 가장 대표적 연구는 페인터와 패링턴(1977, 1999a, 1999b)이 영국에서 실시한 일련의 연구들이다. 페인터와 패링턴(Painter and Farrington, 1997)은 더들리(Dudley, West Midlands)의 실험지역과 통제지역 분석에서 가로등 개선의 긍정적 효과를 보고했다. 피해조사자료를 사용한 저자들은 실험지역에서 41% 범죄사건이 감소한 반면에, 통제지역에서는 단지 15%만이 감소하였다고 보고했다. 또한, 응답자들은 가로등 개선지역에서 더 큰 만족감을 느낀다고 대답하였다. 스토크온트렌트(Stoke-on-Trent, Staffordshire)의 가로등 개선에 대한 평가에서도 통제지역과 비교했을 때에 실험지역에서 범죄의 유의미한 감소 현상이 나타났다(Painter and Farrington, 1996b). 그들은 또한 범죄의 두려움도 감소된다는 증거를 제시했다. 그러나 범죄나 두려움의 결과들이 더들리에서 발견한 것처럼 드라마틱하지는 않았다. 두 연구에서 저자들은 실험대상지역에 인접한 지역에서도 범죄가 줄어드는 것을 알 수 있었다. 이들은 가로등 개선효과가 다른 지역들로 확산되었다고 주장했다.

웰쉬와 패링턴(Welsh and Farrington, 2009)은 가로등을 포함해, 여러 범죄예방노력들의 효과들을 재분석했다. 재분석은 미국과 영국에서 실시했던 13개의 연구를 대상으로 했다. 전체적으로, 가로등은 긍정적 효과가 있었다. 특히 재산범죄에 효과가 컸으며, 실험지역에서 약 21% 정도의 범죄감소가 있었다. 그리고 영국에서 실시한 연구들에서 효과가 더 큰 것으로 나타났다. 이는 최근 영국에서 이뤄진 평가연구들이 엄격했기 때문일 수 있다(Welsh and Farrington, 2009). 전체적으로, 가로등은 지역의 범죄 감소에 긍정적 효과가 있는 것으로 볼 수 있다.

웹 자료

웰쉬와 패링턴의 연구는 캠벨 연합회(Campbell Collaboration)가 추진하는 체계적 재분석연구의 대표적 사례이다. 범죄예방에 대한 재분석연구들은 연합회 웹사이트에서 참조할 수 있다. (http://campbellcollaboration.org/)

가로등 개선방안은 지금도 널리 활용되고 있다. 그 이유는 두려움과 관련이 있다. 가로등이 항상 범죄를 감소시키지 못하더라도 사람들은 주변을 잘 볼 수 있으면 안전하다고 느낀다. 여러 연구를 통해 가로등이 개선된 후에 두려움의 수준이 감소하는 것으로 조사되었다. 가로등에 관한 초기 재분석에서, 티엔과 동료들(Tien et al., 1997)은 범죄두려움이 현저히 감소하였다고 보고했다. 앳킨스와 동료들(Atkins et al., 1991)은 여자와 노인들이 가로등의 변화를 알고 나면 범죄두려움이 낮아지고 안전감이 증가한다고 보고했다. 끝으로, 페인터와 페링턴(Painter and Farrington, 1997, 1996b)도 가로등 개선 지역에서 만족감이 증가하고 범죄두려움이 감소한다는 유사한 결과를 보고했다. 가로등에 관한 연구들은 전체적으로 시민들의 범죄, 범죄피해, 두려움에 긍정적 효과를 보여주고 있다.

CCTV

폐쇄회로 텔레비전(CCTV)은 기계적 수단으로 감시하는 장치이다. CCTV에 관한 연구가 최근에 들어 대폭 증가했다. 미국 공공장소에서 CCTV가 얼마나 사용되는지에 대한 추정치는 없다. 노리스와 맥카힐(Norris and McCahill, 2006)은 영국의 경우 공공장소에 약 420만대의 CCTV가 설치되었다고 추정했다. 많은 재원이 CCTV에 투입되면서, 범죄와 두려움에 CCTV가 어떤 영향을 미치는지를 분석하고자 많은 평가연구가 이뤄졌다.

브라운(Brown, 1995)과 디톤과 쇼트(Ditton & Short, 1999)는 5개 도시에서 CCTV에 대한 평가연구를 실시했다. 이들은 정확한 평가를 위해 실험구역과 통제구역을 설정했고 CCTV를 설치하기 이전과 이후의 범죄 수준을 측정했다. 브라운(Brown, 1995)에 의하면 침입절도는 실험구역 모두에서 감소했지만 절도, 공공기물파괴, 그 밖의 범죄는 그렇지 않았다. 지역특성에 따라 감소추세가 다르게 나타났다. 스코틀랜드 에어드리(Airdrie) 지역의 경우는 대부분의 범죄유형에서 감소추세가 있었지만 약물범죄와 자동차범죄는 다소 증가했다(Ditton & Short, 1999). 저자들은 증가 이유에 대해 CCTV를 설치함으로써 더 많은 범죄들이 발각되었기 때문이라고 설명했다. 글래스고우(Glasgow)에서의 연구결과도 CCTV의 효과를 입증하는 것이었다(Ditton & Short, 1999). 또한 두려움의 수준도 CCTV가 설치된 지역에서는 감소하는 경향이었다(Brown, 1995). 하지만, CCTV 지역으로부터 근처/주변 지역으로 범죄가 이동하는 범죄전이(displacement of crime)의 징후도 나타났다(Brown, 1995).

필라델피아의 CCTV 평가연구는 거리범죄(street crime)의 유형에 미친 영향을 분석한 것이다. 래트클리프와 동료들(Ratcliffe et al., 2009)은 두 종류의 카메라(틸트, 줌, 팬 기능의 카메라와 재배치 가능의 고정형 카메라) 효과를 분석했다. 이들은 32개월에 걸쳐 대상지역과 주변지역에서 경찰자료를 수집했다. 8개 지역 중에 4개 지역에서만 범죄감소 효과가 있었고, 심각한 범죄보다 질서위반 범죄에 CCTV 효과가 큰 것으로 평가되었다(Ratcliffe et al., 2009). 전체적으로는 13%의 범죄감소 효과가 있었다. 또한 범죄의 확산과 전이diffusion and displacement) 징후가 모두 있었으나, 전 지역에서 똑같지는 않았고 확산과 전이는 대부분 서로 상쇄하는 경향이었다(Ratcliffe et al., 2009).

CCTV는 상업시설과 주차장에서도 운영하고 있다. 틸리(Tilley, 1993)는 CCTV가 설치된 지역에서 자동차절도, 자동차부품절도, 공공시설 파괴 등이 감소했다고 보고했다. 리드와 안드레센(Reid and Andresen, 2012)은 브리티시 컬럼비아(British Columbia)의 서리(Surrey)에서 통근자 주차장에 설치한 CCTV 효과를 분석했다. 피해자 조사자료를 활용했을 때, 범죄피해가 현격히 감소하고 통근자의 안정감이 향상된 것으로 나타났다. 자동차 절도가 80%, 차량내 절도는 50% 이상 감소했다(Reid and Andresen, 2012). 벡과 윌리스(Beck & Willis, 1999)는 패션 의류점에서 CCTV 효과를 분석했다. CCTV 시스템을 철저히 설치한 의류점들은 이후 다른 상점들에 비해 도난사건 피해가 현저히 줄어들었다. 그러나 CCTV 효과는 지속적이지 못했다. CCTV 시스템을 철저히 설치했더라도 긍정적 효과는 6개월 이후에는 없어지는 경향을 보였다.(Beck & Willis, 1999). 헤이스와 다운스(Hayes and Downs, 2011)는 소매점에서 세 종류의 CCTV 운영방식을 비교했는데, CCTV를 설치한 후에 상점절도가 감소했다는 것을 알 수 있었다. 빈게와 크넷슨(Winge & Knutsson, 2003)은 오슬로(노르웨이, Norway)의 중앙 철도역에 설치한 CCTV 효과를 분석했다. 범죄를 탐지한 빈도가 증가했고, 폭력범죄의 기록건수가 늘었으며, 차량내 절도가 감소했지만 시민들의 범죄인식수준에는 변화가 없었다.

평가연구들의 결과는 항상 같지 않다. 페링톤과 동료들(Farrington & colleagues, 2007)은 긍정적 효과를 발견하지 못했다. 경찰자료와 피해자조사 자료를 모두 분석했지만 CCTV가 설치된 지역에서 범죄감소 효과가 나타나지 않았다. 와프레스와 길(Waples & Gill, 2006)은 다른 장소로 옮길 수 있는 이동식 CCTV(redeployable CCTV)의 효과를 살펴보았다. 한 지역에서는 범죄발생과 두려움에서 아무런 변화가 없었고 다른 지역에서는 오히려 이동식 CCTV가 활용되면서 범죄가 늘어났다(Waples & Gill, 2006). 이들은 이동식 카메라의 여러 기술적 문제로 인해 부정적 효과가 있었을 것이라고 설명했다. 맥크레인과 동료들(McLean et al., 2013)은 뉴욕주의 스케넥터디(Schenectday, New York)에서 CCTV를 연구했는데, 카메라의 근접구역에서는 범죄감소가 있었지만 설치장소별로 그 효과는 다양하게 나타났다. 끝으로, 라빈과 동료들(LaVinge et al., 2011)은 CCTV 효과가 볼티모어에서는 긍정적으로, 시카고에서는 다양하게 나타났고, 워싱턴에서는 없었다고 보고했다. 이 연구의 주요결과는 CCTV 효과가 있으려면 적극적 모니터가 필수적이라는 것이다(LaVinge et al., 2011).

CCTV에 대해서는 여러 편의 재분석 연구가 있었다. 웰쉬와 패링턴(Walsh and Farrington, 2009)은 1978년부터 2007년까지 44개의 연구들을 재분석했다. 이들은 기존연구들을 도심지, 공공주택단지, 대중교통시설, 주차장 등의 범주로 구분했다. 도심지에 관한 연구들을 검토했더니 영국의 연구에서 조금 더 낫기는 했으나 범죄감소에 미친 영향이 미미하거나 무의미했다(Welsh and Farringtn, 2009). 공공주택단지의 평가결과들에서도 범죄감소에 거의 없거나 무의미한 수준이었다. 대중교통시설의 연구들은 주목할 만한 범죄감소를 보고했지만, 연구결과가 통계적으로 무의미했다. 끝으로, 주차장에 설치한 CCTV는 유일하게 범죄감소에 유의미한 영향이 있었다(Welsh and Farrington, 2009). 가장 강력한 효과는 영국 연구들에서 찾아볼 수 있었다. 웰쉬와 패링턴은 이런 결과가 영국 연구들은 추적기간이 길었고, CCTV에 대한 일반시민의 지지도가 컸기 때문이라고 추정했다.

다른 재분석(Gill and Spriggs, 2005)에 의하면, 6개 지역에서는 범죄가 감소했고 7개 지역에서는 증가했다. 실험지역과 통제지역에서 통계적으로 유의미한 차이가 있었던 곳은 4개 지역이었다. 그중에서 실험지역에서 긍정적 효과가 있었던 곳은 2개 지역이었고, 통제지역이 긍정적인 곳도 2개 지역이었다. 더불어 CCTV 지역에서 범죄두려움은 감소하는 경향이었다. CCTV 지역에서 다른 지역으로 범죄가 전이하는 경우도 일부 나타났다(Gill & Springs, 2005).

이상의 분석결과들은 CCTV가 범죄에 영향을 미칠 수 있다는 것을 분명히 시사한다. 그러나 CCTV 효과는 일반적이지 않고 어떤 조건에서 성공적인지는 명확하지 않다. 일부 지역에서 일부 범죄에 효과적이었다는 점에서 CCTV는 어느 정도의 희망을 갖게 한다. 하지만 모든 범죄의 보편적 해결방법은 아니다. 차후 평가연구들은 통제지역의 선정, 유효한 추적기간 등 적절한 분석방법을 사용할 필요가 있다. 또한 CCTV와 함께 사용했던 다른 범죄예방기술의 영향을 분리해 CCTV의 독립적 효과를 측정해야 할 것이다(Farrington & Painter, 2009).

감시가능성

가로등 개선은 지역을 관찰하는 능력에 영향을 줄 수 있는 하나의 요소이다. 감시가능성은 광범위한 여러 요소들에 의해 결정된다. 피셔와 네이사(Fisher and Nasar, 1992; Nasar and Fisher, 1993)는 조망, 은폐, 그리고 도주에 대한 물리적 설계의 효과를 논의한다. 조망(prospect)은 개인이 어떤 지역을 볼 수 있는 능력을 말한다. 보다 큰 조망을 제공하는 지역은 시야가 제한된 지역에 비해 범죄의 두려움과 범죄피해가 낮을 수 있다. 은폐(refuge)는 가해자가 잠재적인 피해자로부터 보이지 않게 숨을 수 있는 은폐처의 존재 또는 부재를 말한다. 은폐를 이용해 잠재적인 범죄자는 숨거나 보호받을 수 있다. 마지막으로, 도주(escape)는 가해자와 피해자가 범죄의 전후에서 어떤 지역을 벗어날 수 있는 정도를 말한다. 기본적으로, 물리적 설계특성들은 감시가능성에 영향을 주어 범죄의 두려움과 범죄피해 모두에 영향을 미치게 된다.

피셔와 네이사(Fisher and Nasar, 1992; Nasar and Fisher, 1993)는 대학들을 대상으로 이 가정들을 테스트하였는데, 대학들은 조망, 은폐, 그리고 도주의 수준이 서로 달랐다. 이들은 설문조사와 관찰을 이용하여 자신들의 주장을 강하게 뒷받침하는 결과를 얻을 수 있었다. 은폐처가 많은 지역, 조망이 제한된 지역, 그리고 도주가 어려운 대학에서 두려움의 수준이 높았다. 범죄건수의 분석결과에 의하면, 조망이 제한되고 은폐물이 많은 경우 범죄피해가 상대적으로 많았다(Nasar and Fisher, 1993). 그러나 이러한 연구결과는 대학 단위의 분석에 의한 것이므로 미시적 수준에 대한 추가 분석이 필요하다. 즉, 거시적 수준의 분석결과는 어떤 대학에서 두려움을 느끼기 쉽다는 것이지만 높은 수준의 두려움이 대학 전체가 아니라 특정한 구역에 집중되었을 수 있다. 또 다른 흥미로운 연구결과는 조망, 은폐, 도주를 고려했을 때에 가로등의 개선이 범죄 두려움에 아무런 영향을 미치지 않았다는 것이다(Fisher and Nasar, 1992). 대학캠퍼스가 연구대상이었던 결과이므로 다른 장소에서도 그럴 것이라고 확신할 수는 없다. 하지만 이 결과는 감시가능성을 판단할 때에 가로등의 개선과 같이 한 가지에 국한하지 말고 보다 일반적 의미에 주목할 필요가 있다는 것을 강력히 시사한다. 조망, 은폐, 그리고 도주에 대한 연구들은 사람들이 그들의 주위 환경을 평가하고, 상이한 상황에서 자신들이 해석하는 잠재적인 위험과 공포에 따라서 반응한다는 가정을 지지한다.

감시성은 경호원의 이용 혹은 그런 기능을 위해 특별히 고용된 개인들을 통해서도 유지할 수 있다. 헤셀링(Hesseling, 1995)은 네덜란드에서 사용되고 있는 “기능적 감시”의 다양한 형태를 보여준다. 예를 들면, 고용된 감시인이 대중교통을 타고 감시했을 때에 폭력과 무임승차가 줄어들었다. 이와 유사하게, 공공주택에서 관리인의 고용은 손괴, 낙서, 절도의 감소에 도움이 되었다. 도시의 길가에서 경찰관을 돕기 위해 민간경비원을 이용하는 것은 안정감에 많은 영향을 주었다. 소렌손(Sorenson, 1998)은 미국의 세 도시에서의 공공주택 평가에서 유사한 긍정적 결과를 발견할 수 있었다. 일반적으로, 감시의 책임을 부가하고 사법당국에 연락할 수 있는 수단을 제공하는 것은, 경찰서비스의 요청과 체포의 수준에 영향을 미친다. 감시성은 분명히 범죄와 범죄두려움 모두에 영향을 준다.

재물표시 프로그램

재물표시 프로그램은 범죄예방에서 오랫동안 사용되었는데, 흔히 식별활동(Operation Identification)으로 불린다. 재물표시의 기본 아이디어는 범죄자가 표식물건의 처분을 어렵게 하는 것이다. 재물표시 프로그램을 널리 활용했지만 이에 대한 경험적 연구는 거의 없었다. 미국 전역의 99개 프로젝트를 재분석했던 초기 연구에 의하면 프로그램을 인지하는 사람들은 많았지만, 대상자의 10% 이상을 참여시킨 프로그램은 거의 없었다(Heller et al., 1975). 또한, 침입절도를 주목표로 삼은 프로그램 중에서 침입절도건수가 유의미하게 감소한 것을 보고한 프로그램은 거의 없었고, 침입절도범의 입건이나 유죄평결에 영향을 준 프로그램은 전혀 없었다.

재물표시의 대표적 평가연구는 사우스웨일스(South Wales)에서 실시한 것이다(Laycock, 1985; Laycock, 1990). 세 개의 물리적으로 인접한 마을들이 재물표시캠페인의 대상으로 선정되었는데 이들은 이웃의 다른 거주지들로부터 상대적으로 고립되어 있었다. 고립된 마을을 선택한 이유는 프로그램이 범죄를 감소시키기 보다는 다른 마을로 범죄를 전이시킬 가능성을 줄이기 위해서였다. 이 프로그램에서는 홍보를 활발히 하고, 호별로 방문하여 주민들을 접촉하고, 재물표시에 필요한 무료장비와 창문스티커를 제공했다. 이 프로그램은 전체 가정의 72%를 참여시킬 만큼 성공적이었다. 보다 중요한 것은 참여가정에서 침입절도가 40% 감소했지만, 비참여 가정으로 범죄의 전이가 거의 혹은 전혀 없었다는 점이다(Laycock, 1985). 추적연구에 의하면(Laycock, 1990) 프로그램이 시행되고 두 번째 연도에 침입절도가 크게 감소하였다. 주목해야 할 사실은, 시작연도와 두 번째 연도의 범죄감소가 프로그램에 대한 대대적인 홍보 이후에 나타났다는 것이다. 홍보가 줄어들자 침입절도가 증가했다(Laycock, 1990). 이 결과는 침입절도의 감소가 대중매체의 관심과 관련되었고 재물표시와 관련된 것이 아니었음을 시사한다.

재물표시의 최근 경향은 자동차절도에 대처하기 위해 차량에 인식번호(ID number)를 부착하는 것이다. 로드와 동료들(Rhodes et al., 1997)은 차량부품에 인식표를 부착했을 때 전문절도범에 의한 차량절도가 약간 감소했다고 보고했다. 다양한 프로그램들이 차량인식표(decals)나 특수번호판을 제작해 이를 부착한 차량이 특정시간(특히 새벽녘) 혹은 특정지역(국경근방)에는 운행되지 않는다는 것을 법집행관리가 쉽게 알게끔 하는 방법을 사용한다(Bureau of Justice Assistance, 1998). 경찰관들은 부착된 표식을 통해 해당차량이 적절한 장소에서 이탈했으며 검문검색의 대상이라고 판단할 수 있다. 이런 프로그램은 아직 제대로 평가되지 않았지만, 가정에서의 재물표시를 확대시킨 주목할 만한 프로그램이다.

경보기

경보기는 범죄를 억제할 수 있는 또 다른 가용 수단이다. 아이오와주 시더 래피즈(Cedar Rapids)시의 학교와 상업빌딩에 설치된 무음경보기(silent alarms)는 이를 설치하지 않은 다른 빌딩과 비교할 때, 검거 실적을 높였고 사건해결율을 두 배로 증가시켰다(Cedar Rapids Police Department, 1975). 경보기가 설치된 빌딩에 침입한 사건이 있었지만 이는 경보기가 설치되지 않은 곳을 통하여 이루어진 것으로 밝혀졌다Cedar Rapids Police Department, 1975). 가장 최근에는 벅과 동료들(Buck et al., 1993)이 필라델피아의 교외지역 세 곳에서 침입절도 경보기를 비롯한 몇몇 다른 장치들의 효과를 조사했다. 그들에 의하면, 경보기는 가구침입절도에 강한 억제력이 있었다.

범죄자들을 면접한 결과는 경보기가 효과가 있음을 보여준다. 레페토(1974)는 범죄자의 ⅓이 범죄의 계획단계에서 경보기가 있는지를 체크했다는 것을 발견했다. 베넷과 라이트(Bennet and Wright, 1984)가 침입절도범들에게 목표물이 될 수 있는 주택의 비디오테이프와 사진들을 평가하도록 했을 때에, 경보기의 존재가 그들의 목표물 선택에 있어 가장 중요한 고려사항이었다. 또한, 히어든과 매길(Hearnden and Magil, 2004)에 의하면 수감상태에 있는 침입절도범의 84%가 의사결정과정에서 외부경보기가 가장 중요한 고려요인이었다고 응답했다. 블레빈스와 동료들(Blevins et al., 2012)은 422명의 침입절도범 중에서 60%가 경보기에 의해 범죄가 억제되었다고 보고했다. 뉴질랜드에서 있었던 침입절도범과의 면접에 의하면 범죄의 가장 중요한 억제기제는 경보기와 경비시스템이었다(Baker and Gray, 2005).

잠금장치, 문, 출입관련 요인들

접근통제는 출입을 어렵게 만드는 다양한 장치를 설치하면 향상시킬 수 있다. 이런 장치들이 범죄를 완전히 근절하지는 못할 것이다. 장치들은 동기화된 범죄자들이 노력을 많이 하게 만들고 침입하기 위해 보다 효율적인 방법을 강구할 필요성을 느끼게 할 것이다. 시애틀 법 및 사법정책 기획사무소(The Seattle Law and Justice Planning Office, 1977)는 4개의 공공주택단지에서 출입을 어렵게 하는 다양한 방법들이 어떤 효과가 있는지를 분석했다. 여기서 활용한 목표물의 견고화 대책은 견고한 출입문(solid case doors), 보조열쇠(deadbolt locks), 그리고 미닫이 유리문에 빗장을 설치하는 것이었다. 그들은 또한 창문을 통해서 침입하기 어렵도록 낮은 담을 만들었다. 이 연구는 네 개의 대상지역 중 세 개 지역에서 침입절도의 수준이 통계적으로 유의미하게 감소했다는 것을 발견했다. 이러한 개선이 이루어진 후에 나타난 침입방식은 열려져 있거나 잠기지 않은 창문이나 문을 이용하는 것으로 바뀌었다. 이러한 변화는 목표물의 견고화에 의해 침입이 어려워졌다는 것을 보여준다(The Seattle Law and Justice Planning Office, 1977).

스코틀랜드의 글래스고(Glasgow) 평가연구는 공공주택단지에서 설계를 통한 안전(SBD)에 따른 출입구와 창문의 영향을 검토한 것이다. 실험집단은 4면에 출입구와 창문이 설치된 주택들이었고 비교를 위해 통제지역을 선정했다(Teedon et al., 2009). 사전-사후분석에 의하면 주택침입, 주택침입 미수, 절도 등의 범죄가 실험주택 단지에서 현저히 감소한 것으로 나타났다. 반면, 통제지역의 경우는 범죄가 증가했다(Teedon et al., 2009). 이에 따라 출입통제 장치의 설치가 주목할 만한 긍정적 영향을 미친다는 것을 알 수 있다.

베넷과 라이트(Bennett and Wright, 1984)의 침입절도범에 대한 연구도 목표물의 견고화 장치를 사용하는 것을 지지한다. 이 연구의 침입절도범들은 범죄를 저지를 때에 창문과 잠금장치의 종류를 우선적으로 고려했다. 침입절도범들은 보다 작은 창문을 선호했는데, 왜냐하면 이것은 억지로 비집고 열기가 상대적으로 쉬웠기 때문이다. 유사하게, 잠금장치를 설치하는 것은 잠금장치를 따거나 부수는 번거로움을 증가시키는 것으로 나타났다(Bennett and Wright, 1984).

지역 투과성

근린지역에 출입을 제한하는 방법으로는 막다른길(dead-end street), 단면 폐쇄도로(cul-de-sacs), 일방통행로, 쪽문(alley gating), 도로폐쇄 등이 있다. 이런 방법들은 사적 분위기를 만들고, 이방인의 도로사용을 줄이고, 합법적 이용자의 존재를 부각시킬 수 있다. 도로제한 조치는 흔히 지역개발계획과 병행해 실시된다.

초기 연구로 뉴먼과 웨인(Newman and Wayne, 1974)이 세인트루이스(St. Louis)의 인접지역에서 공공도로와 사유도로를 비교한 것을 들 수 있다. 사유도로는 지역주민이 소유하고 유지하는 도로이다. 이는 주로 단면 폐쇄도로이며, 조경물, 출입문, 출입구, 기타 유사한 시설에 의해 일반도로에서 분리되어 있다. 뉴먼과 웨인은 사유도로에서 범죄가 적게 발생하고 주민들이 느끼는 범죄두려움도 낮다는 것을 알 수 있었다(Newman and Wayne, 1974). 또한 사유도로의 주민들은 서로 간에 상호작용을 많이 했고, 이로 인해 범죄가 감소했다는 것을 알 수 있었다. 그러나 실험집단과 통제집단의 비교가능성(comparability)이 없기 때문에 연구결과는 다소의 의문을 갖고 살펴봐야 할 것이다.

상이한 도로형태가 범죄에 미치는 영향을 비교한 연구가 있다. 베비스와 너터(Bevis and Nutter, 1977)는 막다른 길, 단면 폐쇄도로, "L"자 도로, "T"자 도로, 관통도로의 상대적 영향을 비교했다. 베비스와 너터는 도로형태를 접근성에 따라 순위를 부여했는데, 막다른 길을 가장 접근이 어려운 도로라고 분류했다. 이들은 도로형태와 침입절도는 밀접한 관련이 있다는 것을 알 수 있었다. 쉽게 접근할 수 있는 도로일수록 침입절도 발생률이 높은 경향을 보였다(Bevis and Nutter, 1977). 더불어 존슨과 바우어스(Johnson and Bowers, 2010)에 의하면 서로 교차하는 도로가 많은 지역에서 침입절도가 증가하는 경향이었다.

뉴먼(Newman, 1996)은 오하이오주 데이턴에서 접근제한으로 미니이웃지역들을 만들었을 때에 나타나는 효과를 분석했다. 미니이웃지역들은 하나의 출입문으로만 접근할 수 있고 출입을 위한 다른 도로들과 통행로는 모두 폐쇄되었다. 연구결과, 미니이웃지역에서는 통행량, 교통사고, 전체 범죄, 폭력범죄가 현저히 감소했다. 주민들도 범죄피해가 적고 범죄두려움이 낮아졌다고 응답했다(Newman, 1996). 로스앤젤레스에서는 갱단의 살인과 폭행을 줄이기 위해 단면 폐쇄도로 작전(Operation Cul-de-Sac)을 시행했다. 이는 10 블록의 구역에 대한 도로접근을 차단하는 것이었다. 레슬리(Lasly, 1998)가 제1유형 범죄자료를 이용해 효과를 분석했을 때에, 살인과 폭행이 프로그램 기간 중에 현저히 감소했고 도로차단을 해제하자 다시 증가했다. 도넬리와 킴블(Donnelly and Kimble, 1997)은 거리범죄, 마약범죄, 매매춘이 많았던 10 블록의 데이턴 지역에서 도로폐쇄의 효과를 조사했다. 1년 후에 전체 범죄는 25% 감소했고 폭력범죄는 40% 감소했다. 그리고 다른 지역으로 전이되는 징후도 나타나지 않았다(Donnelly and Kimble, 1997). 이런 연구들은 범죄다발지역에서 도로통행의 흐름을 바꾸었을 때의 효과를 잘 보여준다. 유사한 결과들은 미국과 영국의 다른 연구에서도 있었다(Armitage et al., 2010, 2011; Jonson and Bowers, 2010; Nubani and Wineman, 2009).

영국의 경우, 접근통제를 위해 흔히 활용한 방법은 도로에 쪽문(alley gate)을 세우는 것이다. 쪽문 설치(alley gating)는 주택이나 상점의 후면통로에 문을 설치하고, 이를 통해 거주자나 합법적 사용자만 출입하도록 제한하는 것이다. 이 방법은 특히 침입절도범, 건물 뒤로 몰래 접근하는 범죄자를 핵심대상으로 한다. 리버풀의 쪽문설치에 대한 평가연구에 의하면, 약 4,000개의 쪽문이 새로 세워졌고(Home Office, 2001) 이후 875건의 침입절도가 줄어들었다(Bowers et al., 2003). 쪽문의 효과는 그 지역에서 실시했던 다른 범죄예방활동의 영향을 통제했을 때의 독립적 효과였다. 이와 유사하게, 사우스 웨일즈 지역의 다른 연구에서도 쪽문을 설치한 후에 침입절도가 현저히 감소했다(Rogers, 2007). 쪽문설치 지역의 주민들은 해당지역에서 범죄와 무질서가 감소했다고 응답했다.

웨이우드와 동료들(Haywood et al., 2009)이 올덤(Oldham, northwest England)에서 쪽문의 영향을 분석했을 때에도 침입절도의 현저한 감소를 판별할 수 있었다.

이상의 연구들은 통행의 흐름을 관리함으로써 범죄를 줄이는 것이 실현가능한 목표임을 보여주는 사례다. 범죄와 범죄두려움의 수준은 보행자나 자동차가 쉽게 접근할 수 있는 도로나 지역에서 높은 경향을 보인다. 단면 폐쇄도로, 막다른 길, 쪽문, 그리고 소유권을 강화한 도로를 설치한다면 범죄를 예방하는데 긍정적 효과를 기대할 수 있을 것이다.

요약

앞서 지적했듯이, 한 가지의 범죄예방기법만을 분석한 연구는 매우 드물다. 하지만 범죄예방 프로그램 중에서 단차원의 접근방법에 의존한 경우는 거의 없다. 대부분의 실제 프로그램들은 종합적 예방대책의 부분으로서 다양한 예방기법을 함께 실시한다. 이는 개별 예방기법의 평가에 많은 문제를 일으키고 프로그램 전체에 대한 연구를 필요하게 만든다. 다음에서는 다양한 아이디어를 포함했던 범죄예방노력들의 평가결과를 살펴본다. 다양한 아이디어의 일부는 이미 검토했을 수 있다.

이웃지역의 물리적 설계

지역단위의 물리적 설계가 범죄에 미친 영향을 분석한 초기 연구는 공공주택단지를 대상으로 한 것이다. 앞서 살펴봤듯이, 뉴먼(1972)은 공공주택의 설계방법에 따라 범죄발생 수준이 다르다고 지적했다. 그러나 설계상의 여러 문제들로 공동체 의식을 함양하고, 소유권을 주장하고(영역성), 안전감을 주고(이미지), 감시수준을 향상시키려는 시도가 실현되지 못했다. 뉴먼과 프랭크(Newman and Franck, 1980)는 뉴어크, 루이스가, 샌프란시스코의 공공주택에 대한 연구에서 접근가능성과 건물크기가 침입절도와 범죄두려움에 직접적으로 영향을 미친다는 사실을 발견했다. 또한 건물크기는 공간사용과 공간의 통제의식에 영향을 미쳤고, 이를 매개로 간접적으로 범죄와 두려움에 영향을 미쳤다. 포이너(Poyner, 1994)는 영국 공공주택단지의 물리적 설계에서 접근제한을 시행했을 때에 강도사건은 줄었지만 침입절도는 그렇지 않았다고 보고했다. 이 프로젝트에서는 주택들 간의 은밀한 연결로를 제거함으로써 범죄자의 접근, 도주, 은폐를 효과적으로 통제할 수 있었다(Poyner, 1994).

환경설계의 가장 대대적 평가들 중에서 하나는 코네티컷(Connecticut)주의 하트포드(Hartford)에서 실시되었다. 노스 어사이럼 힐(North Asylum Hill)이라고 알려져 있는 하트포드의 한 지역에서는 많은 범죄예방프로그램이 시행되었는데, 여기서 시행된 프로그램은 도로설계의 변화, 조경, 이웃지역에 대한 경찰순찰, 주민조직의 개발과 같은 것들을 포함한다. 설계 부분은 주로 도로를 폐쇄한다든지, 관통도로(through streets)를 제거한다든지, 일방통행로를 만든다든지, 그리고 도로의 폭을 좁게 만든다든지 하는 것이었다. 이런 방법들은 모두 그 지역을 보다 사적이고 주민들에 의해 통제되는 곳으로 만들기 위한 것이었다. 첫 번째 평가연구는 침입절도와 강도가 이웃의 사우스 어사이럼 힐(South Asylum Hill)과 하트포드의 나머지 지역에 비해 크게 감소했음을 보여주었다(Fowler et al., 1979). 침입절도와 잠재적 범죄 피해에 대한 두려움도 그 지역에서 감소하였다. 더욱이 주민들이 가로와 공원을 보다 많이 이용하게 되었다. 이후 3년간의 추적연구에 의하면, 자동차통행의 감소, 도보통행의 증가, 그리고 범죄두려움의 감소가 나타났다. 그러나 침입절도와 강도는 둘 다 이전의 수준으로 환원되었다(Fowler and Mangione, 1982). 따라서 범죄에 미친 효과는 단기간에 그친 것으로 나타났다.

웹 자료

노스 어사이럼 힐(North Asylum Hill) 프로젝트는 https://www.ncjrs.gov/pdffiles1/Digitization/79544-79593NCJRS.pdf 에서 참조할 수 있다.

도시 이웃지역의 일반적 특성들로부터 물리적 설계와 범죄와의 관계에 관한 추가적 통찰력을 얻을 수 있다. 그린버그와 동료들(Greenberg et al., 1982)은 애틀랜타에서 높은 범죄지역과 낮은 범죄지역을 비교했다. 두 지역은 인접한 지역이었다. 낮은 범죄지역은 1가구의 비율이 높았고, 관통도로가 적었고, 빈 땅이 거의 없었다. 전형적 주거지역이었고 다른 주거지역들에 둘러싸여 있었으며 접근하기가 어려운 특징이 있었다. 범죄자의 은폐를 어렵게 만드는 동일한 건물후퇴선과 개인주차장도 낮은 범죄지역의 특징이었다(Greenberg et al., 1982). 이런 결과는 물리적 특성이 범죄행위에 영향을 미친다는 주장을 입증하는 것이다.

상업지역의 범죄에 대처하기 위해 오리건주 포틀랜드의 UAC(Union Avenue Corridor)에서는 물리적 설계를 바꾸었다. UAC는 길이가 약 3.5마일, 폭이 4 블록 정도의 상업지구로, 경공업제품 판매점부터, 은행, 식료품점, 자동차 대리점까지 다양한 상점들이 입주해 있었다. 주변지역은 대부분 중하층의 흑인지역이었다. 범죄율은 포틀랜드의 다른 지역보다 세 배 가량 높았다(Kushmuk and Whittemore, 1981). 범죄예방프로그램은 가로등의 개선, 거리외관의 개선, 통행방식의 변화, 이면주차의 허용, 상인협의회와 이웃집단과의 관계 형성, 홍보행사의 활용 등으로 구성되었다. 프로그램의 목표는 범죄와 두려움을 감소하고, 사회결속을 강화하고, 삶의 질을 향상하는 것이었다.

쿠쉬묵과 위트모어(Kushmuk and Whittemore, 1981)는 예방활동으로 범죄(특히 강도와 상점 침입절도)의 공식통계가 감소했다고 보고했다. 그러나 피해자 조사에서는 피해발생건수와 범죄피해인식이 개선되지 않았다. 또한, 범죄두려움은 연구기간에 전체적으로 변화가 없었으며, 오히려 프로그램의 실시 이후 손님들은 야간에 더 두려워했고 노인들은 시간에 관계없이 더 두려워했다. 다른 결과들에서도 변화가 없었다. 상점주와 주민들은 사회결속과 경찰과의 협조에서 나아진 것이 없다고 응답했다(Kushmuk and Whittemore, 1981). 또한 공동체 활동과 이웃지원에서 주민들의 변화도 찾아볼 수 없었다. 상점주의 경우 프로그램 이후 판매량이 늘었다고 했지만, UAC가 이전만큼 좋은 상황이 아니라고 평가했다(Kushmuk and Whittemore, 1981). 따라서 프로그램의 시행으로 약간의 변화가 범죄와 다른 사회요인에서 있었지만, 포틀랜드의 다른 지역의 변화와 크게 다르지 않았던 것으로 평가결과를 요약할 수 있다.

1999년에 영국정부는 63개 프로젝트에 기금을 지원하며 침입절도 감소대책(Reducing Burglary Initiative, RBI)을 시행했다(Kodz and Pease, 2003). RBI는 지역사회별로 침입절도의 원인을 파악하고, 해당 지역사회에 적합한 개입방안들을 개발할 것을 강조하는 대책이다. 개입방안들은 목표물 견고화, 쪽문의 설치, 가로등 개선, 담장 설치, 재물표시 등과 같이 대부분 물리적 설계변화와 관련된 것이었다(Kodz and Pease, 2003). 개입방안에는 이웃감시, 경찰의 집중단속, 기타 방법(이후의 장에서 검토한다)들도 포함하였다. RBI에 대한 55개 평가연구 중 40개 연구에서 절도범죄율이 통제지역과 비해 감소한 것으로 나타났다(8개 평가는 비교집단 지역을 선정하지 않았다). 목표물 견고화, 쪽문, 건물의 전자출입통제, 가로등 개선을 활용한 포드브리지(Fordbridge, West Midlands)의 RBI 프로젝트 평가의 경우 실험지역에서 침입절도의 43%가 감소했다(Home Office, 2003a). 쪽문, 담장 설치, 재물표시(범죄예방뉴스와 함께 실행된)를 활용한 스터취레이(Stirchley)의 RBI 프로젝트에서는 침입절도의 53%가 감소했으며, 이는 통제지역에 비해 2배 정도 감소한 것이었다(Home Office, 2003b). RBI 효과의 이런 평가결과는 물리적 설계 요소가 침입절도 문제의 감소에 효과적이라는 것을 시사한다.

웹 자료

RBI 프로젝트에 구체적 내용과 정보는
http://webarchive.nationalarchives.gov.uk/20110218135832/rds.homeoffice.gov.uk/rds/pdfs05/hors287.pdf에서 참조할 수 있다.

또한, 설계를 통한 보호(SBD, Secure by Design)도 많은 관심의 대상이었다. 앞서 언급했듯이 SBD는 새로운 구조물을 만들거나 기존건물을 재설계할 때에 범죄와 무질서를 줄일 수 있는 방식으로 건축할 것을 강조한다. 서부 요크셔어(West Yorkshire)에서 있었던 SBD 평가연구에서 아미타지(Armitage, 2000)는 SBD 원칙을 따라서 재건축을 했던 지역에서 범죄가 현저히 감소했다는 것을 알 수 있었다. 가구범죄건수가 약 26% 감소했으며 집주위에서 두려움을 느끼는 사람들이 약 반으로 줄었다. 25개의 SBD 지역과 25개의 비-SBD지역을 비교하여 환경설계의 영향을 평가했을 때에 물리적 설계가 침입절도와 일반범죄를 감소하는 데 효과적이었다(Armitage, 2007). 적절한 환경설계 지침을 따른 지역에서 범죄위험은 설계지침을 사용하지 않은 지역에 비해 낮은 수준이었다.

서부 요크셔어의 SBD에서 아미티지와 몬첵(Armitage and Monchuck, 2011)은 비슷한 긍정적 결과를 보고했다. SBD 개발지역은 침입절도와 전체범죄가 비-SBD 개발지역과 도시전체에 비교해 월등히 낮은 수준이었다. 또한 SBD 주택들의 밀집도가 증가했을 때에 해당지역에서 전체범죄의 수준은 더욱 감소했다. 이런 결과는 10년 이상 유지되고 있다. 티든과 동료들(Teedon et al., 2009, 2010)의 글래스고 SBD 평가에서도 결과는 긍정적이었다. SBD 주택은 빈집털이나 침입절도의 비율이 비-SBD 주택보다 60% 낮았고, 침입절도 미수의 비율은 80% 낮았다. 또한, 사전-SBD와 사후-SBD 자료를 비교했을 때에도 범죄감소가 있었다(Teedon et al., 2010).

방어공간에 대한 도전

물리적 설계특성이 범죄와 두려움에 영향을 미치는 것으로 이해할 수 있다. 그러나 적절한 설계만으로 원하는 결과를 얻을 것이라고 확신할 수 없다. 메리(Merry, 1981)는 공공주택사업 한 곳에서 18개월 동안 참여관찰을 했다. 주택사업은 뉴먼의 좋은 방어공간 설계와 일치했다. 낮은 건물높이, 분리된 마당, 적은 수의 출입문 사용가구, 넓은 통로, 주택 전면의 개방 공간, 주택 후면의 사적 공간(담으로 둘러싼)으로 설계되었다. 나아가, 주민의 상당수는 잠금장치와 창문창살과 같은 목표물을 견고화하는 장치를 설치했다. 메리(Merry, 1981)가 면접, 관찰, 공식통계 분석으로 평가한 결과, 물리적 설계특성은 범죄나 주민의 안정감에 아무런 영향을 미치지 못했다. 외관상으로 방어능력이 좋아보였지만, 메리(Merry, 1981)는 설계특성들에 의문을 가졌다. 첫째, 문 근처의 계단통(stairwells)과 복도(hallways)는 주민이나 행인이 쉽게 관찰할 수 없었다. 둘째, 울타리, 쓰레기투입구 등의 외부시설은 잠재적 범죄자가 숨을만한 장소가 되었다. 마지막으로, 건물과 외부지역의 배치가 외관상으로는 영역성(territoriality)을 강화하는 모습이었지만 실제로는 주민과 방문객을 혼란스럽게 했고 불편함과 어색함을 초래할 뿐이었다. 물리적 설계가 주민간의 상호작용을 증진시키지 못했고, 주민들은 의심스런 활동에는 거의 개입하지 않았다(Merry, 1981). 주민들은 이방인과 합법적 이용자를 구별하지 못했고, 미래보복을 두려워했으며, 친구나 친척이 아닌 사람에게는 관심을 갖지 않았다. 메리는 이렇게 된 까닭이 주택사업 주민들에서 사회적 결속과 공동체의식이 없었기 때문이라고 보았다.

방어공간 개념이 확실한 범죄감소를 유도하지 못한 이유를 메리는 물리적 환경이 효과적으로 영역성 감정을 배양하지 못했고, 공동체에 대한 관심과 행동에 대한 의식을 함양하지 못했기 때문이라고 정확히 지적했다. 메리(Merry, 1981)는 "좋은 방어공간 설계라고 해서 그 공간이 안전해지는 것을 보장하지 못하며 거주자들이 적극적으로 방어하려는 영역의 한 부분이 되는 것을 보장하지 못한다."고 언급했다. 어떤 지역이 방어공간적(defensible)이더라도 방어되지 못할(undefended) 수 있다.

2세대 CPTED

다양한 논의가 있었지만, 그렇다고 방어공간 특성이 범죄와 범죄두려움에 긍정적 효과가 전혀 없다는 것으로 해석해서는 안 된다. 일련의 연구에서는 분명히 여러 설계특징과 범죄예방기술이 범죄와 두려움에 영향을 미치는 것으로 나타났다. 물론, 부정적 혹은 애매한 결과를 보고한 연구도 적지 않다.

모순된 결과는 매개요인들의 변화를 유발하지 못했거나 관심을 갖지 않았기 때문일 수 있다. 매개요인은 사회적 결속과 영역성의 느낌 등이다(그림 4.1 참조). 뉴먼 주장의 기본전제는 물리적 환경이 영역성의 느낌과 시민통제를 유발하고, 이후 범죄에 영향을 미친다는 것이다. 따라서, 물리적 설계가 실패했던 이유는 실시되었던 개별 프로그램들이 매개요인들의 변화를 유발하지 못했기 때문일 수 있다.

지난 10년간 CPTED에 관한 논의는 주로 2세대 CPTED(second-generation CPTED)의 개발을 지향하는 것이었다. 사빌과 클리브랜드(Saville and Cleveland, 2003), 카즌스와 동료들(Cozens et al., 2005), 레이날드(2011)는 모두 CPTED가 단순한 물리적 설계를 뛰어넘어야 하며 사회적 요인과 활동들을 범죄예방에 포함시켜야 한다고 주장했다. 카즌스와 동료들(2005)은 CPTED가 지역/이웃의 사회적 구조를 고려해야 한다고 강조했다. 레이날드(2011)는 사회적 자본과 사회적 결속을 기반으로 공식/조직적 감시가 강화되어야 한다고 주장했다. 사빌과 클리브랜드(2003)는 2세대 CPTED의 네 가지 구성요소를 제시했다.

1. 주민, 사업가, 기타 단체들 사이의 사회적 결속
2. 지역과 정부기관, 사업가, 지역개발에 기여할 수 있는 단체들과의 연결망 구축
3. 주민통합을 도모할 수 있는 지역사회의 문화대책
4. 주민결속을 이끌고 공동체 발전에 기여하고 주민의 요구와 노력을 지원하는 한계능력(threshold capacity)

이와 같이, 2세대 CPTED의 핵심은 범죄예방에 필요한 매개요인들에 직접 개입하고 향상시키는 것이었다.

3세대 CPTED

2011년에 유엔지역형사사법연구원(United Nations Interregional Crime and Justice Research Institute, UNICRI)은 "녹색 환경설계에 의한 도시안전 향상"(Improving Urban Security through Green Environmental Design)이란 문서를 발표했다. 여기서 UNICRI는 지속가능한 녹색 설계를 사용해 지역사회를 개발하고 범죄문제(또한 다른 사회문제)를 줄이는 3세대 CPTED(third-generation CPTED)를 제안했다. 3세대 CPTED의 핵심은 지역사회에서 주민, 방문객, 그리고 다른 사람들 모두가 안전함을 느끼도록 하는 것이다(UNICRI, 2011). 즉, 기본적으로 영역성에 대한 것이다. 3세대 CPTED은

"물리적 혹은 사이버기술을 응용한 실용적 방법으로 도시공간이 안전하다는 인식을 함양할 것을 강조한다"(UNICRI, 2011, p.11). 이런 목표는 기존의 공적 공간을 상호작용적 공동체 공간으로 변화시키는, 즉 소속감, 소유의식, 감시성을 증진시키는 공간으로 변화시키는 기술을 통해 실현할 수 있다.

3세대 CPTED는 (1) 장소 (2) 사람 (3) 기술 (4) 네트워크 네 가지를 핵심 구성요소로 한다. 그리고 도시공간을 재구성해 안전한 공동체가 되는 것을 추구한다. 각 핵심요소에서 강조하는 사항은 이용자들 간의 상호작용과 안정감 향상에 필요한 소유의식을 형성하는 노력들이다(표 4.7 참조). 이 모든 것의 기반은 첨단기술과 지속가능한 지역사회를 위한 녹색 설계를 사용하는 것이다. 어떤 점에서 3세대 CPTED는 초현실적이고 유토피아적으로 보일 수 있다(특히 도시의 모든 건물 내부에 센서와 작동모터를 부착하는 방법이 그렇다). 그렇지만, 미래지향적이고 "고정관념에서 벗어난"(outside the box) 접근방법으로 앞으로 행위에 영향을 미칠 수 있을 것이다.

표 4.7 3세대 CPTED: 핵심 개념들

장소	안전한 가정, 고용보장, 활동센터, 녹색공간, 새로운 개발, 건강한 환경, 자연적 감시, 대중교통, 대중교육
사람	주민들의 민원제기능력, 의사소통, 소속감, 지역회합
기술	에너지효율성, 투명성, 녹색 에너지, 감시네트워크, 정보, 실시간 정보, 상호작용, 인공지능
네트워크	지역사회의 물리적 네트워크, 에너지, 의사소통, 기타, 정보전달의 무선네트워크, 사회네트워크

출처: UNICRI (2011). Improving Urban Security Through Green Environmental Design, Retrieved from http://www.unicri.it/news/files/2011-04-01_110414_CRA_Urban_Security_sm.pdf. 저자 인용

비문화성, 무질서, 범죄

마지막으로 다룰 주제는 무질서와 비문화성이다. 이 장에서는 "범죄와 무질서"를 다루었는데, 늘 이런 문제를 줄이는 방법만을 검토했다. 물리적 특성에 대한 논의 대부분은 감시를 가능하게 하고, 합법적 이용자들 간에 우호적 감정을 배양할 수 있는 적합한 설계에 대한 것이었다. 이와 더불어, 무질서한 외형이 과연 얼마나 범죄를 유발하는지에 대한 의문도 중요한 주제이다. 물리적 무질서와 사회적 무질서는 어떤 지역이나 장소가

방어되지 않고 범죄행위에 무방비 상태라는 것을 시사하므로 이런 환경에서는 많은 범죄가 발생할 수 있다.

여러 학자들(Hunter, 1978; Skogan, 1990; Taylor and Gottfredson, 1986; Wilson and Kelling, 1982)이 물리적 무질서의 지표들을 제시했다. 깨진 창문, 버려진 빌딩, 빈 공간, 노후한 빌딩, 어수선하게 흩어진 쓰레기, 파손된 물건들, 낙서 등을 지표로 지적했다. 또한, 사회적 지표로는 배회하는 청소년, 알코올중독, 갱, 마약판매와 남용, (걸식과 구걸과 같은) 골칫거리, 매춘, 거리를 오가는 사람들의 상호작용 결핍 등을 지적했다. 퍼킨스와 테일러(Perkins and Taylor, 1996), 테일러와 동료들(Taylor et al., 1995), 그리고 스펠만(Spelman, 1993)은 물리적 무질서가 사회적 무질서를 증가시킨다고 주장한다. 이러한 예는 주택가를 가로막고 있는 비주거 건물, 주택가에 버려진 구조물, 또는 지역에 어울리지 않는 토지의 사용과 같은 것이다. 각각의 경우 물리적 특성은 주민들 사이의 사회적 상호작용을 방해할 수 있으며 비문화성을 조장하게 한다.

물리적, 사회적 지표들은 흔히 무질서 혹은 비문화성의 징후로 고려한다. 이웃지역의 비문화성은 해당지역의 주민들이 그렇지 않은 지역의 주민에 비해 주위에서 일어나는 일들에 관심이 없거나, 혹은 최소한 관심이 낮다는 증거이다(Lewis and Salem, 1986). 무질서의 징후로 인해 해당주민들은 자기 집에만 머무르고 지역개선을 위한 공동작업을 포기할 수 있다(Skogan, 1990; Tylor, 1988). 이는 결국 이웃지역을 잠재적 범죄자의 활동무대로 만드는 것이다. 비문화성은 뉴먼이 지적했던 "이미지(image)"의 또 다른 부분으로 볼 수 있다. 범죄자의 입장에서, 비문화성 징후는 낮은 체포가능성을 시사한다(Taylor and Gottfredson, 1986). 무질서와 비문화성을 최소화하려는 노력은, 즉 물리적이나 사회적 환경을 개선하려는 노력은 범죄자에게는 체포 위험에 대한 지각을 증가시키고 일반주민의 경우는 범죄와 범죄두려움을 감소시킬 것이다.

흥미롭게도, 무질서가 사회에서 범죄와 범죄두려움의 원인이라는 견해는 지금까지 별다른 의심 없이 받아들여졌다. 하지만 이런 견해를 검증한 연구는 거의 없었다. 어쩌면 쉽게 이해되었을 수 있다. 특히 지역사회에서 범죄와 두려움이 많은 지역을 생각하면 이런 견해를 타당한 것으로 쉽게 수용했을 것이다. 비문화성의 물리적이나 사회적 징후를 보이는 지역은 대부분 범죄와 두려움을 많이 경험하는 지역과 같은 지역이다. 실제, 여러 연구들에서 범죄와 두려움은 무질서 징후를 보이는 지역에서 높았다(Lynch and Cantor, 1992; Perkins and Taylor, 1996; Skogan, 1990; Spelman, 1993).

물리적이나 사회적 무질서를 줄이려고 노력하면 효과적으로 범죄와 두려움을 감소할 수 있을 것이라는 주장은 무질서에 대한 연구로부터 논리적으로 추론할 수 있다. 그러나 테일러(Taylor, 1997)는 무질서 징후를 없애는 것이, 특히 물리적 지표들을 제거하는 것이 과연 얼마나 영향이 있을지에 대해 의심을 품었다. 그는 무질서를 측정하는 방법에 따라 무질서와 두려움의 관계가 크게 달라진다고 지적했다. 특히 독립된 평가자가 지역 무질서를 객관적으로 측정했을 때에 두려움이나 주민행동과의 관계는 매우 낮은 수준이었다. 지각된 무질서를 사용했을 때에만 무질서와 두려움(행동도 가능할 것이다)의 관계가 높게 나타났다. 지각된 무질서는 주민 설문조사에 의해 주관적으로 측정한 것이다. 따라서 물리적 무질서를 줄이려는 노력이 두려움에 미치는 영향은 최소한의 수준에 불과할 수 있다(Taylor, 1997). 무질서의 지각수준을 변화시키는 방법을 찾는 것이 앞으로의 당면과제일 수 있다.

무질서와 비문화성이 범죄, 두려움, 시민행동에 미치는 실제 효과에 대한 의견은 다소 불일치하는 상태이다. 그래도 비문화적 징표를 감소하려고 꾸준히 노력하는 데에는 여러 이유가 있다. 아마도 가장 큰 이유는 누구도 그런 문제가 있는 지역에서는 살려고 하지 않기 때문일 것이다. 이와 함께 범죄와 두려움에 대한 낮은 효과도 성공적이라고 평가될 수 있기 때문이다. 무질서 해결을 위한 노력이 범죄와 두려움을 증가시키지 않은 이상 이런 노력은 해 볼만 한 것이다.

요약

물리적 설계의 기존연구들에서 어느 정도 희망적 결과들을 찾아볼 수 있다. 물론 그렇지 않은 경우도 있다. 예방기법의 영향이 일관되지 않았던 연구도 적지 않았다. 표 4.8은 대상지역별로 다양한 물리적 설계기법들의 효과를 종합해 요약한 것이다. 표 4.8에서 긍정적 결과가 많은 예방기법의 일부는 앞에서 검토하지 않았다. 표 4.8은 이 책과 다른 연구들의 결과를 바탕으로 작성한 것이다.

표 4.8에서 가장 왼쪽 행(column)은 범죄예방활동이나 기법을 나열한 것이다. 두 번째 행은 예방기법이 긍정적 영향을 보였던 경우, 즉 범죄예방활동의 결과로 범죄와 두려움이 감소했던 범죄를 나열한 것이다. 그 다음 행은 예방기법의 영향이 명확하지 않은 범죄들을 나열한 것이다. 이는 예방기법의 영향이 상충되었거나 연구/환경에 따라 결과가 다

른 범죄들이다. 마지막 행은 범죄예방기법의 영향이 없다고 평가된 범죄들이다.

표 4.8과 같이 물리적 설계기법이 효과적이었던 범죄들이 많다는 것을 알 수 있다. 흥미롭게도 연구결과가 분명하지 않은 경우가 적지 않으며 몇 가지 범죄에서는 예방기법이 아무런 영향을 미치지 못했다(예를 들어, 투과성이 절도와 강도에 영향을 미치지 못했다). 예방기법의 영향은 전체적으로 불확실한 편이다. 연구결과가 이렇듯 모순적인 이유는 무엇이며 CPTED에 시사하는 함의는 무엇인가?

표 4.8 물리적 설계가 범죄에 미치는 영향에 대한 결과요약

기법	긍정적 영향	불분명한 영향	영향 없음
가로등	침입절도 절도 두려움	침입절도(상점) 절도(상점) 강도(상점) 폭력	
CCTV	두려움 자동차 절도	침입절도 절도 강도 폭력	
통행유형/도로설계	침입절도 두려움 폭력		절도 강도
경보기	침입절도		
재물표시		침입절도 절도	
비공식 감시	침입절도 절도 강도 두려움		
건물설계		침입절도 강도 절도 두려움	
지역개선	두려움	침입절도 강도 절도	

모순된 결과의 원인은 사회적 연구의 속성에서 찾을 수 있다. 첫째, 여러 연구들이 하나의 요인집합이 범죄에 미치는 효과를 분석하고자 했다. 이 과정에서 평가연구들은 많은 수의 다른 변수들을 고려하지 않았다. 다른 변수들이 범죄와 두려움의 수준에 중요한 영향을 미쳤을 수 있다. 둘째, 많은 연구들이 적절한 통제집단을 선정하지 않았고 혹은 통제집단을 아예 선정하지 않았다. 따라서 평가결과가 얼마나 변화한 것인지 혹은 변화가 없었는지를 판단할 수 있는 기준선이 없었다. 한 지역이나 집단을 대상으로 예방기법을 실시하기 이전과 이후를 단순 비교하는 방법은 적절하다고 볼 수 없다. 단순비교의 방법은 서로 상쇄하는 영향들의 문제와 예방기법의 실시와 우연히 동시에 나타난 요인들의 문제를 해결할 수 없다. 셋째, 평가 대상지역들의 과도한 차이로 연구결과들을 상호비교하기가 어렵다. 각 평가연구가 활용한 실험집단과 통제집단에 대한 상세한 정보가 없는 상태에서 여러 평가연구들의 결과를 비교하는 것은 쉽지 않다. 각 평가연구가 실시된 환경이 결과에 중요한 영향을 미쳤을 수가 있다. 긍정적 효과의 평가연구가 실시되었던 지역이 부정적 효과 혹은 효과가 없었던 연구와 근본적으로 다른 지역이었을 수 있다. 많은 평가연구들이 이런 가능성을 고려하지 않았다.

긍정적 효과가 일관되지 않았던 또 다른 원인은 물리적 설계특성이 방어요새(fortress for protection)를 만들었기 때문일 수 있다. 물리적 설계변경, 목표물의 견고화, 접근통제는 영역성을 함양하지 못하고 주민들을 다른 주민으로부터 고립시킬 수 있다. 예방기법의 적용으로 범죄두려움이 감소할 수 있겠지만, 동시에 지역사회를 잃을 수 있다. 뉴먼은 물리적 설계를 통해 지역사회의 인식, 사회적지지, 영역성이 형성될 것이라고 가정했다. 뉴먼의 가정과 달리, 그렇게 되었다는 연구결과는 거의 혹은 전혀 없다. 전통적 요새지향적 기법(fortress mentality techniques)이 활용되는 지역에서는 범죄가 증가할 수 있다. 주민들이 스스로를 방어하려고 이웃으로부터 멀어지면 해당 지역사회는 범죄의 증가, 두려움, 공동체의 손실이 악순환하는 소용돌이에 빠질 것이다.

대안은 2세대 CPTED를 강조하는 것이다. 이런 범죄예방기법은 명시적으로 지역사회의 유지, 회복, 강화를 추구한다. 이웃/구역 감시, 시민순찰, 지역사회경찰, 유사한 대책들은 모두 범죄와 두려움에 대한 지역사회 지향적 대응을 반영한다. 이런 노력들로 지역사회가 복원되고 주민의 행위와 행동을 통제할 수 있게 됨으로써 시간이 지나면 범죄와 두려움이 감소할 것이다. 지역사회 지향적 모형은 물리적 설계가 변화되면 지역사회 의식, 이웃 간의 유대, 기타 요인들이 저절로 개선되리라고 가정하지 않는다. 대신에 사회적 상호작용의 증가, 사회적 응집, 소유의식, 영역성, 두려움의 감소를 구체적 목표로 하는 개입 방안이 범죄와 범죄피해의 대응에 보다 효과적이라고 주장한다. 다음 장에서는 지역사회 지향적 범죄예방프로그램을 검토한다. 지역사회 프로그램은 지역사회/이웃의 결속, 통제의지, 영역성, 범죄와 두려움을 줄이는 다른 요인들을 함양하는 활동에 주민참여를 적극적으로 추구한다. 다음 장에서는 범죄예방에 주민참여를 강화하려는 시도들을 살펴보고, 환경설계의 단순한 접근방법이 남긴 빈틈을 채우고자 한다.

주요 용어

- 접근 통제
- 활동지원
- 쪽문 설치
- CCTV
- 범죄와 무질서 법
- 환경설계를 통한 범죄예방(CPTED)
- 방어공간
- 도주
- 조망
- 공식 혹은 조직적 감시
- 이미지
- 비문화성
- 기계적 감시
- 환경
- 동기강화
- 자연적 감시
- 식별활동
- OTREP
- 실질적 영역성
- 침입절도 감소대책
- 은폐
- 2세대 CPTED
- 설계를 통한 안전(SBD)
- 상징적 영역성
- 목표물 견고화
- 영역성
- 3세대 CPTED

제5장 이웃범죄예방

장 개요

- 이웃범죄예방 접근방법의 유형
  - 이웃/구역 감시
  - 지역사회 반-약물 프로그램
  - 시민순찰
- 감시의 구축
- 이웃범죄예방의 평가
  - 지역사회 결속에 대한 효과
  - 범죄에 대한 효과
  - 두 가지 사례-컬크홀트와 안전도시
  - 요약
- 지역사회 반-약물 프로그램
  - 시민순찰
  - 이웃범죄예방과 범죄두려움
  - 평가의 쟁점들
- 시민참여와 지지
  - 누가 참여하는가?
  - 범죄예방 조직화의 의심스런 가정들
  - 참여/감시의 유도
- 요약

학습 목표

이 장을 읽은 후 여러분은 다음을 할 수 있어야 한다.

- 이웃감시에 대한 지식과 이웃감시 프로그램의 활동유형을 제시한다
- 지역사회 반-약물 프로그램을 규정하고 영향을 논의한다
- 시민순찰과 범죄예방가능성을 논의한다
- 일상활동이론을 설명한다
- 에크(Eck)의 3중의 감시자론을 논의한다
- 이웃범죄예방이 지역사회의 응집력에 미치는 영향을 논의한다
- 이웃범죄예방이 범죄와 두려움에 미치는 영향을 개관한다
- 컬크홀트 침입절도 프로그램과 그 영향을 논의한다
- 안전도시 프로그램과 그 영향을 설명한다
- 이웃범죄예방 프로그램의 평가를 어렵게 하는 문제와 이슈를 나열한다
- 이웃범죄예방에 참여하는 사람들을 논의한다
- 범죄예방에 참여하는 사람에 관한 연구결과들이 서로 다른 이유를 설명한다
- 범죄예방 영역의 연구결과를 논의한다
- 이웃감시의 잘못된 5가지 가정을 개관한다

제5장 이웃범죄예방

물리적, 환경적 설계변경으로 언제나 범죄와 두려움을 줄이는 것이 실패한 이유는 이런 프로그램들이 기초이론의 가정을 실현하지 못했기 때문일 수 있다. 물리적 설계의 변경만으로 범죄에 영향을 미칠 것이라고 주장하는 학자는 거의 없다. 잠금장치, 가로등, 창문, 다른 물리적 특성은 단지 범행을 어렵게 할 뿐이며 범죄자들은 대안적 범행수단을 이용할 수 있다. 범죄를 감소하고 예방하는 데 핵심요소는 물리적 특성의 변화를 통해 적극적 감시가 강화되고, 지역사회 결집력이 함양되고, 범죄에 대한 주민행동이 촉발되는 것이다.

환경설계를 통한 범죄예방(Crime Prevention Through Environmental Design)이 실패한 원인은 지역주민과 합법적 이용자들이 범죄에 맞서는 적극적 파수꾼으로 동기화되지 않았기 때문이다. 4장에서 봤듯이 물리적 설계 특성이 매개변수와 예컨대 사회적 결속이나 지역이용 등과 관련이 있다는 결과는 평가연구에서 거의 찾아볼 수 없다. 이는 매개요인들에 관심을 두지 않았기 때문일 수 있다. 매개요인을 고려했던 일부 연구들에서 물리적 설계에 의해 사회적 결속, 상호지원, 기타 매개요인에서 변화가 있었던 경우는 거의 없었다. 또한, 물리적 특성이 범죄에 미친 영향에 대한 연구결과들은 일치하지 않았고 서로 달랐다. 이런 연구결과는 사회적 결속, 지역사회 분위기, 감시, 연구에서 고려하지 않은 다른 매개변인 등의 수준이 연구마다 서로 달랐기 때문일 수 있다.

2세대 CPTED에서는 사회적 결속, 주민참여, 주민행동에 직접 개입해 이들의 향상을 추구한다. 이웃범죄예방(neighborhood crime prevention)은 2세대 CPTED 목표를 가장 잘 반영한 것이다. 이웃범죄예방은 시기적으로 2세대 CPTED보다 앞서 있었지만 CPTED 모형의 매개요인들에 직접 개입해 보호자 의식(guardianship)을 함양하고 범죄와 두려움에 영향을 미치려고 시도했다. 이웃범죄예방은 물리적 설계에 비해 넓은 적용범위의 다양한 형태로 실시된다. 구체적 형태에는 이웃감시(neighborhood watch), 이웃지원(neighborhood advocacy), 시민순찰(citizen patrols), 물리적 설계, 보호자 의식을 함양하는 활동 등이 있다. 그림 5.1은 이웃범죄예방의 개념적 틀을 설명한 것이다.

그림 5.1 이웃-기반 범죄예방의 개념틀

문 제 →	전 략 →	매개요인 →	중간 산물 →	최종적 산물
•범죄 - 수준, 유형 •범죄의 두려움 •이웃지역의 퇴보 •아노미, 사회적 결속 및 통제의 부족	•이웃감시 •환경설계 변경 •이웃지원, 경찰-지역사회 공조 •지역차별 반대 활동 •청소년 지도(고용, 여가활동, 그 외 대안적 활동 등) •특별활동(에스코트 서비스, 중재, 피해자·증인 지원 등) •교육	•이웃 특성들 - 결속, 지역사회 의식 - 크기, 밀도 - 주택공급 상황 •법집행 실태 •과거와 현재의 범죄예방활동 •전략을 수행하는 조직의 특성들	•시민참여, 책임감과 통제능력의 증가 •시민의 지식증가, 태도와 행동의 변화 • 전략에 따른 산물 - 가정 보안의 증가 - 보다 깨끗한 이웃 - 재물표시의 증가 - 기타 •경찰/도시기관-지역사회 협력과 상호작용의 향상	•범죄의 감소 - 침입절도, 특정 범죄의 감소 •범죄의 두려움 감소 •이웃의 강화 - 주택공급 및 일반적 경제적 기반의 개선 - 결속, 비공식적 사회통제의 강화

출처: R.F. Cook and A. Roehl(1983). Preventing Crime and Arson: A Review of Community-based Strategies. Reston, VA: Institute for Social Analysis.

그림 5.1에 제시한 활동들을 통해 범죄예방에는 여러 접근방법이 있을 수 있으며, 물리적 설계와 같이 한 가지 아이디어에만 집착해서는 안 된다는 교훈을 얻을 수 있다. 그림 5.1의 모형은 이웃지역의 고질적 문제를 해결하려면 이에 앞서 매개요인들의 변화가 선행되어야 한다고 강조한다. 모형을 살펴보면, 앞 장에서 개입의 시작점으로서 소개했던 몇몇 CPTED 설계 특성들(예, 재물표시와 가정경비)이 여기서는 일반적 전략의 중간산물로 고려한다. 일반적 전략에서 가장 중요한 것은 주민참여이다. 주민들의 활동과 관심은, 앞으로 설명하겠지만, 물리적 설계를 포함해 다른 요인들에 대부분 선행한다.

이웃범죄예방 접근방법의 유형

다양한 이웃범죄예방 전략들이 지난 수 년 동안 제안되고 수행되어져 왔다. 1970년대 이후로 많은 프로그램들이 미국, 영국, 그 외의 국가들에서 발전하였다. 여러 프로그램들이 다양한 정부기관과 정책에 의해 실시되고 지원되었지만, 일부 프로그램은 시민들이 공식적 형사사법체계가 단독으로 범죄문제를 해결할 수 없다는 것을 자각하면서 생겨났다. 프로그램의 태동계기와 무관하게, 이웃범죄예방은 범죄예방 분야에서 중요한 측면이 되었다.

이웃/구역 감시

이웃감시(neighborhood watch)는 이웃들이나 지역주민들을 상호 연결함으로써 서로에 대한 지식을 함양하고 지역 거주자와 아닌 사람의 식별능력을 향상시키고자 한다. 이웃감시에서 이루어지는 주요활동으로는 상호관심사에 대한 논의, 지역의식 증진을 위한 행동, 공통문제 해결방안의 추진 등이 있다. 가장 이상적인 이웃감시는 사전예방이다. 즉, 문제가 발생하기 전에 혹은 최소한 문제가 발생했을 때에 그것을 인식하는 것이다. 사전예방을 위해서는 주민과 법집행기관과의 상호작용, 범죄와 예방방법에 대한 교육, 다양한 예방행동의 실시 등이 필요하다. 그림 5.2는 형사사법지원국(Bureau of Justice Assiance)이 전형적 이웃감시 단체가 수행할 활동과 기대사항을 정리한 논리모형이다. 여기서 이웃참여는 지역의 쇠락과 범죄증가를 유발할 수 있는 지역문제를 인식하고 해결하는 것을 의미한다.

그림 5.2 형사사법지원국(BJA) 프로그램 평가와 성과 측정 센터: 이웃감시 논리모형

목표: 지역사회의 범죄예방 지원

목적	활동	결과/과정 측정	결과 측정
1. 지역사회의 범죄예방 역할 강화	이웃감시 집단을 구성하기	• 조사기간 이웃감시에 자원한 주민의 수	• 조사기간 경찰에 범죄신고횟수
2. 범죄와 범죄예방의 시민교육	주민들이 분기별로 이웃감시 회의를 개최하기	• 조사기간 이웃감시 회의의 개최횟수	• 조사기간 경찰에 범죄정보 전달횟수
3. 침입절도와 강도범죄의 감소	주민들이 야간에 이웃감시 순찰을 실시하기	• 조사기간 경찰의 범죄예방 설명회 개최횟수	• 조사기간 해당지역에서 경찰기록에 의한 침입절도 발생횟수
	경찰이 신청주택에 안전점검하기	• 조사기간 이웃감시 순찰횟수	
	주민들이 분기별로 지역의 모든 가구에 범죄경고문과 예방전단지를 배포하기	• 조사기간 경찰의 신청주택 안전점검 실시횟수	
		• 조사기간 경찰의 주택 안전점검 실시횟수	
		• 새로운 범죄경고문과 예방전단지 배포횟수	
		• 범죄경고문과 예방전단지 전체 배포횟수	
		• 조사기간 주민의 실제 이웃감시 참여횟수(회의참석, 순찰, 전단지 배포)	

이론

만일(IF) 지역주민이 의심스런 활동에 주의를 기울이고(이웃감시 순찰이나 다른 때에) 이를 경찰에 신고하면 그리고 잠재적 범죄자가 이런 활동을 주민들이 하는 것을 알게 되면 그러면(THEN) 범죄자는 여기서는 발각될 위험이 다른 지역보다 높다고 지각할 것이므로 범죄를 저지르지 않을 것이다.

만일(IF) 지역주민이 이웃의 빈 집에 생활흔적을 만들면(이웃감시 회의에서 배운 방법) 그러면(THEN) 범죄자는 여기서는 발각될 위험이 다른 지역보다 높다고 지각할 것이므로 범죄를 저지르지 않을 것이다.

만일(IF) 지역주민이 가정에 경비설비를 늘려 주택 침입절도를 어렵게 만들면 그러면(THEN) 범죄자는 여기서는 발각될 위험이 다른 지역보다 높다고 지각할 것이므로 범죄를 저지르지 않을 것이다.

출처: Bureau of Justice Assistance (2015). Neighborhood Watch Logic Model. https://www.bja.gov/evaluation/program-crime-prevention/chcp6.htm

가장 효과적 형태의 이웃감시는 지역사회에서 비공식적(그리고 가능하다면 공식적) 사회통제를 담당하는 것이다. 버식과 그래즈믹(Bursik and Grasmick, 1993)은 많은 이웃들이 사회적으로 해체되었으며 이런 결과로 지역의 주민이나 방문자들에 적절한 통제를 행사할 수 없다고 보았다. 쇼와 멕케이(Show and McKay, 1931, 1942)의 초기 연구에 기초하여, 버식과 그래즈믹은 이웃이 사회통제를 확립하기 위해서는 다양한 출처로부터 자원을 이끌어내야 할 필요가 있다고 주장하였다. 이웃이 이용할 수 있는 지역자원의 예로는 사교모임, 가족, 지역 업소, 교회, 학교, 그리고 대인관계 네트워크 등을 들 수 있다(Bursik and Grasmick, 1993). 이웃감시는 이웃지역에서 사회통제를 실현하는 한 방법이다.

이웃감시가 사회통제에 도움이 될 수 있는 것은 활발한 감시활동이다. 성공적 감시를 위해서는 지역에서 합법적 이용자와 비합법적 이용자를 구별할 수 있는 능력이 있어야 한다. 이런 구분능력이 없으면 주민들은 외부의 사람과 잘못된 일들을 알아차릴 수 없다. 이웃조직의 구성원은 경찰의 눈과 귀가 된다. 법집행기관이 모든 지역에 항상 상주하는 것은 현실적으로 불가능하다. 따라서 법집행기관의 감시기능을 보완하는 일은 일반시민의 책임이다.

웹 자료

전국 보안관 연합회(National Sheriff's Association)는 미국 법무부(U.S. Department of Justice)의 후원으로 이웃감시에 관한 웹사이트를 운영하고 있다. 해당 웹사이트는 이웃감시와 관련된 많은 정보를 제공한다. 웹사이트는 http://www.nnw.org/로 접속할 수 있다. 교과서 웹사이트에서 형사사법지원국(Bureau of Justice Assistance)의 "이웃감시 매뉴얼"을 참조할 수 있다.

이웃 혹은 구역감시의 정확한 숫자는 알려져 있지 않다. 많은 이웃감시 단체들이 순수 풀뿌리 조직이며, 전국 단위의 조직에 가입하지 않아 기록들이 관리되지 못하고 있다. 미국에서는 전국 보안관 연합회(National Sheriff's Association)가 전국 이웃감시(National Neighborhood Watch, NNW) 조직을 후원하고 있다. NNW(2015)에 의하면, 2012년 미국에는 25,000개 이상의 이웃감시 단체가 있고 100만 명 이상의 자원봉사자들이 참여한다. NMW에 가담하지 않은 이웃감시 단체와 참여자의 수는 알 수가 없다. 도시감시 전국연합회(National Association of Town Watch, 2015)는 16,000곳 이상의 지역사회에서 3,800만 명 이상이 가담하고 있다고 주장한다. 오키프(O'Keefe et al., 1996)는 전국조사에서 응답자의 31%가 이웃범죄예방 조직의 구성원이었다고 보고했다. 잉글랜드와 웨일즈의 경우는, 170,000개의 이웃감시조직에 380만 가구가 참여하고 있다고 이웃지역과 가정 감시네트워크(Neighborhood and Home Watch Network, 2015)가 보고한다. 2009-2010 영국범죄조사에 의하면, 잉글랜드와 웨일즈 가구들 중에서 약 13%가 이웃감시조직에 참여하고 있는 것으로 나타났다. 국제적으로는, 신세계 국가들(New World countries, 미국, 영국, 캐나다, 호주, 뉴질랜드)과 아시아 국가들에서 이웃감시가 다른 국가들보다 많이 활용되었다(표 5.1 참조). 공식적 이웃감시집단 이외에 수많은 사람들이 외출할 때에 이웃에게 자기 집을 봐달라고 부탁하기도 한다(del Frate, 1998). 따라서 이웃감시 참여자의 수는 단지 추정치에 불과하다는 사실에 유념해야 한다. 이웃감시 참여는 전담기구가 측정하지 않아 참여수준을 정확히 판단하기는 어렵다.

표 5.1 협동적 이웃범죄예방 참여(%)

지역	이웃감시	비공식 감시
신세계(New World)	36	67
아시아	23	77
서유럽	18	59
아프리카	10	48
라틴 아메리카	12	60
변동기 국가	8	49

출처: del Frate (1998), Preventing Crime: Citizenss' Experiences Across the World. UNICRI Issues and Reports No.9. New York: United Nations

이웃감시에서 감시 효과는 다른 활동을 병행할 때에 더욱 향상될 수 있다. 가로파로와 맥러드(Garofalo and McLeod, 1988; 1989)가 이웃감시 프로그램의 전국조사를 했을 때에 가장 많이 병행한 것은 식별활동(Operation Identification)이었으며(프로그램의 81%에서 나타남), 다음으로 주택안전점검(68%), 범죄제보 핫라인(38%), 안전의 집(block parenting)[4](27.3%) 등이었다. 거리조명의 향상(35%)과 물리적 환경설계 관련 사항(38%)도 이웃감시 단체가 많이 활용하였다. 이웃감시 단체가 활용했던 또 다른 활동

4) **역주** : 이웃의 학대아동이나 도움이 필요한 사람들을 위해 자원하여 자신의 집을 피난처로 제공하는 프로그램

은 동행서비스(escort services), 호각정지, 전화연결망, 법원감시, 감시원 고용, 조직화된 감시, 피해자/증인 지원 등이었다(Garofalo and McLeod, 1988). 밤이 없는 날(National Night Out) 행사는 이웃예방이 전국적으로 제도화된 프로그램이다. 도시감시 전국연합회(National Neighborhood Watch, NNW)가 지원하며 1981년부터 시작된 이 행사는 해마다 8월에 열리고 있다. 행사의 내용은 교육 프로그램, 이웃조직하기, 사교모임, 반-약물과 반-범죄활동 등이다(natw.org). 형사사법기관들도 많은 지원을 하며 주민들은 전등을 끄지 않고, 집밖에서 활동하며, 범죄와 지역문제의 해결에 동참한다.

지역사회 반-약물 프로그램

이웃범죄 예방프로그램에서 최근에 주목할 만한 움직임은 1980년대 이후의 지역사회 반-약물(community antidrug, CAD) 프로그램의 급속한 성장이다. 약물사용, 특히 도심에서의 코카인과 크랙의 사용이 급격히 증가하자 주민들은 상호간, 경찰, 다양한 기관이나 조직과 연계하여 약물사용, 약물거래, 기타 문제에 대처하고자 노력하였다(Davis et al., 1993). 많은 이웃차원의 운동들은 초기의 이웃감시 프로그램들을 모방했는데 감시의 전술(surveillance tactics), 경찰에의 신고, 지역을 정화하려는 기관과의 공조, 주민들에 대한 정보제공, 반-약물프로그램의 시행, 시민순찰에의 참여 등을 활용하였다.

웹 자료

약물없는 지역사회 지원 프로그램의 상세한 정보는 http://www.whitehouse.gov/Drug-Free-Communities-Support-Program에서 참조할 수 있다.

CAD에 관한 평가는 없지만, 약물문제가 심각한 대도시나 특정지역에 널리 보급되었을 것으로 예상할 수 있다. 약물남용 예방센터(Center for Substance Abuse Prevention)의 지역사회 동반자 시범프로그램(Community Partnership Demonstration Program)은 252곳의 지역사회를 대상으로 반-약물 활동을 실시했다(Davis and Lurigio, 1996). 현재는 백악관의 국가 마약통제정책 집행부(White House Office of National Drug Control Policy)가 약물 없는 지역사회 지원 프로그램(Drug Free Communities Support Program)을 주관하고 있다. 이 프로그램은 9,000명의 자원봉사자들이 소속된 2,000개 지역사회 연합회에 다양한 종류의 약물문제 대처활동을 하는 데 필요한 예산을 지원한다(Drug Free Communities Support Program, 2009). 예방활동에 시민참여를 촉진하는 내용도 이 프로그램에 포함되어 있다.

시민순찰

시민순찰은 이웃감시의 주요 요소이며 감시노력들에서 적극적 성격의 활동이다. 순찰의 유일한 목적은 지역사회에 감시의 눈을 더 많이 배치해 낯선 사람을 감지하고 진행 중의 범죄를 발견하는 기회를 늘리는 것이다. 주민들은 의심스런 활동을 발견하더라도 물리적으로 개입하지 않는 것이 원칙이다. 대부분의 시민순찰이 도보순찰이지만 일부에서는 차량순찰을 활용한다. 참여자는 자원봉사자나 고용된 사람일 수 있다.

구역감시와 같이 시민순찰의 정확한 수는 알려져 있지 않다. 수호천사(Guardian Angels)는 아마도 가장 잘 알려진 시민순찰 단체일 것이다. 1971년에 시작된 이 단체의 회원은 주로 10대 청소년과 청년들이며, 미국에 130개 지부 그리고 국외에 17개 지부가 있다고 자랑한다. 또한 수호천사는 시민안전, 전자상거래, 인터넷보안대책 등에 관한 교육자료를 제공하며 위기청소년 보호활동에도 관여하고 있다(www.GuardianAngels.com). 영국에서는 지역교회들이 시민순찰에 적극적으로 참여한다. 거리목사(Street Pastors)가 250개 지역에서 활동하고 있으며 9,000명의 자원봉사자가 참여한다고 주장한다. 또한, 거리천사(Street Angels)는 120개 순찰구역이 있다고 자랑한다(Bullock, 2014).

웹 자료

수호천사(Guarian Angels)는 많은 지부들과 범죄대책들을 지원한다. 수호천사의 지원내용은 http://www.guardianangels.org/에서 참조할 수 있다.

시민순찰의 변형으로는 호각정지(Whistle Stop), 무전기감시(Radio Watch), 기타 유사 프로그램 등이 있다. 이런 감시들은 거리에 있는 사람을 이용하는 간단한 방법이다. 프로그램에 참여하는 사람은 어떤 공식적 자격으로 봉사하거나 정해진 스케줄을 따르지 않는다. 대신에 일상생활을 하면서 수상한 사람이나 활동을 감시한다. 예를 들어 호각정지에 참여한 사람은 쇼핑을 하거나, 근무를 하거나, 길거리를 걷다가 뭔가 이상한 것을 목격하면 호각을 분다. 무전기감시(Radio Watch)의 경우는 쌍방향무전기(택시나 트럭운전사가 사용하는)나 휴대폰을 이용해 의심스런 활동을 보고한다. 요약하면 시민순찰의 요체는 관찰하고, 관계기관에 신고하는 것이며, 더 이상의 행동을 하지 않는 것이다.

감시의 구축

이웃범죄예방은 서로 다른 형태가 있지만, 핵심요소는 감시체계의 구축이다. 1차적 감시인은 주로 지역의 주민과 합법적 사용자들이다. 앞 장에서 논의했듯이 물리적 설계를 하면 범죄를 막으려는 시민행동(감시)이 생겨날 것이라고 기대했다. 이런 변화를 유발하는 데 CPTED가 실패하면서 보다 명시적으로 시민행동(2세대 CPTED에서와 같이)을 유도하려는 노력과 이웃범죄예방이 나타났다.

감시의 중요성은 일상활동이론(routine activity theory)에서 가장 잘 알 수 있다. 코헨과 펠슨(Cohen and Felson, 1979)은 범죄가 일어나려면 세 가지가 함께 있어야 한다고 주장했다. 세 가지는 (1) 적절한 대상 (2) 동기화된 범죄자 (3) 감시의 부재이다. 세 가지 요인이 시간과 장소와 수렴하면 범죄기회가 만들어진다. 중요한 것은 일상활동이론이 범죄가 일어날 것이라고 단정하지 않는다는 것이다. 세 가지 요인은 범죄행동의 원인이 아니다. 이들은 범죄기회와 관련된 것이며 범죄기회를 증가시키는 역할을 한다. 일상활동이론에 의하면, 범죄기회를 줄이면 범죄에 대처할 수가 있다.

좁게는 이웃감시, 넓게는 지역사회 범죄예방은 기본적으로 일상활동이론의 감시에 대한 것이다. 에크(Eck, 1994)는 3중의 감시를 제안했다 - 목표물의 감시인(guardians of targets), 범죄자의 담당자(handlers of offenders), 장소의 관리자(managers of places) - 이는 일상활동이론의 구성요인들과 상응한다.

그림 5.3에서 내부의 삼각형은 일상활동의 구성요인들을 반영한다 - 목표물, 범죄자, 장소가 서로 결부되는 상황이다. 외부의 삼각형은 각 차원에 대한 감시자나 또는 보호자를 반영한다. 각각의 감시자는 일어날 수 있는 범죄의 규모와 유형에 중요한 영향을 미친다. 또한 감시인, 담당자, 관리자는 범죄발생의 세 차원 중에서 적어도 한 차원을 통제함으로써 범죄기회를 감소할 수가 있다. 감시인은 물건의 주인, 가족과 친구, 경찰관과 경비원, 즉 목표물을 감시하고 보호하는 사람이다.

그림 5.3 일상활동 삼각형

출처: R.V. Clarke and J.E. Eck (2005). Crime Analysis for Problem Solvers in 60 small Steps. Washjngton, DC: Office of Community Oriented Policing Services.

감시인이 현장에 있는 것만으로는 충분한 감시가 되지 못한다. 홀리스-필과 동료들(Hollis-Peel et al., 2011)은 감시를 범죄에 대응하는 물리적 현존(physical presence)과 범죄자에게 높은 위험성을 주지시키는 상징적 현존(symbolic presence)으로 구분했다. 또한 감시인 본인들만 사람과 장소를 보호하는 임무를 수행하지 않는다. 범죄자가 범행을 시도할 때에 우연히 현장에 있게 된 사람들도 감시인이 될 수 있다. 감시인은 사건에 개입할 수 있는 신체적 능력과 개입하려는 의지를 가져야 한다는 견해도 물론 있다. 감시에 대해 레이날드(Reynald, 2011)는 현실적으로 고려해야 할 차원이 세 가지가 있다고 주장했다. 그 세 가지는 (1) 자기 주위에 일어나는 일에 대한 관찰가능한 상태인 가용성(availability) (2) 실제로 관찰임무의 수행 (3) 관찰결과에 따른 행동이다. 이에 덧붙여 홀리스-필과 동료들(2011)은 감시의 위계서열을 제안했다.

4. 참여 감시인(intervening guardians)은 눈에 띄고, 지역을 주시하며, 어떤 일이 발생하면 행동을 취한다.
3. 능력 감시인(capable guardians)은 눈에 띄며, 적극적으로 주위를 주시한다.
2. 가용 감시인(available guardians)은 현장에 있지만 주위에서 일어나는 일에 적극적으로 주의를 기울이지 않는다.
1. 비가시 감시인(invisible guardians)은 해당지역에서 존재감이 없고 눈에 띄지 않는다.

이런 위계서열이 시사하듯 어떤 사람이 현장에 있다는 사실만으로 그 사람이 감시를 하고 필요한 행동을 하리라고 기대할 수 없다. 더불어 레이날드(2011)는 감시가 다양한 이유로 중단되어 효과적 관찰과 대응을 하지 못하는 사례가 많았다고 지적했다. 낯선 사람을 구별하지 못하는 무능력, 지역에 대한 개인의 애착결핍, 높은 주민이동과 이에 따른 주민들 간의 소외, 감시인에 비해 너무 많은 감시대상 등으로 효과적 감시와 대응이 되지 못했다는 것이다(Reynald, 2011). 따라서 레이날드는 감시의 의미를 활동하는 감시(Guardianship in Action)로 개념화해야 한다고 주장했다. 즉, 주민과 개인들이 적극적 감시를 할 수 있도록 단계적 과정이 필요하다는 것이다. 그것은 이들이 관찰할 수 있는 능력을 갖추고, 일어나는 일들을 주시하고, 비정상적인 일이 생기면 행동을 취하는 것이다(Reynald, 2011).

이웃범죄예방의 평가

이웃범죄예방노력의 효과성은 두 가지의 기준으로 평가할 수 있다. 가장 논리적인 기준은 아무래도 범죄와 범죄두려움에 미치는 영향일 것이다. 효과성의 두 번째 평가기준은 이웃의 조직화가 사회결속, 영역성의 인식, 이웃유대감 등의 매개요인에 미치는 영향이다. 매개요인이 향상되는 정도에 따라 범죄율과 범죄두려움이 변화할 수 있다. 이웃범죄예방의 다음 평가연구들은 범죄와 범죄두려움과 함께 이런 중간요인들의 변화를 살펴본 것들이다.

웹 자료

CrimeSolution.gov는 http://crimesolution.gov/에서 지역사회 범죄예방 대책들과 그 효과에 대한 많은 정보를 제공한다. 교과서 웹사이트에서 지역사회지향적 경찰활동국(Office of Community-Oriented Policing)의 "이웃감시가 범죄를 줄이는가?"를 참조할 수 있다.

지역사회 결속에 대한 효과

이웃범죄예방 연구는 흔히 조직화 노력의 효과성에 관한 평가를 포함한다. 프로그램의 효과, 즉 결과는 참여집단의 수와 참여자의 수와 같은 단순 기록부터 개인별 참여의 질적 내용까지 다양하게 측정했다. 일부의 평가연구는 전적으로 과정평가(process evaluation)에만 의존하고 실제 범죄와 두려움에 미친 영향을 고려하지 않았다. 후자의 연구들은 중간요인이 변화하면 필연적으로 범죄가 예방될 것이라고 가정했다.

지역사회 범죄예방의 일부 연구에서는 시민참여의 수준을 이웃단체의 수와 참여자수로 측정했다. 갈로팔로와 맥레오드(Garofalo and McLeod, 1988)와 오키프와 동료들(O'keefe and associates, 1996)은 여러 범죄예방활동의 광범위한 참여를 보고했다. 베넷(Bennett, 1990)에 의하면 런던의 어떤 이웃지역에서 주민의 64%가 그리고 다른 지역에서는 44%가 이웃감시에 참여한 것으로 나타났다. 크로포드(Crawford, 1998)는 영국과 웨일즈에서 6백만 이상의 주민이 이웃감시조직에 참여하고 있다고 서술했다.

이런 참여수준은 경이로운 수준이다. 그러나 과연 얼마나 많은 시민이 범죄예방모임에 정례적으로 참여하고, 주어진 충고에 주목하고, 모임에 나타나는 것 이상의 일을 하는지에 대해서는 알지 못한다. 얼마나 많은 사람이 최초 발족모임 이후에도 나타났을까? 수백 명이 전국의 수천 개 단체로 흩어져 일할 때에 어떤 영향을 미치며 지역사회에서 얼마나 많은 지원을 받을까? 이런 중요 의문들을 대부분의 연구들이 명확히 다루지 않았다.

범죄예방 프로그램들은 흔히 이웃지역의 개선을 긍정적 결과라고 보고하며 그것을 지역사회 결속과 영역성이 증가한 증거라고 가정한다. 이런 증거의 문제는 대부분의 경우에 주민들이 아니라 지역외부의 기관이 그런 개선을 후원하고 주도했다는 것이다. 지역개선이 유의미하더라도 이는 지역의 변화가 사회적 결속과 상호작용에 영향을 미쳤다는 증거가 거의 혹은 전혀 되지 못한다. 앞선 장에서 서술했듯이 범죄예방대책들은 갈등할 수 있고 서로 간에 효과를 상쇄할 수 있다. 예를 들어 카즌스와 데이비스(Cozens and Davis, 2013)는 이웃감시의 물리적 설계로 주택에 경비셔터를 설치했더니 사회적 상호작용이 감소했다고 지적했다.

이웃감시의 평가연구에 의하면 감시참여자들은 대부분 경찰에 대해 매우 우호적 태도를 가졌다(Brown and Wycoff, 1987; Laycock and Tilley, 1995a; Shernock, 1986; Skogan and Wycoff, 1986; Williams and Pate, 1987, Wolfer, 2001). 지역사회 감시프로그램은 주민과 경찰을 공생관계로, 상호의존적 문제해결활동으로 서로를 연결하는 것이다. 경찰은 범죄와 범죄예방기법에 대한 정보를 이웃집단에 제공한다. 반대급부로 지역주민은 의심스런 사람, 진행 중의 범죄, 유용한 범죄해결정보를 경찰에 알려준다. 경찰에 대한 우호적 태도는 지역주민들 사이의 관계와는 사실 관련이 없다. 그럼에도 불구하고 이를 근거로 이웃감시가 지역사회 결속을 증가시켰다고 흔히 주장한다.

이웃범죄예방노력의 일부 연구는 지역사회의 결속과 주민의 상호지원의 변화를 직접 측정했다. 그러나 연구결과는 일관되지 않았다. 베넷(Bennet, 1987; 1990)은 런던에서 2개 지역에서 이웃감시를 연구했다. 한 지역에서는 사회적 결속이 증가했다. 반면에 다른 지역에서는 감소했다. 이와 유사하게 시카고에서는 이웃감시가 조직된 4개 지역에 대한 연구가 있었다. 3개 지역에서는 지역사회 결속이 변하지 않았고 4번째 지역에서는 결속수준이 감소했다(Rosenbaum et al., 1985). 루이스와 동료들(Lewis et al., 1988)은 시카고의 5개 이웃감시지역에서 프로그램의 시행 전과 후에 주민들을 면접했다. 안타깝게도 주민들 간의 비공식적 화합의 참여빈도와 이름을 알게 된 이웃의 수에서 전혀 변화가 없었다. 이런 결과는 지역사회 결속이 이웃감시 프로그램에 의해 영향을 받지 않을 수 있다는 것을 시사한다.

범죄에 대한 효과

이웃범죄예방 프로그램의 1차적 관심은 범죄와 범죄두려움을 줄이는 것이다. 지역사회 범죄예방기법의 대상은 주로 침입절도, 단순절도, 강도 등의 재산범죄이다. 대인폭력범죄에 대한 효과는 거의 없으며, 있다 하더라도 아주 낮은 수준일 것이다. 왜냐하면 대인범죄들이 대부분 서로 아는 사람들 사이에서 그리고 가정 내에서 발생하기 때문이다. 감시를 강화해도 집안과 아는 사람들 혹은 지역의 합법적 거주자들 사이에서 일어나는 범죄는 줄이지 못한다. 이런 사람들이 지역에 있는 것은 이상하지 않고 주의를 끌만한 일이 아니다. 이웃감시활동으로는 외부인에 의한 범죄들만 감소할 수 있다. 범죄에 대한 효과는 세 가지 영역으로 구분해 검토한다. 공식통계자료를 이용한 연구, 피해조사자료의 분석, 영국의 두 가지 특별 예방대책의 순서로 살펴본다.

공식통계(Official Records)

공식범죄통계를 이용한 연구들은 이웃감시 프로그램이 범죄에 긍정적 효과가 있었다고 보고한다. 대부분의 연구에서 대상지역의 범죄수준(특히 재산범죄)이 통제지역보다 낮았다. 프로그램 실시이전과 비교해도 실시 이후에 범죄수준이 감소했다. 초기에 있었던 디트로이트(Detroit) 연구에 의하면 침입절도가 61% 그리고 소매치기가 범죄예방 지역에서 58% 감소했다(Figgie International, 1983). 페리(Perry, 1984)는 덴버(Denver)

의 15개 이웃지역에서 주민범죄예방의 효과를 분석했다. 시행이전 연도와 이후 연도를 비교했을 때에 11개 지역에서 범죄율이 낮아진 것으로 나타났다(Perry, 1984). 라테사와 트래비스(Latessa and Travis, 1987)는 신시내티(Cincinnati)에서 주민조직 지역과 나머지 지역들을 비교했다. 주민조직 지역에서 침입절도, 단순절도, 자동차절도, 전체 범죄가 큰 폭으로 감소한 것으로 나타났다. 프로그램의 대상범죄가 아니었던 대인범죄(중폭행과 강도)에서는 유사한 감소추세를 찾아볼 수 없었다. 라테사와 트레비스는 이런 결과를 바탕으로 이웃감시 노력이 효과적이었다고 평가했다.

영국의 침입절도감소대책(Reducing Burglary lnitiative)에 따른 여러 프로젝트들이 물리적 설계변경과 함께 이웃감시, 대상지향 경찰활동(targeted policing), 청소년 프로그램, 기타 대처방안을 활용했다(Kodz and Pease, 2003). 로치테일(Rochdale)과 위트리(Yew Tree)지역에 대한 초기 평가에서 통제지역에 비해 실험지역에서 침입절도 수준이 현저히 감소하였다(Home office, 2003c, 2003d). 밀과 휴우(Mill and Hough, 2004)에 의하면 침입절도감소대책이 실시된 지역에서는 침입절도가 평균 21% 줄어들었고, 16개 프로젝트 중 14개 프로젝트에서 감소하였다. 영국의 그 밖의 지역과 미국에서도 유사한 감소현상이 보고되었다(Anderson, 1985; Jenkins and Latimer, 1987; Kohfeld et al., 1981; Laycock and Tilley, 1995).

이웃감시 평가연구들의 체계적 재분석에서도 긍정적 결과가 있었다. 할로웨이와 동료들(Holloway et al., 2008)은 이웃감시의 기존연구들을 메타분석(meta-analysis)하였다. 메타분석에서는 재분석 자료를 구할 수 있었던 주로 미국과 영국의 18개 평가연구들을 대상으로 했다. 분석결과에 의하면 이웃감시는 범죄를 줄이는 데 매우 효과적이었다(Holloway et al., 2008). 흥미롭게도, 영국의 연구들에 비해 미국과 캐나다의 연구들에서 이웃감시의 긍정적 효과가 더욱 분명한 경향이었다.

공식통계를 이용한 모든 연구들이 동일하게 범죄예방 프로그램이 있는 지역에서 범죄가 적게 발생했다고 보고하지는 않았다. 런던의 이웃감시프로그램에 대한 평가에서 감시조직이 구성된 지역에서는 범죄수준의 변화가 없었지만 통제지역에서는 범죄가 감소하였다(Bennett, 1990). 지역특성에 따른 상충된 결과에 대한 한 가지 가능한 설명은 프로그램이 시행되기 전에 이미 차이가 존재했을 수 있다는 것이다. 범죄율이 감소된 것으로 나타나는 이웃감시지역은 프로그램이 시행되기 이전에 범죄율이 높았던 곳일 수 있다(Henig, 1984). 따라서 감소현상은 이들 지역의 범죄율이 보다 자연스런 상태로 돌아가려는 회귀현상(regression) 때문일 수 있다. 또 다른 가능성은(사회적 결속과 같은) 매개효과의 실현수준이 달랐기 때문일 수 있다.

이웃감시의 평가에서 중요한 왜곡요인(confounding factor)은 경찰신고수준의 변화이다. 프로그램이 효과적이면 경찰신고건수가 늘어나고 범죄발생건수가 줄어들 수 있다. 시민들이 경찰에 신고를 자주하지만 범죄와는 관련이 없는 경우이다. 예를 들어, 볼콤(Bolkcom, 1981)은 범죄 신고가 두 배 증가했지만 범죄는 감소했다고 보고했다. 노스캐롤라이나(North Carolina)의 샬롯(Charlotte)의 공공주택단지에서도 범죄신고의 증가와 범죄율의 감소가 함께 일어났다(Hayes, 1982). 경찰에 범죄신고가 늘어난다는 사실은 한편으로 이웃감시프로그램이 효과적이었다는 것을 시사한다.

피해조사자료(Victimization Measures)

범죄피해조사 자료를 이용하면 경찰신고율의 변화와 같은 왜곡효과를 피할 수 있다. 피해조사 자료를 이용한 연구들은 일반적으로 이웃감시의 효과를 강하게 입증하는 경향이다. 예를 들면 시애틀 지역사회 범죄예방 프로그램(The Seattle Community Crime Prevention Program)은 미국 연방정부가 모범이 된다고 인증한 프로그램 중의 하나이다. 지역사회 범죄예방프로그램이 시행된 지역은 시애틀의 다른 통제지역에 비해 프로그램이 시작되면서 침입절도율이 감소하였다(Cirel et al., 1977). 동시에 신고율은 증가하였다. 이는 범죄가 실제로 줄었다는 사실을 의미한다. 그러나 침입절도율의 감소는 단지 12-14개월에만 있었고 이후에는 프로그램 시행이전의 수준으로 복귀되었다(Cirel et al., 1977). 따라서 프로그램의 효과를 유지하기 위해서는 주기적으로 재검토하고 수정하는 노력이 필요하다는 것을 알 수 있다. 쿡과 로엘(Cook and Roehl, 1983)의 북서이웃연맹(Northwest Neighborhood Fedration)에 대한 분석도 범죄피해가 12% 감소한 것으로 나타났다. 쿡과 로엘은 또한 주민이 이웃에서 일어나는 범죄에 대해서 어떤 일을 할 수 있다는 느낌이 26%가 증가하였다고 보고하였다. 할로웨이와 동료들(Holloway et al., 2008)의 자기보고자료(self-reported data)를 사용한 연구들에 대한 메타분석에서도 이웃감시의 긍정적 효과가 나타났다.

일부 긍정적 효과가 있었지만, 영국의 경우에서는 그렇지 않다. 피해조사자료를 활용한 런던의 이웃감시 연구에서는 긍정적 효과가 나타나지 않았다(Bennett, 1990). 프로그램의 시행을 전후하여 가구범죄와 대인범죄 모두 통제지역에 비해서 증가하였다. 일부 통제지역에서는 오히려 감소하였다. 즉, 이웃감시지역이 다른 지역에 비해 범죄문제가 악화된 양상이었다.

두 가지 사례-컬크홀트(Kirkholt)와 안전도시(Safer Cities)

2개의 프로젝트가 지역사회와 이웃지역 차원의 대처방안들에 많은 유용한 정보를 제공한다. 그중 하나는 컬크홀트 침입절도 예방프로젝트이며 다른 하나는 안전도시 프로그램이다. 컬크홀트는 지방자치정부가 관할하는 맨체스터 근방의 2,200명 이상의 인구가 거주하는 지역이다. 1984년의 영국범죄조사(British Crime Survey)에 따르면, 컬크홀트에서는 침입절도율이 영국의 다른 위험지역보다 2배가 넘는 수준이었다(Forrester et al., 1988). 침입절도 예방활동은 가정에서의 선불 난방연료계량기의 제거, 물리적 보안장치의 개선, 지역사회팀이 주관한 안전실태조사, "보호막(cocoon) 이웃감시"(감시와 지원을 위해 상호 연계된 가정들의 매우 작은 그룹)의 구축 등을 포함하였다. 지역전체의 안전을 목적으로 했지만, 특히 상습적으로 침입절도를 당하는 반복피해자를 주요대상으로 하였다(Forrester et al., 1988).

컬크홀트의 평가는 두 단계로 진행되었고, 필요한 자료는 거주자, 관계기관, 프로그램 참여자들과의 광범위한 인터뷰를 통해 수집하였다. 프로젝트의 개시에서부터 첫 7개월까지의 1단계를 평가했을 때에 프로그램 이전의 316건에서 프로그램 실행 후 147건으로 침입절도가 큰 폭으로 감소하였다(Forrester et al., 1988). 같은 기간에 주변지역에서는 침입절도가 약간 증가했다. 또한 프로젝트는 반복적인 침입절도 피해에도 확연한 효과가 있었다(Forrester et al., 1988; 1990). 1단계 분석결과의 문제는 추적(follow-up) 조사 기간(단지 7개월)과 프로그램 이전에 사건 수가 지나치게 많았다는 것이다(Forrester et al., 1990). 따라서 분석결과는 단기간의 일시적 현상이거나 프로그램 이전의 과도한 범죄수준이 자연적으로 낮아짐으로써 나타난 것일 수 있다. 2단계 평가에서 프로젝트의 효과는 더욱 강력하였다. 전체적으로, 침입절도율이 프로젝트 기간(4년에 걸친)동안 75%정도나 감소했으며, 다른 지역의 경우는 24%만 감소하였다. 또한 상습 피해도 현저하게 감소했다.

컬크홀트 프로젝트는 주민들의 프로그램 참여수준에서도 효과적이었다. 첫째, 포레스트와 동료들(1990)은 93개의 "가구감시(Home Watch)"(보호막 이웃감시)집단이 구성되었고 각 집단에서 20~25개의 가구들이 참여했다고 보고했다. 이는 컬크홀트의 거의 모든 거주자를 포함한다. 둘째, 프로그램이 시작되면서 주민자치의 다양한 예방활동들이 생겨났다. 예를 들어, 방과후 예방활동이 실시되었고 보호관찰소와 연계하여 범죄자의 재활을 돕는 활동들이 시작되었다. 마지막으로, 프로그램 시행 후에 예방적 조치를 취하는 주민들의 숫자가 현저하게 증가하였다. 평가를 담당했던 학자들은 컬크홀트 프로젝트가 성공적일 수 있었던 이유는 바로 물리적 설계특성(예, 선불계량기의 제거)과 사회적 노력(예, 보호막 이웃감시)이 함께 필수 요소로 활용되었기 때문이라고 결론지었다.

안전 도시(Safer Cities) 프로그램은 영국정부가 지방자치단체에 예산을 교부하여 범죄와 범죄두려움을 감소하고 안전도시의 구축을 목적으로 하는 사업이다. 최초의 예산은 1988년에 20개의 프로젝트에 지원되었고, 1993년에 2번째 단계로 확대되었다(Sutton, 1996; Tilley, 1992). 프로그램은 코디네이터, 경찰부서의 참여, 유관기관 대표자, 자문위원회를 포함하였다. 자문위원회는 지역사회 특유의 요구에 적합한 예방활동을 구상하고 실행하는 임무를 담당한다. 안전도시 프로그램은 다양한 대처방안들을 활용했는데, 예를 들어 대상물 견고화, 재물표시, 지역사회의 동원, 표지판과 언론 매체의 활용, 이웃감시활동 등이 사용되었다(Tilley and Webb, 1994).

웹 자료

컬트홀트와 안전도시 대책에 대해서는 영국 내무성의 웹사이트에서 참조할 수 있다.
http://webarchive.nationalarchives.,gov.uk/20110220105210/rds.homeoffice.gov.uk/rds/prgpdfs/fcpu13.pdf와 http://webarchive.nationalarchives.gov.uk/201102201052/http://rds.homeoffice.gov.uk/rds/pdfs/hors164.pdf

안전도시 프로그램의 평가결과는 대체로 긍정적이다. 대부분의 지역들이 다양한 예방조치들을 개발하고 운영하였다(Sutton, 1996). 침입절도의 수준이 감소되었는데(Eckblom et al., 1996b; Tilley and Webb, 1994), 이는 대상물 견고화, 이웃감시, 재물표시와 같은 활동 때문일 것이다. 뿐만 아니라 지역에서의 성과가 널리 알려지면서 보다 광범위한 지역사회들이 유사한 프로그램을 도입하는 데에도 많은 기여를 하였다(Tilley and Webb, 1994). 그러나 프로그램이 적절하지 않았고 혹은 철저히 시행되지 않은 이웃지역에서는 침입절도가 다소 증가하는 경향이었다(Ekblom et al., 1996a; 1996b). 분명한 사실은 범죄예방조치가 많이 실시된 지역에서는 범죄가 감소했다는 것이다. 이러한 긍정적 성과에도 불구하고 수톤(Sutton, 1996)은 일부 자문위원회의 문제를 지적하였다.

예산지원이 필요한 지역의 경우에 일부 자문위원회는 적극적 활동이 요구되는 지역으로 구분하지 않고 "가능성이 없는"(lost causes)지역으로 분류해 아예 포기해 버리는 것이었다. 이러한 문제는 부분적으로 일부 자문위원회 자체가 다른 위원회에 비해 지나치게 소극적이었기 때문이다.

요약

영국과 미국의 이웃범죄예방에 대한 평가에 의하면 예방적 조치들이 지역사회의 범죄에 영향을 미칠 수 있다는 것이다. 이러한 결과는 범죄가 공식통계를 통해 측정되었든지, 피해조사를 통해 측정되었든지 서로 다르지 않다. 그러나 변화의 수준은 모든 연구에서 동일하지 않았으며 몇몇 연구에서는 대상지역에서 오히려 범죄가 악화되었다(e.g., Bennett, 1990; Latessa and Travis, 1987; Lewis et al., 1988; Pate et al., 1987). 효과적인 범죄예방활동의 핵심은 프로그램 실행의 정도에 달려있다고 할 수 있다. 보우어스와 동료들(Bowers et al., 2003)은 이를 결과강도(outcome intensity)와 투입강도(input intensity)로 설명하였다. 범죄발생의 변화를 초래하기 위해서는 결과강도(예방활동의 실제 실행수준)가 계획의 수준, 준비의 수준, 교육훈련 등의 수준(즉, 투입강도)에 비해 더욱 중요하다는 것이다. 결과강도가 클수록 더 많은 범죄를 줄일 수 있다. 대상지역의 상이한 배경적 특성, 이용 가능한 자료유형의 차이, 그리고 평가연구 설계의 다양성도 또한 결과에 영향을 미친다.

지역사회 반-약물 프로그램

이 장의 앞부분에서 지적했듯이 지역사회 반-약물 프로그램(CAD)은 지역사회 범죄예방조치들 가운데 비교적 최근에 구현된 것이다. CAD 프로그램은 물리적 설계 변화, 감시성, 그룹미팅, 익명의 경찰신고를 위한 전화 핫라인, 시민순찰 등을 포함한다. 그뿐 아니라 약물거점(drug house)을 제거하기 위하여 건축구획법과 주택건설법의 집행을 요구하는 것과 같이 직접적으로 약물문제를 타깃으로 삼는 활동도 추가한다. 이러한 프로그램들은 주로 1980년대 후반과 1990년대 초반에 약물문제가 여러 도시에서 점차 심각해지는 것에 대한 대응조치로서 발전하였다.

다른 지역사회 범죄예방 조치들처럼 CAD 프로그램은 사회 응집력이 증가하면 더욱 효과적일 것이다. 반-약물 프로그램이 사회 응집력에 긍정적 영향을 준다는 증거가 있기는 하지만 연구결과들은 일관적이지 못하다. 마이애미, 시애틀, 필라델피아, 그리고 볼티모어에서 실시한 평가에서 루리지오와 데이비스(Lurigio and Davis, 1992)는 네 곳 중에 세 곳에서는 사회 응집력이 눈에 띄게 증가했다는 것을 알 수 있었다. 그러나 이와는 대조적으로 로엘과 동료들(Roehl et al., 1995), 그리고 데이비스와 동료들(Davis et al., 1991)은 거주자에 의한 실제적 참여는 낮은 편이며(종종 10% 미만), 많은 프로그램들이 헌신적인 몇몇의 핵심그룹 구성원들에 의해 운영된다고 지적하였다. 시카고의 공공주택단지에서의 반-약물 조치들에 관한 분석결과는 만약 거주자들 스스로가 문제를 일으키는데 적극적으로 가담하고 지역외부의 전문가들이 주도해 개입이나 조치들을 실시하면 그 지역에서 변화가 나타나기 힘들다는 것이었다(Popkin et al., 1999).

보다 중요한 쟁점은 CAD 프로그램이 범죄와 다른 문제들을 감소시킬 수 있는지에 대한 것이다. 4개의 CAD 프로그램의 대상자들과 인터뷰를 통해 데이비스와 동료들(Davis et al., 1991)은 전체적으로 긍정적인 결과들을 보고한다. 거주자들은 프로그램 시행 후에 약물문제가 줄어들었다고 보고한다. 응답자들은 또한 물리적 쇠락의 징후 감소, 증가된 자신감이나 사회통제력, 그리고 자신의 주거지역에 대한 보다 큰 만족감을 표현하였다. 약물남용에 대한 지역공동체의 대응(Community Response to Drug Abuse) 프로그램과 지역공동체 파트너십 시범(Community Partnership Demonstration) 프로그램, 그리고 시카고 공동주택 반-약물 조치(Chicago Public Housing Authority's Anti-Drug Initiative) 분석에서도 유사한 결과가 발견되었다(Davis and Lurigio, 1996; Popkin et al., 1999; Rosembaum et al., 1997). 시카고 공동주택에서의 반-약물 프로그램 평가에서는 범죄피해가 감소한 것으로 나타났다. 팝킨과 동료들(Popkin et al., 1999)이 프로젝트의 거주자들을 조사했을 때에, 거주자들은 빌딩의 안과 밖 모두에서 싸움, 총격, 마약거래가 줄어들었다고 응답했다. 반-약물 프로그램에 대한 긍정적 결과들은 어쩌면 약물과 약물관련범죄의 위법성에 대한 거주자들의 신념을 반영한 것일 수 있다. 과거의 범죄예방 프로그램들이 주로 재산범죄를 다루었던 지역에서, 약물문제는 갱, 폭력, 그리고 대인범죄와 관련된 문제를 수반함으로써 시민들이 더 많은 관심과 행동 의지를 가졌을 것이다.

모든 CAD 조치들을 지역주민들이 수용하고 활용하지는 않았다. 팝킨과 동료들(Popkin et al., 1999)은 시카고 공동주택에서 대부분의 대처활동들이 경찰과 주택관리청에 의해 구상되고 실행되었다고 지적한다. 시민참여가 활성화되기는 어려웠다. 팝킨과 동료들은 마약과 무기소탕, 안전요원 고용, 새로운 안전대책의 수립, 그리고 다른 많은 활동에 있어서 프로그램이 성공적이었다고 보고한다. 이런 긍정적 성과에도 불구하고 일부 거주자들은 주택관리청이 사용한 방법과 조치에 대해 분개했다. 실제로 무기압수와 같은 강압적 조치에 대해 법적 소송을 제기하고 승소한 경우도 있었다. 평가자들은 반-약물 활동의 계획이나 실행에 있어서 거주자들의 더 많은 개입이 필요하다고 제안한다(Popkin et al., 1999).

시민순찰

시민순찰은 감시를 강화하려는 이웃주민들의 가장 직접적인 노력이다. 시민순찰에 관한 연구는 상대적으로 부족한 상태이다. 한 시민순찰연구는 순찰지역에서 침입절도가 20%에서 50%로 감소했다고 한다(Titus, 1984). 라테사와 앨런(Latessa and Allen, 1980)은 오하이오 주의 콜럼부스에서 실시된 유급의 시민 도보순찰을 평가한 후, 해당지역이 프로그램의 이전이나 다른 통제지역에 비해 범죄가 크게 감소했다고 보고했다. 또한, 주민들은 순찰과 순찰대원의 활동을 좋아하는 경향이었다(Latessa and Allen, 1980). 트로이어와 라이트(Troyer and Wright, 1985)는 중산층 지역과 대학캠퍼스에서의 시민순찰의 효과를 평가했다. 두 지역의 주민들은 순찰에 대해 강한 호감을 표시하며 순찰을 한 이후 보다 안전하다고 느끼는 것으로 나타났다(Troyer and Wright, 1985). 시민의 순찰 참여에 대한 보다 최근의 연구는 네덜란드에서 대중교통수단에서 행해졌다. 순찰의 존재는 안전의 느낌을 33% 증가시켰으며, 폭력의 감소를 분명하게 가져왔다(van Andel, 1989). 연구결과들은 일반적으로 시민순찰이 범죄와 범죄의 두려움을 줄이는데 효과적이라는 것을 보여준다.

수호천사는 국제적인 주목을 받은 시민순찰의 한 예이다. 수호천사는 국제적으로 많은 지부가 있지만, 이에 대해 엄격한 방법론을 적용한 평가연구는 거의 없다. 펜넬과 동료들(Pennell et al., 1986)은 샌디에고의 수호천사를 평가한 후 범죄의 수준에 거의 효과가 없다고 주장한다. 실제로 폭력범죄가 순찰지역에서 22% 감소했지만, 통제지역에서는 42%나 감소하였다. 또한 단순폭행은 순찰지역에서 증가했다. 수호천사가 6개월 이상의 기간에 672번의 순찰을 하면서 단지 두 명을 체포했다는 사실을 감안하면 이런 결과는 그리 놀랍지 않다(Pennell et al., 1986). 케니(Kenney, 1986)가 뉴욕의 지하철에서의 수호천사를 연구했을 때도 결과는 같았다.

범죄에 대한 효과는 크지 않을 수 있지만 수호천사는 순찰구역 주민들이 긍정적 정서를 갖는데 많은 기여를 했다. 몇몇 도시에서의 응답자들은 수호천사가 주변에 있을 때보다 큰 안전감을 느낀다고 응답했다(Pennell et al., 1986). 게다가 수호천사조직은 그들의 구성원이 범죄에 개입하게 되는 것을 막을 수 있었다(Pennell et al., 1986). 다른 긍정적인 발견들 중에는 경찰이 수호천사가 여러 측면에서 시민들을 돕고 있다고 생각한다는 것도 있다. 초기에 시민들과 경찰은 수호천사뿐 아니라 시민순찰 전반에 걸쳐 과격한 자경주의(vigilantism)를 우려했지만 실제 시행과정에서 자경주의로 인한 문제는 심각하지 않았다(Latessa and Allen, 1980; Troyer and Wright, 1985; Yin et al., 1977).

이웃범죄예방과 범죄두려움

범죄를 제거하거나 감소시키려는 목적 이외에 이웃범죄예방 프로그램은 범죄 두려움에도 영향을 미칠 수 있다. 범죄 두려움의 변화를 조사하는 평가연구는 흔히 피해조사를 활용한다. 즉, 주민들에게 지역사회에서의 안전의 느낌과 지각된 미래의 피해위험에 대한 응답을 통해 프로그램의 효과를 평가한다. 일부의 평가연구들은 페라로(Ferraro, 1995)가 정의했던 두려움과 다른 차원의 두려움을 살펴보았다. 이러한 연구들은 지역사회에서의 전반적인 범죄에 대한 인상, 주민들이 범죄와 이웃의 문제들에 대해 영향을 줄 수 있는지에 대한 느낌, 그리고 형사사법시스템의 개별기관에 대한 일반적 느낌 등을 조사하였다.

범죄 두려움의 감소는 대단한 수준이었다. 피기인터내셔널(Figgie International, 1983)은 범죄에 대해 "매우 공포를 느낀다"고 응답한 사람들이 거의 75% 감소했다고 주장한다. 또 다른 연구에서 범죄예방활동에 참여한 고령시민(senior citizen)의 95%가 추적연구에서 범죄 두려움을 덜 느낀다고 응답했다(Yagerlener, 1980). 쿡과 로엘(Cook and Roehl, 1983)의 북서지역연합(Northwest Neighborhood Federation)에 대한 평가는 범죄가 증가했다고 느끼는 사람이 감소했고(22%), 침입절도의 두려움이 감소했으며(26%), 주민들이 범죄를 줄일 수 있다는 자신감이 증가했고(26%), 그리고 이웃지역의 범죄통제에 대한 믿음이 증가했다고(26%) 보고한다. 안전도시 프로그램에서도 두려움과 범죄에 대한 걱정이 감소했는데, 특히 범죄예방활동이 널리 홍보되고 충실히 시행된 지역에서 감소현상이 두드러졌다(Ekblom et al., 1996a, 1996b; Mawby,

2001; Tilley and Webb, 1994). 범죄 두려움이 줄었다는 이러한 결과는 다른 많은 연구에서도 발견된다(Bennett, 1990; Cohn et al., 1978; Hayes, 1982; Rasmussen et al., 1979).

지역사회의 협조가 부족하여 범죄예방활동을 실시하고 주민조직을 구성하는 데 어려움이 많은 지역이 있다. 이러한 지역에서도 범죄 두려움은 감소하는 경향이었다. 베넷과 래브래커스(Bennett and Lavrakas, 1989)는 9개 도시의 10개 도심 이웃지역에서 시행된 프로그램을 평가했다. 여기서 각 이웃지역은 범죄, 범죄의 두려움, 그리고 지역사회 조직의 부재 등의 문제가 있는 지역들이었다. 비동등 통제집단들(non-equivalent control groups)과 프로그램의 전후검사를 통한 비교설계를 했을 때에, 이들은 범죄의 두려움이 10개 이웃지역 중 6개 지역에서 유의미하게 감소되었다는 것을 발견했다. 그러나 3개 지역에서는 아무런 변화가 없었고, 한 지역에서는 오히려 증가하였다. 4개 도시의 지역사회 반-약물 프로그램의 분석에서 데이비스와 동료들(Davis et al., 1991)은 통제지역에서는 아무런 변화가 없었던 반면에 시행지역에서는 두려움이 현저하게 감소했음을 보고한다. 이와 유사하게 상대적으로 낮은 주민참여에도 불구하고 시카고 주택관리청의 반-약물 조치들은 두려움을 감소시켰다(Popkin et al., 1999). 데이비스와 루리지오(Davis and Lurigio, 1996)는 지역사회 약물남용대응 프로그램이 지역 거주자들의 만족감을 증가시켰다고 보고한다. 마지막으로 울퍼(Wolfer, 2001)는 주변에 활성화된 이웃감시 프로그램이 있다고 믿는 노인 응답자들은 이웃감시가 없는 지역사회에 사는 노인들에 비해 범죄 두려움을 덜 느낀다고 보고하였다.

그러나 모든 연구에서 범죄의 두려움이 감소하지 않았으며, 두려움의 평가연구에 문제가 없지는 않다. 브로디와 쉐파드(Brodie and Sheppard, 1977)는 덴버(Denver)의 범죄예방프로그램들을 평가하면서 범죄 두려움에 대한 상충되는 결과들을 보고했다. 침입절도의 두려움은 감소하였지만 밖에서 보행할 때의 두려움과 범죄에 대한 무력감은 오히려 증가되었다. 로젠바움과 동료들(Rosenbaum et al., 1986)은 또한 대인범죄의 두려움이 증가되었고, 재산범죄의 두려움에 대해서는 아무런 효과가 없었으며, 그리고 이웃지역 범죄에 대한 인식이 증가했다고 보고했다. 더불어 프로그램들은 지역에 대한 긍정적 태도를 만들어내지 못했고, 지역의 해체현상에 거의 영향을 미치지 못했으며, 그리고 개인들의 범죄예방노력을 증가시키지 못했다(Rosenbaum et al., 1986). 이와 유사하게 지역사회 약물남용대응의 평가에서도 주민들의 범죄인식이나 범죄의 두려움에서 변화가 나타나지 않았다(Davis and Lurigio, 1996). 일부 연구는 또한 범죄의 두려움의 수준에서 아무런 변화가 없다고 보고하였다(Bennett, 1987; Latessa and Travis, 1987; Pate et al., 1987).

일부 연구에서 두려움의 감소가 나타나지 않은 까닭은 연구과정에서의 몇 가지 문제 때문일 것이다. 첫째, 상충되는 결과들은 부분적으로 범죄예방프로그램 참여와 그러한 참여로 인해 범죄에 대한 증가된 경계심이 많은 두려움과 걱정을 초래했기 때문일 수 있다. 둘째, 1장에서 논의된 것처럼, “두려움”에 관한 다양한 정의로 인해 프로그램의 효과가 적절히 평가되지 않았을 수 있다. 셋째, 추적조사에서 조사대상자들이 서로 달랐기 때문에(예를 들어, 범죄예방프로그램에 참여하는 사람, 이웃지역의 무작위표본, 모집단의 하위집단) 결과를 요약하는 것이 어렵다. 넷째, 프로그램의 상당수가 범죄발생이 빈번하고 두려움의 수준이 높은 지역을 대상으로 한다. 이러한 지역에서는 주민들의 태도를 변화시키려는 것 자체가 어렵고 도전적일 수 있다. 마지막으로, 단기간의 추적연구기간은 범죄율이 높은 지역에서 변화가 나타나기에는 충분하지 않을 수 있다. 전체적으로, 이웃범죄예방은 특히 대처활동이 적절하게 실행된 곳에서는 범죄 두려움이 감소하는 경향이다.

평가의 쟁점들

지금까지 논의한 문제들 외에 이웃범죄 예방프로그램의 효율성과 평가에는 다른 여러 쟁점이 있다. 이웃감시의 평가와 논의에서 가장 중요한 쟁점은 “이웃지역”과 ”지역사회“의 개념에 관한 것이다. 안타깝게도 이웃지역과 지역사회는 명확히 정의되지 못하고 있다(Tilley, 2009). 도시, 마을, 소도시 전체를 지시하는 의미로 사용하는 극단적 경우도 있다. 실태조사에서는 일반적으로 센서스 조사구(census track)나 구역집단(block group)의 의미로 사용한다. 일부 연구에서는 지도제작 기법(mapping technique)을 활용해 범죄발생이 많은 구역을 구분하고 그 구역을 표적 ”이웃지역“으로 설정하기도 한다. 대부분의 연구는 응답자들이 이미 이웃지역이 뭔지를 알고 있으므로 구태여 그것을 정의할 필요가 없다고 가정한다. 그러나 프로그램을 계획하고 평가연구를 할 때는 프로젝트에 참여한 주민들이 ”이웃지역“이라고 할 때에 (다소) 다른 지역을 생각할 수 있다는 점을 고려해야 한다. 예를 들어, 도시에는 이름에 의해 구별되는 지역들이 있다. 이런 이름들은 지역의 형태(“고지대” 또는 “평지”와 같은), 구획이름(“쉐이디에이커스

(Shady Acres)"와 같은), 혹은 식별물체에 의해 유래되었을 수 있다. 불행하게도 이름이 있다고 해서 해당지역에 정확한 경계가 있는 것이 아니며 주민 모두가 지역의 경계를 알고 있는 것도 아니다. 설사 경계를 판별할 수 있더라도 해당지역은 동질적이지 않을 수 있다. 이질적 지역사회를 하나로 구분하고 평가하면 지역사회의 차이로 인해 프로그램의 성과가 희석될 수 있다.

대부분의 학자는 평가프로젝트를 수행할 때에 "이웃지역"에 대해 두 가지 접근방법 중에서 한 가지를 선택한다. 첫 번째는 조사대상자들에게 개인적 판단에 따라 "이웃지역"을 해석하도록 하는 것이다. 둘째는 연구자가 "이웃지역"을 규정하고 그곳의 정보를 수집하는 것인데, 이런 방식은 선정된 지역이 그곳에 거주하는 사람들에게 "이웃지역"으로서의 의미가 있는지를 고려하지 않는다. 두 가지 방법으로 구성된 "이웃지역"들은 의미와 경계가 서로 매우 다를 수 있다.

범죄예방연구의 경우, 이웃지역을 어떻게 정의하는가에 따라 연구결과가 크게 달라질 수 있다. 범죄와 두려움에 관한 조사는 응답자에게 이웃지역에 관한 사항을 질문하는데, 이런 질문은 필연적으로 이웃지역의 정의와 관련된 문제를 포함한다. 범죄예방프로그램은 흔히 이웃지역의 서로 다른 견해를 바탕으로 실시된다. 4장에서 살펴봤듯이 대규모 주택단지 (카브리니-그린(Cabrini-Green)과 같은), 3.5마일의 길이를 가진 포틀랜드의 유니온가 회랑지대(Union Avenue Corridor), 하트포드(Hartford)의 노스 어사이럼 힐(North Asylum Hill)은 모두 같은 단위의 이웃지역으로 고려되었다. 이와 극단적으로 다른 경우로, 몇몇의 연구(예를 들어, Taylor, 1988, 1997; Weisburd, 2012)에서는 거리블록이나 거리구역(street segment)이 관심대상이었다. 거리블록(streetblock)은 한 블록(즉, 두 교차로의 사이)의 서로 마주 보는 집들로 구성된 단위이다. 테일러(Taylor, 1988)가 거리블록을 선택한 이유는 그곳에서 사회적 접촉, 인간관계, 상호작용 등의 수준이 높을 것이라고 믿었기 때문이다. 주민들의 입장에서 거리블록은 이웃지역이란 용어보다 더 적절할 수 있다. 그럼에도 불구하고 잊지 말아야 할 사실은 "이웃지역"이 사람들마다, 상황에 따라 의미하는 것이 서로 다를 수 있다는 것이다.

두 번째 고려할 사항은 감시성의 증가가 범죄와 범죄 두려움에 미치는 영향에 관한 것이다. 이웃감시 프로그램에서는 감시성이 높은 지역이 범죄를 덜 경험하게 될 것이라고 가정한다. 불행히도 감시성과 범죄 사이의 시간적 순서 관계가 분명하지 않다. 범죄가 많이 발생했기 때문에 감시를 강화했을 수 있다(그래야 한다). 또한 감시의 강화는 범죄의 적발 수준과 신고율을 높이기 때문에 특히 경찰에 의해 집계되는 범죄가 증가할 수 있다. 신고율이 증가하면 프로그램에 의한 범죄의 감소가 제대로 나타나지 않을 것이다. 따라서 범죄예방프로그램에 대한 평가는 시민의 신고율의 변화와 공식적 범죄수준 및 피해수준을 모두 고려해야 한다.

이웃범죄예방의 효과를 평가하는 데 있어서 또 다른 중요한 문제는 대부분의 개입활동이 다른 예방활동으로부터 고립되어 수행되지 않는다는 것이다. 여러 프로그램들과 활동들이 동시에 실시했을 때에 무엇이 변화를 일으켰는지를 파악하기 어렵다(Ekblom, 1993; Greenberg et al., 1985). 반대로 문제발생의 원인이 많고 다양할 때에 한 가지 활동으로 범죄와 범죄 두려움 이외에 다른 효과를 기대하는 경우가 있다(Bursick and Grasmick, 1993). 평가연구와 관련된 또 다른 쟁점은 프로그램의 운영실태를 적절히 반영하지 못한다는 것이다. 평가결과가 부정적인 프로그램의 경우에 이런 결과는 프로그램의 실패를 나타낸다기보다 운영이 철저하지 못했고, 문제에 적용된 방법이 적절하지 못했거나, 추적기간이 변화를 알아내기에 너무나 짧다거나, 또는 부적절한 통제집단이나 수많은 다른 문제들이 있었다는 사실을 반영한 것일 수 있다(Ekblom, 1993; Greenberg et al., 1985; Laycock and Tilly, 1995). 이러한 시행상의 문제들은 즉각적인 결과의 요구, 자원에 대해 경쟁, 충분한 기금제공의 결핍과 밀접한 연관이 있다(Ekblom, 1993; Laycock and Tilly, 1995).

시민참여와 지지

이웃범죄예방 프로그램의 연구결과들은 시민참여의 측면에서 다시 살펴봐야 한다. 많은 연구들에서 마치 모든 이웃지역들에 연구결과를 적용할 수 있는 것처럼 기술한다. 그러나 연구결과들을 모든 지역이나 일부 인구집단에 적용하지 못할 수 있다. 실제로 여러 연구들에서 변화가 해당 프로그램의 참여자에게만 있었던 것으로 나타났다. 우리가 다루어야 할 문제는 지역사회 범죄예방 노력에 누가 참여하는가? 참여자들과 일반시민들과는 어떤 차이가 있는가?, 범죄예방방법이 모든 사람들에 동일한 혹은 유사한 수준으로 영향을 미치는가? 등이다.

누가 참여하는가?

범죄예방참여자의 인구학적 분석결과는 일관적이지 않다. 남자, 중상위의 수입, 주택소유자, 고학력자, 백인, 단독주택 거주자 등이 흔히 지역사회 범죄예방에 참여했고 범죄예방장비들을 사용했다(Bennett, 1989; Cook and Roehl, 1983; Fisher, 1989; Greenberg et al., 1982; Greenberg et al., 1985; Lavrakas and Herz, 1982; Lavrakas et al., 1981; Luxenberg et al., 1994; Podolefsky and DuBow, 1980; Roehl and Cook, 1984; Shernock, 1986; Skogan, 1988; Skogan, 1989; Skogan and Maxfield, 1981). 이런 특성들은 이웃지역들 중에서 인구학적으로 동질적이고 안정된 지역과 관련이 있다. 이곳의 주민들은 이웃지역에 이해관계가 있고 자신들의 투자를 보호하기 위해 행동을 취할 의지가 강할 것이다.

기존 연구결과가 그렇다고 해서 범죄예방노력을 다른 인구학적 집단에서는 할 수 없거나 없었음을 의미하는 건 아니다. 일부 연구에서는 노인층이 많이 참여하는 경향이 있었고(Lab, 1990; Menard and Covey, 1987; Shernock, 1986; Shapand, 1988; Skogan and Maxfield, 1981), 다른 연구에서는 대부분의 참여자가 중년층이거나(Brown et al., 1984; Greenberg et al., 1985; Lavrakas and Herz, 1982) 젊은 층이었다(Smith and Lab, 1991). 여성이 남성들보다 더 많이 참여했다고 보고한 연구도 있다(Bennett, 1989; Lab, 1990; Lavrakas et al., 1981). 또한 백인과 흑인 중에서 누가 지역조직에 더 많이 참여하는지에 대해서는 연구결과들이 서로 일치하지 않았다(Lab, 1990; Lavrakas and Herz, 1982; Lavrakas et al., 1981; Shernock, 1986; Skogan and Maxfield, 1981).

연구에 의하면 범죄예방단체의 참여는 다른 단체들에 참여하는 수준과 밀접한 관련이 있다. 여러 학자들이 범죄예방노력에 참여하는 사람들은 다른 주민에 비해 지역사회에 높은 책임감을 가진 "가담자(joiners)"인 경우가 많다고 지적하였다. 범죄예방은 흔히 다른 단체활동의 2차적 연장이었다(Greenberg et al., 1982; Lavrakas et al., 1981). 성공적 조직에는 늘 강력한 지도자가 있었고, 지도자가 의견들의 차이를 조정하고, 활동계획을 수립하고, 주민들의 관심을 유지했다는 연구결과는 이런 "가담(joining)" 현상과 관련이 있다(Ekblom, 1993; Laycock and Tilly, 1995; Rosenbaum, 1988; Skogan, 1987; Tilly, 1992).

집단참여와 범죄/두려움과의 관계에 대한 연구결과는 분명하지 않다. 일부 연구에서는 범죄예방활동과 범죄, 두려움, 이웃문제의 지각수준과 관련이 있는 것으로 나타났다(Bennett, 1989; Lavrakas and Herz, 1982; Menard and Covey, 1987; Pennell, 1978; Skogan, 1987, 1989; Skogan and Lirigio, 1992; Skogan and Maxfield, 1981). 반면에 다른 학자들은 범죄의 지각, 범죄두려움, 예방활동 참여와는 거의 관계가 없거나 아무런 관계가 없었다고 보고했다(Baumer and DuBow, 1977; Bennett, 1989; Lab, 1990; Lavrakas and Herz, 1982; Smith and Lab, 1991).

참여에 관한 상이한 연구결과는 여러 요인 때문일 것이다(Lab, 1990). 첫째, 서로 다른 응답자 집단이 연구에 사용되었다. 어떤 연구는 도시의 젊은 응답자의 행동을 조사하고, 다른 연구는 교외의 중년층을 조사했을 수 있다. 또 다른 연구는 농촌의 노년층을 조사했을 수 있다. 연구결과가 상이한 것은 이런 점에서 놀랄 일이 아니다. 둘째, 연구들은 흔히 주요변수를 다른 방식으로 측정한다. 피해자 조사와 경찰자료에서 예방활동의 다른 차원들을 측정했을 수 있다. 두려움을 측정한 방법은 연구마다 서로 다르다. 또한 범죄예방은 시민순찰부터 재물표시, 이웃감시까지 다양한 방법을 활용한다. 이런 다양성이 서로 다른 결과의 원인일 수 있다.

범죄예방 연구들을 비교할 때 가장 심각한 문제는 "범죄예방"이란 하나의 개념에 모든 예방기법들을 포함할 수 있다고 가정하는 것이다. 여러 학자들이 범죄예방 활동을 여러 유형으로 구분했다(Conklin, 1975; Furstenburg, 1972; Lavrakas et al., 1981; Pennell, 1978; Skogan, 1981). 그러나 구분의 타당성을 경험적으로 검증하려는 시도는 거의 없었다. 래브래커스와 루이스(Lavrakas and Lewis, 1980)가 네 가지 다른 출처의 자료들을 요인분석했을 때에 범죄예방에는 회피(avoidance)와 접근통제(access control)의 2개 차원이 있는 것으로 판별되었다. 이런 분석결과는 이론적 분류와 일치한다. 하지만 많은 범죄예방활동들이 두 차원의 어디에도 포함되지 않아 이들의 분류방법은 완전한 것이 아니었다.

랩(Lab, 1990)은 1983년 미국범죄조사(National Crime Survey)가 부가적으로 수집했던 피해자위험부록(Victim Risk Supplement, VRS) 자료를 분석했다. 범죄예방행위들은 5가지 영역으로 분류되었고 각 영역에서 시민참여 양상을 살펴보았다(표 5-2 참조). 5가지로 분류된 영역은 감시, 회피, 목표물의 견고화, 개인경비, 접근통제 등이었다. 랩과 홉(Lab and Hope, 1998)은 1994년 영국범죄조사(British Crime Survey,

BCS) 자료에 이런 분석을 반복했다. 이때에 분류된 5개 영역은 앞선 결과와 달랐다(표 5-2 재참조). 분류된 영역들은 야간 주의사항을 실천하기, 이웃감시, 기술적 경비장비, 요새지향적 경비장비, 자기방어활동 등이었다. 세 가지 요인으로 인해 두 연구결과가 달랐을 가능성이 있다. 첫째, 분석과정에서 더 많은 종류의 범죄예방행위가 BSC 자료에 포함되었다. 둘째, 두 연구가 서로 다른 국가의 응답자를 사용했다. 셋째, 자료 수집에 10년 이상의 시간 차이가 있다. 이런 한계에도 불구하고 응답자들이 범죄예방활동의 특정 영역을 선호한다는 것은 분명한 사실이다. 범죄예방은 일차원적인 것이 아니다.

표 5.2 범죄예방영역과 활동

Lab(1990)	Lab and Hope(1998)
감시 이웃감시활동	이웃감시 이웃감시 참여, 재물표시, 주택보험
회피	야간 주의사항 회피, 습관의 변경, 그룹으로 외출
목표물 견고화 재물표시, 경보기	기술적 경비 경보기, 조명 타이머, 안전점검
개인경비 보안장치 소지	자기방어 무기소지, 경보기, 수업 수강
출입통제 열쇠, 출입문 감시창	요새경비 고정열쇠(deadbolts), 열쇠, 방범막대/방범창

출처: S.P. Lab(1990). "Citizen crime prevention: Domains and participation." Justice Quarterly 7.467–492; S.P. Lab and T. Hope(1998). "Assessing the Impact of Area Context on Crime Prevention Behavior." *Paper presented at the Environmental Criminology and Crime Analysis Conference*, Barcelona, Spain.

이런 영역들을 중심으로, 홉과 랩(Hope and Lab, 2001)은 시민참여의 양상을 살펴보았다. 영역별 예방활동들은 개인의 인구학적 특성, 범죄와 범죄 두려움의 지각, 이웃지역의 특성 등에 따라 뚜렷한 차이가 있었다. 범죄예방 영역별로 참여의 양상은 지역특성과 응답자의 지각수준에 따라 가장 큰 차이를 보였다. 개인의 인구학적 특성에 따른 차이는 이에 미치지 못했다. 따라서 시민참여 양상을 분석하려면 범죄예방의 유형들을 필수적으로 고려해야 한다는 것을 알 수 있다. 연구결과들만의 단순비교는 서로 다른 유형의 예방활동과 행동을 비교한 것일 수 있다.

웹 자료

범죄예방 영역별 시민참여의 예측요인들은 교과서의 웹사이트에서 랩과 홉(Lab and Hope)으로 검색할 수 있다.

범죄예방 조직화의 의심스런 가정들

범죄예방에서 시민참여는 프로그램 운영자에게 매우 중요한 이슈이다. 이웃감시와 지역사회 범죄예방에서 주요 목표의 하나는 주민들이 적극적 감시자가 되는 것이다. 불행히도 이런 목표는 제대로 실현되지 못했다. 로젠바움(Rosenbaum, 1987)은 이웃감시 프로그램에 내재하는 의심스런 가정들을 다섯 가지로 요약했다(표 5.3 참조). 가정들 중에서 하나라도 틀리면 이웃감시 프로그램을 조직하고 유지하는 일이 매우 어려워진다. 우선, 많은 사람들이 참여기회 자체가 거의 없는 지역에 살고 있다(가정 1과 다르다). 또한 연구들(Lewis et al., 1988; Pate et al., 1987; Silloway and McPherson, 1985)에 의하면, 참여기회가 있어도 참여하지 않는 주민들이 많았고, 참여수준은 인구학적 특성, 이웃지역, 범죄예방활동에 따라 달랐다(가정 2와 다르다). 범죄발생률이 높은 지역에서는 조직하기가 특히 어려웠다. 그 이유는 아마도 범죄발생률이 높은 지역의 주민은 범죄에 공포심을 더 많이 갖고 있으며, 따라서 유사한 처지의 다른 사람들(흔히 잘 모르는 사람들)과 접촉하는 것을 두려워하기 때문일 것이다. 또한 집 주위에 요새를 구축한 주민은 그곳을 떠나기가 두려울 수 있다. 범죄와 두려움에 대응하기 위한 목적이어도, 역시 그럴 것이다.

가정 3의 경우도 수용하기 어렵다. 연구들에 의하면, 집단결속을 강화하고, 두려움을 감소하고, 참여를 증진시키는 노력들이 대부분 실패했다. 가정 4는 범죄예방활동을 유지하는 일이 많은 조직들에서 가장 중요한 문제였다는 점에서 역시 수용하기 어렵다. 프로그램들은 흔히 어떤 범죄문제로 추진되었다가 그 문제가 완화되면 소멸되는 경향이 었다. 끝으로, 범죄와 무질서를 효과적으로 감소할 수 있다는 가정(가정5)은 지금까지의 연구결과를 고려할 때에 부분적으로만 인정할 수 있다. 다섯 가지의 가정들은 이웃감시의 현실과 일치하지 않는다. 따라서 이웃감시가 과연 범죄와 두려움에 영향을 미칠 수 있는지에 대해 심각한 의문을 갖게 된다.

표 5.3 이웃감시에 내재하는 의심스런 가정들

가정 1
이웃감시는 주민들에게 범죄예방활동의 참여기회를 제공하므로 대규모로 쉽게 실시할 수 있을 것이다.
가정 2
이웃감시의 참여기회가 주어지면, 주민들은 프로그램을 매력적으로 생각하고 사회적, 인구학적, 지역적 특성과 관계없이 대부분 참여할 것이다.
가정 3
주민들이 이웃감시 회의에 참석하면, 활발한 상호작용과 토론으로 즉시 많은 성과들을 만들어낼 것이다. 이런 성과들은 문제의 규정에 대한 합의도출, 범죄 두려움 감소, 집단결속의 증진, 회의 후 개인적 그리고 집단적 범죄예방활동의 증가된 참여 등을 포함한다.
가정 4
이웃감시 운영자들(경찰과 지역의 자원봉사자들)은 대처활동이 일단 시작되면 지속할 것이라는 신념을 갖고 이에 전념할 것이다.
가정 5
집단적 주민활동이 시작되면 이런 활동은 이웃지역의 범죄와 무질서를 줄일 것이며, 범죄두려움의 감소와 기타 이웃개선을 위한 토대를 구축할 것이다.

출처: D. P. Rosenbaum(1987). "The Theory and Research Behind Neighborhood Watch: Is it Sound Fear and Crime Reduction Strategy?" *Crime and Delinquency*, 33, 101–134에서 저자 재구성.

참여/감시의 유도

주민감시를 어떻게 유도할 수 있을까? 레이날드(Reynald, 2011)는 주민들이 참여하게 하려면 보상이 필요하다고 주장했다. 샘슨과 에크(Sampson and Eck, 2008)은 소위 최상위 통제자(super controllers)가 범죄예방의 참여자에게 보상을 해야 하는데 이 임무를 제대로 하지 않는다고 지적했다. 최상위 통제자는 "범죄를 ... 예방하는 통제자들에게 보상(incentive)을 하는 사람, 조직과 기관"이다(Sampson et al., 2010). 확대 범죄삼각형(expanded crime triangle)으로 이 아이디어를 도식화할 수 있다(그림 5.4). 그림에서 알 수 있듯이 최상위 통제자는 범죄기회의 주요요인들에 직접 개입하지 않는다. 대신에 최상위 통제자는 감시인(guardian), 통제인(handlers), 관리인(managers)의 활동을 촉진하는 역할을 담당함으로써 범죄문제에 간접적으로 영향을 미친다. 최상위 통제자는 다양한 방식으로 예방활동에 영향을 미칠 수 있다(Sampson and Eck, 2008;

Sampson et al., 2010). 주류 통제기관은 술집에서 손님 나이를 체크하지 않거나 주위에 폭행사건이 많이 일어나면 주류판매 허가증을 취소한다고 경고할 수 있다. 보험회사의 경우는 집주인이 침입절도범을 억제하는 경보장치나 보안등을 설치하면 보험료를 할인해 줄 수 있다. 관할시청은 건물주가 매춘이나 마약거래를 알면서도 건물을 임대하면 민사소송을 제기할 수 있다. 신문과 언론기관은 범죄가 많이 일어나는 장소를 집중보도해 그 지역을 사람들이 우회하는데 도움을 줄 수 있고, 반대로 사전예방조치가 철저한 시설이나 행사의 이름을 널리 알려 더 많은 사람이 방문하게 할 수 있다. 끝으로, 부모, 동호회, 사회단체들은 이웃, 친구, 아는 사람들에게 범죄예방활동에 참여하도록 압력을 행사할 수 있다. 이런 사례들은 모두 최상위 통제자가 어떻게 목표물의 관리인(target guardians), 범죄자의 통제인(offender handlers), 장소의 관리인(place manager)에 긍정적 또는 부정적 보상을 하는지를 보여주는 것이다.

최상위 통제자를 활용하는 방법 이외에 다양한 집단들과 사람을 범죄예방과 시민행동에 통합시키는 일도 중요한 과제이다. 버식과 그래즈믹(Bursik and Grasmick, 1993)은 사적, 지역적, 공적 자원들이 이웃지역의 사회통제에 투입되어야 한다고 주장했다(Hunter, 1985 참조). 사적 통제(private control)는 가족구성원, 친구, 가까운 동료들 사이의 인간관계를 바탕으로 이루어지는 통제이다. 지역적 통제(parochial control)는 통제자원의 범위를 넓혀 이웃지역의 네트워크와 기관들을 포함한다. 학교, 교회, 기업체에 의한 통제가 이에 해당한다. 마지막으로, 공적 통제(public control)는 공공기관의 개입, 지원, 재원 등을 동원할 수 있는 능력을 반영한다. 버식과 그래즈믹(1993)은 하층계급 지역, 유동인구 지역, 범죄다발지역의 경우는 이런 통제들을 개발하는 데에 많은 어려움이 있다고 지적했다. 주민들이 사적과 지역적 통제를 발전시켜도 이들은 사회에서 경제적이나 정치적 지위가 낮기 때문에 공적 자원을 동원할 수 있는 능력이 제한적이라는 것이다.

웹 자료

샘슨과 에크(Sampson and Eck)는 2008년 문제지향적 경찰활동 학회(Problem-Oriented Policing Conference)에서 감시와 최상위 통제자에 대해 상세한 정보를 제공했다. 샘슨과 에크의 발표문은 http://www.popcenter.org/conference/conferencepapers/2008/supercontrollers.pdg 에서 참조할 수 있다.

그림 5.4 확대 범죄삼각형(Expanded Crime Triangle)

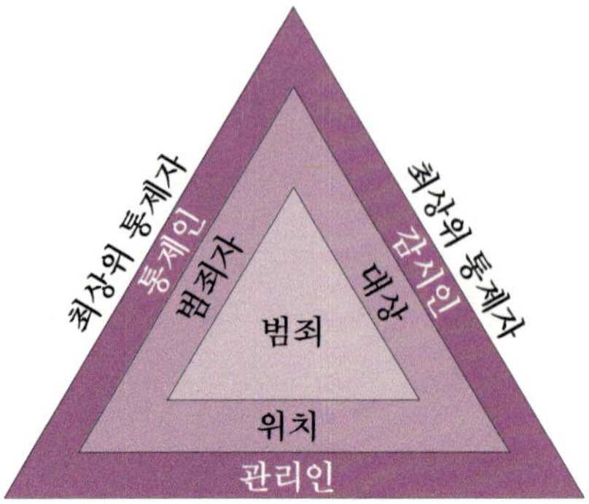

출처: R. Sample and J.E.Eck (2008). "Super Controllers: Can I be your superman?" Paper Presented at the POP Conference. http://www.popcenter.org/conference/conferencepapers/2008/supercontrollers.pdf

따라서, 통제와 지역안전을 실현하려면 주민들과 공공기관들과의 연결망 구축에 적극적 노력이 필요하다(van Steden et al., 20110). 스코겐(Skogan, 1990)은 지역들 중에는 무질서 해결에 필요한 자원들을 동원할 수 없는 지역들이 있다고 지적했다. 레미와 쉬라이더(Ramey and Shrider, 2014)는 낙후된 지역이더라도 외부로부터 지원이 있으면 변화될 수 있다고 주장하며, 지역적 통제와 공적 통제가 결합된 신지역주의(new parochialism)를 요구했다. 레미와 쉬라이더(2014)는 이런 접근방법의 구체적 사례로서 워싱턴 주의 시애틀에서 시행하는 이웃지역 매칭기금(Neighborhood Matching Fund)을 소개했다. 매칭기금은 지원하는 기금에 상응하는 자원을 이웃지역이 자체로 마련하면 제공된다. 이웃지역은 자원봉사, 지역기금, 지역재건 연합회 구성의 약속, 기타 재원 등으로 상응하는 기금을 마련할 수 있다. 지역주민과 외부인이 지역사회 기금에 투자할 수도 있다. 시애틀의 공공지원 프로그램은 지원을 받은 지역사회에서 범죄가 줄어드는데 중요한 영향을 미쳤던 것으로 평가되었다(Papachristos et al., 2011; Ramey, 2013; Ramey and Schider, 2014; Velez and Richardson, 2012).

이웃감시와 지역사회예방의 잠재적 영향은 변화의 여지가 가장 많은 지역과 사람들을 대상으로는 검증되지 못했다. 범죄가 많이 발생하고 사회적으로 해체된 지역에서는 두려움/범죄와 참여의 악순환으로 주민참여를 유발하는 것이 거의 불가능했다. 이런 지역의 주민들은 두려움과 지각된 위험으로 집안에만 머무르고 다른 사람들과의 만남을 회피하려 한다. 이로 말미암아 두려움과 범죄피해에 대처하기 위한 단체 활동의 가능성이 지극히 낮았다. 지역사회의 다양한 기구들이(예를 들어, 통제기관들) 비-참여의 악순환을 깨기 위한 노력을 적극적으로 해야 할 것이다.

요약

평가연구들에서 이웃범죄예방을 통해 범죄와 범죄두려움을 줄일 수 있다는 아이디어는 대체로 입증되었다. 표 5.4는 이웃예방대책들의 효과를 정리한 것이다. 이웃감시와 이와 관련된 활동들이 범죄, 범죄피해, 범죄두려움을 줄이는 데 효과적 수단이었다는 것을 알 수 있다. 그러나 효과의 크기는 연구에 따라 다소 다른 양상이다. 일부 연구에서는 범죄의 절대적 수치가 크게 감소한 것으로 나타났다. 반면에 다른 일부에서는 실험지역의 변화가 미미했거나 거의 없었으며, 통제지역에서 범죄증가가 수반되는 경우도 있었다. 비록 그 수는 적었지만, 일부 평가에서는 실험지역의 범죄가 약간 증가한 것으로 나타났다. 상충된 연구결과는 몇 가지 이유로 설명할 수 있다. 가장 중요한 이유는 이웃대책들이 늘 계획대로 실시되지 않기 때문이다. 즉, 범죄예방프로그램 자체는 문제가 없지만, 시행과정의 문제로 인해 기대했던 효과가 나타나지 않은 것이다. 시행과정의 문제로는 주민/감시인의 동원 실패, 불충분한 대처활동, 잘못된 문제해결 수단 등이 있을 수 있다. 일부의 평가연구에서 긍정적 결과를 얻는 데 실패한 것은 단기간의 추적기간 사용, 비교를 위한 통제집단의 부재, 주요변수들(예를 들어 범죄와 두려움)의 서로 다른 조작화, 여러 프로그램 구성요소들에서 개별효과의 판별 어려움 등에 기인했을 것이다.

표 5.4 이웃예방프로그램의 평가결과 요약

예방기법	긍정적 영향	불분명한 결과
이웃감시 집단	침입절도	
	절도	
	강도	
	두려움	
지역사회 반-약물 프로그램	약물	
	폭력범죄	

시민순찰	두려움	침입절도
		절도
		강도

범죄예방의 평가에서 다루지 않은 이슈는 "범죄전이"의 문제이다. 범죄전이는 범죄의 이동을 의미한다. 예컨대, 범죄예방대책을 목표지역에 실시했더니 범죄자가 장소를 옮겨 다른 지역에서 저지르는 경우이다. 범죄전이는 범죄의 이동이며 범죄가 실제로 감소한 것이 아니다. 범죄전이의 실태와 영향은 다음 장의 주제이다.

주요 용어

- 가용 감시인
- 능력 감시인
- 시민순찰
- 지역사회 반-약물 프로그램
- 수호천사
- 참여 감시인
- 비가시 감시인
- 커크홀트 침입절도 예방사업
- 전국 이웃감시(NNW)
- 밤이 없는 날
- 이웃감시
- 신지역주의
- 지역적 통제
- 공적 통제
- 사적 통제
- 일상활동이론
- 안전도시 프로그램
- 거리천사
- 거리블록
- 거리목사
- 최상위 통제자
- 호각정지

제6장 전이와 확산

장 개요

- 범죄전이
  - 전이의 유형
  - 가정
  - 전이: 무해하거나 유해한?
- 확산
- 범죄자의 선택과 이동
  - 일상활동
  - 합리적 선택
  - 범죄유형이론
  - 요약
- 전이와 확산의 증거
  - 전이효과
  - 확산효과
- 전이와 확산의 함의

학습 목표

이 장을 읽은 후 여러분은 다음을 할 수 있어야 한다.

- 6가지 전이유형의 목록과 정의를 안다.
- 전이의 기초가 되는 가정에 대해 논의한다.
- 합리적 선택 이론에 대한 설명과 전이와의 관계에 대해 설명한다.
- 이로운 전이와 해로운 전이를 구분하고 각각에 대해 토론한다.
- 혜택의 확산에 대해 설명한다.
- 기회와 범죄에 관한 10가지 원칙에 대해 논의한다.
- 일상활동 관점에 대해 설명한다.
- 범죄자 의사결정에 관한 여러분의 견해를 제시한다.
- CRAVED의 요점을 정리하고 그것이 범죄행위에 어떻게 영향을 주는지를 설명한다.
- 범죄유형이론과 인지도에 대해 요점을 정리한다.
- 현대기술이 인지도의 구성에 미치는 영향에 대해 논의한다.
- 전이유형의 수준에 대한 연구결과를 논의한다.
- 혜택의 확산의 정도에 관한 정보를 제공한다.

제6장 전이와 확산

범죄예방의 결과/영향 평가는 대상 범죄, 범죄 두려움, 시민행동 등의 수준 변화에 초점을 맞춘다. 대부분의 예방 프로그램이 특정 장소 중심이기에 평가도 전형적으로 목표물, 이웃, 또는 공동체 내에서의 변화에만 초점을 맞춘다. 동시에 범죄예방 프로그램은 의도된 것 이상의 영향을 가질 수도 있다. 다른 변화들은 긍정적일 수도 부정적일 수도 있다. 한 지역에서의 범죄예방기법은 의도치 않게 다른 지역, 다른 목표물, 또는 다른 시간대에 범죄를 증가시키는 결과를 낳을 수도 있다. 결국, 범죄 또는 두려움의 수준은 단순히 예방적 노력에 따라 움직여 왔을 것이다. 이러한 범죄의 움직임을 범죄의 전이(crime displacement)라고 부른다. 그 움직임은 반대 방향으로 나타날 수도 있다. 한 지역에서 구체적 문제해결을 위한 범죄예방노력이 다른 장소 또는 다른 범죄에 긍정적인 효과를 줄 수도 있다. 다시 말해, 혜택의 확산(diffusion of benefits)이 일어날 수도 있다.

불행히도, 평가를 할 때 일반적으로 전이 혹은 확산의 가능성을 고려하지 못했다. 이는 그러한 평가가 어려운 작업이라는 사실에 기인한다. 다행히, 평가에서 전이와 확산을 면밀히 살펴볼 필요가 있다는 인식이 증대되고 있다. 이 장의 목적은 범죄의 전이와 확산 두 개념의 윤곽을 잡고, 범죄자들이 범죄와 관련된 활동을 움직일 수 있는 범죄자의 잠재력에 대해서 논하며, 끝으로 전이와 확산에 관한 문헌을 검토하는 것이다.

범죄전이

범죄전이는 개인 또는 사회의 예방행위(actions)에 의해 일어난 범죄의 변화를 일컫는다. 전이에 관한 대부분의 논의는 한 장소에서 다른 장소로의 범죄이동에 초점을 맞춘다(종종 이것은 '범죄유일(流溢)(crime spillover)'로 불린다). 이러한 논의의 기본 가정은 예방활동이 범죄의 전반적 감소를 가져오기 보다는 단지 범죄를 주변으로 이동시킨다는 것이다. 예를 들어, 어떤 동네에서 경찰이 자주 나타나면 그 동네에서의 범죄는 줄일 수 있으나 인접 동네의 범죄는 증가할 수도 있다. 그러나 전이는 그저 범죄의 지리적 이동뿐만이 아니라 다른 형태를 띠기도 한다.

전이의 유형

레페토(Reppetto, 1976)는 전이를 다섯 가지 유형으로 나누는데, 즉 영역적, 시간적, 전술적, 대상적, 그리고 기능적 전이가 그것이다.(표 6.1 참조) 영역적(공간적) 전이(territorial(spatial) displacement)는 가장 자주 논의되며, 한 장소에서 다른 장소로의 범죄 이동을 말한다. 범죄행위가 같은 장소에서 일어나지만 시간상 다른 시점으로 이동하는 시간적 전이(temporal displacement)는 늦은 저녁에 일어나던 절도가 새벽에 일어나게 되는 경우를 통해 그 의미가 확실해진다. 전술적 전이(tactical displacement)에서 범죄자는 동종의 범죄를 저지르기 위해 새로운 수단을 활용한다. 무단침입(burglary)에서 열려진 문으로 침입하던 것이 창문을 깨고 침입하는 것으로 이동하는 것은 범행의 전략적 변화이다. 대상적 전이(target displacement)는 같은 지역에서 다른 피해자를 선택하는 것이다. 예를 들어, 상점주인의 무기 휴대가 증가하면 강도는 거리의 노인들을 범행 대상으로 선택하기도 한다. 레페토의 마지막 전이 형태인 기능적 전이(functional displacement)는 절도에서 침입절도로, 또는 침입절도에서 강도로 이동하는 것처럼 범죄자가 새로운 형태의 범죄로 변화하는 것이다. 이런 형태의 전이들 각각은 범죄자의 측면에서 범죄행동이 변했음을 나타낸다. 바와 피즈(Barr and Pease, 1990)는 전이의 여섯 번째 유형인 위반자 전이를 제시한다. 위반자 전이(perpetrator displacement)는 한 범죄자가 그의 일탈행동을 중단하지만, 단지 다른 범죄자에 의해 대체될 때 나타난다. 범죄예방기법은 앞서 언급한 다양한 형태의 전이를 일으키는 하나의 논리적 원인일 뿐이다.

표 6.1 전이의 유형

- **영역적 전이_ 한 지역에서, 전형적으로 인접한, 다른 지역으로의 범죄 이동**
  예) 이웃감시프로그램이 시작되어서, 무단침입자들이 다른 동네로 이동함
- **시간적 전이_ 낮에서 밤으로와 같이 한 시점에서 다른 시점으로 범행 이동**
  예) 야간에 시민순찰이 도입되자, 무단침입자들을 아침시간에 활동하게 만듦
- **전술적 전이_ 범행에 사용된 방법을 바꿈**
  예) 출입문에 보조열쇠가 설치되자, 무단침입범들을 창문을 깨고 침입하게 함
- **목표의 전이_ 같은 지역에서 다른 피해자를 선택**
  예) 이웃감시프로그램이 시행되었지만 단지 반 정도의 가정만 참여하자, 범죄자들이 비참여가정을 목표로 삼음

• **기능적 전이_ 범죄자가 한 범죄를 그만두고, 다른 범죄유형으로 옮겨감**
예) 목표물 강화장치로 무단침입이 어려워지자, 범죄자들은 대신 강도를 저지르기로 함

• **위반자 전이_ 한 범죄자의 활동이 중지되자 또 다른 범죄자에 의해 대체됨**
예) 범죄예방조치가 한 범죄자의 추가범행을 중단하는 원인이 됐지만, 또 다른 범죄자가 기회를 엿보고 범행을 시작함

가정

범죄전이는 잠재적 범죄자와 그의 목표물 사이에 몇 가지 가정을 설정한다(표 6-2를 보라). 이들 가정의 정확성 정도에 따라 전이가 일어날 수 있을지 혹은 일어나게 될지에 영향을 줄 것이다.

표 6.2 전이 가정

1. 범죄는 비탄력적이다.
2. 범죄자들은 이동성을 갖는다.
3. 범죄자들은 합리적 선택을 한다.
4. 대안적 목표물과 선택이 이용가능하다.

범죄의 비탄력성

전이는 범죄가 비탄력적임을 가정한다. 즉 범죄자는 주어진 기간 동안 일정한 수의 범죄를 저지르도록 정해져 있다(Reppetto, 1976). 만약 범죄가 비탄력적이라면 범죄는 범죄예방활동에 의해 없어지지 않을 것이다. 오히려 범죄는 단지 전이의 여러 차원 중 하나를 따라서 움직인다. 범죄자들은 범죄를 저지르도록 동기화되고 범행기회를 찾아 나설 것이다. 따라서 전이의 핵심 키는 가용한 기회이다. 펠슨과 클라크(Felson and Clarke, 1998)는 기회가 제한되었거나 혹은 제한될 수 있기 때문에 전이의 가능성에 영향을 준다고 주장한다.

잠재적 범죄자 이동성

전이는 범죄자 측에서의 이동을 가정한다(Reppetto, 1976). 이동은 시간, 장소, 전술, 또는 다른 차원의 전이를 통해서도 일어날 수 있다. 모든 잠재적 범죄자들 동일한 정도의 이동성을 나타내지는 않는다(Brantingham and Brantingham, 1984). 예를 들

어, 어린 범죄자들은 (공간적 전이를 제한하는) 교통수단에 대한 접근이 어려울 수 있고, 또는 (시간적 전이를 제한하는) 학교나 통행금지에 매여 있을 수도 있다. 인종 역시 사람들로 하여금 다른 인종/민족 집단으로 가득한 지역에 가는 것을 제한하기도 한다. 일부 범죄자들은 한 형태의 범죄에서 다른 형태의 범죄로 이동하는 것이 심리적으로 불가능할 수도 있다. 이러한 요인들이 전이를 제한하겠지만, 그들은 모든 잠재적 범죄자들의 전이를 제거하지는 못할 것이다.

이동성은 잠재적 범죄자의 특성만으로 결정되지 않는다. 그것은 주위 환경의 특성에 의해서도 제한될 것이다(Brantingham and Brantingham, 2003). 비록 이 말이 공간적 영역에 한정되지는 않더라도 지리적(공간적) 전이와의 관계에 비추어 보면 기본적으로 맞는 말이다. 범죄자가 다른 위치/시간/범행으로 전환하는 능력은 그가 사용할 수 있는 옵션(선택)들에 의해 제한될 것이다. 예를 들면 고립된 작은 마을에서 취해진 예방적 활동은 영역적 전이를 허락하지 않을 것인데 왜냐하면 그 부근에는 범죄를 대신할 대안이 없기 때문이다. 어떤 동네는 큰 도시 안에 있다 하더라도 어느 정도 고립될 수 있는데 왜냐하면 한 쪽엔 강, 다른 쪽엔 주요 고속도로처럼 이 동네를 둘러싼 큰 장애물을 가지고 있기 때문이다.(그림 6.1 참조) 강 건너편 사람들은 더 많은 선택의 여지가 있지만, 소도시의 한정된 지역에서는 범죄자들이 장래의 범죄행동을 위해 어디로 갈지에 대한 선택이 제한된다. 경계선이 전이를 불가능하게 만들 수는 없다 하더라도, 전이되어야 한다면 범죄자가 취할 수 있는 방향은 제한한다(Brantingham and Brantingham, 2003).

이동성이 장소에 의해 제한되기도 하지만, 지역적 특성이 범행의 가능성을 높이기도 한다(Brantingham, 2010). 목표물(예를 들어 주거, 사업, 오락 등 혼합 용도 지역이 가까운)이 많은 지역 주민들은 범행에 필요한 폭넓고 다양한 기회가 있기에 오히려 혜택을 받을 수 있다. 일반가정에 대한 무단침입을 억제하기 위한 예방 행동은 단순히 가해자로 하여금 현지 상업지구 점포에서의 좀도둑질이나 점주에 대한 강도짓을 강제하는 효과를 낼 수도 있다. 요컨대 물리적 위치는 일부 기회를 증가시키기도 하지만 다른 기회를 막아버릴 수도 있다.

범죄자의 합리적 선택

대단히 중요한 세 번째 가정은 잠재적 범죄자가 가진 자유의지의 수준에 관한 것이다. 여기서 합리적 선택이론(rational choice theory)이 범죄의 설명에 집중적인 주목을 받게 된다(Clarke and Cornish, 1985; Cornish and Clarke, 1986a). 이 이론은 잠재적 범죄자들이 물리적, 사회적 환경 내의 다양한 요인들에 기초하여 선택을 한다고 가정한다. 범죄자들은 범행을 결정할 때, 기대되는 이익, 예상되는 노력, 동료의 도움, 위험, 그리고 유사한 요인들에 대해 반응을 보인다(Cornish and Clarke, 1986b). 전이는 범죄자들이 충분한 정보를 갖고 자유의지에 의한 선택을 할 수 있는 합리적 인간으로 본다. 범죄자는 그들의 선택과 형편에 내재한 비용과 편익을 평가할 수 있으며, 그러한 요인들에 기초하여 선택할 수 있다.

그림 6.1 지리적 경계면에 있는 이웃을 가지고 있는 도시의 예

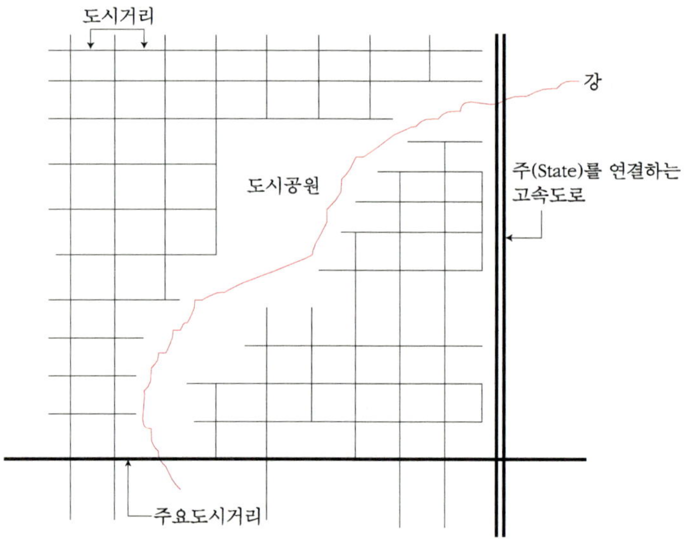

정보에 기초해 선택하는 능력은 전이가 일어나기 위해 반드시 요구된다. 합리적으로 의사결정을 할 수 없으면 범죄예방조치로 인한 전이효과를 부정할 것이다. 얼핏 보기에 이 가정과 범죄의 비탄력성에 관한 앞의 가정 간에는 모순이 발생한다. 그러나 범죄를 저지르려는 욕구와 어디서 어떤 범행을 할 것인지를 선택하는 능력은 상호 배타적이지 않다. 범죄자가 범죄를 대신할 다른 행동을 찾지는 못하지만, 가용한 선택지들 중에서 자신의 실제 범행을 구성해 나갈 능력을 갖는 것은 충분히 가능하다.

목표물/선택 이용가능성(가용성)

마지막 가정은 대안적 목표물과 선택이 범죄자에게 이용가능하다는 것이다. 범죄 예방적 관점에서 보면, 이 가정은 쉽게 받아들여지는데 왜냐하면 프로그램의 수행이 결코 완벽할 수 없기 때문이다. 몇몇 사람들은 참여하지 않고, 몇몇 목표물은 강화되지 않으며, 몇몇 행위는 전혀 효과가 없고, 또한 몇몇 아이디어는 주어진 문제에 적합하지 않을 수 있다. 보다 중요한 것은 범죄예방프로그램들이 일반적으로 제한된 지역이나 범죄에만 초점이 맞추어져 있다는 점이다. 이로 인해 잠재적 범죄자들은 언제든지 대안적 선택을 할 수 있다.

전이: 무해하거나 유해한?

전이에 대한 대부분의 논조는 분명 범죄가 전이의 한 차원을 따라 그저 옮겨 다닐 뿐이라는 생각에 대한 실망이나 당황이다. 그러나 전이는 긍정적인 결과를 낳을 수도 있다. 바와 피즈(Barr and Pease, 1990)는 범죄의 전이를 두 가지 형태 - 즉 "악성"과 "양성"으로 구분한다. 악성 전이(malign displacement)는 바람직하지 않은 결과를 낳는다. 무단침입을 줄이려는 노력은 강도와 그에 수반한 폭행의 수준을 높일 수 있다. 악성 전이의 또 다른 예는 각각의 범행으로부터 얻어진 이익의 감소를 상쇄하기 위해 범행의 수를 늘리려는 범죄자의 욕구일 수 있다(Gabor, 1990). 이러한 악성 전이는 사회적으로 용납되지 않을 것이다.

양성 전이(benign displacement)는 전이에 따른 변화가 사회에 이익이 될 수 있다고 한다. 예를 들어, 범죄자들이 활용하는 새로운 범죄나 전술은 잠재적 피해자에게 덜 심각하거나 덜 위험할 수 있다. 강도에서 무단침입으로, 가중폭행에서 단순폭행으로, 무단침입에서 단순절도로 등등의 변화에서 보듯이 말이다. 전이는 또한 범죄의 두려움을 감소시키는 결과를 가져와 실제 범죄의 문제를 상쇄하기도 한다(Barr and Pease, 1990).

바와 피즈(Barr and Pease, 1990)는 또한 전이가 "공평하다고 여겨질 정도로 범죄를 고르게 분포하도록 만드는 데 활용될" 수 있다고 제안한다. 범죄는 사회계층체계(social spectrum)를 따라 균등하게 분포하지 않고 그로 인해 범죄와 범죄 두려움에 대한 불공평한 부담으로 이어진다. 바와 피즈는 사회가, 의식적이든 무의식적이든, 특정 지역 또는 동네를 범죄퓨즈(crime fuse)로 불리도록 허용해 왔다고 주장한다. 마치 전기퓨즈가 과부하가 걸릴 경우 나머지 전기시스템에 문제가 퍼지기 전에 끊어짐으로써 문제가 있다고 신호를 보내듯이, 범죄의 퓨즈도 범죄가 전 지역에 폭발적으로 퍼지기 전까지 나머지 지역을 괴롭히지 않고 한 지역에서만 범죄가 작동하도록 허용하는 지역이다. 따라서 문제가 전체 지역사회에 더 큰 해가 되기 전에 해결책이 문제 지점을 조준한다. 만약 범죄가 "퓨즈" 위치까지만 이동한다면 전이는 양성일 수 있다. 그러나 범죄퓨즈 지역에 사는 사람들에게는 양성전이가 아닐 것이다. 진정한 양성 전이는 지역사회 전체에 걸쳐 범죄피해자화가 공평하고 균등하게 퍼져나가는 경우일 것이다 (Bar and Peace, 1990). 최소한 바와 피스에게 있어 전이의 문제는 범죄와 피해자화를 전 사회에 골고루 재배분하는 것을 다루고 있다.

확산

범죄예방활동이 추가로 가능하게 하는 효과가 혜택의 확산(diffusion of benefits)이다. 클라크와 와이스버드(Clarke and Weisburd, 1994:169)는 혜택의 확산을 다음과 같이 정의한다.

> 직접적으로 목표한 지역들, 통제의 대상이 되는 사람들, 개입의 초점이 된 범죄들, 또는 개입이 시행된 시간적 기간들을 넘어서 개입에 따른 혜택의 영향력이 퍼지는 것.

확산은 예방노력이 범죄를 이동시키기보다는 목표로 하지 않은 사람들과 장소들에게까지 혜택을 줄 것이라고 가정한다. 확산은 "후광효과(halo effect)"(Scherdin, 1986)와 "무료상여금효과(free bonus effect)"(Sherman, 1990)와 같은 다양한 이름으로 논의되어 왔다.

무엇이 확산을 설명하는가? 클라크와 와이스버드(Clarke and Weisburd, 1994)는 확산의 잠재적 원천으로 두 가지를 제안한다. 억제(抑制)(deterrence)와 낙담(落膽) (discouragement). 억제는 다양한 방식으로 영향을 줄 수 있다. 수많은 예방적 노력이 단기간에 끝이 났지만 그 노력이 범죄에 미치는 효과는 개입된 시간보다 더 오래 지속된다. 유사하게 한 지역이나 어떤 상품을 예방의 목표로 삼으면 다른 목표물들도 보호하는 결과를 얻을 수 있다. 어떤 경우건 기본 가정은 검거의 가능성이 높아지면 잠재적 범죄자들이 검거의 위험으로 인해 억제된다는 것이다. 낙담은 범죄의 이익을 감소시키고 범행에 필요한 노고를 증가시킴으로써 작용한다.

전이와 확산은 둘 다 최근 수년간 더 많은 주목을 받았는데 이젠 많은 평가적 연구들이 확실한 전이 혹은 확산에 대해서도 문제를 제기한다. 불행하게도 전이 혹은 확산을 가늠하는 것이 근본적으로 어렵기 때문에 이들은 많은 평가에 있어 중심적 쟁점이 아니다. 그 어떤 경우건, 전이 혹은 확산의 발생 정도는 범죄자들이 범죄행위에 대한 판단을 하는 (또는 할 수 있는) 정도와 밀접히 연관되어 있다.

범죄자의 선택과 이동

범죄자는 완전히 무작위로 범죄를 저지르지는 않는다. 그들은 단순히 길을 걷다 사람을 공격하고, 강도를 저지르며, 가정집을 침입하거나, 혹은 아무런 이유 없이 다른 범죄를 저지르는 것이 아니다. 만약 범죄자가 완벽하게 무작위로 언제라도 아무 생각 없이 범죄를 저지르는 것이라면, 우리가 다니는 모든 거리는 언제나 범죄로 가득할 것이며, 누가 무엇을 하건 아무도 범죄에 영향을 줄 수 없을 것이다. 다행히 우리는 많은 장소와 시간이 범죄로부터 자유롭다는 사실을 알고 있으며, 범죄를 예방하기 위해 많은 노력들이 실행될 수 있다는 것도 알고 있다. 이것은 적어도 어느 정도는 범죄자가 언제, 어디서, 어떻게, 무엇을 할 것인지에 대해 결정한다는 것을 의미한다. 따라서 예방의 핵심은 이러한 결정을 하도록 하는 요인들을 이해하는 것이다.

펠슨과 클라크(Felson and Clarke, 1998)는 기회가 모든 범죄행동의 초석이라고 주장한다. 기회는 단독으로 범죄를 일으키는 충분조건은 아니지만 범죄를 저지르기 위한 필요조건임은 확실하다. 그들의 표현에 의하면, "개인의 행동은 개인과 환경(the setting) 사이의 상호작용의 결과물이다"(1998:1). 펠슨과 클라크는 어떻게 기회가 형성되어 범죄를 만들어 가는지를 구체화한 기회의 원칙 10가지를 요약했다 (표 6.3 참조). 이 원칙의 많은 부분이 시간, 공간 및 형편에 따른 기회의 변이를 다루고 있다. 그들은 또한 기회가 감소하면 거의 아무런 전이(displacement) 없이 범죄를 줄일 수 있다고 말한다.

10가지 기회 원칙의 기저에는 세 가지 주요 이론적 정향이 존재한다 - 일상활동(Routine Active)이론, 합리적 선택(Rational Actives)이론, 그리고 범죄유형(Crime Pattern)이론. 펠슨과 클라크(1998)는 이들 이론 각각을 기회 이론의 한 형태라고 본다.

전이와 확산의 가능성은 이러한 이론적 관점에서 나타난 범죄자와 의사결정에 대한 암묵적 가정에 의존하고 있다.

표 6.3 기회와 범죄에 관한 10가지 원칙

1. 기회는 모든 범죄를 일으키는 역할을 한다.
2. 범죄기회는 대단히 구체적이다.
3. 범죄기회는 시간과 장소에 있어 집중적이다.
4. 범죄기회는 매일의 움직임에 의해 좌우된다.
5. 하나의 범죄는 또 다른 범죄를 위한 기회를 만들어 낸다.
6. 어떤 결과물들은 보다 유혹적인 범죄기회를 제공한다.
7. 사회적, 기술적 변화는 새로운 범죄기회들을 만들어 낸다.
8. 범죄기회들은 감소될 수 있다.
9. 기회의 감소는 보통 범죄를 전이시키지 않는다.
10. 집중된 기회의 감소는 범죄의 폭넓은 감소를 발생시킬 수 있다.

출처: Felson and Clarke (1998).

일상활동

일상활동이론은 잠재적 범죄자와 피해자 양자의 평상시 움직임과 활동이 범죄의 발생에 어떤 역할을 수행한다고 주장한다. 코헨과 펠슨(1979)은 범죄가 발생하기 위해 반드시 존재해야 할 세 가지 기준을 추려서 말한다. (1) 적절한 목표물(suitable target), (2) 동기화된 범죄자(motivated offender), 그리고 (3) 보호자의 부재(absence of guardians)가 있어야 한다. 그들은 많은 범죄가 기회 때문에 일어난다고 믿는다. 이 말은 범죄자들이 기회를 찾아 나서지 않는다는 의미가 아니다. 이것은 오히려 범죄를 실제로 선택하여 실행하는 것은 세 가지 조건이 공동으로 발생할 때 결정된다는 것을 시사한다.

사람들의 일상활동은 지난 수년간 엄청나게 변화하였다. 제2차세계대전 이후 많은 가구들이 맞벌이가구로 전환하였는데 이로 인해 많은 가정이 대낮에 비어 있고 따라서 무방비상태로 남겨졌다(Cohen and Felson, 1979). 인구 이동의 증가는 "베드타운(bedroom community)"의 형성을 유도하였고 그곳에서 노동자와 보행자에 의한 감시의 눈이 사라졌다. 가정에서 보내던 시간이 일과 레크리에이션으로 옮겨 갔고, 범죄 기회의 문이 활짝 열렸다.

또 다른 중요한 변화는 범죄를 위한 적절한 목표물의 증가된 이용가능성에 관한 것이다. 목표물이 될 위험은 클라크(1999)가 논의하듯이 범죄자의 눈길을 끌어 표적이 되는 매력적인 상품(hot product) 또는 물건과 직접적 관련이 있다. 그러한 상품들은 갈망(CRAVED)의 원리와 상응한다(표6.4참조). 갈망되는 상품들은 범죄자나 일반인들이 공히 원하는 것으로 잠재적 범죄자의 눈에 잘 띄고 숨기고 운반하고 처분하기 쉬운 상품들이다. 오늘 값나가는 물건이 내일 무관심의 대상이 될 수도 있다. 그 이유는 범죄자의 성숙, 사회 내 그 상품의 포화상태, 맛의 변화, 또는 다른 이유 때문일 수 있다(Clarke, 1999). 표적물이 갈망(CRAVED)의 기준에 맞는 만큼 범죄가 발생할 가능성에도 영향을 줄 것이다.

표 6.4 절도 목표물에 관한 CRAVED 모델

C oncealable_	절도범이 범행 중에 물품을 숨길 수 있는 능력
R emovable_	크기와 무게는 특정 물품을 다른 물품보다 운반하기 쉽게 함
A vailable_	물품이 존재하여 훔칠 수 있어야 함
V aluable_	보다 가치 있는 물품이 목표물이 될 것임
E njoyable_	범죄자에게 즐거움을 줄 수 있는 물품
D isposable_	훔친 물품을 처분할 수 있는 시장이 존재해야 함

출처: Clarke(1999)에서 발췌. Hot Products: Understanding, Anticipating, and Reducing Demand for Stolen Goods. London: Home Office Policing and Reducing Crime Unit

일상활동의 변화에 따라 대인범죄의 기회도 증가하지만 일상활동가설에 대한 대부분의 검증은 재산범죄에 초점이 맞추어져 있다. 코헨과 펠슨(1979)은 집으로부터 떨어져 보낸 시간의 양만큼 재산범죄의 수준과 관계가 있음을 알아냈다. 그와 유사하게 무스테인과 턱스베리(Mustaine and Tewksbury, 1998)도 절도가 집밖의 활동, 취해진 예방활동(보호자)의 수, 그리고 피해자가 함께 하는 외부활동의 유형에 의해 영향을 받는다고 보고하였다. 재산범죄와 관련된 동일한 요인들이 사람들 간의 물리적 충돌 가능성을 높이는데도 적용된다. 강도나 성폭행과 같은 대인 약탈범죄(personal predatory crimes)도 역시 일상활동에 의해 영향을 받는다.

합리적 선택

일상활동에서의 암묵적인 가정은 범죄자들이 범행의 시기와 장소에 대해서 합리적 선

택을 한다는 것이다. 범죄예방활동이 효과를 가지기 위해서는, 범죄자들이 그들의 인지된 욕구, 위험, 이익, 그리고 다른 요소들에 대한 인식에 기초하여 (어느 정도) 합리적 결정을 하고 있어야 한다. 범죄자들이 그들의 목표물을 선택하는지 하지 않는지, 그리고 마침내 그들이 어떻게 선택하는지는 직관적으로, 그리고 문헌들을 통해서 모두 알 수 있다. 직관적 수준에서, 대부분의 사람들은 인간이 자유의지를 가지고 있다고 믿는다. 그러나 동시에 사람들은 이용 가능한 선택이 시간, 장소 및 환경에 의해 제한된다는 것도 안다. 이것이 일종의 연식(軟式) 결정론(soft determinism)이다. 다시 말해 사람들은 결정을 하지만 다만 이용 가능한 기회의 범위 내에서만 그렇게 한다. 이러한 사실은 단지 범죄행위뿐만 아니라 모든 행위에서 그렇다. 예를 들어, 모든 사람들은 일상의 안락함을 원할 것이다. 어떤 사람은 다른 사람이 일을 해야 한다는 사실과 관계없이 부유할 수 있다. 더구나 일의 선택은 개인의 물리적·정신적 능력, 그 지역의 경제 상태, 일자리 경쟁 및 다른 많은 요인들에 의해 결정된다. 모든 사람이 살면서 결정을 한다는 사실은 범죄자들도 유사한 선택을 한다는 믿음에 이르게 한다. 더구나 범죄자들은 대부분의 시간을 그들이 선택하는 범위 내에서 정상적이자 사회적으로 용납되는 활동을 하며 보낸다. 이러한 선택 능력이 범죄행위를 모의할 때는 없어질 것이라고 생각하는 것은 너무 순진한 생각이다.

많은 연구들이 범죄자가 합리적 결정을 한다는 것을 보여주는 증거를 제시한다. 영국에서 침입절도 재소자들에 대한 한 연구는, 이웃지역에 대한 사진과 지도를 이용하여, 범죄자들이 후방 접근로와 은폐지가 있는 집, 다른 집으로부터 고립된 집, 이웃 감시가 부족한 집, 경보기와 CCTV가 없는 집, 그리고 빈 집을 선호한다는 사실을 밝혀냈다(Nee and Taylor, 1988; Taylor and Nee, 1988). 이 연구는 또한 범죄자들이 열려진 창문을 통해서 보이는 잘 정돈된 집과 물건과 같은 부의 시각적 상징에 의해 매력을 느낀다고 한다. 미국에서 구금된 31명의 침입절도범을 면접한 결과, 렌거트와 와실칙(Rengert and Wasilchick, 1985)은 거주민들이 집을 비울 때 - 주로 오전 중반이나 이른 오후 - 범죄자들이 범죄를 저지른다는 사실을 알아냈다. 중요한 것은 일반적으로 침입절도범들이 적절한 목표물을 물색하기 위해 이미 잘 확립된 "기회의 단서(opportunity cues)"에 의존한다는 것이다. 단서들로는 더운 시기에 에어컨도 없이 창문이 닫힌 집, 차가 없는 집, 전 가족이 함께 여행을 떠난 집, 은폐처가 있는 집, 시각적으로 부유한 티가 나는 집, 접근이 쉬운 집 등이다(Rengert and Wasilchick, 1985).

라이트와 데커(Wright and Decker, 1994)는 세인트루이스(St. Louis)에서의 침입절도범에 대한 대규모 연구에서, 범죄가 계획과 즉흥의 혼합된 결과임을 알아냈다. 그들의 보고에 따르면 많은 침입절도범들이 실제로 범죄를 저지르기 전에 잠재적인 목표물을 마음에 두고 있다. 범죄자들은 항상 목표물에 대해 "절반 보기(half looking)"를 하고 있다가 귀중품의 조짐, 재물의 상태, 보유 차종, 재택 여부, 감시가능성 등의 다양한 단서를 사용해 적절한 목표물을 결정한다.

벤넷(Bennett, 1986)은 침입절도범들이 아무 정보 없이 재빠르게 결정을 내리는 듯이 보이지만 실제로는 사전 경험과 일반적 지식에 근거한 합리적 선택을 한다고 지적한다. 사실 크롬웰과 동료들(Cromwell et al., 1991)은 침입절도범들에게 자신의 과거 범죄를 "재구성"하라고 요청한 후 그들이 감시가능성, 재택여부 및 접근성에 근거해 합리적인 선택을 한다고 보고하였다. 그러나 재구성 결과는 클라크와 코니쉬(1985)가 제안한 것과 유사하게 어느 정도 "제한된 합리성"임을 보여준다. 범죄자들은 다양한 목표물의 기회적 특성을 지적하며 평소의 활동 중에 일어나는 상황에 반응하는 경향이 있다. 즉 그들은 일상적인 규칙을 따라 가다가 취약한 목표물을 "우연히 발견(happen upon)"하는 것이다(Cromwell과 동료들, 1991). 범죄자들은 개별 사건에 대한 구체적이고 상세한 계획보다는 과거의 경험과 계획에 근거한 일련의 내적 단서들에 따라 행동하는 것처럼 보인다.

이전 논의의 초점이 침입절도에 맞추어졌지만 선택행동은 그러한 범죄에 국한되지는 않는다. 턴넬(Tunnell, 1992)은 침입절도, 강도, 사기 및 다른 유형의 재산범죄 누범자의 활동에 대해 보고하였다. 그는 범죄활동이 범죄자가 자신의 자질을 발견해낸 상황에 대한 합리적 반응이라는 점에 주목한다. 또 다른 연구들도 보다 심각한 지속적 범죄자들이 더 많은 계획을 통해 발각될 가능성이 적은 곳에 있는 목표물을 선택하는 경향이 있다고 제안한다(Feeney, 1986; Shover, 1991; Tunnell, 1992). 강도, 자동차절도 및 위조도 또한 범죄자 계획 및 합리적 의사결정의 증거를 보여준다(Fleming과 동료들, 1994; Gill and Matthews, 1994; Lacoste and Tremblay, 2003; Morrison and O'Donnell, 1996; Petrosino and Brensilber, 2003).

다양한 연구들은 범죄자들이 신중한 활동에서 인지한 비용과 편익을 자신들 행위의 근거로 삼는 합리적 의사결정자라고 그려낸다. 연구들은 동시에 범죄자들이 반드시 각각의 모든 범죄에 대해 상세한 계획을 세우는 것은 아니라고 한다. 오히려 범죄자의 합리적 선택과 사전 계획은 아마도 그가 적절한 목표물에 대한 일반적 설명과 잘 맞아떨어지는 상황이나 목표물을 우연히 만났을 때 작동하기 시작할 것이다. 시간, 장소, 목표물, 감시가능성 및 다른 요인들은 모두 단기 버전의(short-hand version) 합리적 선택 과정에서 고려된다. 사실 매일 매일의 수많은 비범죄적 결정들이 의식적 수준보다는 잠재의식적 수준에서 더 많이 이루어진다.

범죄유형이론

브렌팅햄과 브렌팅햄(Brantingham and Brantingham, 1993b)의 범죄유형이론은 범죄와 범죄행동이 언제 어디서 발생하는가의 측면에서 보아야 비로소 정체성을 파악하고 이해할 수 있는 유형이 찾아진다고 제안한다. 그들의 주장에 따르면 범죄유형은 사람들이 다음과 같은 것을 생각할 때 떠오르는 유사성 때문에 이해될 수 있다.

> 구체적 범죄사건, 현장, 상황, 활동 배경, 가능할 법한 범죄의 틀(template), 촉발사건, 그리고 사람들이 범죄를 저지르기 위한 준비나 의지에 영향을 주는 일반적 요인들 (Brantingham and Brantingham, 1993b: 284-285).

유형을 이해하기 위한 두 가지 열쇠는 환경적 배경과 범죄자의 사회/범죄적 틀(template)을 이해하는 것이다. 환경적 배경이란 사람들이 그 안에서 작업을 수행하게 되는 사회적, 경제적, 문화적, 그리고 물리적 조건들을 의미한다. 이러한 차원은 끊임없이 변화하지만, 그 속에서 유형을 식별해내는 것이 가능하다. 사회/범죄적 틀이란 어떤 사람이 특정한 행동을 하면 사람들은 분석틀을 가지고 그 행동이 일어난 시간과 장소에서 무엇이 발생할 지에 대한 기대의 윤곽을 그려낼 틀을 가질 것이라는 생각이다. 본질적으로, 이 틀은 범죄자에게 특정 장소, 시간 혹은 상황에서 무엇이 발생해야 하는지를 말해준다. 사람들이 어떻게 환경에 대해 배우고 어떻게 이러한 틀을 구성하는지를 이해하는 것은 범죄발생을 이해하기 위한 중요한 노력이다.

애초에 개인들의 일상 활동은 스스로를 다른 시간대와 장소에 노출시킨다. 출퇴근, 쇼핑, 타인과의 교제, 등교 및 또 다른 일상 활동을 영위하면서 겪게 되는 매일 매일의 평범한 활동들은 사람들로 하여금 자신이 처한 환경에 대한 지식을 쌓게 해준다. 오늘날의 도시공동체는 사람들의 일상 활동에 큰 기여를 한다. 근대적 도시와 도시 지역은 거주자들에게 다양한 욕구와 활동을 제공하는 소규모로 특화된 토지 사용 지역들이 모여진 복합체이다. 개인 및 대중교통을 이용할 수 있기에 시민들은 그들이 선택하는 곳에서 살고, 일하고, 쇼핑하고, 쉴 수 있도록 허락된다. 사람들은 단순히 다양한 위치 사이에서 정기적으로 왕래할 수 있다. 이 위치들은 활동의 교점(node)으로 간주될 수 있다 (그림 6.2를 보라)(Brantingham and Brantingham, 1993a, 1996). 교점(마디,노드) 간의 이동경로(transit routes)는 통로(paths)라고 부른다. 한 개인이 각각의 교점을 활용해서 교점 간의 다양한 통로에 익숙해지는 정도는 그 사람의 의식 공간 (awareness space) 형성에 기여한다. 앤드레센(2014)은 상이한 교점과 통로에 대한 개인의 지식과 애착이 증가하면 할수록 그 지역에서 편안함을 느낀다고 한다.

사람들이 어떻게 환경에 대해 알아 가는지에 대해 추가적으로 고려할 것이 인지지도(cognitive map)이다. 스미스와 패터슨(1980)은 사람들이 행동을 선택할 때 사용되는 환경 인지지도(정신적 이미지)를 만든다고 주장한다. 인지 지도제작에는 네 가지 측면이 있다: 인지, 예측, 평가 및 행동. 인지(recognition)는 자신의 위치 및 지역 내 다양한 특성을 파악하는 능력이다. 인지는 지역 내 확인 가능 물체와 행위의 동선을 연결하는 예측(prediction)으로 이어진다. 평가(evaluation)를 하는 동안 사람들은 전 단계에서 수집된 정보를 사용하여 어떤 옵션이 수용 가능한 행위 방식인지를 결정한다. 사람들이 적절한 행위(action)를 결정하는 것은 앞의 세 단계에서 얻어진 정보에 근거해서 이루어진다. 본질적으로 인지지도를 만들면 교점과 통로를 의식 공간으로 변화시키는 과정이 수반된다. 위치에 대한 두려움과 불확실성이 제거되는 정도까지, 인지지도 형성은 사람들이 정보력 있는 선택을 하고 위치를 활동 공간으로 전환하도록 돕는다.

사람은 교점 또는 통로로부터 더 멀리 나아갈수록, 그 지역에 대해 생소해지고 의미 있는 인지지도도 부족하게 된다. 그에 따라 (범죄적 혹은 합법적) 행동의 기회도 줄어든다. 잠재적 범죄자들은 그들이 친숙한 교점과 통로를 찾는 경향이 있다. 교점과 통로 외에도, 활동 공간은 그 지역의 가장자리도 포함하는데, 그곳은 비행 행위를 늘릴 수도 혹은 방해할 수도 있다. 가장자리는 물리적일 수도, 사회적일 수도, 혹은 경제적일 수도 있다(Brantingham, 2010). 물리적 가장자리는 잠재적 범죄자와 피해자의 움직임을 제한할 수도 있다. 그런 고로 이러한 가장자리는 의식공간을 억제하여 범죄를 제한할 수 있다. 반대로 사회적, 경제적 가장자리는 낯선 사람들 간의 익명성을 고조시킬 수 있다. 이러한 곳은 다양한 이용자들의 왕래가 빈번해지고, 잠재적 피해자, 가해자 및 제한된 보호의 삼박자가 한데 어우러진다(Brantingham, 2010). 가장자리의 양쪽으로부터 사람들과 활동이 다양해지면 범죄의 가능성이 높아진다(이러한 생각에 대해 보다 상세한 논의는 Brantingham and Brantingham, 1981, 1993a, 1993b, 1996을 보라).

그림 6.2 축과 통로를 가진 다핵심 지역사회의 단순화된 모습

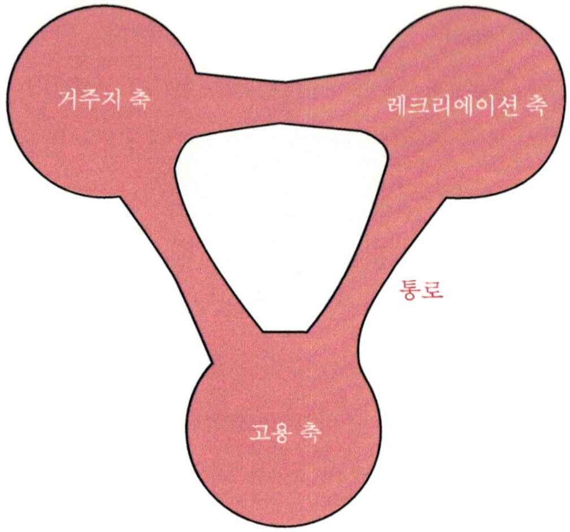

교점(node)은 인지지도/의식공간/활동공간의 개발을 위한 뼈대 제공을 넘어 다른 방식으로도 범죄를 증가시킬 수 있다(Brantingham and Brantingham, 1996). 일부 교점은 잠재적 피해자를 그 지역으로 끌어들여 범죄제조기(crime generators)로 작용할 수도 있다. 이들은 범죄유인기(crime attractors)가 될 수도 있다. 이러한 곳은 잠재적 범죄자와 피해자가 끌리는 지역으로 마약시장, 홍등가, 성인클럽과 술집 등을 예로 들 수 있다. 끝으로 교점은 범죄자를 위한 사냥터(hunting ground)를 제공할 수도 있다. 다시 말해, 범죄자들은 잠재적 피해자들이 그 지역에 자주 출입하고, 그 위치에 보호자가 없다는 것을 알게 되면, 결과적으로 피해자를 좇아 그 장소로 따라간다.

인지지도와 잠재적 목표물에 대한 정보의 발전 가능성이 부상한 것은 인터넷의 출현과 광범위한 접근성 덕분이다. 오늘날, 시각적 묘사를 포함한 풍성한 정보가 온라인상에서 찾을 수 있다. 구글맵, 구글스트릿뷰와 같은 프로그램과 정부 소유 웹 사이트들은 상이한 주소지와 지역에 대해 다양한 수준의 상세정보를 제공한다. 예를 들어 구글스트릿뷰는 이용자가 주소지를 큰길에서 볼 수 있도록 해주며, 360도 회전보기, 거리를 위/

아래로 이동하기, 줌을 이용한 목표지역(대상지) 상세보기 등을 가능케 한다. 비록 이 정보가 연속적 시간의 한 시점만을 반영하지만 그 지역 정보의 기초를 제공하는 셈이다. 대중적 접근이 가능한 정부 문서도 방의 구조 및 크기를 포함한 가정집 및 회사 정보를 상세히 제공한다. 이 모든 정보가 잠재적 범죄자들이 자기집을 떠나 목표지역에 가지 않고 목표물과 주변 환경 및 다른 유용한 계획정보 등에 대한 지도를 머릿속으로 그려내는데 사용될 수 있다. 그런 방식으로 일상활동이론과 범죄유형이론의 가정을 넘어서는 범죄를 계획할 수 있는 잠재력이 크게 향상된다.

웹 자료

구글맵/스트리트뷰
(https://www.google.com/intl/en/help/maps/streetview/#utm_campaign=en&utm_medium=van&utm_source=en-van-na-us-gns-svn)로 가서 집주소를 넣어보라. 주위를 탐색하고 당신의 동네와 집주변/직장주변에서 무엇을 볼 수 있는지 관찰해보라.

비록 인지 지도화/지도제작에 대한 논의가 보통 행동의 영역적, 공간적 특성에 집중된다 하더라도, 다른 차원으로의 확장 역시 전혀 복잡하지 않다. 안전한 지역의 틀을 제공하는 동일한 과정을 통해 주어진 환경 안에서 가장 적합한 목표물, 전술, 범죄유형 및 시간에 대한 정보를 얻을 수 있다. 인지지도화/지도만들기의 예측 및 평가 단계는 이러한 각각의 결정들이 범죄행동으로 옮겨지는 과정에서 고려되어져야 함을 시사한다.

요약

범죄가 전적으로 기회적인 것은 아니라는 강력한 증거가 연구를 통해 제시된다. 오히려 범죄행동은 범죄자가 스스로를 발견하는 상황에 근거한 합리적 결정으로 보인다. 범죄자들이 특정 범죄를 계획하는데 많은 시간을 소비하지는 않지만, 정상적인 일상 활동이나 타인과의 상호작용을 통해 얻은 정보는, 마치 대부분의 사람들이 비범죄적인 일상의 선택을 하듯이, 범죄자들의 "무의식적" 의사결정을 인도할 수 있다. 이러한 사실을 통해 전이와 확산 양자 모두 예방적 행동에 대한 잠재적 반응들이라는 것을 알 수 있다.

전이와 확산의 증거

전이와 확산은 예방활동의 가능한 결과이지만, 평가에서 직접적으로 검토된 경우는 거의 없다. 많은 범죄예방 연구들이 전이와 확산의 이슈를 무시하거나, 연구 이후의 고려사항만으로 간주하는 경향이 있다. 확산이 일어났는지 일어나지 않았는지에 대한 주장은 아마도 경솔한 주장일 것이다. 초기부터 전이에 대한 분석을 포함시킨 연구에서조차 조사의 기본적 흠결로 인해 강한 주장을 하지 못하게 한다.

전이효과

전이에 대한 평가는 몇 가지 요인을 고려할 필요가 있다. 첫째, 모든 형태의 전이가 공개적으로 검토되어야 한다. 대부분의 분석이 영역적 전이만을 고려할 뿐 다른 형태의 전이는 완전히 무시한다. 둘째, 다음 몇 가지 질문에 답하려면 예방계획(prevention initiative)에서 목표로 삼은 각각의 범죄/문제가 상세하게 검토되어야 한다: 누가 범죄자가 되기 쉬운가? 언제 범행이 발생하는가? 범죄가 어떻게 일어나는가? 범죄가 어디서 발생하는가? 범죄가 목표로 하는 것은 무엇인가(즉, 왜 발생하는가?) 및 그와 유사한 질문들. 이 질문들에 대한 대답이 범죄예방대책의 선택과 전이의 잠재력 양자에 결정적 역할을 한다. 재미있게도 대부분의 범죄예방 프로그램들이 개입방식을 개발할 때는 이 질문들에 대답을 하지만, 전이에 대한 논의가 진행될 때는 일반적으로 무시된다. 이는 불행한 일인데 왜냐하면 이러한 질문에 대한 답을 통해 가능한 전이의 형태와 범위에 대해 기대하는 바를 알 수 있기 때문이다.

주거지 침입절도에 단호하게 대처하기 위한 범죄예방계획의 개발을 예로 들어보자. 범죄자료의 검토 결과 주거지 침입절도가 평일 아침 중간부터 늦은 아침까지의 시간에 증가한 것으로 나타났다. 가정집에 대한 침입은 잠기지 않은 문을 통하거나 혹은 도어락을 부수고 이루어진다. 도난당한 물품은 보석, 은제품, 고가의 전자제품 등이다. 경찰은 범인들이 성인 전문털이범들로 의심한다. 이러한 정보에 근거하여, 보다 강화된 열쇠의 장착, 재산의 표시, 대낮의 강화된 경찰순찰의 시작, 이웃감시집단의 개시, 한낮의 시민순찰 등 예방 프로그램이 시작된다. 동일한 정보를 통해 앞으로 부상하게 될 전이의 가능한 형태에 대한 통찰력을 가질 수 있다. 범죄자들이 진정한 성인 전문털이범일수록 영역적 전이가 반드시 일어날 것으로 가정하는 것이 현명하다. 순찰이 널리 퍼지지 않았을 땐 밤이나 오후에로의 시간적 전이 역시 가능할 수 있다. 범죄자들은 목표물을 변경하여 새로운 잠금장치가 없는 가정집을 노릴 수도 있다. 예방활동에 대한 그 어떤 평가도 다른 형태의 전이를 고정적으로 평가하려면 이러한 통찰력을 활용해야만 한다. 불행히도 대부분의 범죄예방 평가는 바로 인접한 동네로의 영역적 전이만을 볼 뿐이다. 다른 형태 또는 다른 지역으로는 아무런 관심을 두지 않는다.

전이를 평가하려는 시도들은 잠재적 범죄자들, 범죄의 형태, 위치, 피해자 및 기존의 범죄활동에 포함된 다른 요인들을 확실히 고려할 필요가 있다(Hamilton-Smith, 2002). 사건과 행위자에 대한 깊은 지식은 범죄예방 기획자와 평가자가 전이의 잠재력을 모델화하고, 적절한 개입 또는 평가 방법을 고정화하도록 허용할 것이다(Brantingham and Brantingham, 2003; Hamilton-Smith, 2002).

고려되는 전이의 형태와는 관계없이, 범죄의 완전한 전이를 기대할 이유는 거의 없다. 이와 동시에, 전이가 전혀 없을 것이라고 가정하는 것도 순진한 짓이다. 전이는 모든 평가에서 가능한 교란요인(confounding factor)을 고려해야 한다.

범죄로의 여행

범죄자들이 범죄를 저지르기 위해 여행을 할 것이란 점은 "범죄로의 여행(journey to crime)"으로 알려져 있고 잘 확립된 사실이다. 여행을 한 거리는 범죄의 형태, 지역의 물리적 특성, 그리고 개인의 인구학적 특성에 따라 변화한다. 여행거리는 두 가지 방식으로 측정할 수 있다. 첫째는 유클리드 거리(Euclidean distance)로서, 시점에서 종점까지 직선으로 측정하는 방법이다. 이 방법의 문제점은 물리적 특징(건물, 강, 고속도로 등과 같은)이 이와 같은 여행을 불가능하게 한다는 사실을 무시한다는 것이다. 대신에, 사람들은 일반적으로 거리나 시간을 줄일 수 있는 차도를 따라 간다. 이러한 방법의 거리측정을 맨해튼 거리(Manhattan distance)라고 부른다.

어떻게 거리를 측정할 것인가를 넘어서서, 거리감퇴(distance decay)의 패턴이 있다는 것에 주목하는 것이 중요하다. 이것은 범죄자의 집으로부터 거리가 멀수록 범죄를 저지르는 것이 감소한다는 것을 의미한다. 개인들은 자신의 집 주변지역에 대해 최대의 인지지도를 갖고 있으며, 따라서 그들이 더 많은 범죄를 저지르는 것은 바로 이 활동 공간 안이다. 이를 범죄로의 짧은 여행이라고 한다. 엘퍼스와 동료들(Elfers et al., 2008)은 거리감퇴가 일어나는 것은 일부분 범죄자이 시점과 여행의 의도된 종점 사이에 존재하는 기회의 존재에서 비롯된다고 주장한다. 버나스코(Bernasco, 2010)는 개인의 가정집을 중심으로 한 범죄의 논의에 재미있는 한 가지 차원을 추가한다. 그는 거주지 주변에서 2년의 기간(two-year window)을 이용하여, 범죄자의 현주소지뿐 아니라 바로 직전 주소지 주변의 범죄를 면밀히 살펴보았다. 범행이 현주소 혹은 전주소 부근에서 22.5배나 많이 발생하였으며, 전주소지 주변에서 범죄가 발생할 공산(odds)은 시간이 지남에 따라 줄어들었다(Bernasco, 2010). 이것은 범죄가 개인의 의식공간(awareness space)안에서 발생하기 쉬우며, 이러한 의식은 시간에 따라 변속(shift)한다는 것을 보여준다.

거리감퇴가 여행한 거리에서 가장 중요한 요인인 반면, 장거리에서는 기회, 잠재적 수익(payoff), 그리고 여행할 수 있는 능력이 중요한 역할을 수행한다. 범죄자가 여행하는 평균적인 거리는 범죄유형에 달려 있다. 계획이 될 가능성이 큰 재산범죄는 보다 먼 평균 여행거리를 나타내는 경향이 있다(Pyle, 1974; Rhodes and Conley, 1981; White, 1932). 범행 대가에 대한 기대와 규모 역시 긴 여행을 초래한다(Morselli and Royer, 2008; Snook, 2004; Van Daele and Vander Beken, 2011). 연구는 교통과 도로접근성이 보다 쉽게 이용가능할 때 여행한 거리가 증가한다는 것을 보여준다(Bicheler et al., 2012; Snook, 2004; VanDaele and Vander Beken, 2011; Vandeviver et al., 2015). 대인범죄는 보다 즉흥적이고 가족구성원들이나 친구들 간에 일어나기에, 따라서 긴 여행거리를 경감시키는 효과가 있다(Amir, 1971; Bullock, 1955; White, 1932).

재산범죄가 보다 먼 이동거리를 가진다는 점은 지역사회 범죄예방(community crime prevention)의 논의에서 특히 중요한데, 왜냐하면 이러한 프로그램은 보통 재산범죄를 목표로 하기 때문이다. 거리는 또한 가해자의 연령과 관계에 따라 증가하는 경향이 있는데, 나이가 들고, 학교를 졸업하고, 분가하여 자신의 집에서 살고, 그리고 몇몇 운송수단을 소유함으로써 이동성이 증가하기 때문이다(Nichols, 1980; Phillips, 1980). 추가적으로, 젊은 사람들은 아마도 범행 결정의 근거가 되는 인지 지도를 제한된 상태로 가질 것이다. 범죄자 이동의 존재를 확립하였기에, 영역적 전이는 예방적 노력의 가능한 결과물이라고 가정하는 것은 합리적이다.

영역적 전이

평가에서 고려되는 전이의 가장 일반적인 형태는 영역적/공간적 전이이다. 몇몇 연구는 영역적 전이의 증거를 주장한다. 페브리컨트(Fabricant, 1979)는 청소년의 검거는 청소년범죄자들을 이웃하는 위치로 이동시킨다고 주장한다. 댈러스(Dallas)에서 수행된 범죄예방프로그램은 일부 범죄자들을 인근의 교외로 이동시킨 것으로 나타난다(Dallas Area Criminal Justice Council, 1975). 구체적으로, 댈러스에서의 변화는 댈러스의 9개 교외 중 6곳에서의 큰 증가와 함께 나타났다. 목표물 강화와 사회적 범죄예방대책의 효과를 조사하면서, 포레스터와 동료들(Forrester et al., 1988)은 침입절도의 60% 감소가 주변지역 침입절도의 25% 증가에 의해 부분적으로 상쇄된다고 주장한다. 바클레이와 동료들(Barclay et al., 1996)은 하나의 우범지역에서 자동차절도에 대한 자전거 순찰의 효과를 연구하면서, 연구기간 동안 두 인접지역에서 자동차절도의 큰 증가를 보여준다. 그 증가는 또한 프로그램이 끝난 후에도 지속된다. 전이는 이러한 발견들에 대해 가장 잘 설명한다. 브래거와 동료들(Braga et al., 1999)은 뉴저지 주, 저지시티(Jersey City)의 경찰 단속에 관한 분석에서 재산범죄 전이의 증거를 보고하였다. 도심에서의 CCTV 분석에서, 브라운(Brown, 1995)은 강도와 대인절도가 다른 지역으로 전이되었음을 보여준다. 영역적 전이는 또한 컬크홀트와 보다 안전한 도시 침입절도 예방 노력에서도(Ekblom et al., 1996a; Tilley, 1993), 몇몇 침입절도 감소조치 현장에서도(Bowers and Johnson, 2003; Home Office, 2003d). 필라델피아의 작전 안전거리 프로젝트에서도(Lawton et al., 2005), 그리고 로테르담의 차량발 절도 억제 노력에서도(Hesseling, 1995a) 명백하게 나타난다.

프로젝트들이 적극적으로 영역적 전이를 찾으려 시도되었을 때에도 불구하고, 모든 연구가 영역적 전이를 찾아낸 것은 아니다. CCTV 효과를 연구한 디톤과 쇼트(Ditton and Short, 1999), 그리고 패링턴과 동료들(Farrington et al., 2007)은 전이의 증거가 없다고 보고한다. 아미타지와 동료들(Armitage et al., 1999)도 세 개의 경찰순찰구역(police beats)에 CCTV를 설치한 결과, 영역적 전이를 발견하지 못하였다. 캔자스시티에서 경찰의 은폐 무기 소지법(carrying concealed weapons laws) 집행 효과를 평가한 셔먼과 로건(Sherman and Rogan, 1995)은 목표지역으로부터 매칭된 통제지역으로 전이의 증거가 없음을 밝혀냈다. 와이즈버드와 그린(Weisburd and Green, 1995)은 경찰이 목표로 삼은 마약우범지역으로부터 파생된 전이는 없다고 보고한다. 이와 유사하게, 브래거와 동료들(Braga et al., 1999)도 우범지역으로부터 통제지역으로 강도, 폭행, 마약범죄, 거리폭력, 혹은 무질서가 전이되는 것을 발견하지 못했다. 영역적 전이를 검증하기 위해 구체적으로 설계된 연구에서 와이즈버드와 동료들(Weisburd et al., 2006)은 매춘이나 마약범죄 어느 것에서도 영역적 전이를 발견하지 못했다. 이처럼 영역적 전이는 어떤 연구에서는 발견되고 다른 연구에서는 발견되지 않는다는 것이 명백하다. 마지막으로 맥레난과 휘트워스(2008)는 영국에서 '공동체 프로그램을 위한 뉴딜정책'상 383곳을 검증한 결과 2퍼센트의 전이만을 발견하였다.

연구 간의 모순적 결과들은 분석에서 서로 다른 전이 지역을 사용한 때문일지도 모른다. 바우어스와 존슨(Bowers and Johnson, 2003)은 전이가 발생할 수 있는 지역의 선택이 분석에서 중요하다는 점을 지적한다. 대부분의 분석들이 바로 인접한 지역을 관찰하는데, 가장 가까운 이웃 지역이 영역적 전이를 평가하기 위한 최상의 선택이라는 가정은 적절하지 않다(Anderson, 2010). 한 가지 제안을 하자면, 중심지역뿐만 아니라 목표지역이나 실험지역 주변의 몇몇 완충지대(buffer zones)를 찾아낸 후, 개입 현장(intervening site)으로부터 다른 거리에 있는 지대(zone)에서의 변화를 측정하는 것이다(Bowers and Johnson, 2003). 골목 통문(alley gating) 평가에서, 바우어스와 동료들(Bowers et al., 2003)은 실험현장에 바로 인접한 지역으로의 전이는 발견하지 못하였지만, 그보다 먼 지역으로의 전이는 보고하였다. 따라서 영역적 전이를 밝히기 위한 하나의 열쇠는 잠재적 전이지대를 올바르게 구체적으로 명시하는 것일 수도 있다.

시간적 전이

몇몇 연구들은 시간에 걸쳐 가능한 범행의 변환에 대해 명백히 지적한다. 두 연구는 가로등 개선이 조명지역에서 범죄율을 줄인 반면, 같은 지역에서의 주간범죄율이 그만큼 증가했다고 주장한다 (Atlanta, 1975; Wright et al., 1974). 이는 범죄가 단지 밤에서 낮으로 이동했을 가능성을 시사한다. 헤셀링(Hesseling, 1995)은 도심(inner-city)지역에서 감시성 증가에 따른 결과로 시간적 전이를 발견했다고 보고한다. 반대로, 바클래이와 동료들(Barclay et al., 1996)의 자동차절도 연구에서, 시간적 변화를 찾아내려는 명백한 시도에도 불구하고 그 어떤 시간적 전이도 발견하지 못했다.

전술적 전이

범죄를 예방하기 위한 노력은 오히려 범죄자들로 하여금 더 열심히 일하도록 만들 수 있다. 이것은 같은 목표물에 대한 같은 범죄를 새로운 방식을 사용해 저지른다는 사실을 통해 자명해진다. 이것의 한 예는 침입절도가 열려진 문을 통해 침입하는 것에서 창문을 깨고 침입하는 것으로 변환하는 것이다. 침입절도범에 대한 면접은 범죄자들이 범행의 장벽에 맞부딪칠 때 기꺼이 다른 방식을 찾고 활용한다는 것을 보여준다(Bennett and Wright, 1984; Cromwell et al., 1991; Reppetto, 1974). 시애틀(Seattle)에서의 범죄예방운동은 침입절도의 방법이 강화된 문과 창문에서 열려진 출입문으로 변환되었다는 것을 보여준다(Seattle Law and Planning Office, 1975). 이와 유사하게, 골목 통문(Alley gating)은 침입절도의 출입지점을 빌딩 뒤쪽으로부터 집 앞쪽으로 옮겨왔다(Bowers et al., 2003). 앨럿(Allatt, 1984)은 목표물 강화가 잠금장치나 창문을 부술 가능성을 증가시킨다는 것을 발견하였다. 핀치(Finch, 2001)는 신용카드의 개인식별번호(PIN)와 칩(chip) 기술의 소개에 관심을 보이다가, 이러한 범죄를 저지르기 위해 다른 방법뿐만 아니라 카드와 암호 절도도 증가하였음을 보고한다. 보다 최근에, 와이즈버드와 동료들(Weisburd et al., 2006)은 범죄자들과의 면담에 근거하여 전술적 전이의 증거를 보고한다.

목표물의 전이

목표물의 전이는 다양한 범죄예방연구에서 나타난다. 그 중 가보(1981)는 범죄가 한 무리의 피해자에서 또 다른 무리의 잠재적 피해자로 변환하는 것을 구체적으로 조사한다. 그는 "작전 확인(Operation Identification)"[1] 프로그램이 범죄를 프로그램참여자로부터 프로그램에 참여하지 않은 사람들로 이동시킨다는 것을 발견한다. 이것은 심지어 프로그램 이전의 조사대상자의 피해율을 통제한 후에도 사실로 나타난다. 범죄자들은 또한 재물표시의 결과로 인해 주거지역으로부터 상업시설로 전환한다(Gabor, 1981) 범죄자들은 소유자에 의해 재물표시가 쉽게 되지 않는 물건을 범행 목표로 삼는다는 증거도 존재한다. 틸리와 웹(Tilley and Webb, 1994)은 재물표시 노력으로 인한 유사한 목표물 전이를 보고한다. 앨럿(Allatt, 1984)은 이웃빌딩에서 목표물을 강화하는 장치를 설치하는 것이 설치하지 않은 건물에 비해 높은 침입절도율을 가져온다는 것을 발견한다. 유사하게, 미쎄(Miethe, 1991)도 시애틀의 동일한 지역에서 목표물의 강화 장치가 강화

[1] 역자주: 물건에 표시해서 누구의 것인지 확인할 수 있도록 하는 프로그램으로 표시된 물품은 도난이나 처분이 어려울 것이라는 생각에서 비롯되었고 어느 정도 효과가 있다고 알려짐

되지 않은 목표물로 범죄를 전이시킨다고 지적한다. 커크홀트 침입절도 프로젝트에서의 증거는 반복피해자화를 예방하기 위한 노력이 이 프로그램에 참여하지 않은 보다 "새로운" 피해자로 이동하는 결과를 보여준다(Forrester et al., 1990). 스터클리(Stirchley)에서의 침입절도감소계획(RBI: Reducing Burglary Initiative)도 역시 가정집에서 비거주 구조물로 침입절도가 전환하였음을 보고한다(Home office, 2003b).

기능적 전이

전이의 마지막 형태는 범죄자에 의해 자행된 범죄의 변화 측면에서 분명히 드러난다. 그러한 전이를 분석하는 보통의 방법은 프로그램 수행 전후의 달라진 개인범죄율(individual crime rate) 비교를 통해서이다. 아더영 건설회사(Arthur Young and Co., 1978)는 카브리니-그린 주택단지(Cabrini-Green housing project)에서의 범죄예방프로그램이 폭행과 강도의 수준을 증가시켰고, 침입절도와 절도를 감소시켰다고 보고한다. 이것은 재산의 안전에 더 많은 노력을 기울이면 더 많은 대인접촉범죄를 조장한다는 것을 시사한다. 앨럿(Allatt, 1984)은 주택단지에서의 목표물 강화 노력과 관련하여 기능적 전이에 대한 유사한 주장을 한다. 레크맨(Letkemann, 1973)은 은행이 취한 목표물 강화에 대한 반응으로 은행 침입절도가 은행강도로 변환하였음을 보여주고, 레이콕(Laycock, 1984)은 범죄의 목표물로서 약국을 강화하려는 노력이 약국강도와 다른 약물범죄들을 증가시켰다는 것을 보여준다. 도심의 CCTV프로그램에 관한 연구도 역시 자동차절도로부터 자동차부품절도로의 전환을 보여준다(Brown, 1995). 펠슨과 동료들(Felson et al., 1996)은 뉴욕시 버스터미널의 개선이 범죄와 무질서를 크게 감소시켰다는 점에 주목한다. 그러나 이들이 사소한 재산범죄(양성 전이의 한 형태)로 기능적 전이를 했다는 증거도 약간 있었다(Felson et al., 1996). 마지막으로 핀치(2011)는 신용카드에 개인식별번호(PIN)와 칩(chips)을 도입한 결과 재산범죄자들이 신용카드사기에서 다른 형태의 절도로 전환하였다고 보고한다.

전이 요약

이상의 검토를 통해 전이가 다양한 형태로 나타난다는 것을 알 수 있다. 그러나 전이가 예방계획의 불가피한 결과는 아니라는 점에 주목하는 것이 중요하다. 전이가 나타날 때도 100퍼센트 나타나는 것은 아니다. 전이는 범죄예방의 논의를 위한 실용적인 관심사이다. 각 유형의 범죄의 전이가 나타난다고 보고하는, 혹은 보고하지 않는, 연구의 목록은 제한적이지만, 그 이유는 아마도 대부분의 평가연구가 전이를 고려하지 않기 때문일 것이다. 흥미롭게도, 전이에 대한 증거가 없고 따라서 이것은 주요관심사가 될 수 없다고 주장한 두 조사(Eck, 1993; Hesseling, 1994)는 실제로 유의미한 정도의 다양한 형태의 전이를 발견하였다. 헤슬링(1994)과 엑크(1993)가 수행한 두 연구의 분석결과는 대략 전체의 절반가량의 연구에서 전이의 증거를 보여주는데, 특히 공간적 전이와 목표물 전이가 잘 나타난다. 연구자들이 100퍼센트 전이를 찾지 못한다거나, 혹은 모든 연구에서 전부가 전이를 찾는 것은 아니라는 사실이 연구자들로 하여금 전이가 중요한 문제가 아니라고 결론짓게 한다. 이것은 비현실적 기준이며 전이에 관한 그 어떤 증거도 논의될 관심사가 되어야 한다.

구어렛과 바우어스(Guerette and Bowers, 2009)는 전이 혹은 확산의 증거를 찾기 위해 총 572회의 검증을 통해 102개의 연구를 검토하였다. 표 6.5에서 보듯이 전이는 총 검증의 26 퍼센트에서 나타났다. 시간적 전이는 발견된 가장 흔한 형태(36퍼센트)였으며, 전술적 전이는 가장 덜 흔한 형태(22퍼센트)였다. 100퍼센트는 아니지만 어떤 형태의 전이든 다섯 개의 검증 가운데 최소 하나 꼴로 긍정적 결과를 보인다. 검증하기 충분한 자료를 제공한 연구들에 대한 메타분석에서 구어렛과 바우어스(Guerette and Bowers, 2009)는 관찰된 대상의 42퍼센트가 전이를 보였음을 알아낸다. 이러한 발견은, 비록 모든 프로그램에서 전이가 발견되지는 않아도, 전이가 진정으로 흔하게 발생한다는 것을, 그리고 전이가 예방활동의 긍정적 영향력을 부정하지는 않는다는 것을 보여준다.

전이의 수준은 전형적으로 범죄예방대책의 결과에서 비롯된 전체 범죄의 감소 가운데 작은 부분에 불과하다는 점에 주의하는 것은 대단히 중요하다. 전이를 발견했다는 것은 예방프로그램의 효과를 한정하는 의미지만, 분명 그것은 개입에서 비롯된 긍정적 결과를 부정하는 것은 아니다. 진정으로 전이를 발견했다는 것은 예방프로그램이 범죄자의 행동을 변화시킬 수 있음을 보여준다. 범죄자는 합법적 사용자의 행위에 반응하고 다양한 목표물과의 관계 속에서 그들의 범죄적 행동을 제한한다. 문제는 범죄가 전이되었는지를 진짜 알 수 있는 유일한 방법은 범죄자와 인터뷰를 해서 범죄예방대책이 그들의 행동을 달라지게 했는지 물어보는 것이다.

표 6.5 Displacement and Diffusion by Type

Type	N	Displaced	Diffused
Territoral	272	62 (23%)	100 (37%)
Target	80	26 (33%)	19 (24%)
Temporal	31	11 (36%)	5 (16%)
Tactical	49	11 (22%)	6 (12%)
Functional	140	36 (26%)	22 (16%)
Total		146 (26%)	152 (27%)

확산효과

전이를 상쇄시키는 것은 아마도 혜택의 확산일 것이다. 앞서 논의한 바와 같이, 혜택의 확산(diffusion of benefits)은 범죄예방프로그램에 의해 목표되지 않은 지역, 물건, 또는 개인들이 개입으로부터 이득을 얻는 것을 말한다. 예를 들어, 어느 동네 가구의 절반 정도가 구역감시에 참여하고, 재물에 표시하고, 감시활동에 참가하여, 그 동네 모든 사람이 범죄피해와 범죄 두려움의 감소를 경험한다면, 아마도 참여자의 범죄예방활동이 비참여자에게 영향을 주었을 것이다. 이것이 혜택의 확산일 것이다. 그러나 전이와는 달리 확산을 측정하는 것은 매우 어렵다.

확산을 측정하는 일반적인 접근은 목표지역과 인접한 지역에서 범죄와 두려움의 변화를 조사하는 것이다. 인접지역에서의 범죄의 감소는 확산효과 때문일 수 있다(Clarke, 1995). 그러나 동시에 목표지역과 통제지역 모두에서의 감소는 사회 내 일반적 감소의 결과일 수 있다. 이런 범죄 예방적 개입은 확산효과를 가진다기보다는 아무런 효과가 없는 것이다. 아무런 변화가 없는지 아니면 변화가 확산 때문인지를 결정하는 것은 추가적인 비교지역(또는 목표물)을 요하는데, 이 지역은 거리나 다른 환경으로 인한 확산 경험을 기대할 수 없는 곳이어야 할 것이다.

확산효과를 가려내는 것과 관련된 또 다른 가능한 문제는 전이와 확산이 둘 다 동시에 발생하여, 통제지역에서는 아무런 변화가 나타나지 않는 경우이다(Weisburd and Green, 1995). 이 경우, 범죄예방프로그램은 목표지역에서 범죄와(또는) 두려움을 줄이는데 성공한 것이다. 동시에, 부분적 감소는 범죄자들을 또 다른 지역으로 전이시킨 결과인데, 이것은 보통 다른 지역에서 범죄와 두려움이 증가했음을 의미할 것이다. 그러나 동시에 발생한 동일한 양의 확산효과는 증가를 상쇄할 것이고, 결국 범죄와(또는) 두려움에 아무런 순변화(net change)를 보여주지 않을 것이다.

확산효과의 확인에 대한 이러한 우려에도 불구하고, 평가연구들은 그들의 설계와 분석에서 확산의 가능성에 보다 많은 관심을 가지기 시작하는 중이다. 그린(Green, 1995a)은 동네의 약물문제들을 다루는 프로그램의 영향을 분석하면서, 목표현장의 주변지역에서 확산의 영향을 보고한다. 목표현장(target sites) 주변의 두 개 블럭은 실험현장(experimental sites)에 비해 적은 양이기는 하지만, 일탈행동의 감소를 보여준다. 미써(Miethe, 1991)는 시애틀에서의 이웃감시운동이 같은 지역의 비참여 대상에 혜택을 확산시켰다고 지적한다. 페인터와 패링턴(Painter and Farrington, 1999b)은 가로등 프로젝트의 분석에서, 조명지역에서의 대낮 범죄가 줄었음을 발견하였는데 이는 시간적 확산을 암시한다. 확산은 또한 안전도시(Safer City)프로그램에서 명백히 나타나는데, 특히 예방적 노력이 집중적으로 시행된 지역에서(Ekblom et al., 1996a, 1996b), 그리고 383개 비교지역중 23퍼센트에서 혜택의 확산을 보여준 공동체를 위한 뉴딜(New Deal for Communities)프로그램에서(McLennan and Whitworth, 2008) 더더욱 그러하다. 구어렛과 바우어스(Guerette and Bowers, 2009)도 역시 그들의 상황적 범죄예방에 대한 검토에서 확산의 증거를 보여주는데, 검증의 27퍼센트가 확산을 보여주었음을 발견한다(표 6.5 참조).

펠슨과 동료들(Felson et al., 1996)은 확산이 사실상 반대방향으로 일어날 수도 있다고 주장한다. 즉, 목표지역 밖에서 발생한 변화가 목표물에 영향을 줄 수 있고, 이것은 프로그램이 효과적인 것처럼 보이게 할 것이다. 뉴욕시 버스터미널 연구에서, 펠슨과 동료들(1996)은 터미널 외부의 범죄 감소는 터미널 개선 이전부터 시작되었기에, 이미 터미널 내부의 범죄감소에도 영향을 주었을 것이라는 점에 주목한다. 본질적으로 강도와 폭행의 외부적 변화는 터미널 안으로 확산될 수 있다. (펠슨과 동료들(1996)은 감소가 터미널에서 보다 컸다고 지적하는데, 따라서 이것은 그 어떤 가능한 확산도 넘어서는 프로그램 자체의 효과를 나타낸다.)

전이에 대한 관심이 문헌에서 때때로 나타났지만, 확산은 보다 최근의 주제이다. 확산은 전이의 반대에서 균형을 잡아주는 힘으로 간주되어야 한다(Clarke and Weisburd, 1994). 사실 몇몇 예에서 보듯이, 전이와 확산 양자는 여러 연구에서 모습을 드러내지만, 본질적으로는 서로의 효과를 상쇄한다. 하나의 프로그램에서 두 힘이 작동할 수 있다는 사실을 감안한다면, 이 가능한 요인들 각각을 밝혀낼 수 있도록 프로젝트를 설계하는 것이 중요하다. 전이와 확산을 파악해내지 못하면 프로그램의 효과에 대한 불완전한 분석을 초래할 것이다.

전이와 확산의 함의

전이와 확산의 가능성은 어떤 프로그램에서든 고려되어야 하는 범죄예방의 결과이다. 연구들은 전이가 범죄예방프로그램의 있을 법한 결과임을 적절하게 보여준다. 동시에, 한 지역에서의 모든 범죄감소가 다른 장소, 시간, 혹은 방법에로의 단순한 전이 때문이라고 가정하거나, 혹은 프로그램이 즉각적인 목표물을 넘어 보다 큰 영향을 가질 수는 없다고 가정하는 것은 순진한 발상이다. 전이의 양은 100퍼센트와는 거리가 멀고, 전형적으로 목표지역에서 예방되는 전체범죄의 일부만을 반영할 뿐이다. 확산도 고려해야할 필요가 있는 가능성이다. 앞으로의 조사연구는, 전이와 확산이 예방프로그램에 미치는 영향을 적절히 평가하기 위해서, 전이와 확산 양자에 특별한 관심을 기울일 필요가 있다.

주요 용어

- 이로운 전이
- 범죄유인물
- 범죄발전기
- 거리감퇴
- 기능적 전이
- 범죄로의 여행
- 통로
- 일상활동 관점
- 전술적 전이
- 영역적 전이
- 인지도
- 범죄전이
- 범죄유형이론
- 가장자리
- 구글 맵
- 해로운 전이
- 범죄자 전이
- 사회적/범죄 틀
- 목표물 전이
- CRAVED
- 범죄퓨즈
- 혜택의 확산
- 환경적 배경막
- 구글 스트리트 뷰
- 축
- 합리적 선택 이론
- 유연한 결정론
- 시간적 전이

제7장 대중매체와 범죄예방

장 개요

- 매체와 범죄
  - 보도된 범죄의 수준
  - 매체의 설명과 실제 범죄
  - 매체는 범죄와 두려움의 원인이 되는가?
  - 요약
- 대중매체의 범죄예방활동
  - 맥그러프 예방 캠페인
  - 요약
  - 그밖의 다른 캠페인들
  - 범죄소식지
  - 정보 제공선
  - 사회 매체
  - 범죄-시간대 텔레비전
  - 매체의 관심과 예방
- 범죄예방에 대한 언론의 책임
- 요약

학습 목표

이 장을 읽고 난 후 여러분은 다음 사항을 할 수 있어야 한다.

- 범죄에 관한 매체의 설명과 그것이 실제 범죄와 어떻게 연관되는지를 이야기한다.
- 매스컴이 범죄의 원인이 되는지에 관한 조사연구에 대해 논의한다.
- 매스컴/언론의 주목이 범죄예방과 연결지어 이용될 수 있는 다양한 방법들을 도식화(diagram)한다.
- "범죄삭감" 캠페인과 그 영향력에 대한 당신의 지식을 입증한다.
- 매체예방캠페인을 파악하고 그 효과에 대해 논의한다.
- 범죄소식지의 이용과 그 효과에 대한 평가에 대해 논의한다.
- 정보제공선의 이용과 그 영향력에 대해 설명한다.
- "범죄재연프로그램"의 예들을 들어보고, 이 프로그램의 장점, 단점에 대해 논의한다.
- "예상 편익"의 정의를 내려보고, 그 영향력에 대해 논의한다.

제7장 대중매체와 범죄예방

우리는 물리적 설계와 이웃범죄예방프로그램 모두가 범죄와 범죄의 두려움에 영향을 준다는 것을 보아왔다. 동시에, 그 효과는 중요한 점에서 제한되어 왔다. 하나의 단점은 많은 지역과 사람들이 그 프로그램에 다가갈 수 없거나, 참여하지 않는다는 사실이다. 또 다른 잠재적 문제는 전이효과로서, 이것은 범죄와 두려움의 감소규모를 제한할 수 있다. 해결책 중 하나는 보다 넓은 범위의 사람들에게 다가갈 수 있고 보다 많은 참여를 유도하는 프로그램을 활용하는 것이다. 그러한 노력은 잠재적 범죄자들이 선택할 수 있는 대안의 범위를 제한할 것이다. 대중매체는 보다 광범위한 노력을 만들어낼 수 있는 하나의 방안이 될 수 있다.

현대사회에서 대중매체의 영향은 많은 조사연구의 초점이 되어 왔다. 1950년대의 텔레비전의 큰 성장은 대중매체가 개인과 집단의 행동에 영향을 미칠 잠재력을 확장시켰다. 오늘날 사회매체는 대중매체가 거실을 넘어 모든 환경에서 지속적으로 작동하게 만들었다. 범죄와 관련된 대중매체의 점검은 대부분이 일탈행동과 범죄의 두려움을 만들어내는 다양한 정보매체의 잠재력을 살펴보는 것이었다. 대중매체의 범죄예방 능력 및 두려움감소 능력에 초점을 맞춘 조사연구는 거의 없다. “범죄 삭감(Take A Bite Out of Crime)” 캠페인과 범죄해결사(Crime Stoppers) 같은 프로그램은 범죄예방활동을 유도하기 위한 하나의 수단으로 매체를 이용해왔다. 매체와 범죄예방을 살펴보기 전에, 매체에서 범죄를 어떻게 취급하는지를, 그리고 매체가 일탈행동과 두려움에 미치는 효과를 자세히 살펴보는 것이 유용한 정보를 제공할 것이다.

매체와 범죄

많은 점에서, 사람들은 대중매체가 범죄 및 범죄 관련 활동과 친화성을 갖고 있다고 말할 수 있다. 이것은 사람들이 뉴스의 보도를 통해서 범죄를 보든, 아니면 텔레비전의 허구적 프로그램 내용을 통해 범죄를 보든 사실이다. 범죄는 인쇄와 방송매체의 중요한 부분을 차지한다. 다양한 연구들이 신문과 텔레비전에서 나타난 범죄의 규모(extent)를 조사해 왔다.

보도된 범죄의 수준

범죄 보도를 분석하는 한 방법은 신문에 대해 내용분석을 수행하는 것이다. 한 초기 연구에서, 도이치만(Deutschmann, 1959)은 뉴욕주와 오하이오주에서 선택한 신문의 기사들 가운데 10퍼센트에서 15퍼센트가 범죄에 초점을 맞춘 것임을 발견한다. 그라버(Graber, 1980)는 일간신문이 범죄에 더 많은 관심을 (기사의 22에서 28퍼센트) 보인다고 보고했다. 많은 다른 연구들에 의하면, 범죄 기사가 신문지면의 약 5퍼센트에서 30퍼센트 정도를 차지한다고 한다(Cohen, 1975; Deutschmann, 1959; Otto, 1962; Stempl, 1962; Stott, 1967). 치리코스와 동료들(Chiricos et al., 1997)은 신문의 범죄보도 분량(coverage)이 최근 수년간 400 퍼센트나 증가해왔다고 주장한다. 비슷한 결과가 영국 신문의 분석에서도 나타나는데, 범죄 기사의 백분율이 1945년에서 1951년 사이에 약 9 퍼센트 증가에 불과했으나, 1985년에서 1991년 사이에는 21퍼센트나 증가하였다(Reiner et al., 2000).

텔레비전 뉴스 또한 범죄정보를 제공한다. 그라버(Graber, 1977)는 지역 TV 뉴스의 약 20퍼센트, 그리고 전국 뉴스의 약 10퍼센트가 범죄에 관한 것이라고 지적한다. 3년 후의 후속 연구는 텔레비전 뉴스의 12-13퍼센트가 범죄에 관한 것이라는 것을 밝혀낸다(Graber, 1980). 홉스테터(Hofstter, 1976)는 전국 뉴스네트워크의 범죄 기사의 분량을 평가하고, 뉴스의 16-19퍼센트 정도가 범죄에 관한 것이라고 보고한다. 서레트(Surette, 1998)는 전국뉴스의 10-13퍼센트가 범죄관련 뉴스이고, 지방뉴스의 대략 20퍼센트가 범죄를 다룬다고 보고한다. 네트워크 뉴스(network newscasts)에 대한 추가적인 평가연구에 의하면, 범죄가 기사의 10퍼센트(Lowry, 1971), 방송시간의 13-18퍼센트(Cirino, 1972)를 차지하였다.

매체가 범죄정보를 제공하는 또 다른 방식은 “오락(entertainment)” 프로그램을 통해서이다. 이것은 두 가지의 다른 형태를 취할 수 있다. 첫째는 허구적 프로그램이다. 둘째는 “리얼리티 프로그램(reality program)”이라고 부를 수 있다. 범죄를 주제로 하는 허구적 프로그램의 수는 수년간 변해 왔다. 도미니크(Dominick, 1978)는 범죄와 관련된 주제를 다루는 방송시간이 1953년의 최저 7퍼센트에서 1975년의 최고 39퍼센트로 증가해 왔다고 지적한다. 1966년 이후로 범죄관련 프로그램의 방송시간이 20% 이하로 떨어진 경우는 단 한 번에 불과했다. 서레트(Surette, 1998)는 황금시간대의 전국방송의 20-40퍼센트가 법집행과 형사사법체계에 초점을 맞추었다고 주장한다. 리얼리티 프로그램의 수는 1980년대 후반의 출현 이후 꾸준히 증가해 왔다. 그들은 종종 세상을 놀라게 한 범죄나 미해결 범죄에 대한 유사뉴스(quasi-news)의 형태를 띠는데, 예로는 48시간(48 hours), 데이트라인(Dateline), 이십/이십(20/20) 등이 있다.

매체의 설명과 실제 범죄

매체에서 묘사하는 범죄와 실제 범죄의 정도와 형태 간에는 그 부합 정도에 있어 큰 차이를 보인다. 일반적으로 연구보고에 따르면, 매체는 한정된 유형의 범죄에만 초점을 맞추고, 범죄의 수준을 과장하며, 그리고 범죄사건에 대한 정확하거나 완전한 정보를 제공하지 않음으로써 범죄의 모습을 왜곡한다. 뉴스나 허구적 설명 모두 폭력사건에 불균형적으로 많은 관심을 기울인다(Chermak, 1998; Chermak and Chapman, 2007; Dominick, 1978; Ferguson, 2013; Gerbner et al., 1980; Higgins and Ray, 1978; Greer and Reiner, 2012; Jewkes, 2011; Marsh, 1991; Oliver, 1994; Oliver and Armstrong, 1998; Reiner et al., 2000; Robinson, 2011; Surette, 1992). 이러한 과장은 폭력범죄, 특히 거리에서 낯선 사람들 사이에, 폭력범죄가 흔히 발생하는 것으로 표현함으로써, 사회에서의 범죄 두려움을 높일 가능성이 있다. 잠재적으로 폭력적인 대결이 가장 높은 두려움을 이끌어낸다.

범죄의 수준과 범죄에 관한 구체적 정보 역시 매체에서 왜곡된다. 쉐리잔(Sherizan, 1978)은 시카고(Chicago) 신문에 대한 연구에서, 보고된 범죄가 실제의 범죄정보와 거의 일치하지 않았다고 지적한다. 체어맥(Chermak, 1994)은 6개 도시의 신문과 3개 도시의 텔레비전 뉴스를 분석한 후, 모든 범죄 기사의 약 반 정도가 폭력을 다루는 반면, 단지 10퍼센트만이 재산범죄를 다룬다고 보고한다. 더욱이, 범죄의 심각성은 보도관행과 뚜렷하게 관련이 있다(Chermak, 1994). 리히터와 동료들(Lichter et al., 1994)의 조사연구는 TV에서의 살인이 실제 생활에서 발견되는 것보다 1,000배 이상의 비율로 발생한다고 지적한다. 매체는 또한 형사사법체계의 활동을 보도하거나, 가해자와 피해자에 관한 많은 정보를 제공하는데 실패하고 있다(Chermak, 1994; Gordon et al., 1979; Surette, 1992). 스코건과 맥스필드(Skogan and Maxfield, 1981)는 매체가 실제 범죄발생을 왜곡시켜 표현함으로써 범죄의 이미지를 어떻게 만들어내는지를 설명한다. 그들은 대중매체가 다른 장소와 다른 시간에 발생한 상이한 범죄들을 함께 보도함으로써, 지역사회에서 발생하는 범죄의 이미지를 부적절하게 만들어낸다고 지적한다. 다양한 연구들은 매체의 보도가 구경거리가 될 만한 범죄에만 집중하고 범죄에 대한 두려움의 증가라는 측면에서의 잠재적 해악은 무시한다는 점을 보여주는데, 이는 불완전한 보도 관행에서 비롯될 수 있다.

매체는 범죄와 두려움의 원인이 되는가?

범죄에 대한 매체의 설명이 갖는 한 가지 잠재적 문제는 일부 시청자들로 하여금 범죄와 형사사법체계에 대해 부정확한 이미지를 가지도록 한다는 것이다. 몇몇 연구들은 범죄의 공적인 이미지가 매체의 보도에 의해 영향을 받는다고 지적한다. 거브너와 동료들(Gerbner et al., 1977; 1978; 1979), 그리고 바라일(Barrile, 1980)은 다른 수준의 텔레비전 노출 정도에 따라 범죄 및 형사사법체계에 대한 개인의 인식이 어떻게 다른지 비교한다. 그들은 응답자들이 실제 세계의 정보보다는 "텔레비전의 응답"(텔레비전에서 흔히 묘사되는 응답)에 더 가까운 응답을 한다는 것을 일관되게 발견한다. 따라서 이미지는 매체의 보도에 의해 영향을 받는다. 아마도 우리에게 보다 흥미로운 것은 범죄나 두려움을 야기하는 매체의 능력이다.

매체와 범죄

조사연구는 대중매체가 일탈행동의 수행에 영향을 주는 정도에 대해 분석해 왔다. 고등학생에 대한 초기의 한 연구는 응답자가 선호하는 텔레비전 프로그램의 폭력수준을 응답자의 자기보고식 공격행동과 연결시킨다(Hartnagel et al., 1975). 그 연구는 매체폭력의 수준과 보고된 폭력행동 간에는 약한 정적(positive) 관계를 발견한다. 보다 중요하게, 프로그램에서의 폭력에 대한 학생의 인식은 폭력행동과 관련되어 있다는 것이다. 청소년의 TV시청과 관련한 한 유사한 연구(Belson, 1978)는 두 집단간의 -매체폭력에 크게 노출된 집단과 적게 노출된 집단 - 폭력행동을 비교한다. 벨슨(Belson, 1978)은 매체폭력에 더 많이 노출된 사람들이 더욱 심각한 폭력범죄를 저지른다고 보고한다. 이러한 관계는 폭력적인 대인 관계, 불필요한 폭력, 실감나는 폭력, 그리고 용인될 수 있다고 제시된 폭력을 묘사하는 영화에서 더욱 강하게 나타난다. 스포츠폭력, 만화, 공상과학소설, 익살스런 폭력은 시청자들에게 같은 반응을 끌어내지 않는다.

필립스(Phillips, 1982; 1983)의 두 연구는 허구로 꾸며진 자살과 프로권투시합이 대인폭력에 어떤 영향을 미치는지를 분석한다. 그 중 한 연구는 연속극에서의 허구로 꾸며진 자살을 따라 나타나는 많은 자살을 조사한다. 필립스(Phillips, 1982)는 공휴일, 매체에서 보도되는 실제 자살, 그리고 그 해의 계절을 통제한 후, 미국의 자살율과 자살미수가 연속극의 자살을 따라 유의미하게 증가했다는 것을 발견한다. 이 증가는 매일의 연속극에서 그려지는 등장인물과 가장 유사한 도시의 여성들에게 특히 더 해당된다. 필립스의 두 번째 연구(1983)는 헤비급 권투시합이 벌어진 3-4일 후에 살인이 유의미하게 증가했다는 것을 보여준다. 이 결과는 한 주의 평일, 휴일, 그리고 계절을 통제한 후에도 지속적으로 나타났다. 실제로 그 효과는 보다 인기 있는 권투시합의 경우에 더 크게 나타났다. 시합 후의 살인피해자는 일반적으로 시합에서의 패자와 유사한 인구학적 특성을 가진다.

텔레비전 폭력에 대한 연구들을 재검토한 후 앤디슨(Andison, 1977)은, 67개의 연구 중 25개의 연구가 폭력물 시청과 후속 공격성 간에 중간 정도의 정적 관계가 있음을 발견한다. 그 외 27개의 분석은 약한 정적 관계를 보여준다. 연대순으로 연구들을 살펴보면, 매체보도와 폭력 간에는 점점 강한 관계가 나타난다. 또한 성인들이 보다 큰 영향을 받는 것으로 나타난다. 이것은 아마도 오랜 시간에 걸쳐 매체를 접한 누적적 노출 때문일 것이다(Andison, 1977). 앤디슨의 발견은 실험실내 연구에 크게 의존하는데, 이 실험에서는 전기충격, 자기보고식 공격감정과 같은 다양한 형태의 공격을 이용한다. 이러한 발견을 척박한 실험실 환경 외부의 상황으로 일반화하는 것은 상당히 의심스러우며, 그리고 앤디슨(1977)은 실험실 밖에서의 보다 현실적인 연구들은 텔레비전과 공격성 간에 정적이기는 하지만, 보다 약한 관계를 보여준다고 지적한다.

조사연구는 또한 폭력, 특히 여성에 대한 성폭력의 원인으로서 음란물에 초점을 맞춰 왔다. 최근의 한 예로서, 음란물에 대한 미 법무장관 위원회(The U.S. Attorney General's Commission on Pornography, 1986)는 주로 실험실 연구에서 음란물 시청과 공격성 간에 직접적인 연관이 발견된다고 결론짓는다. 비록 실험실내 실험이 수많은 외부 영향을 통제할 수 있고, 주장하건대, 인과성에 대한 보다 정밀한 분석을 가능케 한다고 하지만(Huesmann and Malamuth, 1986), 이 연구들에는 결과를 해석할 때 주의를 요하는 중요한 방법론적 결함이 존재한다(Lab, 1987). 첫째, 많은 연구들이 음란물 시청과 피험자 분노(angering the subject)를 부적절하게[2)] 하나로 묶는다; 그러므로 후속적 공격성이 음란물의 자극에 기인한다는 것은 가능하지 않다. 둘째, 실험실 연구에서 (예를 들어 과도하게 부풀려진 혈압측정기 소맷동(blood pressure cuffs), 전기쇼크, 해로운 소음, 그리고 작업에 대한 경멸적 평가) 음란물 노출 후 공격성 측정 방법은 실험실 밖에서 일어나는 강간, 폭행, 또는 다른 형태의 폭력과 동등한 성격을 지니지 않는다. 셋째, 척박한 실험실 환경은 피험자가 실제 세계에서 음란물을 보고 공격적 행동을 하는 것과 동일한 조건을 제공하지 않는다. 마지막으로, 연구 피험자들은 일반적으로 학부생들로 일반인 모집단을 대표하지 않는다[3](Lab, 1987).

실험실내 연구가 상대적으로 강한 매체-행동 관계를 주장하지만, 현지실험 및 자연적 실험(field and natural experiment)은 보다 잠정적인 결론을 내린다(Lab, 1987). 매체폭력에 대한 연구들을 재검토하면서, 긴과 토마스(Geen and Thomas, 1986)는 현지실험과 자연적 연구들이 상당히 애매한 결과를 보인다고 지적한다. 유사하게 코인(Coyne, 2007)은 텔레비전 시청과 범죄행동 간에 미약한 연관만을 발견한다. 매체연구와 관련된 또 다른 문제는 가정된 인과관계의 시간적 순서(time order)에 관한 것이다. 대부분의 연구들은 매체에로의 노출이 공격적 행동을 야기한다는 식으로 결과를 제시한다. 많은 분석을 통해 알려졌듯이, 이미 공격적이거나 또는 자연적으로 공격적 성향이 있는 사람들이 단순히 보다 공격적인 것을 시청하려는 선택을 할 것이라는 점도 여전히 그럴 듯하다(Coyne, 2007). 비디오 게임과 행동에 관한 문헌을 고찰하면서, 퍼거슨(Ferguson, 2013)은 폭력에로의 노출과 행동 사이의 연관성을 거의 지지하지 않음을 발견한다. 그리어와 라이너(Greer and Reiner, 2012)는 후속 행동에 미치는 매체 표현의 영향력이 미약하다는 점에 주목한다.

이 짧은 연구의 검토는 매체 표현과 시청자 행동 간의 관계에 대해 제한적인 지지를 보낸다. 대부분의 연구는 실제 행동과 범죄나 공격행동에 대한 텔레비전의 설명 간에 약하거나 평균정도의 관계가 있다는 것을 보여준다. 또한 대중매체와 공격성간의 관계를 지지하는 하는 모델링, 학습, 자극, 그리고 인지적 신호주기(cognitive cuing)와 같은 강

---

2) 역자주: 예를 들어, 피험자는 음란물 자극을 조사하기 전에 이미 화가 난 상태이기 때문에, 음란물을 본 후 피험자는 이전에 그를 화나게 한 사람에 대한 공격성을 나타낼 기회가 주어지며, 당연히, 피험자는 복수의 기회를 찾는다. 여기서 학자들은 이전이 자극은 무시한 채 음란물 접촉이 공격성을 높인다고 부적절하게 해석하고 주장한다.

3) 역자주: 예를 들어 대학원생들은 일반적인 모집단에 대해 거의 대표성을 갖지 못한다. 일반적인 모집단은 또한 학점을 위해서 음란물을 볼 것을 강요당하지 않는다. 랩(Lab, 1987)이 음란물에 대한 연구와 관련된 다양한 다른 문제점들을 열거했지만, 이 짧은 검토는 특히 실험실내 연구를 이용한 음란물과 공격성간의 인과관계를 설정하는데 있어서의 문제점을 설명한다.

한 이론적 전통이 존재한다. 이들은 적어도 매체폭력에 과도하게 노출되면 일부 시청자로 하여금 더욱 공격적으로 만드는 데 영향을 줄 수 있다(Huesmann and Malamuth, 1986). 다수의 자료와 긍정적인 연구결과들은 매체가 행동에 약간의 영향을 준다는 점을 시사준다(Surette, 1992).

매체와 두려움

매체의 보도방식은 또한 일탈행동을 야기하는 것 이외에, 사람들의 두려움을 증가시킬 수도 있다. 몇몇 학자들은 범죄뉴스가 두려움을 증가시킨다고 지적한다(Ditton and Duffy, 1983; Gunter, 1987; Robinson, 2011; Sherizan, 1978; van Dijk 1978). 히스(Heath, 1984) 그리고 리스카와 베카글리니(Liska and Baccaglini, 1990)는 지방지의 범죄 기사, 특히 놀라운 사건들을 다루는 범죄 기사는 독자로 하여금 두려움의 수준을 상승시키는 경향이 있다고 보고한다. 윌리엄스와 디킨슨(Williams and Dickinson, 1993)은 10개 영국 일간신문 및 그들과 두려움과의 관계를 조사한 후, 두려움은 범죄보도의 현저함에 따라 변한다는 것을 발견한다. 다시 말해서 범죄를 독자들에게 익숙한 틀 안에 위치시키는 기사는 독자의 경험과 동떨어진 기사에 비해 더욱 큰 영향을 준다.

높은 수준의 텔레비전 시청도 또한 두려움을 높이는 것으로 알려져 왔다 (Callanan, 2012; Doob and Macdonald, 1979; Gerbner et al., 1979). 치리코스와 동료들(Chiricos et al., 1996)은 텔레비전과 라디오 뉴스가 두려움과 관련되어 있는 것으로 나타나지만, 활자화된 뉴스는 두려움 수준에 아무런 관계를 갖고 있지 않는다고 발표했다. 보다와 자보(Boda and Szabo, 2011)는 텔레비전 폭력이 두려움을 높이는데 강하고 지속적인 영향을 준다는 점에 주목한다. 캘러난(Callanan, 2012)은 텔레비전이 다른 매체 원천에 비해 두려움 수준에 더 큰 영향을 준다고 지적한다.

매체-두려움 관계는 인구학적 요인에 의해 제한된다는 점에 주목하는 것이 중요하다. 텔레비전 뉴스는 피해자, 여성, 백인, 저소득층, 그리고 중년층의 응답자가 지닌 높은 수준의 두려움과 관계된다(Chiricos et al., 1996). 인구학적 요인의 효과와 함께, 뉴스효과는 주로 백인여성에게 한정된다. 이와 유사하게, 레인과 메커(Lane and Mecker, 2003b)는 텔레비전 뉴스가 라틴계 미국인들의 두려움과 관례되어 있다고 보고한 반면, 와이쩌와 쿠브린(Weitzer and Kubrin, 2004)은 흑인들 가운데 뉴스와 두려움 간의 관계를 발견했다. 영국에서는 “미국의 지명수배(America's Most Wanted)”에 해당하는 "범죄감시 영국(Crimewatch, U.K.)"이라는 텔레비전 프로그램이 시청자의 3분의 1정도에게 두려움을 증가시켰다는 연구가 있다(Dobash et al., 1998).

요약

앞의 논의는 매체가 범죄행동과 두려움 모두에 영향을 준다는 것을 보여준다. 매체에로의 노출은 거의 모든 시민들이 겪는 삶의 일상적 사실이다. 매체는 대중들이 가지고 있는 범죄의 이미지에 영향을 줄 수 있는 확실한 능력이 있다. 보다 중요한 것은, 매체가 행동을 만들어가는 한 요인처럼 보인다는 것이다. 매체가 공격적 행동과 두려움에 기여할 수 있는 것처럼, 대중매체에 대한 노출은 범죄에 대해 보다 현실적인 이미지를 갖게 하여 사람들로 하여금 범죄예방조치를 취하도록 재촉할 수 있다.

대중매체의 범죄예방활동

대중매체를 통한 범죄예방은 다양한 형태를 취할 수 있고, 상이한 방식으로 범죄에 영향을 줄 수 있다. 바우어스와 존슨(Bowers and Johnson, 2005)은 매체선전(media publicity)이 몇 가지 목적을 위해 사용될 수 있다는 것을 보여준다: 범죄자의 위험성 높이기, 범죄자의 인지된 위험성 높이기, 대중에 대한 안전지침 독려하기, 그리고 대중 안심시키기가 그것이다(그림 7.1을 참조). 매체의 성공적인 사용은 범죄와 범죄 두려움의 감소를 낳을 수 있다. 범죄예방에서 매체를 사용한 사례로는 "맥그러프 캠페인(McGruff campaigns", 범죄소식지(crime newsletters), 범죄해결사(Crime Stoppers)와 같은 정보제공선(information lines), 사회 매체의 활용, 그리고 "리얼리티 TV(reality television)"를 들 수 있다. 바라건대 다양한 분량의 범죄교육, 두려움 감소, 그리고 범죄예방활동을 제공하는 이러한 각각의 도전들은 실제 범죄율이 낮은 수준으로 변화하게 할 것이다.

맥그러프 예방 캠페인(McGruff Prevention Campaign)

아마도 가장 잘 알려진 매체 범죄예방캠페인은 미국범죄예방연합(Crime Prevention Coalition of America)과 광고위원회(Advertising Council)에 의해 1970년대 후반에 도입되었다. 이러한 조직들은 만화 캐릭터 "범죄사냥개 맥그러프" (McGruff the crime dog)가 주연을 하는 "범죄 삭감(Taking A Bite Out of Crime)" 프로그램을 시작하기 위해 힘을 모았다. 1982년에 전미범죄예방위원회(National Crime Prevention Council, NCPC)가 계속 진행 중이던 맥그러프 프로젝트를 운영하기 위해 설립되었다. 오늘날 이 프로그램은 시작 당시 가졌던 네 가지 동일한 기본목적을 가지고 운영된다. 첫째, 프로그램은 범죄와 형사사법체계에 대한 대중의 느낌을 바꾸려고 한다. 이것은 분명 교육적 요소로서, 범죄의 사실적인 모습과 범죄를 멈추려는 사법체계의 역할을 주입시키는 것을 목표로 한다.

그림 7.1 범죄예방에서의 매체/선전의 사용

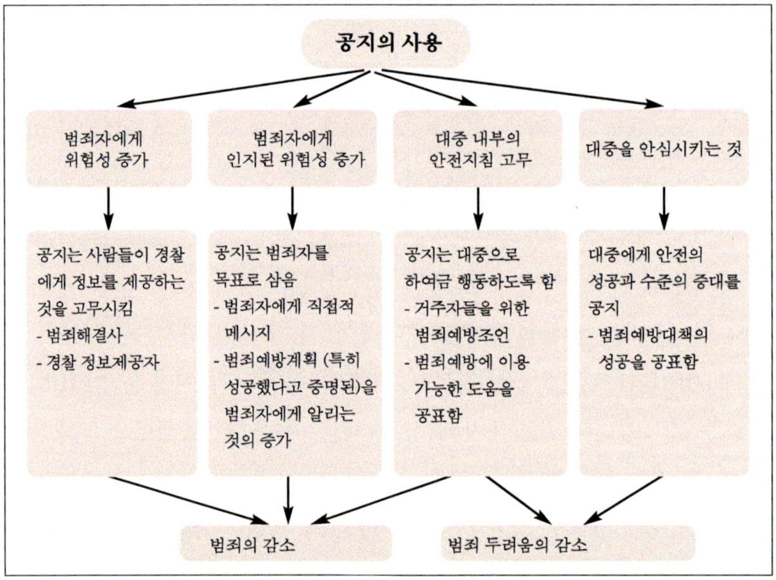

출처: Bowers, K. J. and S. D. Johnson(2005). "Using for Preventive Purposes." In Tilley, N. (ed.), Handbook of Crime Prevention and Community Safety. Portland, OR: William Publishing. Reprinted with permission.

둘째, 프로그램은 시민들이 범죄와 범죄예방에 책임의식을 느끼도록 시도한다. 셋째, 프로그램은 범죄와 싸우는 형사사법제도와 시민협력을 강화하도록 시도한다. 마지막 목적은 기존의 범죄예방노력들을 강화하려는 것이다.

텔레비전과 라디오, 인쇄물 광고, 온라인보고회(webinar), 그리고 팟캐스트 등에서의 공공서비스광고는 이러한 목적들을 실현하는 수단이 된다. 많은 광고들은 "맥그러프

(McGruff)"(외투를 입은 개)라는 만화캐릭터를 주인공으로 하는데, 그는 모의범죄를 통해 시청자들이 유사한 상황에서 어떻게 대처해야 하는지를 보여준다. 몇 가지의 주요 주제나 쟁점들이 지난 몇 년간 출현해 왔다(표 7.1 참조). 이 캠페인을 통해서 강조하는 것은 개인과 지역사회의 대처능력이다.

표 7.1 현재의 맥그러프 캠페인

사이버괴롭히기	가정침입
괴롭힘 예방	침입절도
ID 도용	부동산 사기
인터넷 보안	안전한 총기 보관
이웃개입	증오범죄
노인사기	약물남용
성폭행	휴대폰 보안
학교폭력	직장폭력

출처: NCPC (2015)에서 발췌. http://www.ncpc.org

"범죄 삭감" 매체 캠페인은 오늘날 NCPC의 활동 중에 가장 널리 알려지고 기억할만한 구성요소이다. NCPC(2015)에 따르면, 모든 미국 청소년의 2/3 이상이 맥그러프를 알고 있으며, 4,000개 이상의 법집행 기관이 그들의 활동에 맥그러프를 이용한다. "범죄 삭감" 캠페인은 다양한 곳으로부터 상당한 액수의 금전적 지원과 사람들의 시간적 투자에 의존해 왔다. NCPC(2015)는 광고주들이 14억 달러 가치가 넘는 시간과 공간을 이 프로그램을 위해 기증하였다고 밝혔다. 이 금액은 1979년 프로그램이 시작된 이래 생산비용이나 유인물, 포스터, 그리고 다른 프로그램과 관련된 항목의 비용은 포함되지 않은 금액이다. 이 프로그램에 대한 두 개의 대규모 평가가 이루어졌다.

첫 평가연구

이 캠페인에 대한 두 갈래의 평가연구가 1979년에서 1981년 사이에 수행되었다(O'Keefe and Mendelsohn, 1984). 그 평가연구의 첫 조사는 미국 전역에서 1,200명의 성인을 추출해 시행한 조사이다. 두 번째 조사는 버펄로(Buffalo), 디트로이트(Detroit), 그리고 밀워키(Milwaukee)에 거주하는 성인에 대한 패널조사이다. 그 패널조사는 캠페인이 시작되기 3개월 전에 측정을 하였고, 다시 캠페인에 노출된 후 1년 6개월이 넘은 시점에서 다시 조사를 했다. 조사된 쟁점들 중에는 공공서비스광고에 대한 노출정도와 이후의 태도 및 범죄예방행동에 미치는 캠페인의 영향력이 포함된다. 그 평가연구는 실제범죄에 대한 그 어떤 측정도 포함하지 않았다. 자기보고식 범죄피해와 태도가 종속변수로 사용되었다.

그 전국조사는 대략 50%의 응답자가 캠페인광고를 보았음을 알아냈다(O'Keefe and Mendelsohn, 1984). 불행히도, 이들 중 단지 3%만이 면접원의 힌트 없이 광고를 기억할 수 있었다. 대다수(78%)는 텔레비전에서 광고를 보았다. 인구학적 집단에 따라 살펴보면, 모집단 내에서 꽤 고른 노출 분포를 나타낸다. 이 발견의 한 예외는 맥그러프(McGruff) 자료와 친숙함을 표시한 높은 연령의 응답자가 소수(33%)에 불과했다는 것이다. 오키프와 멘델슨(O'Keefe and Mendelsohn, 1984)은 이것이 부분적으로는 광고자료가 보통, 광고시간대 수익률이 그리 높지 않은 그리고 높은 연령의 응답자가 텔레비전을 덜 보게 되는, 늦은 밤 이후에 방송되었다는 사실에 기인한다고 추정하였다.

그 전국조사는 또한 그 정보의 결과로서, 메시지로부터 확보한 지식의 정도와 응답자들의 자기보고식 행동의 정도를 캐물었다. 거의 90%의 응답자들이 광고가 전달한 구체적 제안을 기술할 수 있었고, 22%의 응답자는 새로운 것을 배웠다고 응답했다(O'Keefe and Mendelsohn, 1984). 평가자들은 또한 50% 이상의 응답자들이 광고로 인해 범죄예방에 보다 많은 책임을 느끼고 있었으며, 25%는 광고에서 제안된 예방조치를 취한다고 응답했다. 유감스럽게도, 22%의 응답자는 범죄피해에 대해 보다 많은 두려움을 느낀다고 응답하였다. 그들은 이 느낌을 직접적으로 맥그러프 캠페인 자료 탓으로 돌렸다. 범죄의 두려움이 증가한 것은 프로그램의 기대와는 상반된 결과이며, 범죄의 두려움을 높이지 않을 것이라는 시나리오를 제시한 노력들과는 직접적으로 모순된다.

평가연구에서 패널조사 부분은 보다 심층적인 평가를 제시한다. 전국조사의 발견과 유사하게, 패널조사는 사람들이 캠페인 자료에 폭넓게 노출되었다는 것을 보여준다(O'Keefe and Mendelsohn, 1984). 흥미롭게도, 자료에 대한 관심 수준은 이미 범죄와 범죄예방활동에 대해 염려하는 사람들에게서 더 높이 나타난다. 광고에 노출되는 것은 이웃 범죄에 대한 인식, 인지된 범죄율의 변화, 또는 야간 안전의식에 아무런 영향을 미치지 않았다. 단지 개인 범죄에 관하여 사소하면서도 모순적인 변화가 발견되었다.

공공서비스광고에 대한 노출은 범죄예방활동의 변화를 가져왔다. 광고에 의해 제안된 구체적 활동들(예를 들어 이웃감시, 조명등과 잠금장치의 사용, 수상한 사람의 경찰신고)은 그 자료들에 노출된 후 증가되었다. 메시지에서 다루어지지 않았던 예방적 조치들(실내조명, 메일 및 신문배달의 중단, 경보장치의 설치)은 기대대로 영향을 받지 않았다. 범죄예방조치를 채택하는 정도는 패널 응답자들 간에 동일하지는 않다. 범죄예방에 대한 남성의 태도가 여성의 태도에 비해 많이 변했지만, 여성과 상류층 응답자들은 협력적 범죄예방활동에 더욱 끌리는 경향이 있었다(O'Keefe and Mendelsohn, 1984). 수입이 낮은 응답자들은 조명을 밝히고 외부활동을 증가시키는 것과 같은 개인적 대안들을 선택하는 경향이 있었다.

두 번째 평가연구

두 번째 평가연구는 1992년에 수행되었는데 사법기관 및 대중매체 대표자뿐만 아니라 전국 표본으로서의 성인들을 면접 조사하는 것도 포함되었다. 이전의 평가연구와 비교할 때, 시민응답자의 80%가 그 광고를 봤다고 응답하여, 30% 정도가 증가한 것으로 나타났다(O'Keefe et al., 1996). 노출의 양은 특히 어린 응답자들, 남성(여성보다 6%가 많음), 고졸이상인 사람, 범죄피해자들 사이에 높은 것으로 나타났다. 광고의 영향력은 일관되게 기대된 방향으로 나타났다. 응답자들은 범죄예방 참여, 더 많은 조치 등에 보다 경쟁력을 갖추었다고 느꼈으며, 범죄에 대해 보다 우려하는 것으로 나타났다(O'Keefe et al., 1996). 흥미롭게도, 그 평가연구는 광로로부터 배운 것이 있는 사람과 전혀 영향을 받지 않은 사람 간의 인구학적 특성차이를 밝히지 않았다.

비슷한 긍정적인 결과가 대중매체와 법집행기관의 응답자들에게서 나타난다. 대중매체 응답자의 2/3 이상이 그 자료들을 이용했다고 응답했으며, 텔레비전 방송국의 75%가 그 광고를 방송한 것으로 나타났다(O'Keefe et al., 1996). 대중매체와 사법기관 응답자 모두 그 자료가 범죄와 약물예방운동 모두에 가치가 있는 것이라고 응답하였다. 특별히 주목할 것은 1990년대 초에 소개된 “우리가 예방한다(WE PREVENT)” 광고인데, 이 광고는 시청자로 하여금 무료번호로 전화해 무차별폭력(random violence)과 같은 문제를 다루는 방법에 대한 정보를 요청하도록 요구한다. 대중매체의 응답자들은 이 광고가 다른 공공서비스 자료와 비교해서 질, 적절성, 그리고 관심의 측면에서 높게 평가하였다(O'Keefe et al., 1996).

요약

일반적으로, "범죄 삭감" 캠페인은 전통적으로 범죄에 가장 덜 취약한 집단에서의, 그리고 이미 범죄예방문제에 관심이 있는 사람들에서의 태도변화를 용이하게 한다. 이것은 이웃감시와 다른 범죄예방프로그램에 참가하는 사람들에 대한 발견과 일치한다. 오키프와 멘델슨(O'Keefe and Mendelsohn, 1984)은 또한 행동변화가 항상 태도변화와 상응하는 것은 아니라는 점을 지적한다. 다시 말해, 많은 사람들이 다양한 범죄예방수단을 이용하지만, 범죄나 범죄의 두려움에 대한 어떤 태도변화를 보고하지는 않는다. 오키프와 동료들(O'Keefe et al., 1996)은 그 프로그램이 주요 내용들을 유지하면서 사회 내 취약 집단에게 지속적으로 도움 주기를 제안한다. 추가로, 캠페인은 상이한 청중 집단의 독특한 요구들을 가려내어 그들의 상황에 맞는 선언을 하도록 광고해야 한다.

그 밖의 다른 캠페인들

그 밖의 다른 매체 캠페인들이 다른 나라들에서의 다양한 범죄에 초점을 맞추어 진행되어 왔다. 라일리(Riley, 1980; Riley and Mayhew, 1980)는 한 캠페인에서의 보고를 통해 사람들에게 영국의 자동차절도와 공공기물파손(vandalism)에 대해 교육시키려하였다(Riley, 1980; Riley and Mayhew, 1980). 공공기물파손을 줄이려는 시도는 목표지역의 범죄율이나 부모의 태도에 아무런 영향을 미치지 못했다. 반면에, 자동차 절도는 실험지역에서 통제지역에 비해 상대적으로 감소하였다. 호주에서의 자동차절도를 겨냥해 텔레비전, 신문, 잡지, 그리고 편지를 사용한 대중매체 캠페인은 일반대중의 28%만 접하였지만, 이 캠페인에 노출된 사람들의 예방적 행동을 증가시킬 수 있었다(Wortey et al., 1998).

예루살렘에서 라디오, 대중 강연, 그리고 다양한 형태의 인쇄물을 이용하여 침입절도를 경계/교육(awareness/education)한 프로그램은 조사된 대중의 50% 이상이 기억하고 있었고, 46%는 캠페인의 제안에 따라서 그들의 행동을 바꾸거나 예방조치를 취하였다(Geva and Israel, 1982). 참가자들은 또한 비참가자들에 비해서 그리고 참가 이전의 수준에 비해서 보다 안전하다는 느낌을 가진다고 응답했다. 침입절도의 실제 수준은 예루살렘의 다른 지역에서 22퍼센트 증가하고, 통제지역에서 6퍼센트 증가한데 비해, 목표지역에서는 32퍼센트나 감소하였다(Geva and Israel, 1982).

매체를 통해 약물 사용과 남용에 영향을 주려는 시도들도 역시 흔하게 발견된다. 엘더와 동료들(Elder et al., 2004) 및 테이(Tay, 2005)는 음주운전을 막기 위한 매체 캠페인이 음주운전과 음주관련 충돌사고를 유의미하게 줄였다고 보고한다. 반대로 미국에서의 "한잔을 마셔도 음주운전(Buzzed Driving is Drunk Driving)"이라는 공공서비스 광고 캠페인의 평가는 거의 효과가 없는 것으로 나타난다(Flexon and Guerette, 2009). 연구자들은 실패의 원인이 아마도 한잔을 마시는 건 음주운전이 아니라는 믿음을 많은 사람이 갖고 있고, 따라서 사람들의 태도나 행위에 영향을 거의 주지 않았기 때문일 것으로 추측한다.

백악관전미약물통제정책실(White House Office of National Drug Control Policy)의 전미청소년약물반대매체캠페인(National Youth Anti-Drug Media Campaign)은 성공하고 있는 것처럼 보인다. 1998년부터 시작된 이 노력들은 12세에서 17세 청소년들을 대상으로 하는 "영향을 넘어서(Above the Influence)" 프로그램과 18세에서 34세의 성인을 대상으로 하는 "반메스암페타민캠페인(Anti-Meth Campaign)"으로 진화되었다. "영향을 넘어서" 캠페인은 보다 전통적인 매체통로뿐만이 아니라 페이스북, 유튜브, 구글을 포함한 디지털 매체에 의존한다(백악관전미약물통제정책실, 2012). 프로젝트에 대한 평가연구는 10대 청소년의 75퍼센트 이상이 캠페인에 대해 알고 있고, 프로그램을 아는 청소년들은 모르는 청소년들보다 통계적으로 유의미한 차이의 강한 반약물 신념을 보고하였음을 밝혀냈다(반약물신념 보고율의 차이는 59퍼센트 대 40퍼센트였음, 백악관전미약물통제정책실, 2012). 두 개의 독립된 평가연구(Carpenter and Pechmann, 2011; Slater et al., 2011)는 "영향을 넘어서" 캠페인이 앞선 연구와 유사하게 강한 영향력이 있음을 보여준다. 이들 연구는 매체 캠페인이 범죄와 일탈에 대한 행위와 태도 양자를 변화시킬 잠재력이 있음을 증명한 셈이다.

웹 자료

백악관약물사용남용반대를 위한 매체 캠페인에 대한 보다 자세한 사항은 다음 주소에서 접근 가능하다. http://www.whitehouse.gov/ondcp/anti-drug-media-campaign

일부 평가연구에서 나타나는 모순되거나 약한 결과들은 프로그램이 목표를 보다 잘 설정할 필요가 있음을 시사한다. 사코와 트로트맨(Sacco and Trotman, 1990)은 대중매체 범죄예방 캠페인의 영향력은 프로그램이 시청자들의 눈에 얼마나 잘 두드러져 보이는지에 달렸다고 지적한다. 범죄를 문제로 인식하는 사람들일수록 프로그램에 의해 보다 쉽게 영향을 받아 자신의 태도와 행동이 변화되었음을 보고한다(예를 들어 '한잔을 마셔도 음주운전' 캠페인 결과를 보라). 프로그램에 많이 노출되는 것은 이익이 되지만, 의도되거나 가장 취약한 청중들을 대상으로 접근할 필요가 있다(또한 O'Keefe et al., 1996을 볼 것). 대규모 접근이라는 포괄적 속성도 또한 효율성을 떨어뜨릴 수도 있다. 사코와 트로트맨(Sacco and Trotman, 1990)은 프로그램이 구체적인 태도와 행동에 초점을 맞추는 겸손하고도 현실적인 목표를 세울 필요가 있다고 말한다. 시청자들은 적당한 형태의 범죄예방행동을 찾기 위해 독립적인 방식을 취하기보다는 대중매체에서 제시된 예방조치를 더 취하려고 한다(O'Keefe and Mendelsohn, 1984). 지역소식지와 범죄해결사 프로그램과 같은 보다 구체적인 매체 캠페인은 범죄예방활동에서 시민참여를 증가시킬 수 있다.

범죄소식지

대중에게 가장 핵심적인 정보를 제공하는 방법은 범죄소식지를 배포하는 것이다. 광범위하게 배포되는 대중매체 캠페인이 그들의 시간편성과 구체성의 정도에서 제한적인데 비해, 소식지는 적은 수의 청중을 목표로 그들의 요구에 맞게 재단될 수 있다. 소식지는 한 지역의 범죄수준과 대중을 위한 예방기술을 포함하는 광범위한 주제에 관한 정보를 제공할 수도 있다(그림 7.2을 참조). 소식지는 또한 범죄와 가능한 모든 범죄예방수단에 대해 보다 자세하고 심층적인 논의를 제공할 수 있다. 완전히 다른 소식지들이 각각의 이웃이나 집단을 위해 준비될 필요는 없다. 오히려, 일반적인 범죄와 범죄예방 정보를 다루는 하나의 소식지를 광범위하게 배포할 목적으로 개발할 수 있다. 상이한 지역과 개인들에게 보내기 위해 사실보도와 정보에 대한 별지(separate fact sheets)를 삽입함으로써 독특성이 강화될 수도 있다.

범죄소식지는 많은 지역에서 이용되어 왔지만, 단지 일리노이 주의 에반스톤((Lavrakas, 1986; Lavrakas et al., 1983), 휴스턴(Brown and Wycoff, 1987; Lavrakas, 1986), 그리고 뉴아크(Lavrakas, 1986; Williams and Pate, 1987)에서만 광범위한 평가가 이루어졌다. 각각의 소식지들은 상이한 지역별로 특화된 범죄정보 뿐만 아니라 범죄예방에 대한 다양한 기사와 범죄문제에 대한 코멘트들을 담고 있다. 범죄정보는 그 지역에서 일어나는 범죄의 수준과 유형, 범죄의 대략적인 위치, 그리고 범죄자와 피해자에 관한 적절한 정보와 같은 것들을 포함한다. 이것은 독자들로 하여금 범죄에 대한 상세 정보를 가늠하고 그것을 자신의 상황에 적용할 수 있도록 한다.

소식지는 몇 가지 방식으로 시민의 행동에 영향을 미칠 수 있다. 첫째, 소식지는 교육적 도구이다. 소식지는 실제 범죄율을 보다 사실적으로 보여주며, 아마도, 범죄의 두려움을 줄일 것이다. 그러나 반대효과 또한 가능하다. 범죄의 두려움은 범죄 뉴스의 배포로 인해 증가될 수 있다. 결국 소식지가 시민의 행동을 증가시키기보다는 제한할 수 있다. 둘째 목표는 시민들 사이에 범죄에 대한 관심수준을 끌어올리는 것이다. 아마도, 관심의 증가는 세 번째 결과, 즉 시민들의 향상된 범죄예방활동을 가져올 것이다.

표 7.2 소식지 내용영역

•자기방어 기술	•범죄보고방법
•경찰 혹은 보호자원의 위치	•위험지역
•범죄자 주소	•지역 범죄문제

출처: Barthe(2010) "Crime Newsletter"에서 발췌. 원본: B.S. Fisher and S.P.Lab(eds.), *피해자학 및 범죄예방 백과사전*, Thousand Oaks, CA: Sage

이 세 도시에서의 소식지 평가연구는 대략 같은 절차를 따랐다(Brown and Wycoff, 1987; Lavrakas, 1986; Williams and Pate, 1987). 각 평가연구는 여러 가정(homes)을 다음 세 가지 조건 중 하나로 배정했다. 한 부류의 가정은 범죄에 관한 정보를 담은 소식지를 받았다. 두 번째 표본의 가정은 범죄정보가 없는 소식지를 받았다. 이들은 단지 일반적인 글과 범죄예방정보만을 본다. 나머지 표본의 가정은 통제집단으로 선정되어 아무런 소식지도 받지 않았다. 내용과 연구설계의 유사성에도 불구하고, 평가결과는 세 도시에 걸쳐 상이하게 나타났다.

가장 일관된 결과는 소식지를 받는다고 응답한 사람들이 그에 대해 호의적인 평가를 했다는 점이다. 이것은 범죄에 대한 정보가 있는 소식지이건 없는 소식지이건 관계없이 사실이었다(Lavrakas, 1986). 범죄정보를 포함한 소식지를 받는 사람들이 소식지를 보다 흥미롭게 보는 경향도 있었다.

범죄의 두려움, 범죄예방에 대한 관심, 그리고 소식지의 결과로서 취해지는 주의사항에 대한 일관된 효과는 별로 발견되지 않았다. 에반스톤(Evanston)에서, 소식지는 범죄문제에 대한 구독자들의 지식을 증가시켰지만, 범죄의 두려움에 대해서는 아무런 영향을 미치지 않았다(Lavrakas et al., 1983; Lavrakas, 1986). 휴스턴의 평가는 소식지로부터 범죄정보를 받는 사람들 사이에 재산범죄피해의 두려움이 증가한 것을 보여주었고(Brown and Wycoff, 1987; Lavrakas, 1986), 그리고 뉴아크의 평가는 범죄의 두려움에서의 변화나 인지된 범죄문제의 변화를 발견하지 못했다(Lavrakas, 1986; Williams and Pate, 1987). 범죄예방활동의 측면에서 보면, 범죄정보가 포함된 소식지를 받은 에반스톤의 응답자는 소식지를 받지 않았거나 범죄정보가 없는 소식지를 받은 사람들에 비해 보다 많은 범죄예방조치들을 취한다고 응답했다(Lavrakas et al., 1983; Lavrakas, 1986). 휴스턴의 응답자들은, 그들이 소식지를 받지 않는 사람보다는 보다 쉽게 범죄피해를 피할 수 있다고 느꼈지만, 다른 지역과 유사한 수준의 범죄예방활동을 한다고 응답했다(Lavrakas, 1986). 마지막으로, 소식지를 받지 않은 뉴아크 주민들은 두 가지 유형의 소식지 구독자들에 비해 보다 많은 예방책을 사용한다고 응답했다. 소식지는 그것을 보는 사람들 사이에서 자기를 방어할 수 있다는 느낌을 보다 많이 갖게 했다(Lavrakas, 1986).

평가에서 일관성 없는 결과가 발견된 것은 연구지역의 차이 탓일 수 있다. 래브래커스(Lavrakas, 1986)는 에반스톤에서 켐페인이 보다 효과적이었던 것이 소식지를 인편으로 배포한 까닭이라고 지적한다. 우편배포는 소식지가 집배원에 의해 배달되는 "지라시(junk mail)" 수준으로 폄하될 수도 있다. 도시들 간의 두 번째 차이점은 구독자의 교육수준에 관한 것이다. 다른 두 지역에 비해 더 많은 에반스톤 응답자들이 고교를 졸업하고 고등교육을 이수했다고 보고했다(Lavrakas, 1986). 이 요소는 소식지의 실제 구독자 수와 소식지의 영향력에 영향을 줄 수도 있다. 셋째, 래브래커스(1986)는 에반스톤의 평가가 가구주와의 면접에만 의존한 반면, 휴스턴과 뉴아크의 연구들은 가구내 성인이면 누구라도 조사했음을 지적한다. 가구범죄 예방활동에서 가구주가 대부분의 결정권을 갖는다고 가정하는 것은 합리적이다. 따라서 가구주를 조사대상으로 삼는데 실패하면 어떤 예방조치가 취해졌는지 밝혀내지 못할 수 있다. 마지막 문제는 소식지의 정보와 양식의 선택일지도 모른다. 휴스턴과 뉴아크는 둘 다 에반스톤으로부터 소식지의 기본 틀을 빌려 썼다. 도시들의 상이성을 생각해 볼 때, 소식지의 유사한 표현 방식은 부분적으로 모순된 결과에 대한 책임이 있다.

소식지는 범죄의 두려움, 범죄의 인지와 범죄피해, 그리고 범죄예방행동에 영향을 줄 수 있는 잠재력을 가지고 있다. 여기서 살펴본 세 소식지에 대한 평가연구가 일관된 영향력을 밝혀내지 못했다고 해서 소식지가 아무런 역할을 못한다는 것을 의미하는 것은 아니다. 앞서 논의된 문제는 소식지의 양식, 표현, 및 평가의 선택에 있어 보다 많은 주의가 필요함을 보여준다. 대중이 관심을 보이고 정보를 수용했음이 일관적으로 발견된다는 점은 소식지가 지속적으로 발행되어야 한다는 것을 확증하기에 충분하다고 할 것이다.

정보 제공선

정보제공선(information lines) 뒤에 깔린 생각은 두 가지이다. 첫째이자 가장 중요한 것은 대중으로부터 특정 범죄에 대한 정보제공을 유도하는 것이다. 둘째 측면은 범죄예방에 참여한 시민들을 포함하는 범죄정보를 대중에게 제시하는 것이다. 아마도 이러한 유형의 가장 잘 알려진 프로그램은 범죄해결사(Crime Stoppers)일 것이다. 범죄해결사 및 유사 변종 프로그램들은 일반적으로 범죄에 대한 정보를 제공한 시민에게 대가를 지급함으로써 운용된다. 종종, 미제사건들이 대중매체를 통해서 일반인들에게 공개되는데 이 때 그 범죄에 대한 정보를 요구하는 법집행 관리들의 부탁도 함께 공개된다. 제보자는 보통 코드명이나 숫자를 이용하여 익명성을 보장하며, 현상금은 대중의 기부를 통해서 마련된다. 범죄해결사는 1976년에 뉴멕시코 주, 앨버커키(Albuquerque)에서 처음으로 시작되었는데, 2012년 현재 전 세계에 걸쳐 거의 1,200 개의 유사 프로그램이 있다(Crime Stoppers International, 2015). 프로그램은 미국, 캐나다, 캐리비언, 유럽, 영국, 호주, 퍼시픽, 대한민국, 인도, 그리고 남아프리카공화국을 포함하는 24개국에서 행해지고 있다. 대부분의 프로그램이 지역사회에 기초한 것인 반면에, 다양한 학교와 대학에서 발견되는 지부도 있다. 프로그램은 전형적으로 용의자의 검거로까지 이어진 정보에 대해서는 최고 1,000달러의 보상을 제공한다. 범죄해결사 프로그램은 일반인과 대중매체, 그리고 형사사법기관을 하나의 협조적 범죄예방노력으로 묶어내는 도구이다.

국제범죄해결사(Crime Stoppers International, 2015)는 1976년 이래 그들의 프로그램에 의해 160만 건 이상의 사건이 해결되었다고 주장한다(표 7.3 참조). 950,000건의 체포가 이루어졌고, 약 11,700만 달러의 보상금이 지불됐다. 더구나, 관계당국은 범죄해결사 프로그램의 결과로서 21억 달러의 도난 물품을 환수하고 100억 달러 이상의 마약을 몰수했다(Crime Stoppers International, 2015). 보상을 위한 자금은 전형적으로 사업가에 의한 기부금이나 기금모금운동을 통해 조성되었고, 자체광고는 보통 미디어 회사들이 자선형식으로 기부하였다.

표 7.3 범죄해결사 실태와 통계 (단위: M 100만 달러, B 10억 달러)

	미국	국제
해결된 사건의 수	998,406	1,557,182
체포된 수	665,291	952,912
보상액	$102M	$117M
회수된 훔친 재산의 가치	$1.1B	$2.1B
몰수한 마약의 가치	$3.0B	$8.3B
총 회수된 액수	$4.2B	$10.3B

출처: www.c-s-i.org/stat.php; www.crimestopusa.com

범죄해결사에 관한 몇 개의 평가가 수행되었다. 로젠바움과 동료들(Rosenbaum et al., 1989)은 미국에서 범죄해결사 프로그램에 대한 전국적인 평가연구를 했다. 그 평가연구는 602개의 범죄해결사 프로그램들에 대한 전화조사와 담당경찰, 범죄해결사 위원회, 그리고 언론사 중역들에 대한 사회조사를 수반하였다. 조사결과 프로그램들은 전형적으로 서로서로 자원을 공유하고, 행정관리와, 언론계 인사, 그리고 경찰 조정관으로부터 큰 칭찬을 받았음을 보여준다. 많은 언론사 조사의 응답자들은 현재 그 프로그램에 참가하지는 않지만, 참가하라고 접촉하면 기꺼이 응할 것이라고 응답했다. 불행하게도, 이러한 프로그램들은 범죄두려움의 감소나 범죄와 피해의 감소라는 측면에서 평가하기는 어려운 상황이다(Rosenbaum et al., 1989).

그레셤과 동료들(Gresham et al., 2001)은 영국의 범죄해결사에 관한 평가를 보고하였다. 연구자들은 핵심 관계자(stakeholder)를 인터뷰하고, 프로그램 활동을 관찰하고, 전화통화를 추적하고, 프로그램 문서도 검토하였다. 2000년에 범죄해결사에 의해 50만 통 이상의 전화통화가 이루어졌지만, 이중에 12퍼센트만이 유용한 정보(기소할 수 있는 통화내용)를 제공하였고, 단지 5,423명만이 체포되었다(Gresham et al., 2001). 기소할 수 있는 통화의 대부분은 마약과 자동차 관련 범죄들이다. 흥미롭게도, 기소할 수 있는 통화의 1/5 정도만이 특정매체에서 소개된 것에 대해 직접적으로 대응하면서 이루어진 것이었다. 나머지 통화는 매체에 소개되지 않은 위반이나 범죄였다. 또 주목할 것은,

그레셤과 동료들(2001)이 대부분의 통화에서 보상금을 요구하지 않았다는 것을 발견한 점이다. 370만 파운드(700만 달러가 넘는)어치의 도난당한 재물을 환수했고, 3400만 파운드(6500만 달러 이상) 가량의 마약이 몰수되었다(Gresham et al., 2001). 미국에서처럼, 영국에서도 경찰, 매체, 그리고 대중으로부터 범죄해결사에 대한 강한 지지가 있었다.

호주의 범죄해결사 프로그램도 유사한 성공을 거두었다. 텔레비전에서 소개된 목표대상의 범죄의 대부분은 폭력범죄(84%)이었으며 2002년에는 거의 14만 통의 전화통화를 수신하였다(Challinger, 2003). 안타깝게도 이들 통화의 2퍼센트 미만만이 체포로 연결되었다. 이러한 사실에도 불구하고, 미화 60만 달러 가치의 도난 재물을 환수하였고, 미화 500만 달러 이상의 마약이 몰수되었다(Challinger, 2003). 프로그램에 대한 지지는 미국이나 영국의 평가에서 발견한 것에 견줄만한 것이었다.

사회 매체

범죄해결사 프로그램의 기저에 깔린 기본 생각은 인터넷과 사회매체 사이트의 증가로 최근 몇 년간 확장되었다. 경찰관서들은 시청자들이 범죄 및 범죄자에 대한 정보를 제공해주기를 바라면서 기관 웹사이트, 유튜브, 페이스북 등에 미제 범죄사건과 관련한 범죄 비디오나 정보를 업로드한다(DiBlasio, 2012). 트위터, 블로그, 플리커, 웹챗, 포드캐스트 및 여타의 부상하는 사회적 배출구와 같은 마이크로블로그(Microblogs)들이 사법 및 범죄예방 분야에서 다양한 방법으로 사용되고 있다(NNW, 2015; IACP, 2012). 첫째, 이러한 배출구들은 넓은 집합체로서의 사람들에게 다가갈 수 있는데, 특히 도처에 산재하는 스마트폰의 특성 때문에 더더욱 그러하다(NNW, 2015). 둘째, 기관들은 사건사고를 일일 뉴스보도나 주간 방송 스케쥴에 얽매여 보도하기보다는 아주 재빠르게 대중에게 전달할 수 있다. 셋째, 방송매체에 비해 보다 많은 영상과 사건보도가 발송될 수 있으며, 각 사건에 대해 더 많은 정보가 공유될 수 있다. 넷째, 기관들은 이러한 포럼(forum)들을 이용해서 예방관련주제를 발송할 수 있다(IACP, 2012; LexisNexis Risk Solutions, 2014). 불행하게도 이처럼 새롭게 부상하고 있는 프로그램에 대해 정보를 제공하는 중앙컨트롤타워가 부족했었으며 그들 프로그램의 효과에 대한 정보도 거의 제공되지 않았다. 2010년 IACP와 사법보조국(BJA, Bureau of Justice Assistance)[4]이 사회매체를 위한 IACP 센터를 발족시켰다. 센터는 범죄를 해결하고 예방하기 위해 사법당국에 의한 사회 매체 사용을 촉진시키도록 하는 과업을 부여받았다. 본질적으로 센터는 예방행위를 위한 정보의 처리기관(clearinghouse)이다(IACP, 2015). 센터에 포함된 링크로는 사법기관들, 사회매체에 대한 서류들, 예방 정보 및 다른 유용한 자료들이 있어 바로 연결된다.

2010년 이래, 사회매체를 위한 IACP 센터는 사법기관의 사회매체 사용에 대해 서베이를 수행해왔다. 46개 주에 산재한 600개 기관을 대상으로 한 2013년도 서베이에서는 전체 조사기관의 95퍼센트가 사회 매체를 사용한다는 사실을 밝혀냈다(IACP, 2014). 응답자들은 사회매체가 그들의 범죄해결능력을 향상시켰으며 지역사회와의 관계도 증진시켰다고 주장했다. 응답자의 3분의 2가 범죄에 대한 단서(tip)를 얻기 위해 사회 매체를 사용했고, 거의 80퍼센트에 달하는 응답자들이 범죄 및 다른 이슈에 대해 대중들에게 경고하기 위해 사회 매체를 사용했으며, 72퍼센트의 응답자들이 범죄 예방 계획에 사회 매체를 포함시켰다(IACP, 2014).

범죄해결사와 같은 프로그램이나 사회 매체를 이용한 노력들이 범죄나 범죄의 두려움을 감소시켰는지에 대한 증거는 전혀 없다. 범죄의 두려움은 대중매체가 해결되지 않은, 그리고 종종 극악한 범죄를 보여줌으로써 오히려 증가되었을 가능성도 있다. 범죄가 감소된 것은 다만 프로그램의 시행 결과 체포의 위험이 극대화됨으로 인해 영향을 받았을 수도 있다. 대중화된 프로그램들이 부정적인 결과를 낳을 수도 있다는 우려도 있다. 공개 이후 재판전 공론화에 따른 법정에서의 사건 왜곡, 보상을 노린 증언의 유효성에 관한 문제제기, 익명의 증언과 거짓 고발의 문제가 그것이다(Rosenbaum et al., 1989). 실제로, 전국적 평가연구는 대부분의 단서가 일반시민(35%)보다는 범죄자나(25%), 주변인물(41%)로부터 오는 것으로 추정한다(Rosenbaum et al., 1989). 이러한 잠재적 문제들에도 불구하고, 공론화와 사회 매체 프로그램들은 범죄 관련 정보를 수집하고 광범위한 시민들에게 범죄정보를 제공하는 가치 있는 도구이다.

범죄-시간대 텔레비전

1980년대 중반 이래 대중매체에서의 한 추세는 이전의 미제사건들을 다루는 프로그램을 황금시간대에 편성하는 것이다. 초기의 이러한 프로그램으로는 미국의 “아메리카

---

4) 역자주, 미국 법무부 OJP 프로그램 중의 한 부속기관

지명수배(America's Most Wanted)", "민완 형사(Top Cops)"(Nelson, 1989)와 영국의 "크라임와치(Crimewatch)" 등(Dobash과 동료들, 1998)이 있고, 최근 프로그램으로는 "20/20", "프라임 타임 라이브(Prime Time Live)", "48시간(48 Hours)", "데이트 라인(Dateline)"을 들 수 있다. 이들은 일반적으로 가해자가 검거되지 않은 범죄를 재연하여 보여준다. 각색과정에서 그들은 종종 그 사건에 관련된 시민들과 실제로 법을 집행하는 경찰관들에 대한 인터뷰를 내보내기도 한다. 사건이 방영된 이후, 시청자들은 그들이 사건에 대해 갖고 있는 정보나 용의자의 소재지에 대해 사법경찰관에게 전화하거나 무료전화로 신고하도록 유도된다.

이런 프로그램들의 영향력은 논쟁의 대상이 되어왔다. 켈리(Kelley, 1997)는 "아메리카 지명수배"에서 광고된 1,133명의 수배자 중 441명이 방송 직후에 발견되고 검거되었다고 지적한다. 그러나 프로그램이 이러한 검거 대부분에 영향을 미친 것인지는 불분명하다. 레이시만과 메이슨(2003)은 "영국 크라임와치"가 방송의 결과 1984년에서 2000년 사이에 582명의 용의자를 체포했다고 주장하는 것에 주목한다. 그러나 그 프로그램이 대부분의 체포에 직접적으로 기여했다고 간주될 수 있는지는 불확실하다. 넬슨(Nelson, 1989)은 이러한 프로그램들이 시민과 경찰을 협력하게 만든다고 강조한다. 도노반(Dibivab, 1998)은 1994년 "아메리카 지명수배"가 매 방송마다 평균 3,000 건의 전화를 받았으나 유용한 정보는 거의 없었음을 지적한다. 유사한 네덜란드 프로그램도 방송된 범죄의 약 25퍼센트에서 30퍼센트가 해결되었다고 주장한다(Brants,, 1998). 비록 대부분의 전화가 유용한 제보가 아니었지만, 신고를 하고 있다는 사실은 그 프로그램의 중요한 성과로 여겨질 수 있다. 한 프로듀서는 그 프로그램을 "전국적 이웃감시 연합"이라는 조직이 탄생하도록 만든 촉매제 역할을 했다고 본다(Nelson, 1989).

다른 한편으로, 이 프로그램들은 문제를 일으킬 소지를 갖고 있다. 첫째, 대중매체의 보도는 잠재적으로 법원에 계류 중인 사건에 선입견을 심어줄 수 있으며, 재판 전에 사건을 과도하게 공론화함으로써 항의를 초래할 수도 있으며, 편견 없는 배심원을 초빙할 수 없도록 만든다. 둘째, 범죄자가 검거되지 않았다고 범죄를 묘사하는 것은 그 범죄를 다른 사람이 모방하도록 만들 수 있다. 셋째, 윈켈(Winkel, 1987)은 시청자들이 그 프로그램에서 홍보하는 대응(단지 도움을 요청하는 것과 같은 대응)에서부터 그 프로그램에서 홍보되지 않은 다른 가능한 대응(무기를 갖고 나와 직접적인 행동을 하는 것과 같은 대응)까지를 일반화할 수 있음에 주목한다. 그러한 대응의 일반화(response generalization) 즉 대응을 대중에게 퍼뜨리는 것은 그 프로그램이 의도하지 않은 결과일 것이다. 자경단원(vigilante)의 행동은 시민의 참여를 증가시키기 위한 노력을 일반화한 하나의 가능한 예이다. 비록 모든 시민들이 대중매체에서 제시하는 메시지를 초월하여 일반화하지는 않겠지만, 그러한 행위들은 대중매체를 통해 공개되면서부터 커져간다는 명확한 증거가 있다(Winkel, 1987). "크라임-타임" 프로그램의 인기는 그들이 가까운 장래까지는 텔레비전에서 계속 방영될 것임을 보장한다. 그들이 범죄와, 범죄의 두려움, 그리고 시민참여에 영향을 미치는 정도는 더 조사해볼 필요가 있다.

매체의 관심(publicity)과 예방

비록 이 장에서는 주로 거대한 대중 매체의 노력에 초점을 맞추어 왔지만, 예방프로그램과 추진계획에 관한 소규모 맞춤형 매체의 관심도 범죄예방노력의 성공에 효과를 낼 수 있다. 이러한 효과는 실제적 예방계획이 취해지기도 전에 혹은 예방계획과는 별도로 발생할 수도 있다. 즉, 매체의 관심이 그 자체로 그리고 저절로 범죄를 감소시킬 수도 있다는 것이다. 이러한 가능성의 기저에 깔린 가정은 매체의 관심이 피해자의 행동을 변화시키기 보다는 위험과 수익에 대한 가해자의 인식에 지속적 영향력을 행사한다는 것이다(Johnson and Bowers, 2003).

스미스와 동료들(Smith et al., 2002)은 범죄예방프로그램이 실제로 실행되기도 전에 범죄에서의 변화가 일어나는 것은 일종의 기대 편익(anticipatory benefit)이라는 의견을 제시한다. 어떤 점에서, 이것은 아마도 다음과 같은 사실, 즉 대부분 가해자, 피해자, 그리고 다른 사람들이 다가올 예방활동을 알고서 이러한 개입이 작동하기 전에 반응하기 시작한다는 사실로부터 생겨나는 편익 확산의 한 형태일 수 있다. 개입이 임박했다고 하는 매체의 관심은 기대 편익을 발생시키는 추동력이 될 것이다. 이러한 매체의 관심은 프로젝트에 대한 대중적 발표가 이루어지는 상황에서처럼 의도적일 수도 있고, 혹은 개입을 위한 계획 및 초기 이행단계에서 발생하는 정보망을 통한 보다 비공식적인 것일 수도 있다.

몇몇 연구는 매체의 관심으로부터 생겨나는 기대 편익의 증거를 보여준다. 주차장에서의 범죄감소를 목적으로 한 활동에 관한 바클레이와 동료들(Barclay et al., 1996)의 분석은 매체의 관심이 시작된 후에, 하지만 실제 프로그램이 실행되기 전에 범죄의 감소가 있었음을 보여준다. 이와 유사하게, 브라운(Brown, 1995)과 아미타지와 동료들

(Armitage et al., 1999)의 CCTV에 관한 연구는 프로그램이 발표만 됐을 뿐 실제로 카메라가 설치되기 전인데도 범죄가 감소한 경향을 보였다는 증거를 제시한다. 침입절도 줄이기 운동(Reducing Burglary Initiatives)이 있었던 21개 현장 분석에서, 존슨과 바우어스(Johnson and Bowers, 2003)는 매체 관심의 시작에서 실질적 예방활동까지를 기준으로 침입절도의 감소에 걸리는 시간을 평가하였다. 그들의 연구결과는 실제 프로그램이 실행되기에 앞서 침입절도가 현저한 감소했음을 보여준다. 게다가, 이러한 감소는 시행될 예방활동에 대한 매체의 관심이 시작된 시점과 일치한다(Johnson and Bowers, 2003). 이러한 결과에 기초해서, 존슨과 바우어스는 매체의 관심이 범죄에 독립적인 영향력을 가지고 있으며, 프로그램은 비록 그것이 결코 실행되지 않는다 하더라도, 예방프로그램에 대한 매체의 관심만으로도 범죄를 감소시킬 수 있다고 주장한다(Bowers and Johnson, 2003; Johnson and Bowers, 2003). 마지막으로 스미스와 동료들(Smith et al., 2002)은 예방운동전 범죄감소의 증거가 있는 52개의 연구를 분석한 것에 근거해서 기대 편익 가설을 지지하는 조사결과를 보여주었다. 아무리 양보해도 매체의 관심은 그 어떤 예방 운동들 중의 일부분으로라도 고려되어야 한다.

범죄예방에 대한 언론의 책임

이 장의 곳곳에서 우리는 범죄예방활동을 증진시키는 대중매체의 잠재력에 대해 논의하였다. 래브래커스(Lavrakas, 1997)는 대중매체가 범죄에 대응하는 형사정책의 지속된 실패에 대해 일부 책임을 져야 한다고 제안한다. 그는 대중매체가 형사정책의 효율성에 대한 주장들을 비판적으로 평가하지 못한다고 주장한다. 특히 정치인들은 그들의 말만 번드르르한 주장에 대한 책임을 지지 않고 형사정책과 개입을 촉진시킬 수 있다. 래브래커스는 대중매체가 단순히 국회의원들이 말한 것을 보도만 하는 것 이상의 책임감을 가져야 한다고 주장한다. 대신에, 대중매체는 그들의 입장에 비판적으로 질문을 던져야 하고, 정치인들이 그들의 주장에 대한 증거를 제시하라고 요구해야 한다(Lavrakas, 1997).

래브래커스(Lavrakas, 1997)는 1994년의 반-범죄 입법에 대한 분석을 통해 그의 주장을 입증했다. 뉴욕타임즈(New York Times)의 이야기를 분석한 후, 래브래커스는 언론이 종종 범죄정책에 관한 국회의원들 간의 이견에 초점을 맞추지만, 논쟁거리인 다양한 대책의 실질적 장점에 대해서는 거의 검토하지 않는다고 지적한다. 본질적으로 언론은 정치적 가식을 다루는데 서투르며, 어떤 주장에 대해 자료로 증명할 것을 요구하지는 않고 프로그램에 관련된 "가치 혹은 무가치(value or lack of value)"에 관한 총체적 논평만 받아들이는 경향이 있다.

왜 언론은 그러한 일에 서투른가? 첫째, 래브래커스(Lavrakas, 1997)는 뉴스매체가 일반적으로 형사사법기관과 형사정책에 관해서 잘 모른다고 주장한다. 실제로 형사사법체계이나 범죄예방에 대해 어떤 형태로든 실질적 교육을 받은 언론인은 거의 없다. 둘째, 언론은 정치인들의 말과 행동에 책임을 물으려고 하지 않는다. 결과적으로, 정치인들은 그들의 가식을 바꾸지 않을 것이며, 대중은 정보에 근거한 결정을 내릴 때 필요한 바로 그 정보를 받지 못하게 될 것이다. 대중이 받아들이는 것은 (역자주: 정치인이나 연예인의)인상적인 한 마디 (sound bites) 혹은 (역자주: 정치인이나 연예인의) 선전구호(Catchy Phrase)를 통해 나타나는 것 중에서 불쾌한 부분을 제거한 형태의 구호들이다. 래브래커스는 범죄예방의 분야에서 보다 많은 연구가 수행되어져야 할 뿐만 아니라, 범죄예방에 대해 언론을 (그리고 정치인들을) 교육시켜야 된다고 요구한다. 그는 언론이 정책입안자들의 행동에 대해 책임을 묻기 시작하기 전까지는 범죄 예방은 계속 어려움을 겪을 것이라고 주장한다.

요약

대중매체의 이용은 범죄예방에서 비교적 새로운 접근방법이다. 언론 정보에 노출된 대중에 대한 연구와 공격성에 대한 언론의 묘사가 시청자의 공격성 수준에 영향을 미칠 수 있다는 발견은 동일한 도구를 통해 범죄예방행동에 영향을 줄 수 있음을 시사한다. 언론의 범죄예방캠페인을 분석해 보면, 대중매체의 보도가 범죄의 두려움, 범죄피해를 피할 수 있다는 자신감, 그리고 범죄예방 사전조치의 채택에 영향을 미칠 수 있다는 것을 보여준다. 불행하게도, 이러한 변화의 수준과 정도는 평가연구에 따라서 다르게 나타난다. 보도 형식의 선택과 평가 방식은 긍정적인 효과를 밝혀낼 때 핵심 요소들이다. 실제 범죄에 어떤 변화가 있었는지는 지극히 밝혀내기 어렵다. 그 이유는 주로 실제 범죄 그 자체가 아니라, 인지된 두려움 및 인지된 범죄에 초점을 맞춘 탓이다. 실제 범죄 수준의 변화는 이러한 다른 요인들을 얼마나 성공적으로 변화시킬 수 있는가에 달려 있음에 틀림없다. 일단 범죄의 두려움과 범죄예방을 위한 노력에서 변화가 나타난다면, 범죄의 감소라는 궁극적인 목표는 나타나기 시작할 것이다.

주요 용어

- 기대 편익
- 범죄소식지
- 범죄해결사
- 정보제공선
- 맥그러프
- 대응의 일반화
- 소셜 미디어
- 범죄 삭감

제8장 발달적 범죄 예방

장 개요

- 배경
- 위험 요인과 발달적 예방
- 프로그램
  - 기술 훈련
  - 부모 훈련
  - 프리스쿨 프로그램들
  - 멘토링 프로그램들
  - 다중성분 프로그램들
  - 요약
- 발달적 우려사항
- 요약

학습 목표

이 장을 읽고 난 후 여러분은 다음 사항을 할 수 있어야 한다.

- 발달적 범죄 예방의 정의를 내린다.
- 발달적 범죄 예방의 배경을 논의한다.
- 발달적 예방에 관한 이론적 모델 3개를 제시하고 토론한다.
- 발달적 예방에서 위험 요인의 역할에 대해 토론한다.
- 비행/범행에 관한 주요 개인 및 가족 위험 요인들을 구분한다.
- 기술 훈련이 발전적 접근에 어떻게 적용되는지를 보여준다.
- 2가지 부모역할훈련 프로그램의 효용성을 제시하고 토론한다.
- FRIENDS 프로그램이 무엇인지 알고 설명한다.
- 페리프리스쿨 프로그램 개념을 파악하고 프로그램의 효과를 논의한다.
- 빅브라더스/빅시스터스를 비롯한 멘토링 프로그램에 대해 토론한다.
- 다른 다중성분프로그램을 식별해낸다.
- 케어 프로그램이 적용되는 커뮤니티에 대해 토론하고 모든 환경에서 적용될 방법을 설명한다.
- 발달적 범죄 예방과 관련한 다른 우려사항과 이슈들을 토론한다.

제8장 발달적 범죄 예방

지금까지 이 책에서 나온 대부분의 아이디어들이 제안하는 것은, 지역사회에서 물리적 개선을 이루거나 범죄에 맞서 주민들을 조직화하고 시민들이 사전 예방조치를 취하고 반범죄 정책에 동참하도록 설득하는 것과 같은 비교적 단순한 노력들이 범죄나 범죄 두려움에 유의미한 영향력을 미칠 수 있다는 것이다. 대중매체의 범죄 예방에 관한 논의조차도 자기 자신과 자신의 재산, 공동체를 보호하는 데에 초점을 맞췄다. 연구는 이런 일차적 예방 기술들이 효과적일 수 있고 효과적임을 보여줬다. 하지만 일차적 예방은 그런 노력에만 국한되지 않는다. 일차적 예방의 중요한 형태는 잠재적 범죄자들의 욕구와 동기를 더 기본적인 수준에서 바꿀 수 있는 행동을 수반한다.

발달적 범죄 예방(Developmental Crime Prevention)은 범죄자가 되려는 개인의 잠재성을 목표로 한다. 기본적인 가정은 범죄와 일탈이 생애 조기 경험과 학습의 결과라는 데 두고 있다(Tremblay and Craig, 1997). 그런 요소들을 강조하는데 실패한 사회는 개인 특히 청소년이 범죄를 저지르는 성향을 갖도록 만든다. 발달적 예방의 초점은 범죄와 일탈에 대한 범죄학의 핵심 이론들과 아주 다르지 않다. 무엇이 개인으로 하여금 일탈 행위를 저지르게 하고, 그 활동에 대해 무엇을 할 수 있는지를 강조하고 있다. 가장 큰 차이는 중요 진행과정에서 초기에, 가급적 최초 행동에 앞서, 발생하게 된 원인을 찾아 해결하는 데 초점을 맞춘다는 점이다.

이 장에서는 몇 가지 사항을 달성하고자 모색한다. 첫째, 발달론적 관점의 이론적 기초를 포함하여 발달적 범죄 예방에 깔려 있는 기본적인 아이디어와 주장의 윤곽을 그려볼 것이다. 둘째, 위험요인과 보호요인이 발달론적 주장 및 잠재적 개입과 관련되어 있으므로, 위험요인과 보호요인과 관련된 쟁점들이 논의될 것이다. 마지막으로 이 장은 이미 소개된 몇 가지 주요 발달적 예방 프로그램과 계획들에 대해 논의할 것이다. 다른 장에서와 마찬가지로 프로그램에 관한 논의의 초점은 범죄를 예방하기 위한 개입의 성공에 맞춰질 것이다.

배경

발달적 예방은 학습 이론의 기본 아이디어에 확고한 기초를 두고 있다. 발달적 접근의 초석은 범죄가 주로, 그렇다고 배타적인 것은 아니지만, 청소년으로서 학습한 행동, 신념, 태도에서 기인한다는 데 있다(Tremblay and Craig, 1997). 이것은 차별접촉이론(differential association)이나 조작적 조건형성(operant conditioning)과 같은 고전적인 학습 이론이 발달적 접근을 이해하기 위한 유일한 기초라고 제안하는 것은 아니다. 그런 학습 이론들이 행동의 발달에 관한 통찰력을 제공하기는 하지만, 단순히 너무 협소하다보니 적절하게 범죄를 설명할 수가 없다. 생애 초기의 경험이 나중의 행동에 영향을 미친다는 사실은 풍부한 정보와 관점이 중요한 기여자라는 것을 지적해 준다.

여러 측면에서 발달적 예방은 범죄학적 이론화에서 주목을 끌게 된 정교화 모형에서 많은 혜택을 봤다. 정교화 모형(elaboration model)은 다양한 이론들에서 구성요소들을 취하고 개별 이론들의 최적 부위를 포함시켜 단일 설명으로 구축하려 한다. 이런 형태의 설명들은 단순하면서도 복잡할 수 있다. 몇몇 저자들은 사회통제이론과 차별교제이론을 조합해 비행의 발달을 설명하려 했다(Massey and Krohn, 1986; Thornberry et al., 1994). 콘거와 사이먼스(Conger and Simons, 1997)는 더욱 복잡한 설명을 제시했다. 그들은 인지적 발달과 능력에서 역할을 하는 생물학적 요인들로부터 출발하는데, 그 후 그 요인들은 개인과 가족, 친구, 학교 사이의 상호작용에 영향을 미친다. 이러한 상호 작용은 학교에서의 성공을 방해할 수 있고 훗날 삶에 압박으로 이어질 수 있다. 모핏(Moffit, 1997)은 신경심리학적 결함이 개인의 기질과 언어, 학습 능력, 그리고 그 밖의 요인을 변형시키고, 계속해서 그것이 포기, 거절, 빈약한 자기개념, 학교에서의 실패 및 다른 문제들로 이어지는 연속적 사건들을 제시했다. 정교화모델을 만들려는 이러한 사례들과 다른 많은 노력들에 함께 걸쳐있는 근본적인 주제는 가능한 행동을 지시하는 데 있어 다양한 요인들이 작용한다는 것이다.

비행을 막기 위한 발달적 예방에 관한 논의들에서 트렘블레이와 크레이그(Tremblay and Craig, 1997)는 세 가지 이론적 모델을 제안했다. 이 모델들은 단순하고 일차적으로 단일한 이론적 접근에서부터 많은 이론적 요소들을 통합한 아주 복잡한 모델까지 다양하다. 가장 단순한 모델은 갓프레드슨과 허쉬(Gottfredson and Hirschi, 1969)의 범죄의 일반이론과 같은 선형적 설명(linear explanation)이다. 이 설명은 부모에 의한 유아 교육 실패는 개인의 낮은 자기 통제력으로 이어지고 계속해서 범죄와 일탈이 발현될 보다 많은 기회로 이어진다고 가정한다. 두 번째 모델은 성인 범죄로 연결되는 다양한 경로를 가정한다(Loeber, 1990에서 제시한 것처럼). 이런 다른 경로들은 젊은이 특유의 불량행동이 다양한 형태를 취할 수 있고 다른 시기에 나타나며 다른 형태의 성인 범죄로 진전된다는 것을 인정한다. 마지막 모델은, 긴장 이론의 요소(가난), 생물학적 문제, 열악한 양육, 인지적 결함, 기타 요인들을 모두 포함하고, 이 모두가 서로 상호작용하여 결국 문제 행동으로 절정을 이룬다고 설명한다는 점에서, 앞서 논의된 정교화 모형과 다르지 않다(Tremblay and Craig, 1997). 패링턴(Farrington, 2007)은 ICAP(Integrated Cognitive Antisocial Potential) 프로그램이라고 언급한 정교화 모형을 제안했다. ICAP 모델(그림 8.1을 참조할 것)은 합리적 선택이론에서 뿐만 아니라 학습이론, 사회통제이론, 긴장이론, 및 낙인이론에서 나온 아이디어를 합병했다. 모델의 개별 요소들은 각자 개별적으로 작용하기도 하고, 범죄성의 잠재력을 설명하기 위해 서로 협력하기도 한다. 패링턴(2007)은 범죄가 불가피하다고 주장하지 않는다. 다만 가능성이 더 클 뿐이다. 개입의 적용이 시도되어 진행과정을 멈추게 하는 많은 지점들이 있다는 것도 보여주고 있다. 모든 경우에서 발달적 예방의 목표는 진행과정에서 조기에 개입해서 개인이 나중에 비행이나 범죄를 저지르기 쉽게 만드는 요인들을 완화하는 것이다.

분명히 발달적 범죄 예방은 범죄를 저지르려는 경향이 있는 개인의 성향과 관련된 범죄와 범죄성의 원인을 판별하는 아이디어들에 의존하고 있다. 그 핵심에서 발달적 예방은 범죄학의 실증주의 학파와 잘 들어맞는다. 실증주의에 따르면 범죄는 개인의 통제를 넘어선 요인들에 의해 촉발된다. 그러므로 범죄와 일탈을 처리하고 제거하려면 개인들로 하여금 그들이 그렇게 하도록 원인을 제공하는 그런 요소들을 판별하여 제거할 것이 요구된다. 이는 앞선 장에서 개관해 본 아이디어들, 즉 개인이 행동을 저지르려는 선택과 저지르지 않으려는 선택 중 하나를 택함으로써 범죄 기회에 응답하는 능력을 지니고 있다고 가정한 아이디어들과 직접적으로 배치된다. 발달론적 접근은 개인이 그들의 행동에서 거의 선택할 수 없다는 아이디어에 상당한 신뢰를 두고 있다. 오히려 그들은 과거 경험을 통해 조건화되고 특정 방식으로 행동하도록 강요받는다(이는 절대적으로 선택이 없다는 게 아니라 단지 선택하는 능력이 엄격히 제한되어 있다는 뜻이다). 발달적 예방에 실증주의적으로 정향화(orientation)되는 것은 몇 가지 목표를 갖는다는 것을 의미한다(Crawford, 2007). 첫째, 미래 범죄에 대한 위험 요인(risk factor)을 판별해 내고자 한다. 둘째, 범죄성의 기회를 감소시키기 위해 보호요인(protective factor)을 판별해 내고자 한다. 마지막으로 개인이 추가적인 죄로부터 중단(desist)할 수 있게 하는 방법을 판별해 내려고 한다(Crawford, 2007). 이상이 이제 우리가 살펴볼 위험요인과 보호요인 판별의 쟁점이다.

그림 8.1 ICAP 모델

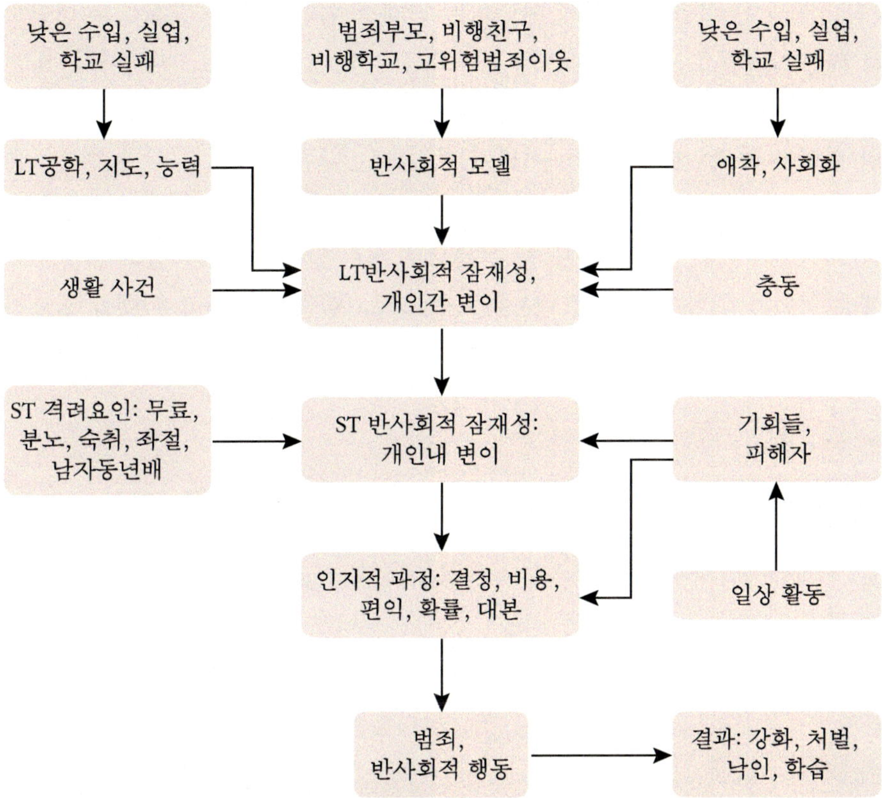

출처: D.P. Farrington(2007), "Childhood risk factors and risk-focused prevention."; M. Maguire, R. Reiner(eds), The Oxford Handbook of Criminology, Fourth Edition, Oxford)

위험 요인과 발달적 예방

발달적 요인들을 통해 범죄를 처리하려는 노력은 처리할 수 있는 매우 광범위한 변수와 쟁점에 직면한다. 개인들이 성장하고 성숙해지면서 그들에게 그리고 그들 주변에서 발생한 거의 모든 것은 훗날의 의사결정과 행동에 잠재적 영향력을 갖는다. 모든 가능한 요인들을 시도해보고 처리하는 것은 실현가능하지 않다. 사실 그렇게 하려고 하는 시도는 개인과 그의 환경이 총체적 통제와 관리(control and regimen)의 대상이 된다는 것을 의미할 것이다. 보다 합당한 접근은 개인의 선택과 행동에 가장 영향을 미칠 것 같은 그런 요인들을 판별해 내고 개입하는 것이다. 본질적으로, 이는 위험 요인들을 판별해서 그 효과를 완화시키는 프로그램을 실행하는 것을 의미한다.

훗날의 범죄성을 알아내기 위해 판별되는 잠재적 위험 요인들의 목록은 대단히 넓어서 서로 다른 범주들로 묶을 수 있다. 개인적/심리적, 가족, 동료, 지역사회, 학교가 이들 범주에 포함된다. 발달론적 예방 문헌에서 가장 많은 관심을 받는 것은 처음 두 범주인 개인/심리와 가족인데, 이 장에서도 집중적으로 다뤄질 것이다(다른 범주들은 뒤의 장에서 다시 살펴볼 것이다). 패링턴(Farrington, 2007)은 그가 보기에 핵심적인 개인적 위험 요인들과 가족 위험 요인들을 목록으로 정리했다(표 8.1을 참고할 것). 그는 발달적 예방은 이런 위험 요인들에 대응하도록 프로그램을 설계하고 이행할 필요가 있다고 주장한다.

표 8.1 발달적 위험 요인들

개인적 위험 요인	가족 위험 요인
• 낮은 지능과 성취 • 낮은 감정이입 • 충동성 • 열악한 사회적 인지 기술	• 가족 범죄성 • 대가족 규모 • 부실한 부모의 감독 • 가혹한 처벌 • 열악한/냉정한 가족적 애착 • 아동 학대와 방임 • 결손 가정

출처: D.P. Farrington(2007). "Childhood risk and risk-focused prevention."; M. Maguire et al.(eds) The handbook of Criminology, Fourth Edition. Ocford: Oxford University Press.

범죄와 관련된 모든 변수 또는 요인들이 위험 요인으로 고려되어야 하는 것은 아니라는 점에 주목하는 것이 중요하다. 먼저 연령, 성별, 인종과 같은 많은 요인들이 범죄와 강한 상관관계를 갖는다. 예를 들면, 아마도 연령이 일탈 행동과 가장 높은 상관관계를 보이는데, 대부분의 범죄는 10대 후반이나 20대 초반의 사람들에 의해 저질러지고 있다. 문제는 이런 요인들은 예방 프로그램에 의해 바뀔 수 없다는 점이다. 그러므로 이런 요인들은 발달론적 예방에 실질적인 가치가 없다. 둘째, 단순한 상관요인과 인과요인간의 차이를 인식하는 것이 중요하다(Farrington, 2007). 무언가가 범죄와 같은 시간에 발생했다고 해서 그것이 범죄의 원인이라는 의미는 아니다. 패링턴은 비행소년이 비행 친구를 두고 있다고 해서 그 친구가 비행의 원인임을 의미하지는 않는다는 점을 사례로 들었다. 마지막으로 위험 요인들의 판별은 종종 어떤 차원에서 두 집단 간의 차이를 찾는 데에 기반을 두고 있음을 인식하는 것이 중요하다. 그 차원은 그제야 하나의 위험 요인으로 고려된다. 더 중요한 것은 개인의 차원 변화가 핵심 행동의 변화와 관련이 있는지를 파악하는 것이다(Farrington, 2007). 예를 들면, 대부분의 범죄가 낮은 수입을 얻는 이들에 의해 저질러졌다면 수입은 하나의 위험 요인으로 간주된다. 개인 수입이 오르거나 내릴 때 범죄의 실행(또는 범죄의 수준)이 개인의 수준에서 변하는지를 아는 것이 더욱 중요하다. 위험 요인과 행동 사이의 인과적 관련성(causal connection)을 가리키는 것이 바로 이 변화다(Farrington, 2007).

많은 발달적 예방 프로그램에서 중요하게 고려하는 것 중 하나는 그들이 종종 범죄와 비행을 간접적으로 다룬다는 점이다. 이러한 프로그램들은 위험 요인들을 목표로 하고 있기 때문에, 감소된 범죄성이라는 측면에서 성공을 측정하는 것 대신, 위험 요인들에서의 변화와 위험 요인과 이후 행동 사이에 나타나는 중간매개적 결과(intermediate outcome)에서의 변화를 살펴본다. 부모의 감독을 다루는 프로그램이 이런 사례가 될 것이다. 기저의 가정은 더 좋은 감독과 양육 방법이 청소년들로 하여금 비행을 하지 않도록 이끌 것이라는 것이다. 그렇게 하기 위해 프로그램은 양육에서의 변화를 분석하고 아마도 프로그램에서 비롯된 아이들의 대처 기제와 기술 역량과 같은 쟁점들에 초점을 맞출 것이다. 비행 감소가 궁극적인 목표일 수 있으나 평가연구에서 완전히 다뤄지지는 않는다. 발달적 범죄예방 프로그램에 관한 다음 논의에서는 가용할 때의 행동 변화와 다른 결과들을 살펴볼 것이다.

프로그램

발달적 개입을 수반하는 상이한 예방 프로그램이 많이 있다. 이 장에서 다양한 접근법을 모두 다루는 것은 불가능하다. 대신에 다음 논의는 유망하고 흥미로운 발달적 예방 프로그램의 일부를 목표로 할 것이다. 여기에 포함하기로 선택한 개입들은 다음과 같은 특징을 가지는 경향이 있다: (1) 젊은 어린이(유아까지)와 그들의 가족을 목표로 하며, (2) 청소년은 필연적으로 이미 반사회적 행동을 드러낸 이들은 아니다. 두 번째 기준은 비행 청소년들이 프로그램에서 다뤄지지 않는다는 게 아니라, 이 프로그램이 젊은이들의 현재 행동 상태와 상관없이 그들을 다룬다는 것을 의미한다. 여기에 포함된 프로그램으로는 기술훈련과 부모 교육, 프리스쿨 준비, 및 광범위한 공동체 수준에서 작동하는 다중요소프로그램이 있다.

기술 훈련

사회적 기술을 훈련하는 수많은 계획안들이 학교를 배경으로 출현하는데 생활기술훈련 등 다양한 명칭을 갖는다. 이 프로그램들이 추구하는 것은 문제 상황을 인식하고 적절한 방식으로 대응하는 방법을 아이들에게 가르치는 것이다. 이것은 자아-통제와 분노 관리, 자신의 느낌과 감정을 인식하는 방법, 긍정적인 자아-이미지를 구축하기, 다른 사람의 필요와 우려를 판별하기, 그리고 문제를 해결하는 방법 등을 가르치는 시도를 통해 완성된다. 본질적으로 학습되어질 기술들은 공격적이거나 반사회적인 수단에 의존하지 않고 자신의 환경에서 다른 사람과 상호작용하는 법이다. 대체로 이 훈련은 청소년들에게 동년배들의 압력이나 다른 청소년들로부터의 공격에 맞서 싸우는 기술을 제공하고자 한다.

대안사고전략증진(PATHS, Promoting Alternative Thinking Strategies) 프로그램이 모델 프로그램으로 인식되어 왔다. PATHS 프로그램은 정규 수업에서 가르쳐지고, 이상적으로는 초등학교에서 제공하는 5년짜리 교육과정이다(Greenberg and Kusche, 1998). 이 교육과정(curriculum)은, 자아-통제와 문제-해결 능력은 증진하는 반면, 행동적 또는 감정적 문제들은 둘 다 감소시키도록 의도되었다. 이 PATHS 프로그램에 대한 몇 차례 평가연구가 특수교육대상자 뿐만 아니라 정상 학생을 실험집단과 통제 집단으로 나누어 수행되었다. 그 결과 문제 해결 능력 향상과 과잉행동 감소, 계획 행동 증가, 자기 - 보고식 행동 문제 감소, 더 적은 동년배 공격, 교사의 문제 행동 보고 감소가 드러났다(Greenberg and Kusche, 1996, 1997; Greenberg et al., 1995). 그린버그와 쿠쉐(Greenberg and Kusche, 1998)는 PATHS 프로그램이 다른 모집단과의 사용을 위해 그리고 학교 환경 밖에서의 시행을 위해 채택될 수 있음을 제안한다.

두 번째 발달적 훈련 프로그램은 FRIENDS 프로그램이다. FRIENDS 프로그램은 청소년의 불안과 스트레스를 목표로 한 인지 치료적 개입이다. 스트레스에 집중하는 건

스트레스가 학교 실패와 학업 문제뿐만 아니라 나중에 약물 남용과 실업과도 관련되기 때문이다. 이 프로그램은 주로 학교에서 10학기 넘게 훈련을 제공하는 몇 가지 연령-등급 버전으로 되어 있다. FRIENDS는 다음과 같은 뜻을 나타내고 있다:

F Feelings 느낌
R Relax and feel good 긴장을 풀고 좋은 느낌을 갖으세요.
I I can do it 나는 할 수 있어요.
E Explore solution 해결책을 찾으세요.
N Now reward yourself 당신 스스로에게 상을 주세요.
D Do it every day 매일 그렇게 하세요.
S Stay calm 침착하세요.

이들 세션은 정서적인 회복, 문제 해결, 자신감에 초점을 맞추고 있다(FRIEDNDS, 2015). 이 프로그램은 호주, 영국, 미국 및 다른 나라에서 수많은 평가의 주제가 되었고, 세계보건기구(WHO, 2004)에 의해 효과적인 프로그램으로 인정받았다. 평가 결과는 대체로 불안감이 줄어들고 자존감이 높아졌음을 보여준다(Dadds et al., 1997; Lowrey-Webster et al., 2005). FRIENDS 프로그램이 범죄와 일탈에 미치는 장기적 영향력에 대해서는 평가가 이루어지지 않았다. 동시에 매긴과 존슨(Maggin and Johnson, 2014)은 메타 분석을 통해 평가연구들에서의 방법론적 문제들이 이 프로그램에 대한 몇 가지 자격문제를 제기한다고 지적한다.

웹 자료

다른 연령 그룹을 위한 프로그램 변형과 이용 가능한 자원, 다른 자료들을 찾아보려면 FRIENDS 웹사이트 http://frindsprogram.com을 방문하면 된다.

부모 훈련

자녀에게 적절한 환경을 제공해야 할 부모들의 능력과 준비에 대한 관심이 발달적 예방의 기본 취지(thrust)이다. 이 프로그램들은 출산을 앞둔 엄마들을 목표로 하는 프로그램으로부터 어린 자녀가 있는 가족들과 함께 하는 프로그램, 학교 다닐 나이의 자녀가 있는 가족들을 다루는 프로그램에 이르기까지 다양한 범위에 걸쳐 있다. 세 개의 인정된 프로그램을 아래에서 살펴볼 것이다. 엘마이라 태아/영아초기 프로젝트, 시라큐스 가족 발달 프로그램, '믿기 힘든 세월(Incredible Years) 프로젝트'가 바로 그것이다.

엘마이라 태아/영아초기 프로젝트는 아이들의 발달에서 아주 이른 초기 단계, 특별히 아이가 여전히 엄마 뱃속에 있는 시기를 대상으로 한다. 이 프로그램의 핵심 부분은 임신 기간에 시작하여 아이의 두 돌 때까지 지속되는 간호사의 가정 방문이다(Olds et al., 1997, 1998). 목표대상은 어리고, 가난하고, 첫 출산이고, 종종 미혼인 엄마들이다. 엄마들은 임신기간에 평균 9회, 출산 후 평균 23회의 가정방문을 받는다. 방문 간호사는 세 가지 영역에 집중한다: 엄마와 아이의 건강 및 건강과 관련된 활동, 아이에게 적절한 보살핌을 제공할 방법에 대한 학습, 엄마를 위한 사회적 개인적 기술 발달. 추가로 간호사들은 다른 지원 기관으로의 알선(referrals)이나 접근을 제공하고, 프로그램은 엄마들이 지원기관에 접근할 수 있도록 교통편을 제공한다(Olds et al., 1997). 이 프로그램에 대한 평가는 수많은 긍정적인 결과를 보여주었다. 첫째, 엄마의 학대와 방임이 현저하게 줄어들었다. 둘째, 15년간의 추적 결과, 아이들의 가출이나 체포, 약물 남용이 현저하게 적게 보고되었다. 셋째, 프로그램의 대상이 된 엄마들의 체포 또한 적었다(Olds et al., 1997, 1998). 이 프로젝트의 성공은 다른 지역들의 따라 하기로 이어졌다.

시라큐스 가족 발달 프로그램은 간호사 가정방문 프로그램과 비슷한 특징이 많다. 1969년 시작된 이 개입은 임신한 젊은 흑인 싱글맘을 목표로 하며 출산에서 아이가 8살이 될 때까지 가족들과 함께 하였다. 이 프로젝트는 아동 발달 훈련사의 가정 방문과 건강과 영양, 및 아동 양육에서의 부모 훈련, 아이를 위한 개별맞춤형 주간 보살핌(day care) 서비스를 포함하고 있다(Lally et al., 1988). 이 프로젝트의 핵심 요소는 대상 가정을 매주 방문하는 것이다. 이 프로젝트도 엘마이라 프로젝트의 평가와 비슷하게 효과적인 것으로 입증되었다. 이 프로젝트가 적용된 아이들은 학업 측면에서 더 우수했고 더 나은 자아-통제를 보여줬으며 통제집단의 청소년들보다 더 적게 체포되었다(Hong et al., 1982; Lally et al., 1988).

부모 훈련을 목표로 하면서 효과적이라고 입증된 다른 프로그램은 '믿기 힘든 세월' 프로그램이다. 이 장 앞에서 논의한 두 가지 프로그램들이 출산을 앞둔 엄마들을 택한 반면 '믿기 힘든 세월'은 개입을 위해 처음에 조기 행동문제를 보인 4세에서 8세까지 아이가 있는 가족을 파악했다(Webster–Stratton and Hammond, 1997). 2012년 현재의 프로그램은 2세에서 12세에 이르는 아이를 둔 가족과 같이 일한다(Incredible Years, 2012). 이 프로그램은 학교에서의 청소년을 위한 교육 훈련 요소뿐만 아니라 강한 '부모와 자녀' 훈련 요소를 포함하고 있다. 부모들은 그들 자녀의 문제 행동들을 어떻게 인식하고 다뤄야 할지, 어떻게 규칙을 세우고 인센티브를 활용할지에 관한 양육 기술과 자녀 양육에서의 기타 핵심적인 요소들을 훈련받게 된다. 교사 훈련 요소는 청소년에게 기술을 제공하고 문제 청소년 및 행동에 대처하는 학급 관리와 훈육의 실천을 다룬다(Incredible Years, 2012).

웹 자료

부모와 자녀, 교사를 위한 특정 프로그램 활동을 포함해서 '믿기 힘든 세월' 프로그램에 관한 방대한 추가 정보는 웹에서 이용가능하다. 이 자료들을 살펴보고 여러분이 학교에서 기억하는 것에서 프로그램 요소를 찾을 수 있는지를 확인해 보기 바란다.
http://incredibleyears.com/program/parent.asp

'믿기 힘든 세월' 프로그램은 1987년에 확립되었고 이후 미국과 다른 나라들에 걸친 수백 곳의 현장에서 실행되었다(SAMHSA, 2012). 평가는 부모의 훈련 방법, 청소년들 간의 상호 작용, 아동 행동 문제 및 반사회적 행동에 대한 프로그램의 영향력을 검토했다. 이런 평가들은 지속적으로 긍정적인 결과를 보여줬다. 참여 부모들은 보다 긍정적인 양육 기술과 덜 강압적이고 징벌적인 처벌을 보여줬다. 아이들은 반사회적 행동이 적어지고 대인관계 기술이 좋아졌으며 학교 준비가 나아졌다(SAMHSA, 2012; Webster–Stratton, 2001; Webster–Stratton and Hammond, 1997). 이 프로그램의 강점, 폭넓은 채택, 지속적으로 긍정적인 평가는 약물남용 및 정신건강청(SAMHSA, Substance Abuse and Mental Health Administration)으로 하여금 '믿기 힘든 세월' 프로그램을 '전미(全美) 증거 기반 프로그램 및 실행 등기소(National Registry of Evidence – based Programs and Practices)' 목록에 올리도록 만들었다.

최근 수년간 부모/자녀 훈련 개입에 대한 관심과 성장은 연구자들로 하여금 이런 프로그램들을 하나의 집단으로 들여다보도록 유도하였다. 부모–자녀 훈련 프로그램들에 관한 근거자료 상태를 요약하려는 시도에서 피케로와 동료들(Piquero et al., 2009)은 아동의 분열성 행동(disruptive behavior)에 집중한 55개 연구에 대해 메타분석을 수행하였다. 부모와 교사의 자기보고식 자료와 일부 관찰 자료에 근거해 저자들은 이러한 프로그램들이 청소년의 반사회적 행동과 비행에 현저한 영향을 미친다는 사실을 발견하였다(Piquero et al., 2009).

프리스쿨 프로그램들

반사회적 행동을 다루는 하나의 제안은 아이의 조기 학교 준비와 관련되어 있다. 프리스쿨(preschool) 프로그램은, 차별적인 능력 지역으로의 조기 배치를 피하는 수준의 경쟁력을 확립하고, 학교에 대한 긍정적 태도를 구축하며, 학교에 입학할 준비가 되지 않은 청소년에게 기본적인 사회 기술을 제공하는, 수단으로 여겨진다. 학교 문제와 비행에 대처하는 기술로서 프리스쿨의 도입은 1967년 '법집행 및 사법행정에 관한 대통령 위원회(The President's Commission on Law Enforcement and Administration of Justice)'에서 찾아볼 수 있다. 학교에서의 성공이 나중에 졸업 후 보다 큰 사회적 성공과 보다 낮은 비행 및 범죄로 이어질 것이라는 기대에서다.

아마 가장 잘 알려진 프리스쿨 프로그램은 '헤드 스타트(Head Start: 유리한 출발)' 프로그램일 것이다. 헤드 스타트 프로그램은 사회적 그리고 지적 기술을 목표로 한 어떤 형태의 조기 개입이 이뤄지지 않았다면 사회적 혜택을 받지 못한(disadvantaged) 아이들의 취학 준비가 되지 않았다고 본다(Gottfredson, 1987). 프리스쿨 프로그램 지지자들은 조기의 학교 실패가 보통 노후(later years)까지 지속된다고 지적한다(Schweinhart and Weikart, 1989). 헤드 스타트 프로그램은 청소년에게 긍정적인 조기 경험을 제공하고, 그로 인해 결과적으로 성공적인 장기 학습 커리어를 제공하도록 되어 있다. 헤드 스타트 프로그램이 그 목표를 달성하는 데 있어 어느 정도까지 성공했는지는 의심스럽다. 갓프레드슨(Gottfredson, 1987)은 이 프로그램이 보통 잘 실행되지 않고 이 프로그램에서 만들어진 어떤 성과도 1년이나 2년이 지나면 사라진다는 사실을 지적하였다. 헤드 스타트 프로그램은 나중에 발생하는 비행이나 범죄에 관한 영향의 측면에서 평가가 이뤄지지 않았다.

가장 광범위하게 연구된 프리스쿨 프로그램은 '페리 프리스쿨(Perry Preschool)' 프로그램이다. 1962년 시작된 이 프로그램은 학생들에게 교육에 대한 긍정적인 소개를 제공하려고 한다. 이는 아이들을 활동 계획, 낮은 학생-교사 비율, 학생 성취도의 향상된 강화에 참여시킴으로써 달성된다. 아마 이 프로그램의 가장 중대한 특징은 부모와 함께 하는 가정방문이다. 베루에타-클레멘트(Berrueta-Clement, 1984) 등의 주장에 따르면, 이 프로그램은 연속적인 사건들이 진행되도록 설정하는데 , 그 사건들은 프로그램 참여에서부터 시작하여 더 높은 학업 수행으로, 거기서 더 향상된 교육적 전념(educational commitment)과 학업 성취로, 또 나아가 결국 친사회적 행동으로 이어지게 된다. 대부분의 프리스쿨 프로그램과 달리 페리 프로그램은 청소년들을 무작위로 프로그램 집단이나 프리스쿨이 없는 통제집단으로 할당하는 평가 요소를 포함하고 있다. 모든 연구 대상은 저소득층 흑인 가정에서 나오며 낮은 부모교육, 실업, 그리고 한 부모가정의 전형적인 형태를 보인다. 모든 아동은 학교 전체에 걸쳐 추적이 이뤄지고 19세까지 정기적으로 설문조사가 실시되며 40세까지 후속(follow-up) 평가가 취해진다(프로그램 방법론에 관한 보다 상세한 논의를 살펴보려면 Berrueta-Clement, 1984을 참조할 것).

페리 프리스쿨 프로그램에 대한 평가는 일부 인상적인 주장을 보여준다. 이 프로그램은 현저하게 학업 수행도를 높이고 특수교육과 교정 작업의 필요성을 감소시키고 학교에 대한 보다 긍정적인 자세를 고취시키며 고교 졸업율을 향상시키고 고교 졸업 후에는 낮은 실업율의 결과를 가져오는 것으로 보인다(Berrueta-Clement, 1984). 이 프로그램은 또한 실험 대상 학생이 성인이나 청소년이 되더라도 통제집단의 학생들보다 더 적게 체포되는 결과를 보였다. 슈와인하르츠(Schweinhart, 1987)는 실험 집단이 15세와 19세 모두에서 중범죄(serious offense)를 적게 보고하였다고 지적했다. 27세까지의 결과는 통제집단 피험자와 비교하여 약 절반 정도의 프로그램 참여자만이 체포되었다는 것을 보여준다. 그들의 범죄 빈도도 또한 통제집단에 비해 약 4분의1에 그쳤다(Schweinhart et al., 1993). 슈와인하르츠와 시앙(Schweinhart and Xiang, 2003)은 40세까지 걸친 자료들을 보고하면서 실험 대상 가운데 생애 체포율 및 성인 체포율이 현저하게 적었음을 발견하였는데, 폭력범죄, 재산범죄, 및 약물 범죄에서 더 적게 체포되었다.

다른 프리스쿨 프로젝트도 실험 대상자들에게 긍정적인 효과를 미쳤다고 보고한다. 종단연구를 위한 컨소시엄 연구(Lazar et al., 1982)와 다양한 프리스쿨 프로그램에 대한 리뷰 연구(Berrueta-Clement, 1984; Gottfredson, 1987)는 장래 학업수행력이 개선되고 특별교육의 필요성이 적음을 보여주는 자료를 제시했다. 안타깝게도 페리 프리스쿨 프로그램과 달리 이 연구들은 보통 결과가 단기적이어서 초등학교 첫 2년 내에 사라진다는 걸 보여준다. 대부분의 연구는 또한 프로그램이 비행에 미치는 영향력을 강조하는데 실패하거나 어떤 강력한 긍정적인 효과를 찾는 데 실패한다.

긍정적인 결과를 보여주는 많은 프로그램은 종종 비행이나 범죄 보다 학업 성취에 집중하고 있다. 이 결과는 또한 하층 소수인종 청소년에게 연구가 집중된 탓에 일반화가능성도 제한적이다(Schweinhart and Weikart, 1989) 보다 대표성 있는 인구집단을 대상으로 한 체계적인 연구는 이뤄지지 않았다.

멘토링 프로그램들

청소년 발달을 돕는 아이디어는 멘토링 계획안(initiatives)의 초석이다. 멘토링은 성인 자원봉사자가 친구관계, 정서적 지원, 지도, 충고를 필요로 하는 젊은이들과 관계를 맺도록 짝지어(pairing) 주는 것을 포함한다. 청소년들은 보통 10~16세의 홑부모(single parent) 가정 출신이다. 아마도 성인과 청소년의 연결이(matching) 이 프로그램의 가장 중요한 부분이다. 멘토와 멘티는 매번 3~4시간씩 월 2~4차례 만난다. 성인 자원봉사자와 청소년은 프로그램에 대한 기대와 필요조건 등에 대한 윤곽을 잡는 초기 훈련을 받는다(Grossman and Tierney, 1998). 많은 프로그램은 또한 부모들과의 정규적인 접촉을 포함한다. 멘토링 프로그램은 다른 것들 중에서도 특별히 학업 실패, 학교 중퇴, 무단결석, 그리고 비행을 목표로 한다.

두 가지 주요 멘토링 사례는 빅브라더스/빅시스터스(Big Brothers/Big Sisters, BB/BS)와 청소년 멘토링 프로그램(Juvenile Mentoring Program, JUMP)이다. 1904년 뉴욕에서 시작된 빅브라서스/빅시스터스는 아마 많은 멘토링 프로그램 중에서도 가장 잘 알려졌을 것이다. 이것은 현재 미국 50개 모든 주와 13개 다른 국가에서 325개의 프로그램을 과시하며 약 20만 명의 아이들에게 서비스를 제공하고 있다(BB/BS, 2015). 1996년 미국 청소년사법및비행예방실(Office of Juvenile Justice and Delinquency Prevention, OJJDP)이 착수한 JUMP프로그램은 시행 3년 만에 미국 41개주와 워싱턴 D.C.에서 164개 프로그램에 자금을 제공했다. JUMP프로그램의 핵심 요소는 교육자 및 민간부문 단체와의 파트너십이다(Novotney et al., 2000). 1998년 리뷰에서 JUMP프로그램은 거의 7,500명의 청소년을 등록했다(Novotney et al., 2000). BB/BS와 JUMP 프로그램 외에도 미국 내에는 5000여개의 멘토링 조직이 있는 것으로 추산된다(DuBois et al., 2011).

BB/BS와 멘토링 프로그램들이 오래됐음에도 불구하고 이에 대한 질적 조사는 상대적으로 거의 없었다. 하지만 그나마 존재하는 연구는 놀라울 정도로 긍정적인 결과들을 보여준다. 그로스먼과 티어니(Grossman and Tierney, 1998)는 8개 지역에서의 BB/BS 프로그램 평가를 보여줬다. 이들은 약 1000명의 청소년을 BB/BS 프로그램 집단과 비-멘토링 통제집단으로 각각 무작위 할당하는 실험설계(experimental design)를 연구방법으로 활용했다. 그들은 멘토링을 받은 청소년은 불법 마약 사용을 시작하는 비율에서 46%, 음주에 손대기 시작하는 비율에서 27%, 다른 청소년을 폭행하는 비율에서 32% 더 낮았다고 보고했다. 그로스먼과 티어니(Grossman and Tierney, 1998)는 또한 학업 수행과 부모 관계에서 긍정적인 영향을 미쳤음을 발견했다. 또한 소수 인종의 청소년에서도 강력한 결과를 보여주는 증거가 있었다.

연구들에 대한 체계적인 리뷰도 또한 멘토링을 긍정적으로 그려낸다. 두브와와(발음이 두브와입니다) 동료들(DuBois et al., 2002)은 멘토링 관련 연구 55개에 대해 메타분석을 실시했다. 결과는 다양한 인구학적 집단에 걸쳐, 특별히 사회적 혜택을 받지 못한(disadvantaged) 청소년들에게 우호적인 멘토링 효과가 있었음을 보여준다. 멘토와 멘티가 강한 유대감을 형성한 경우에 영향력이 가장 크게 나타났다. 사회적 혜택을 받지 못한 멘티들에게 나타나는 긍정적인 효과는 멘토링이 고위험 청소년들에게 더 효과적이라는 것을 보여주는 결과를 통해 강화된다(DuBois et al., 2011). 마지막으로 톨란 등(Tolan et al., 2014)은 비행을 프로그램의 결과로서 포함하는 25개 연구를 메타분석으로 보고했다. 그 결과는 학업 수행이 개선된 것뿐만 아니라 마약 사용과 비행, 공격성이 줄어들었음을 드러낸다. 멘토링은 고위험 청소년에게 훨씬 큰 영향을 미친다(Tolan et al., 2014).

멘토링 프로그램에 관한 증거는 그것이 중요한 발달적 예방 접근법임을 시사한다. 게다가 프로그램 숫자와 참가한 청소년 숫자는 그것이 공동체에서 어느 정도의 수준으로 받아들여지고 있는지를 여실히 보여준다. 많은 공동체에서 가장 큰 장애물은 멘티들의 수요에 부응할만한 충분한 성인 멘토를 모집할 수가 없다는 점이다.

다중성분 프로그램들

마지막으로 검토할 프로그램 집단은 일반적으로 다중성분 프로그램으로 목록화할 수 있다. 이들 개입 프로그램들은 종종 이미 반사회적 행동 그리고/또는 비행으로 눈에 띈 청소년을 목표로 하여 시작되었다. 그런 의미에서 이 프로그램은 목표 대상이 이미 부정적인 행동을 보여주었고 더 이상의 범죄를 저지한다는 목표가 있기 때문에 3차적 예방으로 분류할 수 있다. 청소년들을 일탈 행위로 이끄는 원인적 요인(causal factors)들에 대해 고심하여 그들이 더 많은 문제적 활동을 발전시키지 않도록 막을 필요가 있다는 인식이 이 프로그램들의 핵심에 자리하고 있다. 이 프로그램은 또한 청소년들을 가능한 한 빠른 시기에 목표로 삼아 조기 청소년기에 문제를 저지하고자 한다. 다중성분 프로그램은 또한 한 두 개의 접근에 국한시키기 보다는 다양한 범위의 개입을 활용하려는 일반적인 특징을 갖는다. 앞서 논의된 부모 훈련 프로그램에서 다중의 산입(inputs)을 시도한 경우를 찾는 것이 가능하지만, 아래의 프로그램들은 한술 더 떠 더 많은 다양한 기술까지도 포함하려는 경향을 보인다.

우리가 살펴볼 첫 프로그램은 1981년 시작된 시애틀 사회 개발 프로젝트(Seattle Social Development Project)이다. 비록 이 프로젝트에 강력한 가정적/가족적 요소가 있기는 하지만 이 프로그램의 주요 무대는 교실이다. 이 프로젝트는 학령기 아이의 사회적 발달을 연구하고 비행과 약물남용, 학업실패의 위험 및 보호 요인을 식별해 내기 위해 시작되었다(Hawkins et al., 2007; Social Development Research Group(SDRG), 2012) 유아까지). 실제적인 개입은 교사, 학부모, 학생을 목표로 하는 세 부분으로 나눌 수 있다. 교사 성분은 적절한 학급 운영 기술, 규칙과 결과의 확립, 긍정적 사회기술 가르치기, 학생에 대한 동기부여에 관한 훈련을 포함하고 있다. 부모들은 문제 행동을 인식하고, 긍정적 행동은 보상하며, 학업적 성공을 장려하고, 강한 가족 유대감을 형성하여 반사회적 행동을 피하게 돕도록 훈련을 받는다. 마지막으로 아동들은 동년배 압력을 인지해 대처하고, 대화 기술을 익히고, 다른 아동의 공격에 적절히 반응하고, 문제적 상황과 사람을 피하는 법을 배운다(Hill et al., 2011; Hawkins et al., 2007; SDRG, 2012).

웹 자료

시애틀 사회 발달 연구 프로젝트는 오랜 역사와 그 뒤에 방대한 연구를 지니고 있다. 이 프로젝트에 관한 보다 많은 정보는 http://ssdp-tip.org/SSDP/index.html에서 찾을 수 있다.

시애틀 프로젝트는 1980년대 이후 지속적으로 평가의 대상이 되었다. 프로젝트의 영향력을 평가하기 위해 프로그램 참여자들(부모와 아이들)은 정기적으로 면접을 받았다. 가장 최근의 자료는 최초의 청소년 코호트 집단이 33세가 되었을 때 수집한 것이다

(SDRG, 2012). 이 프로젝트의 결과는 놀라울 정도로 긍정적이다. 결과는 프로그램을 마친 청소년들은 학교에서 보다 성공적이었고, 고교 졸업 비율을 더 높았으며, 비행이나 범죄를 덜 저질렀으며, 약물 남용의 수준도 더 낮았다(Hawkins et al., 2007). 또한 성적으로 덜 타락했고 여성들 가운데 10대 임신이 발생하는 경우도 더 적었다(Lonczak et al., 2002). 전체적으로 이 프로젝트는 조기 위험 요소를 판별하고 이런 요소들을 다루는 훈련과 개입을 개발해 예방적 요소들을 구축하는 데에 있어서 성공적이었으며, 청소년 행위에 긍정적인 영향을 미쳤다.

두 번째로 검토할 프로그램은 '가족과 학교가 다함께(Families and Schools Together(FAST))' 프로그램이다. FAST는 대략 4세에서 8세까지 아이를 둔 가족을 목표로 하는 발달예방프로그램이다. 이 프로그램은 교육적 실패, 약물 남용, 폭력, 그리고 비행이 가지는 위험에 대해 고심하는 데 초점을 맞춘다. 프로그램은 가족 유대감을 형성하고 위험요인과 보호요인을 알아내기 위해 부모와 학교, 교사, 지역공동체 그리고 전문가들에 의존한다. 여기에는 8주간 매주 수업일이 끝나는 날 즉 금요일에 만나는 다가족 집단이 포함된다. 그 후 후속 만남이 2년간 매달 이뤄진다(Coote, 2000). 만남은 구조화된 집단 활동과 개별 가족 간 상호작용으로 이뤄진다. 집단들의 필요에 따라 비율이 변하기는 하지만 기본적인 핵심 커리큘럼이 회합의 약 40%를 차지한다(McDonald et al., 2012). 즉각적인 목표 중에는 가족의 기능을 높이고 사회적 결속을 강화하고 사회적 고립을 줄이고 가족들 간 사회적 지지를 발생시키는 것 등이 들어간다(Coote, 2000; McDonald et al., 2012). FAST는 종종 소수자나 사회적 혜택을 받지 못한 그룹들을 목표로 해서 다양한 국가에서 실행되었다.

평가는 FAST에 장래가 촉망되는 지지를 보낸다. 맥도날드와 세이저(McDonald and Sayger, 1999)에 따르면, 참여한 부모들은 FAST에 참여하지 않은 부모들에 비해 아동 행동 점수에서 32%, 주의력 문제에서 30%, 아이들 불안에서 31% 각각 더 적은 점수를 보고했다. 마찬가지로 교사들도 행동 무질서에서 35%, 주의력 문제에서 42%, 불안에서 24% 더 적게 보고했다. 연구결과는 또한 가족 간 충돌이 줄어드는 반면에 가정의 화합이 커지고 공격이 줄어들 뿐만 아니라 특수교육 프로그램에로의 교내 위탁(referrals)이 감소했음을 보여준다(Coote, 2000; Gamoran et al., 2012; Kratochwill et al., 2009; McDonald and Sayger, 1999). 다른 인종 집단에 기초한 평가에서는 차이가 드러난다. 그럼에도 불구하고 FAST는 유망한 발달적 예방 프로그램이다.

마지막으로 가장 야심적인 발달적 다중성분 예방 접근중 하나는 '돌보는 공동체(CTC, Community That Care)' 프로그램이다. CTC는 다른 프로그램과 비교해서 문제를 다루기 위한 어떤 단일한 개입 또는 프로그램 세트도 없다는 점에서 독특하다. 대신에 이 접근방식은 공동체로 하여금 직면한 문제를 분석하고 작동중인 위험 요소를 판별해 내고 지역공동체의 독특한 상황과 필요에 대한 맞춤식 개입을 세울 것을 요구한다(Hawkins et al., 2008). CTC 모델을 실행한다는 건 많은 개인들의 개입을 필요로 하는 복잡한 과제다. 개입을 개발하는 것은 다단계의 과정을 갖는다(표 8.2 참조). 실행 계획에서 분명한 것은 처음부터 다시 시작하여 (from the ground up) 독특한 세트의 개입을 구축할 필요가 있다는 점이다. 적절한 기회를 판별하고 성공을 위한 전술을 가르치고 아이들과 성인들 간의 유대감을 형성하고 노력 및 개선, 성취를 위한 인식을 심어주는 데에 집중하는 사회적 발달 전략이 CTC의 초석이다. 이 모든 것은 위험 요인을 판별해 내고 보호 요인을 만들어내는 것을 의미한다.

웹 자료

'돌봄 지역공동체(CTC)'는 수많은 다른 지역들에서 실행이 되었다. 이 프로그램에 관한 뛰어난 토론과 이 접근을 실행하는 데에 필요한 노력은 http://www.jrf.org.uk/sites/files/jrf/1859351840.pdf 에서 찾을 수 있다.

'돌보는 공동체'는 미국과 해외의 많은 지역에서 실행되었다. CTC 과정에 대해 알아둬야 할 사항이 두 가지 있다. 첫째, 가족과 학교, 지역공동체를 포함해서 다수의 집단적 위험 요인과 다뤄질 필요가 있는 개인적 위험 요인을 다루는 것에 주의한다(Flynn, 2008; Tilley, 2008). 둘째, CTC 프로젝트는 장기적 노력이다. 공동체 수준의 위험 요인들에서 변화는 어느 곳에서든 드러나기까지 2년에서 5년까지 걸리고 비행과 약물 남용에서 지역공동체 수준의 변화가 나타나기까지는 5년에서 10년이 걸릴 수 있다(Blueprints for Healthy Youth Development, 2015). 무슨 뜻이냐 하면 인내와 참을성이 필수적이라는 것이다.

CTC에 대한 평가를 통해 긍정적인 결과를 발견하였다. 미국 내 7개 주에 걸친 24개 지역공동체에서 이뤄진 한 조기 평가는 CTC가 14에서 17세에서 위험 요소를 현저하게 감소시켰음을 보여준다. 12학년까지 이뤄진 후속 분석은 핵심 결과측정에 추가적으로 긍정적인 결과를 가져왔음을 드러내 준다. 학생 4407명을 대상으로 한 무작위 통제집단 연구의 결과도 CTS 프로그램의 청소년의 32%가 약물 사용을 자제할 가능성이 높고 18%가 비행 행위를 한 번도 저지르지 않을 가능성이 높으며, 14%는 폭력행위를 저지를 가능성이 낮다(Hawkins et al., 2008). 오에스테를 등(Oesterle et al., 2014)은 CTC가 남성 청소년들에게 약간 더 영향을 미친 것처럼 보인다고 보고했다. 비슷하게 긍정적인 결과가 41개 학군과 관련된 CTC 프로그램에 대한 평가에서 눈에 띈다. CTC는 위험 요인을 감소시켜 CTC 시행 학교의 학생 사이에서 비행이나 약물 사용을 낮출 수 있었다(Feinberg et al., 2007). 이 평가들과 다른 평가들의 결과로 인해 CTC는 '블루프린트(Blueprints)'와 '크라임 솔루션(Crime Solutions)'[5]의 두 예방프로그램에서 장래가 "유망한" 프로그램으로 분류되었다.

표 8.2 '돌보는 공동체'의 실행

1단계	지역공동체 대비태세	• 지역공동체 정의하기 • 지역공동체의 CTC 절차 실행의지 평가 • 가능한 참가자들 파악
2단계	조직화 및 훈련	• 광범위한 지역공동체 참가자 초청 • 핵심 주제 관련 하위 그룹 및 커뮤니티 구성 • 위험 평가와 예방에 대한 참가자 교육
3단계	평가	• 위험 평가 실시 • 전체 지역공동체 포함시키기 • 지역공동체에서 이용 가능한 자원과 필요 항목 작성
4단계	종합적인 계획 개발	• 종합 계획세우기 • 결과 정의 • 실행할 프로그램 식별 • 평가 계획 개발 • 프로그램 실행
5단계	실행 및 평가	• 계획 실행 • 프로그램 운용 평가 • 변화 실행 • 영향 평가 • 필요한 조작화 식별

출처: J.D. Hawkins(1999). "Preventing crime and violence through Communities that Care." European Jounal on Criminal Policy and Research 7: 443-458.

5) 미국의 범죄예방 프로그램 블루프린트와 https://www.blueprintsprograms.org/about 크라임솔루션 https://www.crimesolutions.gov/

요약

발달적 예방 프로그램들을 간단히 살펴보면 개입의 결과는 주로 긍정적이다. 프로그램들은 태아기의 문제를 강조하는 것에서부터 공동체 수준의 넓은 위험 요인들에 이르기까지 다양하게 걸쳐 있으며, 많은 지역에 걸쳐 실시된 평가에서 긍정적인 결과가 나타났다. 몇몇 프로그램(예: '믿기 힘든 세월' 프로그램처럼)들은 개입의 정의를 시도하는 기본적 수준인 반면 다른 프로그램(예: CTC처럼)들은 맞춤형 프로그래밍까지 갖추도록 광범위한 계획을 요구하기도 한다. 몇몇 사례의 프로그램들은 다른 기관과 정부부처에 의해 예방 프로그래밍의 "청사진"으로 홍보될 만큼 성과를 올리기도 했다. 그러나 발달적 예방 프로그램에 대한 수많은 기획들이 위에서 거론한 것만큼 성공적인 것만은 아니었으며 , 앞서 언급한 프로그램을 시행하려는 모든 기획들이 동일하게 긍정적인 결과를 가져오는 것은 아니라는 점에 주목하는 게 중요하다.

발달적 우려들

발달적 예방에 따른 긍정적 결과들이 발달적 범죄예방 접근을 보편적으로 수용한다는 것을 의미하는 것은 아니다. 사실, 발달적 예방에 대한 몇 가지 우려들은 주목할 만하다. 아마도 첫 번째 세트의 우려들은 쉽게 변할 수 있는 조기 위험 요인을 적절히 판별할 수 있는 능력을 중심으로 제기될 것이다. 과거 연구에서 발견된 수많은 목록의 위험 요인들에도 불구하고 그 요인들을 사용해서 많은 것을 이룰 수 있을지는 쟁점으로 남아 있다. 앞서 살펴봤듯이, 성별이나 인종 같은 많은 위험 요인들은 정말 변화하기가 쉽지 않다. 그러나 부모의 범죄성이나 공동체 박탈과 같은 다른 요인들은, 특별히 그 어떤 합리적인 기간 안에라도, 변화가 실현 가능하지 않도록 개입이 요구된다.

위험 요인들을 판별하는 것과 관련된 우려들은 어느 요인을 다뤄야 하는지, 어느 요인이 2차적인 우려들인지를 결정하는 것이다. 다시 말해, 무엇이 정말로 위험 요인인가? 주의가 필요한 요인들 간의 조합이 있는가? 어떤 위험요인들이 무시될 수 있는가? 등의 질문들에 관한 것이다. 안타깝게도 이들 질문들에 대한 단순한 답은 존재하지 않는다. 몇몇 발달적 개입의 경우 특정한 위험 요인들을 목표로 할 때만은 효과적이었음이 분명하다. 그러나 동시에 그런 종류의 개입은 똑같은 위험 요인들을 목표로 했음에도 불구하고 다른 환경에서는 실패했다. 왜 이런 일이 일어나는지는 분명하지 않다. 아마도 즉각적 상황 (immediate situation)에 대한 철저한 연구를 수행하는 CTC 접근이 개입을 위한 위험요인을 선택하기에 가장 적절한 방법이다.

발달적 예방과 관련한 다른 문제는 이것이 1차적 예방에 분명하게 들어맞는 게 아니라는 점이다. 개입을 위해 전체 학급이나 전체 공동체를 목표로 하는 발달적 프로그램은 분명 1차적 예방의 범위 안에 들어맞는다. 고위험에 있는 개인이나 상황들만 다루는 프로그램은 2차적 예방에 더 잘 들어맞는다. 많은 발달적 프로그램은 일단 개인들이 법을 어긴 후 재범을 목표로 할 때 개입하려고 한다. 발달적 경로가 말년(later life)에 출현하기도 하고 변화하기도 한다는 두 가지 입장에 대해서는 충분한 증거가 있다. 개인은 시간이 흐르면서 일생 동안 한 경로로부터 다른 경로로 전환하게 하는 새로운 환경과 기회에 직면한다(예를 들어 샘슨과 라웁(Samson and Laub, 1993))의 연구를 참조할 것). 이런 변화를 다루는 프로그램들은 3차적 예방이다. 이 장에서 언급한 사례들이 주로 사실상 1차적 예방(일부는 2차적 예방으로 기울어 있다)인 반면, 3차에 해당하는 발달적 예방 개입들도 많이 있다.

발달적 예방 프로그램은 또한 몇 가지 운영상의 우려에 직면해 있다. 전반적으로 이런 프로그램들이 영향을 미치기까지는 비교적 오랜 시간을 필요로 한다. 그 이유는 쉽게 이해가 되는데, 이 프로그램들은 즉각적으로 변화하지 않는 위험 요인들을 목표로 하기 때문이다. 앞서 제시한 프로그램들을 자세히 살펴보면, 프로그램이 영향을 미치기까지 2~5년이 걸리는 것은 흔한 일이며, 그 후에도 그 변화를 오래도록 지속시키려면 더 많은 시간이 요구된다. 이처럼 변화가 늦어지는 지연(delay)을 하찮은 일로 간과할 수도 있지만, 개입이 개인, 가족, 학교 또는 지역 사회에 실제로 오래 지속되는 변화를 만들어 낸다면, 그러한 프로그래밍을 지속하는 능력 역시 결코 쉬운 일은 아닐 터이다. 장기 프로그램은 종종 유지하기 힘든 많은 자금을 필요로 한다. 자금과 관련된 문제는 장기간의 개입이 이루어지도록 핵심 참가자들의 지원을 얻는 것이다. 수많은 개인과 집단(특별히 자금을 제공하는 기관과 정치인)들이 (바로 즉시는 아니더라도) 짧은 시간 안에 결과가 나오기를 바라지만, 그것은 발달적 모델을 기초로 기본적인 변화를 만들고자 할 땐 단순히 가능하지 않은 결과를 무리하게 요구하는 셈이다. 따라서 발달적 접근을 실행하고 지속하는 것은 쉽지 않다. 범죄와 무질서에 직면해 있는 지역공동체는 즉각적인 결과가 나타날 잠재력이 있는 개입으로 전환하려는 경향이 있다.

요약

발달적 범죄 예방에 대한 이 장에서의 간단한 논의를 통해 사회가 어떻게 범죄에 대처해야만 하는가에 대해, 지금까지 이 책의 다른 논의에서도 대부분 발견된 것처럼, 다양한 견해를 살펴보았다. 분명한 것은 발달적 예방의 많은 요소들도 역시 반사회적 행위의 원인과 대응에 대한 전통적인 범죄학적 논의로부터 나온다는 점이다. 가족과 지역사회에 깊이 뿌리박혀 있을지도 모를 위험 요인들과 변수들에 초점을 맞춘다는 것은 개입이 더 많이 수반되어야 하고 개입의 영향력이 나타나기까지는 더 긴 시간이 필요하다는 것을 의미한다. 이 장에서 제공된 사례들은 이러한 사실을 대단히 명백하게 증명해 준다. 발달적 예방이 요구하는 장기적인 헌신은, 프로그램의 시작과 결과 사이에 전형적으로 나타나는 긴 시간차와 더불어, 지금 당장 무언가가 얻어지기를 원하는 많은 사람들을 설득하기 어렵게 만든다. 발달적 예방 프로그램과 비교해 볼 때, 이 책에 실린 수많은 여타의 1차 및 2차 범죄 예방 계획은 좀 더 때맞춘 변화를 만들어낼 수 있다. 발달적 범죄 예방의 잠재적인 장점은 범죄와 비행의 근본 원인에 대해 고심하려 하기 때문에 해결책들이 보다 오래 지속된다는 희망 그 자체이다.

주요 용어

- 빅브라더스/빅시스터스(BB/BS)
- 발달적 범죄 예방
- 엘마이라 출생전/영아초기 프로젝트
- 일반 범죄 이론
- ICAP
- 멘토링
- 실증주의
- 시애틀 사회적 발달 프로젝트
- 돌봄 지역공동체(CTC)
- 정교화 모형
- 가족과 학교가 다함께(FAST)
- 믿기 힘든 세월 프로그램
- 청소년 멘토링 프로그램(JUMP)
- 페리 프리스쿨 프로그램
- 대체사고전략증진(PATHS)
- 시라큐스 가족 발달 연구 프로그램

제9장 일반억제

장 개요

- 억제
  - 억제의 요구조건
- 법적 제재의 억제효과
  - 횡단적 분석
  - 요약
  - 종단적 연구
  - 패널연구
  - 요약
- 지각과 억제
  - 인지된 확실성
  - 인지된 엄격성
  - 조합된 억제요인들
- 요약

학습 목표

이 장을 읽고 난 후 여러분은 다음 사항을 할 수 있어야 한다.

- 억제의 정의를 내린다.
- 두 유형의 억제가 무엇인지, 그리고 정의는 어떻게 내리는지 말한다.
- 억제효과의 요구조건들을 열거하고 정의를 내린다.
- 억제에 관한 횡단연구 분석결과에 대해 논의한다.
- 억제에 관한 종단조사의 결과에 대해 말한다.
- 사형제도의 야수화 효과에 대해 설명한다.
- 패널설계에 대한 여러분의 지식을 보여주고, 패널연구의 결과에 대해 설명한다.
- 사형집행이 살인율을 감소시킨다는 주장의 문제점에 대해 논의한다.
- 지각과 억제에 관한 연구에 대해 논의한다.
- 경험효과가 무슨 의미인지에 대해 정의를 내리고 토론한다.
- 사람들이 범죄를 저지르는 것을 억제하는 능력에 대해 요점을 정리한다.

제9장 일반억제

처벌의 억제효과를 살펴보지 않고서는 1차적 예방에 대한 어떠한 논의도 완전하지 않을 것이다. 1차적 예방은 일탈행동이 발생하기 전에 그 행동을 제거하거나 감소시키려고 시도한다는 점을 기억하자. 지금까지 대부분의 논의는 일반대중의 범죄예방활동에 초점을 맞추었다. 오늘날 대다수 사람들은 공식적인 사회통제기관이 범죄를 근절하는데 책임이 있거나 있어야 한다고 믿는다. 실제로, 형사사법기관의 조치들은 억제를 통해 범죄를 없애려는 것이다.

이 주제에 있어서 중요 학자들 중의 한 사람은 억제(deterrence)를 "두려움에 의해 영향 주기"(Andenaes, 1975)로 정의한다. 그에 의하면, 잠재적 가해자들은 검거나 처벌의 두려움 때문에 범죄를 저지르지 않는다고 한다. 억제의 가능성은 처벌의 위험이 높아짐에 따라 증가한다. 한 개인이 억제될 수 있기 전에, 실제의 처벌경험이 발생해야 할 필요는 없다. 그 대신, 안데네이즈(Andenaes, 1975)는 적당한 상황이 존재한다면 처벌의 위협으로 충분할 것이라고 가정한다. "위협"이라는 아이디어와 초기 또는 미래의 행동을 전환하는 것에 대한 관심은 안데네이즈가 억제를 "일반예방(general prevention)"으로 부르도록 만들었다. 그것은 두려움을 이용하여 잠재적 범죄를 예방하려는 것이었다. 억제는 범죄예방의 한 주요한 형태이며, 조직화된 형사사법기관이 생겨난 이후의 형사사법의 초석으로 기여해왔다. 범죄예방에 대한 논의에서 억제를 간과하는 것은 억제의 역할에 대한 이해가 부족함을 가리킬 것이다. 다른 한편으로 억제는 범죄학에서 자신만의 영역을 구축해 왔다. 따라서 이 책에서 범죄의 억제에 대해 넓은 지면을 할애하는 것은 불필요하다. 이 장은 억제라는 개념 아래에 깔린 아이디어를 제시하며, 간단히 억제의 한 유형, 즉 일반억제에 대한 연구들을 살펴 볼 것이다. 억제에 대한 보다 심층적인 논의는 다른 저술가들의 몫으로 남겨놓을 것이다.

억제

억제는 두 가지의 두드러진 유형, 즉 일반억제와 특별억제로 나뉜다. 일반억제(general deterrence)는 한 범죄자 이상의 사람들에게 지속적 영향력을 행사하는 것을 목표로 한다. 바라건대 한 범죄자의 검거와 처벌은 다른 범죄자와 잠재적인 범법자들에

본보기로 작용할 것이다. 이 예에서, 한 침입절도범의 구금은 다른 사람들이 침입절도를 범하지 못하도록 억제할 것이다. 일반억제는 일차적 예방에 적합한데 왜냐하면 특정 행위가 발생하기 전에 그 행위를 예방하는 것에 초점이 맞추어져 있기 때문이다. 일반억제는 한 개인을 처벌하는 것이 다른 사람의 미래 행동에 미치는 효과에 주목한다. 이것은 사회구성원들이 범죄행위를 저지르기에 앞서 그들의 행동을 변화시킨다는 것을 의미한다. 일반억제는 분명히 최초의 범죄행위가 일어나기 전에 예방하는 기준에 적합하다고 할 것이다.

표 9.1 억제의 유형

일반 억제	법 위반을 고려하고 있을 타인들에게 영향을 주겠다는 명시적 의도를 가지고 타인에 대한 본보기로 범죄자를 처벌함
특별 억제	이미 법을 위반한 사람의 활동에 초점을 맞추고, 그런 사람이 장래에 범죄행동을 저지르지 않도록 예방하는 법을 찾음

특별억제(specific deterrence)는 개별 범죄자들이 미래에 다시 법을 어기지 않도록 유지하려는 노력을 말한다. 이것이 바라는 것은 처벌의 경험이 처벌을 당했던 사람으로 하여금 미래의 불법적 행동을 억제하도록 하는 것이다. 침입절도로 구금된 범죄자는, 일단 그가 출소하더라도, 그 경험으로 인해 어떤 추가적인 침입절도 행동을 하지 않도록 억제될 것으로 기대된다. 처벌은 목표한 사람 이외에 그 어느 누구도 영향을 미칠 것으로 기대되지 않는다. 특별억제는 이미 법을 어긴 개인의 활동에 초점을 맞추고 그 사람이 재범하여 미래의 범죄행위를 저지르지 않도록 예방하는 길을 찾는다는 점에서 삼차적 예방에 적합하다. 특별억제 (및 무력화와 관련된 쟁점들)은 15장에서 다시 계속된다.

억제의 두 가지 유형 모두 합리적 범죄자를 가정한다. 그 어떤 억제효과도 사회의 행동기준을 위반할지 아닐지를 선택하는 범죄자의 능력에 달려있다. 따라서 범죄자가 합리적 결정을 할 수 없다면 그 어떤 억제효과도 경감될 수밖에 없다. 합리성은 또한 잠재적 범죄자들이 쾌락주의적이라는 것을 가정한다(즉, 사람들은 즐거움을 추구하고 괴로움을 피한다). 처벌은 개인에게 괴로움으로 생각될 수 있고, 범죄행동의 결과는 즐거움을 나타낸다. 억제는 범죄로부터의 즐거움을 유사한 혹은 그보다 많은 정도의 괴로움으로 상쇄시키려는 것이다. 그러한 행위는 더 이상의 법위반이 없어지는 결과를 가져와야 한다. 합리적 개인이라는 가정에 심하게 의존하고 있는 일반억제는 한 사람이 경험한 고통이 유사한 행위를 고려중인 다른 사람에게 잠재적인 고통으로 보여질 것임을 시사한다.

억제의 요구조건

처벌의 억제효과는 세 가지 요소의 존재에 달려 있다. 그것은 처벌의 엄격성, 확실성, 그리고 신속성이다. 엄격성(severity)은 처벌이 범죄행위로부터 받은 즐거움을 상쇄시키기에 충분한 고통을 줄 수 있음을 확인하는 것이다. 기본가정은 개인이 범죄의 편익을 그가 잡힐 때 발생하는 잠재적 비용과 대비하여 따져본 후 행동을 결정한다는 것이다. 범죄는 불법 활동이 고통보다 더 많은 즐거움을 준다고 분석한 결과이다. 엄격성은 활동의 긍정적이고 즐거운 결과를 제거하고, 그것을 부정적이고 원치 않는 고통으로 바꾸어 놓으려 한다.

확실성(Certainty)은 어떤 사람의 행동이 검거되고 처벌될 가능성을 다룬다. 고통을 부과하는 것은 범죄자를 가려내고, 검거하고, 유죄평결을 하고, 그리고 형량을 선고하는 것을 필요로 한다. 일반억제에서 법집행의 부재는 다른 잠재적 범죄자들에게 법체계가 의문스러운 행동에 대해 개의치 않거나, 또는 법체계가 그들의 결연한 의지와 처벌을 시행할 수 없다는 것을 시사한다.

세 번째의 성공적인 구성요소는 신속성이다. 신속성(Celerity)은 사회적 대응의 신속성을 말한다. 신속성의 기저에는 처벌이 시간적으로 행동과 멀리 떨어져 있다면 그것은 행동 직후에 나오는 처벌과 같은 효과를 가지지 않을 것이라는 가정이 깔려 있다. 지연된 처벌(고통)을 초기 범죄(즐거움)과 동일시하는 개인의 능력은 시간이 지나면서 크게 줄어든다. 예를 들어, 오전 10시에 엄마의 말을 듣지 않아서 "아빠가 집에 올 때 보자"라는 말을 들었던 아동은 오후 5시에 온 아빠에 의해 부과되는 훈계를 7시간 전에 일어난 그의 행동과 대부분 동일시하지 못할 것이다. 성인에게는 기간이 하루 또는 한 주를 넘겨 크게 확장되기는 하겠지만 기본적으로 원리는 같다. 오랜 시간이 지나 고통이 부과될 때, 일탈행동으로부터 얻은 즐거움은 오래 전에 사라져 버리고 없을 것이다. 고통이 즐거움에 가깝게 일어날수록 개인이 고통과 즐거움 두 가지를 동일시할 가능성은 높아진다.

억제는 이러한 세 가지 모든 구성요소들의 존재에 의존한다. 어느 하나의 부재는 처벌의 억제효과를 크게 방해할 수 있다. 이 요인들 간의 밀접한 상호관계에도 불구하고, 대부분의 억제에 대한 연구들은 어떤 한 시점에서 단지 한 요인에만 초점을 맞추어 왔다. 다른 두 요소는 이미 주어진 것으로 보거나 완전히 무시한다. 연구들은 거의 전적으로 신속성을 무시하고(아마도 이것은 소송일정을 규정하는 법규 때문일 것이다.), 주로 엄격성과 확실성을 다룬다. 다음에 논의되는 억제연구는 두 가지 차원을 따라 정리된다. 첫 번째 분야는 법의 억제효과에 대한 연구이다. 억제 연구에서의 전통적 위치로 인해 사형에 대한 연구가 이 논의를 주도한다. 이 분야의 연구들은 다시 횡단적 분석과 종단적 분석으로 나뉜다. 두 번째 분야는 억제의 지각적 속성에 기초한 연구들이다. 다시 말해서, 사람들이 검거와 처벌의 가능성을 어떻게 지각하는가에 관한 것이다. 많은 학자들은 억제의 실패는 법의 억제적 측면에 대한 사람들의 무지 또는 불완전한 지각 탓이라고 믿는다.

법적 제재의 억제효과

억제에 대한 연구들은 수많은 다른 형태를 취한다. 횡단적 연구(cross-sectional studies)는 단지 상이한 개인들, 집단들, 주(州)들, 또는 다른 집합체들 간의 차이를 비교한다. 종단적 연구(longitudinal analyses)는, 주로 법이나 형사사법체계 활동의 움직임에 따라 나타나는, 시간에 따른 변화를 살펴본다. 패널설계(panel design)는 시간에 따라 별개의 단위들 (주나 카운티 같은)을 추적한다. 마지막으로, 메타분석(meta-analysis)은 결과를 도출하기 위한 공동의 측정치를 사용해 수많은 연구들로부터 나온 자료를 재분석하는 방식으로 기존 연구들을 검토한다.

횡단적 분석

억제연구의 한 중요한 자료는 사법관할구역에 따른 사형의 지속적 영향력에 초점을 맞춘다. 이 연구의 기저에 깔린 가정은, 형벌의 엄격성이 고려될 때, 사형이 큰 억제효과를 갖는다는 믿음이다. 사형에 관한 연구들은 잘 알려져 있지만, 이러한 연구들은 단지 처벌의 극단적인 형태만을 다룰 뿐, 일반적으로 확실성과 신속성의 쟁점을 무시한다. 결과적으로 다양한 처벌과 행위들을 살펴보는 것이 중요하다고 하겠다.

제재의 엄격성

선고의 엄격성에 관한 대부분의 횡단적 연구들은 사형제도에 초점을 맞춘다. 이 연구들은 사형제도가 있는 주와 없는 주 사이의 살인율 차이를 분석한다. 전형적으로 살인에 초점을 맞춘다. 기본 가정은, 만약 사형이 억제효과가 있다면, 사형 제도를 가진 주는 보다 낮은 살인범죄율을 나타낼 것이다.

이 분야 초기의 영향력 있는 연구에서, 경제학자 에르리히(Ehrlich, 1977)는 형벌과 낮은 살인범죄율간의 강한 연관성을 주장했다. 에르리히는 사형제도가 있는 주와 없는 주를 비교하여, 한 건의 사형이 20건 이상의 살인범죄를 억제한다고 보고하였다. 그는 사형이 억제효과가 있을 뿐만 아니라, 구금의 기간 또한 살인범죄율을 낮춘다고 지적한다(Ehrlich, 1977).

에르리히의 연구는 방법론적인 이유로 혹독하게 비판받아 왔다. 단순히 사형제도의 유무로 주를 표시하는 것은 그 주들 사이에 사형 외에 다른 알려지지 않은 차이가 있는지를 밝혀낼 수 없다(McGahey, 1980). 주들은 분명 단지 그들이 사형제도를 갖고 있는지 아닌지의 이유만으로 모든 면에서 유사하지는 않다. 사형제도의 추정 효과 보다는 다른 알려지지 않은 요인들이 살인범죄율 차이의 원인일 수 있다. (일반적으로) 횡단적 연구와 관련된 또 다른 비판은 주를 분석단위로 이용하는 것이다. 먼저 주들은 주 자체 안에서도 항상 동질적이지는 않다. 즉 주 안에서도 엄청난 다양성이 존재할 수 있다. 게다가, 주의 관할구역경계는 사형제도의 가능한 확산효과(diffusion effect)를 완전히 배제할 수 없다. 한 주에서 거주하는 사람들은 이웃 주의 사형제도의 시행이나 존재에 의해 영향을 받을 수 있다. 분명히 서민들은 법에 대해 모를 수도 있으며, 또는 사형이 시행되는 장소에 관계없이 사형집행에 의해 영향을 받을 수도 있다.

아처와 동료들(Archer et al., 1983)은 한 지역에서 다른 지역으로의 대리 억제효과가 발생할 가능성을 최소화하기 위해 국가 간 비교연구를 통해서 사형의 억제효과를 검토한다. 그들은 사형선고의 실제적 사용을 일컫는 "사실상의(de facto)" 사형제도 대신에, "법률상의(de jure)" 또는 사형 법제의 존재여부를 살펴본다. 아처와 동료들(1983)은 사형제도의 존재가 몇몇 나라에서는 낮은 살인율과 관련되고, 다른 몇몇 나라에서는 높은 살인율과 관련된다는 것을 발견한다. 이 연구의 가장 큰 문제는 살인율에 미치는 다른 복잡한(confounding) 영향들을 고려하지 못했다는 점이다. 다시 말해서 상충되는 결과는 국가들 간의 다른 요인들의 차이 때문이며, 사형제도의 영향 때문이 아닐 수 있다. 또 하나의 문제는 다른 억제요인들을 배제하고 엄격성에만 초점을 맞춘 것일 수도 있다. 단순히 법이 있다는 것만으로는 적용되는 법률의 실제 사용 또는 확실성에 대해 아무것도 알려주지 않는다.

처벌의 확실성

처벌의 확실성의 효과에 대해 검토하는 연구들은 일반적으로 사형제도에 대해 고심하지 않는다. 티틀과 로우(Tittle and Rowe, 1974)는 체포의 확실성(certainty of arrest)과 그것이 전반적인 범죄율에 미치는 효과에 대해 살펴본다. 플로리다의 데이터를 이용하여, 그들은 검거의 확률(검거율)이 매우 낮을 때는 검거의 확실성이 아무런 효과를 갖지 않는다는 것을 지적한다. 확실성은 검거율이 30%에 이르거나 그 이상이 되어야 겨우 효과가 있다. 기르켄과 가브(Geerken and Gove, 1977)는 다른 유형의 범죄에 대해 검거의 확실성을 살펴본다. 계획될 가능성이 높고 따라서 억제되어야 하는 재산범죄는 검거율과 부적으로 관련되어 있다. 보다 즉흥적인 대인범죄와 검거 간에는 거의 아무런 관계가 없다. 포스트(Forst, 1977)는 또한 높은 유죄평결율(conviction rate)을 보이는 주일수록 낮은 살인범죄율을 나타낸다는 것을 발견한다. 그러나 그 관계는 해당 주의 인종과 경제적 구조와 같은 다른 사회적 변수들의 영향에 의해 복잡하게(confounded) 얽혀있었다. 마지막으로, 유와 리스카(Yu and Liska, 1993)는 검거의 확실성이 인종에 따라서 특유의 강한 억제효과를 갖고 있다고 보고한다. 다시 말해서, 흑인과 백인의 범죄율은 흑인과 백인의 검거율과 각각 관계가 있었고, 그 관계는 흑인에게 있어 더욱 강하다. 이 연구들이 보여주고자 하는 것은 비록 검거 및 처벌의 확실성이 낮은 범죄율과 어떤 관계가 있기는 하지만, 그 관계의 본질이 전적으로 명확하지는 않다는 것이다.

엄격성과 확실성의 조합

많은 연구들은 엄격성과 확실성의 분석을 조합했다. 살인에 대한 구금형의 수와 길이에서의 주들 간 차이 분석에 기초하여 깁스(Gibbs, 1968)는 살인율이 처벌의 엄격성과 확실성에 부적(-)으로 관련되어 있다고 보고한다. 티틀(Tittle, 1969)은 FBI의 모든 1부 지표범죄(Part Ⅰ offence)에 대해 다양한 인구학적 변수들을 통제한 상태에서 유사한 분석을 한 후, 엄격성과 살인범죄 간에는 부적인 관계를 발견하지만, 다른 범죄에 있어서는 아무런 관계도 발견하지 못한다. 나머지 1부 지표범죄들은 단지 처벌의 확실성에 의해서만 영향을 받는다. 파셀(Passell, 1975)은 주들의 법 및 인구학적 변수들을 살펴본 후 엄격성과 확실성 모두가 효과가 있음을 발견한다. 그는 유죄평결율(확실성)과 구금형(엄격성)이 모두 주의 살인범죄율에 부적으로 관련되어 있음을 발견한다. 마지막으로, 샘슨(Sampson, 1986)은 171개 미국 도시들에서 확실성을 지역검거율로, 그리고 엄격성을 수감과 구금(jail and imprisonment)의 위험으로 평가한다. 다양한 인구학적 요인들을 통제한 상태에서, 확실성과 엄격성이 모두 강도에 지속적 영향력 (impact)을 미치지만, 살인에는 거의 효과가 없었다(Sampson, 1986).

요약

비록 완전한 동의가 이루어진 것은 아니지만, 연구들은 횡단적 억제 연구에서 엄격성과 확실성이 통계적으로 유의미한 영향력을 갖는다는 것을 밝혀냈다. 그러나 로건(Logan, 1972)은 엄격성과 확실성의 요인들이 서로 반대방향으로 영향을 준다고 주장한다. 그는 처벌의 엄격성에서의 증가가 형사사법기관 종사자들로 하여금 누구를 처벌할지 보다 까다롭게 선별하도록 유도한다고 지적한다. 유사하게, 확실성이 증가되면 기소변경이나 법 개정에 대한 대중의 항의를 초래할 수도 있다. 어떤 방식이든, 확실성과 엄격성은 다른 요인들의 변화를 수용하는 방식으로 변경된다.

종단적 연구

억제연구의 보다 일반적인 형태는 종단적 분석을 포함하는데, 종단적 연구는 몇 가지 조건의 변화가 도입됨에 따른 종속변수에서의 변화를 살펴본다. 이것의 한 예는 사형집행을 전후한 살인율의 변화를 분석하는 것이다. 종단적 연구는 이점이 많다. 첫째, 같은 사법관할지역을 서로 다른 두 시점에서 살펴봄으로써, 지리적 영역들 간의 차이를 보는 횡단적 연구의 편향된 결과문제를 극복할 수 있다. 둘째, 한 사법관찰지역을 대상으로 함으로써 연구자는 개입시점과 종속변수가 변화하는 시점을 분리해낼 수 있다. 종단적 연구의 세 번째 이점은 관찰자가 변화가 일어날 때를 볼 수 있고, 개인과 변화간의 시간 지체(time lag)를 평가할 수 있으며, 그리고 그 효과가 단기적인지 장기적인지를 검토할 수 있다. 다시 말해서, 종속변수(범죄율)의 변화는 시간이 지남에 따라 사라지고, 개입이전의 수준으로 되돌아갈까? 그 무엇보다, 이러한 이점들이 종단적 분석을 선호하는 기법으로 만든다.

제재의 엄격성

에르리히(Ehrlich, 1975)는, 살인이 검거, 유죄평결, 그리고 사형집행의 확률과 어떤 관계에 있는지를 분석하면서, 각각의 사형집행이 7-8건의 살인을 억제한다고 주장한다. 그는 이 결과가 모집단의 연령과 사회경제적 지표와 같은 다수의 인구학적 변수들을 통제할 때도 지속된다고 주장한다(Ehrlich, 1975). 에르리히의 연구 결과는 사형에 호의적인 사람들의 집회 구호(rallying cry)로 사용되어 왔다. 그것은 또한 미연방대법원(the U.S. Supreme Court)에서 사형에 대한 호의적인 주장의 근거로도 사용되어 왔다.

이 연구의 결과는 집중포화를 받았다. 비판자들은 에르리히의 연구에서 가장 문제시되는 쟁점으로 데이터의 선택과 변수의 조작화를 지적한다. 파셀과 테일러(Passell and Taylor, 1977)는 에르리히가 발견한 억제효과가 단지 1963년에서 1969년 사이에서만 사실이라고 보고한다. 1933년에서 1962년 사이를 조사하면 아무런 유의미한 억제효과를 보이지 않는다. 1960년대를 포함하는 것은 중요한 논쟁 사항이 된다. 그 시기는 살인율이 증가하고 있었던 반면에, 사형의 집행은 감소하거나 법령에서 제거되고 있었다. 그 결과, 필연적으로 억제효과가 발견되는 것이다. 파셀과 테일러(1977) 그리고 바우어스와 피어스(Bowers and Pierce, 1975)도 방법론적 기법을 바꾸면 에르리히의 중요한 발견 중 많은 부분이 부정된다는 것을 증거를 통해 보여준다.

사형의 억제효과는 이후에도 많은 후속적 관심을 받았다. 필립스(D.P.Phillips, 1980)는 사형집행 직전 일주일들과 사형집행 직후 일주일들을 비교한 후, 사형집행이 단기간이나마 살인의 감소를 가져왔다는 것을 발견한다. 그러나 이 생명구제효과는(saving in life) 시간이 흐르면서 살인이 증가함에 따라 소멸되었다(Phillips, 1980). 사형집행은 살인을 제거하기보다는 지연시키는 것으로 나타난다. 랜드와 동료들(Land et al., 2009, 2012)은 1994년에서 2007년까지 텍사스에서 살인에 미치는 사형집행의 효과를 고려하였다. 텍사스가 선택된 이유는 사형집행을 자주 시행하기 때문이었다. 저자들은 사형집행 다음 달에 작지만 유의미한 살인의 감소를 발견하였다. 다만 그 후속되는 몇 달간 살인의 작은 반등이 발견된다(Land et al., 2012).

모든 연구가 사형집행의 억제효과를 보고하는 것은 아니다. 소렌슨과 동료들(Sorenson et al., 1999)은 텍사스에서 14년의 기간에 걸쳐 사형집행의 영향력을 검토한 결과, 월별 살인율은 사형집행의 수와 관련이 없다고 보고하였다. 대신 다양한 인구학적 측정치들이 살인율에 대한 더 좋은 예측변수들이었다(Sorenson et al., 1999). 캇츠와 동료들(Katz et al., 2003)도 1950년에서 1990년까지 주 수준의 연간 자료(annual state-level data)를 검토한 후, 사형이 살인율에, 있다면 아주 조금, 영향력이 거의 없다고 보고한다. 억제효과가 잘 나타나지 않는 것을 가장 강력하게 설명할 수 있는 것 중의 하나가 기소되어 사형을 선고받은 사람들의 수에 비해 실제 집행이 이루어지는 수는 적기 때문이라는 것이다. 또한 범죄율은 장시간에 걸쳐 엄청난 변이가 발생하기 때문에 살인에서 발생하는 그 어떤 변화를 드물게 발생하는 사형집행에 전해주는 것이 어렵게 된다(Donohue and Wolfers, 2005; Katz et al., 2003). 도노휴와 울퍼스(2005)는 사형집행의 불확실성으로 인해 사형집행이 큰 영향력을 행사할 것이라고 가정하기가 어렵게 만든다는 점을 지적한다. 드물게 예외는 있으나, 전적으로 제재의 엄격성만을 바라보는 연구들은 사형에서의 억제 효과를 발견하지 못한다.

캣츠와 동료들(Kats et al., 2003)은 1950부터 1990년까지의 주 단위의 연간자료를 조사하고, 사형이 살인율에 별다른 효과가 없다고 보고하였다. 억제효과의 부재에 대한 유력한 설명은 유죄선고를 받고 사형이 확정된 사람의 수에 비해 상대적으로 사형집행의 숫자가 너무 적다는 것이다. 그리고 살인율이 장기간에 걸쳐 상당한 변이가 있기 때문에 드문 살인집행에게 살인에서의 어떠한 변화를 전해주기가 어렵다(Donohue and Wolfers, 2005; Kats et al., 2003). 도노휴와 울퍼스(Donohue and Wolfers, 2005)는 사형집행의 불확실성이 사형제도가 많은 효과를 가질 것이라는 가정을 어렵게 만든다고 본다. 드문 사형집행과 함께, 처벌의 엄격성을 배타적으로 살펴보는 연구는 사형의 억제효과를 찾는데 실패하였다.

사형의 다른 가능한 효과는 계속해서 일어나는 범죄에서의 증가이다. 당연히, 어떤 연구도 사형집행과 살인간의 정적인 관계를 발견하지 못한다. 그러나 이 발견은 1907년에서 1963년 사이의 뉴욕에서의 사형집행에 대한 분석에서 나타났다(Bowers and Pierce, 1980). 바우어스와 피어스는 사형직후의 첫 달에는 2건 이상의 살인이 발생하며, 사형집행 후의 2번째 달에는 1건 이상의 살인이 보통 예상된다고 주장한다. 사형의 1건 집행은 3건의 살인을 발생시키는 것으로 보인다. 바우어스와 피어스(1980)는 이것을 사형의 야수화 효과(brutalization effect)라고 말한다. 코크란과 동료들(Cochran et al., 1994)은 특별히 야수화 효과를 검증하고 피해자가 중요하게 여겨지지 않는 곳에서 낯선 사람에 의한 살인이 증가했음을 발견했다. 이러한 발견에 대한 지지는 베일리(1998)의 오클라호마 자료 분석에서도 증명되었다. 베일리는 야수화의 증거가 낯선 사람에 의한 살인에서 나타나고 다른 예측요인을 통제한 후에도 지속되었음을 지적하고 있다.

억제에 대한 종단적 연구들은 사형에 국한되지는 않았다. 음주운전의 처벌도 또한 억제효과를 가질 수 있다. 로스(Ross, 1982)는 상이한 국가들에 있어서의 음주운전법의 효과를 살펴본다. 음주운전에 대한 처벌의 엄격성을 증가시키는 것은 거의 효과가 없으며, 있다 해도 미미한 수준에 불과하다. 그는 엄격성의 수준에서의 변화가 종종 형사사법기관의 종사자들에 의해 약화되었는데, 이것은 그들이 범죄자들을 소환하지 못하거나 차별적인 벌금을 적용하지 못했기 때문이다(Ross, 1982). 음주운전 법의 변화에 대한 한 분석은 유사하게 억제효과가 없다는 것을 보여준다(West et al., 1989). 1982년 6월에, 애리조나는 음주운전 초범에 대해 24시간의 구금형, 면허정지, 그리고 250달러 이하의 벌금으로 법을 개정했다. 웨스트와 동료들(West et al., 1989)은 1976년에서 1984년까지의 월별 통계를 이용하여, 교통사고 사망률의 일시적 감소가 나타났지만, 음주운전의 소환(citation)에는 아무런 효과가 없다고 지적했다. 보다 중요한 것으로, 관찰된 음주운전의 변화는 법 개정보다는 대중매체의 보도에 기인하는 것으로 나타난다. 음주운전 입법에 대한 다른 분석들은 처벌의 확실성을 도입하여 처벌의 엄격성에서의 변화를 분석한다.

삼진법(three-strikes laws)의 영향력에 관한 연구는 또한 제한적 억제효과를 보여준다. 이 법들은 삼진아웃에 해당한 범행을 저지른 사람들에 대해 장기 구금 기간을 부가한다. 짐링과 동료들(Zimring et al., 2001)은 캘리포니아 주의 삼진법이, 비록 이미 투 스트라이크보다는 적은 범죄자들에게만 영향을 주기는 했지만, 강력범죄를 대략 2 퍼센트 정도 줄일 수 있었다고 주장한다. 헬랜드와 타바록(Helland and Tabarrok, 2007)은 더 큰 영향력을 알아냈다. 그들은 이미 두 번의 체포를 경험한 범죄자들의 체포가 그 법의 통과 이후 20 퍼센트나 떨어졌다고 보고한다. 처벌의 증가가 억제적 영향력을 갖는다는 것은 분명하다.

검거의 확실성

검거와 처벌의 확실성은 법을 개정함으로써 높일 수 있다. 예를 들어, 영국 교통안전법은 혈중알코올농도가 0.08% 이상이면 범죄의 구성요건이 된다고 규정했다(Ross, 1982). 이 기준에 맞는 사람은 바로 유죄가 인정된다. 그러한 확실성의 수준을 따라서 처벌의 엄격성도 증가되었다. 그러나 엄격성은 대부분의 연구에서 확실성에 비해 부차적이다. 로스(1982)는 혈중알코올농도 기준을 변경하는 것은 대부분 교통사고 사망자수를 감소시킨다고 주장한다. 그러나 그 효과는 단기적이며, 교통사고 사망자수는 개입이전의 수준으로 돌아온다. 이것은 분석된 많은 지역에서 사실로 나타난다. 필립스와 동료들(Phillips et al., 1984)은 영국 교통안전법의 효과를 재분석하여, 그 법이 교통사고 사망자수에 대해 미미한 효과만을 가진다는 것을 발견한다. 오히려 운전거리와 강우량이 보다 영향력 있는 변수들이다. 흥미롭게도, 강한 경찰의 "전격작전(blitzes)"을 통해 검거의 확실성을 더욱 증가시키려는 시도는 억제효과를 갖는 것으로 나타난다(Ross, 1982). 이것은 적어도 전격작전의 지속기간 동안에는 사실로 유지된다.

경찰의 활동 역시 억제효과를 가져올 수 있다. 버식과 동료들(Bursik et al., 1990)은 이웃에서 일어나는 강도에 대한 검거패턴의 효과를 분석한다. 그는 5개 오클라호마(Oklahoma)시 지역에서 100 주 이상의 기간 동안 접수된 신고를 분석한다. 그 자료에 대한 분석에 의하면, 현장검거는 강도의 수에 대해 아무런 억제효과를 가지지 않은 것으로 나타난다. 경찰활동의 효과를 평가하는 데 있어서 두 가지 잠재적인 문제는 강도건수가 너무 적다는 점과 현장검거율(on-site arrest)이 너무 낮다는 점이다. 이러한 요인들 모두는 실제의 검거효과가 보이지 않게 할 수도 있다(Bursik et al., 1990).

경찰활동의 효과를 분석하는 또 다른 방식은 경찰단속을 살펴보는 것이다. 셔먼(Sherman, 1990)은 다양한 유형의 범죄(음주운전, 매춘, 약물판매)에 대해서 경찰이 단속하려고 노력한 사례연구를 재검토하고, 단속이 대상범죄에 대해 짧고, 즉시의 억제효과를 가진다고 보고한다. 억제효과는 시간이 지남에 따라 감소되었지만, 일부 연구들은 단속이 끝난 후에도 지속적인 억제효과가 있는 것으로 나타났다(Sherman, 1990). 셔먼과 웨이스버드(Sherman and Weisburd, 1995)는 우범지역에 대한 집중순찰을 분석하고, 순찰이 경찰출동에 대한 요구와 범죄/무질서를 상당히 줄이는 억제효과가 있다는 것을 발견한다. 경찰과 형사사법기관의 강력한 개입을 통한 보스턴의 갱 폭력을 없애기 위한 노력도 범죄를 감소시키는 결과를 얻었다(Kennedy, 2008). 영국에서의 경찰단속에 대한 유사한 분석도 범죄에 대하여 억제효과가 발견되었다(Tilley, 2004).

패널연구

최근의 몇몇 연구는 횡단연구와 종단연구에서의 문제점을 피하는 수단으로서 패널데이터에 의존해왔다. 패널 설계는 일정 기간에 걸쳐서 많은 구별되는 단위들(주, 카운티, 혹은 개인과 같은)이 따른다. 많은 측면에서 단일 연구에서 횡단연구와 종단연구의 조합이라고 볼 수 있다. 셰퍼드(Shepherd, 2005)는 횡단연구와 종단연구 둘 다 심각한 문제점이 있다고 지적한다. 단순한 종단연구는 단일집단 속으로 이질적 관찰을 모으는 결과를 초래한다. 예를 들면 한 주로부터의 결과들은 다른 주의 결과들에 의해 상쇄되면서, 각 개별 주로부터의 결과를 가릴 수 있다. 횡단연구는 시간에 따른 변화를 설명할 수 없고, 종종 같은 횡단면 내의 연구 분석단위 사이의 핵심적 차이를 놓친다. 전형적인 종단연구 그리고 횡단연구들은 또한 시간에 걸쳐, 그리고 분석단위(예를 들면 주)의 측면에서 관찰 개수가 너무 적다(Shepherd, 2005). 사형에 관한 최근의 많은 패널연구는 오랜 시간에 걸쳐서 카운티 수준의 데이터를 활용한다.

대부분의 최근 패널분석은 사형의 억제효과에 강한 지지를 보낸다. 데즈바흐쉬와 동료들(Dezhbakhsh et al., 2003)은 1977년에서 1996년의 카운티 수준의 데이터를 사용하여 사형의 억제효과를 조사하였다. 이 자료는 그들에게 카운티에 걸친 경제적, 인구학적, 사법적 변이들을 고려할 수 있도록 하였다. 복잡한 통계학적 모델을 사용하여, 저자들은 각 사형집행 하나가 18개의 살인을 억제한다고 주장한다. 셰퍼드(Shepherd, 2004)는 주 단위의 패널 자료를 사용하여 유사한 분석을 수행하였는데, 사형수의 판결과 잠재적 억제로서 실제 사형집행, 둘 모두를 고려하였다. 저자는 각 사형수의 판결은 4.5개의 살인을 억제하고, 반면에 각 사형집행 하나는 3개의 살인을 줄이는 결과를 낳는다고 주장하였다. 셰퍼드(2004)는 또한 보다 신속하게 실행된 사형선고도 역시 다수의 살인을 줄인다고 보았다. 여기서 다루는 마지막 연구는 사형의 억제효과에 대한 중요한 점을 발견한다. 셰퍼드(Shepherd, 2005)는 이미 논의한 카운티 수준의 자료를 사용한 연구와 유사한 패널분석을 착수하고 경제적, 인구학적, 그리고 사법적 요인들을 통제하였다. 전체적인 결과는 각 사형집행 하나가 4.5개의 살인을 줄인 반면에, 그 결과가 주마다 현저하게 차이가 존재했다. 정말로, 사형은 6개 주에서는 억제효과가 있었지만, 13개 주에서는 야수화(brutalization)효과가 나타났다. 주들 사이의 이러한 차이점의 이유를 밝혀내려는 시도를 하면서, 셰퍼드(2005)는 다른 주들에서 수행된 몇몇의 사형집행들을 살펴보았다. 그녀는 사형집행이 억제효과를 가지기 위해서는 반드시 도달해야 할 경계점이 되는 사형집행의 숫자가 존재한다는 것을 발견하였다. 그녀의 분석은 살인이 억제되기 위해서는 적어도 9개의 사형집행이 필요하다는 것을 보여준다(Shepherd, 2005). 이보다 적은 수의 사형집행이 수행되는 주에서는 살인의 증가가 나타날 것이다(야수화 효과).

불행히도, 사형의 강력한 억제효과를 주장하는 데즈바흐쉬와 동료들(Dezhbakhsh et al., 2003), 셰퍼드(Shepherd, 2004), 그리고 그 밖의 다른 연구들에서 발견되는 몇 개의 방법론적 문제들은 그들의 결론에 의문점을 제기한다. 이전에 언급한 것처럼, 해마다 나타나는 살인율에서의 광범위한 변이는 살인에서의 어떠한 변화를 형사사법기관의 활동 덕분으로 돌리는 것을 어렵게 만든다. 살인율의 변동과 결부되어, 적은 수의 사형집행도 불가능하지는 않지만, 사형집행의 효과를 찾아내는 것을 어렵게 만든다(Donohue and Wolfers, 2005). 분석에 포함되는 형사사법기관의 운영에 관한 많은 측정들은 많은 변이와 측정오류를 낳을 수 있고(Fagan et al., 2006), 이것이 전체결과에 영향을 미친다(Tonry, 2008). 도노휴와 울퍼스(Donohue and Wolfers, 2005)도 역시 데즈바흐쉬와 동료들(2003)의 자료가 동시에 (강간과 폭행을 포함하는) 많은 대인폭력 범죄에서의 증가를 보여주고 있어서 살인에서의 변화에 의문을 가지게 된다고 지적한다. 일반적으로 합의된 의견은 만약 있다면, 사형집행은 살인에 제한적 효과를 가진다는 것이다.(예를 들면 Fagan et al., 2006; Donohue and Wolfers, 2005; Katz et al., 2003; Pratt et al., 2008 등을 참조하라).

요약

대부분의 연구는 몇몇 일반적인 발견들을 보여준다. 엄격성이 개별적인 억제효과가 있다는 증거는 거의 없다. 반대로, 검거와 처벌의 확실성은 범죄에 약간의 효과를 가진 것으로 보인다. 이 후자의 주장이 가지는 한 문제는 확실성을 발견하는 많은 연구들이 꽤 엄격한 형벌이 부과되는 범죄를 다룬다는 사실이다. 분명히, 살인에 대한 검거와 처벌의 확실성의 증가는 사형이나 상당한 기간의 구금형을 불러오게 된다. 한 요인의 발생은 두 번째 요인을 가져온다. 그러면, 엄격성과 확실성 모두를 살펴보는 연구들은 왜 단지 어떤 효과가 확실성에만 관련이 되어 있는 것을 발견하는가? 대답은 인지된 검거와 처벌의 위험에서 발견된다.

지각과 억제

처벌이 범죄를 얼마나 억제할 수 있는지는, 잠재적 범죄자가 법과 형사사법기관에 대해 어떻게 느끼는지에 따라 달라진다. 법의 존재 또는 처벌의 실제 부과는 단지 스스로 위험을 지각하는 사람들에게만 영향을 미칠 것이다. 법에 대해 무지한 사람은 단지 법이 존재한다는 이유로 인해 금지된 행동을 삼갈 것이라고 기대할 수는 없다. 법의 위반으로 인해 초래되는 검거의 가능성과 형벌에 대한 지식이 없다는 것은 또한 억제효과를 소멸시킬 수 있다. 예를 들어, 상점절도가 어떤 범죄라는 단순한 지식은 억제를 위해 충분하지 않을 수 있다. 잠재적인 범죄자는 검거의 가능성이 낮고 위반에 대한 벌칙이 (한 개인이 받아들일만한 대안인) 보호관찰이라고 믿을지도 모른다. 이러한 경우는 모두 억제의 가능성은 크지 않다. 억제효과가 없는 것은 잠재적 범죄자들이 법과 형사사법기관에 대해 상이하게 지각하기 때문이다.

다양한 연구들은 일반인뿐만 아니라, 범죄자들이 종종 법과 법의 개정을 모른다고 한다. 안데네이즈(Andenaes, 1975)는 법과 처벌에 대한 대중의 지각에 대한 연구들을 재검토하고, 일반대중은 범죄에 부과되는 형벌에 대해 거의 알지 못한다고 지적한다. 더욱이, 범죄자는 형사사법기관에 들어간 후에야 제재에 관해 알게 된다. 그는 어떤 개인이 형벌에 대한 지식을 갖고 있다고 할지라도, 또 다른 주로의 이동은 종종 법과 제재에서의 변화를 가져올 것이라고 지적한다. 실제로, 주내에서의 법령의 변화는 보통 대중에 의해 인지되지 않는다(Andenaes, 1975). 법령은 단지 가능한 제재에 대해 규정된 정보만을 제공할 수 있다는 점이 지적되어야 한다. 그것들은 검거의 가능성이나 가능한 최대 형량의 실제 부과를 나타내지 않는다. 실제로, 연구자는 형사사법기관이 고발이나 유죄답변협상제도(plea bargaining)와 같은 수단을 통하여 법의 변화를 조화시키도록 조정하는 것을 보여준다(Tonry, 2008). 다양한 다른 연구들은 또한 대중이 법과 법령의 변화에 대해 거의 모른다고 지적한다(Berger et al., 1990; Social Psychiatry Research Associates, 1968; Williams and Hawkins, 1986; Zimring and Hawkins, 1973). 따라서 일반억제의 연구에서 지각의 역할을 살펴보는 것은 중요하다.

인지된 확실성

억제에 관한 문헌은 위험에 대한 지각의 증가가 일탈행동을 감소시킨다는 증거를 제공한다. 에릭슨과 동료들(Erickson et al., 1977)은 지각과 억제에 관한 초기연구들 중의 하나를 수행한다. 그들은 1,700명의 고등학생들을 조사하고, 그들의 일탈행동과 자기보고된 범죄에 대한 인지된 검거 및 구금을 질문하였다. 그들은 인지된 검거 또는 구금의 확실성이 높을수록 자기보고된 비행이 적다는 것을 발견한다. 다시 말해서, 해당 범죄로 인해 검거되거나 구금될 가능성을 높게 보는 청소년일수록, 그러한 유형의 일탈행동을 덜 하는 경향이 있다. 에릭슨과 동료들(1977)은 어떤 범죄에 대한 사회적 비난은 인지된 검거 및 처벌만큼 범죄에 영향을 미칠 수 있다고 지적한다. 사회적 비난의 수준은 인지된 형사사법기관의 대응을 만들어 내는데 일조한다. 내긴(Nagin, 1988)은 억제와 관련된 문헌을 재검토한 후, 연구결과들은 인지된 위험은 분명히 범죄를 저지를 확률을 낮춘다는 것을 보여준다고 주장한다.

다른 연구들은 지각에 미치는 영향이 미미하다고 주장한다. 젠센과 동료들(Jensen et al., 1978)은 5,000명의 고등학생들을 대상으로, 그리고 필리아빈과 동료들(Piliavin et al., 1986)은 만 17-20세의 중퇴생들을 대상으로 동일한 사실을 발견한다. 초기연구와는 달리 이 연구들은 인지된 검거의 확실성과 자기보고된 비행들 사이에 거의 관계가 없으며, 있다 해도 미미한 수준이라는 것을 발견한다. 오히려 필리아빈과 동료들(1986)은 범죄의 기회는 인지된 위험이나 제재보다 더 중요하다고 주장한다. 포그리아(Foglia, 1997)는 수입이 낮고 범죄율이 높은 지역의 고등학생들에게 미치는 지각의 영향을 조사한 후, 인지된 확실성은 자기보고된 비행과는 관계가 없다는 것을 보여주었다. 저자는 이러한 결과는 수입과 응답자의 주거지위(residential status)의 영향일 수도 있다고 제안한다.

인지된 처벌의 확실성에 대한 연구에서 한 문제는 지각과 실제 범죄의 시간적 순서에 관한 것이다. 학자들은 인지된 검거가 범죄를 억제하는지, 아니면 개인의 실제 검거가 인지된 위험을 높이는지에 대해 의문을 가져왔다(Bishop, 1984a; Bishop, 1984b; Jensen and Stitt, 1982; Paternoster et al., 1982; Paternoster et al., 1985; Saltzman et al., 1982). 이 후자의 가능성은 경험효과(experiential effect)라고 불린다. 인지된 검거 및 처벌의 확실성에 대한 대부분의 연구가 갖고 있는 문제는 분석에서 어떤 사람의 현재의 지각을 측정하고, 과거의 일탈행동과 관련시킨다는 것이다. 미심쩍게도, 과거에 범죄를 많이 했을수록 인지된 위험이 낮다는 것은, 과거의 검거 경험이 없는 것이 현재의 낮은 인지된 위험을 만들어낼 수 있다(경험효과). 이 경우에 지각은 행동 후에 나타나는 것이다. 이 연구를 비판하는 사람들은 현재의 지각과 미래의 행동과의 관계를 분석할 필요성을 지적한다. 그래야 이것이 경험효과가 아닌, 억제효과를 나타낼 것이다.

많은 연구들이 억제효과와 경험효과 중 어느 것이 상대적으로 더 우세한지를 분석해 왔다. 젠센과 스팃트(Jensen and Stitt, 1982)는 과거행동, 의도된 미래의 행동, 그리고 인지된 위험에 대해 자기보고식 조사의 결과를 보고한다. 그들은 인지된 검거의 위험이 미래에 법을 위반할 의도와 유의미하게 관련되어 있다는 것을 발견한다. 검거의 위험이 거의 없다고 보는 사람들은 다른 사람에 비해 법을 위반할 가능성이 보다 높았다. 더욱이, 그들은 인지된 위험은 과거의 일탈행동보다 미래의 행동의도를 보다 적절히 설명한다고 주장한다(Jensen and Stitt, 1982). 이런 연구에서 나타나는 문제는 행동에 대한 실제측정 대신에 행동을 할 의도를 사용하는 것이다. 의도가 행동으로 나타나지 않는 것은 당연히 가능하다.

지각과 행동 간의 관계를 살펴보는 문제에 대한 한 해결책은 종단적 자료를 이용하는 것이다. 그러한 접근은 조기에 지각을 측정하고, 그 다음에 조사대상자의 실제 행동을 측정할 수 있다. 비숍(Bishop, 1984a; 1984b)은 미래행동에 대한 지각의 효과(억제효과)와, 미래의 지각에 대한 행동의 효과(경험효과)를 평가한다. 그녀는 높은 수준의 인지된 검거의 위험은 미래에 행동을 하지 않게 하는 원인이 된다는 것을 발견한다. 이것은 억제의 주장을 지지한다. 그러나 과거행동의 효과는 그 행동에 대한 지각보다는 이후의 지각에 더 큰 효과를 가진다. 이것은 경험효과가 억제효과보다 크다는 것을 의미한다(Bishop, 1984a). 그녀는 경험효과가 청소년, 여성, 그리고 백인에게 보다 강하다고 지적한다. 대학의 신입생에 대한 자기보고식 조사에 기초한 세 개의 다른 연구들도 또한 경험효과가 억제효과보다 강하다는 것을 발견한다(Paternoster et al., 1982; Paternoster et al., 1985; Saltzman et al., 1982). 많은 일탈의 경험을 가진 학생은 검거의 위험을 낮게 지각한다. 페터나스터와 동료들(Paternoster et al., 1985)은 처음에 위험을 높게 지각하던 범죄의 경험없는 사람들이 검거되지 않고 일탈행동을 하기 시작한 후 그들의 검거의 위험에 대한 지각을 수정한다고 지적한다. 검거되지 않고 행동을 경험하는 것은 지각을 변화시킨다. 이것은 경험효과가 작동하는 것이다.

스태포드와 워(Stafford and Warr, 1993)는 경험을, 억제의 주요 요소로서, 직접경험과 대리경험으로 재개념화했다. 처벌과 처벌회피에 대한 직접경험과 간접경험은 억제의 수준에 영향을 줄 수 있다. 본질적으로, 경험은 개인의 지각에 영향을 줄 수 있다. 그들은 경험을 억제와 별개의 것으로 보기보다는, 억제효과의 필수적인 부분으로 본다. 페터나스터와 피쿠에로(Paternoster and Piquero, 1995)는 경험이 실제로 인지된 위험과 관련되어 있다는 것을 발견한다. 유사하게, 제이콥스(Jacobs, 1996)는 개인이 검거와 처벌을 피하기 위해 그들의 행동을 바꾸기 위해 경험과 상황적 단서들을 이용한다고 주장한다.

인지된 억제효과에 대한 연구들은 억제효과가 없다고 하지는 않는다. 오히려, 그들은 억제가 개인의 경험만큼 중요하지는 않다는 것을 발견한다. 각 연구는 인지된 검거의 위험이 적어도 다소의 억제효과가 있다고 보고한다. 그러나 검거의 확실성의 수준은 과거에 검거된 경험이 없는 경우 미약해진다. 동시에, 경험은 억제의 주요 구성요소로서 재개념화될 수 있다. 이 연구들은 또한 인지된 검거 및 처벌의 확실성만을 살펴본다. 이 장의 앞에서 살펴본 연구결과에 기초하여, 확실성이 가장 중요한 억제기준이라고 할지라도, 인지된 엄격성과 신속성은 개별적 요소로서 그리고 확실성과 관련하여 분석될 필요가 있다.

인지된 엄격성

처벌의 인지된 엄격성은 검거의 확실성만큼 큰 관심을 끌지 못했다. 안데네이즈(Andenaes, 1975)가 재검토한 연구들은 처벌의 지식과 인지된 엄격성만을 보지만, 이러한 요인들을 미래행동의 억제와 관련시켜 보지 않는다. 메이어와 존슨(Meier and Johnson, 1977)은 자기보고된 일탈행동과 일탈을 하지 않는 이유를 살펴본다. 그들은 성인의 마리화나 사용을 대상으로, 법적 변수(예를 들어 법령에 대한 지식, 인지된 엄격성), 사회적 지지(다시 말해서 친구의 약물사용), 약물사용에 대한 태도, 그리고 다양한 인구학적 요인들과 같은 다양한 독립변수들을 이용한다. 그들은 인지된 처벌의 엄격성이 증가함에 따라 마리화나의 사용수준은 감소한다는 것을 발견한다. 검거의 확실성은 종속변수에 아무런 관계를 보여주지 않는다. 그러나 엄격성은 조합된 법적 요인들을 따라서, 사회적 배경요인과 사회적 지지요인의 효과에 비해 미미한 효과만을 가지고 있었다(Meier and Johnson, 1977). 이 연구를 동일하게 반복한 연구(Williams, 1983)도 동일한 기본적 발견들을 보고하며, 억제에서 엄격성의 중요성에 또한 의문을 제기한다.

윌리엄스와 호킨스(Williams and Hawkins, 1989)는 아내폭행에 대해 검거와 인지된 검거의 효과를 분석한다. 이 연구는 인지된 법적 처벌, 교도소에 갈 가능성, 개인 간의 애착에 대한 손상, 검거로부터의 낙인, 그리고 (어떤 사람의 일자리와 같은) 전통적 활동에 대한 위험과 같은 요인들을 측정한다. 그들은 미국의 기혼 및 동거상태인 남성을 대상으로, 인지된 낙인과 사회적 거부(social disapproval)가 조사대상자들의 가장 큰 관심사였다고 말한다. 교도소에 갈 가능성과 형사사법기관에 의해 처벌받는 것은 사회적 요인들에 비해 약한 억제요인이다(Williams and Hawkins, 1989). 이 모든 연구들은 앞서 논의한 경험효과와 억제효과라는 각축하는 문제 측면에서 비판받을 수 있다.

조합된 억제요인들

몇몇 연구들은 인지된 확실성, 엄격성, 그리고 신속성을 같은 분석 내에서 측정하려고 시도한다. 한 초기연구(Tittle, 1977)는 어떤 행동에 대한 용인수준은 처벌의 인지된 확실성이나 엄격성의 억제 측면을 능가한다고 보고한다. 홀링거와 클라크(Hollinger and Clark, 1983)는 인지된 엄격성과 확실성은 억제효과를 가진다는 것을 발견한다. 종업원 절도(employee theft)의 수준은 인지된 위험이 증가함에 따라, 그리고 사람들이 보다 엄격한 처벌을 가능한 결과로 봄에 따라 감소한다. 페스텔로(Pestello, 1984)는 세 가지 억제요인들, 즉 확실성, 엄격성, 그리고 신속성을 모두 고려하는 한 연구결과를 제시한다. 그는 고등학생들을 대상으로 그들의 학교에서의 규율위반행동(misbehavior)과 그들의 학교규율과 관련된 인지된 각 억제요인들을 조사했다. 그 결과는 인지된 처벌의 엄격성과 신속성은 행동의 결과에 대한 두려움을 증가시켰고, 따라서 위반행동의 가능성을 감소시킨다는 것이었다(Pestello, 1984). 이것은 행동에 대한 엄격성의 유의미한 효과를 보고하는 몇 안 되는 연구들 중의 하나이다. 이것의 한 잠재적인 이유는 범죄나 비행보다는 학교에서의 (사소한) 위반행동에 초점을 맞추기 때문이다. 불행히도, 이 연구들의 각각은 그들의 분석에서의 시간적 순서(time order) 문제에 의해 비판을 받는다. 지각의 측정은 행동이 측정되는 것과 같은 시간에 측정되는데, 이것은 경험효과를 보여줄 가능성을 높이게 된다.

두 학자들은 지각을 평가하기 위해 패널연구를 이용함으로써 가능한 경험효과의 복잡한 영향으로부터 억제효과를 분리하려고 시도했다. 페터나스터(Paternoster, 1989a; 1989b)는 고등학생들을 조사하여, 인지된 처벌의 엄격성과 확실성이 마리화나흡연, 음주, 좀도둑, 그리고 기물파손에 대해 단지 미미한 영향만을 미치고 있다는 것을 지적한다. 범죄나 재범을 하는 결정은 주로 초법적인 요인들에 의해 이루어지는데, 이러한 요인들로는 그 행위에 대한 도덕적 신념, 그리고 친구의 접촉과 영향이 있다(Paternoster, 1989a). 그린(Green, 1989a; 1989b)은 음주운전을 대상으로, 인지된 확실성과 인지된 엄격성이 거의 효과가 없다는 것을 또한 발견한다. 음주운전에 대한 가장 큰 영향력이 있는 요인은 도덕적 몰입(moral commitment), 사회적 용인, 그리고 인구학적 차이와 같은 비공식적, 초법적 요인들이었다(Green, 1989a; 1989b). 이 두 가지의 연구 모두 인지된 확실성과 엄격성이 실제 행동에 거의 영향을 미치지 않는다는 주장을 더한다.

클레퍼와 내긴(Klepper and Nagin, 1989)은 억제요인으로서 인지된 확실성과 엄격성에 대해 가장 호의적인 사람들 중의 하나이다. 그들은 인지된 적발과 기소의 가능성이 인지된 처벌의 엄격성과 함께 탈세에 대한 강한 억제요인이라고 주장한다. 흥미롭게도, 인지된 확실성과 엄격성의 효과는 인구학적 요인들을 통제함에 따라 사라졌다. 그 발견의 강점은 과거의 억제연구들을 감안할 때 놀랍다. 클레퍼와 내긴(1989)은 그들의 발견이 독특한데, 이것은 탈세가 면밀히 고려되어야 하는 승낙행동(affirmative behavior)이기 때문이라고 주장한다. 다시 말해서 모든 개인은 행동의 비용과 이익을 모두 고려하여 세법을 위반할 것인지를 명확히 선택해야 한다. 더욱이, 그들은 100%의 응답률을 가진 163명의 대학원생으로 구성된 매우 동질적인 표본을 이용한다. 결국, 그들은 조사대상자들에게 탈세의 수준을 변경하는 매우 특수한 시나리오를 제공한다. 이 요인들은 많은 다른 연구에 비해 뛰어나다고 할 수 있는데, 다른 연구들은 이질적인 표본을 대상으로 개인들이 결코 고려하지 않을 수도 있는 행위에 대한 모호한 질문을 다룬다.

이 마지막 연구에도 불구하고, 지각에 대한 연구들은 전반적으로 이 장의 앞부분에서 제시되었던 결과들과 유사한 결과를 보여준다. 검거의 확실성은 억제의 가능성을 높이는데 가장 잠재력 있는 것으로 나타난다. 엄격성과 신속성은 모두 행동을 억제하는데 거의 또는 아무런 효과가 없는 경향이 있다. 억제효과와 경험효과의 혼재는 발견의 명확한 해석을 어렵게 한다. 그러나 지각이 미래의 행동에 영향을 주는 것에 비해서, 경험은 지각을 결정하는데 보다 큰 역할을 하는 것으로 보인다. 지각은 사람들에게 다소의 억제효과를 가지는 것으로 보인다.

요약

법과 처벌이 범행수준에 어떤 중요한 효과를 미친다고 강하게 주장하는 연구들은 없다. 가장 분명한 발견은 검거와 처벌의 증가된 확실성이 범행을 감소시킨다는 것이다. 엄격성은 행동에 거의 영향을 미치지 않는다. 이 결과는 사람들이 실제의 처벌과 잡혀 처벌을 받을 가능성에 대한 지식이 부족한 탓일 수 있다. 그러나 지각에 대한 연구들은 억제효과를 명확히 밝혀내지 못한다. 그 연구의 발견은 미래의 행동이 현재의 지각에 근거하는 것보다는 지각이 과거의 행동에 근거한다는 사실을 반영한다. 다시 말해서 확실성은 가장 큰 영향력을 갖고 있는 것으로 보인다.

검거 및 처벌의 확실성이 가장 중요한 요인이라는 발견에 기초할 때, 형사사법기관과 사회가 범죄자의 검거 및 처벌의 위험을 높이는 노력을 얼마나 하는지에 따라서 억제효과가 달라진다는 것을 보여준다. 동시에, 인지된 위험을 증가시킬 가능성은, 그것이 처벌의 경험을 통해서건, 처벌의 회피를 통해서건, 아니면 그 밖의 무엇을 통해서건, 또한 범죄의 억제에 공헌한다. 이 위험은 앞서 논의된 범죄예방기법으로부터 발생한다. 검거와 처벌의 위험을 증가시키지 못하는 것이 범죄율을 증가시킨다는 것을 의미하지는 않는다. 오히려, 그것은 형사사법기관의 처벌만으로는 사람들이 범죄를 하지 못하도록 하기에 부족하다는 것을 나타낸다.

제2부

2차적 범죄예방

제10장 2차적 예방과 예측
제11장 상황적 범죄예방
제12장 범죄예방에 대한 파트너십
제13장 약물, 범죄, 그리고 범죄예방
제14장 학교와 범죄예방

제2부 2차적 범죄예방

2차적 범죄예방은 일탈의 잠재성이 높은 개인, 장소 및 상황의 움직임에 초점을 맞춘다. 2차적 예방은 그러한 상황에로의 개입과 범죄행동으로의 성향을 가진 그런 사람들에게 관심을 갖는다. 1차적 예방과 같이 여전히 범죄가 최초로 발생하기 이전에 범죄를 예방하는 것을 강조한다. 일단 범죄행위가 발생했다면 이에 대한 일체의 개입은 3차적 예방의 영역에 속한다. 그러므로 아마도 2차적 예방에서 가장 핵심적인 사항은 미래의 범죄활동을 예측하는 것이다.

예측에 관련된 문제들은 제10장에서 다루어진다. 전형적으로 예측은 개인의 행동에 초점을 둔다고 가정한다. 미래의 위험을 예측하는 가장 중요한 두 가지 방법이 임상적(clinical) 방법과 통계적(actuarial) 방법이다. 이러한 접근법들은 일반적으로 적절한 판단을 하지 못해 종종 수없이 엉뚱한 예측을 초래하기도 한다. 정확한 예측을 하려는 노력 이외에, 미래 행동에 대한 위험 요인을 파악하는 것이 가능할 수도 있다. 이 경우 기본 생각은 차후의 범죄성과 강하게 연관되어 있는 요인들을 밝혀내는 것이다. 세 번째 접근법은 일탈이 가장 일어나기 쉬운 위치나 상황을 파악하고자 하는 것이다. 결과적으로 초점이 사람으로부터 장소, 시간, 및 정황(circumstances)으로 옮겨간다. 예측하기 위한 이러한 각각의 접근법들이 다루어진다.

나머지 장들은 구체적 개입에 눈을 돌린다. 제11장은 상황적 범죄예방에 초점을 맞춘다. 상황적 예방기법은 특정한 문제, 장소, 사람 및 시간을 목표로 한다. 상황적 접근방식에서의 초석은 문제 진단과 프로그램 기획이다. 이러한 개입방법의 영향력은, 특별히 물리적 설계 변화처럼 많은 부분 비슷한 생각들을 사용하지만, 1차예방에서 전형적으로 발견되는 것보다는 다소 집중적이다. 제12장은 범죄예방활동에 있어 경찰과 파트너십의 역할에 관심을 둔다. 지역사회 경찰활동과 파트너십은 경찰, 기타 기관들, 그리고 시민들 가운데 협조적 연맹 구축을 추구한다. 지역사회 문제와 잠재적 해결책들이 이해관계가 얽힌 모든 단체들 간의 상호작용을 통해 확인된다. 그와 유사하게, 예방적 행위들은 다양한 사람들에게 의존하게 될 것이다. 경찰은 상황적 정향을 띤 "지역사회 관리자"로 행위하며 그 어떤 파트너십에서도 핵심 행위자가 된다.

제13장은 약물사용과 범죄와의 관계에 대한 문제들을 살펴본다. 약물사용과 거래는

최근에 들어 다시 중요한 관심사로 대두하였지만, 실제 약물사용과 범죄와의 인과적 관계에 대해서는 알려진 사실이 그리 많지 않다. 알려진 사실은 약물사용과 일탈행동과는 매우 밀접한 상관관계가 있다는 것이다. 그러므로 약물사용자를 목표로 하는 것은 다른 범죄를 저지를 위험이 높은 사람을 확인하는 하나의 방법이다. 제12장은 약물사용의 범위, 약물사용과 범죄와의 관계, 약물사용억제를 위한 처우와 예방프로그램을 살펴본다.

주로 청소년에 초점을 맞춘, 개입의 또 다른 가능한 원천은 학교이다. 학교는 범죄행위의 개연성이 높은 청소년을 확인하고 개입하는데 있어서 가장 적절한 위치에 있다. 제14장에서는 학교가 일탈적 생활양식을 도발하는데 수행하는 역할과, 이와 더불어 학교가 제공할 수 있는 2차적 예방대책들을 살펴본다. 잠재적 범죄자의 미래행위에 대해 2차적 예방을 강조하는 것은 청소년과 비행활동에 대한 논의로 이어진다. 성인에 대한 개입은 대부분 범죄행위가 발생한 이후에 행해지며, 따라서 후에 논의할 3차적 예방에 해당한다.

제10장 2차적 예방과 예측

장 개요

- 미래 범죄에 관한 예측
  - 예측의 유형
  - 예측과 범죄예방
- 위험요인과 예측
  - 가족 요인들
  - 동년배 요인들
  - 행동에 미치는 공동체의 영향
  - 학교 요인들
  - 심리학적/인성 요인들
  - 생물학적 위험요인들
  - 예측인자로서의 위험요인의 이용
- 장소나 사건 예측
  - 범죄 취약지역
  - 범죄 취약물품
- 반복피해자화
  - 반복피해자화에 대한 설명
  - 반복피해자화와 범죄예방
  - 반복피해자화와 관련된 쟁점들
  - 요약
- 범죄예방에 있어서의 함의

학습 목표

이 장을 읽은 후 여러분은 다음을 할 수 있어야 한다.

- 형사사법에서 미래행동에 대한 예측을 하기위한 핵심요소를 말한다.
- 잘못된 긍정예측과 잘못된 부정예측을 구분한다.
- 임상적 예측과 통계적 예측을 비교하고 대조한다.
- 범죄경력연구와 예측을 위해 그것을 사용하는 것에 대해 논의한다.
- 범죄에 관한 위험요소의 다양한 범주들을 열거해 보고, 각 범주 내의 요인들의 예를 든다.
- 생애지속범죄와 청소년기에 한정된 범죄에 대해 정의를 내린다.
- 비행행동으로 이르는 세 가지 경로에 대해 말한다.
- 취약지역, 취약물품, 그리고 미래예측지도그리기에 관한 여러분의 지식을 밝힌다.
- 반복피해자화의 정의를 내리고 그것의 정도에 관해 논의한다.
- 반복피해자화에 관한 다양한 유형들을 열거하고 논의한다.
- 위험의 이질성과 반복피해자화에 관한 사건 의존 설명을 비교하고 대조한다.
- 반복피해자화의 대상화가 왜 범죄예방을 가져올 수 있는지에 관한 주장들을 제시한다.

제10장 2차적 예방과 예측

2차적 예방기법에서 핵심적인 사항은 판별(identification)과 예측(prediction)이다. 2차적 예방기법들은 전체 지역사회나 이웃 또는 일반적 대중에게 다가갈 수 있는 프로그램을 구축하기 보다는 범죄활동의 가능성이 높은 잠재적 범죄자, 장소 및 상황을 판별하는 노력을 필요로 한다. 따라서 2차적 예방에서 하나의 주요한 문제는 적적한 판별과 예측이다. 누구는 범죄자가 되고 누구는 그렇지 않을지, 언제 어디서 범죄가 발생할지, 누가 피해자가 될지, 어떤 물건이 범죄자의 목표물이 될지 및 그와 관련된 주제들을 예측하는 것은 종종 어렵고 복잡한 수고를 요하는 것(efforts)이다. 본 장에서는 예방목적을 위한 예측과 판별의 문제들을 간략히 탐색한다. 이러한 논의는 세 가지 일반적 영역으로 나뉜다. 범죄행동 예측, 일탈의 위험요인 분석, 범행장소나 범행시간, 그리고 개별적 피해자화를 판별하는 것들이 바로 그것이다.

미래 범죄에 관한 예측

예측대상이 일탈적 행위이든 아니면 인습적 행위이든, 미래행위에 관한 예측은 초기에 몇 가지 결정을 필요로 한다. 아마도 첫 번째 쟁점은 무엇이 예측되어야 하는가에 대한 결정이다. 형사사법에서는 아마도 재범 예측이 가장 일반적인 시도일 것이다. 응보적(punitive)이든 갱생적(rehabilitative)이든, 개입의 영향력을 평가하려면 전형적으로 후속 범죄에 대한 다양한 조치들(measures)에 대해 살펴보게 된다. 재검거, 재유죄판결, 재수감, 미래 활동의 심각성, 그리고 보호관찰이나 가석방의 취소 등이 재범에 대한 일반적 조치들이다. 그러나 재범 활동 예측은 2차적 예방의 핵심 우려사항에 대해 고심하지 않는데, 그것은 바로 최초 일탈행위에 대한 예측이다. 이것은 종종 잠재적 위험성 예측이라는 측면에서 표현된다. 잠재적 위험성은 형사사법전문가들의 활동에서 중요하게 고려해야 할 대상이며, 잠재적 위험성이 가장 확연히 드러나는 부문은 소년사법체계인데, 소년사법체계는 소년들이 성인범죄활동에 가담하리라는 미래의 잠재적 가능성을 전제로 하고 있다. 2차적 예방은 잠재적 일탈자가 그 잠재성을 어느 때고 실현하지 못하도록 희망하는 것이다.

예측은 또한 분석에서 사용할 적절한 독립변수의 선택을 요구한다. 어떤 변수나 지표는 다른 변수나 지표보다 미래행동을 더 잘 예측할 것이다. 최상의 예측요인을 파악하는 것이 도전과제이다. 예측 변수들의 선택은 종종 예측을 담당하는 연구자의 학문적 정향을 반영한다. 심리학적으로 훈련된 평가자들은 전형적으로 개인의 성격, 대인관계 및 생활경험을 파악하는 임상 면접과 심리 검사를 통해 수집된 정보에 의존한다. 보다 사회학적으로 정향화되었다고 분류되는 연구자들은 연령, 인종, 사회경제적 지위, 집단소속, 가족배경 및 기타 인구학적 요인들을 살펴본다. 과거의 일탈 행동 및 공식통제기관과의 접촉경험은 전형적으로 모든 연구자들에게 중요한 요인이다. 같은 연구 안에서 앞서 거론한 변수가 모두 다 사용된 경우는 거의 없다. 어떤 변수를 선별적으로 선택하느냐에 따라 예측연구의 활용가능성을 무효화 할 수도, 제한할 수도 있다.

미래행위의 예측에서 마지막으로 중요한 고려사항은 예측에서의 정확성 정도이다. 우리가 예측을 하고 그것이 정확하다는 것이 입증될 때는 아무 걱정이 없다. 반면에, 잘못된 예측을 하는 것은 엄청난 결과를 초래할 수 있다. 예측에서의 오류는 두 가지 형태 – 허위 긍정(false positive)과 허위 부정(false negative) – 예측이 그것이다. 이들 각각은 평가대상이 된 개인 그리고/또는 사회에 다른 종류의 영향력을 행사한다. 범죄/일탈 행위의 측면에서, 허위 긍정 예측이란 개인이 미래에 무언가를 (예로, 재범하거나, 범죄하거나, 위험하게 행동)할 것이라고 예측했지만 추적조사(follow-up)를 한 결과 예측한대로 행위하지 않은 것으로 판명된 예측이다. 반대로 허위 부정 예측은 특정한 사람이 미래에 위협이 되지 않을 것이라고 선언했지만 그 사람이 차후에 부정한 행동에 참여하는 경우이다. 표 10.1을 보라.

표 10.1 예측의 잠재적 결과

진실 긍정 예측	발생할 것으로 예측된 내용이 실제로 일어나는 경우 (성공한 예측)
허위 긍정 예측	발생할 것으로 예측된 내용이 실제로 일어나지 않는 경우 (실패한 예측)
진실 부정 예측	발생하지 않을 것으로 예측된 내용이 실제로 일어나지 않은 경우 (성공한 예측)
허위 부정 예측	발생하지 않을 것으로 예측된 내용이 실제로 일어나는 경우 (실패한 예측)

허위 예측에 내재하는 문제는 상당히 명백하다. “잠재적” 범죄자 혹은 재범자들은 종종 그 잠재성으로 말미암아 개입의 대상이 되거나, 더 강력한 그리고/혹은 더 긴 기간에 걸친 처우나 처벌을 받게 된다. 허위 예측이 의미하는 것은 어떤 사람이 부정확한 판명으로 인해 자신의 자유가 부당하게 침해된다는 것이다. 반면에, 허위 부정 예측은 사회에 더 큰 해악을 미칠 사람을 모른 척 하거나, 조기에 혹은 바로 석방하는 폐해를 초래할 수 있다. 이러한 유형의 실수는 사회를 불필요한 해악에 처하게 한다. 인간행위의 복잡성을 고려할 때에 예측방법이 허위 긍정이나 허위 부정 예측의 사고 가능성을 완벽하게 제거할 수 있으리라는 제안은 비이성적이다. 따라서 쟁점은 허위 예측을 없애는 것이 아니라 그 수를 줄이는 것이다.

예측의 유형

예측은 일반적으로 다음 두 범주 중 하나에 해당된다 - 임상적 예측과 통계적 예측. 지금까지 형사사법분야에서 특히 개인의 양형이나 처우에 있어서는 임상적 예측이 지배적이었다. 통계적 예측은 많은 양의 데이터에 접근가능해지고 임상적 기술의 문제점이 드러나면서 보다 최근에 선택되는 방법이다. 각각의 접근방법을 다음에서 다루고 있다.

임상적 예측

임상적 예측은 대상자와 그의 기록을 면담과 직접 검토를 통해 살펴본 후, 그 사람에 대한 평가자의 평가에 의존하는 방법이다. 결정을 내리는데 어떤 변수나 요인들이 중요한지는 개별 평가자의 교육배경이나 성향에 따라 정해진다. 평가자는 결정을 내리는 과정에서 여러 가지 심리검사, 대상자의 인구학적 정보, 대상자와 그 가족의 배경정보, 대상자와의 면담자료 등을 활용할 수 있다. 어떤 항목이 고려되어야 하는지, 그 항목이 언제 고려되어야 하는지, 어느 항목이 가장 중요한지, 그리고 몇 가지 종류의 자료가 고려되어야 하는지 등에 관해 엄격히 정해진 규칙은 없다. 대부분의 경우, 개별 평가자는 완전한 재량권을 갖는다.

폭력성의 임상적 예측에 관한 연구에 의하면 허위 긍정이든 허위 부정이든 잘못된 예측의 경향이 대단히 컸음을 보여준다. 보다 잘 알려진 일부 임상적 연구들을 정리하면서, 모나한(Monahan, 1981)은 무엇이 예측될지, 얼마간의 추적 기간을 사용할지, 연구에 사용될 예측 항목은 무엇일지 등에 많은 차이가 있음에도 불구하고, 놀라울 정도로 일관된 결과를 발견한다. 검토된 연구 9개 모두에서 허위 긍정 예측의 백분율이 50%를 넘었고 그 중 6개에서는 80%를 넘었다. 이같이 허위 긍정 예측의 비율이 높다는 사실은, 특히 추적기간이 연장된 연구에서도 그렇다는 것은 매우 우려스런 일이다. 추적조사기간이 길수록 허위 긍정 예측의 증거가 감소되어야만 한다. 폭력 행위나 공격 행위를 할 것으로 예측된 사람들 중에서 실제 그런 사람은 거의 없었다. 반대로 허위 부정 예측은 아주 적었다. 그럼에도 불구하고, 허위 긍정과 허위 부정을 합친 수준은 용인할 수 없는 정도이다. 이러한 결과들은 임상적 진단에 예측효율성이 있다는 그 어떤 주장도 심각하게 훼손당할 수 있음을 보여준다.

몇 가지 요인들을 통해 임상적 예측의 빈약함을 설명할 수 있을 것이다. 첫째, 차후의 범죄나 위험성에 대한 판단에 너무 엄격한 기준을 적용했을 수 있다. 많은 연구들이 추적조사기간 중에 타인에 대한 실제 상해가 있었거나 재수감 사실에만 주목하였다. 그러나 어떤 범죄자의 경우 타인에게 위해를 가했지만 심각하게 처벌받지 않았을 수 있다. 둘째, 미래의 위험성을 예측하는데 선정된 변수들이 고려된 유형의 행위들을 제대로 예측하지 못했을 수 있다. 이것은 일상적으로 임상적 평가를 하는 사람들 중에서도 서로 의견이 일치하지 않는다는 것을 고려할 때 충분히 가능하다. 지스킨(Ziskin, 1970)은 두 정신의학자(psychiatrists) 사이의 의견일치 정도가 50-60%를 넘는 경우를 발견할 수 없다고 지적하였다. 마지막 세트의 문제들은 평가자들이 판단을 내리는데 사용하는 정보의 적합성에 관련된다. 대부분의 임상면접은 짧은 기간 동안에 행해지기에 최소한의 관찰만이 허용된다. 제한된 관찰에 근거한 예측은 불완전한 혹은 왜곡된 정보에 의존하는 예측을 낳게 된다. 여러 가지 이유가 있겠지만(Ennie and Litwack, 1974; Pfohl, 1978; Scheff, 1966, 1967), 이러한 요인들이 임상연구에서 높은 수준의 허위 예측이 발견되는 이유를 설명할 수 있을 것이다.

통계적 예측

통계적 예측이란 자료(data)를 통해서 알게 된 모수치(parameter)를 근거로 예측하는 방법을 말한다. 보험회사에서 피보험자의 보험요율을 산정하는 과정은 통계적 예측을 활용한 대표적인 사례이다. 보험회사는 어떤 사람이 생명 보험을 신청할 때 그 사람이 속해있는 모집단의 사망률을 기준으로 신청자가 부담해야 할 생명보험료를 산정한다. 평균적으로, 남자들은 여자들에 비해서 생명주기가 짧다. 이는 보험 계좌에 지불해야 할 기간이 짧아지는 결과를 초래한다. 결국 남자는 다소 높은 보험료를 지불해야 한다. 보험회사의 예측은 이와 같이 기존에 이미 알려져 있는 통계적 요인들에 전적으로 의존하고 있다. 이와 유사하게, 자동차 보험율은 과거의 사고수준과 보험금신청정도에 의해 결정된다. 젊은 남성이 더 많은 사고에 연루되어, 모든 젊은 남성들이 높은 보험료를 지불하게 된다.

통계적 예측에서 가장 핵심적인 과제는 적절한 예측항목을 파악하는 것이다. 형사사법분야에서 전형적으로 사용되는 요인들로는 연령, 인종, 성별, 사회경제적 지위, 교육수준, 지능지수, 과거범죄배경, 현재범죄, 가족배경 및 심리검사결과 등이다. 임상적 연구에서와 마찬가지로 통계적 예측의 경우도 항목선정이나 예측기법의 선택에 있어 연구들마다 많은 차이를 보인다.

버제스(Burgess, 1928)는 통계적 예측의 단순한 형태 하나를 소개하였는데, 대상자들은 특정 예측 요인들의 유무를 기준으로 0점 또는 1점이 부여되었다. 미국 가석방심사위원회에서 사용하는 현출요인점수(Salient Factor Score)는 과거 기소여부, 과거 구금여부, 최초 범행시 연령, 교육적 성취정도, 고용이력 등을 다루는 항목들을 포함하는 기법을 사용한 대표적인 사례이다(Gottfredson et al., 1975). 그린우드(Greenwood, 1982)는, 수감된 성인 범죄자들이 자기보고식으로 제공한 자료로 버제스-형 방식을 사용하여, 누가 만성범죄자였고 누가 경미범죄자였는지를 확연히 구별할 수 있다고 주장하였다. 개인에게 해당하는 각 항목이 추가되면 그 사람의 점수는 1점씩 더해졌다. 4점 이상의 점수를 받은 사람은 고위험 가해자군임을 나타낸다. 그러나 그 기법의 의심스러운 예측 능력으로 인해 현출요인점수도 선택적무력화제도(Selective Incapacitation system)도 오늘날 사용되지 않고 있다.

통계적 예측 척도를 구성하기 위해 매우 다양한 기법들이 사용되어왔다. 그 방법들은 버제스의 단순 총합 기법(Simple additive procedure)로부터 다중 회귀, 예측 속성 분석(predictive attribute analysis), 연관성 분석(association analysis) 등을 포함한 고도의 복잡한 기법까지 다양하다. 그러나 이처럼 다양한 접근방식의 결과에도 불구하고 어느 기법이 최선의 방법인지는 밝혀지지 않았다(Farrington, 1985; Gottfredsona nd Gottfredson, 1985; Wilbanks, 1985). 각각을 따로 사용했을 때 역시 유사한 결과가 나타났는데, 그 다양한 방법들 중 어느 하나도 예측력이 거의 없는 것으로 나타났다. 윌뱅크스(Willbanks, 1985)는 각각의 다른 방법들에 따라 25%에서 33%의 낮은 허위 예측력을 보고한다. 유사하게 패링턴(Farrinton, 1985)은 사용한 기법과 관계없이 평균 45-50% 가량의 예측이 허위 긍정 예측이었고, 예측치의 10-15% 가량은 허위 부정 예측이었다.

표 10.2 선택적 무력화 항목(Selective Incapacitation Items)

1. 가장 최근의 체포에 앞서 2년 기간의 반 이상을 수감
2. 예상되는 범죄유형에 대한 시전 유죄선고
3. 16세 이전의 청소년기 유죄선고
4. 주 또는 연방 청소년 시설 수용
5. 현재의 체포에 앞서 2년 기간 내에 헤로인이나 바르비투르(barbiturate) 사용
6. 청소년 시절 헤로인이나 바르비투르 사용
7. 현재의 체포에 앞서 2년 기간의 반 이하로 고용

출처: P.W. Greenwood (1982). Selective Incapacitation Santa Monica, CA: RAND Corp.

지금까지의 논의를 바탕으로 통계적 예측에 관해 몇 가지 논평이 가능하다. 첫째, 오류의 수준은 임상적 연구들에 비해서 낮다(Meehl, 1954; Wilbanks, 1985). 두 번째, 상이한 기법을 사용해도 예측결과는 크게 다르지 않았다. 비록 다양한 접근법에 따라 서로 다른 사람들이 잘못 분류되기는 하였지만, 오류의 수준은 기법별로 대체로 비슷한 수준이었다. 마지막으로, 부정적 측면에서, 통계적 예측은 지금까지 줄곧 집단자료에 기초하여 개인행동을 예측하였다. 이는 자료를 전적으로 부적절하게 사용한 것으로, 이를 생태학적 오류(ecological fallacy)라고 한다. 대규모 집단의 활동으로부터 한 개인의 행동을 탓하는 것은 (아주 구체적인 상황을 제외하고는) 가능한 일이 아니다(Stouthamer-Loeber and Loeber, 1989). 대신에, 통계적 예측결과는, 어떤 특성을 가진 사람들의 집단이 있고 그 집단에 특정비율의 범죄자가 있다고 했을 때, 같은 특성을 지닌 다른 집단에서도 같은 비율의 사람이 범죄를 저지를 것으로 기대된다는 사실을 시사한다. 그러나 실제 어떤 개인이 범죄자 집단에 속하게 될 것인가를 판별하는 것은 가능하지 않다. 분명한 것은, 임상적 예측이든 통계적 예측이든 모두 일정 정도의 허위 예측이 있을 수밖에 없다는 것은 불가피한 사실이다.

예측과 범죄예방

예측은 형사사법제도에서 많은 활동들의 구성요소로 남아 있다. 비록 "예측"이 의사결정의 의도적인(conscious) 부분이 되는 경우는 드물지만, 형사사법기관의 모든 수준에서 내려지는 결정은 예측을 포함한다. 경찰관의 체포, 검찰의 기소, 판사의 선고, 가석방 위원회의 범죄자 가석방, 이러한 모든 선택은 미래 일탈행동의 우도(likelihood)를 예측하는 것과 관련되어 있다. 불행히도, 예측은 종종 부정확하다. 따라서 범죄예방에서 예측을 위한 전통적인 임상적, 통계적 기술의 유용성은 여전히 의문으로 남아있다.

위험요인과 예측

누가 범죄를 저지를 것인가를 판별하는데 있어서 (즉 예측에 있어서) 보다 최근의 경향은 일탈행동과 관련된 위험요인을 판별하는 것이다. 대부분의 위험요인에 관한 논의는 범죄적 특질을 가지고 있는 사람들은 필연적으로 범죄자가 될 것이라거나 부적절한 방식의 행위를 할 것이라는 가정을 하지는 않는다. 오히려, 위험요인은 누가 미래에 일탈을 할지에 대한 지표이다. 보통 특정 개인에 대한 예측을 시도하지는 않는다. 위험요인은 단순히 개인에 대해 더 많은 관심이나 가능한 도움이 필요하다는 신호를 보낼 수 있는 지표 혹은 깃발인 것이다.

잠재적 위험요인을 판별하는 것이 새로운 아이디어는 아니다. 실제로, 비행소년이 될 혹은 이후 성인범죄자가 될 위험이 있는 청소년들에 대해 고심한다는 생각은 소년사법제도의 토대이다. 소년법원의 핵심적 전제는 문제청소년에 대해 고심한다는 것이다. 이 과제에 함축된 생각은 청소년들의 행동의 기저를 이루는 요인을 판별하는 것과 이러한 조건들을 개선하기 위해 작업하는 것이다. 이와 유사하게, 대부분의 범죄학 이론은 적절한 범죄대책을 발전시키기 위해서 범죄활동에 대한 최선의 예측치를 판별한다는 아이디어에 기초해 있다. 전형적으로 위험요인으로 불리지는 않지만, 비행이나 범죄성과 관련 있는 것으로 밝혀진 변수들이 실제적인 위험요인들이다. 수많은 연구들이 위험요인의 판별에 초점을 두고 있다.

위험요인은 다양한 범주로 나눌 수 있다. 문헌에서 주로 발견되는 전형적 분류는 가족, 친구, 이웃공동체, 심리학적/인성, 그리고 생물학적 위험요인들이다(표 10.3 참조). 학자들마다 개인의 위험요인을 약간 다르게 분류할 수 있겠지만, 이러한 범주들은 일반적으로 문헌에서 사용되는 내용들을 대표한다. 아래에 제시되는 정보가 위험요인들을 총망라한 목록을 제시하고자 한 것은 아니다. 오히려, 여기서 의도한 것은 문헌에서 논의되어 온 보다 널리 알려진 변수들에 대해 약간의 통찰력을 제시하는 것이다.

표 10.3 연구에서 발견되는 일반적인 위험요인들

가족	학교
부모의 범죄성	정학/퇴학
부모의 감독 부재	무단결석
가혹한 훈육	학교태도
일관성 없는 훈육	성적저조
학대/나쁜 대우	학교의 질
가족유대/관계	중퇴
가정파탄	**동료집단**
가족의 크기	갱 멤버십
사회경제적 지위	친구의 일탈/범죄성
가족갈등	형제의 범죄성
가족기능	
지역사회	**심리학적/인성**
경제적 박탈감/빈곤	과다행동
무질서/비문명성	충동성
총기류/마약에 대한 접근성	집중력 결핍
사회경제적 지위	학습장애
갱 활동	낮은 IQ
지역범죄/폭력	불안
지역사회 해체	공격성
생물학적	
태아기의 문제	분만시기의 문제
태어났을 때 저체중	임신기간 동안의 약물사용
영양공급의 결핍	신경전달물질의 이상
낮은 심장박동 수	신경학적 손상

가족 요인들

광범위한 가족 상황과 요인들은 개인의 향후 행동뿐만 아니라 그에 대한 즉각적 보살핌 양자에 영향을 미친다. 제8장에서 살펴봤듯이 빈약한 부모 감독과 비일관적이고 거친 훈육은 향후 일탈을 일으키는 핵심적 조기 위험 요인들이다. 한 초기연구에서, 맥코드(McCord, 1979)는 청소년범죄가 부모의 훈육과 감독 유형과의 사이에서 강한 관계가 있음을 발견하였다. 다른 학자들(Capaldi and Patterson, 1996; Hawkins et al, 1995; Loeber and Stouthamer-Loeber, 1986; Wells and Rankin, 1988)은 가정에서 거칠고 비일관적인 훈육을 경험한 청소년에게서 폭력과 공격성향이 보다 널리 발견되었음을 보고했다. 문헌에서 종종 조명되는 하나의 요인은 부모의 범죄와 자녀의 행동 간의 관계이다. 패링턴(Farrington, 1989)은 체포된 부모가 있으면 아들의 추후 범행과 관련되어 있다고 주장했다. 이런 관계는 다른 많은 연구에서도 나타난다(Farrington, 1989; Farrington and Loeber, 1998; McCord, 1979; West and Farrington, 1973).

폭력과 범죄에 대한 노출은 또한 아동학대(abuse)와 냉대(maltreatment)의 형태로도 나타난다. 위돔(Widom, 1989)은 육체적 학대와 방임 양자 모두 향후 범죄활동 참여를 예측한다는 것을 발견했다. 로체스터 청소년연구(Rochester Youth Study)의 데이터로부터도 유사한 결과가 발견된다(Smith and Thornberry, 1995). 이러한 연구결과들이 학대가 차후행동에 미치는 영향에 대한 일반적 믿음을 지지하긴 하지만, 동일한 연구에서 그 영향이 학대의 유형(육체적 학대와 방임 사이에서처럼)에 따라, 다른 요인들(연령, 인종, 성별, 등)을 포함하느냐에 따라 변화한다는 증거도 분명히 나타난다. 그러나 이러한 사실이 냉대가 향후 일탈과 관련 있다는 일반적 발견을 사라지게 만드는 것은 아니다.

문헌에서 고려되는 다른 가족요인으로는 가족관계나 유대(Catalano and Hawkins, 1996; Farrington and Loeber, 1998; Gorman-Smith et al., 1996; Hirschi, 1969), 가족 크기(Capaldi and Patterson, 1996; Farrington and Loeber, 1998), 그리고 결손가정(Farrington and Loeber, 1998)이다. 이러한 다양한 문헌에 기초해서 가장 중요하게 관찰해야 할 점은 가족의 기능이 청소년의 현재와 미래 행동에 중요한 기여요인이라는 것이다. 가족 위험요인들의 판별은 적절한 개입을 개발하기 위한 기회를 제공한다.

동년배 요인들

동년배들의 영향은 일반적으로 청소년행동에 연관된 가장 중요한 요인들 중 하나로 여겨진다(Elliott, 1994; Elliott and Menard, 1996; Lipsey and Derzon, 1998; Thornberry et al., 1995). 청소년과 관련해서 특별히 중요한 것은 청소년 갱의 출현 그리고/혹은 참여이다. 갱 참여는 일탈활동의 초기시작(Elliot and Menard, 1996)뿐만이 아니라 높은 수준의 범행과도 관련이 있다(Esbensen and Huizinga, 1993; Thornberry et al., 1993; Thornberry, 1998). 캠브리지 청소년연구(Cambridge Youth Study)의 데이터는 형제자매의 반사회적 행동도 역시 일탈행위의 잠재적 예측인자임을 시사한다(Farrington, 1989).

행동에 미치는 공동체의 영향

위험의 또 다른 잠재적 원천은 개인이 자라고 살아가는 공동체이다. 공동체영향에 관한 연구는 범죄학에서 오랜 역사를 가지고 있다(Shaw and McKay, 1942을 볼 것). 많은 분석연구들이 경제적 박탈감, 무질서/비시민성, 빈약한 이웃통합 및 유사 요인 등과 같은 공동체 문제들을 개인의 일탈에 공헌하는 인자들로 여긴다(예를 들면 Shannon, 1991; Bursik and Grasmick, 1993; Sampson and Lauritsen, 1994, Skogan, 1990). 일탈과 범죄성의 수준과 관련이 있는 다른 공동체 영향으로는 총기류가용성(Block and Block 1993; Lizotte et al., 1994; Sheley and Wright, 1995), 낮은 사회경제적 지위(Elliot et al., 1989; Farrington, 1989; Lipsey and Derzon, 1998; Smith and Jarjoural, 1988), 갱 활동 수준이 포함된다. 이러한 각각의 공동체 요인들은 위험의 수준에 기여한다.

학교 요인들

위험에 기여하는 또 다른 집합체로서의 공동체 요인으로는 학교가 있다. 학교도 공동체의 한 부분이지만, 학교는 독특한 방식으로 위험에 기여할 수도 있다. 낮은 학교성적이나 학교생활의 실패는 현재의 그리고 향후 일탈과 관련이 있는 일반적인 요인이다. 허쉬(Hirschi, 1969)는 학교와 학업 참여가 비행행동의 핵심요인이라고 지적한다. 다양한 연구들이 학교의 중도포기와 낮은 학업성적은 비행과 매우 강한 상관관계가 있음을 보여준다(Farrington, 1989; Gold and Mann, 1972; Thornberry et al., 1985; West and Farrington, 1973). 학교요인과 일탈 사이의 관계는 분명히 존재하지만, 다양한 요인들 사이의 정확한 인과적 메커니즘은 쉽게 판별되지 않는다. 이러한 이슈들은 13장에서 보다 깊게 논의될 것이다.

심리학적/인성 요인들

일련의 심리학적 그리고 인성 변수들은 공격적 행동의 위험요인으로 판별되어 왔다. 브레넨과 동료들(Brennan et al., 1993)은 10대 초반 아동들(preteens) 사이의 과잉행동(hyperactivity)은 이른 성인기 동안의 폭력적 행동과 뚜렷하게 관련이 있다고 지적한다. 이와 유사한 결과가 과잉행동의 소년들과 그들의 정상적인 형제들과의 비교분석에서 나타난다(Loney et al., 1983). 충동성과 집중력 결여 문제도 역시 높은 수준의 청소년일탈과 관련이 있다(Farrington, 1989; Farrington and Loeber, 1998; Loney et al., 1983). 일탈행동과 종종 연관이 있는 다른 요인들로는 학습장애, 낮은 IQ, 그리고 학교와 그 밖의 다른 장소에서 개인의 성공을 저해하는 유사한 이슈들이 포함된다(예를 들면 Denno, 1990; Lipsey and Derzon, 1998; Loeber et al., 1993; Loeber et al., 1995; Magui and Loeber, 1996).

생물학적 위험요인들

비록 다른 요인들과 비슷한 정도의 관심을 받지는 못했지만, 생물학적 위험요인들이 많은 연구에서 판별되었다. 이러한 상황이 발생한 주된 이유는 범죄학이 생물학 이외의 다른 변수들에 관심을 기울이는 사회과학자들에 의해 지배되어 왔다는 사실 때문이다. 생물학적 요인들 중에 가능성이 있는 위험요인들로는 태아기 혹은 분만 전후의 여러 합병증들이다(Brewer et al., 1995; Farrington, 1996; Kandel and Mednick, 1991; Reiss and Roth, 1993). 여기에는 저체중 출산, 임신 합병증, 임신중 약물복용, 빈약한 영양공급이 포함된다. 세로토민과 같은 신경전달물질들은 일탈행동과 관련이 있을 수 있는 또 다른 생물학적 위험요인이다(Moffitt et al., 1997). 신경전달물질들은 뇌에서 메시지를 전달하는 생화학물질이다. 폭력적 비행행동과 관련이 있는 또 다른 생물학적 요인은 낮은 안정시 심장박동수이다(Farrington, 1997; Raine, 1993). 비록 다양한 연구들에서 유의미한 관계가 있다는 약간의 증거는 있지만, 차후 행동에 미치는 이러한 많은 요인들의 영향에 대한 증거는 상대적으로 약하다(예를 들면 Denno, 1990을 참조하라).

예측인자로서의 위험요인의 이용

많은 연구자들이 향후 일탈의 예측인자로서 위험요인을 사용하려는 시도를 한다. 립시와 데어존(Lipsey and Derzon, 1998)은 두 개의 다른 연령집단-6세에서 11세 그리고 12세에서 14세-으로부터 15세에서 25세까지의 개인들 사이에서의 폭력과 심각한 행동을 일으키는 위험요인들을 구체화하기 위해 메타분석(meta-analysis)을 수행하였다. 6세부터 11세 연령에서의 핵심 예측인자는 일반적인 위반행위와 약물사용, 가족의 사회경제적 지위, 반사회적 부모의 존재, 그리고 남성이었다. 12세에서 14세 그룹에서는 핵심 위험인자가 일반적인 위반행위, 폭력성과 공격성, 그리고 반사회적 친구가 있느냐이다. 전반적으로, 위반행위, 약물사용, 그리고 반사회적 친구가 차후 일탈행동의 가장 강력한 위험요인들이다(Lipsey and Derzon, 1998). 그러나 이 연구의 가장 중요한 점은 이러한 위험요인을 이용하는 데 있어서 높은 정도의 "허위 긍정 예측"이 존재한다는 사실이다. 즉, 행동을 예측하기 위해 위험요인을 사용함으로써 많은 사람들이 실제로 비행을 저지르지 않을 것임에도 불구하고 일탈자가 될 것이라고 예측하는 잘못을 범하는 것이다.

두 번째 분석은 두 유형의 위반행위에 대한 위험요인 사이의 차이점을 보여주려고 시도한다. 이것들은 "생애과정지속형(life-course-persist)"과 "청소년기 한정형(adolescence-limited)" 위반행위이다. 호웰과 호킨스(Howell and Hawkins, 1998)는 청소년기에 주로 저지르는(즉 청소년-한정형) 위반행위와 상반되는, 오랜 기간에 걸쳐 지속하는(즉 생애과정-지속형) 일탈행위의 위험요인을 밝혀내고자 한다. 생애과정지속형 범죄의 위험요인들은 열악한 사회 환경, 사회적 인지의 어려움, 학습능력의 부족, 열악한 가족운영, 그리고 신경심리학적 문제들이다. 이와 대조적으로, 청소년기 한정형 범죄의 위험요인은 이전의 반사회적 행동, 좋지 않은 부모-자녀관계, 반사회적 친구집단, 그리고 낮은 학업성과들이다(Howell and Hawkins, 1998). 이러한 정보에 기초해서, 호웰과 호킨스는 핵심 위험요인을 겨냥한 다양한 개입대책들을 제안한다.

피츠버그 청소년연구의 데이터도 일탈행동을 방지하기 위해 위험요인을 이용하는 것을 보여주고 있다. 켈리와 동료들(Kelly et al., 1997), 그리고 브라우닝과 뢰버(Browning and Loeber, 1999)는 일탈행동으로의 세 가지 경로를 밝히고 있다. 첫 번째는 권위갈등(authority conflict)인데, 이것은 향후 반항의식과 권위의 회피로 이끄는 초기의 완고함을 반영한다. 가출, 무단결석, 자기관리능력의 부재 등이 이와 관련된 문제다. 내재적 행동(covert behavior)은 전형적으로 거짓말이나 절도와 같은 가벼운 비행에서 시작해서 (공공기물파손과 사유재산 파괴와 같은) 재산범죄로 나아간 후, (폭주와 더 심각한 절도와 같은) 비교적 심각한 비행으로 이어지고 마침내는 침입절도나 자동차절도를 포함하는 중대한 재산범죄로 정점을 찍게 된다. 마지막 경로는 외형적 행동(Overt behavior)으로 (왕따와 괴롭힘 같은) 공격적인 활동을 시작하고 싸움과 폭력으로 나아간다(Kelly et al., 1997). 이러한 경로는 상호배타적이지도 않고 고갈적이지도(모조리 일어나는 것이 아님) 않다는 점을 지적하는 것이 중요하다. 어떤 청소년은 이 모든 세 가지 행위를 다 보이기도 하고, 다른 청소년은 이러한 행위에 국한하지 않을 수도 있다. 저자들은 피츠버그의 많은 청소년들은 이러한 유형 중의 하나에 해당된다는 것을 보여준다. 또한 연구들은 다양한 위험요인들, 특히 학습장애, 과거의 폭력, 가정내 문제행동, 그리고 충동성에 주목했다.(Browning and Loeber, 1999; Kelly et al., 1997). 이런 연구의 결과는 위험요인들이 잠재적 문제를 지닌 사람을 판별하는 데 유용한 도구임을 알려준다. 수많은 사법관할구역이 형사사법체계의 개입 단계에서 위험 평가를 채택해왔다. 표 10.4는 오하이오 주가 보호관찰을 검토하는 대상자들의 위험과 그들에게 필요한 보호관찰의 수준을 평가할 때 사용하는 위험 측정도구의 한 사례를 보여준다. 이것은 범죄자들이 각 위험 차원/질문에 기초해 점수를 받는 버제스 유형의 측정수단이다. 라테사와 동료들(Latessa et al., 2009)은 상이한 범죄자들의 위험 수준을 평가할 수 있는 이 측정도구의 능력을 실례를 통해 보여주었다. 그들은 그와 유사하게 형사 사법 과정에서 다른 방식의 점수를 부여하는 위험평가도구를 개발하였다.

웹 자료

오하이오 주와 신시내티 대학은 위험 평가 도구를 개발해 내기 위해 팀을 만들었다. 이 도구에 관한 간단한 설명은 개발 과정에 관한 최종 보고서와 더불어 교과서 웹사이트에서 찾아볼 수 있다.

정확성을 평가하는 명백한 시도들이 항상 희망적인 결과를 제공하지는 않는다(Lipsey and Derzon, 1998). 대부분의 분석들은 이전의 상관관계 분석에 기초한 위험요인들만을 판별했을 뿐 이러한 발견들에 기초한 어떠한 예측의 정확성까지 검증하는 데에는 실패하였다. 결과적으로 위험요인은 미래의 있을 법한 문제행동의 지표로서 사용되어야만 한다. 그들을 행동의 완벽한 예측인자로 바라보아서는 안 된다. 실제로 많은 개인들, 특히 청소년들이 많은 위험요인들을 드러낼 수도 있겠지만, 그렇다고 해서 언제든 사회적으로 부적절한 방식으로 행위 하지는 않을 수도 있다. 많은 위험요인들이 나타내는 것은 정상적 기능을 위한 최적의 조건이나 상황이 아니라는 표식이기 때문에, 이런 위험요인들은 최선의 개인 이익을 위해 몇 가지 개입이 필요하다는 신호로 여겨져야만 한다. 그 개입이 또한 후속 범행의 수준도 감소시킨다면 그것은 하나의 추가적 보너스가 될 것이다. 아마도 범죄예방을 위해 보다 더 적절해지려면, 이미 반사회적 행동을 보이고 있는 개인들은 위험요인의 신호가 보일 때 조사가 이루어져야 하고, 문제를 교정하고 개선하기 위해 행위가 취해져야 한다.

표 10.4 오하이오주 위험 평가 도구: 보호관찰 도구

범죄 경력
18세 이하에 이뤄진 가장 심각한 체포
이전의 성인 중범죄 유죄판결 횟수
성인으로서 교도소나 교정시설에 감금된 이전 유죄판결
성인으로서 수감 중 받은 행정 남용
성인으로서 보호관찰에 앞선 형선고
성인으로서 기술적 위반으로 보호관찰이 취소된 적 있는지 여부
교육,고용,재정상태
최종 학력
재학 중 정학 또는 퇴학 여부
체포 순간 고용 여부
최근 고용돼 있는지 여부
효율적인 시간 활용
최근 재정 상황
가족과 사회 지원
부모의 범죄 기록
현재의 결혼 또는 그에 상응하는 상황에 만족하는지 여부
가족이나 다른 사람으로부터 정서적, 개인적 지원을 받을 수 있는지 여부
최근의 가족과 다른 사람들 지원에 대한 만족 수준
거주의 안정성

이웃 문제
범죄 위험지역 여부
이웃에서 약물 구입이 손쉬운지 여부
약물 사용
규칙적으로 알코올을 처음 이용하기 시작했을 때 나이
최대로 금주를 끊었던 기간
범죄가가 불법 마약을 사용한 적 있는지 여부
마약 사용이 법적 문제를 일으켰는지 여부
마약 사용이 고용 문제에 영향을 미쳤는지 여부
동료 관계
범죄자 친구
범죄자 동료와 접촉
갱 멤버
범죄 활동
범죄 태도 및 형태 범죄에 대한 자부심 여부
다른 사람의 불행에 걱정을 표현하는지 여부
사건에 대한 통제의 결핍을 느끼지는 여부
아무 거리낌 없이 거짓말하는지 여부
위험스런 행동에 개입하는지 여부
불빛을 피해 걷는지 여부
"다른 사람들이 당신에게 좋을 하기 전에 당신이 먼저 하라"는 경구를 믿는지 여부

출처: E.Latessa et al. (2009). Creation and Validation of the Ohio Risk Assessment System: Final Report, Cincinnati, OH: Unversity of Cincinnati.

장소나 사건 예측

2차적 예방을 위한 예측은 어떤 사람이 어떤 상황에서 일탈 혹은 범죄를 저지를 것인가를 예측하는 것에만 한정될 필요는 없다. 가해/피해가 "어디서" 그리고 "언제" 일어날지에 대한 예측을 고려하는 것도 가능하다. 이러한 활동은 새롭거나 독특한 아이디어는 아니다. 실제로, 경찰은 그들의 자원을 관할구역에 걸쳐, 그리고 하루의 상이한 시간대에, 차별적으로 배분하는 것이 일반적이다. 오늘날, 연구자들은 범행의 "장소"와 "시간"을 파악하기 위한 새롭고 발전된 기술과 데이터소스를 채택하고 있다. 다음에서 논의할 내용은 범죄 취약지역 분석(hot spot analysis)과 취약물품의 측면에서 예측을 살펴볼 것이다. 그리고 다음 섹션에서는 반복 피해자화와 관련된 주제를 살펴볼 것이다.

범죄 취약지역

범죄활동이 보다 많이 일어나는 장소와 시간을 파악하는 것은 경찰의 오래된 일반적 관행이다. 예를 들면 고급 음식점의 라운지에서보다는 이웃의 술집 바에서 더 많은 공격과 폭력을 경험한다. 이와 유사하게, 폭행은 오전보다는 저녁에 더 많이 일어난다. 이러한 두 기본 사실은 많은 문제들이 시간과 장소라는 두 가지 측면에서 집중된다는 것을 보여준다. 따라서 우리의 과제는 이러한 범죄의 집중을 판별해내고 그 정보를 적절한 개입을 실행하기 위한 출발점으로 사용하는 것이다.

아마도 이러한 활동의 가장 최근의 사례는 "취약지역(hot spot)" 연구이다. 셔먼(Sherman, 1995:36)은 "취약지역"을 "최소 1년 이상에 걸쳐, 범죄발생이 아주 빈번하여 고도로 예측 가능한 소규모 장소들"로 정의하였다. 미니애폴리스 시에서 경찰의 도움을 요청하는 전화신고를 분석하면서, 셔먼과 동료들(Sherman et al, 1989)은 도움을 요청한 모든 전화신고의 50%가 단지 3%에 불과한 장소로부터 왔다는 것을 발견한다. 모든 가정폭력사건이 도시의 동일한 9% 지역에서, 모든 폭행사건이 7%의 지역에서, 모든 침입절도사건은 11%의 지역에서, 그리고 모든 강도, 성추행, 자동차절도는 5%의 가능한 지역에서 신고 된다.

다른 분석들도 마찬가지로 적은 지역에 범죄가 집중되는 것을 보여준다. 스펠맨(Spelman, 1995)은 보스턴시의 10% 지역이 경찰신고의 30%를 설명하는 것으로 나타났다. 보다 최근에는 브래거와 동료들(Braga et al., 2008)이 치명적인 총기사격의 절반 이상이 도심 지역의 약 5% 지역에서 발생한다고 보고했다. 와이즈버드와 동료들(Weisburd et al., 2004)도 시애틀의 자료를 조사한 결과 모든 범죄의 약 50%가 5%도 안 되는 길거리(street segment)에서 발생한다고 지적하였다. 이 결과는 14년간의 시간에 걸쳐 안정적으로 유지되어 왔다. 범죄가 공간적으로 한데 집중되는 것에 의심의 여지가 없다.

취약지역을 찾아내고자 하는 시도는 또한 어떤 유형의 범죄와 장소가 부합하는지를 밝히는 데 유용하다. 블록과 블록(Block and Block, 1995)은, 시카고의 세 군데 지역사회 범죄 자료를 지도표시기법(mapping technique)으로 분석한 결과, 취약지역이 종종 고가정류장(elevated transit stop)과 주교차로(major intersection)를 에워싸고 있다고 보고했다. 이런 지역들은 잠재적 피해자가 위치해 있을 수 있고 잠재적 범죄자가 도망갈 방법이 많은 곳이다. 필라델피아의 자동차절도를 조사한 렌거트(Rengert, 1997)도 취약지역을 식별해 냈으나 낮과 밤의 시간대에 따라 위치가 변한다는 사실을 지적한다. 관광지와 교육시설은 낮 시간에 자동차절도의 취약지역이 될 수 있는 반면에 유원지, 술집, 및 그 밖의 성인야간업소는 저녁과 밤 시간 동안 주요 목표지역(target area)이 된다. 분명한 것은, 취약지역은 어떤 장소(사업장, 학교, 버려진 빌딩, 빈 공터, 주택단지, 혹은 교차로) 혹은 어떤 시간(저녁, 심야, 주말, 휴일, 휴가기간)이든 가능하다는 점이다.

취약지역에 관해 고려할 때 중요한 점은 시간이 지나도 안정적이어야 한다는 것이다. 즉, 파악된 범죄의 집중현상은 일시적 상황인가, 혹은 취약지역은 오랜 기간에 걸쳐 지속적인가? 타운슬리와 피즈(Townsley and Pease, 2002)는 제한적인 일시적 자료를 통해 파악된 취약지역에 의존하다보면 곧 정상적 수준으로 되돌아가(예를 들면, 회귀분석의 조작된 결과처럼) 없어지게 될 비정상적 범죄 집중현상을 범죄대책의 목표물로 잘못 선정하게 될 수도 있다고 주장한다. 아마도 더 중요한 것은, 존슨과 동료들(Johnson et al., 2005, 2008)이 주장하듯, 비록 단기간에 걸친다 하더라도, 범죄의 이동은 전통적 방법을 통해 취약지역을 판별해내는 작업의 가치를 제한한다는 점이다. 이들은 전향적지도제작(prospective mapping)의 활용이나, 혹은 최근의 사건 지식에 근거해 미래의 범죄 장소를 예측하는 지도의 고안을 제안했다. 이는 한 장소에서의 주거침입절도가 그와 가까운 장소에서의 피해자화 가능성을 높인다는 발견에 근거한다(Johnson and Bowers, 2004). 전향적지도제작은 취약지역들이 주위를 이동할 때, 그 이동하는 취약지역을 목표로 삼는 문제점을 완화시켜준다.

범죄가 흔히 특정장소와 특정시간에 집중하는 현상은 지역사회 경찰활동의 출발점으로서 취약지역이 훌륭한 대상이 된다는 사실을 시사한다. 취약지역의 판별은 어떤 요인들이 그 지역을 범행하기 좋은 장소로 만들었는지를 알아내기 위한 분석활동을 촉발시켜야 하며(Spelman, 1995), 예방적 대응 대한 통찰력을 제공해야 한다. 경찰 기획에서 핵심적 구성요소가 되어가고 있는 일군의 도구가 컴퓨터지도프로그램이다. 아크GIS(ArcGIS),

맵인포(MapInfo), 범죄의 시공간 분석프로그램(STAC)과 마약시장 분석프로그램(DMAP)과 같은 소프트웨어는 점차 경찰활동에서 일상화하고 있다(Rich, 1995). 지도 작성과 취역지역 연구는 범죄정보 뿐만 아니라 범죄가 발생하는 이웃, 장소, 시간에 관한 정보까지도 제공하고 있다.

범죄 취약물품

취약지역에 관한 흥미로운 새로운 접근법은 **취약물품**(*hot products*)이라는 아이디어이다. 클라크(Clarke, 1999)는 취약물품이란 절도범들의 주의를 끌어 범행의 목표가 되는 물건들이라고 논한다. 더욱이, 이러한 물건들은 취약지역의 존재와 분포를 설명하는 데 도움을 줄 수도 있다. 취약물품은 펠슨과 클라크(Felson and Clarke, 1998)의 아이디어인 VIVA(Value, Inertia, Visibility, and Accessibility)(가치, 관성, 가시성, 접근성)에 들어맞는다. 가치는 잠재적 범죄자에 의해 결정되는 것이지, 반드시 물건의 금전적 가격에 의한 것은 아니다. 오늘 가치 있는 것이 내일 흥미를 끌지 못할 수도 있다. 그 이유는 범죄자의 성숙, 사회에서의 물건의 풍족, 기호(taste)의 변화, 혹은 다른 요인들 때문일 것이다. 관성은 물건의 무게와 휴대성과 관련이 있다. 더욱이, 목표물이 잠재적 범죄자에게 눈에 잘 띈다면 위험에 처할 수밖에 없다. 마지막으로, 목표물은 범죄자가 접근 가능해야 한다(Felson and Clarke, 1998). 목표물이 이러한 기준을 만족시키는 정도가 범행이 발생할 가능성에 영향을 줄 것이다. 클라크(Clarke, 1999)는 CRAVED*(Concealable, Removable, Available, Enjoyable, and Disposable)*를 제안함으로써 VIVA의 개념을 확장시켰는데, 이는 취약지역의 존재에 대해 부가적으로 설명해준다. 클라크는 "취약물품"의 영향을 판별하고 인지하는 것은 많은 잠재적 예방대책들을 이끌어낸다고 주장한다. 이러한 것들 중에는 전자표지, 위치송신기(location transmitters), 바 코딩(bar codding), 그 외의 유사한 재물표시방법과 같은 물리적 설계들이 있다. 물론, 특별히 취약물품을 대상으로 한 다른 활동을 발전시키는 것도 가능하다.

반복피해자화

기존 연구문헌에서 최근 또 다른 주제는 반복피해자화(repeat victimization)를 판별하고 미래의 범죄를 예방하려는 노력에 초점을 맞추는 것이다. 반복피해자화는 최초의 피해를 본 사건에 이어서 특정 기간 내에 적어도 두 번째 범죄 피해자가 된 사람이나 장소의 측면에서 고려되어지는 것이다. 패럴(Farrell, 2005)은 반복피해자화의 여섯 가지 유형을 제시한다(표 10.5 참조). 이러한 유형은 6장에서 제시된 전이(displacement)의 형태에서 발견된 변이와 유사하다. 예를 들면 목표물의 반복피해자화는 적어도 두 번 이상 피해가 일어난 동일한 사람이나 장소를 고려한다. 목표물의 반복은 반복피해자화에 관한 논의에서 가장 일반적으로 언급되는 내용이다. 어떤 유형이 고려되든지 간에, 기본 가정은 피해의 재발에 대한 증거가 예방대책의 목표물을 위해 이용될 수 있다는 것이다.

표 10.5 반복피해자화의 유형론

반복 유형	미국	국제
목표	같은 목표물에 대한 범죄	동일한 사람, 건물, 가구, 자동차, 혹은 어떻게 정의되든 다른 목표물에 대한 범죄
전술적 (실제적)	범죄를 저지르는데 사용되는 동일한 기술, 수법, 종종 동일한 유형의 목표물	잠금장치의 특별한 유형(다른 유형의 재산); 특정한 유형의 안전장치를 가진 웹 사이트; 같은 모델의 자동차 절도; 같은 설계를 가진 재산의 절도
시간적	활발한 범죄활동-시간적 근접성이 특성을 결정함	동일한 밤에 다른 재산에 대한 다수의 절도; 자동차 절도 후에 강도, 그리고 도망감
공간적 (근처)	근접성과 특성으로 인한 가까운 장소에서의 범죄	범죄율이 높은 지역; 취약지역
범죄 유형	다른 유형의 범죄에 의해 희생된 동일한 목표물	다른 시간대(날짜)에 같은 목표물이 절도, 폭행, 강도를 당하는 것
범죄자	다른 범죄자에 의한 동일한 목표물의 피해자화	하나의 소유물이 다른 범죄자들에게 매력적으로 보임; 쉽게 보이거나 보상가치가 높다고 생각되는 목표물

출처: Farell, G.(2005). "Progress and Prospects in the Prevention of Repeat Victimization." In Tilley, N. (ed.), Homicide of Crime Prevention and Community Safety. Portland, OR: William Publishing. Reprinted with permission.

반복피해자화는 드문 일이 아니다. 폴비와 동료들(Polvi et al., 1990)은 반복피해자화라는 아이디어를 소개함으로써 명성을 얻었다. 그들의 분석에 따르면, 침입절도의 반복피해자가 될 위험성은 우연에 따른 기대치보다 12배 이상 높으며, 이러한 위험은 최초의 침입절도 직후에 보다 더 확실해진다. 이렇게 높아진 위험은 대략 3개월 동안 지속되다가 평소 기대 수준으로 회복된다. 피해자 조사는 반복피해자화에 관한 자료의 핵심적 원천이다. 피즈(Pease, 1998)는 1%의 사람이 모든 대인 범죄 피해자의 59%에 해당하며, 2%의 가구가 모든 가구범죄 피해자의 41%에 해당한다고 주장하였다. 피즈는 이러한 피해자들이 경험하는 범죄가 고도로 집중되기 때문에 이를 슈퍼목표물(supertargets)이라고 이름 붙였다. 패럴과 피즈(Farrell and Pease, 2014)는 대부분의 범죄가 똑같은 피해자를 대상으로 한 반복 범죄라고 주장한다.

1982년부터 1992년까지의 영국범죄조사(BCS)자료도 대략 모든 재산범죄의 1/4에서 1/3정도가 1년 이내에 5번 이상 피해를 본 사람들을 상대로 저질러졌음을 드러낸다(Ellingworth et al., 1995). 이것은 피해자의 대략 2/3정도가 반복 피해자이며, 대인범죄의 약 50%가 반복피해자화로 나타났음을 의미한다(Ellingworth et al., 1995). 2000년 국제범죄피해조사(ICVS)의 자료를 활용한 패럴과 동료들(Farrell et al., 2005)은 대략 모든 범죄의 40%, 성범죄의 43%, 폭행과 협박의 1/3 이상이 반복범죄였음을 밝혀낸다(Farrell et al., 2005).

NCVS, BCS 그리고 다른 피해자 조사들에서 반복피해자화를 비교하려면 연속 피해자화라고 알려져 있는 것을 필요로 한다. 연속 피해자화(Series Victimizations)는 응답자가 참조 기간 동안에 동일한 유형의 여러 행위를 보고하지만 각 사건에 대해 구체적인 정보를 제공할 수 없는 경우를 말한다. 로릿슨과 동료들(Lauritsen et al., 2012)은 정확한 수준의 반복 피해자화를 정밀하게 평가하는 것에 문제가 있긴 하지만, 연속 피해자화가 포함되었을 때 피해자화의 실제 수준이 연례피해보고에서 발견된 수준보다 훨씬 높다는 일관된 증거가 있음을 지적하였다.

반복피해자화를 판별할 때 생기는 문제점은 그 안에서 반복이 발생할 수 있는 단기 시간프레임의 영향력과 관련이 있다. 엘링워스와 동료들(Ellingworth et al., 1995)은 반복피해자화 수준의 대부분은 아마도 축소보고(underreport)된다고 지적했는데, 왜냐하면 이 조사는 단지 제한된 시간프레임 내의 반복에 의존하고 있어 조사 경계지점 전후에서 반복의 잠재성을 최소화하기 때문이다. 6개월의 시간프레임을 쓰는 NCVS를 고려할 때 반복피해자화의 단기 시간프레임 문제는 매우 명백하다. 12개월의 시간프레임을 쓰는 ICVS와 비교해 보면, NCVS는 피해화의 모든 범주에서, 즉 성범죄(ICVS에서는 51% 반복, NCVS에서는 23% 반복), 폭행과 협박(ICVS에서는 46% 반복, NCVS에서는

26% 반복), 그리고 주거침입절도(ICVS에서는 40% 반복, NCVS에서는 18% 반복)에서 현저히 낮은 반복피해자화를 드러낸다(Farrell, et al., 2005). 클리맨스(Kleemans, 2001)는 반복적 침입절도의 9%가 한 달 내에 발생하고, 30%가 6개월 이내에, 그리고 거의 절반 정도가 1년 이내에 발생한다고 지적한다. 따라서 고려하려는 시간 프레임에 따라 반복피해자화의 결과가 다르게 나타난다.

이 분야 연구들은 반복피해자화의 정도를 문서화하는 것을 넘어, 반복의 시간프레임에 대한 정보도 제공한다. 상당 부분의 피해자화는 최초의 피해 이후 단시간 내에 일어나는 경향이 있다(Bowers et al., 1998; Johnson et al., 1997; Pease, 1998). 웨이즐(Weisel, 2005)은 수많은 반복들의 시간프레임이 다양한 범행에 대해 단기간에 머무르고 있음을 보여준다(표 10.6). 예를 들면 가정폭력의 15%는 하루 안에 반복이 발생하고, 35%는 5주 이내에 발생한다(Lloyd et al., 1994). 이와 유사하게, 반복 침입절도의 25%가 일주일 안에 그리고 51%가 한 달 이내에 발생한다(Robinson, 1998). 반복의 시간프레임에 관한 정보는 예방대책의 타이밍을 정하는 데 유용할 수 있다.

표 10.6 반복피해자화의 시간프레임

범죄	기간과 반복의 비율	장소
가정폭력	24시간 이내 15%	머지사이드, 영국
	5주 이내 25%	
은행강도	3개월 이내 33%	영국
주거침입절도	일주일 이내 25%	탈라하시, 플로리다
	1개월 이내 51%	
	일주일 이내 11%	머지사이드, 영국
	1개월 이내 33%	
비주거침입절도	일주일 이내 17%	머지사이드, 영국
	1개월 이내 43%	
학교의 재산범죄	1개월 이내 70%	머지사이드, 영국

출처: Weisel(2005).

반복피해자화에 대한 설명

반복피해자화에 대한 설명은 일반적으로 크게 두 가지 범주로 – 위험 이질성과 상황 의존 – 나누어진다(Farrell, et al., 1995). 위험 이질성(Risk heterogeneity), 혹은 깃발 설명(Flag explanation)은(Gill and Pease, 1998) 이전의 피해자화 혹은 어떤 다른 요인이 차후 피해자화의 적절한 대상으로서 피해자 혹은 장소를 판별한다는 점을 시사한다. 이처럼, 후속의 피해자화는 명백한 취약성 혹은 다른 특성에 의해 목표물에 매력을 느낀 다른 범죄자들에 의해 저질러질 수도 있다. 패럴과 동료들(Farrell, et al., 1995)은 위험 이질성의 지표로서 술집에서의 반복되는 싸움을 예로 사용하였는데, 그곳에서 싸움을 원하거나 위험 상황에 관심이 있는 사람들은 갈등으로 명성이 난 시설에 매력을 느끼게 된다. 그렇다면 이러한 장소 그리고/혹은 그 술집의 종업원들은 반복피해자화의 높은 위험에 처해 있다.

사건 의존(Event dependency) 혹은 부양 설명(boost explanation)은 (Gill and Pease, 1998) 보통 동일한 가해자가 바로 그 피해자와의 혹은 바로 그 장소와의 과거 경험에 기초하여 또 다른 범죄를 저지르는 상황을 일컫는다. 성공적인 과거 범행이 같은 대상을 상대로 또 다른 범죄를 시도하도록 유도한다. 이러한 상황에서는 완전히 새로운 범죄자가 기존 범죄자들 사이에 공유되는 정보를 이용한 결과 후속 범죄를 저지르는 것이 가능하다. 이 경우, 과거 범죄에 기초하여 목표물에 대한 특정한 정보를 아는 것이 과거 범죄에 근거한 목표물의 특정 정보가 후속 행위에 핵심 열쇠가 된다.

패럴과 동료들(Farrell et al., 1995)은 위험의 이질성과 사건 의존 두 가지 모두 잠재적 범죄자들이 합리적(합리적 선택이론)이고 그들의 경험들(일상활동이론)은 다른 행위의 과정으로부터 기대되어지는 위험과 노력, 그리고 이익에 관한 정보를 제공할 것이라고 가정하고 있음을 지적한다. 두 주장 모두 길과 피즈(Gill and Pease, 1998)의 수감된 강도들에 관한 연구를 통해 지지된다. 그들의 연구주제는 반복피해자화가 과거의 범죄행위(그들 혹은 다른 사람의 범죄행위)와 계획으로부터 얻은 정보와 관련이 있다는 것을 보여준다. 바우어스와 존슨(Bowers and Johnson, 2004)은 주거침입절도 연구에서 사건 의존 설명이 지지될 수 있음을 발견하였다.

반복피해자화와 범죄예방

과거 피해자와 지역을 대상으로 삼으면 범죄예방에 유용한 정보를 제공한다. 레이콕과 패럴(Laycock and Farrell, 2003)은 반복피해자화를 대응목표로 삼으면 경찰이 효과를 최대화할 가능성이 있는 곳에 인력과 자원을 더 잘 배치할 수 있도록 해준다고 지적했다. 유사한 방식으로, 반복피해자화를 목표로 삼는 것은 종종 취약지역과 취약물품을 목표로 삼는 것을 의미한다. 반복피해자화에 초점을 맞추는 것은 또한 범죄율이 높은 지역에서 범죄예방프로그램을 실행하여, 특정 목표물과 주변의 잠재적 목표물 모두에 영향을 미치는 것을 의미한다(Laycock and Farrell, 2003). 랫클리프와 맥컬라(Ratcliffe and McCullagh, 1999)는 과거 범행들을 분석하면 예방활동의 근간을 형성해 줄 수 있는 침입방식, 범행시간, 목표가 된 재산, 그리고 다른 요인들에 관한 정보를 제공해 줄 수 있다고 주장했다. 클라크와 동료들(Clarke et al., 2001)은 반복피해자화에 관한 연구가 또한 범죄자들의 의사결정과정에 관한 통찰을 제공할 수도 있음을 시사한다. 반복되는 침입절도에 대한 연구로부터 얻은 증거는 침입절도범들이 첫 번째 범죄에서 도난당한 물건들을 대체하기 위해 재구매된 물건들을 훔치기 위해 일정 시간이 경과한 후에 범죄를 반복한다는 생각을 뒷받침한다(Clarke et al., 2001). 중요한 것은, 최초의 행위 직후에 저질러진 반복에서 훨씬 큰 유사성이 있지만, 시간이 지나면서 유사성이 감소한다는 점이다(Ratcliffe and McCullagh, 1999). 또 다른 이점은 반복 범죄피해자화가 더욱 빈번하고 심각한 범죄자들을 포함할 수도 있기에; 따라서 예방적 노력이 더욱 큰 잠재적 영향력을 지니게 된다는 점이다(Laycock and Farrell, 2003). 저자들은 또한 반복 범죄피해자화를 목표로 하면 보다 덜 초점이 맞추어지는 최초의 범죄에 비해 전이가 덜 일어나게 되는 결과를 초래할 것이라는 점도 지적한다.

연구 결과는 반복피해자화를 목표로 하면 효과적으로 범죄를 줄일 수 있음을 보여준다. 예를 들어, 컬크홀트 침입절도 예방프로그램(Kirkholt Burglary Prevention Program)은 반복피해자화를 목표로 삼고 향후 침입절도를 줄이기 위한 수단으로 현재의 피해자들과 함께 작업하였다. 이런 노력은 향후 범죄를 성공적으로 감소시켰다(Pease, 1998). 패럴과 피즈(Farrell and Pease, 2006)는 미국, 영국, 호주에서 이루어진 11개의 연구들을 검토한 후, 반복적 범죄에 초점을 맞춘 예방노력에 의해 반복적 침입절도와 전체 침입절도 둘 모두가 감소하였음에 주목한다. 침입절도에 관한 21개의 연구를 검토한 그로브와 패럴(Grove and Farrell, 2012)은 반복피해자화를 목표로 하는 것이 62퍼센트의 분석에서 침입절도를 감소시켰다고 주장한다. 체이니(Chainey, 2012)는 그레이터 맨체스터(Greater Manchester)의 트래포드 보로우(Trafford borough)에서 반복된 침입절도를 목표로 함으로 인해 프로젝트 첫해에 침입절도를 27%까지 줄였다고 보고한다.

반복피해자화와 관련된 쟁점들

반복피해자화에 관심이 증가하고 반복피해자화를 목표로 하면 효과가 높다는 증거가 있는데도 불구하고, 보다 주의를 요구하는 몇 가지 쟁점들이 있다. 첫째, 여러 증거가 반복피해자화가 상당히 많음을 보여주지만, 모든 범죄행위가 같은 장소 혹은 같은 개인을 상대로 잇달아 일어나는 행위는 아니다. 어떤 범죄행위가 추후 행위가 일어나기도 전에 반복피해자화로 이어질지를 판별하는 건 알아내기 힘든 과제이다. 기존의 연구들은 반복피해자화의 범위에 관한 사후 분석을 제공한다. 따라서 과거 피해자를 목표로 한 범죄예방활동은 상당한 양의 불필요한 노력을 초래할 가능성이 있다. 반면에 다른 한편으로, 그러한 목표화(과거 피해자의 목표화)는 아직 한 번도 범죄 피해자가 되어 본 적이 없는 대부분의 일반대중을 대상으로 한 개입조치보다는 효과적임에 틀림없다.

두 번째 쟁점은 가상 반복(virtual repeats)을 다루는 것이다(Pease, 1998). 가상 반복은 유사한 사람, 장소, 혹은 물품에 대한 후속(follow-up) 피해자화이다. 예를 들면 단일 회사(패스트푸드 상점과 같은)지만 다른 장소에서 일어난 일련의 강도나 같은 브랜드의 자동차 절도는, 만약 후속 범죄들이 상황의 유사성(유사한 상점배치 혹은 유사한 자동차 설비)으로 인하여 저질러졌다면, 반복피해자화라고 간주될 수 있다. 피즈(1998)는 이러한 것들이 반복피해자화로 간주되어야 한다고 제안한다. 그런 고로, 이런 것들은 범죄예방활동들을 이끄는 다른 쟁점들을 제기한다. 존슨과 바우어스(Johnson and Bowers, 2002; 2004)는 반복 피해자화의 한 유형으로서 이웃하는 가정에서 발생한 침입절도를 고려할 때 이 쟁점을 그림으로 설명했는데, 그들은 이것을 근처 반복(near repeat)이라고 부른다. 그들의 주장은 국지적(local) 침입절도는, 적어도 가까운 기간 안에, 다른 인접한 가정에서의 침입절도 위험을 증가시킨다는 것이다.

아직 답이 없는 다른 질문으로는 반복이 피해를 본 사람의 측면에서 고려되어야 하는지 아니면 피해를 입은 장소의 측면에서 고려되어야 하는지, 반복(특별히 상점절도처럼 흔한 상업적 절도의 측면에서)으로 간주되기 위해서는 얼마나 많은 피해자화가 요구되는 것인지, 미수에 그친 범죄는 반복으로 처리할 것인지, 그리고 유사한(정확히 동일하지는 않은) 범죄들도 반복피해자화의 신호로서 다루어야 할 것인지 등이 있다(Pease, 1998). 이러한 질문들/쟁점들에 대해 명확한 답은 아직 없지만, 범죄예방 내에서 반복피해자화를 이용한 잠재력은 여전히 강력하게 남아있다.

그림 10.1 범죄예방 효율화를 위한 교차 영역

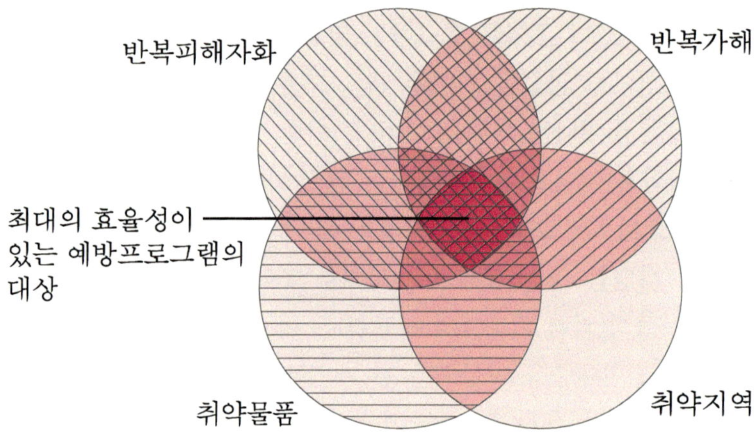

RV: 반복피해자화
Repeat Offending: 반복 가해
Hot products: 취약 물품
Hot Spots: 취약 지역

출처: Farrell, G.(2005). "Progress and Prospects in the Prevention of Repeat Victimization." In Tilley, N. (ed.), *Homicide of Crime Prevention and Community Safety*. Portland, OR: William Publishing. Reprinted with permission.

요약

취약지역 연구, 취약 물품, 반복 피해자화, 그리고 관련된 주제들은 범죄예방활동에 의해 목표가 될 개인이나 상황들을 좁혀 가는 혁신적인 접근법들인 셈이다. 패럴(Farrell, 2005)은 이 장에서 발견된 몇몇 개념들의 중첩을 그림으로 보여주면서, 예방적 노력의 효과성은 상이한 영역의 교차점을 목표로 삼을 때 최고로 강화될 것이라고 제안했다(그림 10.1 참조). 분명히, 시간과 장소에 따라 자원을 배분하는 아이디어는 경찰활동에서 일반적이다. 이러한 아이디어를 빌려와서 형사사법체계 혹은 어떤 다른 집단이나 관계당국에 의해 사용되는 일반적인 범죄예방을 위한 노력들에 적용하는 일은 더 이상 어려운 일이 아닐 것이다. 그 무엇보다도, 취약지역 분석과 반복피해자화 분석 둘 모두는 범죄예방을 도입하는 데 있어 "어디서"와 "언제"라는 쟁점과 관련하여 통찰력을 제공한다.

범죄예방에 있어서의 함의

예측은 범죄예방의 - 특히 2차적 범죄예방의 - 중요한 부분이다. 특히 범죄나 일탈행동의 성향이 높은 곳에 있는 사람이나 상황에 개입하려고 시도할 때에는 더더욱 그러하다. 미래의 청소년범죄자 혹은 성인범죄자로 나아갈 수 있는 사람을 판별하는 것은 일탈행위가 일어나기 전에 적절한 범죄예방기법의 도입을 가능하게 할지도 모른다. 불행히도, 개인의 미래행동에 대한 예측은 전형적으로 다수의 허위 예측을 낳는다. 위험요인에 관한 보다 최근의 연구는 차후의 일탈행동과 관련된 많은 변수들을 밝혀냈다. 판별된 위험요인들은 집중된 예방적 개입을 위한 기초로 사용될 수 있을 것이다.

예측에 관한 또 다른 접근법은 개인의 행동에 대한 예측으로부터 주의를 돌려, 장소, 시간대, 그리고 범죄의 대상에 대한 예측으로 향하는 것이다. 이러한 접근법은 잠재적 범죄자보다는 피해자의 관점에서 예방활동의 방향을 설정하는 것이 효과적일 수 있음을 시사한다. 잠재적 피해자나 목표물에 대한 묘사를 도와주는 기술은 그 어떤 것이라도 예방노력에서의 "어디서"와 "언제"에 대한 통찰을 제공해 줄 것이다. "취약지역"에 관한 지리적 그리고 시간적 판별과 반복피해자화에 관한 정보의 사용은 2차적 범죄 예방에 잠재적으로 사용될 수 있는 접근법이다. 이러한 접근법은 보다 많은 관심을 받을 필요가 있고, 범죄 예방에 더욱 유용한 정보를 얻기 위해 지속적으로 세련화될 필요가 있다.

주요 용어

- 통계적 예측
- 부양설명
- CRAVED
- 잘못된 부정예측
- 취약물품
- 가까운 쪽의 반복
- 반복피해자화
- 실질적 반복
- 청소년기에 한정된 범죄
- 임상적 예측
- 생태학적 오류
- 잘못된 긍정예측
- 취약지역
- 명백한 행동
- 위험요인
- VIVA
- 권위갈등
- 은밀한 행동
- 사건의존
- 깃발설명
- 생애지속범죄
- 미래예측지도작성
- 위험의 이질성

제11장 상황적 범죄예방

장 개요

- 상황적 예방의 성장
- 이론적 근거
  - 합리적 선택이론
  - 일상활동이론
  - 범죄 유형 이론
  - 요약
- 상황적 유형론
  - 유형분류의 확장
- 상황적 예방에서의 쟁점과 우려
- 상황예방실행
- 상황적 예방 연구
  - 교통체계의 요금 미납과 파손행위
  - 자동차 절도
  - 절도범죄
  - 상품 디자인
  - 반복 피해자화
  - 아동 성폭행
  - 기타 범죄들
- 요약

학습 목표

이 장을 읽은 후 여러분은 다음을 할 수 있어야 한다.

- 상황적 예방의 정의를 내린다.
- 상황적 예방의 이론적 토대를 밝혀보고 논의한다.
- 시간에 따른 상황적 유형론에서의 변화를 설명한다.
- 상황적 예방을 향한 비판들을 제시해보고, 그 비판들에 대한 대응들을 시도한다.
- 여러 기술들에 관한 평가 증거를 포함하여, 현재 작동 중인 상황적 예방들의 몇 가지 예를 든다.
- 상황적 기술들이 어떻게 대인범죄예방을 위해서도 사용될 수 있는지를 설명한다.

제11장 상황적 범죄예방

범죄예방 노력을 목표로 하는 것은 상황적 범죄예방이라는 제목 아래에서 가장 명백해진다. 1차적 예방이라는 제목 아래 논의된 수많은 예방적 기법들이 이 장에서 논의되는 개입(intervention)의 기초를 형성한다. 상황적 예방은 전체 지역사회(community)나 이웃(neighborhood)에서 획기적 변화를 만들고자 하는 것이 아니라 구체적인 문제, 장소, 사람 또는 시간의 변화를 조준한다. 상황적 접근방법은 프로그램의 실시 이전에 문제판별이나 계획수립에 많은 노력이 경주되어야 하고, 프로그램의 영향력도 보다 초점을 맞추어야 한다는 점을 가정한다. 피해자화의 위험, 특히 반복 피해자화에 초점을 맞춘 위험에 처해 있는 장소, 개인, 및 물건을 판별해내는 것은 많은 부분의 상황적 예방에 있어 핵심적이다. 이 장에서는 1980년대 초반 이후 상황적 범죄예방의 성장과정을 개관하고, 이것이 기초한 다양한 전통적 근거에 대해 논의하며, 또한 현재 실시되고 있는 상황적 기법의 예를 제시한다.

상황적 예방의 성장

상황적 범죄예방이라는 발상의 뿌리는 많은 부분 1970년대 영국 내무성(British Home Office)이 주관했던 범죄예방사업으로 거슬러 올라갈 수 있다(Clarke, 1983). 영국 내무성은 상이한 범죄문제들을 성공적으로 다룰 수 있는 개입을 찾아내는 과정에서, 상이한 범죄, 장소, 및 상황에 특수한 범죄요인을 감소시킬 목적으로 다양한 프로젝트를 실시하였다. 클라크(Clarke, 1995)에 의하면, 이러한 사업의 많은 부분이 범죄란 종종 범죄자에 의해 평가되는 위험, 노력 및 대가 등을 반영한다는 인식으로부터 자라났다는 점을 지적한다. 본질적으로, 범죄자는 어떤 기회가 자기에게 가장 이득인지를 선택하고, 그 평가에 따라 행동한다.

클라크(1983:225)는 상황적 범죄 예방에 대하여 다음과 같이 정의하였다:

> 상황적 범죄예방은 (1) 매우 구체적인 형태의 범죄를 대상으로 하고, (2) 가능한 체계적이고 영구적인 방법으로 즉각적인 환경에 대해 관리, 설계 또는 조정하며 ,

(3) 그로 인해 여러 부류의 범죄자에 의해 지각되듯이 범죄의 기회를 감소시키고 위험은 증가시키는, 조치들로 구성되는 특징을 갖는다고 할 수 있다.

이러한 개념규정에는 다양한 이론과 이론적 관점에서 등장하는 범죄자와 범죄발생에 관한 수많은 가정들이 함축되어있다. 이 개념규정의 핵심 부분은 "범죄기회를 감소시키고" 및 "범죄자에 의해 지각되는 그대로의 위험을 증가시키는"을 규정한 세 번째 조건이다. 상황적 예방은 잠재적 범죄자가 범죄를 덜 매력적인 것으로 느끼도록 환경을 변화시킬 수 있다는 생각에 기초한다. 상황예방은 범죄자들이 단순히 충동에 따라 행동하는 것이 아니라는 점, 그리고 그들이 행동할 것인가 말 것인가에 대한 통제력을 가지고 있다는 점을 가정한다. 이 입장은 범죄자들이 선택을 한다는 것에 대한 확고한 믿음이 있다. 쿠손(Cusson, 1993)은 범죄가 억제된다는 것은 결국 특정의 상황에서 범죄자가 위험을 인식하기 때문이라고 주장하였다. 그 결과, 범죄자는 제일 적은 위험을 제공하는 장소, 시간, 잠재적 피해자를 찾아 이에 반응한다.

이론적 근거

합리적 선택, 일상활동, 생활양식 관점과 범죄유형이론은 상황적 예방을 연구하기 위해 중요하게 고려해야 할 이론들이다. 각각의 이론은 범죄기회에 반응하는 범죄자의 능력에 대하여 나름대로 중요한 통찰을 제시한다. 이러한 이론들은 흔히 잠재적 범죄자에 초점을 맞춰 논의를 전개하지만, 잠재적 피해자도 이론구성의 방정식에서 중요한 역할을 담당한다.

합리적 선택이론

상황적 범죄예방의 핵심은 범죄자들이 범행에 있어 기회에 반응하여 선택을 한다는 믿음에 기초하고 있다. 합리적 선택이론은 개인이 범죄를 실행할지 말지에 대한 결정은 여러 가지 투입요소들에 의하여 내려지는데, 이러한 투입요소의 예로는 범행에 소요되는 노력, 잠재적 대가, 행위를 위한 동료의 지원 정도, 체포와 처벌의 위험, 그리고 개인의 필요 등이 있다고 상정한다(Clarke와 Cornish, 1985; Cornish와 Clarke, 1986a; Cornish와 Clarke, 1986b). 이는 개인들이 기회가 스스로 드러낼 때마다 범행을 저지른다는 의미가 아니다. 그것보다는 잠재적 범죄자들이 이용 가능한 선택과 관여된 위험, 노력, 및 대가에 기초해 범죄에 대한 계산된 결정을 한다는 것이다. 침입절도에 관한 연구가 합리적 선택과 관련된 쟁점의 좋은 사례로 작용한다. 베네트(Bennett, 1986)와 라이트와 덱커(Wright와 Decker, 1994)는 침입절도범들이 종종 다른 필요와 욕망을 충족하고자 범죄를 저지른다고 지적하였다. 이들은 마약구매를 위한 현찰이나 동년배의 기대에 부응하기 위한 현금처럼 즉각적인 필요(needs)일 수도 있고, 재산이나 지위에 대한 장기적인 욕망(desires)일 수도 있다. 범죄자들은 이러한 욕구(drive)를 만족시키기 위해 다양한 대상(targets)과 방법(methods)을 고려할 것이다. 침입절도범의 의사결정에 영향을 미치는 물리적 요인과 사회적 요인으로는 아마도 은닉의 수준, 조명의 정도, 잠금장치의 존재, 고가품의 증후(證候), 다른 장소로부터의 감시능력, 다른 사람의 존재 등이 있을 수 있다(Bennett, 1986; Bennett and Wright, 1984; Cromwell et al., 1991; Nee and Taylor, 1988; Rengert and Wasilchick, 1985; Wright and Decker, 1994). 이러한 논의가 진행되는 동안 줄곧 범죄자의 선택에 존재하는 제한적인 속성에 대해 최소한의 암묵적 인식이 있다는 점에 주목하는 것이 중요하다. 사실, 수많은 선택들이 범행 당시 범죄자에 의해 거의 혹은 전혀 의식하지 못한 의사결정과정을 통해 이루어졌을 수도 있다 (Wright and Decker, 1994). 이 경우 합리적 선택이 일어나지 않은 것처럼 보이지만, 그 결정들은 다양한 과거경험, 활동, 투입요인들을 통하여 빚어졌을 (fashioned) 수도 있다. 이와 동일한 과정이 침입절도 뿐만 아니라 다른 범죄행위에서도 적용될 것이다.

범죄자의 행동이 거의 의식적이지 않은 사고 또는 선택에 기초하는 것처럼 보이는 것은 범죄자들 개개인이 그들의 행동을 추진하는 범죄 대본(crime scripts)에 의존한다는 사실 때문일 수도 있다. 코니쉬(Cornish, 1994, p. 159)는 이 범죄 대본을 "합리적이고 목적의식이 분명하며 목표-지향적인 행동(goal-oriented action)이 나오게 하기 위해 행위적 일상(behavioral routine)을 검토하는 유용한 분석 도구"라고 중요하게 언급했다. 범죄 대본은 행동을 완수하기 위해 필요한 대응을 포함해서, 범죄를 저지른 데 요구되는 단계와 행동에 대한 윤곽을 제시한다(Cornish and Clarke, 2008). 차량 절도를 위한 단계와 행동에 관한 대본의 간단한 사례가 표 11.1에 제시되어 있다.

표 11.1 차량절도를 위한 범죄 대본

대본 장면	대본 행동
• 준비 • 입구(entry) • 사전 조건 • 도구적 사전 조건 • 도구적 개시 • 도구적 활성화 • 실행하기 • 사후 조건 • 출구(exit)	• 도구를 모은다. • 장소로 들어간다. • 드러나지 않게 배회한다. • 차량을 선택한다. • 차량에 접근한다. • 차량에 침입한다. • 차량을 훔친다. • 주차공간에서 빠져나간다. • 장소를 벗어난다.

대본 장면은 단계를 나타내며 대본 행동은 장면의 각 시점에서 실제로 하는 행동이다. 범죄가 다르면 대본도 달라질 것이다. 일반적으로 대본은 시간이 지남에 따라 경험과 실습을 통해 발전하지만, 의식적인 사고가 (있다 해도) 거의 필요하지 않은, 제2의 본성이 될 수도 있다. 그러므로 잠재적 범죄자는 성공적인 대본에 요약된 모든 요소를 제공하는 상황에서 발생하며, 명백한 의사결정이 거의 없는 상태에서 행동을 결정한다.

일상활동이론

의식적이건 잠재의식적이건, 범죄자가 대본을 세우고 결정의 근거로 삼는 정보의 한 원천은 바로 그의 하루 일상이다. 일상활동이론은 개인의 하루 활동이 동기화된 범죄자를 보호자의 부재 상태인 적절한 범행대상(target)과 수렴시킨다고 주장한다(Cohen and Felson, 1979). 이 수렴(converge)이 범죄가 발생할 기회를 제공한다. 코헨과 펠슨(1979)은 1960년대 낮 시간 동안 빈 집의 증가와 휴대용 고가품의 가용성 확대가 주거침입절도의 증가를 설명하는데 도움이 되었음을 보여주면서 일상생활의 중요성을 입증하였다. 사회에서 이동성의 증가는 과거 그 어느 때보다 범행대상과 범죄자를 더욱 빈번하게 결합시키는데 기여했다. 범행의 기회와 선택 둘 다 증가한 것이다.

일상활동이론이 범죄자와 피해자 모두를 고려한 반면에, 생활양식이론은 범행에 기여하는 요인으로 피해자의 활동에 구체적으로 관심을 집중한다. 힌델랑과 동료들(Hindelang et al, 1978)은 어떤 사람이 범죄피해를 당할지 여부는 그 사람의 생활양식과 행동선택에 달려 있다고 제안한다. 예를 들어, 폭력적 싸움이 흔한 술집에 자주 가는 사람은 그러한 대치상황에 빠져들 위험이 그만큼 증가할 것이다. 마찬가지로 범죄가 많이 발생하는 동네에 위치한 편의점에 근무하는 것은 강도피해자가 될 가능성을 높인다. 두 상황 모두 개인의 생활양식이 피해자 혹은 반복피해자가 될 잠재력에 영향력을 갖는다.

피해자화의 위험과 범행기회를 고려하기 위해 생활양식이라는 생각을 다소 확대하는 것이 가능하다. 즉, 어떤 사람의 생활양식은 피해자가 될 기회뿐만 아니라 범죄를 저지를 기회를 제공받는 잠재력을 갖는다. 감시자가 없거나 혹은 이동성이 아주 높은 직업에서와 같이, 어떤 사람의 구조화되지 않은 생활양식은 그로 하여금 범행대상이 쉽게 포착되고 감시도 없는 상황에 놓이게 할 수 있다. 이러한 상황에서 그 사람은 범죄를 저지를 것인가 아니면 그러한 행동을 자제할 것인가를 선택하는 상태에 놓일 수 있다. 생활양식이론과 일상활동이론의 결합은 두 이론을 자연스럽게 확대하는 것이며 범죄자의 잠재적 선택 대안들에 대한 시각의 폭을 넓혀준다.

범죄 유형 이론

합리적 선택, 일상활동, 범죄대본 및 생활양식 이론/관점은 범죄 유형 이론과 아주 잘 맞아 떨어진다. 범죄 유형 이론은 범죄 행동이 언제 어디에서 범죄가 발생하는지 이해할 수 있는 패턴과 잘 들어맞는다고 주장한다(Brantingham and Brantingham, 1993b). 개인들이 그 안에서 운용하는 사회적, 물리적 환경에 대한 틀(template)을 개발하는 것은 바로 매일의 활동을 통해서이다. 이 정보는 잠재적 범죄자들이 대상 및 위협 양자를 모두 판별해 내기 위해 중요하다. 마찬가지로, 범죄자들의 행동을 연구하고 과거의 범죄 행위를 분석하는 것은 범죄와 잠재적 예방 기제(mechanism)에 대한 통찰력을 제공한다.

요약

합리적 선택, 범죄 대본, 일상활동, 생활양식, 및 범죄 패턴 이론/관점을 개괄적으로 살펴보는 것은 상황적 범죄 예방에 깔려 있는 많은 쟁점들을 분명히 보여준다. 각각의 경우에서 일탈행동은 범죄의 기회와 범행의 실행결정에 영향을 미치는 요인들이 수렴(converge)하면서 즉, 한데 모아지면서 일어난 결과로 볼 수 있다. 하였다. 따라서 범행의 선택을 제한하는 행동은 범죄와 범죄의 두려움을 줄일 수 있는 잠재력을 갖는다.

상황적 유형론

상황적 범죄예방의 성장은 현재 계속 진행 중인 상황적 유형론의 발전을 통해 살펴볼 수 있다. 상황예방에 대한 초창기 연구들 중 하나에서, 클라크(Clake, 1983)는 단순하게 개입으로의 세-갈래 접근법을 제시하였다.

- 감시
- 목표물의 견고화
- 환경 관리

감시는 앞선 장들에서 논의된 많은 아이디어들을 포함하는데, 여기에는 자연감시, 공식감시, 종업원감시 등의 개념이 들어있다(참조 Clarke and Mayhew, 1980). 목표물의 견고화는 잠금장치와 강화유리, 금고, 그리고 다른 안전장치와 같은 개입을 포함한다. 환경관리는 범죄기회를 감소시키는 변화를 만드는 것을 일컫는다.

쉽게 예상하듯, 원래의 3가지 범주는 상황적 범죄예방 개입의 숫자가 늘어나면서 급속하게 너무 단순하고 한정적인 것이 되어버렸다. 1992년 클라크는 세 가지의 아주 일반적인 정향을 반영하여 상황기법의 확장된 분류를 제시하였는데, 이들 세 가지 정향은 "노력의 증가", "위험의 증가", "보상의 감소" 이다. 이들 세 가지 각 범주별로 클라크(1992)는 예방적 접근의 네 가지의 하위집단을 추려냈는데, 모두 12가지의 상황적 예방기법이 산출되었다(표 11.2를 참조할 것).

이 기법의 많은 부분이 자명하거나 이 책 앞에서 소개한 아이디어를 반영한 것이다. "노력의 증가(Increasing the Effort)" 범주 안에는 목표물의 견고화, 접근통제, 범죄자의 전향(deflecting), 그리고 조장요인 통제가 포함되어 있다. "범죄자의 전향(Deflecting offenders)"은 부적절한 행위에 대해서 대안을 제시하는 개입방법이다. 구체적 예로는 낙서를 할 수 있는 게시판을 마련해 준다든지 공개 사업지구나 공공 간선도로로부터 떨어진 곳에 청소년을 위한 만남의 장소를 만들어주는 것 등을 들 수 있다(Clarke, 1992). "조장요인 통제(controlling facilitators)"의 아이디어는 권총, 알코올, 공중전화(마약거래에 사용될 수 있는) 등처럼 범죄발생에 기여하는 상황이나 물건을 제한하거나 제거하는 것과 관계된다. "위험의 증가(Increasing the Risk)"를 위한 방법은 주로 공식적 혹은 비공식적 감시 노력에 의존한다. "입구/출구 검색(Entry/exit screening)"은 잠재적 범죄자의 탐지(detection)를 가능하도록 하는 감시형태이다. 공항에서 탑승객을 검색하고, 절도 방지를 위해 상품에 전자센서를 부착하는 것이 "입구/출구 검색(Entry/exit screening)"의 두 가지 예이다. 마지막 범주인 "보상의 감소(Reducing the Rewards)"는 대상제거, 재물표시, 유인제거, 그리고 규칙제정을 포함한다. "대상 제거(target removal)"는 상품계산대에서 보관하는 현금액수를 제한한다든지 버스요금을 낼 때에 잔돈 지불이 없는 정액을 내게 한다든지 하는 등의 활동이다. 두 가지 사례 모두, 강도나 절도를 저지르더라도 범죄자가 얻는 잠재적 대가는 많지 않을 것이다. 이와 유사하게 "유인 제거(removing inducements)"는 구미를 당기는 범행대상을 제거하는 것을 뜻한다. 구미를 끄는 대상으로는 거리에 주차해 있는 스포츠카나 유명팀의 스포츠재킷을 학교에 입고 가는 것 등을 예로 들 수 있다. 끝으로 클라크(1992)는 종업원이나 일반시민이 행동기준을 세우는 방안으로, 그리고 사람들이 동조를 위해 그들의 행동이 감시되고 있다는 점을 알게 하는 방안으로 "규칙 제정(rule setting)"을 제안하였다.

표 11.2 Clarke의 1992년 상황적 예방기법

•노력의 증가	•위험의 증가	•보상의 감소
1. 목표물의 견고화	5. 입구/출구 검색	9. 대상 제거
2. 접근통제	6. 공식적 감시	10. 재물표시
3. 범죄자의 관심 돌리기	7. 고용인에 의한 감시	11. 유인 제거
4. 조장요인 통제	8. 자연적 감시	12. 규칙 제정

출처: R.V. Clarke(1992). *Situational Crime Prevention: Successful Case Studies*. Albany, NY: Harrow and Heston에서 재구성.

이 같은 상황기법을 통하여, 클라크는 범죄예방의 가능성이 얼마나 폭넓은 것인가를 보여주고자 하였다. 그는 하드웨어의 변화에만 치중한 예방활동에 의존하는 건 지나치게 단순하고 근시안적인 것이라고 지적하였다(Clarke, 1992). 대신에 상황예방기법처럼 범죄예방은 개입을 위한 보다 넓은 사회 기반 구축에 관심을 가질 필요가 있다. 클라크의 12-단계 유형론을 검토하면 환경의 물리적 변화에 의해 지배되는 개입방법으로 쉽게 유도될 수 있다. "즉각적인(immediate) 환경의 관리, 설계, 또는 조작"이라고 제안한 클라크(1983)의 정의에 근거하여 볼 때, 물리적 변화에 초점을 둔 해석은 그리 놀라

운 일이 아니다. 그러나 보다 자세히 살펴보면, 기회가 고려되고 상황적 예방대책에서 "선택"의 차원이 고려되었다는 점에서, 상황적 개입에 대한 보다 광범위한 해석을 주장하고 있음을 알 수 있다.

유형분류의 확장

클라크와 호멜(Clarke and Homel, 1997)은 최초의 12가지 항목 분류에 대한 우려와 한계에 대응해 16가지로 구성된 확장 목록을 제안하였다. 이 확장분류는 특히 2가지 핵심 쟁점을 다루고자 하였다(Clarke and Homel, 1997). 첫째, 원래의 몇몇 분류는 기본 이념의 내적 일관성을 제고하기 위해서는 세분화할 필요가 있다(Clarke and Homel, 1997). 예를 들면, 원래범주였던 "조장요인 통제"는 "조장요인 통제(controlling facilitators, 범행을 쉽게 만드는 총과 다른 물건처럼)"와 "반억제 통제(controlling disinhibitors, 음주나 마약 사용 등과 같이 범죄실행에 대한 사회적, 심리적 장벽을 감소시키는 요인들)"로 세분화하였다. 둘째, 최초의 12가지 분류법은 범죄발생의 사회적, 심리적 맥락에 초점을 맞춘 상황기법을 포함하는 데에 실패했다. 클라크와 호멜(Clarke and Homel, 1997)은 죄책감, 수치심, 당혹감을 고심하여 다루는 범주를 추가했다. 죄책감이나 그와 유사한 감정은 흔히 개인들이 그들의 행동과 그들이 가지고 있는 도덕적 규범 사이의 불일치 또는 그들의 삶에서 중요한 타자들(significant others)의 관점과의 불일치 때문에 생길 수 있다(Clarke and Homel, 1997).

이런 확장된 분류는 상황적 예방을 과거의 물리적 환경에 대한 강조로부터 심리적이고 사회적 요인에 더 크게 의존하는 방향으로 변화시키고 있다. 예를 들면 범죄자의 인지과정을 반영한다는 의미에서 원래 범주들 각각은 그 이름이 변경되었다. "*인지된* 노력 증가", "*인지된* 위험 증가", "*예견된* 보상 감소"처럼 말이다. 범주별 이름변경은 노력, 위험, 보상의 구체적 변화뿐만 아니라 변화된 *인지*까지도 관심을 가져야 한다는 의미를 내포한다(Clarke and Homel, 1997). 어떤 상황기법은 물리적 효과는 거의 없지만 상당한 정도의 심리적 효과를 거두는 경우가 있을 수 있다.

이런 변화에도 불구하고 워틀리(Wortley, 1996)는 이 분류법이 여전히 완전하지 못하다고 주장했다. 특히 "죄책감이나 수치심 도발"의 범주는 포괄적(exhaustive)이지 않았다. 그는 죄책감과 수치심은 서로 다르며 따라서 상호 분리시켜야 한다고 상정한다. 그는 상황적 예방의 매트릭스(matrix)가 범죄를 촉진시키거나 이끌어내는 요인은 무시하는 반면에, 범죄행위를 통제하거나 방해하는 요인은 지나치게 강조하고 있다고 주장했다. 그는 촉진요인으로 4가지 범주를 제공했다. 자극(prompts), 압력(pressure), 허용가능성(permissibility), 그리고 도발(provocation)이 바로 그 범주들이다(표 11.3 참조).

죄책감, 수치심, 촉진요인을 추가했다는 것은 클라크와 호멜(Clarke and Homel, 1997)의 예방론과 범죄원인론 모두에서 사회적인 차원과 심리적인 차원이 덜 개발되었음을 시사한다. 그러나 클라크와 호멜(1997)은 워틀리(Wortley, 1996)의 초기 제안이 "상황적" 접근을 넘어 상황적 예방을 확장시킨다고 주장했다. 그들은 상황적 예방의 근저에 있는 기본 가정은 범죄를 저지려고 하는 사람은 항상 있게 마련이라는 것이라고 지적한다. 동기화된 범죄자는 기정사실이다. 코니쉬와 클라크(2003)는 워틀리의 주장(1996; 2001)이 범죄자가 항상 동기화되어 있는 건 아니라는 반대 입장을 취하고 있다고 지적한다. 대신에, 범죄활동을 위해 필요한 동기를 제공하는 요인들이 존재한다는 것이다. 워틀리(2001)의 우려를 상황적 예방에 짜 넣기 위한 시도로서, 코니쉬와 클라크(2003)는 개인이 범죄를 저지르도록 동기화시키는 단서들을 포함하는 새로운 상황적 분류버전을 제시했다.

표 11.3 범죄 촉진요인

자극	열린 문이나 범죄를 저지르는 다른 사람들과 같이 범죄의 기회를 지원할 수 있는 사건이나 상황
압력	일탈적인 동료, 군중 따라가기, 무엇인가 나쁜 것을 하는 다른 사람을 따라가는 것처럼 행동으로 이끄는 보다 직접적인 자극
허용가능성	모든 사람들이 법을 어기거나 피해자들이 범죄를 저지를 것이라는 믿음과 같이 범죄 행위를 허용 가능한 범위에 두는 상황이나 믿음
도발	개인을 불편하게 하거나, 좌절시키거나, 화가 나게 하거나, 그렇지 않으면 어떤 형태로든 행동을 취할 수 있도록 하는 요소들.

출처: R. Worrley(2001). "A classffication of techniques for controlling situational precipatators of crime." Security Journal 14:63-82에서 재구성.

표 11.4에 나타나는 유형분류는 촉진요소들을 일반적인 상황적 범죄예방의 틀 속으로 통합시키려고 시도한다. 각 제목 아래에 확장된 기술들을 가지고, 실재적이고 인지된 노력, 위험 및 범죄행동으로부터의 보상을 바꾸기 위한 행동을 취하겠다는 원래의 아이디어는 유지하였다. 죄책감과 수치심을 다루는 기법들도 주로 "변명의 제거(Remove Excuse)"라는 제목 하에 유지되고 있는데, 그것은 허용가능성을 감소시키려는 워트리(2001)의 아이디어와 같은 맥락이다. 자극, 압력, 도발의 촉진요인을 다루는 방법들은 "도발의 감소(Reducing Provocations)"라는 제목 하에 나타난다. 코니쉬와 클라크(Cornish and Clarke, 2003)는 표에서 보다 전통적인 기회 요인들에 동기적 요인들을 추가하는 것은 다른 수준의 범행 동기를 가진 다양한 개인들의 행동을 다룰 수 있는 기법들을 허용한다고 지적한다.

상황적 유형분류는 다양한 목적에 도움이 된다. 첫째, 이 분류는 상황적 범죄예방활동과 프로그램들의 큰 배열을 이론적 틀 속에 위치시켜 놓는다. 잠금장치와 조명 설치와 같은 많은 구체적 개입들이 왜 개입들이 작동되어야 하는지에 대한 근원적인 이유도 이해 못한 채 실행되고 있다. 많은 프로그램들에서 함축적인 이론적 주장들은 있지만, 왜 프로그램이 작동하는지 혹은 작동하지 않는지에 대한 이해는 작동 메커니즘에 대한 보다 정확한 인식을 요구한다. 상황적 유형분류는 이러한 논의를 조직화하는 데 도움을 준다. 둘째, 다양한 예방노력들을 분류체계 속에서 범주화하는 것은 작동하는 잠재적 인과요인을 밝히는 데 도움이 된다. 즉 근원적 이론들이 현실적 적용가능성과 유용성을 보여줄 때, 그 이론들은 지지를 얻게 된다. 합리적 선택, 일상활동, 및 생활양식의 관점들은 모두 상황기법의 개발에 중요한 기여를 했으며, 그들은 또한 다른 연구들이 하나의 일관된 유형론으로 정리됨으로써 혜택도 받았다. 최근의 촉진요인들을 부각시키기 위한 기법들을 추가한 것은 예방적 계획들에서 고려되고 있는 이론적 전통과 인과적 메커니즘을 확장해 준다. 마지막으로, 보다 실용적 측면에서, 이와 같은 분류 책략은 예방 프로그램을 이행하려 시도하는 사람들을 위한 간단한 참고도구로서 도움을 줄 것이다.

웹 자료

상황적 범죄예방 모델에서 발견되는 25가지 기법 각각에 대한 자세한 사항은 문제지향경찰활동 센터의 웹 http://www.popcenter.org/25techniques/ 을 방문해 확보할 수 있다.

표 11.4 상황적 범죄예방의 25가지 기법

노력의 증가	위험의 증가	보상의 감소	유발의 감소	용서의 제거
1. 목표물 견고화 · 운전대 잠금장치 · 절도방지스크린 · 이물질투입방지포장	6. 보호 강화 · 일상적 사전경고:밤에 그룹을 피하고, 점유표시를 하고, 전화를 휴대할 것 ·"보호막" 이웃감시	11. 목표물 은닉 · 노외 주차장 · 성(性) 중립적인 전화번호부 · 식별 없는 금괴수송차량	16. 좌절 및 스트레스 줄이기 · 능률적인 줄서기 및 경찰서비스 · 좌석 확대 · 부드러운 음악/소음 없는 전등	21. 규칙 정하기 · 임대 계약 · 성희롱 규범 · 호텔 등록
2. 시설접근통제 · 입구 전화 · 전자카드식 접근 · 수하물 검색	7. 자연적인 감시 지원 · 가로등 개선 · 방어가능한 공간설계 · 내부고발자 지원	12. 목표물 제거 · 탈착식 차량라디오 · 여성 피난처 · 유료전화용 선불카드	17. 논쟁 피하기 · 경쟁 축구팬 분리 · 술집 운집 줄이기 · 택시 확정요금	22. 안내문 게시 ·"주차금지" ·"사유물" ·"캠프파이어 금지"
3. 출구 검색 · 퇴장 시 티켓 요구 · 출하 서류 · 전자식 상품태그	8. 익명성 줄이기 · 택시운전사 ID ·'제 운전 어떨습니까' 표식 부착 · 교복	13. 재산 식별하기 · 재산 표시 · 차량등록, 부품표시 · 가축 낙인	18. 감정 흥분 줄이기 · 폭력적 포르노 통제 · 축구장내 품위 독려 · 인종적 언사 금지	23. 양심 일깨우기 · 노변 속도표시판 · 세관신고 ·"상품 슬쩍하기는 절도"
4. 범죄자 관심 돌리기 · 도로 폐쇄 · 여성용 욕실 분리 · 술집 분산	9. 장소 운영자 활용 · 2층 버스의 CCTV · 2명의 편의점 직원 · 보상경계	14. 시장 혼란 · 전당포 감시 · 안내광고 통제 · 노점 면허제	19. 또래집단의 압력 무력화 ·"바보가 음주운전" ·"NO라는 말은 OK" · 학내 문제유발자 분산	24. 준수 지원 · 손쉬운 도서관 체크아웃 · 공중화장실 · 쓰레기통
5. 도구 및 무기 통제 ·"스마트" 총기 · 도난휴대전화 불능화 · 청소년 스프레이페인트 판매 제한	10. 공식 감시 강화 · 적외선 카메라 · 침입절도 경보 · 보안 요원	15. 혜택 거절 · 상품 도난방지태그 · 낙서 지우기 · 속도방지턱	20. 모방 의지 꺾기 · 파손기물 신속회복 · TV 내 V칩 · 작업방식 세부 검열	25. 마약 및 알콜 통제 · 술집 내 음주측정기 · 서버 개입 · 무알콜 행사

출처: D.B. Cornish and R.V. Clarke(2003). "Opportunities, precipitators, and criminal decisions: A reply to Wortley's critique of situational crime prevention." In M.J. Smith and D.B. Cornish(eds.), Theory for Practice in Situational Crime Prevention. Monsey, NY: Criminal Justice Press. Reprinted with permission.

상황적 예방에서의 쟁점과 우려

다른 주제와 마찬가지로 상황예방에도 몇 가지 우려와 해결되지 않은 쟁점이 있다. 첫째, 일반적 범주화는 상호배타적이지 않다. 즉, 여러 개입방법이 한 가지 요인 이상에 영향을 미칠 수 있다는 것이다(주관적이나 객관적 측면 모두에서). 위험을 증가시키는 기법은 동시에 노력을 증가시킬 수 있다. 예를 들면, 경비원이나 폐쇄회로TV의 존재는 적발위험을 증가시킨다. 그러나 이러한 방법은 또한 어떤 범죄를 성공적으로 완성하는 데 필요한 노력을 증가시킬 수 있다. 동시에 위험성이 높고 노력이 많이 드는 범죄를 성공리에 마칠 경우에 범죄자는 보다 큰 (정신적) 보상을 느낄 수 있다(또는 보다 고가의 방범수단이 설치되었었다면 금전적 이득도 클 것이다). 범주들이 상호 배타적이지 않다는 사실이 분류체계의 유용성을 부정하는 건 아니다. 오히려 이러한 사실은 범죄예방의 내부 메커니즘이 첫 분류에서 보이던 것보다 훨씬 복잡하다는 점을 시사한다.

둘째, 유형분류는 불완전하고 보다 명확할 필요가 있다. 클라크와 동료들은 유형분류를 연구나 이론이 새로 나오면 수정이 필요한 역동적인 것으로 바라본다. 유형분류가 대략 10년에 걸쳐서 12개로부터 25개로 발전해 왔다는 바로 그 사실이 이런 작업의 역동적 성격을 잘 입증해 주고 있다. 정말로, 유형분류의 최종본을 완성하겠다는 시도는 분류의 유용성이 제한되는 것으로 비칠 수 있다.

클라크(Clarke, 2005)는 상황적 범죄예방에 대한 7가지의 흔한 오해를 다루면서, 각각에 대한 반박을 제시한다(표 11.5 참조). 비판자들은 종종 상황적 기법이 범죄의 근원적 원인보다는 징후를 다루며(Clarke, 1995; Crawford, 1998; Kleinig, 2000), 이는 즉각적인 문제에 대한 일시적, 단기적 해결책만을 초래한다고 지적한다. 비판자들은 또한 상황적 개입이 빈약한 교육, 실업, 그리고 차별과 같은 보다 기본적인 사회적, 문화적 문제점들을 고려하는 데 실패한다고 주장한다. 클라크(2005)는 이러한 사실에도 불구하고, 상황적 범죄예방이 우리 사회에게 명백한 혜택을 제공하였고, 범죄의 다른 원인을 다루기 위한 동시적 노력을 배제하지 않았다고 주장한다. 두 번째 주요비판은 상황적 범죄예방이 무이론적(atheoretical)이라는 것이다. 그런 주장은 많은 예방활동을 이끄는 풍부하면서도 발전하고 있는 이론적 주장들(예를 들면 일상활동이론과 범죄유형이론)에 주목하지 못한 탓이다.

표 11.5 상황적 범죄예방의 7가지 오해들

비판	반박
1. 범죄유형과 합리적 선택이 단순하고 비논리적이다.	1. 세 가지 범죄기회이론에 기초해 있다. 일상활동이론, 범죄패턴, 이성적 선택이 해당된다. 사회심리학에서도 아이디어를 가져왔다.
2. 제대로 작용이 되지 않는다. 범죄가 전이되고 종종 더 나빠진다.	2. 많은 사례연구들이 전이가 별로 없이 범죄를 감수시킬 수 있다는 것을 보여준다.
3. 범죄의 근원적 원인으로부터 주의를 돌린다.	3. 즉각적인 범죄의 감소를 통해 사회에 이익을 준다.
4. 범죄에 대해 보수적이고 관리적 차원의 접근이다.	4. 줄 수 있는 정도만 약속할 수 있다. 해결책은 경제적이고 사회적으로 받아들일 수 있는 것이어야 한다.
5. 이기적이고 배제적인 사회를 조장한다.	5. 부자와 빈자에게 동일하게 보호를 제공한다.
6. 빅 브라더와 개인의 자유제한을 조장한다.	6. 민주적 과정이 이러한 위험들로부터 사회를 보호한다. 이러한 것들이 사람들을 범죄로부터 보호할 때 사람들은 불편과 자유에 대한 조그만 침해는 기꺼이 견딜 용의가 있다.
7. 피해자를 비난한다.	7. 피해자들에게 범죄의 위험과 범죄를 피하는 방법에 관한 정보를 제공함으로써 그들에게 힘을 준다.

출처: Clarke, R. V.(2005). "Seven Misconceptions of Situational Crime Prevention." In Tilley, N. (ed.), *Homicide of Crime Prevention and Community Safety*. Portland, OR: William Publishing. Reprinted with permission.

비판자들은 또한 어떤 상황적 기술들은 과도하게 침해적이고 모든 사람들의 활동을 지켜보는 빅 브라더(Big Brother)와 거의 같다고 주장한다(Clarke, 1995; Crawford, 1998; von Hirsch, 2000). 실제로 CCTV의 이용, 전자표지, 그리고 다른 감시수법들은 사람들에 대한 더 큰 감독을 허용한다. 흥미롭게도, 범죄예방을 위한 기술의 사용(공항에서 CCTV와 엑스레이 기술과 같은)은 일반 대중 사이에서 광범위하게 받아들여졌음이 밝혀졌다. 상황적 범죄예방기술이 범죄예방에 효과적이라는 증거가 별로 없다고 주장하는 비판론자들은 많은 프로그램들이 성공적으로 범죄를 감소시켜온 사실을 못 본 척한다. 상황적 개입들이 이미 주변화한(marginalized) 집단에게 불리하게 작동하고 시민들과 공동체 사이에 장애물을 만들 수 있다는 주장(Crawford, 1998; von Hirsch, 2000)은 상황적 기술들이 부자와 빈자 둘 모두를 보호하는데 사용될 수 있고, 시민을 협동적 노력으로 뭉치게 하는 활동을 포함할 수 있다는 사실에는 주목하지 못한다.

마지막 쟁점은 상황적 범죄예방이 범죄피해의 두려움에 대해 고심하는 데에는 실패했다는 것이다. 잠재적 범죄자의 인식에 초점을 맞춤으로써, 상황적 기술들은 주로 범죄활동의 감소에 끼워 맞춰져 있고, 평가들은 전형적으로 두려움의 쟁점을 무시한다. 두려움에 미치는 그 어떤 영향력도 주로 두려움이 범죄의 수준과 어느 정도 직접적으로 관련되어 있는지에 따라 달리 나타날 수 있다. 이것은 일부 상황적 기술들이 두려움에 영향을 주지 않을 수도 있다는 것을 의미하지는 않는다. 특별히 거주민과 다른 합법적인 사용자들에 의해 개입이 실행됨에 따라 두려움이 감소할지도 모른다. 안타깝게도 이런 가능한 결과는 거의 다루어지지 않는다.

상황예방실행

상황적 예방은, 잠재적 개입의 광범위한 유형을 제공할 뿐 아니라, 문제에 대해 매우 체계적인 방식으로 접근함으로써 스스로 특징을 잘 드러낸다. 상황적 예방은 문제해결을 위한 모델로서 문제-지향적(problem-oriented) 경찰활동으로부터 SARA 절차를 차용해왔다. 엑크와 스펠맨(1989)이 제안한 SARA는 검색(Screening), 분석(Analysis), 대응(Response), 평가(Assessment)를 나타낸다. 검색 단계에서 상황적 예방은 구체적이고 판별 가능한 범죄 문제를 가지고 시작한다. 그러면 그 문제는, 가능한 한 넓은 배열의 정보와 관점에 의존해, 분석의 대상이 된다. 이 단계는 문제를 해결하기 위해 전통적 경찰과 범죄사법체계의 대응에 의존하는 다른 많은 범죄 통제 노력과는 중요한 차이를 드러낸다. 상황적 예방 아래에서는, 공식적인 사회 통제기관들이 입력(input)의 유일한 원천이다. 분석을 통해 발견한 사항에 근거해 대응(개입)이 판별되고 실행된다. 이 지점에서 예방 과정이 프로그램의 영향력 평가와 함께 계속되는데, 필요하다면 대응에서 변화를 만들려는 의도를 가지고 계속된다. 그러므로 상황적 예방은 문제 판별과 대응 판별, 프로그램 실행, 평가와 조정의 동적인 과정이라고 할 수 있다.

웹 자료

SARA 모델에 관한 추가 정보는 문제지향경찰활동센터(http://www.popcenter.org/about/?p=sara)에서 확인할 수 있다.

SARA가 가장 잘 알려진 접근법이지만 엑블롬(Ekblom, 2002)은 문제 해결을 위한 대안적 모델로서 5가지의 I(5Is)를 제안하였고, 이는 상황적 예방에서 커져가는 관심을 받고 있다. 5Is는 정보(Intelligence), 개입(Intervention), 실행(Implementation), 관여(Involvement), 영향(Impact)을 뜻한다. 5Is와 더 잘 알려진 SARA과정과의 관계는 그림 11.1에 잘 그려져 있다. 가장 크게 주목할 만한 차이점은 '대응'을 '개입'과 '실행', '관여'의 3가지로 쪼개 더욱 세분화했다는 점이다. 개입은 "미래의 범죄 사건과 경력 또는 더 넓은 공동체 안전 문제의 원인을 차단, 전환 또는 약화시키고 위험과 예방적 요인들을 처리하기 위한" 행위와 방법의 확인을 상징한다(Ekblom, 2011a, p.85). 범죄 예방 행위가 확인되면, 계획을 행동으로 옮기는 실제 과업으로서의 실행이 이뤄진다. 세 번째 양상인 관여는 개입에서 다른 사람들과 조직의 참여를 결집시키는 데 집중한다. 엑블롬(Ekblom, 2011a)은 5Is에서 지식 발생을 더욱 강조하면 상황적 범죄 예방뿐만 아니라 정책 입안과 그 너머에까지 유용할 것이라고 주장했다.

그림 11.1 문제해결과정

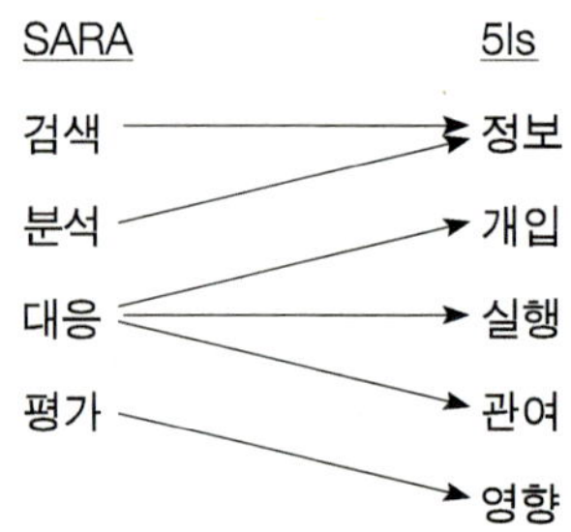

출처: P.Ekblom(2011a). Crime Prevention, Security and Community Safety using the 5Is Framework. New York: Palgrave Macmillan.

SARA와 5I 간의 차이점과 유사성에 상관없이, 두 모델은 모두 상황적 범죄 예방을 위한 뼈대를 형성한다. 둘 다 분명한 문제의 판별과 적절한 대응을 요구한다. 대응이 실행되기만 한다면 그 영향에 대한 분석과 평가가 이뤄진다. 이 과정의 결과는 효과성으로 인해 프로그램을 유지하거나 프로젝트의 한계나 실패를 해결하기 위해 프로그램을 변경하는 것이다.

보다 최근에, 엑블롬과 허쉬필드(Ekblom and Hirschfield, 2004)는 25개의 상황적 범죄 예방 기술들이 잠재적 개입에 대한 훌륭한 혼합물을 제공하지만, 그들은 너무 광범위해서 생각처럼 쉽게 적용되지 않는다고 제안했다. 그들은 예방과 보안 개입을 실행해야 하는 사람들을 위해 보다 적용하기 쉽고 행위 지향적인 설계를 할 필요가 있다고 주장한다. 핵심은 범인이 성취하고자 하는 것이 무엇이고, 그것이 어떻게 이뤄질 것인지, 그리고 여러분이 행동을 어떻게 기대하고 인식하고 통제할 수 있는지를 파악하는 것이다(Ekblom and Hirschfield, 2004). 본질적으로, 범인처럼 생각할 필요가 있다. "범죄자의 행동은 상황적으로 야기되었고...그리고 범죄적...사건에...원인이 되고 있기도 하다"(Ekblom and Hirschfield, 2004, p. 6). 저자들은 11가지의 D(11Ds, 표 11.6을 볼 것)를 제안했다. 이것은 25가지 상황적 범죄 예방 범주들, SARA, 5Is, 그리고 다른 접근방법들에 의존해서, 상황과 잠재적 범죄자에 초점을 맞춘 개입 원리들이다.

웹 자료

영국 런던예술대학교의 범죄대응디자인연구센터는 5Is와 이 적용 사례들의 본고장과 같다. 더 많은 정보를 원하면 http://www.desingagainstcrime.com/files/crimeframeworks/04_5i_framework.pdf에서 가능하다.

표 11.6 D 원칙들

Defeat (격퇴)	접근과 이동을 물리적으로 막거나 범죄자가 원하는 정보를 차단하거나 모호하게 만드는 것
Disable/Deny (불능화/거절)	가방이나 카메라처럼 범죄자에게 도움이 될 만한 장비
Direct/Deflect (직접적/관심 돌리기)	범죄자가 특정 장소나 행동으로 향하도록 하거나 멀어지게 하는 것
Deter-known (알도록 해서 제지)	범죄자가 노출의 위험을 알고 시도를 포기하거나 단념하는 것
Deter-unknown (모르도록 해서 제지)	범죄자가 어떤 통제 수단에 맞부딪칠지 불확실하게 하고 노출의 위험이 수용할만하지 않다고 판단하게 하는 것
Discourage (포기종용)	범죄자가 위험과 관련해 상당한 노력이 필요하고 보상은 아주 적다고 여기도록 해서 시도를 포기하거나 단념하는 것
Demotivate (동기제거)	각성시켜 범죄자 내부에서 임무에 반하는 동기/감정 부여(예를 들면, 잠재적 피해자에 대한 연민, 변명이나 겁쟁이 이미지 제거)
Deceive (속임수)	범죄자가 위험, 노력, 보상과 관련해 잘못된 정보에 의해 움직이도록 해서 체포의 기회를 높이고 행동 결정을 바꾸도록 하는 것

Disconcert (놀래기)	범죄자들이 명백히 무의식적인 행동을 하게 하거나 그렇지 않으면 깜짝 놀라게 하는 것
Detect (식별)	수동적이고 능동적인 노출; 범죄자들이 정당한 존재/행동을 구별하는 것; 사람들의 식별 능력을 향상시키는 것
Detain (구금)	추적, 체포 그리고/또는 신원 확인된 범죄자를 붙들어 두는 것

출처: P.Ekblom and A. Hirschfield(2014), "Developing an alternative formulation of SCP principles–the Ds(11 and counting)." Crime Science 3:2.

11가지 D 원리는 세 가지의 기본적인, 중첩되는 행위 양식에 속한다(그림 11.2 참조). 이 양식은 현실적(Practical, 위반자의 행위를 제한하기 위해 환경이 바뀐다), 심리적(Psychological, 범인의 사고 과정에 영향을 미치는 행위), 대인적(Personal, 범인의 확인, 추적, 및 체포와 관련된)으로 분류된다(Ekblom and Hirschfield, 2004). 양식간의 중첩되는 부분은 특정 Ds/개입이 한 방향 이상으로 위반자/사건에 영향을 미칠 수 있음을 가리킨다.

그림 11.2 D원리의 실행 양식

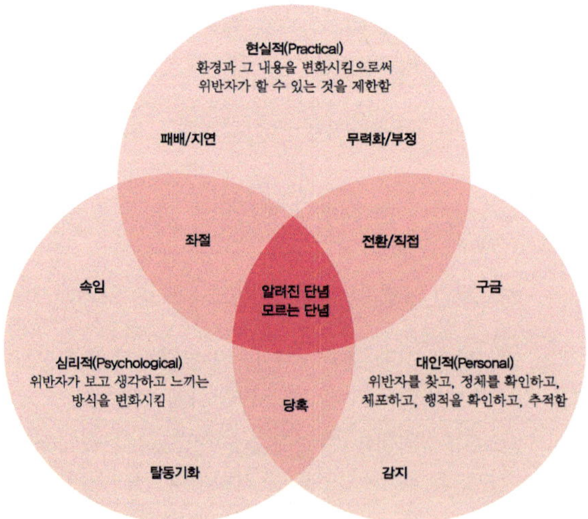

출처: J. E. Eck and W. Spelman(1997)

D원리들은 예방과 보안 전문가에게 상황적 예방 기술을 행동으로 옮기기 위한 단계를 제공할 필요를 반영한다. 이 원리들은 이론(합리적 선택과 일상생활과 같은)과 잠재

적인 개입의 확장 목록(25가지 상황적 기법과 같은) 사이에 놓인 중범위 원리들이다. 엑블롬과 허쉬필드(Ekblom and Hirschfield, 2014)은 이 접근이 전문가들에게 다른 상황에서 적절한 개입을 판별하는 데 있어 유용한 틀을 제공한다고 제안했다. 11가지 D원칙은 상황적 범죄예방 아이디어를 보다 폭넓게 개선한 것으로 볼 수 있다.

상황적 예방 연구

이 장의 남은 부분은 다양한 상황적 범죄예방 기법의 실행을 검토한 연구들을 간략히 개관하는 데에 할애할 생각이다. 대부분의 논의에 있어 강조하는 것은 다양한 예방 기법들의 영향력이다. 몇몇 경우에서 나타나는 사례들은 특정한 범죄문제에 대한 상황적 예방의 제안을 강조한다. 코니쉬와 클라크(Cornish and Clark 2003)가 제안한 25가지 기법 각각에 대한 연구 사례를 일일이 소개하는 것은 불가능하다. 대신에 여기서 검토된 연구들은 독자들에게 지금까지 시행되었던 계획/접근(initiative/approach)의 유형에 대해, 그리고 상황적 기법들이 지금까지 적용되어 왔고 또한 앞으로도 적용될 수 있는 폭넓은 문제들에 대해, 약간의 통찰력을 제공할 것이다. 더 넓은 범위의 연구들은 다른 토론의 장(forum)에서 찾을 수 있을 것이다(예를 들면, Clarke, 1992; 1993; 1996).

교통체계의 요금 미납과 파손행위

요금을 내지 않는 것은 대중교통에서 흔한 문제이며, 교통체계(버스, 기차, 기타)유형과 가해자의 요금 회피수단의 다양성으로 인해 하나의 대응만으로는 해결이 불가능하다. 캐나다 브리티시 컬럼비아(British Columbia)주의 교통 당국은 다양한 요금회피방식을 확인한 끝에 승차권 발매기와 승차권의 재설계, 교통 승차권 구매를 권장하는 프로모션활동, 위조 요금수단의 집중감시 등을 개발해냈다(Deschamps et al., 1991). 이 개입에 대한 평가는 요금미납 정도가 현저히 감소했음을 보여준다. 네덜란드 교통체계를 평가한 반 안델(Van Andel, 1989)은 버스의 무임승차가 발생하는 이유는 승객이 운전사를 피해 버스뒷문으로 타고 내릴 수 있었기 때문이라는 사실을 발견했다. 이에 대응해 버스에 모니터를 설치하고 승객은 모두 운전사 옆으로 탑승해 지불을 검증하는 절차를 도입했다(Van Andel, 1989). 무임승차는 개입 전 수준에 비해 현저히 감소하였다.

런던 지하철(underground) 교통시스템과 뉴욕 지하철(subway) 시스템이 무임승차에 대응해 취한 행동도 효과가 있는 것으로 검증되었다. 런던지하철은 새로운 발권 시스템을 도입하고 선택된 역들에 자동문을 설치하였다. 클라크(Clarke, 1993)는 개입이 이뤄지기 전후 티켓 판매를 비교한 결과 무임승차가 3분의 2 가량 줄었다고 보고했다. 뉴욕지하철에서도 장애물을 설치하고, 통제요원의 수를 늘리고, 새로운 발권기를 도입하였다(Weidner, 1996). 변화 전후의 체포와 소환 인원을 비교해 영향을 평가한 와이드너(Weiner, 1996)는 목표한 역에서는 작지만 분명한 감소가 있었고 이웃 역들에서는 증가했다고 보고한다.

대중교통체계는 또한 과도한 기물파손 피해를 겪는다. 이 분야에서 가장 널리 인용되는 연구 중의 하나에서 슬론-호위트와 켈링(Sloan-Howitt와 Kelling, 1990)은 뉴욕지하철 열차에서 낙서를 제거하려는 노력에 대해 보고한다. 낙서가 되지 않는 페인트를 사용한다든지 철로 구역 접근금지를 설정하는 등 낙서꾼(graffiti artist)을 막으려는 수많은 노력이 시도되었으나 영향을 미치는 데 실패했다. 한 실제 상황접근 연구에서 왜 낙서꾼들이 열차를 고집하는지를 분석한 결과 그들한테 중요한 것은 그들의 낙서가 "튀어 보이고(get up)" 사람들이 낙서를 본다는 사실이 중요하다는 것을 발견하였다(Sloan-Howitt and Kelling, 1990). 따라서 문제의 논리적 해결책은 아무도 낙서를 볼 수 없도록 하는 방법을 고안하여 낙서꾼들의 관중을 없애는 것이었다. 결과적으로 뉴욕지하철은 모든 열차를 깨끗이 닦는 대책을 실시하였다. 열차를 깨끗이 닦은 후에 만일 조금이라도 낙서가 있으면 그 열차는 운행이 허가되지 않았다(그리고 즉각적으로 운행을 정지하였다). 이러한 활동은 낙서꾼들로부터 열차를 이용해 "튀어 보이는" 기회를 빼앗았으며 결국엔 낙서에 의한 손괴가 사라졌다(Sloan-Howitt and Kelling, 1990)

포이너(Poyner, 1988)는 영국의 일부지역에서 다른 방식으로 이층버스의 손괴문제를 해결한 방법을 보고하였다. 문제를 분석했더니 손괴를 저질렀던 사람들은 대부분 학령기 소년들이었으며 버스에 운전사밖에 없었을 때에 손괴가 이뤄진 것으로 조사되었다. 감시부재 상태를 보완하고자 몇 대의 버스에 비디오카메라가 설치되었으나, 실제로 카메라가 작동했던 버스는 단지 2대 뿐이었다. 하드웨어의 설치와 동시에 특히 강조된 사항은 청소년을 대상으로 한 적극적 홍보활동과 교육프로그램이었다. 프로젝트는 매우 성공적이어서 전체 80버스에서 수리비용이 현저히(과거에 비해 2/3가량) 감소하였다(Poyner, 1988).

자동차 절도

자동차 절도는 지금까지 줄곧 이어진 문제로 해결을 위한 다양한 방안들이 검토되었다. 초기단계 연구를 수행했던 메이휴와 동료들(Mayhew et al., 1976) 그리고 웹(Webb, 1994)은 잉글랜드, 웨일즈, 옛 서독 등에서 운전대 잠금장치의 영향을 분석하였다. 두 연구에서 모두 자동차 절도를 어렵게 하면 절도발생건수가 줄어드는 것으로 조사되었다. 1990년대 중반 이래로, 자동차 고정 장치(immobilizers)의 사용 증가는 자동차 절도를 막도록 해주었다. 고정 장치는 전자장치로서, 시동열쇠가 없는 상태에서 자동차가 작동되는 것을 막아준다(Brown, 2004). 1995년부터 유럽연합에서는 이런 장치를 모든 신차에 의무적으로 장착시켜왔다. 영국의 고정 장치에 관한 분석은 자동차 절도의 확실한 감소를 보여주었다(Brown, 2004). 오토바이 절도를 다루는 노력은 종종 헬멧 사용을 법률로 정하는 것과 관련된다(Mayhew et al., 1989). 헬멧이 필요하게 되면 절도의 기회가 줄어들 것인데, 왜냐하면, 대부분의 범죄자는 이용 가능한 헬멧을 가지고 있지 않다보니 다른 사람들과 쉽게 구분되기 때문이다. 영국, 네덜란드, 그리고 (옛)서독 모두에서 헬멧착용법을 시행한 후 오토바이 절도범죄가 줄어든 사실을 발견한다(Mayhew et al., 1989).

이외에도 자동차 절도를 줄이고자 하는 노력으로 주차 빌딩과 주차장의 설계, 감시카메라의 사용 확대, 순찰제 도입 등의 방안이 포함되었다. 포이너(Poyner, 1991)는 시내의 주차 빌딩(parking deck)과 대학 내 주차장, 다른 두 주차장에서의 범죄예방프로그램의 효과를 살펴보았다. 먼저 문제분석의 단계에서 주차 빌딩은 자동차접근을 어렵게 하는 물리적 변화가 핵심적 범죄예방요인이며 더불어 조명도를 높이거나 합법적 사용자들이 현장부근에 많은 것이 중요한 예방요인으로 분석되었다. 예방프로그램의 실시 후에 평가연구를 통하여 그 효과를 살펴보았을 때에 프로그램이 실시된 지역은 실시되지 않은 다른 두 지역의 주차장에 비해 자동차 절도가 현저히 감소하였다는 것을 알 수 있었다. 대학 내 주차장의 경우는 감시강화를 중심으로 한 다른 종류의 개입 방안을 실시하였다. 대학 내 주차장에는 조명의 향상, 폐쇄회로TV, 감시 장애물의 제거 등의 변화가 있었다. 폐쇄회로TV가 설치된 주차장에서 절도범죄가 가장 많이 감소하였으며, 더불어 인근의 주차장에서도 절도범죄가 줄어들었다(확산현상의 징후)(Poyner, 1991). 밴쿠버 지역에서는 자동차 절도예방을 위해 자전거 순찰을 실시하였는데 이에 관한 최근의 연구에서 순찰활동이 있었던 기간뿐만 아니라 끝난 후에도 자동차 절도가 크게 줄어든 것으로 나타났다(Barclay et al., 1996).

이러한 대처방안이 적지 않은 전이현상(displacement)을 유발했다는 증거도 분명히 있다. 전이현상의 한 가지 유형은 조향막대잠금장치(steering column locks)나 고정장치(immobilizers)를 설치하지 않은 오래된 차들에 범행이 집중된 것이다(Brown, 2004; Mayhew et al., 1976; Webb, 1994). 브라운(2004)은 고정 장치의 도입으로 인한 전술적 전이(자동차 열쇠를 훔치는 것으로 이동)의 증거도 제시하였다. 전이현상은 또한 오토바이와 모페드(Barclay et al., 1996)의 절도가 증가하는 형태로도 나타났다(Mayhew et al., 1976; Webb, 1994). 밴쿠버 평가연구에서도 개입이 실시된 기간에 인근 지역의 자동차 범죄가 크게 증가한 것으로 보고되었다(Barclay et al., 1996). 자동차 절도를 예방하기 위한 노력에 관한 몇몇의 평가에서 전이현상이 일어났다는 것을 알 수 있다.

절도범죄

상황적 기법은 다양한 유형의 절도범죄와 관련하여 사용되고 있다. 재물에 전자도난방지장치를 부착하는 방법은 지금까지 여러 연구를 통하여 그 효과가 입증되었다. 셔딘(Scherdin, 1986)은 대학도서관에서 전자도난방지장치를 부착함으로써 분실도서 건수가 현저히 감소하고 대출창구를 통한 대출건수가 증가한 사실을 발견하였다. 아마도 가장 중요한 효과는 전자도난방지장치를 부착할 수 없는 시청각 자료가 분실되는 경우가 동시에 줄어들었다는 사실일 것이다(Scherdin, 1986). 이는 범죄예방효과가 도서로부터 다른 도서관 소장물까지 확산되는 효과가 있었음을 시사한다. 패링턴과 동료들(Farrington et al., 1993)은 전자도난방지장치가 상점에서 절도 수준을 유의하게 감소시켰다고 보고했다. 그와 유사하게, 핸드포드(Handford, 1994)는 전자도난방지장치를 사용하는 컴퓨터 가게는 전국의 비교대상 가게들보다 낮은 절도 피해를 경험했음을 보여준다.

상점 자체뿐만 아니라 시장(marketplace)도 범행대상을 제공한다. 포이너와 웹(Poyner와 Webb, 1992)은 많은 사람이 운집한 시장에서 흔히 발생하는 쇼핑백 절도를 제거하려는 노력들에 대해 보고한다. 문제분석을 통하여 이들이 알아낸 것은 좁은 통로에 기인한 혼잡현상이 범죄유발의 중요한 기여요인이라는 사실이었다. 따라서 대책은 통로의 폭을 넓혀 혼잡을 줄이고 감시기회를 증가하는 것이었다. 통로의 재설계 노력

이후 이런 변화를 평가했을 때 절도범죄의 발생이 크게 감소했음을 보여 주었다(Poyner and Webb, 1992). 홀트와 스펜서(Holt and Spencer, 2005)는 ATM 설치장소에서의 강도를 줄이기 위한 시도들에 대해 연구했다. 유죄판결을 받은 노상강도와의 인터뷰를 기초로 하여, 저자들은 현금자동지급기 주위에 안전지대의 경계를 정해 ATM을 더욱 안전하게 사용할 수 있도록 해 달라고 은행에 협조를 요청했다. 이러한 방법은 잠재적 피해자와 범죄자 사이에 심리적 방벽을 설치하는 것이다. 홀트와 스펜서(2005)는 아무런 조치를 취하지 않은 통제집단의 ATM에서 범죄율에 변화가 없었던 것에 비해 안전구획을 설정한 실험집단의 ATM에서는 강도율이 현저하게 감소하였음을 지적한다.

아이디 도용(identity theft)은 현대사회의 중요문제인데, 특히 사람이 없는/비인격적(impersonal) 전자상거래를 가능하도록 한 인터넷과 다른 기술을 고려해 볼 때 더욱 그렇다. 버그(Berg, 2008)는 아이디 도용과의 전쟁에 효과적일 것 같은 다양한 상황적 기술들을 보여줬다. 여러 제안들 중에는 컴퓨터로부터 개인정보를 빼내는 것을 막아주는 안티바이러스 프로그램 사용하기, 훔친 정보와 컴퓨터를 쓸모없게 만들기 위한 데이터 암호화(data encryption), 컴퓨터의 물리적 안전장치, 컴퓨터로부터 정보를 빼낼 수 있는 휴대용 장치(예를 들면 메모리 스틱)의 사용금지, 그리고 물건을 구입하려는 개인의 신원확인을 더 강력하게 하는 방법 등이 있다(Berg, 2008). 아이디 도용과 관련사기에 대한 상황적 예방기술의 효과는 직불카드(debit)나 신용카드 사용과정의 변화에 관한 분석에서 명백히 나타난다. 레비(Levi, 2008)는 카드에 컴퓨터 칩(chip)을 장착하고 비밀번호(PIN: Personal Identification Number)를 사용한 후에 손실이 크게 줄었다고 보고하였다. 다른 효과적인 조치들은 사기경보(예를 들면 사용자의 계좌에서 비정상적 거래가 발견될 때 카드 소유자에게 전화를 거는 것)의 사용과 개인이 신용카드나 신분증(예를 들면 여권)을 신청할 때 보다 철저한 신원증명 체크를 하는 것 등이다(Levi, 2008).

상품 디자인

범죄 예방을 위해 위험에 놓일 수 있는 상품을 디자인 또는 재디자인 하는 것도 상황적 범죄 예방의 중요한 양상 중 하나이다. 상품을 도난으로부터 보호하는 방식 또는 다른 범죄에 사용되는 것으로부터 보호하는 방식으로 상품의 물리적 설계를 고려할 수 있다. 클라크와 뉴먼이 지적한 것처럼, 범죄 목표는 일상적인 물건이다. 물건의 디자인을 바꿔 범죄에 순종적인 대상이 덜 되도록 하는 것이 가능하다.

많은 제품이 범죄에 적합하다. 절도범들이 주로 목표로 삼는 취약물품(hot product)은 CRVED–즉 감출 수 있고(Concealable), 제거할 수 있으며(Removable), 이용가능하고(Available), 가치가 있고(Valuable), 즐길만하며(Enjoyable), 처분 가능한(Disposable) 것으로 특징지을 수 있을 것이다(Clarke, 1994). 본질적으로 이러한 제품들은 구조나 구성 때문에 사람들이 갖기를 원하는 물건이고 쉽게 범죄자들의 목표가 된다. 예를 들면, MP3 플레이어나 PDA 같은 전자 기기는 쉽게 감출 수 있고, 비싸고, 훔쳐가기 쉽게 작으며, 쉽게 처분할 수 있다. 동시에 자동차는 숨기거나 처분하기도 어렵지만 절도범의 흔한 목표가 된다. 또한 현대 기술을 통해 겉보기에 도난 위험이 낮아 보이는 물건들을 가져다가 보다 쉽게 훔칠 수 있게 만드는 것도 가능하다. (몇 가지 예만 댄다면)사기성 신용카드, 마약류, 디자이너 가방과 식품 등이 포함될 수 있다.

엑블롬(Ekblom, 2008)은 물건이 단순히 도난의 대상이 되는 것을 넘어 범죄에서 일정한 역할을 하는 몇 가지 방식을 지적했다. 악행(Misdeeds)과 보안의 틀이라는 측면에서 보여진 것처럼, 상품은 범죄의 목표가 될 수도 있고 범죄행위에서 사용될 수도 있다(표 11.7 참조). 각각의 경우에서 상품의 디자인은 그 상품이 범죄자에게 실행 가능한 목표가 되도록 만들거나, 상품이 몇몇 다른 범죄를 촉발하기도 한다. CRAVED 아이디어에 따르면 많은 물건이 그 가치 때문에 범죄 목표가 된다. 다른 물건들은 손괴를 초래할지도 모른다. 반면 다른 물건들은 다른 범죄를 실행하는 데 쓰일 수도 있는데, 문서 변조 같은 것은 미성년자가 알코올을 구입할 수 있게끔 해준다. 이러한 아이디어 전반에 걸친 핵심은 상품과 관련된 잠재적 문제를 인식하고 적절한 디자인 변화를 줘야 한다는 점이다.

표 11.7 상품과 악행들

	사례
MISappropriated(유용)	상품 자체 도난
MIStreated(혹사)	재물손괴 또는 물품의 파괴
MIShandled(남용)	도난 상품의 반환, 위조통화의 사용, 가짜 문서 사용
MISused(오용)	처방약이나 무기와 같은 상품을 불법 목적을 위해 사용
MISbehavior with(오행)	상품 오염, 관찰되지 않은 채 거짓 경보를 울릴 수 있는 능력

출처: P. Ekblom(2008), "Designing products against crime." In R Wortley(eds.,) Envioronmental Criminology and Crime Analysis. Cullompton, Devon, U.K.: Willan.

엑블롬(Ekblom, 2005)은 디자인을 통해 상품의 보안을 확보할 수 있는 몇 가지 방법에 대한 윤곽을 제시했다. 첫째, 상품을 본질적으로 안전하게 만들 수 있다고 그는 제안했다. 상품이 덜 매력적이거나 눈에 띄지 않게 함으로써 범죄자의 목표가 될 가능성을 낮출 수 있다. 지갑을 도난으로부터 안전하게 해주는 의자처럼, 상품은 실질적으로 다른 재산을 보호하는 그런 방식으로 디자인을 할 수도 있다. 둘째, 상품 디자인이 그 상품 자체에 또는 전시할 때에 예방/안전장치들을 포함할 수도 있다. 의류의 도난방지태그나 케이블자물쇠를 이 접근법의 사례로 들 수 있다. 세 번째 접근은 범죄자가 목표물이나 상품을 목표로 삼는 데 쓰이는 도구에 접근하지 못하도록 하는 것이다(Ekblom, 2005). 범죄에 대항해 상품의 안전을 확보하는 다른 방법은 상품에 보안 장치(보안 케이블이나 알람과 같은)를 추가하고, 상품이 위치한 환경을 안전하게(금고나 접근통제수단을 사용하는 것과 같이) 하고, 원격 안전 개입장치(범죄에 필요한 도구에 대한 접근을 제한하거나 도난 물품의 출구를 통제하는 것과 같은)를 채택하는 것 등을 포함한다(Ekblom, 2008). 상품을 보호하는 데 사용하는 접근이나 메커니즘은 상품 그 자체, 그리고 상품이 범행대상이 되는 환경, 모두에 의해 결정된다.

자전거 거치대의 재디자인은 자전거를 교통수단으로 애용하는 탓에 유럽에서 매우 큰 주목을 받았다. 쏘프와 동료들(Thorpe et al., 2008)은 런던에서 자전거 보안을 위해 사용되는 7가지 다른 디자인에 대해 논의했다. 유사하게, 바구니/안전 장치와 테이블 클립을 장착한 쇼핑카트는 핸드백을 훔쳐가지 못하도록 설계되었다(Ekblom et al., 2012; Sidebottom et al., 2012). 다른 프로젝트에서는 상품에 부착하는 디지털 DNA(고유의 비순차적 숫자 코드), 홀로그램, 워터마크, 양방향 바코딩(일반 바코드에 있는 정보의 10~30배를 담는) 등을 위변조를 막는 수단으로 도입했다(Segato, 2012).

광범위한 상품이 예방 목적을 위한 디자인 변경의 주제로 선정되었다. 자동차는 범죄예방을 위한 재디자인의 대표적인 사례다(표 11.8을 볼 것). 자동차 도난이나 차량내 물품 도난을 막기 위해 많은 변화가 있었다(Clarke and Newman, 2005). 신형 모델의 차량에서 시동장치 잠금과 조향막대잠금장치가 널리 쓰이고 있고 특별히 더 비싼 차에서는 알람과 위치 장치도 일반화되었다. 탈착식 라디오, 라디오 페이스(radio faces)[6], 보다 강력한 도어락, 고유식별번호의 차량부품 표시는 모두 자동차를 도난으로부터 지키기 위한 조치들이다.

6) 역자주: 자동차 라디오 도난을 방지하기 위해 자동차 오디오 시스템에 덧씌우는 장치

표 11.8 차량 제조에서 변화와 범죄 예방

범죄	장치 또는 재디자인
무면허와 폭주	시동장치 잠금, 도어락 개선, 조향축 잠금, 알람, 도난방지장치
차량 또는 주요 본체부품 도난	위와 같으나 부품표시, GPS, 위치식별기, 위조불가능한 번호판, 마이크로닷 포함
차내 물품 도난	강력한 도어락, 알람, 잠금가능한 주유캡, 재디자인 가능한 엠블럼, 보안코드화된 라디오, 탈착식 라디오, 분산라디오시스템
차량손괴	접이식 안테나
암살	장갑차량, 램바
렌트카 불법사용	속도를 추적할 수 있는 GPS 위치추적기

출처: R.V.Clarke and G.R.Newman(2005)."Modifying crminologenic products: What role for governments?"; Clark, R.V. and G.R. Newman(eds.), Desingning Out Crime from Products and Systems. Monsey, NY: Criminal Justice Press.

범죄예방을 목적으로 한 수많은 상품 디자인의 사례가 더 있다(Clarke and Newman, 2005). 가게에서 소형 물품을 훔치는 행위는 물품을 숨기기 더 어려운 큰 상자에 넣음으로써 더욱 힘들어질 수 있다. 지갑들치기 범죄는 절단하거나 부술 수 없게 만든 강한 끈을 갖도록 디자인함으로써 예방될 수 있다. 컴퓨터 해킹 범죄는 특별한 소프트웨어 도입으로 더욱 어려워졌다. 발신자 ID확인은 장난 전화를 근절하도록 도왔다(Clarke and Newman, 2005). 스마트건 디자인은 소유자를 인식해 그 사람이 이용할 때만 잠금장치가 풀린다(Lester, 2001). 이 외에도 다른 많은 상품 디자인 변경 사례가 다른 형태의 범죄를 예방하는 목적으로 만들어졌다.

코즌스(Cozens, 2014)는 각 상품의 형태에 따라 시장과 연결되는 상품만의 범죄생활주기(crime life cycle)가 있다는 것에 주목한다. 첫 번째 단계는 새 상품의 소개단계이다. 상품은 상대적으로 희귀하고 시장점유율이나 인지도가 거의 없다; 그래서 절도를 위한 최상의 목표물이 아니다. 이를 지나 두 번째의 성장 단계로 이동하면 판매가 늘어나고 인지도와 수요도 상승한다. 세 번째는 성숙 단계다. 상품은 잘 알려져 있고 갖고자 하는 이들이 많다. 절도 대상으로 삼을만한 해당 상품이 넘쳐나고 수요가 늘다보니 그 물건을 사용하고 또 다른 사람에게 팔 목적으로 절도가 발생한다. 이때가 범죄의 절정기이다. 마지막은 쇠퇴의 단계로, 상품은 시장에서 포화상태에 이르거나 다른 새로운 상품으로 대체된다. 이 단계에서 절도는 감소한다. 어떤 제품은 이 주기를 빠르게 겪고 어떤 제품은 아주 느리게 겪으며, 또 어떤 제품은 이 주기에 전혀 들어맞지 않을 수도 있다(Cozens, 2014). 이러한 순환을 방해하고 프로젝트의 변화를 강요하는데 도움을 주기 위해 대중의 압력이나 정부의 개입이 필요하다는 사실이 이상한 것은 아니다.

웹 자료

범죄예방을 위한 상품 디자인에 대한 관심은 최근 몇 년간 증가해 왔다. 영국디자인카운실(Design Counsil in England)은 이 주제에 관한 많은 정보를 제공한다.
웹 사이트 http://wwwldesigncouncil.org.uk/knowledge-resources/search/im_field_design_discipline/product-design-27를 방문해 추가정보를 얻을 수 있다.

범죄예방 목적의 상품 디자인 아이디어는 많은 관심을 얻은 반면에 비교적 적은 계획안(initiatives)만이 평가의 대상이 되었다(Clarke and Newman, 2005). 종종 비교 목적의 대조군이 없는 빈약한 연구 설계를 지닌 평가들도 있다. 완성된 평가들이 전형적으로 제안하는 것은 디자인 변경이 범죄의 현저한 감소를 가져오는 데 있어 효과적이라는 점이다(Clarke and Newman, 2005). 하지만 더 강력한 평가가 이뤄질 필요가 있다.

수많은 문제와 쟁점이 범죄예방을 위한 상품 디자인을 향한 움직임 앞에 놓여있다. 핵심적인 우려의 하나는 디자이너 대부분이 범죄 예방의 시각을 훈련받지 않아 처음에 디자인 과정을 어렵게 만든다는 점이다(Learmont, 2005). 둘째, 예방적 특징은 사용자/소비자가 이해하고 사용하기 쉽도록 충분히 단순해야 한다. 기본적으로 특징들이 사용자 친화적이어야 한다. 셋째, 어떤 디자인 변경도 상품의 심미적인 특징에 충실할 필요가 있다. 예를 들면, 전자 추적장치를 넣으면 사생활 문제를 낳을 수 있다(Ekblom, 2008; Lester, 2001). 상품 디자인과 관련된 다른 우려사항은 추가적 특징에 따른 비용 증가 문제다(Ekblom, 2008). 상품 재디자인이 터무니없는 가격으로 이어질 수 있다. 이런 (그리고 다른) 우려에도 불구하고 범죄예방을 위한 상품 디자인은, 특별히 범죄 수준에 미치는 영향력으로 인해, 관심이 늘어나는 분야로 더 많은 주목을 받아야 한다.

반복 피해자화

상황적 예방은 이전의 피해와 범행 장소를 목표로 하는 것과 관련하여 큰 잠재력을 지니고 있다. 이러한 상황적 예방이 영국 맨체스터 근처의 컬크홀트 주택단지에서 이뤄졌다(Forrester et al., 1988, 1990). 프로그램의 주요 추진력은 향후 범죄를 예방하기 위해 침입절도의 피해자들을 목표로 삼는 것이었다. 예방활동으로는 가정의 물리적 안정성 개선, 재물표시, 그리고 "보호막(cocoon) 이웃감시"(집단 별로 작은 수의 가정들)가 포함됐다. 프로젝트의 핵심요소는 침입절도를 당한 가정에서 선불 연료계량기를 제거하는 것이다. 이 노력을 평가했더니 프로그램 실행 이후에 반복되는 침입절도가 현저히 감소했다. 선불 계량기의 부재가 가장 중요한 예방수단이 됐을 것이다. 앤더슨과 피즈(Anderson and Pease, 1997)는 영국 후더스필드(Huddersfield)에서 반복피해자화를 목표로 한 다른 시도를 보고했다. 피해자들은 이전 피해자화 횟수에 기초해 점증적인 대응전략을 소개받았다. 가능한 대응전략들로는 경보기의 설치, 보안 설문조사, 경찰관의 자문, 그리고 보호막 이웃감시가 포함되었다. 25개월에 걸친 범죄 수치(offense figure) 분석 결과 대상지역에서 반복피해자화가 감소하였고, 전체 침입절도는 70% 감소하였음을 보여주었다(Anderson and Pease, 1997).

웹 자료

반복피해자화와 대응에 관한 추가 정보는 문제지향의경찰활동센터의 도구 가이드에서 얻을 수 있다. http://www.popcenter.org/tools/repeat_victimizstion

아동 성폭행

상황적 범죄예방에 관한 전형적인 논의는 재산범죄와 관련이 있고, 대개 대인간 범죄(interpersonal crime)는 회피한다. 대인범죄는 재산범죄보다 더 즉흥적이고 덜 계획적이라고 하는 주장도 가능하지만, 그렇다고 이것이 대인범죄에는 상황적 기법을 사용할 수 없다는 것을 의미하지는 않는다. 트렘블레이(Tremblay, 2006)는 인터넷이 소아성애자(pedophile)들로 하여금 피해자와 상호작용해서 마음을 끌고 자신들의 행동에 대한 사회적 지지를 얻는 능력을 크게 강화시켜줬다고 지적했다. 워틀리와 스몰본(Wortley and Smallbone, 2006)은 범죄행동의 기회적 차원을 공략함으로써 아동 성학대에 대처하는 것이 가능하다고 주장한다. 그들은 범죄자가 아동들을 발견할만한 지역에 들어오는 것을 어렵게 하거나 또는 아동을 돌보는 사업에서는 잠재적 고용자들에 대한 심사를 강화함으로써 범죄를 위한 수고를 증가시킬 것을 제안한다. 포르노물 접근이나 다른 범죄자와 접촉을 제한함으로써 조력자/촉진요인(facilitators)을 감소시키는 것도 가능하다. 위험도는 늘리고 허용도는 줄이는 것 또한 아동 성폭행과 관련해 탐사해볼만한 방안(avenues)들이다. 아동 성폭행에 관한 워틀리와 스몰본(Wortley and Smallbone, 2006)의 상황적 기술 논의는 대인범죄와의 전투에서 상황적 예방의 사용 가능성을 분명히 보여준다.

웹 자료

조직범죄와 군중폭력을 다루는 상황적 기술에 관한 논의는 웹사이트 텍스트북에서 찾아볼 수 있다.

기타 범죄들

앞서 논의한 범죄 범주들은 상황적 기법을 적용한 수많은 사례들 중 한 표본에 지나지 않는다. 문제지향경찰활동센터(The Center for Problem-Oriented Policing)는 수표와 카드 사기에서 길거리 차량경주, 총기폭력, 노인학대에 이르기까지 80가지 형태의 범죄를 다루는 안내책자를 만들어냈다. 각 안내서에서 상황적 기법은 범죄예방을 위한 논의와 추천의 핵심을 형성한다.

웹 자료

문제지향의경찰활동센터는 매덴슨과 에크(Madensen and Eck, 2008)의 연구를 포함해 군중통제에 대한 상황적 접근에 관한 정보를 보유하고 있다.
이 정보는 http://popcenter.org/problems/spectator_violence 에서 찾을 수 있다.

요약

이상의 연구들로부터 몇 가지 사실들을 알 수 있다. 첫째, 재산범죄를 강조하면서도 상황적 범죄예방은 대인 범죄에도 적용될 수 있다. 둘째, 여러 종류의 개입 방안들이 연구문헌에 소개되었는데 이러한 다양성은 상이한 범죄문제들에 걸쳐서 뿐만 아니라 같은 유형의 범죄 내에서도 찾아볼 수 있다. 이러한 사실이 시사하는 바는 예방적 계획(initiatives)이 본질적으로는 그야말로 "상황적"이며, 동일한 범죄라도 발생장소와 발생시간이 다른 경우에는 같은 예방계획을 적용할 수 없다는 것이다. 셋째, 연구들은 노력과 위험, 보상을 목표로 한 프로그램의 효과를 성공적으로 보여주었고, 죄책감이나 수치심을 사용한 증거도 부상하고 있다. 넷째, 많은 연구 설계가 전이현상과 확산현상을 구체적으로 검증하지는 않았다는 사실에도 불구하고, 많은 분석연구에서 전이나 확산의 증거가 있다. 중요한 건 전이현상이 결코 100%는 아니라는 점이다. 마지막으로 상황예방노력의 집중성이 프로그램의 성공가능성을 최대화하는데 도움을 줄 것이다. 구체적인 시간과 장소에서 구체적인 문제에 대해 적당한 변화를 만들고자하는 프로그램은 대규모의 변화를 목표로 하는 다면적(multifaceted) 프로그램들에 비해서 보다 성공적이어야 할 것이다.

상황범죄예방은 구체적인 문제를 개별화된 개입 방안으로 대처하고자 하는 접근방법이다. 이러한 측면에서 상황기법은 2차적 예방의 아이디어를 전형적으로 보여준다. 그렇다고 우리가 총체적으로 새로운 형태의 개입 방안을 보고 있다는 의미는 아니다. 실제, 본 장의 후반부에서 살펴본 여러 예방활동은 이미 제1차 범죄예방에서 검토한 사항들이다. 상황적 접근방법의 성공이 이러한 아이디어들을 많은 범죄예방 논의의 중심적 위치에 옮겨 놓았으며 향후에도 많은 관심이 여기에 집중될 것이다. 다음 장에서 다룰 주제는 구체적 문제를 판별해서 목표한 개입을 시행하고자 하는 파트너십이다.

주요 용어

- 5Is
- CRAVED
- 범죄생애주기
- 범죄유형이론
- 범죄대본
- 디지털DNA
- 자동차도난방지장치
- 생활양식 관점
- MISdeeds
- 허용가능성
- 압력
- 자극
- 유발
- 합리적 선택 이론
- 일상활동 이론
- SARA
- 상황적 범죄예방
- 스마트건

제12장 범죄예방에 대한 파트너십

장 개요

- 지역사회 경찰활동
  - 지역사회 경찰활동의 선행시도들
  - 지역사회 경찰활동의 정의
  - 요약
- 문제의 인식
- 파트너십 노력과 평가
  - 지역사회 경찰활동
  - 핫스팟(범죄다발지역) 순찰
  - 민사중지와 금지명령
  - CCP, SACSI, 그리고 PSN
  - 총기폭력
  - 범죄와 무질서 파트너십
  - 갱 억압 프로그램
  - 문제와 우려사항
- 성공적인 파트너십
- 요약

학습 목표

이 장을 읽은 후 여러분은 다음을 할 수 있어야 한다.

- 지역사회경찰활동의 상이한 정의들과 주요사항들을 논의함으로써 지역사회경찰활동의 의미에 대해 토론한다.
- 지역사회경찰활동의 특징을 나열하고 정의한다.
- SARA가 무엇을 의미하는지를 말하고 그것의 구성요소들을 논의한다.
- 민사중지접근과 그것의 효과를 논의한다.
- 핫스팟 경찰활동과 그 효과의 증거들에 대해 논의한다.
- SACSI와 PSN에 대해 설명한다.
- 총기근절과 유사프로그램에 대해 논의한다.
- 영국에서 범죄와 무질서 파트너십에 대해 개관한다.
- 성공적인 파트너십에 대한 주요사항을 열거하고 논의한다.

제12장 범죄예방에 대한 파트너십

경찰단독으로는 범죄문제를 해결할 수 없으며, 범죄자의 체포와 기소만으로는 사회무질서와 범죄에 적절히 대처할 수 없다는 인식이 대두하면서 여기에 대한 새로운 대응책과 방안을 개발하고자 하는 시도가 있었다. 경찰활동의 개선을 위한 최근 노력 중에서 가장 괄목할만한 발전을 이룬 것은 선도적 협력관계의 구축이다. 이 파트너십의 논리와 개입방안은 일반시민에 의한 예방활동과 크게 다르지 않다. 다만 경찰관과 사회복지담당자들이 지역사회 활동과 조직의 책임을 가진다는 점에서 차이가 있는데, 그들은 서로간에 그리고 일반 대중과 협력 하에서 일한다. 또한 지역사회 경찰활동은 주민들의 이웃에서 발생하는 구체적 문제를 활동대상으로 강조한다. 이것은 경찰관과 담당구역주민, 지역사회의 조직들, 그리고 다른 관계당국 사이의 상호작용과 파트너십을 통하여 문제해결을 도모하는 것이 기본이념이다. 로젠바움(Rosenbaum, 2002: 180)은 다음과 같이 지적한다.

> 이론적으로, 파트너십의 가치는 복잡한 문제의 원인에 대한 그들의 대응력, 형사사법체계 안팎의 기관들 간의 협력을 유도할 수 있는 능력, 영향을 줄 수 있는 다양한 수단을 동원하여 문제에 대처하는 능력, 그리고 다중적인 인과메커니즘을 다룰 수 있는 능력에 달려 있다.

협력관계 구축(파트너십)은 여러 측면에서 상황예방에서의 발상과 아이디어를 반영한다. 핵심적인 전제는 지역사회에서의 범죄와 무질서 문제에는 내재하는 원인이 있다는 것이다. 전통적 경찰활동이라고 할 수 있는, 체포와 기소를 통한 대처방법은 문제의 원인에 대해서는 별로 관심을 두지 않았다. 그러나 지역사회 경찰활동은 문제 및 가능한 대처방안을 파악하는 부분뿐만 아니라 대처방안의 시행과정에서도 경찰, 지역주민, 기타 다른 사람들 등의 참여를 강조한다. 이러한 점에서 파트너십은 2차적 예방기법에 포함된다고 할 수 있다. 즉 이것은 범죄발생의 가능성이 높은 상황을 대상으로 한다.

미국에서 가장 두드러지는 파트너십을 위한 노력은 지역사회 경찰활동이다(그러나 지역사회 경찰활동이 항상 어떤 파트너십 구축을 요하는 것은 아니다). 지역사회 경찰활동이 인기가 있기 때문에, 이 장에서 그것을 크게 다룬다. 이 장에서는 지역사회 경찰활동을 정의하고, 그것이 어떻게 작동해야 하는가를 논의한 후, 지역사회 경찰활동 프로그램들과 선도적 파트너십들의 효과성을 평가한다.

지역사회 경찰활동

지역사회 경찰활동을 이해하기 위해서는 우선 경찰이란 무엇이며, 경찰이 해야 하는 일에 대해서 전통적으로 어떤 시각이 있었는지에 관한 다소의 지식이 필요하다. 대부분의 사람들에게 경찰의 역할은 범죄에 관한 신고를 접수하고, 수사를 하고, 용의자를 체포하고, 범죄자의 기소를 지원하는 것으로 알려져 있다. 범죄에 대한 대응(더불어 범죄예방)은 기본적인 경찰의 책임으로 간주되고 있다. 이에 따라 경찰은 흔히 지역사회의 범죄수준에 의해 평가되었다. 용의자의 검거는 일반시민들이 경찰의 효율성을 평가하는 핵심기준이었다.

경찰은 사회로부터 부여받은 범죄와 싸우는 전사로서의 역할 뿐만 아니라, 범죄행위와 직접적인 연관이 없는 기타의 다양한 기능을 담당할 것을 요구받았다. 경찰의 이런 활동은 흔히 질서유지활동으로 불리며, 경찰관의 실제업무 중에서 상당한 비중을 차지하는 것으로 알려져 있다. 경찰은 온갖 질서유지활동을 수행하고 있는데, 몇 가지 예로는 차량고장신고 대응, 장의차나 행사차량 호위, 주민들의 수면을 방해할 정도로 짖어대는 개의 처리, 허위경보와 소음불평신고에 대한 대처, 메시지 전달 등을 들 수 있다. 여러 연구를 통하여 이런 활동이 경찰업무에서 가장 중요한 비중을 차지하며, 약 20%만이 법집행활동인 것으로 나타났다(Kelling, 1978; Lab, 1984b; Walker, 1983; Wilson, 1968). 비판론자들은 경찰이 질서유지활동에 개입하지 말아야 한다고 주장하지만, 후버(Hoover, 1982)는 질서유지야말로 전통적 경찰활동의 핵심 업무이며, 평온한 사회를 유지하는 데 기여한다고 주장하였다. 이처럼 질서유지는 경찰의 법집행에 도움이 될 수도 있다.

지역사회 경찰활동의 선행시도들

경찰에 대한 비판이 제기되고, 과거 몇몇 경찰활동이 실패했다는 사실이 명백해지면서 이에 대처하고자 여러 새로운 전략들이 도입되었다. 그 중의 하나는 도보순찰의 부활이었다. 제4장에서 살펴봤듯이 범죄예방에 미치는 도보순찰의 효과는 분명하지 않았다

(Browers and Hirschi, 1987; Esbensen, 1987; Police Foundation, 1981; Trojanowicz, 1983). 반면에 도보순찰은 시민들의 두려움을 줄이거나 경찰에 대한 태도를 우호적으로 변화시키는 데 다소의 효과가 있었던 것으로 나타났다(Brown and Wycoff, 1987; Police Foundation, 1981; Trojanowicz, 1983). 경찰은 이웃감시와 시민범죄예방프로그램들의 시행과 유지 모두에 중요한 한 요소이다. 이런 다양한 활동들 아래에 깔려 있는 인식은 경찰이 혼자서는 범죄문제를 해결할 수 없고, 대중의 도움을 필요로 한다는 것이다. 경찰은 범죄예방과 범죄에 대한 정책에서 시민과 보다 나은 관계를 만들고 시민의 참여를 증대시킬 필요가 있다.

지역사회 경찰활동의 정의

지역사회 경찰활동의 요소들은 앞에 논의한 사례들 뿐만 아니라 다른 여러 경우들에서도 찾아볼 수 있다. 이런 사실을 통하여 지역사회 경찰활동이 과거와 단절된 전혀 새로운 아이디어가 아니라는 것을 알 수 있다. 그러나 지역사회경찰활동이라는 용어는 상대적으로 새로운 아이디어이다. 게다가, "지역사회 경찰활동"이란 이름과 함께 경찰활동의 기본방향에 큰 변화가 있었다. 이러한 변화는, 일반적으로, 경찰을 체포활동을 통해 범죄와 싸우는 전사라는 전통적 시각에서, 범죄대응은 광범위한 개입활동이 있어야 한다는 시각으로 바뀐 것이다.

지역사회 경찰활동을 통일된 하나의 개념으로 정리한다는 것은 힘든 목표다. 단일의 개념규정은 없었지만, 표 11.1에서 보이는 것과 같은 다양한 정의들은 대부분의 학자들이 제시하는 본질적인 요소들을 보여준다. 이러한 대부분의 정의는 지역사회경찰활동이 명확히 정의될 수 있는 어떤 방법이라기보다는 경찰활동에 대한 하나의 철학에 더 가깝다는 사실을 반영한다(예를 들면 Greene and Mastrofski, 1988; Trojanowicz and Bucqueroux, 1989; Walker, 1999). 이러한 철학적 변화라는 사실을 넘어서, 지역사회 경찰활동의 다양한 정의들은 일반적으로 몇 가지의 본질적인 특성을 포함한다. 이것은 지역사회의 참여, 문제해결, 지역사회기반, 그리고 목표의 재정립이다.

지역사회의 참여

첫째, 지역사회 경찰활동은 경찰과 지역사회의 다른 구성원들과의 협조관계를 필요로 한다. 지역사회 구성원으로는 개별시민, 시민단체, 입법기구, 기업협회, 다른 지역기관들(예를 들어 보건기관, 건축검사관, 지역개발사업소)이 있다. 지역사회 참여는 사건이 일어났을 때 경찰을 부르는 시점에서 멈추지 않는다. 대신에, 시민들이 지역사회의 모든 문제들을 (단순히 범죄뿐 아니라) 찾고 해결하는 데 참여해야 한다.

표 12.1 지역사회경찰활동의 정의

웨이젤과 엑크(Weisel and Eck, 1994:51)

(지역사회 경찰활동이란) 범죄, 사회무질서, 여타의 문제를 억제하고 통제하기 위해서는 경찰과 일반시민 간에 밀접한 동반자적 관계가 필요하다는 일반지향을 중심으로 상호 연결된 다양한 종류의 실천 활동이다.

윌킨슨과 로젠바움(Wilkinson and Rosenbaum, 1994:110)

"지역사회 경찰활동"이란 경찰관의 기본역할의 변화를 의미하는 것으로, 경찰관 각자의 능력, 동기화, 그리고 문제해결활동에 참여하고 지역사회의 주요구성인자들과 새로운 동반자 관계를 발전시키는 조건이나 기회 등에서의 변화를 포함한다.

올리버(Oliver, 1998:51)

지리적인 이웃지역 내에서 지역사회의 어떤 감정을 주입하고 발전시키는 패러다임을 통해 삶의 질을 개선하기 위한 경찰활동에 대한 어떤 체계적 접근. 이를 위해 경찰을 분권화하고 다음 세 가지 요소들을 종합할 필요가 있다.

(1) 전통적인 경찰자원의 재분배

(2) 지역에 고유한 적극적인 프로그램을 통해서 범죄와 범죄의 두려움을 감소시키기 위한 경찰과 모든 지역사회 구성원들의 상호작용

(3) 범죄라는 증상보다는 범죄의 원인을 해결하려는 일치된 노력.

지역사회지향적 경찰활동서비스국(Office of Community Oriented Policing Services, 2006)

지역사회 경찰활동은 범죄와 사회 무질서에 초점을 맞추는데, 이것은 예방, 문제해결, 지역사회 개입, 그리고 지역사회와의 협력뿐만 아니라, 전통적인 법집행의 측면을 포함하는 경찰서비스를 통해서 가능하다. 지역사회경찰활동 모델은 신고에 대한 대응적 반응과 범죄와 무질서의 원인에 초점을 맞춘 사전적인 문제해결 프로그램들을 조화시킨다.

문제해결

문제해결의 강조는 지역사회 경찰활동의 가장 중요한 요소일 것이다. 단순히 체포와 수사를 통해 범죄에 대응하는 대신에, 지역사회 경찰활동은 담당경찰관들에게 범죄에 내재하는 원인이나 기여요인을 사전에 식별하고 문제의 해결책을 찾을 것을 요구한다. 이러한 점에서 지역사회 경찰활동은 범죄를 보다 근본적인 문제의 어떤 증상으로 보고 있다는 것을 알 수 있다. 경찰관은 이 증상에 대처하거나 궁극적 원인의 해결에 관심을

집중한다. 법집행활동은 두 가지 모두에 대처해야겠지만, 지역사회 경찰활동의 방향은 특히 내재하는 문제에 1차적으로 관심을 집중한다.

이러한 관심은 문제지향적 경찰활동에서도 찾아볼 수 있다. 문제지향 경찰활동이란 어떤 과제나 문제에 대해서 각 상황의 특수성에 기초하여 대처할 것을 강조하는 경찰활동이다. 이는 시민들의 서비스요청에 어떻게 대처할지를 결정하려면 형사법 규정에 입각해야 한다는 전통적인 견해에서 크게 변화한 것이다. 만일 형사법규에 특정행동이 금지되었으면, 경찰은 체포를 하거나(해야 하거나) 형사사법절차를 통하여 사건을 처리해야 했다. 이런 대처방법으로 향후 범죄행위를 억제하는 계기는 기껏해야 억제효과나 무력화효과를 기대하는 것뿐이다. 또한 형사법규에 규정되지 않는 사건들은 그대로 내버려둘 수밖에 없다. 문제지향적 접근방법에 의하면 형사법이나 사법적 대처활동은 경찰과 사회가 접하는 사건을 다루는데 있어서 한 가지 방법에 불과하다. 각각의 문제에는 여러 가지 대안적 해결방법이나 개입방법이 있을 수 있다. 따라서 경찰은 문제의 핵심을 판별하고 이를 해결할 수 있는 방법을 찾아야 할 것이다.

문제지향과 지역사회 경찰활동의 차이는 분명하지 않을 뿐만 아니라 있다고 하더라도 그다지 크지 않다. 차이점의 하나는 지역사회 경찰활동에서는 지역사회 의존성이 특히 강조된다는 사실이다. 그러나 이러한 차이 역시 절대적 차이라고 할 수 없는데, 문제지향적 접근방법도 흔히 지역사회 참여에 의존하기 때문이다. 동시에 경찰의 집중단속과 강력순찰은 시민참여가 필요치 않은 문제지향적 대응방법이라고 할 수 있다. 둘째, 후버(Hoover, 1992)는 문제지향 경찰활동과 지역사회 경찰활동이 다른 점은 경찰이 개입하는 기간이라고 보았다. 일반적으로 문제지향 경찰활동은 특정문제에 대해서 한정된 기간에 걸쳐 질서유지에 치중한다. 반면에 지역사회 경찰활동은 경찰관에게 지역사회 관리자로서의 역할을 부여하고 장기간에 걸쳐 다양한 지역사회 문제에 관여하는 것을 강조한다(Hoover, 1992). 이러한 차이는 지역사회 경찰활동의 또 다른 핵심요소가 될 것이다. 이러한 차이는 지역사회 경찰활동의 또 다른 핵심요소가 될 것이다.

지역사회 기반

경찰활동의 분권화는 지역사회 경찰활동에서 매우 중요한 사항이다. 지역사회 경찰활동은 흔히 담당경찰관을 특정한 이웃지역에 배정한다. 배정과정에는 이웃사무소, 상가파출소, 도보순찰, 기타 등 다양한 방법이 활용되고 있다. 담당경찰관이 배정되는 기간은 대체로 장기간이며, 지역주민과 지역문제 뿐만 아니라 지역사회 전반을 상세하게 알 것을 요구받는다. 이러한 점에서 지역사회 경찰활동은 지금껏 경찰이 지역사회의 문제를 제대로 판별하지 못하고 지역주민과 원만한 관계를 유지하지 못했던 것은 바로 중앙본부체제와 순찰차운용으로 인해 경찰관과 시민간의 거리가 멀어졌기 때문이라고 가정하고 있다. 담당경찰관이 지역주민들과 일상적인 상호작용을 하는 경우에는 주민들이 생각하는 문제와 이들이 느끼는 요구에 담당경찰관이 주목할 수 있을 것이다. 이를 통하여 주민들은 경찰에 보다 큰 호의를 느낄 것이며, 경찰활동에 참여하고 보조하고자 하는 욕구가 커질 것이라고 기대할 수 있다.

목표의 재정립

지역사회 경찰활동의 특성을 나타내는 네 번째 주요요인은 새로운 경찰목표의 설정이다. 이는 어떤 면에선 문제의 원인을 판별하고 대처하고자 하는 발상과 밀접히 연계되어 있다. 그러나 다른 한 편으로는 경찰활동의 평가에 있어 매우 커다란 변화를 의미한다. 대부분의 경찰관서는 자체평가이건 아니면 시민들에 의한 것이든 검거건수를 기준으로 평가된다. 지역사회 경찰활동은 내재하는 문제에 대처하고 경찰관들이 피의자의 검거와는 관련 없는 활동에 가담하기 때문에 경찰관서나 담당경찰관은 과거와는 다른 기준에 의해 평가되어야 한다. 체포건수와 더불어, 지역사회 경찰프로그램은 범죄율 감소, 문제의 제거, 안전감의 증가, 이웃 간 무질서의 감소, 지역응집력 등에 의하여 평가되어야 할 것이다. 또한 지역사회 경찰활동은 목적을 달성하기 위한 수단보다는 목적 자체를 강조한다. 즉, 어떻게 하는지에 집중하지 않고 근본문제의 해결에 1차적 관심을 둔다.

요약

지금까지 대부분의 논의에서 지역사회 경찰활동의 특성으로 고려된 네 가지 사항은 지역사회의 참여와 문제해결, 지역사회 기반, 경찰목표의 재정립 등이었다. 그 밖에 중요시되었던 사항으로는 다소 유연한 조직구조, 무질서에 관한 관심, 경찰관의 차별적 교육훈련, 지역사회 자원의 활용, 협력과 공동작업 등을 들 수 있다(Carter, 1995; Eck와 Rosenbaum, 1994; Hope, 1994; Wilkinson and Rosenbaum, 1994). 이러한 요인의 대부분은 앞서 언급한 네 가지에 함축되어 있다. 여기서 잊지 말아야 할 점은 관련요인 모두가 항상 조화를 이루어야 한다는 사실이다. 한 가지 요인만으로는, 예를 들어 지역사회 사무소의 개설만으로는 충분하지 않다. 지역사회 경찰활동은 기본철학, 계획,

프로그램의 편성 등에서 근본적인 변화가 있어야 한다(Cordner, 1995).

무엇이 지역사회 경찰활동이 아닌지를 구별하는 것은 가능하다. 지역사회 경찰활동은 경찰-지역사회관계가 아니다. 지역사회 경찰활동이 경찰과 주민들 사이의 보다 나은 친밀함과 관계를 형성해야 하지만, 그러한 노력이 지역사회경찰활동으로 평가되기에 부족하다. 또 다른 일반적인 오해는 경찰관을 도보순찰 시키고, 상가파출소를 개설하고, 또는 경찰조직을 분권화하는 것이 지역사회경찰활동이라고 생각하는 것이다. 안타깝게도 그러한 지역사회 경찰활동의 다른 요소들에 상응하는 변화가 없다면, 그런 노력들은 단지 전통적 경찰활동의 위치를 변화시키는 것에 불과하다. 지역사회경찰활동은 또한 단지 전통적 경찰활동 기법을 이용하여 어떤 문제나 장소를 목표로 하지 않는다. 이러한 노력들은 경찰조직에서는 새로울 수 있지만, 문제해결에서 다른 사회적 구성원들을 참여시키지 않는다. 실제로 전통적인 많은 경찰활동이 경찰관을 새로 배치하고 새로운 이름들을 사용함으로써 지역사회 경찰활동과 비슷한 모습을 보인다. 그러나 겉으로 보이는 것보다, 조직구조를 보다 근본적으로 변화시키는 것이 중요하다.

문제의 인식

아마도 어떤 파트너십에서든지 가장 중요한 과제는 문제와 해결책을 찾는 것이다. 엑크와 스펠맨(1989)은 문제해결을 위한 네 단계 과정을 제안하였다. 문제해결을 위한 단계는 탐색(Screening), 분석(Analysis), 대응(Response), 평가(Assessment)의 네 단계(SARA)이다. 탐색이란 지역사회가 안고 있는 문제, 쟁점사항, 관심사 등을 인식하는 활동이다. 이에 필요한 정보는 지역근무중인 담당경찰관의 직접관찰, 주민이나 사업가들의 문제제기, 지역 내 다른 기관(예를 들어 학교, 병원), 대상지역에 관한 통계자료와 유관정보의 체계적 분석 등을 통해 수집할 수 있다. 경찰은 항상 다른 사람들과 협조하여 해결이 필요한 문제를 인식하여야 한다.

두 번째 단계는 문제의 분석이다. 이때 특히 중요한 사항은 경찰뿐만 아니라 다른 사람들이 개입하여 문제분석을 해야 한다는 것이다. 경찰은 인지된 문제의 성격에 따라 다양한 사람 및 조직들과 동반자 관계를 맺어야 한다. 예를 들어, 약물거래가 일정한 주택, 아파트, 공공주거건물에서 집중적으로 발생한다면 문제분석단계에서 경찰과 집주인, 주택관련공무원, 보건국, 시 검사들이 참여해야 할 것이다. 만약 약물문제가 청소년들 사이에서 집중적으로 발생하면 교사, 보호관찰소, 청소년단체, 기타 유관기관의 참여가 바람직할 것이다. 동반자 관계를 강조하는 이유는 다양한 종류의 전문지식과 통찰력을 활용하려는 취지 때문이다. 다양성은 여러 종류의 정보를 수집하는데 도움이 되며 또한 문제유발에 관련된 요인들을 이해하는 데도 유익하다.

대응방안들은 경찰과 다양한 지역사회 자원들의 협조적 상호작용으로부터 도출된다. 분석단계에서와 같이, 대응방안을 실행에 옮기는 단계에서도 경찰은 지역사회 자원들과 함께 활동하여야 한다. 어떤 경우에, 예를 들어 대응방안이 고도의 전문성이나 경찰이 할 수 없는 능력을 요구할 때에, 경찰이 실제의 집행과정에 직접적으로는 거의 관여하지 않을 수 있다. 구체적 사례로는 약물사용을 계속해 묵인하는 건물의 소유주를 상대로 민사소송을 제기하는 경우를 들 수 있다. 경찰이 소환장을 전달하는 등의 업무는 수행하겠지만, 대부분의 활동은 그 지역의 법률가나 건물폐쇄를 명령할 수 있는 정부부서(예를 들어 보건당국)에 의해 수행될 것이다.

최종 필수적 단계는 평가단계이다. 엑크와 스펠맨(1989)은 개입방안의 효과에 관한 평가가 있어야만 전 과정이 성공할 수 있다고 주장하였다. 그러나 평가는 단지 성공여부를 가늠하는 수단에 그쳐서는 안 된다. 평가의 중요성은 오히려 전 과정에 피드백된 정보를 제공하거나 개입프로그램을 개선(수정)하는데 있다. 그림 12.1은 이러한 과정을 도식화한 것이다.

그림 12.1 문제해결과정

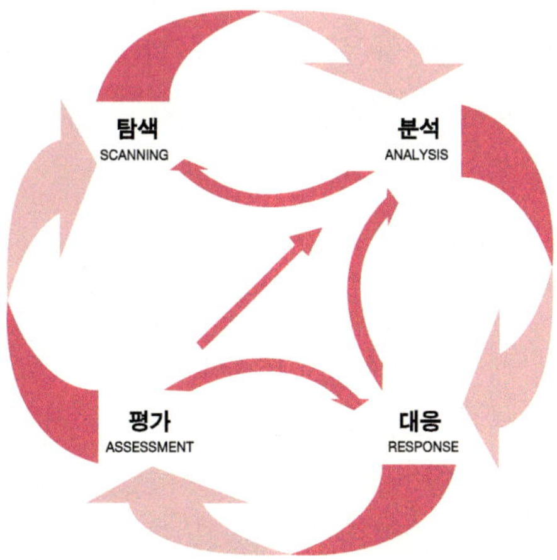

출처: R.V. Clarke and J.E. Eck(2005). Crime Analysis for problem Solvers in 60 Small Steps. Washington, DC: Office of Community Oriented Policing Services.

지역사회를 참여시키는 SARA 과정이나 다른 체계적 문제 해결 과정들에서 나타나는 다양성은 지역사회경찰활동을 위한 파트너십을 구축하는 데서 나타나는 당연한 현상이다. 어떤 기법이나 접근을 사용하든, 그 노력은 문제의 징후가 아니라 문제의 원인에 대처하는 방향으로 진행된다. 따라서 개입방안의 평가는 기존에 경찰에 기대했던 범죄건수의 감소, 검거건수의 증가, 또는 다른 성과 이상을 살펴보아야 한다.

파트너십 노력과 평가

파터너십 프로그램은 미국, 캐나다, 영국, 그리고 다른 많은 나라들 곳곳에서 성장을 계속해 왔다. 와이코프(Wycoff, 1995)는 1993년에 대략 800개의 법집행기관들이 미국에서 지역사회경찰활동을 이행하였다고 보고하였다. 2001년에는 미국에서 10,000개가 넘는 법집행기관들에서 113,000명의 지역사회 경찰관들이 임무를 수행하고 있다(Zhao et al., 2002). 그러나 파트너십은 다양한 방향에서 나타나고 경찰이 폭넓은 업무를 다루게 만든다. 이러한 파트너십은 대개 특정 문제를 다루는 적절한 대책을 찾는 것을 중요시하기 때문에 매우 다양하게 나타난다. 이제부터 다양한 파트너십 조치들에 대해 논의할 것이다.

지역사회 경찰활동

시카고 대안적 경찰전략(Chicago Alternative Police Strategy, CAPS)은 성공적으로 시행된 지역사회 지향적 경찰활동 프로그램의 한 좋은 예이다. 시카고 프로그램은 전 경찰력을 지역사회 경찰활동에 투입하였다. 시카고 대안적 경찰활동전략은 1993년 시카고의 25개 순찰구역 중 5개에서 경찰청과 시장의 협조를 통해 시작되었다(Hartnett and Sklogan, 1999). 그 프로그램의 주요 사항은 경찰관들을 영구적으로 지역순찰구역에 배치하고, 문제와 잠재적인 해결책을 찾아내는 데 주민들이 참여하며, 찾은 문제들을 해결하는 데 다른 기관들(공적, 사적 기관들 모두)을 활용하는 것이었다. 시민들의 상호작용은 그 프로그램의 초석이었다. 경찰은 지역주민들을 만나 주민과 의미 있는 상호작용을 했다. 이러한 만남들은 갱, 약물, 낙서, 침입절도, 그리고 물리적 사회적, 무질서와 같은 폭넓은 지역의 문제들을 찾을 수 있도록 했다(Skogan and Hartnett, 1997).

지역사회경찰활동 하에서 기대되는 바와 같이, 시카고 대안적 경찰전략(CAPS) 프로그램들은 지역에 따라서 매우 상이하다. 프로그램을 통해 경찰 법집행의 개선이 이뤄졌는데, 종종 약물문제에서 더욱 그랬다. 문제지역을 깨끗이 하고 일반적인 지역의 물리적 조건들을 개선하려는 노력은 그 프로그램의 중요한 방향을 보여준다. 지역을 개선하는 능력은 그러한 노력에 잘 맞는 다른 도시서비스를 동원하는 능력과 직접적으로 관련있다. 이 프로그램에서는 주민들을 동원해 감시하고, 서로 함께 일하고, 경찰에 신고하고, 다른 조치를 취하도록 한다. 이러한 조치들을 통해 성공적으로 물리적 쇠퇴의 징후가 줄었고 갱과 약물활동이 눈에 띌 정도로 줄었으며, 지역 범죄율을 줄이는 한편 경찰과 도시에 대한 주민들의 태도와 평가를 개선시켰다(Skogan and Hartnett, 1997). 안타깝게도 이는 예외적인 사례이다. 다른 대부분의 사례들은 지역사회 경찰활동이 더 많은 경찰을 고용하고 주민들과 좋은 관계를 구축하는 수단 이상이 되지 못하였다.

이렇게 된 이유 중의 하나는 지역사회 경찰활동이 엄격한 평가를 거의 받지 않았다는 점이다. 기껏해야, 평가는 지역사회경찰관을 고용해 거리에 배치한 숫자나 "지역사회"나 지역사회파출소, 순찰구역에 경찰관 배정을 살펴보는 과정평가에 그치는 경향이 있다. 대부분의 평가는 문제가 얼마나 해결되었는지, 지역사회 구성원들과 기관들이 얼마나 문제를 찾아내고 문제를 해결하는 데 참여했는지, 또는 범죄, 두려움, 또는 무질서에 있어서의 변화가 문제해결 노력과 얼마나 관련되는지를 평가하지 못한다.

경찰이 시민 및 다른 기관들과의 협력적인 파트너십을 구축할 수 있다는 증거는 존재한다. 그러나 성과평가가 완료되었을 때, 그 성과는 전형적으로 매우 미미하다. 자오와 동료들(Zhao et. al., 2002; 2003)은 범죄와 검거에 대한 지역사회 경찰활동의 효과를 분석한 결과 지역사회 경찰활동 기금을 받은 도시들이 현저하게 많은 검거 실적을 거두었으며, 폭력 범죄와 재산범죄의 수준이 눈에 띄게 낮아졌다고 보고했다. 다만 이 분석은 어떤 유형의 지역사회 경찰활동과 파트너십이 이런 변화를 가져왔는지를 밝히지는 못했다. 하지만 지역사회 경찰활동이 긍정적인 변화를 만들어냈다는 사실만은 분명하다.

핫스팟(범죄다발지역) 순찰

범죄가 종종 특정의 장소와 시간대에 집중해서 발생한다는 것을 깨닫게 됨으로써, 범죄가 집중되는 현상에 대응하려는 특수한 노력이 나타났는데, 이것은 핫스팟 경찰활동

(hot spot policing)이라고 불린다. 핫스팟을 공격하기 위해서는, 그 문제에서 발생하는 문제활동들이 이루어지는 지역과 발생에 대한 분석을 요한다. 이것은 전통적 경찰활동에서부터 문제지향적 경찰활동과 상황적 범죄예방기법들에 이르기까지 모든 것이 해당된다. 10장에서 설명한 바와 같이, 특정의 시간과 공간에 범죄가 집중되는 현상은 이러한 범죄예방노력들이 큰 효과를 나타낼 수 있다는 것을 의미한다.

많은 평가연구결과들은 핫스팟 경찰활동의 긍정적인 효과에 대해 보고한다. 브라가와 본드(Braga and Bond, 2008)는 매사추세츠주의 로웰(Lowell)에서 시행된 17개의 핫스팟에 대한 문제지향적 경찰활동들을 비교한다. 여기서 대부분의 전략은 상황적 범죄예방기법들이었다. 그들의 분석은, 이 전략이 시행되지 않는 통제지역에 비해 시행된 지역에서 20% 더 적은 신고가 들어 왔다는 것을 보여준다. 더 중요한 것은 강도가 40%, 침입절도와 폭행이 33%가 줄었다는 것이다(Braga and Bond, 2008). 테일러와 그의 동료들(Taylor et al., 2011)은 플로리다주의 잭슨빌(Jacksonville)의 폭력범죄 핫스팟을 분석한 후 혼재된 연구결과를 밝혀냈다. 그들은 세 개의 핫스팟 집단들을 비교했는데, 그것은 통제집단, 집중/지향 순찰집단, 그리고 문제지향적 경찰활동/상황적 범죄예방 집단으로 구성되었다. 통제집단과 비교하여, 문제지향적 경찰활동이 시행된 핫스팟 지역은 폭력범죄가 상당히 감소했지만, 흥미롭게도 집중/지향 순찰이 시행된 핫스팟 지역은 오히려 범죄가 증가하였다(Taylor et al., 2011).

또 다른 최근의 평가는 필라델피아에서의 핫스팟 경찰활동의 효과에 대한 연구이다. 그로프와 그의 동료들(Groff et al., 2015)은 무작위 현지실험을 수행했다. 그들은 (각 조건에 따라 무작위로 배정된 20개의 핫스팟을 포함하여) 60개의 폭력범죄 핫스팟과 21개의 통제 핫스팟에서 (SARA 접근에 의한) 문제지향적 경찰활동, 도보순찰, 그리고 (전과자를 대상으로 하는) 범죄자에 초점을 맞춘 경찰활동들의 효과를 살펴보았다. 범죄자에 초점을 맞춘 접근은 범죄를 42%를 줄여 가장 큰 효과를 보였지만, 문제지향적 경찰활동이나 도보순찰 중 어느 것도 범죄를 감소시키지 못하였다(Groff et al., 2015). 그들은 문제지향적 경찰활동의 실패가 부실한 시행 탓일 수 있다고 주장한다. 텔레프와 그의 동료들(Telep et al., 2014)은 캘리포니아주의 새크라멘토 핫스팟에서 시행된 사전예방적인 경찰활동을 연구한 후, 실험지역에서 범죄신고 및 파트 1 범죄[1]의 유의미한

---

1) 역주: FBI의 범죄분류에서 살인, 강도, 강간, 중폭행, 침입절도, 절도, 자동차절도, 방화의 8가지 범죄유형을 말함. 지표범죄라고도 함.

감소를 보고했다.

두 가지의 리뷰연구는 핫스팟 경찰활동에 대해 긍정적인 연구결과를 제시한다. 국가연구위원회의 리뷰는 핫스팟 경찰활동이 범죄를 감소시키는 데 효과적이라고 지적한다(Skogan and Frydl, 2004). 보다 최근의 메타분석 또한 긍정적인 연구결과를 제시한다. 브라가와 그의 동료들(Braga et al, 2014)은, 분석에 이용가능한 16개의 연구들을 가려내었는데, 이 연구들의 85%는 핫스팟 경찰활동이 통제집단과 비교해서 더 효과적이라고 보고한다. 그들은 이 개별적인 연구결과들을 모아서 핫스팟 경찰활동의 유의미한 평균효과를 보고한다. 문제지향적 경찰활동은 전통적인 경찰활동에 비해 2배의 효과를 보여준다. 이 리뷰들의 결과는 핫스팟 경찰활동이 범죄를 줄이는데 효과적이지만, 그것의 효과는 프로그램과 범죄유형에 따라서 달라진다는 것을 보여준다.

민사중지와 금지명령

지역의 문제들을 다루는 한 흥미로운 파트너십은 민사중지(civil abatement)와 금지명령(injunction)절차인데, 이것은 특히 약물문제에 많이 적용된다. 민사중지는 지역과 지역에서 행동을 통제하기 위해 민법과 행정법, 규칙을 사용한다. 이 활동에는 건물주, 시민, 보건당국, 도시구역조정위원회, 시 또는 카운티 검사들이 참여한다. 금지명령은 법원 명령으로 규칙을 정하고 개인의 행동에 대한 제한을 가하는 것을 포함한다. 공공갱단 금지명령은 갱단 조직원들에게 공공장소에서 모임, 영역 표시, 침범, 거리 배회, 기타 유사한 행위를 금지시킬 수 있다(LA City Attorney's Office, 2009). 이런 노력이 나타난 건 1987년의 오리건주의 포틀랜드시로 거슬러 올라간다(David and Lurigio, 1998).

민사중지가 사용되어온 두 가지의 두드러지는 영역은 갱과 약물범죄이다. 약물범죄에 대해, 이 방법은 약물판매나 약물남용을 위한 장소로 사용되는 곳을 제거하는 것을 목표로 한다. 중지절차를 통해서 부동산소유주에게 벌금을 물리거나, 빌딩을 몰수하거나 사용을 금지하거나, 세입자를 강제 퇴거시키거나, 또는 빌딩을 철거할 수 있다(Mazerolle and Roehl, 1998). 갱행동에 대해, 금지명령은 공공장소에서 집단으로 모이는 것을 금지시켜, 범죄행동을 감소시키는 것을 목적으로 한다. 금지명령을 어길 시에는 체포될 수 있다(O'Deane, 2012).

대표적인 민사중지 사례는 오클랜드 특수연합대처팀(Specialized Muti-Agency

Response Team,SMART)이다. SMART는 지역 문제를 해결하기 위해 경찰과 시민, 다른 그룹 간 협력에 의존한다. 이 프로그램에도 경찰의 법집행과 순찰은 중요한 요소이지만, 민사법원의 대응이 이 프로젝트의 핵심이다. 메저롤과 동료들(Green, 1995b; Mazerolle and Roehl, 1999; Mazerolle et al., 1998)은 연속적으로 출간된 보고서에서 이 프로그램의 효과성을 분석했다. 그들은 100개의 지역을 똑같이 나누어 하나는 통제지역으로, 다른 하나는 실험지역으로 삼았다. 실험지역에서, 건물주는 경찰과 접촉하고 경찰과 다른 기관으로부터 도움을 받아 문제 있는 세입자를 처리했는데, 여기에는 비협조적인 사람들을 퇴거하는 조치도 포함됐다. 민사절차는 건물주와 세입자 모두에게 반감을 가져올 수 있었다. 경찰에 대한 신고, 면접, 그리고 3년 이상의 관찰에 기초한 자료에 따르면, 물리적, 사회적 무질서의 징후가 현저히 옅어졌고 약물판매자들이 줄어들었으며, 시민의 활동수준이 늘어났다(Green, 1995b; Mazerolle and Roehl, 1999; Mazerolle et al., 1998). 통제지역에서는 주요항목에서 거의 변화가 없거나 문제가 증가했다.

또 다른 민사중지의 예는 약물중지대응팀(Drug Abatement Response Team, DART)과 LA의 TOUGH(Taking Out Urban Gang Headquarters)프로젝트이다. 약물중지대응팀(DART)은 건물주가 약물범죄와 연루된 건물과 세입자들에 대해 조치를 취하도록 강요했다(Eck, 1998; Eck and Wartell, 1998; Eck and Wartell, 1999). TOUGH 프로젝트는 갱본부와 다른 갱소굴들에 대해 같은 조치를 취한다. 이 두 프로그램은 건물주인이 그들의 건물에 대해 책임을 지도록 독려한다. 이 가정을 검증하기 위해, 연구자들은 문제 건물을 세 집단으로 나누었다. 크리스탈과 포맨-에콜스(Cristall and Forman-Echols, 2009)은 민사소송을 이용하는 것이 형사소송을 하는 것에 비해 몇 가지 점에서 더 쉬운 방식인데, 왜냐하면 입증의 부담이 "합리적인 의심을 넘어서는"이 아닌 "증거의 우위"이고, 또 배심재판이 불가능하기 때문이다. 문제 지역들에서의 무작위 통제집단을 사용한 DART 프로그램에 대한 한 평가연구는, 완전한 약물중지대응팀(DART) 개입이 이루어진 집단에서 가장 큰 개선이 있었고, 이 효과는 이후 30개월 동안 지속되었다는 것을 보여준다. 이 실험집단에서 (문제세입자의) 퇴거가 가장 많았고, 따라서 범죄와 약물문제도 줄어들었다(Eck, 1998; Eck and Wartell, 1998; Eck and Wartell, 1999).

금지명령은 특히 캘리포니아주에서 갱 문제를 다루는 데 광범위하게 이용되어 왔다.

TOUGH 프로젝트는 금지명령을 이용하여 갱멤버들을 어떤 건물이나 지역에 접근하지 못하게 한다(Cristall and Forman-Echols, 2009). 오딘(O'Deane, 2012)은, 1년 간의 금지명령 전후 자료를 이용하여, 25개의 갱 금지명령을 25개의 매칭된 통제집단과 비교했다. 금지명령 지역에서 파트 1 범죄의 신고는 거의 12% 감소했고, 파트 2 범죄[2]의 신고는 거의 16% 감소했지만, 통제지역에는 감소가 없었다(O'Deane, 2012). 다른 연구는 또한 실험지역에서 범죄와 범죄의 두려움이 감소했다는 것을 보여준다(Grogger, 2002; Maxon et al., 2004).

이 결과는 민사중지프로젝트와 금지명령이 문제에 대처하는 데 효과가 있는 시민과 기관들 사이의 협력을 구축하는데 성공적일 수 있다는 것을 보여준다. 그러나 동시에 민사중지는 오래 걸리고 성가신 과정일 수 있는데, 특히 건물주가 법정을 통해 그 절차와 대항할 때 그렇다. 스미스와 데이비스(Smith and Davis, 1998)는 많은 건물주가 정지절차에 순응하지만, 법적 절차, 임대료손실, 경비원 임금의 손실, 그리고 다른 개입들과 관련된 상당한 비용이 발생한다고 지적한다. 결과적으로 건물주는 종종 그 프로그램에 반대하고 그들 자신을 그 과정의 피해자로서 여긴다. 금지명령은 어떤 구체적인 문제, 장소, 그리고 개선책을 미리 알고 있어야 한다. 게다가, 금지명령의 대상은 책임을 지게 하기 위해 미리 통지되어야 한다(O'Deane, 2012). 이런 요인들은 이 조치들을 사용하는 데 있어 나타나는 문제들이다.

CCP, SACSI, 그리고 PSN

파트너십 구축에 있어 세 가지 주요 조치는 포괄적 지역사회 프로그램(*Comprehensive Communities Program,* CCP), 지역사회 안전에 관한 전략적 접근(*Strategic Approaches to Community Safety Initiatives*, SACSI), 그리고 안전한 이웃 프로젝트(*Project Safe Neighborhoods*, PSN)들이다. CCP는 범죄에 대처하고 지역사회 삶의 질을 향상시키기 위해 파트너십을 구축하는 조치로서 1994년에 시작되었다(Bureau of Justice Assistance, 2001). 총 15개의 지역사회가 이 프로젝트를 수행해왔다. CCP의 주요 핵심은 광범위한 지역사회 개인들, 관계기관들, 그리고 집단들을 포함하는 문제해결 접근법을 사용하는 것이다. 특별히 관심을 끄는 것은 범죄에 가장 영향을 많이 받는

2) 역주: 파트 1 범죄 외의 모든 경미한 범죄

개인들이나 집단들을 프로젝트 속으로 끌어들이는 것이다. 포괄적 지역사회프로그램(CCP)에 대한 이용 가능한 연구들은 프로그램이 시행되는 지역에서 파트너십의 활동을 설명하는 데 많은 공을 들였다. 특히 협력-구축(coalition-building) 활동에 특별한 관심이 주어졌다(Bureau of Justice Assistance, 2001; Kelling et al., 1999). 프로그램이 이행된 장소 중에 어느 한곳도 범죄의 변화에 대한 성과측정을 하지 않았으며, 비교할만한 통제지역에 대한 자료를 제공하지도 않는다(Bureau of Justice Assistance, 2001). 따라서 이 결과가 CCP 조치 때문인지, 아니면 다른 원인에 기인한 것인지 알 수가 없다.

지역사회 안전에 관한 전략적 접근(SACSI) 프로젝트는 주로 대인 폭력범죄와 맞서기 위해서 1998년에 5개의 장소에서 시작되었다. SACSI가 시행되는 곳에서 선도기관은 미국에서 지역검찰청인데, 이곳은 주로 다른 형사사법기관들로 구성된 파트너십을 구축하는 역할을 한다. 더욱이, 각각의 파트너십은 지역사회의 문제를 분석하고 적당한 반응을 선택하는 데 참여하고, SACSI 팀의 활동을 평가하는 지역연구팀을 포함한다. 주요 핵심 참여자는 지역, 주, 그리고 연방의 법집행기관들, 보호관찰과 가석방 관련 공무원들, 지역, 주, 연방의 검찰청장, 그리고 사회서비스 기관들이다. SACSI 프로젝트에 대한 대부분의 이용 가능한 연구들도 과정 평가에 국한되어있다. 이들은 종종 비록 일치된 노력이 파트너십을 계속 유지하는데 필요하지만, 파트너십이 성공적으로 구축될 수 있다는 것을 보여준다. 세인트루이스에서의 SACSI에 대한 한 분석(Decker et al., 2005)은 목표행동(총기범죄)이 감소되었으며, 이 프로젝트의 시행 후 살인범죄가 감소되었다는 것을 보여준다. 뉴헤이븐에서의 타임접(TimeZup) SACSI 프로젝트에 대한 한 평가연구는 이것이 폭력총기범죄, 범죄신고, 그리고 총기압류 건수를 감소시켰다는 것을 밝혀내었다(Hartstone and Richetelli, 2005). 시카고의 안전한 이웃(PSN) 프로젝트에 대한 한 평가연구는 살인, 총기관련 살인, 그리고 중폭행을 감소시켰지만, 갱관련 살인에는 효과가 없었다고 보고한다(Papachristos et al., 2007). 마지막으로 로젠바움과 로엘(Rosenbaum and Roehl, 2010)의 SACSI에 대한 전국단위 평가연구는 인구 10만 명 이상의 모든 도시와 비교하여 10개의 프로그램이 시행된 도시에서 살인과 폭력범죄가 감소했다는 것을 밝혀내었다.

범죄와 싸우기 위한 파트너십을 확립하려는 최근 연방정부의 노력은 PSN 프로젝트다. 2000년에 시작한 PSN은 SACSI의 자연적 부산물로 여겨질 수 있다. 이것은 주로 총기폭력을 줄이는 데 초점을 맞춘다(PSN, 2003). 이 프로젝트는 5개의 핵심요소들을 가지는데, 여기에는 파트너십, 전략적 계획, 훈련, 빈곤층 원조계획(outreach), 그리고 책임이 포함된다. SACSI처럼, 각 관할 지역검찰청이 선도하는 이 프로젝트는 문제를 찾고 해결책을 마련하기 위해서 관할지역 내의 법집행기관과 다른 형사사법기관을 모두 참여시키는 역할을 한다. 각각의 관할지역은 그 지역에 독특한 상황에 맞는 계획을 가져야 한다. 주민들은 주로 학교에서의 빈민구제활동계획을 통해 참여하였다. 멕가렐과 동료들(2010)은 82개 PSN 도시와 170개 통제 도시를 비교해 폭력 범죄를 평가했더니 통제 도시에서는 0.9% 떨어진 것과 달리 PSN 도시에서 4.1%의 감소효과가 있었다고 보고했다. 이는 통계적으로 PSN의 영향을 현저하게 보여준다. 프로그램적 개입의 처방을 더 많이 받은 도시일수록 결과가 놀라웠다.

웹 자료

시카고에서의 PSN 프로젝트는 홈페이지를 갖고 있고, 이것은 그 프로젝트의 활동과 효과에 대한 많은 정보를 제공한다. 당신은 다음 사이트에서 PSN에 대한 보다 많은 정보를 찾을 수 있다.

http://psnchicago.org/

총기폭력

몇몇 파트너십은 총기폭력, 특히 청소년과 갱단 사이의 폭력에 초점을 둔다. 아마도 가장 잘 알려진 것은 보스턴의 총기근절 작전(Operation Ceasefire)이다. 1996년에 시작된 이 프로젝트는 몇 가지 특징을 가졌다. 정부기관 간 업무 파트너십(interagency working partnership)을 만들어 낸 게 가장 큰 특징이다. 이들의 임무는 보스턴에서의 총기류 문제점의 본질과 청소년 폭력의 원인을 연구하여, 여기에 대한 효과적인 개입조치를 찾아내고 실행하는 것이었다(Kennedy et al., 2001). 그 결과, 갱들과 갱 멤버들을 향한 일련의 개입조치가 시행되었다. 인적 자원과 경찰, 보호관찰, 가석방, 그리고 지역검찰청의 자원을 활용하여, 프로젝트는 직·간접적으로 총기폭력에 연루된 모든 사람이나 집단들에 대해 엄격하게 법을 집행하였다. "지렛대 당기기"(Pulling Levers)라는 명칭을 얻은 이 프로젝트는 위반자에 대해 가능한, 모든 조치를 취할 수 있도록 하였다. 총기폭력범에 대해 즉각 체포를 할 수 있고, 정식 기소를 할 수 있다는 것을 의미했다. 보호관찰과 가석방된 범죄자들은 그들의 석방조건을 어기는 경우 강력한 기소가 이루어졌다. 갱이나 갱 멤버들에게 이 프로젝트를 설명하고 그들의 행위가 가져올 수 있는 잠재적 결과에 대해서도 통지했다(Kennedy et al., 2001). 사회복지기관과 (시민권이 없는 범죄자들의 추방에 익숙한 이민 및 귀화국과 같은)연방기관도 역시 프로젝트에 포함되었다.

총기근절 작전의 평가는 아주 놀랄 정도로 긍정적 결과를 보여준다. 브래가와 동료들(Braga et al., 2001)은 프로젝트가 시작된 후에 월간 청소년 살인이 63% 줄어들었음을 보고했다. 이와 비슷하게 총기발사로 인한 경찰호출은 32%정도 감소하였으며, 총기에 의한 상해도 25% 정도 줄었다. 총기를 사용하는 범죄의 감소가 오직 총기근절 작전 덕분이라고는 할 수 없지만, 이 프로젝트가 여기에 중요한 공헌을 했다고 믿을 만한 이유는 있다.

다른 도시들에서도 총기근절과 유사한 프로그램들이 출현했다. 로스앤젤레스에서 이 파트너십에 참여하는 집단에는 지역 경찰서, 보호관찰, 가석방, 다양한 검찰기관들, 지역사회센터, 직업훈련프로그램, 교회, 그리고 학교가 포함된다. 티타와 동료들(Tita et al., 2005)은 폭력범죄는 법집행의 결과로 줄어들었지만, 총기와 갱범죄에서는 약간의 변화만이 나타났다고 지적한다. 예방조치는 거의 효과가 없었다. 인디애나폴리스에서의 유사프로그램은 유사한 긍정적인 결과를 나타냈다. 코사로와 맥가렐(Corsaro and McGarrell, 2009; 2010)과 맥가렐과 그의 동료들(McGarrell et al., 2006)은 살인과 갱 관련 살인, 15~24세의 살인이 눈에 띄게 감소했다고 보고했다. 예방과 법집행 모두 이 프로젝트에서 나타났다(Kellermann et al., 2006). 그러나 평가결과는 이 프로그램을 지지하는 성과를 보여주지 못한다. 살인의 감소는 그 프로그램의 결과가 아니었다(Kellermann et al., 2006). 애틀랜타에서 나온 부정적인 결과에도 불구하고 "지렛대 당기기" 접근법은 효과적이라는 증거가 있다.

범죄와 무질서 파트너십

1998년 영국에서 〈범죄와 무질서법(U. K. Crime and Order Act)〉이 통과되면서 범죄와 관련 문제들과의 전쟁을 위한 지역사회 파트너십의 구축을 의무화하였다. 이러한 파트너십은 지역경찰과 주택관리당국, 피해자, 보건 전문가, 보호관찰 공무원, 그리고 그 밖의 사람들을 포함해서 다양한 지역의 후원단체들을 포함시킨다는 것을 의미한다.

뉴번(Newburn, 2002)은 이것의 목적은 "다차원적 반응을 가지고 있는 다차원적 문제들"을 다루는 것이라고 지적했다. 범죄만이 맞서야 할 유일한 문제는 아니다. 따라서 법집행기관이 아닌 다른 다양한 집단의 폭넓은 참여가 필요하다. 1999년에서 2005년 사이에 9억 2,500만 파운드 이상이 파트너십을 위해 사용되었다(Ellis et al., 2007).

〈범죄와 무질서법〉의 핵심요소는 3년마다 이전의 3년간의 자료를 토대로 범죄감사(crime audit, 계획과 평가의 목적으로 수집된 자료)를 수행하는 것이다. 정보는 경찰통계, 피해자조사, 보호관찰 자료, 교육, 그리고 환경보건과 같은 다양한 원천으로부터 나올 수 있다. 경찰은 파트너십의 의견을 듣고 예방 전략을 만들기 위한 데이터를 사용하고, 이러한 전략들을 평가해야한다(Walklate, 1999). 몇몇 연구자들은 파트너십을 구축하려는 몇몇 시도들이 완전한 성공에는 미치지 못했으며, 경찰이 종종 그 과정에서 중요한 공헌자였고, 참가자들의 정확한 역할이 때로 흐릿하게 윤곽이 그려졌다고 지적한다(예를 들면 Hughes, 20002; Phillips, 2002; Tierney, 2001). 휴스(Hughes, 2002)는 많은 파트너십들이 다루기에 손쉬운(침입절도와 같은) 범죄를 대상으로 하는 반면에, 보다 어려운 범죄들과 사회문제들은 무시한다고 지적한다. 〈범죄와 무질서 법〉에 대한 많은 연구들은 이 법을 둘러싼 정치상황과 범죄감사의 발전상황에 대해 다룬다(Crawford, 2001; Hughes et al., 2002). 안타깝게도 이 프로그램의 효과에 관한 연구는 완료되지 않았다. 따라서 이러한 새로운 파트너십이 범죄와 무질서에서 어느 정도의 유의미한 변화들을 이끌어낼 수 있을지는 불분명하다.

갱 억압 프로그램

1990년대 중반에 소년사법 및 비행예방국(Office of Juvenile Justice and Delinquency Prevention, OJJDP)은 갱예방, 개입, 그리고 억압프로그램에 대한 광역적 접근(Community-Wide Approach to Gang Prevention, Intervention, and Suppression Program)을 시행했다. 이 프로그램은 광범위한 전략들을 포함하는데, 그 중에는 억압, 기회부여, 그리고 사회적 개입이 포함된다. OJJDP는 5개의 도시(일리노이주의 블루밍턴-노멀, 애리조나주의 메사, 캘리포니아주의 리버사이드, 애리조나주의 투산, 그리고 텍사스주의 샌안토니오)에 프로그램 자금을 제공하고 평가를 했다. 이 프로그램들 각각에는 법집행, 학교, 직업알선기관, 그리고 다른 사회복지기관들의 전문가들이 배치되었다.

이 평가를 통해 다음과 같은 몇 가지 요인이 부각됐다. 첫째, 몇몇 도시는 지역의 풀뿌리조직들을 포함하는 프로그램을 만들려고 노력했다. 대부분의 참여자들은 공식적인 형사사법기관과 다른 사회복지기관에서 충원되었다(Spergel et al., 2001; 2002; 2004a; 2004b). 둘째, 억압은 적어도 세 도시에서 주된 조치였다(Spergel et al., 2001; 2002; 2004a; 2004b). 마지막으로, 보다 성공적인 프로그램들은 보다 다양한 활동으로 구성되는데, 여기에는 상담, 직업알선, 그리고 직업훈련과 같은 기회제공과 사회적 개입이라고 할 수 있는 것들이 포함된다.

갱단가입과 범죄에 대한 프로그램의 효과는 혼재되어 있다. 블루밍턴-노멀, 메사, 그리고 리버사이드프로그램에 대한 평가들은 실험지역에서 청소년들 사이에서 범죄와 입건이 감소되었다고 보고한다(Spergel et al., 2001; 2002; 2003). 블루밍턴-노멀 프로그램이 갱 참여수준을 감소시켰지만(Spergel et al., 2001), 리버사이드, 투산, 또는 샌안토니오에서는 아무런 효과가 없었다(Spergel et al., 2003; 2004a; 2004b). 이 프로그램에 대한 혼재된 성과에도 불구하고, 억압활동 그 자체보다는 보다 폭넓은 개입을 성공적으로 시행한 프로그램이 갱범죄와 갱단가입 수준에 긍정적인 효과를 갖는다는 증거가 있다.

또 다른 주요 갱억압 프로그램은 포괄적 반-갱 프로그램(Compehensive Anti-Gang Initiative, CAGI)이다. 미국 법무부는 초기의 "전지역(community-wide)" 프로그램과 안전한 이웃 프로젝트(PSN)에 대한 대응으로 이 프로그램을 개발하였다. 초기에는 CAGI는 법집행관, 검사, 사회복지사, 정부, 지역집단, 학교, 그리고 다른 기관들 사이의 협조관계를 구축하는 것을 목표로 했다. CAGI는 법집행, 예방 그리고 사회재진입을 다루었다(McGarrell et al., 2012). 전체 12개의 도시들이 프로그램의 시행을 위한 자금지원을 받았다.

파트너십 접근에 기초하여, 상이한 CAGI 도시들은 다양한 개입프로그램을 시행했다. 지향순찰(directed police patrol), 강화된 보호관찰/가석방 감시, 갱멤버와의 적극적인 접촉, 강화된 법집행, 갱예방에 대한 새로운 프로그램, 그리고 교육기관 프로그램은 가장 일반적인 활동들이다(McGarrell et al., 2012). 이 프로그램에 대한 평가연구는 CAGI 도시들과 249개의 통제도시들을 비교한다. 그 결과는 CAGI를 시행한 후 1년 동안 총기살인이 11.9% 감소하였고, 이러한 감소는 보다 강하게 시행한 도시일수록 더 컸다(McGarrell et al., 2012). 맥가렐과 그의 동료들은 그 효과가 도시에 따라 다르게 나타나며, 또한 몇몇 감소효과는 통계적으로 유의미하지 않다는 것을 지적했다. 그들은 이 프로그램에 지속적인 자금지원과 프로그램의 확대가 필요하다고 주장한다.

문제와 우려사항

지역사회 경찰활동의 성과를 보고한 여러 연구들은 이와 더불어 몇 가지 문제점과 취약성을 노출했다. 실시과정에서 흔히 야기되었던 문제는 현장경찰관에게 새로운 경찰이념이 부여되는 단계에서 발생하였다(Bennett, 1994; Eck and Rosenbaum, 1994; Sadd and Grinc, 1994). 크로포드(Crawford, 2001)는 참가자들 사이에 명확한 권력의 차이가 존재하다보니 협조를 어렵게 만들고 참가자들이 그들의 역할에 대해 신중하도록 했다고 지적한다. 또한 다양한 참가자들이 공헌할 수 있는 자원의 수준과 유형에서 차이가 존재해 더욱 많은 전문성과 자원을 가진 사람들이 문제의 선택과 해결에 더 많은 기여를 할 가능성을 제기했다(Crawford, 2001; Tilley, 2005). 로젠바움(2002)은 파트너십이 역기능적이고 너무 느리게 행동하도록 만드는 경향이 있다고 몇몇 사람이 우려한다고 지적했다. 비평가들은 또한 파트너십이 지역사회를 진정으로 대표하지 못하기 때문에 지역사회에 참여하려는 의도를 떨어뜨린다고 주장한다(Rosenbaum, 2002). 한편으로 참가자들은 파트너십 노력에 대한 긍정적인 태도를 보이는 경향을 드러낸다(Rosenbaum, 2002; Skogan, 1995). 파트너십의 효과에 대한 많은 부정적인 평가가 존재하지만, 파트너십 노력에 우호적인 증거들이 많아지고 있다. 중요한 것은 성공적인 파트너십을 발전시키는 것이다.

성공적인 파트너십

파트너십에 대한 연구들은 성공적인 파트너십을 구축하기 위한 몇 가지 요인들을 보여준다(표 11.2를 보라). 가장 중요한 요인들 중의 하나는 강한 지도자와 관리자를 찾아내고 영입하는 것이다(Brown, 2006; Hedderman and William, 2001; Homel et al., 2004; Scott, 2006). 이러한 사람들은 파트너십에 대한 초점을 유지하고 프로그램에 대한 열정을 증진시키기 위해 중요하다. 문제를 찾아내지 못하고 적절한 해결책을 제시하지 못하는 것은 일반적인 문제 중의 하나이다. 동의를 구하는 것은 쉬운 일이 아니다(Homel et al., 2004; Kelling, 2005). 문제의 실태와 원인을 잘 이해하기 위해 문제를 연구하는 것은 동의를 구하는 데 큰 도움을 줄뿐만 아니라 이후의 참여에도 도움이 된다(Kelling, 2005; Scott, 2006). 일단 문제와 해결책이 세워지면, 자격을 갖춘 참모들을 영입하여 그 프로젝트를 수행하도록 하는 것이 필수적이다(Homel et al., 2004; Hedderman and William, 2001; Scott, 2006). 파트너십에 있어서 다양한 참가자를 훈련하고 교육하는 것은 그러한 프로그램이 성공하기 위해 매우 필요하다(Sadd and Grinc, 1996; Skogan, 1995; Skilnick and Bayley, 1988). 파트너십의 구성원들은 지역사회 빈곤구제계획, 협조구축, 그리고 문제 식별에 대해 교육받아야 한다.

표 12.2 성공적인 파트너십의 특징

1. 우수한 지도자와 관리자를 찾아라
2. 문제와 해결책에 대해 동의하라
3. 자질있는 직원을 뽑아라
4. 문제를 연구하라
5. 풀뿌리 지원체계를 구축하라
6. 적절한 자금과 자원을 찾아내라
7. 프로젝트의 수행에 대한 적절한 감독을 하라
8. 프로그램을 평가하라

그러한 프로그램을 성공적으로 진행하기 위해서는 많은 다른 조치들이 필요하다. 그들 중에서 최우선적인 것은 지역사회 내에서 풀뿌리 지지체계를 구축하는 것이다(Scott, 2006). 만약 대중이 그런 개입에 대해 저항하지 않고 협조한다면, 그것은 보다 많은 성공의 기회를 가질 것이다. 많은 파트너십들은 경찰에 의한 단면적인 활동에 그치거나 아니면 부실하게 조정되거나 수행된 바 있다(Buerger, 1994; Moore, 1994; Sadd and Grinc, 1994, 1996; Skogan, 1995, 1996). 지역사회의 지지는 또한 적절한 자원과 자금을 찾고 확보하는데 도움이 된다(Homel et al., 2004; Scott, 2006; Tilly, 2005). 자원이 없이 프로젝트는 작동할 수 없다.

웹 자료

문제지향적 경찰활동센터는 특히 기업 파트너십을 다루는 가이드를 제공해왔다. 다음의 사이트에서 이것을 얻을 수 있다.
http://www.popcenter.org/tools/paternering/

어떤 프로젝트가 일단 시행되고 있다면, 적절한 감시가 필요하다(Brown, 2006; Hedderman and Williams, 2001; Homel et al, 2004). 성공을 위한 마지막 열쇠는 과정과 효과에 대한 제대로 된 평가이다(Scott, 2006). 이 평가는 연구자나 기관에 의해 수행되어야지, 프로그램을 시행한 당사자가 해서는 안 될 것이다(homel et al., 2004).

요약

파트너십의 이면에 깔린 한 중요한 주장은 범죄와 지역사회의 문제가 형사사법기관 그 자체의 힘만으로 해결하기가 어렵다는 것이다. 경찰과 다른 형사사법기관들은 사회복지기관들, 지역사회집단들, 그리고 시민들과 파트너가 되어야 한다. 그들이 범죄의 근본적인 원인에 영향을 줄 가능성이 높기 때문이다. 이러한 협력은 문제를 보다 폭넓고, 새로운 혁신적인 방식으로 보게 할 수 있다. 또한 이 문제들에 대한 해결책을 제시할 때도 마찬가지이다. 그들이 상이한 기술, 능력, 그리고 자원을 갖고 와서 제시된 해결책을 수행하는 데 기여할 수 있다. 불행히도, 지금까지 지역사회 경찰활동과 파트너십에 대해 수행된 좋은 성과평가는 상대적으로 거의 없다. 현재로 이용 가능한 것은 광범위한 과정평가들인데, 이들은 어떤 협력을 구축하고 유지하는 데 관련된 문제점과 우려를 지적한다. 다음 단계는 그들이 범죄나 두려움에 어떤 영향을 미치는지에 대해 평가하는 것이다.

주요 용어

- 시카고 대안적 경찰활동전략(CAPS)
- 지역사회경찰활동
- 포괄적 지역사회 프로그램(CCP)
- 핫스팟 경찰활동
- 총기통제
- TOUGH 프로젝트
- 지역안전프로젝트
- SARA
- 지역사회 안전에 대한 전략적 접근(SACSI)
- 민사중지
- 포괄적 반-갱 프로그램(CAGI)
- 약물 중지 대응 팀(DART)
- 금지명령
- 질서유지
- 문제해결
- 지렛대 당기기
- 특수연합대처팀(SMART)

제13장 약물, 범죄, 그리고 범죄예방

장 개요

- 약물의 사용실태
  - 자기보고자료에 의한 약물사용
  - 범죄자집단의 약물사용
  - 요약
- 약물-범죄 관계
  - 약물사용이 범죄의 원인이다
  - 범죄가 약물사용의 원인이다
  - 상호적 관계
  - 허위관계
  - 요약
- 개입방안과 예방대책
  - 법집행노력
  - 약물사용자의 치료
  - 요약 및 논평
- 약물과 범죄예방

학습 목표

이 장을 읽은 후 여러분은 다음에 답할 수 있어야 한다.

- 일반인과 범죄자집단의 약물사용의 정도에 대해 설명한다.
- 약물사용의 정도에 대해 알 수 있는 주요 자료에 대해 설명한다.
- 약물사용과 범죄 사이의 가능한 관계들을 도시하고 각각에 대한 증거를 제시한다.
- 약물-범죄 관계에 대한 정신약리학적 설명에 대해 논의한다.
- 약물치료의 상이한 형태를 나열한다.
- 효과적인 치료에 대한 NIDA의 원리에 대해 논의한다.
- 유지프로그램과 그것의 효과에 대해 말한다.
- 치료공동체가 무엇이며 어떤 효과를 갖는지에 대해 설명한다.
- 해독프로그램을 정의하고 그것의 효과에 대해 설명한다.
- 효과적인 예방에 대한 NIDA의 원리에 대해 논의한다.
- DARE가 무엇이며, 어떤 효과를 갖는지에 대해 논의한다.
- 교육/정보/지식 프로그램과 그것의 약물사용에 대한 효과를 설명한다.

제13장 약물, 범죄, 그리고 범죄예방

약물남용과 범죄와의 관계는 사회에서 지속적인 관심사이다. 1970년대 중반 이후 약물거래와 관련된 폭력사건 소식은 저녁뉴스나 인쇄매체를 통하여 거의 일상적으로 접할 수 있다. 모든 대도시에서 약물범죄가 만연하면서 일반시민이나 형사사법체계 모두 심각한 우려를 갖고 이에 대한 대처방안을 모색하였다. 연방정부는 약물과의 "전쟁"을 지속적으로 수행함으로써 시민들의 우려를 해소하고자 노력했다. 약물과의 전쟁에서 기본 대처전략은 약물공급원 차단 노력을 강화하는 것이었다. 공급원차단 노력은 거리의 약물판매상의 체포, 약물범죄단 두목의 파악과 기소, 국경을 통한 약물 유입 차단 등 약물거래가 이루어지는 여러 지점에서 이루어졌다. 이에 반하여 최소한 연방정부차원에서는 상습사용자의 치료와 새로운 사용자의 예방방안이 상대적으로 경시되었다.

약물복용은 2차예방 측면에서 가장 효율적으로 대처할 수 있다. 대부분의 경우에, 약물복용 그 자체는 크게 우려할 문제가 아니다. 약물복용자는 자발적으로 약물을 사용한다. 약물복용자는 본인 스스로 약물을 구매하고 사용한다. 다른 사람들이 약물을 복용하도록 강제하는 경우는 흔치 않은 일이다. 이러한 점에서, 약물복용은 피해자 없는 범죄이다. 범죄자와 피해자 모두가 같은 사람이다. 대부분의 경우에 사람들은 불법약물을 날마다 복용하는 사람들을 알지 못하며, 최소한 자기 주위사람이 약물남용자라고 생각하지 않는다. 따라서 약물복용 그 자체는 문제가 되지 않는다. 정작 사회적으로 우려가 되는 것은 약물복용으로 파생되는 문제와 현상들이다. 예를 들어, 약물구매를 위해 범죄를 저지른다면 이것은 사용자 이외의 사람들에게 영향을 미치는 문제이다. 이런 경우 별도의 피해자가 생겨난 것이다. 비슷한 맥락에서, 사용자의 가족을 돌보거나 중독자를 관리하는 데는 사회적 비용이 들며 이러한 경우는 사회가 피해자이다. 마지막 사례는 청소년들이 약물사용에 가담하도록 하는 압력에 대한 것이다. 압력은 감수성이 민감한 청소년들에 작용하여 이들이 약물을 복용하게 하고 다른 관련문제 빠져들게 할 수 있다. 따라서 약물문제는 약물복용에 관한 단순한 개인선택에 대한 것이 아니라 사용자 개인을 넘어선 문제이다. 약물사용은 사회의 잠재적 문제를 예측하고 판단할 수 있는 수단이 될 수 있다. 약물사용자를 대상으로 예방대책을 강구하는 일은 약물사용으로 파생하는 여러 문제(범죄나 여타문제)를 완화시킬 수 있다. 다른 프로그램과 유사하게, 약물 프로그램들은 정확히 2차예방의 범주와 일치하지는 않는다. 현재 사용하고 있는 사람들에 대한 대처방안들은 엄밀하게 분류하자면 3차예방의 영역에 속한다. 최초사용을 예방하고자 하는 방법은 1차예방이 되며 특히 대규모로 실시될 경우엔 더욱 그러하다. 그러나 약물사건에 대한 실질적인 관심이 이로 파생하는 범죄와 사회문제에 있다는 사실에서 약물문제는 2차예방과 관련하여 다루는 것이 보다 적절하다.

약물문제에는 아직까지 해결되지 못하고 있는 몇 가지 쟁점이 있다. 첫 번째는 과연 약물사용이나 약물남용이 사회에 어느 정도 만연되어 있으며, 시대별로 약물사용의 추세가 어떻게 변해왔는가에 관한 것이다. 두 번째는, 약물사용이 범죄행위와 어떤 관계에 있는가에 관한 논쟁이다. 약물사용은 범죄를 유발하는 원인이라는 것이 상식적인 견해이다. 세 번째는 여러 개입방안의 효과에 관한 사항이다. 법집행활동, 처우활동, 여타 예방대책이 약물사용과 관련범죄에 어떤 영향을 미치는가? 이 문제에 대한 해답은 앞으로 약물문제에 어떻게 대처해야 할 것인가에 관하여 방향을 제시해 줄 수 있다.

약물의 사용실태

약물사용은 개인의 비밀스런 행위를 측정하는 어려움으로 인해 그 실태를 정확히 파악하기가 쉽지 않다. 다른 범죄와 달리 약물사용의 경우 가해자로 부터 독립되어 존재하는 피해자가 없다 – 본인 스스로 가해자이자 피해자이다. 흔히 실태파악에 사용하는 자료는 일반시민들의 약물사용에 관한 자기보고 자료나 약물사용자로 이미 판별된 사람들로부터 수집한다. 다음은 약물문제에 관한 이해를 도모하기 위하여 각각의 자료출처를 중심으로 약물사용실태를 검토한 것이다.

자기보고자료에 의한 약물사용

약물사용에 대한 가장 널리 알려진 조사는 아마도 존슨과 그 동료들이 실시한 미래감시프로젝트(Monitoring the Future, MTF)일 것이다. 프로젝트는 대표성 있는 고등학교 학생(8학년, 10학년, 그리고 12학년), 대학생, 그리고 젊은 성인을 대상으로 자료를 수집하였다(Johnston et al., 2014). "젊은 성인"이란 고등학교를 떠난 지 10년 이내의 고교 졸업자를 의미한다. 이 프로젝트에서는 여러 사항을 조사했는데, 특히 약물사용의 실태와 사용약물의 종류를 가장 중요하게 수집하였다. 표 13.1은 2013년의 고등학교 졸업반 학생, 대학생, 젊은 성인들이 일생 동안, 1년간, 그리고 지난 1달간 사용한 약물

정보를 제시한다. 이 표에서 약물사용은 약물의 유형에 따라 달라짐을 알 수 있다.

2013년 자료에서 모든 연령집단을 보면, 가장 많이 사용되는 약물은 알코올이다. 이것은 모든 세 준거기간 – 일생, 지난 1년, 지난 1달 – 에서 사실로 나타난다. 알코올은 일생 동안 대략 70%가 사용했고, 고교 졸업반 학생의 40%, 대학생과 젊은 성인의 2/3가 지난 한 달 동안 알코올을 접했다고 답했다. 대마초는 모든 준거기간에서 그리고 모든 연령집단에서 그 다음으로 많이 사용되는 약물이다. 나머지 약물은 매우 적은 사람들만이 사용한다. 이것은 특히 "지난 한 달 동안"이라는 범주에서 자명한데, 모든 연령집단의 단지 5% 미만만이 알코올과 대마초 이외 약물들을 사용했다고 응답했다.(기간이 길기 때문에 당연히) 일생동안의 사용률은 높지만, '지난 한 달'에 가장 큰 관심을 둬야 한다.

약물사용에 대한 또 다른 자료는 물질남용/정신보건청(Substance Abuse and Mental Health Services Administration, SAMHSA)이 수행하는 '약물사용과 건강에 관한 전국조사'(National Survey on Drug Use and Health)이다. 이 조사는 12세 이상의 미국인을 대표성 있는 표본으로 이용한다. 표 13.2는 4개의 성인 연령집단에 대한 자료를 제시한다. MTF에서와 같이 대마초가 모든 연령집단과 기준기간을 통해 가장 일반적으로 사용되는 약물이다. 환각제와 코카인은 그 다음으로 자주 사용되는 약물이지만, 지난 1년이나 지난 1달의 기준에서는 그 비율이 크게 떨어진다. 나머지 대부분의 약물은 어떤 준거기간에서도 거의 사용했다는 보고가 없다.

웹 자료

약물남용 및 정신보건청(Substance Abuse and Mental Health Services Administration)에 수집된 약물남용에 대한 자료는 다음 주소에서 구할 수 있다.
http://www.oas.samhsa.gov/NSDUH.HTM

표 13.1과 표 13.2의 수치들은 몇 가지 점에서 흥미롭다. 첫째, 사회적으로 가장 우려되는 약물은 거의 사용되지 않는다. 코카인, 크랙, 헤로인, 그리고 다른 약물들은 가장 사용 빈도가 높은 약물이 아니다. 성인들에게 합법적인 알코올은 가장 널리 사용되는 물질이다. 둘째, 지난 1년 동안과 지난 30일 동안의 약물사용에 기초한 자료는 모든 집단에서 불법약물 사용수준이 감소하는 것을 보여준다. 일생 동안 그리고 지난 1년 동안 사용은 약물문제의 어떤 지표로서 사용되지 않아야 한다. 왜냐하면 그러한 사용은 단지 호

표 13.1 12학년, 대학생 그리고 젊은 성인의 일생, 지난 1년, 지난 한 달 동안의 약물사용(백분율)

약물	일생동안			지난 1년 동안			지난 한달		
	12학년	대학생	젊은성인	12학년	대학생	젊은성인	12학년	대학생	젊은성인
모든 불법 약물	50.4	51.0	60.5	40.3	38.9	36.3	25.5	22.5	21.8
대마초	45.5	47.7	57.1	36.4	35.5	32.2	22.7	20.6	19.0
LSD	3.9	4.4	6.3	2.2	2.6	2.0	0.8	0.4	0.4
환각제	6.4	6.8	11.4	4.5	4.5	3.9	1.4	1.0	1.0
코카인	4.5	5.1	12.2	2.6	2.7	3.9	1.1	0.9	1.5
크랙	1.8	0.7	1.6	0.6	0.3	0.6	0.3	0.2	0.3
헤로인	1.0	0.4	1.6	0.6	0.3	0.6	0.3	0.2	0.3
메스암페타민	12.4	15.3	18.7	8.7	10.6	7.8	4.1	5.3	3.2
펄로폰	1.5	0.9	3.1	0.9	0.4	0.6	0.4	0.0	0.2
바비튜레이트	7.5	5.4	9.5	4.8	2.7	3.4	2.2	0.9	1.2
알콜	68.2	78.0	86.2	62.0	75.6	82.5	39.2	63.1	68.7

표 13.2 상이한 성인 연령집단에 따른 약물사용, 2013(백분율)

약물	일생동안				지난 1년 동안				지난 한달			
	18-20	21-25	26-34	35+	18-20	21-25	26-34	35+	18-20	21-25	26-34	35+
모든 불법약물	51.7	60.2	61.7	47.6	38.4	34.2	25.4	9.3	22.6	20.9	15.3	5.6
대마초	46.5	55.2	56.9	43.1	34.3	30.0	21.0	6.5	20.3	18.3	12.6	4.0
코카인	6.6	14.7	18.9	15.9	3.4	5.1	3.4	0.7	0.9	1.3	1.3	0.4
크랙	0.7	2.2	4.7	3.9	0.2	0.3	0.4	0.2	0.0	0.2	0.2	0.2
헤로인	1.0	2.3	3.1	1.8	0.4	0.9	0.7	0.1	0.2	0.3	0.3	0.0
환각제	13.2	20.3	23.5	14.6	7.0	6.5	2.5	0.4	2.1	1.6	0.6	0.2
흥분제	6.7	11.0	12.9	7.9	3.5	1.0	2.9	0.5	1.1	1.4	1.1	0.2
펄로폰	1.7	3.8	6.8	5.2	0.8	0.4	0.8	0.3	0.3	0.4	0.4	0.2

기심으로 해보는 행동까지 반영할 수 있기 때문이다(Stephens, 1987). 이 표에서 낮은 수치들은 주로 불법적인 약물을 (한 두 번) 호기심에 사용했음을 나타낸다. 셋째, 나머지 약물들의 사용은 대부분의 약물 사용은 시간이 지나면서 소폭 증가하거나 감소하지만 대체로 안정적으로 유지되었다(동향자료는 제시되지 않는다). 이 자기보고식 자료는 약물문제가, 최근 증가하고 있다는 점에 주의하여야 하지만, (적어도 불법약물의 견지에서) 상대적으로 경미하다는 것을 보여준다.

자기보고자료는 근본적으로 몇 가지 한계가 있어 자료해석에 있어 항상 신중한 주의가 필요하다. MTF자료에서 가장 논란이 되는 사항은 대표성의 문제일 것이다. 자료는 전체 모집단을 정확히 대표하지 못하고 있다. 조사대상자를 고등학생이나 대학생으로 한정함으로써 고등학교를 중퇴하거나 대학에 진학하지 않은 많은 사람들이 표본에서 누락되어 있다. 특히 학교중퇴는 약물거래가 집중적으로 발생하는 도심의 청소년에게서 많이 일어난다. 이에 대해서 존스톤과 동료들(Johnston et al., 1989)은 전체 학생의 15~20%가 학교를 중도에 그만두는데 매년 실시된 조사에 이들은 포함되지 않았고 학교 중퇴자들은 또래 소년들에 비해서 더욱 빈번히 약물을 사용하는 경향이 있다고 지적하였다. 가출소년과 노숙소년에 관한 연구에서 포스와 로젝(Fors and Rojek, 1991)은 이들이 일반학생보다 2배에서 7배까지 약물사용이나 약물오용을 많이 한다고 보고하였다. 이러한 사실로부터 MTF자료는 약물사용의 정도를 실제보다 과소평가했을 가능성이 있다고 추정할 수 있다.

웹 자료

약물남용에 대한 방대한 자료는 미래감시프로젝트(Monitoring the Future project) 홈페이지에서 이용가능하다.
http://www.monitoringthefuture.org

앞서 살펴본 자기보고자료는 약물문제가 일반적으로 생각하는 것보다 심각하지 않다는 점을 시사한다. 특히 불법약물의 사용이 사회전반에 만연되어 있지 않다는 것만큼은 확실하다. 상습적으로 약물을 사용하는 것을 (30일 이내의 약물사용과 같이) 아주 넓게 잡더라도 불법약물을 이 정도의 상습성으로 사용하는 사람은 극히 일부에 불과하였다. 더욱이 불법약물을 매일 사용하는 경우는 거의 없는 것으로 나타났다. 물론 이러한 사실로부터 약물사용이 문제가 되지 않는다고 생각할 수는 없다. 조사에 포함하지 않은 학교중퇴자들은 약물을 사용의 정도가 고등학교 졸업생보다 매우 높은 것으로 알려져 있다. 유사한 맥락에서, 범죄자들은 일반인에 비해서 약물사용에 깊이 개입되었을 가능성이 크다. 범죄자들이 약물을 사용하는 정도는 자기보고자료와는 다른 자료들을 통하여 살펴볼 수 있다.

범죄자집단의 약물사용

흔히 범죄자의 상당수가 만성적인 불법약물 사용자이며, 이들이 범죄를 저지르는 데에 약물이 직간접적으로 연관되었을 것이라고 생각한다. 이러한 견해는 범죄자를 조사대상으로 하였던 여러 연구들에서 일부 사실로 입증되기도 하였다. 약물범죄와 관련한 체포건수와 유죄판결건수도 기존의 견해를 지지하는 경향이다. 체포시 약물남용검사 Ⅱ (*Arrestee Drug Abuse Monitoring, ADAM*)자료는 10개의 도시에서 범죄자들의 약물사용에 대한 보다 심층적인 정보를 제공한다. 초기의 ADAM 프로그램은 1987년 미국 법무부 산하 사법연구소(National Institute of Justice, NIJ)가 지원한 약물사용예측 (*Drug Use Forecasting, DUF*) 프로그램을 확대한 것이다. ADAM Ⅱ는 원래의 ADAM 프로그램의 축소판인데, 원래는 35개 도시를 조사했다.

체포된 사람들은 본인의 동의가 있는 경우에 한하여 면접과 소변검사에 응한다. 소변검사는 10가지의 약물을 대상으로 실시되었다(코카인, 아편, 대마초, PCP, 메타돈, 마취제, 벤조다이아제핀[발륨 등 정신안정제], 진정수면제, 다르본 등 진통제, 진통최면제, 각성제). 모든 정보는 익명으로 수집되었다. 구체적으로 사용약물의 종류, 시간에 따른 변화(분기별 자료수집), 연령, 인종, 성별, 약물종류별 체포사유 등이 각각의 피체포자들에게서 수집되었다(Office of National Drug Control Policy, 2012). 표 13.3을 보라.

2011년의 체포시 약물남용검사 Ⅱ(ADAM) 자료를 통하여 범죄로 체포된 사람들의 경우에 약물사용이 매우 일반적이라는 것을 알 수 있다. 소변검사결과에 의하면 모든 피체포자의 60% 이상이 최근에 약물을 사용한 것으로 판명되었다. 5개 도시에서, 특정 약물은 70% 이상이 양성반응을 나타냈다. 코카인과 대마초는 가장 만연한 약물이었다. 약물 사용은 또한 도시마다 천차만별이었다. 영국 ADAM 프로그램으로부터 수집된 자료는 피체포자의 69%가 약물사용에 양성반응을 나타냈고, 58%는 술을 마신다고 보고한 것으로 나타난다(Holloway and Bennett, 2004).

표 13.3 5가지 약물에 양성반응을 보인 피체포자의 백분율

	대마초	코카인	아편	필로폰	기타
Atlanta	35.9	32.8	6.6	0.7	64.1
Charlotte	53.0	19.0	1.8	0.4	67.4
Chicago	54.9	25.2	18.6	1.0	80.5
Denver	44.3	24.8	12.1	5.9	68.7
Indianapolis	47.8	19.6	10.3	2.3	66.5
Minneapolis	50.8	20.6	7.7	2.8	69.6
New York	49.0	24.6	8.1	0.1	72.7
Portland	49.4	15.0	14.4	22.9	73.2
Sacramento	56.1	10.3	9.6	42.9	81.0
Washington DC	44.5	17.5	11.3	0.4	67.7

출처: Office of National Drug Control Policy(2012). ADAM Ⅱ: 2011 Annual Report. Washington, DC: The White House.

웹 자료

추가적인 ADAM Ⅱ 자료는 다음 주소에서 이용가능하다.
http://www.whitehouse.gov/ondcp/arrestee-drug-abuse-monitoring-program

약물사용에 대한 자료는 교정시설에 수감된 재소자와 법원에서 재판을 받는 사람들로부터도 수집할 수 있다. 머몰라와 칼버그(Mumola and Karberg, 2006)는 연방교도소 재소자의 1/4 이상이, 주 교도소 재소자의 거의 ⅓이 약물을 사용하는 동안에 범죄를 저질렀다고 보고한 사실을 지적했다. 덧붙여 재소자의 절반 이상이 범행하기 전달에 약물을 사용했다고 보고했다. 식크먼드와 동료들(Sickmund et al., 2013)은 주거형 시설에 수용된 청소년 중에 약 7%는 약물에 관련된 범죄로 수용된 반면에, 소년법원 통계는 대충 165,000명의 청소년들이 2010년에 약물범죄로 법정에 섰음을 보여준다(Puzzanchera and Hockenberry, 2013).

범죄자집단에 관한 자료를 살펴보면 약물사용문제가 이전의 일반시민조사에 비하여 보다 심각한 양상이다. 그러나 범죄자집단으로부터 수집한 자료는 다른 자료에서와 마찬가지로 몇 가지 근본적 한계가 있다. 첫째, 범죄자자료는 형사사법체계가 관여했던

즉 검거했던 사람들만의 특성을 대변할 뿐이다. 이들은 당시 약물을 사용했기 때문에 그만큼 체포의 확률을 높였을 수 있다. 체포를 피할 수 있었던 사람들은 약물을 사용하지 않았거나 최소한 피체포자의 수준만큼은 사용하지 않았을 수 있다. 둘째, ADAM Ⅱ 자료를 통한 연구결과는 10개 주요도시에서의 약물사용을 반영하고 있다. 결과적으로, 이 결과는 조사대상 도시와 유사한 대도시의 경우에 한하여 일반화할 수 있다. 약물사용문제는 범죄현상이 그러하듯이 도시규모에 따라 대도시와 소규모 지역사회에서 다르게 나타날 수 있다.

요약

약물사용에 관한 두 가지 자료를 – 일반시민의 자기보고와 범죄자집단자료 – 통하여 중요한 사항을 파악할 수 있다. 일반시민 자료에 의하면, 불법약물사용은 언론매체 보도처럼 그렇게 광범위한 문제가 아니다. 대부분의 경우에 약물사용은 호기심에서 또는 기회가 닿아 해 본 것으로 조사되었다. 이에 반하여 범죄로 체포된 사람들의 경우에 약물사용은 보편적인 현상이었다. 피체포자들은 분명히 모든 범죄자들을 대표하지는 못하지만 이들 역시 무시할 수 없는 규모이다. 따라서 범죄자 자료를 통한 연구결과를 단순히 낮은 체포율이나 대표성의 부족 등의 이유로 쉽게 부정해서는 안 될 것이다. 약물사용은 다른 범죄행위에 있어 한 가지 위험요인이 될 수 있다. 즉 약물사용은 다른 일탈행위의 예측요인으로 활용할 수 있다. 이러한 사실은 다음에 논의할 약물사용과 범죄와의 관계를 검토함으로써 보다 명확해질 것이다.

약물–범죄 관계

약물사용과 범죄와의 관계는 일반시민뿐만 아니라 관련문헌들에서 높은 관심의 대상이었다. 앞서 제시된 자료를 단순히 일견하여도 두 변수간의 밀접한 관계를 파악할 수 있다. 많은 범죄자들이 약물양성반응을 보이는 상황들은 이들이 인과관계가 있다는 강한 근거를 제공한다. 그러나 단순 상관관계는 인과관계의 존재를 입증하는 충분조건이 되지 못한다.

범죄와 약물사용의 관계에 대해서는 여러 가설이 있다. 와이트(White, 1990)는 두 변수간의 관계를 네 가지 모형으로 정리하였다(그림 13.1을 볼 것). 첫째, 약물사용이 범죄행위의 원인인 경우이다. 둘째, 범죄행위가 약물사용의 원인이 되는 경우이다. 셋째, 상호관계로 약물사용과 범죄행위가 서로의 원인이 되는 경우이다. 넷째, 허위관계로 약물사용과 범죄 모두 제3의 원인(공통원인)에 의해 유발되는 경우이다. 많은 연구들이 약물–범죄관계의 인과순서를 분석하고자 하였다. 두 변수의 실제 관계를 파악하려 했던 대부분의 연구는 변수들의 시간적 순서를 확립하는 데에 초점을 두었다. 이러한 접근방법은 가설모형의 처음 세 가지를 중점적으로 다룬 것이며 분석과정을 통하여 허위관계 여부도 일부 판별할 수 있었다.

그림 13.1 약물사용과 범죄 간의 가능한 관계

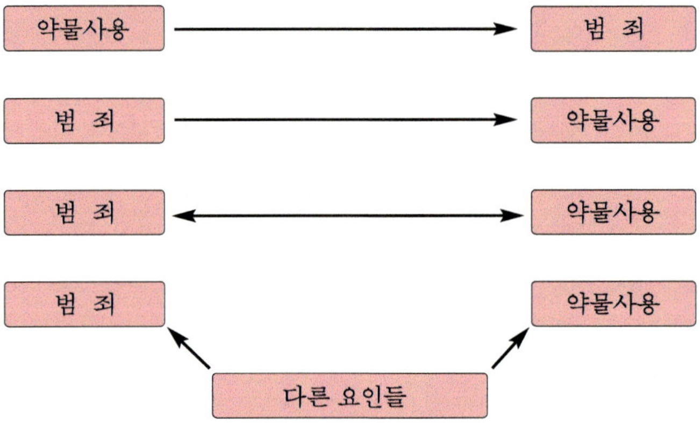

첫 번째 모형에 따르면 약물이 원인이 되어 사용자가 다른 범죄를 저지른다는 것이다. 약물의 정신작용, 경제적 필요, 혹은 약물거래 단순가담 등으로 인하여 범죄가 유발될 수 있다(Goldstein, 1989). 약물의 정신작용론에 의하면, 약물은 사용자에게 신체적으로나 또는 심리적으로 직접적인 영향을 미치고, 이로 말미암아 사용자는 사회에서 허용하지 않는 방식으로 행동하게 된다. 사용자의 실제 의도는 범죄가 아니었을 수 있다. 사용자의 의도와 관계없이 약물이 그 사람의 행동을 결정해 버린다는 것이다. 약물사용의 경제학 역시 일탈행동을 유발할 수 있다. 약물확보를 위해 사용자는 계속해 돈이 필요하며 이러한 욕구를 해결하고자 재산범죄에 쉽게 빠져들 것이다. 약물사용자들이 재산범죄에 자주 빠져든다는 사실은 여러 연구를 통해 이미 잘 알려져 있다(Anglin and Speckart, 1988; Chaiken and Chaiken, 1982; Collins et al., 1985; Harrison and Gfroerer, 1992; Johnson et al., 1985; Jonson et al., 1988; National Institute of

Justice, 1990). 약물을 사용하게 되면 골드스테인(Goldstein, 1989)이 명명한 체계폭력(systemic violence)으로 쉽게 발전할 수 있다. 체계폭력이란 약물거래꾼들간의 경쟁, 불량약물과 비싼 가격에 대한 보복, 약물 거래꾼이나 사용자의 강도, 기타 약물거래와 관계된 사항 등에 의해 유발되는 폭력사용을 뜻한다. 골드스테인은 뉴욕시 자료를 바탕으로 약물관련 살인사건의 74%가 약물거래체계와 관련된 요인 때문이라고 주장한다. 범죄의 원인이, 지금까지 살펴보았던 세 가지 범주의 하나에 일치하는 정도에 따라 첫 번째 모형(약물이 범죄의 원인이 되는 모형)은 타당한 것으로 인정될 수 있다. 세 가지 견해 중에서 약물의 정신작용론은 경험적으로 입증하기가 가장 어렵다. 또한 정신작용론의 문제는 실제 많은 약물의 경우에 사용하면 신체적 활동이나 폭력성향이 감퇴하는데 이러한 증거들을 간과한다는 것이다. 더불어 약물이 항상 정신작용에 영향을 미치는 것이 아니라 특정한 체질과 사회문화적 상황과 결부될 때에만 약물의 정신작용이 나타났다(McBride and Schwartz, 1990). 경제적 원인론과 체계론은 약물–범죄관계의 시간적 순서에 보다 주의를 집중할 필요가 있다.

약물사용이 범죄의 원인이다

약물사용이 범죄의 원인이 된다고 주장하는 연구들은 일반적으로 약물중독자나 자주 약물을 사용하는 사람들에 대한 연구에 기초한다. 볼과 동료들(Ball et al., 1983)은 354명의 아편중독자를 연구하였는데, 약물을 활발히 사용할 때의 범죄율은 그렇지 않을 때에 비해서 4배에서 6배까지 높은 것으로 나타났다. 콜린스와 그의 동료들(Collins et al., 1985)은 무료 재활프로그램을 받고 있는 3,575명을 조사했다. 아편과 코카인을 매일 복용하는 사람들은, 매주 복용하는 사람이나 복용하지 않는 사람에 비해, 높은 비율로 재산범죄를 저지르는 경향이었다. 약물사용은 특히 비싼 약물이나 상습복용의 경우는 사용습관의 유지를 위해 "수입을 만들기 위한 범죄"를 저지르는 것이 필연적이다(Collins et al., 1985). 앤그린과 흐셔(Anglin and Hser, 1987)와 앤그린과 스펙카트(Anglin and Speckart, 1988)에 의하면, 체포건수나 자기보고된 범죄가 처음으로 아편을 사용할 때와 처음으로 일상 복용할 때는 증가하지만 마지막 일상복용단계에서는 감소하였다. 또한 약물의 복용수준은 재활치료 중에는 감소하였으나 치료 후에는 다시 증가하였다(Anglin and Hser, 1987; Anglin and Speckart, 1988). 비슷한 맥락에서, 후이징가와 동료들(Huizinga et al., 1994)도 약물남용정도의 변화가 있은 후에 비행수준의 변화가 초래된다고 지적하였다.

범죄가 약물사용의 원인이다

두 번째의 가능성은 범죄를 하면 약물을 사용하게 된다는 것이다. 많은 연구들은 범죄행동에 참여하는 것이 약물사용에 선행한다고 주장한다. 존슨과 동료들(Johnson et al., 1978)은 전환기의 청소년(Youth in Transition)이란 프로젝트에 참여했던 2,000명 가량의 고교졸업생에 관한 시계열자료를 수집하였다. 이 자료에 대한 분석결과 일반비행이 대부분의 경우에 약물을 사용하기 전에 있었던 것으로 나타났다. 이에 따라 존슨과 동료들은 청소년에 있어 약물사용은 비행행위가 확장되는 과정에서 발생한다고 주장하였다. 국립청소년조사(National Youth Survey, NYS)에서도 동일한 결과였다. NYS는 1976년에 시작하여 지금도 진행되는 시계열 패널조사이다. NYS는 매년 비행, 약물사용, 인구학적 요인 등에 관한 자료를 수집한다. 최초 6차례의 자료(1976-1983)를 분석했을 때에 일반적인 경향은 처음에 경미범죄에서 시작하여 이후에 알코올사용, 지표범죄, 대마초사용, 다중약물사용 등의 순서로 발전하는 것이었다(Huizinga et al., 1989). 알코올이 초기 단계에서 사용된 것을 제외하고 불법약물사용은 시간적으로 비행/범죄행위 이후에 시작되었다. 후이징가 등에 의하면, 경미비행이 복수의 약물사용에 앞서는 비율이 99~100%였다(Huizinga, 1989). 체이켄부부(Chaiken and Chaiken, 1990)는 NYS자료, 교도소의 재소자 조사자료, 뉴욕시의 약물중독자 표본자료를 분석하였는데 비행이 약물사용에 선행하는 경우는 최소 50%였다. 인시아디와 그의 동료들(Inciardi et al., 1993)도 도심출신의 중비행소년들을 대상으로 한 연구에서 대부분의 경우에 약물사용은 비행을 저지른 이후에 시작되었다고 보고하였다. 다른 연구에서도(Anglin and Hser, 1987; Anglin and Speckartzh, 1988; Elliott and Ageton, 1981; Elliott et al., 1989; Hunt, 1990; Johnson et al., 1985) 약물사용은 범죄 이후에 발생하였다. 범죄가 약물사용에 선행하는 사실은 크게 두 가지 방법에서 설명되었는데, 첫째는 약물사용이란 결국 일탈행위의 또 다른 형태에 불과하다는 주장이다. 두 번째는 비행이나 범죄를 저지름으로써 약물사용에 필요한 자원을 얻고 접근방법을 알 수 있기 때문이라는 것이다.

상호적 관계

두 부류의 연구들에서 약물-범죄관계의 순서가 서로 다르게 나타났다는 점에서 두 변수의 실질적인 관계가 서로에 영향을 주는 상호관계일 수 있다. 즉 범죄행위를 저지름으로써 약물사용을 하게 되고 약물을 사용함으로써 범죄행위에 이를 수 있다. 앞서 검토한 일부 연구에서도 상호관계에 관한 증거를 찾아볼 수 있다. 너크와 동료들(Nurco et al., 1988)은 "전과자"의 경우에 약물중독에 빠지면 범죄를 더 많이 저지르는 것으로 보고하였다. 약물중독자에 관한 연구들이 흔히 보고하는 사실은 약물사용이나 상습사용 이후에 체포건수가 "증가한다"는 것인데, 이러한 사실은 약물사용 이전에 이미 연구대상자들은 범죄경험이 있다는 것을 의미한다(Anglin and Hser, 1987; Anglin and Speckart, 1988; Collins et al., 1985). 매춘연구에서 헌트(1990)는 매춘빈도가 약물사용의 경우에 증가하지만, 대부분의 약물사용 매춘녀들은 약물사용 이전에 이미 매춘을 한 적이 있거나 다른 범죄의 경험이 있다는 것을 알 수 있다고 했다. 끝으로 반 카멘과 뢰버(van Kammen and Loeber, 1994)는 피츠버그 청소년에 대한 연구에서 약물사용은 대인범죄의 증가를 불러오지만, 재산범죄를 저지른 후에 약물사용을 시작한다는 사실을 보고하였다. 이러한 점에서 어떤 것이 먼저 일어나느냐에 관계없이 약물사용과 범죄행위는 서로에 영향을 미친다는 것을 알 수 있다. 약물사용은 범죄를 유발하고 범죄는 약물사용을 유발한다.

허위관계

최근에 들면서 약물사용과 비행과의 관계는 허위라는 견해가 가장 주목받고 있다. 이러한 견해에 따르면 비록 약물사용과 범죄가 흔히 같이 나타나고 증감추세도 비슷하지만 어느 한 가지가 다른 것의 궁극적인 원인이라고 할 수 없다. 오히려, 두 가지 모두 제3의 공통요인 혹은 다른 요인들에 의해 영향을 받는다고 주장한다. 후바와 벤틀러(Huba and Bentler, 1983)와 켄델과 동료들(Kendel et al., 1986)은 약물사용과 범죄 사이에는 인과관계가 없다고 주장하였다. 이들의 주장은 두 가지 행위유형 모두가 다른 유사요인들에 의해 영향을 받는다는 것이다. 와이트와 동료들(White et al., 1987)은 900명 가량의 소년들에게서 수집한 자기보고자료를 분석한 결과 약물사용과 비행에는 공통요인들이 있다고 지적하였다. 공통요인들 중에서 가장 중요한 것은 친구와 학교의 영향이었다. 미국청소년조사(NYS)자료는 앞에서 살펴봤듯이 행동의 진행과정은 경미한 범죄에서 시작하여 복수약물의 사용으로 끝났는데(Huizinga et al., 1989), 자료를 재분석했더니 이러한 행동들의 실제원인은 몇 가지 공통된 요인들로부터 영향을 받는다는 결과가 나왔다. 다른 연구들도 이러한 결론을 지지한다(Collins, 1989; Elliott et al., 1979; Elliott et al., 1985; Fagan and Weis, 1990; Hawkins and Weis, 1985; Kandel et al., 1986; Loeber, 1988; White, 1990).

요약

약물사용이 범죄행동과 관련되었다는 것은 부정할 수 없는 사실이다. 그러나 이들의 인과관계는 불명확하다. 인과순서를 분명히 하지 못한다고 해서 둘 간의 관계를 범죄예방활동에 있어 활용할 수 없는 건 아니다. 두 행위간의 높은 상관관계를 이용하여 약물사용을 다른 범죄행위를 예측하는 수단으로 활용할 수 있다(Elliott and Huizinga, 1984; Kandel et al., 1986; Newcomb and Bentler, 1988). 또한 앞에서 살펴본 연구들에 의하면 각 행위는 다른 행위를 유발하는 것으로 나타났는데, 이러한 사실은 개입과 처방에 대해 통찰력을 제공할 수 있다. 약물사용을 억제함으로써 범죄를 통제할 수 있을 것이다. 약물사용자를 억제대책의 목표로 하면 결국 다른 범죄활동에 가담할 가능성이 높은 사람들을 다루게 된다. 약물사용자에 대처하는 일은 약물로 인하여 저질러지는 범죄만큼 사회에서 발생하는 범죄규모를 줄이는 일이 될 것이다.

개입방안과 예방대책

다양한 형태의 개입 방안이 약물사용이나 이로 인한 파생범죄를 줄이는 데 활용될 수 있다. 대부분의 개입 방안은 크게 법집행, 재활, 예방의 세 가지 영역으로 구분할 수 있다. 약물-범죄문제에 활용할 수 있는 모든 대처방법의 종류를 한정된 지면에서 자세히 설명하기는 어렵다. 또한, 해결방안으로 제안되는 일부는 현재 우리가 논의하는 내용들에 적합하지도 않다. 다음에서 검토하고자 하는 개입 방안들은 이러한 면에서 다소 임의적으로 선택한 것이다. 여기서 검토하지 않은 (혹은 간략히 언급한) 사항들은 약물수송로 차단조치와 외교적 노력, 범죄조직에 대한 집중단속, 약물복용검사, 비범죄화, 합법화 등이다. 각각의 사항은 나름대로 논의되어야 할 가치가 충분하지만, 모두 이 책의 범위를 넘어서는 내용이다.

법집행노력

현재 진행되는 "약물에 대한 전쟁"의 경우에 그 기본입장은, 법집행활동을 약물사용에 대처하는 주된 수단으로 활용하는 것이다. 이는 연방정부의 예산배정에서 재활이나 예방프로그램에 비해 법집행부문을 우선적으로 고려한다는 점에서 분명한 사실이다. 법집행활동은 공급부문을 제한하면 약물사용이나 이로 인한 파생범죄를 억제하거나 줄일 수 있다는 가정을 바탕으로 한다. 즉 뒷골목에서 약물을 없애면, 먼저 일반적인 사용자가 약물거래장소를 찾기가 어려워질 것이며, 장소를 알아낸다 하더라도 약물가격이 고가이기 때문에 사용희망자의 대부분은 사용을 자제할 것이라는 생각이다. 따라서 이러한 접근방법의 기본가정은, 본질적으로 약물의 수요는 공급에 의해 주로 영향을 받는다는 것이다.

가장 대표적인 프로그램이다. 1984년부터 시작된 이 프로그램의 핵심은 맨해튼 동남부의 엘퍼벳 구역에 경찰관과 단속 장비를 집중 배치하는 것이었다. 그전까지 엘퍼벳 구역은 "약물 슈퍼마켓"으로 호칭될 정도로 구매자들이 공개된 장소에서 약물장사꾼들과 가격과 품질을 흥정할 수 있었다(Zimmer, 1987). 경찰작전에 의해 수천 명이 체포되었으며 결국에 약물 슈퍼마켓은 해체되었다. 더불어 집중단속 작전을 통하여 엘퍼벳 구역에서는 강도, 침입절도, 살인 등도 감소한 것으로 나타났다(Kleinman, 1988). 그러나 존슨과 그의 동료들(Johnson et al., 1990)은 이러한 경찰단속의 장기적인 영향에 관하여 의문을 제기한다. 이들은 프로그램이 단지 약물장사꾼들과 구매자들이 새로운 거래방법을 찾게 할 뿐이라고 주장한다. 크레이만과 스미스(Kleiman and Smith, 1990) 역시 프로그램의 영향은 경찰이 현장에 집중 배치된 기간에 한하여 지속될 뿐이라고 주장하였다. 실제로 경찰단속의 영향을 뉴욕 퀸스구역의 약물단속팀 작전을 대상으로 평가하였을 때에 그 영향은 일시적이었다(Johnson et al., 1990; Kleiman and Smith, 1990). 매세추세츠주 린에서도 경찰 단속의 평가에서 비슷한 결과가 나타났다(Kleiman and Smith, 1990). 갱 집단이 약물사용과 거래에 개입하기 시작했다는 사실이 밝혀지면서(Fagan, 1989), 여러 지역에서 갱과 약물에 동시에 대처할 수 있는 방안을 강구하였다. 로스앤젤레스에서 실시하였던 지역자원에 의한 거리불량배소탕(Community Resources Against Street Hoodlums, CRASH) 프로그램은 갱 활동을 단속목표로 한 대표적 경찰프로그램이다. 그러나 이 프로그램이 약물문제, 갱 집단의 활동, 갱 집단에 의한 살인사건 등에 어떤 영향을 미쳤는지는 아직까지 상세히 연구되지 못하였다(Kleiman and Smith, 1990). 앞서 언급한 것처럼, 경찰은 약물의 위치를 목표로 해 중지 프로그램에 직접적으로 관여해 왔다.

약물문제의 규모와 범위를 고려할 때에 경찰의 사법처리 활동만으로 제대로 대처하기 어려워 보인다. 약물거래의 소매단계를 집중 단속할 경우에 많은 용의자들을 체포하겠지만, 이것은 현재 과밀화된 형사사법체계에 또 다른 부담을 주는 것 이상의 효과를 내지 못한다(Belenko, 1990). 또한, 사법처리활동으로 약물공급을 장기간 차단하겠다는 생각은 처음부터 잘못됐다. 공급차단과 함께 약물수요를 감소시킬 수 있는 노력을 병행할 필요가 있다.

약물사용자의 치료

약물사용자의 치료는 여러 방법과 다양한 접근방법이 이용되고 있다. 치료프로그램에 대한 연구는 어떤 것이 가장 효과적인지에 대한 몇몇 실마리를 제공한다. 국립약물남용연구소(National Institute on Drug Abuse, NIDA)는 효과적인 치료를 위한 13가지 원리를 제공한다(표 13.4를 보라). 이 원리들은 대상자의 독특한 욕구에 맞춘 다양한 프로그램에 모두 적용될 수 있는 일반적인 쟁점들을 다룬다. 약물남용에 기여하는 광범위한 요인들의 존재는 약물남용자의 치료를 위해서 그 문제들을 폭넓게 다루어야 한다는 것을 의미한다. 그림 13.2는 약물남용의 치료를 위한 포괄적인 모델을 제시한다.

지금까지 시도되었던 대부분의 개입 방안들은 크게 유지프로그램, 해독프로그램, 치료공동체, 외래약물치료프로그램의 네 가지 유형으로 구분할 수 있다. 각 유형별로 강조하는 사항은 다르지만 프로그램들은 여러 면에서 공통성과 유사성을 가지고 있다. 예를 들어, 거의 모든 프로그램에서 상담과 치료는 어떤 식으로든지 활용되고 있다. 다음은 각 유형들을 간략히 살펴본 것이다.

표 13.4 약물남용에 대한 효과적인 치료법(국립약물남용연구소)

1. 모든 사람들에게 맞는 단일한 프로그램은 없다.
2. 치료는 즉시 이용가능해야 한다.
3. 효과적인 치료는 개인의 다양한 요구들에 맞추어야 한다.
4. 치료와 서비스 계획은 지속적으로 평가되고 필요하다면 수정되어야 한다.

5. 적절한 기간 동안 치료를 계속하는 것은 효과성을 위해 중요하다.
6. (개인 그리고/또는 집단에 대한) 상담과 다른 행동요법은 중요한 구성요소들이다.
7. 약물치료는 많은 환자들을 치료하는 중요 요소이다.
8. 중독되었거나 약물을 남용하는 사람들이 정신이상을 함께 갖고 있다면, 어떤 통합적인 방식으로 치료되어야 한다.
9. 약물해독은 중독치료의 단지 첫 단계이며, 그 자체로는 장기간의 약물남용을 개선할 수 없다.
10. 치료는 꼭 자발적인 필요는 없다.
11. 치료기간 동안의 약물사용은 지속적으로 감시되어야 한다.
12. 치료프로그램은 에이즈 및 다른 질병에 대한 검사와 행동수정을 위한 상담이 제공되어야 한다.
13. 약물중독으로부터의 회복은 장기간의 과정이며, 자주 재발치료를 요한다.

출처: National Institute on Drug Abuse (1999).

그림 13.2 포괄적 약물남용 치료의 구성요소

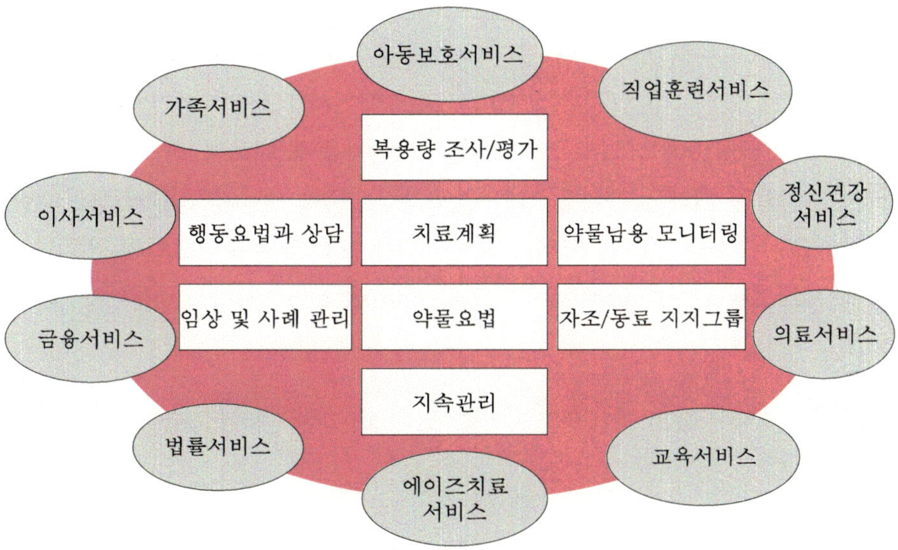

가장 좋은 치료프로그램은 다양하게 조합된 요법들과
개별 환자의 욕구에 맞춘 다른 서비스를 제공하는 것이다.

출처: National Institute on Drug Abuse (2012).

유지프로그램

중독자에 대한 가장 보편적인 개입의 방법인 유지프로그램(maintenance programs)은 약물을 끊기 시작했을 때 금단현상의 고통을 겪지 않으면서 일상생활을 정상적으로 수행할 수 있는 상태에 이르게 한다(Stephens, 1987). 결과적으로 이용자는 약물에 대한 지속적인 욕구가 없이도 더욱 정상적으로 일상생활에 참여할 수 있을 것이다. 가장 일반적인 유지프로그램의 형태가 흔히 메타돈(methadone)을 이용한 것이다. 이 프로그램은 통원치료의 형태이며 헤로인이나 아편중독자에게 메타돈을 공급하는 방식으로 실시된다. 프로그램 대상자들은 아편 대신에 메타돈을 24시간에 1회씩만 복용한다. 시간이 흐르면서 대상자들은 약물중독 때의 희열과 우울을 더 이상 경험하지 않게 된다. 유지프로그램의 핵심적인 가정은 약물중독자의 경우 약물을 사용하지 않고는 정상적 생활을 할 수 없을 때 메타돈은 다른 심각한 약물을 대체할 수 있다는 것이다.

메타돈 유지프로그램은 여러 요인들로 구성되어 있다. 구성요인들을 살펴보면 대다수 프로그램에서 정기적인 소변검사와 함께 메타돈을 제공받으면서 다른 약물을 사용하는지 여부를 체크한다. 개별상담이나 집단상담을 실시하고 준수사항을 지시하고 이를 위반했을 때에 제재조치를 부과하는 것도 이 프로그램에서 공통적으로 활용하는 방법이다(Anglin and Hser, 1990). 일부 프로그램은 대상자들에 대하여 점진적인 해독과정을 실시한다. 투여하는 메타돈 용량을 점차 감소시킴으로써 대상자들이 약물에 대한 욕구로부터 해방될 수 있도록 한다. 그러나 프로그램에 포함되는 구성요인의 종류와 요인들의 비중은 프로그램별로 다소의 차이가 있다(Ball et al., 1986).

웹 자료

미국약물남용연구소는 많은 양의 약물과 약물치료개입에 대한 정보를 제공한다. 여러분은 이 정보를 다음의 주소에서 얻을 수 있다.
http://www.drugabuse.gov/related-topics/treatment-research

메타돈 유지프로그램의 효과는 일반적으로 긍정적인 것으로 평가되었다. 여러 연구들에서(Anglin and McGlothlin, 1985; Ball et al., 1987; Hser et al., 1988) 메타돈환자들은 프로그램에 참여한 후로 불법약물을 사용하는 정도가 낮았으며, 범죄도 적게 저질렀으며, 체포되는 횟수도 감소하였다. 더불어, 메타돈 유지프로그램을 끝마쳤을 때에 대상자들은 더 이상 상태가 악화하지 않았으며 약물사용과 범죄행동이 프로그램의 참여

이전수준으로 환원한 것으로 조사되었다(Anglin et al., 1989; McGlothlin and Anglin, 1981). 이러한 결과로부터 유지프로그램은 약물–범죄 문제를 해결하는 데 있어 효과적 접근방법이라고 결론지을 수 있다. 그러나 유지프로그램에 대해서 비판이 없는 것은 아니다. 스테판스(Stephens, 1987)는 유지프로그램이 단지 아편계 약물[3] 중독자에만 활용할 수 있으며 이보다 훨씬 많은 수의 다른 약물중독자들을 무시하고 있다고 비판하였다. 또한, 치료대상자들은 대부분 생산활동 능력을 상실하였고 사회복지혜택에 의존할 뿐이었다. 이들은 직업활동을 다시 시작하거나 생산적인 사회성원이 될 절실한 이유를 갖지 못하였다. 더불어 앤그린과 흐셔(Anglin and Hser, 1990)는 평가연구들의 경우에 적절한 통제집단을 사용하지 않았다는 점을 지적하였다. 따라서 연구결과들에 대해서는 많은 비판이 있다.

해독프로그램

유지프로그램과 밀접한 관련이 있는 것은 해독프로그램이다. 해독프로그램에서는 단시간의 금단경험을 겪도록 하면서 약물을 사용한다. 근본취지는 대상자로 하여금 최소한의 고통과 불쾌감을 겪으면서 중독으로부터 탈피할 수 있도록 하는 것이다. 이러한 유형의 프로그램은 미국 전역에 걸쳐 많은 병원이나 보건시설이 알코올에서 약물에 이르기까지 여러 종류의 약물중독자를 대상으로 실시하고 있다. 해독프로그램은 상담, 이첩, 다른 서비스 등을 약물투약과 병행하여 활용할 필요가 있다(NIDA, 2012). 앤그린과 흐셔(Anglin and Hser, 1990)는 해독프로그램의 효과에 대해서 단기간의 연구결과는 대체로 프로그램이 약물사용을 억제하는 데 효과적이었지만, 장기간에 걸쳐 해독프로그램이 어떤 효과가 있는지에 대해서는 제대로 연구되지 못했다고 지적하였다. 벨리스(Bellis, 1981)는 해독프로그램의 부작용과 관련하여 일부 중독자가 황홀감을 느끼는 데 필요한 약물의 양을 줄이기 위해 이 프로그램을 악용하는 사례가 있다고 지적하였다. 이러한 경우에 해독프로그램은 단지 중독자가 적은 투약으로도 황홀감을 느낄 수 있게 해 줌으로써 중독 사이클을 반복시키는 작용만 할 뿐이다.

치료공동체

치료공동체(therapeutic community)에서 가장 강조하는 사항은 공동체의 환경을 고도의 구조화된 상태로 만들고 서로를 도와주는 분위기로 조성하여, 대상자들이 그들의

---

3) **역주** : 아편, 몰핀, 헤로인 등

성격을 변화시키거나 준법행동을 할 수 있는 사회적 관계를 가질 수 있도록 도와주는 것이다(Anglin and Hser, 1990). 이러한 주거프로그램은 대상자들에 있어 대리가정의 형태로 운영된다. 많은 경우에 치료공동체의 운영자들은 현재 또는 과거에 프로그램 대상자였던 사람들이다. 일상생활은 엄격히 규정되어 있으며 철저한 집단회합이 특징이다. 프로그램은 흔히 교육, 직업훈련, 의무취업 등을 포함하기도 한다(NIDA, 2012). 치료공동체의 예로는 시나논(Synanon), 데이탑 빌리지(Daytop Village), 피닉스 하우스(Phoenix House) 등이 있다.

치료공동체에 대한 평가연구결과들은 일관적으로 대상자들의 약물사용이나 범죄행위가 감소하였다고 한다(Anglin and Hser, 1990; Coombs, 1981; DeLeon, 1984; DeLeon and Rosental, 1989). 최근에 들어 두 편의 연구가 공동체기반의 치료프로그램을 분석하였다. 스와르츠와 동료들(Swartz et al., 1996)은 다면측정과 종합처우의 통합프로그램(Integrated Multi-phasic Program Assessment and Comprehensive Treatment, IMPACT)을 평가하였다. 프로그램의 대상자는 원칙적으로 독신이며, 실업자이고, 소수인종으로 오랜 기간에 걸쳐 범죄를 저지른 사람이었다. 연구결과에 의하면 치료기간과 재범확률은 밀접히 연관되어, 치료기간이 길수록 재범확률이 낮아지는 경향을 보였다(Swartz et al., 1996). 인시아르디(Inciardi, 1996)는 델라웨어 지역에서 교도소 기반의 치료공동체인 열쇠(KEY) 프로그램을 검토하였다. 6개월과 18개월을 추적하였을 때에 치료공동체의 대상자들은 통제집단에 비하여 약물을 적게 사용했으며 체포경험도 낮았다(Inciardi, 1996). 최근 두 편의 연구 모두 프로그램의 성공을 입증하고 있다.

외래약물치료프로그램

외래프로그램은 일반적으로 거주시설을 사용하지 않는다는 점을 제외하고 대부분의 측면에서 치료공동체와 흡사하다. 개별상담과 집단상담이 프로그램의 핵심요소이며 전문가나 다른 집단의 구성원들이 참여하기도 한다. 대인관계 기술 훈련, 직업훈련 프로그램, 사회적 상호작용, 다른 서비스기관으로 이첩, 단기간의 약물 유지프로그램 등도 일반적인 구성요소이다(Anglin and Hser, 1990). 이런 유형의 프로그램 중에서 널리 알려진 사례로는 익명의 알코올중독자들(Alcoholics Anonymous)과 익명의 약물중독자들(Narcotics Anonymous) 프로그램 등이 있다. 지금까지의 연구결과에 의하면 프로그램의 효과는 매우 의심스러운 수준이다. 대부분의 평가연구에서 가장 문제가 되었던 것은 대상자들이 언제든지 프로그램을 그만둘 수 있다는 사실이다. 이 프로그램은 다른 개입 방안들에 비해서 대상자들의 탈락문제가 중요한 장애요인이었다(Anglin and Hser, 1990). 후바드와 동료들(Hubbard et al., 1984)의 연구에 의하면 프로그램의 효과는 미미했으며, 프로그램의 낮은 효과는 바로 그 개방적 특성 때문이라고 지적하였다. 치료를 지속적으로 받은 대상자만을 기준으로 평가한다면 그 결과는 가공의 높은 성공률을 나타낼 것이다. 그러나 종료여부와 관계없이 프로그램을 시작하였던 모든 사람들을 기준으로 한다면 평가결과는 그렇지 않을 것이다.

웹 자료

약물치료에 대한 추가적인 정보와 논의는 다음의 NIDA 홈페이지에서 볼 수 있다.
http://www.drugabuse.gov/publications/principles-drug-addiction-treatment-research-based-guide-third-edition/frequently-asked-questions/what-drug-addiction-treatment

요약 및 논평

치료프로그램의 대부분이 약물사용이나 약물욕구를 감소하는 데에 효과가 있다는 것은 일반적인 사실이다. 이러한 결과는 앞에서 살펴본 것과 같이 개입 방안을 유형별로 구분하였을 때에도 마찬가지이다. 실제, 네 가지 치료프로그램의 평가결과를 요약하면 그 효과는 긍정적이었던 것으로 판단할 수 있다. 심슨과 셀스(Simpson and Sells, 1981)는 약물남용신고프로그램(Drug Abuse Reporting Program, DARP)의 자료 분석을 통하여 네 가지 유형의 치료프로그램들은 약물사용을 감소시키고, 범죄행위를 억제하고, 프로그램에 가담한 이후로 취업상태가 4년에서 6년으로 개선되었음을 알아냈다. 이러한 결과는 프로그램에 가담하지 않은 통제집단과는 현저하게 차이가 난다. 다른 연구들에서도 강제적 재활은 자발적 재활에 비해 효과가 적었지만(Anglin, 1988; DeLong, 1972; Maddux, 1988), 약물의 1일 복용량이나 범죄행동이 분명히 감소하였다(Anglin and McGlothlin, 1984). 이러한 효과들은 아마도 프로그램의 전형적 특성인 장기적인 재활활동 때문일 것이다(Visher, 1990). 최소한, 이러한 효과는 치료프로그램으로 약물사용과 범죄를 줄일 수 있다는 증거가 될 만하다.

예방프로그램

웹 자료

치료주제와 관련하여, 국립약물남용연구소는 예방활동에 대한 많은 정보를 제공한다.
http://www.drugabuse.gov/publications/drugfacts/lessons-prevention-research

약물에 아예 접근하지 못하도록 하는 예방프로그램(1차적 예방)은 주로 청소년들을 대상으로 한다. 대부분의 사람들이 약물을 실험해보거나 복용습관에 빠져드는 때는 청소년기이다. 예방프로그램들은 약물사용과 그것의 결과에 대한 정보배포프로그램, 자아존중감 향상프로그램, 약물사용에 있어서의 책임감 향상프로그램, 친구의 압력에 대처하는 기술학습프로그램과 같은 것들로 구성된다. 대개 이러한 예방프로그램들은 하나 이상의 프로그램으로 구성된다. 치료프로그램과 유사하게, 국립약물남용연구소(NIDA)는 효과적인 예방프로그램을 위한 16가지의 원리를 제시한다(표 13.5를 보라). 다음에서는 예방기술들 중에서 가장 많이 활용되었으며 그 효과가 있었던 두 가지 예방기술을 집중적으로 다루고자 한다. 두 가지 예방기술은 교육/정보/지식 프로그램과 거부기술기법이다.

표 13.5 효과적인 약물남용 예방을 위한 국립약물남용연구소의 16가지 원리

1. 예방프로그램은 보호요인들을 증진하고 위험요인들을 차단하거나 감소시켜야 한다
2. 예방프로그램들은 모든 유형의 약물남용을 다루어야 하는데, 이것은 어린 연령대의 합법약물사용; 불법약물사용; 그리고 합법적으로 획득된 물질, 처방약, 또는 처방전 없는 약의 부적절한 사용을 포함한다.
3. 예방프로그램들은 지역사회에서 약물남용문제의 유형들을 다루어야 하며, 개선가능한 위험요인을 목표로 하여야 하고, 그리고 보호요인들을 강화하여야 한다.
4. 예방프로그램들은 연령, 성, 민족과 같은 대상자의 특성에 따른 특수한 위험을 다루도록 개발해야 한다.
5. 가족에 기초한 예방프로그램들은 가족유대 및 관계를 증진시켜야 하며, 양육기술, 물질남용에 대한 가족정책을 개발, 토론, 시행하기 위한 훈련, 그리고 약물교육과 정보에 대한 훈련을 포함해야 한다.
6. 예방프로그램들은 유치원 정도의 이른 시기에 개입하도록 하여 약물남용에 대한 (공격적 행동, 빈약한 사회기술, 그리고 낮은 학업성취와 같은) 위험요인을 다루도록 설계될 수 있다.
7. 초등학생을 위한 예방프로그램들은 학업성취를 개선하고 사회-감정적 학습을 개선하는 것을 목표로 해야 한다.

8. 중학생이나 고등학생을 위한 예방프로그램들은 학업성취와 사회적 능력을 증진시켜야 한다.
9. 중학교 진학기와 같은 주요 전이기에 있는 사람들을 대상으로 하는 예방프로그램들은 이들에게 이익이 될 수 있어야 한다. 이것은 심지어 높은 위험을 가진 가족이나 어린이에게도 마찬가지이다.
10. 둘 이상의 프로그램들을 결합하는 지역사회예방프로그램은 한 프로그램만 시행하는 것에 비해 더 효과적일 수 있다.
11. 다양한 환경에 처한 사람들을 위한 지역사회프로그램들은 그들이 지속적으로 행해지며, 지역사회 전반에 걸친 메시지를 제시할 때 가장 효과적이다.
12. 지역사회가 그들의 욕구, 지역사회규범, 또는 상이한 문화적 요구사항들을 조화시키려는 특별한 프로그램을 채용할 때, 그들은 원래의 연구에 기초한 개입의 핵심요소들을 유지해야 한다.
13. 예방프로그램들은 원래의 예방목표를 강화하기 위하여 장기간의 반복적인 개입을 해야 한다.
14. 예방프로그램들은 교사들이 적절한 학생행동을 보상하는 것과 같이 좋은 교실관리를 위해서는 교사에 대한 훈련을 포함하여야 한다.
15. 예방프로그램들은 친구들 간의 토론과 부모역할하기와 같은 상호작용적인 기법들을 사용할 때 가장 효과적이다. 이러한 기법들에서는 대상자들이 적극적으로 참여하여 약물남용에 대한 학습과 기술을 강화할 수 있다.
16. 연구에 기초하여 예방프로그램들을 만들어야 하며, 이것은 비용효율적일 수 있다.

출처: National Institute on Drug Abuse (2014).

교육/정보/지식 프로그램

교육/정보/지식 프로그램이 집중적으로 노력하는 사항은 사람들에게 약물, 약물남용, 약물남용의 결과에 대해서 사실적인 정보를 제공하는 일이다. 이러한 프로그램은 대상자들에게 약물의 종류, 약물이 작용하는 과정, 사용자에 미치는 영향 등을 교육하는 것을 목적으로 한다. 이와 더불어 대상자들을 교육하는 정보에는 약물사용의 실태 및 형사사법제도에 의해 체포되고 처리되면 어떻게 되는지에 대한 내용도 포함되어 있다. 프로그램들의 기본가정은 이러한 지식을 통하여 사람들은 약물사용에 관하여 올바른 선택을 할 수 있다는 점이다. 프로그램의 옹호자 대다수는 약물사용에 관한 지식을 갖게 되면 약물을 사용하지 않을 것이라고 주장한다.

지금까지 평가연구들은 프로그램의 효과에 대하여 명확한 결론을 내리지 못하고 있다. 보트빈(Botvin, 1990)은 대상자들의 약물지식을 향상시키는 데 프로그램이 효과적이었다고 보고하였다. 또한 샤프스와 동료들(Schaps et al., 1986)도 약물교육을 통하여 여자들의 알코올과 대마초 사용이 감소하였으나 남자의 경우에는 영향이 없었다고 주장하였다. 그러나 그 변화는 단기적이었으며 이 프로그램이 종료된 1년 후에는 어떠한 효과도 찾아볼 수 없었다. 타블러(Tobler, 1986)는 청소년을 대상으로 했던 143개 약물예방프로그램의 결과를 분석했다. 연구결과, 정보(지식)프로그램은 행동에 아무런 영향도 미치지 못한 것으로 분석되었다. 다른 연구(Abadinsky, 1988; Botvin, 1990; Botvin과 Dusenbury, 1989; Eiser와 Eiser, 1988; Hanson, 1980; Kinder et al., 1980; Swadi와 Zeitlin, 1987; Weisheit, 1983)에서도 프로그램 효과는 부정적이었으며, 심지어 일부 청소년의 경우에는 약물지식을 학습함으로써 "스스로 알아보고" 싶다는 마음에 약물사용을 해보는 부작용도 보고되었다. 프로그램이 청소년의 호기심을 자극하여 약물사용을 줄이기보다는 오히려 증가시켰던 것이다.

거부기술훈련

거부기술훈련은 운영과정에서 여러 이름으로 호칭되었는데, 그 중에서 가장 널리 알려진 이름으로는 "No라고 말하기"(Just Say No)운동, 약물남용저항교육(Drug Abuse Resistance Education, DARE)프로그램 등을 들 수 있다. 많은 사람들이 이런 프로그램을 간단한 것으로 생각하지만, 거부기술훈련은 문제 상황과 징후를 파악하는 방법, 동료압력에 대처하는 요령, 대중매체로 인한 압력을 파악하는 법, 유혹에 적절히 대처하는 법, 자아존중감과 결단성을 배양하는 법, 자기입장을 분명히 해야 할 순간과 장소를 구분하는 법 등 다양한 훈련내용으로 구성된다. 거부기술훈련의 기본가정에 따르면, 상황과 동료의 개입은 약물사용에 있어 중요한 요인이다. 따라서 청소년들은 동료의 압력을 판단하는 방법과 이러한 압력 하에서 적절한 의사결정을 내리는 방법을 배워야 한다. 또한 프로그램은 약물을 사용해 보고 싶다는 유혹을 떨칠 수 있는 방안으로 약물에 관한 상세한 정보를 교육한다. 교육내용 중에서 핵심적인 부분은 사회에서 실제 약물사용 실태에 관한 것이며 이때에 대다수의 사람들은 불법약물을 사용하지 않는다는 사실이 강조된다. 이러한 교육은 청소년들에게 약물을 사용하지 않을 경우에 사회의 일반적 다수에 포함된다는 점을 주지시키는 것이다.

거부기술훈련의 효과에 대한 연구결과는 혼합되어 있다. 보트빈과 동료들은 담배, 알코올, 대마초와 관련하여 생활기술훈련(Life Skills Training, LST)의 영향을 분석한 일련의 연구를 하였다(Botvin and Eng, 1980, 1982; Botvin et al., 1980; Botvin et al.,

1983; Botvin et al., 1984). 연구결과에 의하면 LST프로그램은 흡연, 음주, 대마초사용을 하는 청소년들의 수를 줄이는데 효과적이었다. 프로그램은 특히 담배사용을 감소시키는 효과가 컸다(Botvin and Dusenbury, 1989). 그러나 이 연구의 추적조사기간이 최대 2년에 불과하기 때문에 효과가 지속될지는 다소의 논란이 있다. 다른 연구들에서도 이와 마찬가지로 긍정적 효과가 있었으며, 특히 담배사용을 줄이는 데 큰 효과가 있었다(Botvin, 1990; Luepker et al., 1983; McAlister et al., 1980; Telch et al., 1982).

가장 널리 알려진 프로그램은 아마도 DARE 프로그램일 것이다. DARE는 로스앤젤레스에서 1983년부터 경찰관 주도의 강의과정으로서 초등학교 학생들을 대상으로 시작되었다. 최근에 들어 DARE는 중학교와 고등학교 학생에까지 확대되었으며 부모교육 프로그램도 추가되었다. 프로그램이 시작된 이후로 7,000여 지역에서 22,000명의 경찰관이 2천5백만 명의 초등학생들에 DARE프로그램을 적용했다(Bureau of Justice Assistance, 1995b). 최근에 들어 엄격한 방법론을 이용한 평가연구들은 약물사용행위에 DARE가 주목할 만한 효과를 미치지는 데 실패했다는 사실을 드러낸다. 링월트와 동료들(Ringwalt et al., 1991), 크레이튼과 동료들(Clayton et al., 1991), 로젠바움과 동료들(Rosenbaum et al., 1994)은 여러 지역의 학교들을 조사했는데 모두 효과가 없었던 것으로 나타났다. 최근의 한 평가연구는 DARE 참가자와 통제집단 청소년들에 대해 6년 이상의 추적조사를 실시했다. 로젠바움과 한슨(Rosenbaum and Hanson, 1998)은 한 해에 두 번 조사를 했는데, DARE와 다른 프로그램들, 중도탈락, 그리고 결과에 영향을 줄 수 있는 다른 요인들의 효과를 고려하기 위해서였다. 이들은 DARE가 목표로 하는 태도나 신념, 또는 사회기술에 대해 거의 효과가 없다고 주장한다. 교외지역의 조사대상자들은 DARE 참가자들 중에서도 약물을 보다 많이 사용한다는 증거가 있다(Rosenbaum and Hanson, 1998). 위송과 동료들(Wysong et al., 1994)도 유사한 종단적 연구에서 아무런 효과를 발견할 수 없었다.

웹 자료

새로운 DARE 프로그램(Keepin' it REAL)에 대한 정보는 다음의 주소에서 얻을 수 있다.
http://www.kir.psu.edu

부분적으로 이 부정적 평가 탓에, DARE 프로그램은 유혹에 굴하지 마라(Keepin' it REAL) 프로그램으로 재탄생하였다. 이 10주 교과과정에서 경찰관이 어린이들과 청소년들을 아직 가르치고 있다. REAL은 거부(Refuse), 설명(Exoplain), 회피(Avoid), 떠남(Leave)을 의미하며, 청소년들이 약물을 사용하거나 다른 문제행동에 참가하게 만드는 상황, 사건, 그리고 사람들을 다루는 기술을 가르친다. 이 프로그램은 NIDA 예방원리(표 13.5를 볼 것)에 기초한다. 이 점에서 새로운 프로그램의 효과는 증명될 필요가 있다.

평가결과들이 부정적인데, DARE 프로그램이 높은 인기를 얻고 있고, 아직도 지속되고 있는 이유를 어떻게 설명할 수 있을까? 몇 가지 해답이 있다. 첫째, DARE는 강력한 전국조직이 후원하는 프로그램이다. 두 번째, 프로그램이 소년들에 개입하는 정도가 학교에서 강의를 듣는 수준에 불과하므로 매우 낮다. 세 번째, 학교와 같이 우호적 상황에 경찰과 소년들을 맺어주는 것 자체가 매우 호소력이 있다. 끝으로 프로그램은 학교환경을 바람직한 방향으로 개선하는데 기여할 수 있다.

예방프로그램의 요약

예방프로그램의 연구결과에 의하면, 일부 프로그램이 약물사용에 영향을 주었지만 효과의 정도는 흔히 미미한 수준에 불과하였다. 거부기술훈련 프로그램의 결과는 불분명하였다. 약물에 대한 구체적 정보제공을 강조하는 프로그램에서도 주목할 결과를 찾아볼 수 없었다. 오히려, 이 프로그램은 청소년들에게 호기심을 불러일으켜 오히려 불법약물의 실험이나 사용에 이르게 하는 경우도 있었다. 약물사용에 대한 구체적 대처전략 대신에 자아존중감, 자기인식[4], 대인접촉능력의 향상 등을 강조하는(흔히 정서적 교육프로그램으로 지칭된다) 프로그램들 역시 약물사용에 최소한의 영향 밖에 미치지 못하였다(Botvin, 1990; Schaps et al., 1986; Tobler, 1986). 약물예방 효과가 있는 프로그램들도 있었지만, 앞으로 이런 프로그램의 평가는 장기적인 차후조사와 보다 엄밀한 연구설계, 특히 적절한 통제집단의 설정이 필요할 것이다.

---

4) 역주: self awareness, 타인이나 다른 존재로부터 자신의 존재가 다르다고 구별할 수 있는 것

약물과 범죄예방

약물사용과 범죄행위와의 관계는 복잡하다. 약물사용이 범죄를 유발하는 정도나 범죄가 약물사용을 유발하는 정도 모두 명확하지 않다. 분명한 사실은 두 가지 행동 사이에 높은 상관관계가 있다는 것이다. 이것이 시사하는 바는, 하나에 관한 지식을 통하여 다른 하나에 대처할 수 있다는 것이다. 2차적 예방의 측면에서, 약물사용을 통해 다른 범죄를 저지를 개연성이 높은 사람을 예측할 수 있다. 물론 모든 약물사용자가 여타 다른 범죄를 저지르는 것은 아니지만, 지금까지 연구결과에 의하면 불법약물을 정기적으로 사용하거나 다량 복용하는 사람들은 범죄행위로의 높은 경향성을 보였다. 이러한 점에서 약물사용은 최소한 개입이 더 필요한 사람이 누구인지를 판별하는데 활용할 수 있다.

약물사용이 범죄의 원인이 되는 정도에 따라, 약물예방이나 치료프로그램은 여타의 다른 범죄를 제한하고 억제할 수 있을 것이다. 본 장에서 살펴본 치료와 예방대책이나 프로그램은 나름대로 효과적인 전략이 있을 수 있다는 점을 보여주었다. 그러나 보다 명확히 효과의 정도와 가능성을 파악하기 위해서는 대부분의 경우에 장기적인 연구기간을 통한 심층적인 분석이 필요하다. 엄격한 의미에서 위에서 언급한 치료프로그램들은 3차적 범죄예방대책에 해당한다. 프로그램들은 이미 약물사용의 경험이 있는 사람들을 다룬 것이다. 비슷한 맥락에서, 예방프로그램들은 학교에서 실시되고 모든 소년들을 대상으로 하기 때문에 제1차 범죄예방의 영역에 속한다. 만일 프로그램들이 약물사용에만 관심을 두고 이와 관련된 문제를 등한시했다면 이러한 노력들은 제1차나 3차적 범죄예방 차원에서 다루어져야 할 것이다.

이 장에서 주안점을 두고 다루었던 사항은 여타의 다른 범죄발생을 유발하고 기여하는 약물사용의 역할이었다. 이러한 논의는 2차적 예방의 영역에 적합한 내용일 것이다. 약물사용, 약물소지, 약물관련범죄의 경우에 피해자가 없다는 점에서 볼 때, 이에 대한 논의는 2차적 예방 영역을 벗어나는 것이다. 약물사용이 법적으로 처벌을 받는지 아닌지는 2차적 예방에서 약물사용이 어떤 역할을 하는지에 아무런 영향을 미치지 않는다. 따라서 범죄화나, 비범죄화 같은 주장들은 본 장에서 다루어지지 않았다. 이러한 주제들은 다른 저자들이 고려해야 할 사항으로 남겨두고자 한다.

주요 용어

- 체포시 약물남용 검사(ADAM Ⅱ) 프로그램
- 유혹에 굴하지 마라(Keepin' it REAL) 프로그램
- 약물남용저항교육(D.A.R.E)
- 유지프로그램
- 미래감시프로젝트
- 국립청소년조사
- 상호적 관계
- 허위관계
- 치료공동체
- 해독프로그램
- 메타돈유지프로그램
- 약물사용과 건강에 대한 전국조사
- 정신약리학적 설명
- 거부기술훈련
- 체계폭력

제14장 학교와 범죄예방

장 개요

- 이론적 고찰
- 교육요인과 비행
  - 지능과 비행
  - 교육환경과 비행
  - 학교에서의 피해자화
  - 집단괴롭힘
  - 교내 범죄피해에 대한 반응
- 비행예방 학교프로그램
  - 초등학교와 고등학교 프로그램
  - 대안학교
  - 학교 경찰(스쿨 폴리스)
  - 다른 개입조치들
- 범죄예방에 있어 학교/교육 프로그램의 미래

학습 목표

이 장을 읽은 후 여러분은 다음을 할 수 있어야 한다.

- 범죄와 비행이 발생할 때 학교와 교육의 역할에 대해 설명한다.
- 우열반을 정의하고 그것이 비행과 어떻게 관련되는지에 대해 설명한다.
- 지능과 비행과의 관계를 논의한다.
- 학교에서의 피해의 정도에 대해 말하고 그 문제에 대해 대응책을 제시한다.
- PATHE 프로젝트와 그 효과에 대해 설명한다.
- 교실분위기를 바꾸는 것이 어떻게 행동을 변화시킬 수 있는지를 설명한다.
- 갈등관리/해결을 다루는 적어도 네 가지의 학교프로그램들을 적시한다.
- GREAT 프로그램이 무엇이며, 그것에 대해 어떤 평가가 주어지는지에 대해 말한다.
- 괴롭힘 예방 프로그램과 그것의 효과에 대해 논의한다.
- 대안학교가 무엇인지 설명하고, 그것이 비행에 영향을 미치는 정도에 대한 정보들에 대해 설명한다.

제14장 학교와 범죄예방

청소년비행을 유발하거나 예방하는 데 학교가 중요한 요인이라는 인식이 커지고 있다. 학교의 중요성은 일탈행위에 관한 여러 이론, 행위의 유관요인이나 원인에 관한 연구, 청소년비행을 학교 및 교육과 연관시킨 정부나 민간보고서, 학교 및 교육과 밀접히 관련된 비행 대처프로그램의 출현 등에서 잘 나타나고 있다. 학교의 교사나 여타 관계자는 청소년들과 많은 접촉을 하고 있으며 또한 문제의 징후가 나타났을 때에 가장 먼저 문제를 판별할 수 있는 위치에 있다. 학교관계자들은 학교에서의 문제점과 우려사항을 통하여 나중에 발생할 수 있는 잠재적 문제를 예견할 수 있으므로, 학교는 2차예방의 부분에서 가장 한복판에 위치한다. 비행예방을 목적으로 한 학교프로그램은 분명히 2차예방의 영역에 포함된다. 많은 개입 프로그램들이 비행의 징후를 보이는 소년이나 문제아들을 대상으로 한다.

학교와 비행과의 관계는 생각처럼 항상 쉽게 이해할 수 있는 건 아니다. 두 현상의 관계에서 많은 부분은 간접적인 방식으로 연관되어 있다. 또한 두 관계를 적절히 이해하기 위해서는 교육목표의 성격이나 사회상태 등을 고려해야 한다. 이러한 점에서, 학교예방프로그램은 늘 비행만을 대상목표로 하지 않는 것 같다. 오히려 이 프로그램은 학교에서 발견되는, 문제를 만들어내는 요인들에 초점을 맞춘다. 이 장에서는 학교가 2차적 예방기관으로 역할을 수행할 수 있는 3단계 과정을 검토하고자 한다. 첫째, 교육의 역사적 변화과정과 학교가 비행문제에 중대한 기여를 할 수 있다는 이론적 배경에 대한 논의가 필요하다. 둘째, 비행과 관련하여 중요한 영향을 미치는 교육과정의 구체적 측면에 대한 검토도 필요하다. 마지막으로, 학교의 해로운 측면에 개입하고자 했던 프로그램들을 살펴볼 것이다. 특히 차후비행이나 학교 내 문제행위에 효과가 있다고 알려진 프로그램들을 집중적으로 분석할 것이다.

이론적 고찰

많은 이론가들은 행동발달에 있어서 학교의 중요성을 강조한다. 코헨(Cohen, 1955), 클라우드와 올린(Cloward and Ohlin, 1960), 머튼(Merton, 1968)은 모두 기회로부터의 차단과 패배감을 일탈행동의 주원인으로 지적하였다. 이들에 의하면 합법적 노력으로는 성공가능성이 낮은 사람은 성공과 주위의 지원을 얻기 위해 일탈적 수단에 의존한다. 성공 여부는 어른의 경우에 좋은 직업, 높은 보수, 직업이동 등을 통해 판가름 된다. 그렇지 못한 소년의 경우에는 학교가 사회적 성공과 비견할 수 있는 대리기준을 제공한다. 학교는 소년들에게 실패감을 줄 수 있는 사회기관이다. 예를 들어, 주위친구들은 좋은 성적을 받았는데, 그렇지 못하고 낙제를 했을 때에 그 소년은 교사나 주위친구들로부터 패배자로 낙인 될 것이다. 낙제, 즉 성공하지 못했을 때에 그 소년은 비슷한 어려움에 처한 다른 친구들과 어울리고자 하는 마음이 생길 것이다. 실패한 소년들은 자신의 실추된 명예를 회복하고 성공하기 위하여 자기들만이 잘 할 수 있는 일탈행동이나 튀는 행동을 할 가능성이 높다.

허쉬(Hirshi, 1969)는 학교-비행관계가 어떻게 형성되는지를 설명하기 위하여 간단한 인과연쇄과정을 제안하였다. 허쉬는 학습능력의 감퇴가 학업성취도의 저하를 가져올 것이라고 주장하였다. 학교에서의 실패는 계속적으로 학교에 가는 것을 싫어하거나, 사회적 규율행위에 대해 무관심하게 될 것이며, 결과적으로 비행을 하게 된다는 것이다. 허쉬의 인과과정을 보다 정교화하고 확대시킨 견해(Gold, 1978)에 따르면, 학생으로서의 능력이 부족하면 이 학생은 성공에 대하여 패배자적 열망과 기대를 갖게 되며, 나아가 성공적인 학생이나 학생활동으로부터도 점차 배제되는 결과로 이어진다. 이러한 배제는 필연적으로 소년의 자아개념과 가치의식을 낮추게 한다. 결과적으로, 해당소년은 긍정적인 자아개념을 회복하는 방편으로 다른 문제소년들이나 비행행위에 의존하게 될 것이다. 골드(Gold, 1978)는 이렇게 일탈행동을 선택하는 현상을 학교환경에서 겪는 부정적 경험을 상쇄하기 위한 심리작용 즉 자아보호라고 규정하였다.

이상의 인과과정들은 소년들이 학업성취에 대해 높은 가치를 부여할 것이라는 가정을 배경으로 한다. 이러한 가정이 성립되어야, 교육환경에서의 낮은 평가로 인하여 소년의 자아존중감이 낮아지는 현상이 초래될 수 있다. 이 가정에 대한 경험적 근거는 여러 연구들에서 찾아볼 수 있었다. 미국 교육제도에서 가장 중요한 영향을 미쳤던 연구 중 하나를 보면, 모든 사회계급에서 부모들은 자녀의 학업성취에 매우 큰 관심을 가진 것으로 나타났다(Coleman, 1966). 빈터와 사리(Vinter and Sarri, 1965)는 학업성취에 대한 이러한 강조가 부모에 그치지 않고 소년 자신에까지 연장되어 있다고 지적하였다. 더욱이 콜맨(Coleman, 1966)과 리스와 로드스(Reiss and Rhodes, 1959)의 연구에 따르면, 소수민족이나 빈곤계층 학생이 다른 학생에 비해서 교육에 더 높은 가치를 부여한다. 학업성취에 대한 욕구는 보편적 현상이지만 학업에서 실패하는 집단의 대부분을 차지하는 학생들은 항상 빈곤계급이나 소수민족 출신이다. 뿐만 아니라, 학교에서 실패한 소년은 대체로 학교 내외에서 비행이나 문제행동을 나타낸다.

수많은 연구에서 학교실패와 비행과의 관계에 관한 경험적 증거를 찾아볼 수 있다. 포크와 하퍼티(Polk and Hafferty, 1966)의 연구결과를 보면, 학교성적이 좋지 않거나 학업성취에 전념하지 않는 소년들이 높은 수준의 비행행위를 저지르는 것으로 나타났다. 허쉬(Hirshi, 1969)는 약 4,000명의 소년들을 조사했는데, 학교나 학업성취에 전념하지 않는 학생들이 높은 수준의 자기보고된 비행을 보인다고 보고했다. 손베리와 동료들(Thornberry et al., 1985)은 학교중퇴자와 졸업자들을 비교한 결과 중퇴자의 경우 소년비행과 성인기 범죄 모두를 더 많이 저지른다는 것을 밝혀냈다. 야유라(Jajoura, 1993)는 중퇴의 영향을 집중적으로 분석해 중퇴와 비행의 관계는 항상 성립하는 게 아니라 중퇴가 학교 문제와 결부될 때만이 밀접한 관계가 있음을 보여줬다. 골드와 맨(Gold and Mann, 1972), 웨스트와 패링턴(West and Farrington, 1972), 제스와 파코우리(Jerse and Fakouri, 1978)의 연구들에서도 비행소년은 일반소년에 비해 학업성취도, 즉 학점이 낮은 것으로 나타났다. 이 연구들은 각각 자기보고자료와 공식통계자료 등 사용된 자료가 상이하고 학업성취도를 서로 다른 방법으로 측정하였지만, 학업성취도-비행의 관계는 변하지 않았다(Empey and Lubbeck, 1971; Kelly and Balch, 1971; Kelly and Pink, 1975; Phillips and Kelly, 1979; Polk and Schafer, 1972; Polk et al., 1974; President's Commission on Law Enforcement and the Administration of Justice, 1967).

교육요인과 비행

학업성취도와 비행과의 관계는 단순하지 않다. 두 변수 사이에는 다양한 매개변수가 작용하기 마련이다. 앞서 검토하였던 기본 인과과정은 학교와 교육제도의 어떤 부분이 청소년의 비행을 유발하는지를 파악하는 데 합리적 출발점이 될 것이다. 대부분의 설명은 학생의 성공과 성취도에 초점을 맞춘다. 학생의 성취능력은 학교와는 관련이 없는 요인에 의해 영향을 받을 수 있다. 학교에 입학하기 전 학생의 능력은 학업성취에 영향을 미칠 수 있다. 지능(IQ)검사는 학생능력을 측정할 수 있는 방법 중 하나이다. 성취도에 영향을 미치는 두 번째 국면은 학교의 교육방식과 내부사정이다. 이러한 요인으로는 우열반 편성, 성취도 평가의 내부기준, 교사와 시설의 질 등을 들 수 있다. 학교 내 범죄피해의 수준도 또 다른 중요한 요인이다. 개인의 범죄피해는 학생이 학교를 멀리 하게 할 수 있다. 학교에서의 범죄피해는 의미 있는 교육을 받게 하기보다는 학생을 범죄와 안전문제에만 몰두하게 만들 수 있다. 다음에서는 학생의 성공에 영향을 미치는 다양한 요인들에 대해 설명한다.

지능과 비행

비행행위와 관련하여 지능의 역할은 오랫동안 논란의 대상이었다. 초기의 지능검사는 원래 미국에 정신능력이 결핍된 사람들이 입국하는 것을 방지할 목적으로 출입국자 선별에 사용되었다. 당시 미국사람들은 이른바 정신박약자들(낮은 지능지수의 사람들)이 도덕적이고 이성적인 사회 생활을 위협할 것이라고 생각하였다. 이러한 사람들이 대부분의 비행이나 범죄활동을 저지를 것이라는 가정을 바탕으로 한다.

이런 초기의 두려움은 그 후에 상당부분 사실로 인정되었다. 허쉬와 힌데랑(Hirschi and Hindelang, 1977)이 이 분야의 대표적인 연구들을 검토했다. 그 결과 지능지수는 비행과 매우 밀접한 상관관계에 있는 것으로 나타났다. 다른 연구들에서도 지능지수가 낮을수록 비행을 많이 저지르는 것으로 나타났으며 특히 이러한 관계는 공식자료(Reiss and Rhodes, 1961; Short and Strodbeck, 1965; Wolfgang et al., 1972)든, 아니면 자기보고자료(Hirschi and Hindelang, 1977; Weis, 1973; West, 1973)든 상관없이 일관되게 나타났다. 지능지수가 낮을수록 비행성향이 높은 것이다. 그러나 대부분의 분석에서 해결되지 못한 문제는 과연 지능지수가 비행의 직접적인 요인인지 아니면 지능지수가 단지 다른 요인의 개입여지를 만든 것에 불과한지에 대한 의문이었다. 허쉬와 힌데랑(1977)은 지능지수가 직접원인이 아니라고 주장하였다. 대신에, 낮은 지능지수는 여러 문제를 낳고, 이러한 문제들이 범죄를 하게 만든다고 주장하였다. 이들이 매개변수로 고려한 요인은 학업성취도, 학습활동, 학교에 대한 태도 등이었다. 이러한 요인들을 통제변수로 도입하였을 때에 지능지수-비행 관계는 사라지는 경향을 보였다(Hirschi and Hindelang, 1977; West, 1973; Wolfgang et al., 1972). 따라서 지능지수는 그것이 다른 학교관련 변수들에 효과가 있을 때만 비행에 영향을 미친다는 사실을 알 수 있다.

교육환경과 비행

학교에서의 성취수준은 학교와 비행과의 관계에서 핵심요인으로 대두하고 있다. 학교생활에 제대로 적응하지 못하고 실패하면 흔히 큰 좌절감에 시달리고, 학교로부터 멀어지고, 일탈행위로 빠져들 가능성이 증대한다. 교육방법 중에서 학생들의 학교적응과 성취수준을 높이는 데 장애가 되고 비행을 유발하는 사항으로는 여러 가지가 있는데, 가장 널리 알려진 것으로는 우열반편성, 부실한 강의, 부적절한 강의, 그리고 평가의 방법들이 있다.

능력별 반편성이란 학생의 욕구를 기초로 서로 다른 반이나 집단으로 할당하여 교육하는 방법이다. 능력별 반편성은 고등학교에서 흔히 실시하며 "대학진학반"과 "직업훈련반" 등으로 학생들을 구분한다. "대학진학반"에 대해서는 대학진학이 목표일테고 대학과정을 무난히 이수할 것이라고 기대한다. 반면에 "직업훈련반"에 대해서는 학생의 능력으로는 대학교육이 역부족일 것이라고 믿는 경향이 있다. 샤퍼와 그의 동료들(Schafer et al., 1971)이 직업훈련 과정을 밟고 있는 학생들의 성적을 살펴본 결과, 이 과정에 속한 학생들은 출신계급, 이전의 성적, 지능지수 등과 관계없이 전체적으로 성적이 더욱 나빠지는 것으로 나타났다. 뿐만 아니라 이들은 학내의 학생활동에 참여하는 비율이 낮았으며 이에 반하여 중퇴비율은 높았고 문제행동이나 비행을 저지르는 비율 역시 높았다. 낮은 성취도는 직업훈련반에 대한 교사나 학생자신의 기대 때문이다. 이들은 성공가능성이 낮고, 교육제도에서 주류가 아니며, 대학진학반 학생들만큼 가치가 없다고 여겨짐으로써 학교생활에서 높은 성취를 이루기 어려웠을 것이다(Kelly and Pink, 1982; Schafer et al., 1971).

수업내용이 열악하고 부적절한 경우도 적지 않다. 하층계급과 소수민족 출신의 학생은 대학 진학을 안 할 것이라는 견해로 인하여, 흔히 능력이 부족한 교사들이 이들 학생들이 다니는 학교와 학급에 배당된다(Schafer and Polk, 1967; Schafer et al., 1971). 뿐만 아니라 이러한 학교들은 재정지원마저도 충분하지 않은 경우가 많다. 따라서 이곳의 학생들은 패배자적 감정과 자신에 대한 경멸감에 빠져드는 경향이 많고 또한 교육제도에 만족하지 못하고 냉소적 태도를 가질 수 있다. 일부 학생들을 분리하고 은연중에 이들을 2급학생(특히 대규모 학교에서 특별한 반에 편성된 경우)으로 치부하는 학교행태는 학생본인 뿐만 아니라 주위사람들에게 자기최면적 예언으로 작용할 수 있다. 학생들은 이 경우에 더욱 나빠지리라고 기대되어지고 본인은 그 낮게 보는 기대에 맞추어 생활하게 된다.

특히 직업교육의 경우 학생에게 가르치는 내용이 부적절함으로써 수업이 부실해질 수 있다(Wertleib, 1982). 학교가 취업시장과 노동부문에서의 급격한 변화를 신속하게 반영하기는 어려운 일이다. 학생들이 학교에서 배운 지식을 활용하고자 했을 때에 학교지식은 이미 오래된 것인 경우가 많다. 수업부실의 또 다른 요인은 학교졸업 후에 취업할 수 있는 능력의 부재이다. 이러한 요인들은 모두 학교수업이 부실해지고 쓸모없게 되는 원인으로 작용한다(Papagiannis et al., 1983). 뿐만 아니라 학교에서 가르치는 내용 중에는 학교 바깥에서는 전혀 활용가치가 없는 특별기술도 있다. 학생들은 이러한 경우에 대학진학, 심화학습, 취업 어떤 것에도 제대로 준비를 못한 상태에 있다.

시험을 강조하면 학생들은 필연적으로 패배감에 빠져든다. A학점을 받은 학생에게 성적은 열심히 공부한 대가이며 학생의 높은 성취도를 나타낸다. (많은 주에서 학력증진과 졸업을 위해 의무화된) 어학테스트는 종종 그 테스트를 통과하지 못한 학생 일부에 대한 분노로 이어진다. 낙제한 학생들은 숨겨지거나 특별반에 편성되며, 낙인이 부여된다. 더불어, 낙제학생이나 지체학생들은 학교생활을 즐겁고 재미있는 경험으로 만들어주는 과외활동으로부터도 멀어질 수 있다. 실패한 학생들은 다른 학생들로부터 분리되며, 실패자로 낙인되며, 학생들 앞에서 수치를 당하며, 발전하리라 기대되지도 못하며, 의무적으로 참여해야 할 기관에서 2급 학생으로 취급당한다(Schafer and Polk, 1967).

학교에서의 피해자화

앞서와 같은 교육환경의 부작용은 일부 학생의 경우에 주위로부터 인정을 받고 지위확보를 위하여 학교에서 용납하지 않는 대안적 행위를 시도하게 만든다. 학교에서의 비행은 해당학생들에게 더욱 큰 소외감을 갖게 할 것이며, 일반학생으로부터 배척당하게 하고, 또 다른 튀는 행동을 하게 하는 원인이 될 것이다. 이와 더불어 학교에서 비행이 증가하게 되면, 안전을 교육보다 우선시하는 학교환경을 조장할 것이다.

문제소년에게 학교에서의 비행은 세 가지 의미를 가질 수 있다(Gold, 1978). 첫째, 비행은 문제의 원천인 학교를 대상으로 한다. 두 번째, 학교에 있는 친구들이 그 행동을 보게 될 테고 비행청소년은 "뽐내거나" 관심을 끌 수 있다. 마지막으로, 학교가 계속적으로 소년들을 무시하는 상황에서, 학교비행은 해당소년들이 멍청히 그냥 당하지만은 않겠다는 선언이다. 학교의 거듭된 처벌과 이에 대한 반발행동은 학교환경 외부에서의 비행행위로 발전할 수 있다.

또한 비행은 학교 내의 다른 학생들에게도 영향을 미치는데, 그들이 직접적인 피해자 아니면 대리피해자가 되게 하거나, 또는 학교에서 공부보다 피해를 당하지 않도록 더 신경을 쓰게 하는 등의 형태로 나타난다. 학교 내의 범죄문제는 흔히 "심각한 전국적 문제"로 간주된다(Gottfredson and Gottfredson, 1985). 미국 법무부는 학교에서의 범죄와 비행에 관한 자료들을 수집한다. 2012년의 통계(표 14.1)는 총 1,364,900건의 범죄가 학교에 있는 학생들에게 발생했다는 것을 보여준다(Robers et al., 2014). 이것은 학생 1,000명당 52.4건에 해당한다. 폭력범죄는 드문 일이 아니어서 보고된 피해의 절반 이상(약 750,000명)을 차지한다. 매일 학생 1000명 중 52명 이상(5.2%)이 피해자화를 보고했다. 학생 1,000명당 52명 이상이 피해를 당했다고 보고했다(5.2%). 학교에서의 폭력행동(특히 살인)에 대한 언론의 보도와는 달리, 많은 학교 내 폭력이 심각한 폭력이라기보다는 위협이나 밀치는 행동과 같은 경미한 것이라는 점을 인지하는 게 중요하다(Anderson, 1988; Lockwood, 1997). 실제로, 학교에서 살인은 거의 일어나지 않는다. 2010~2011 학년도 동안 살인은 단지 11건만이 발생했을 뿐이다(Robers et al., 2014).

표 14.1 학교에서의 학생의 범죄피해, 2012[a]

학생특성	합계	절도	폭력범죄피해[b]	심각한 폭력범죄피해[c]
합계	1,364,900	615,600	749,200	89,000
학생 1,000명당 피해율	52.4	23.6	28.8	3.4

a. 12세에서 18세 사이의 학생에 대한 자료임
b. 폭력범죄는 강간, 성폭행, 강도, 중폭행, 단순폭행을 포함함
c. 심각한 폭력범죄는 단순폭행을 제외한 모든 폭력범죄를 말함
출처: Robers et al., 2014

표 14.2 학교에서의 교사의 범죄피해, 2011–2012

	N	%
상해의 위협	352,900	9.2
물리적 폭행	209,800	5.4

출처: Robers et al., 2014

학생만이 학교에서 피해를 당하는 것은 아니다. 교사와 직원은 또한 범죄피해를 당하고 두려움을 느낀다. 2011~2012학년도에 350,000 이상의 교사들(9.2%)이 교내에서 학생으로부터 상해의 위협을 당했다(Robers et al., 2014). 거의 21만 명의 교사들(5.4%)은 교내에서 학생으로부터 폭행피해를 당했다(표 14.2를 볼 것).

웹 자료

교육부와 법무부는 매년 학교에서의 범죄피해에 대한 광범위한 자료들을 수집한다. 자세한 결과들은 다음 주소에서 확인할 수 있다.
http://www.nces.ed.gov/programs/crimeindicators

집단괴롭힘

많은 청소년과 학부모들의 한 중요한 근심은 집단괴롭힘(bullying)이다. 집단괴롭힘의 이슈는 지난 10여 년 간 많은 관심을 받아왔다. 이것은 부분적으로 컬럼바인 고등학교와 다른 학교들에서 발생한 총기난사사건 탓인데, 범인들의 행동이 과거의 집단괴롭힘에 기인한 것으로 알려졌었다. 대부분의 집단괴롭힘이 보복폭력을 가져오지는 않지만, 그것은 명백히 피해자에게 상처를 준다.

집단괴롭힘은 4가지의 유형, 즉 언어적, 신체적, 사회적 그리고 사이버 괴롭힘으로 나눌 수 있다. 매우 종종 집단괴롭힘은 주로 집적거리거나 별명 부르기 같은 언어적인 괴롭힘이다. 많은 집단괴롭힘이 실제로 범죄피해인 물리적 대결을 수반하는 사실을 아는 것이 중요하다. 이런 경우에 때리고, 밀치고, 주먹다짐이 함께 나타난다. 어떤 사람에 대한 소문을 내거나 어떤 이벤트에 참석하지 못하도록 막는 것은 사회적 집단괴롭힘의 예들이다. 마지막 형태인 사이버 집단괴롭힘은 인터넷과 다른 기술을 이용하여 피해자를 공격하는 것이다. 이것은 (페이스북, 마이스페이스 등의) 소셜 미디어에 글을 올리는 것, 문자메시지, 성적 메시지(sexting), 그리고 원치 않는 인터넷 접촉을 통해서 발생할 수 있다.

집단괴롭힘의 발생실태는 일반적으로 조사자료를 통해 알 수 있다. 2011년 미국범죄피해조사는 12세에서 18세 사이의 청소년들이 학교와 사이버상에서 당한 괴롭힘을 유형별로 보여준다(표 14.3). 거의 40%에 달하는 학생들이 학교에서 적어도 한 번 집단괴롭힘을 당했다고 보고한다. 보고된 집단괴롭힘 중에서 가장 빈번한 유형은 놀리거나, 욕하거나 또는 별명으로 부르는 것이다(응답자의 17.6%). 대략 6명 중에 한 명은 루머의 피해자이며, 8%는 신체적으로 괴롭힘을 당했다. 사이버괴롭힘은 학교에서만 발생하는 것은 아닌데, 학생의 9%가 피해를 보고했다.

표 14.3 학생들의 집단괴롭힘 피해, 2011

학교에서의 집단괴롭힘	
합계	29.7%
놀리기/별명부르기/욕하기	17.6
소문 퍼뜨리기	18.3
위협하기	5.0
밀치기/떠밀기/발걸기/승강이	7.9
원치 않는 행동을 강요하기	3.3
고의로 활동에서 배제하기	5.6
고의로 물건 손괴	2.8
사이버 집단괴롭힘	
합계	9.0
인터넷에서 해가 되는 정보 퍼뜨리기	3.6
메신저로 희롱하기	2.7
문자메시지로 희롱하기	4.4
이메일로 희롱하기	1.9
게임하면서 희롱하기	1.5

출처: Robers et al., 2014

교내 범죄피해에 대한 반응

범죄피해는 다양한 반응을 잠재적으로 이끌어내는데, 희생자를 쇠약하게 하거나 범죄와 비행행위로 이끌지도 모른다. 즉각적인 반응은 두려움이다. 로버스와 동료들(Robers et al., 2014)은 대략 4%의 학교에서 두려움을 느낀다고 보고한다고 지적했다. 랩과 클라크(Lab and Clark,1996)는, 중서부지역의 한 대규모 카운티에 위치한 중학교와 고등학교에 다니는 학생들을 조사하고, 11% 이상의 학생들이 학교에서 폭행피해를 당할까봐 두려워한다는 것을 발견했다. 또한 16%의 학생들은 자신의 학교가 "안전하지 않다"거나 "매우 안전하지 않다"고 평가했다. 이 학교에서 두려움은 학생들이 학교를 꺼리거나 그들이 보호 행위로 여기는 행동을 취하도록 한다.

표 14.4는 12~18세 학생들이 6개월 넘게 두려움을 겪으면서 보인 회피 행동을 수치로 보여준다(Robers et al., 2014). 전체 학생의 5.5%가 학교 자체와 학교에 가는 것을 피한다고 보고했다. 거의 5%가 두려움 탓에 복도와 화장실, 식당을 포함해 학교 내 특정 장소에 가기를 꺼렸다. 다른 연구들은 적지만 상당수의 학생(10% 또는 이상)이 상해나 절도 두려움 때문에 집에 있으려 하거나 교내의 일부장소와 학교행사를 피하려 한다는 걸 보여준다(Kaufman et al., 1998; Lab and Clark,1996; Lab and Whitehead, 1994; Metropolitan Life, 1993, 1994; Ringwalt et al., 1992).

표 14.4 폭행의 두려움으로 학교에 가지 않거나 학교활동을 피하는 학생들

	백분율
합계	5.5
학교에 가지 않고 집에 있는 학생	0.5
학교활동을 회피하는 학생	1.2
교실을 회피하는 학생	0.7
하나 이상의 장소를 피하는 학생	4.7
학교교문	0.9
복도/계단	2.5
식당	1.8
화장실	1.7
기타 다른 장소	1.1

출처: Robers et al., 2014

학생들의 다른 반응은 자기방어를 위하여 무기를 소지하고 학교에 가는 것이다. 로버스와 동료들(Robers et al., 2014)에 따르면, 청소년들의 5.4%가 지난 1달 동안 학교에서 무기를 휴대했다. 랩과 클라크(Lab and Clark, 1996)의 연구에서 중학교와 고등학교 학생의 24%가 지난 6개월 동안에 최소한 1번 이상 자기방어를 위하여 무기를 가지고 갔던 것으로 조사되었다고 발표했다. 대도시 과밀지구의 학교를 대상으로 했던 연구들에서 무기소지비율은 이보다 더 높은 수준이었다(Sheley et al., 1995).

많은 청소년에게 갱단 가입은 위협에 직면해 보호와 지지를 얻는 방법으로 여겨졌다. 어떤 청소년이 갱단 멤버들에게 직접적으로 또는 실수로 희생되면 갱단 가입은 자기 방어 기제로 작용한다. 사람은 자연스럽게 자기 주변에서 지지를 받고자 노력한다. 피해자 대부분은 가족을 향해 그런 지원을 찾는다. 또 다른 지지의 원천은 가까운 친구와 동료들이다. 피해에 대한 반응으로 갱단에 가입하는 것은 양날의 칼과 같다. 갱은 어떤 의미에서 보호를 제공할 수 있는 반면에 불법적인 행위에 참여하도록, 그리고 다른 갱이나 개인들과 충돌하도록 요구한다. 이런 요구는 종종 피해로부터 보호받기보다 개인의 피해를 부른다. 갱단 가입은 피해를 줄일 수 있는 동시에, 그것은 비록 한 개인이 아닌 한 갱의 구성원으로서 일지라도, 계속되는 피해에 또한 기여할 수 있다.

학교에서 발생하는 비행, 피해경험, 두려움, 안전 대응의 단계는 여러 면에서 우려되는 현상이다. 첫째, 교육기관의 1차적 임무인 교육이 등한시될 수 있다. 범죄문제나 학내비행문제에 시간을 허비한다면 그만큼 교육을 받는 데에 쓸 시간이 줄어들 수밖에 없다. 또한 학교로부터 도피하는 일은 앞으로의 사회생활에 학교가 중요하다는 기본전제를 부정하는 것이다. 둘째, 피해경험과 두려움에 대한 여러 반응들은 부적절한 경우가 많다. 특히 학교에서 무기소지는 그 자체로 불법일 뿐만 아니라 문제나 갈등을 악화시킬 가능성이 있다. 이러한 문제들을 제대로 해결하지 않는다면 학교로 인한 부정적인 영향은 더욱 증대될 것이다.

비행예방 학교프로그램

학교 안과 밖의 비행을 다루기 위해서 다양한 프로그램과 교육전략들이 출현했다. 제안된 교육적 개선 방안으로는 수업내용 적합화 방안의 도입, 능력단계별로 학생들이 쉽게 들어오고 갈 수 있는 유연한 그룹화, 의미 있고 유용한 수업의 개발, 학생의 상이한 출신배경을 고려한 교육보조재의 사용, 일반학생으로부터 차별이나 소외되지 않도록 하는 제재방법의 실시 등이 포함된다(Schafer and Polk, 1967). 안타깝게도 이들이 제안한 개선사항은 거의 실현되지 못하고 여기저기서 피상적으로만 검토되었을 뿐이었다. 이것은 그러한 변화가 일반적인 수준에서 교육에 어떤 영향을 미치는지, 그리고 특수한 수준에서 비행에 어떤 영향을 미치는지 아직 규명되지 않았다는 것을 나타낸다. 그러나 몇몇 프로그램과 전략들은 상당한 관심을 받았다.

웹 자료

국립학교안전센터는 1984년 연방정부에 의해 설립되었고 현재는 학교를 안전하게 만드는 서비스를 제공하는 독립적인 기관이다. 이 센터는 예방활동에 대한 많은 정보와 논문들을 제공한다. 여러분은 다음 주소에서 이 센터가 제공하는 정보를 볼 수 있다.
http://www.schoolsafety.us/home

초등학교와 고등학교 프로그램

학업능력과 학교비행에 대처하기 위한 프로그램은 교육제도 전반에서 실시되었다. 불행히도 차후의 비행이나 범죄에 중요한 영향을 미친 프로그램을 찾아보기는 쉽지 않다. 많은 학자들이 학업성취, 자아개념, 다른 학교관련 사항 등에서 변화를 보이면 비행문제에도 영향을 미칠 것이라고 가정하였다(Gottfredson, 1987). 비행문제를 구체적으로 다룬 프로그램들은 대부분 중학교나 고등학교에서 실시되었다. 그 이유는 자명하다. 일반적으로 학생들이 이 나이에 이르러야 소년사법체계의 관리대상이 되기 때문이다. 이전까지의 소년비행은 가정에서 다루어지거나 그냥 무시된다.

학교분위기

일반적인 학교의 환경을 바꾸는 것은 학교에서의 부적절한 행동을 다루는 한 방법이다. (학생과 교직원 모두에게) 의사결정에서 참여를 허용하면 문제를 통제하기 위한 해결책과 문제통제의 성공에 대한 주인의식을 갖게 한다. 데니스 갓프레드슨(D. Gottfredson, 1986a; 1986b)은 사우스캐롤라이나의 찰스턴 시에서 실시하였던 전인교육을 통한 긍정적 행동함양(Positive Action Through Holistic Education, PATHE) 프로그램의 효과를 분석하였다. 프로젝트는 교육방법이나 학교운영에 대한 의사결정과정에 교사, 학교직원, 학생, 부모, 관계기관을 참여시킴으로써 학교환경에 대한 포괄적 접근방식을 취했다. 프로젝트의 기본이념은 여러 부류의 당사자들이 교육의 필요성을 주지하고 그 중요성을 믿어야 한다는 것이었다. 교육과정에 대해 관련당사자들이 의견을 피력하면 교육에 대한 관심은 높아질 것이다. PATHE 프로젝트는 변화가 필요한 대상으로 학교자부심프로그램, 취업지향 프로그램, 팀 학습, 개별상담서비스 등 다양한 부분을 선정하였다.

1980년부터 1983년까지 5군데의 중학교와 2군데 고등학교가 선정되어 프로그램이 실시되었다. 그 외 2곳의 다른 학교는 의사통제집단(non-equivalent comparison group)

으로 선정되었다. 프로그램의 효과는 사전과 사후조사를 통하여 분석되었다. 프로그램의 효과는 복합적이었다. 실험대상이 된 학교의 평가점수와 졸업비율은 통제집단으로 선정한 학교에 비해서 전반적으로 높았다(D. Gottfredson, 1986a). 그러나 학교출석률은 프로그램에 의해 영향을 받지 않는 듯하였다. 비행행위의 정도는 학교별로 그리고 학교 내에서 커다란 차이를 보였다. 먼저 학교를 단위로 하였을 때에 고등학교에서는 비행전반에 걸쳐 다소 개선의 조짐을 보였으나 중학교에서는 아무런 변화를 찾아볼 수 없었다. 통제집단 학교의 경우도 연구기간 동안에 주목할 만한 변화가 없었다. 비행을 종류별로 구분했을 때에 학교 간에 차이가 있었다. 예를 들어, 약물사용은 한 학교에서 감소하였지만 다른 학교들에서는 그렇지 않았다. 그리고 학교별로 담당교사들의 견해를 물었을 때에 일부 학교에서는 예전에 비하여 학생들의 피해가 감소한 것으로 보고하였다.

이러한 결과를 통하여 프로그램이 비록 실험집단 전체에 대해서는 주목할 만한 효과를 찾아보기 어렵지만 개별 학교의 경우에 다소의 개선이 있었다는 것을 알 수 있다(D. Gottfredson, 1986b). PATHE 프로젝트의 효과는 이상에서 살펴본 바와 같이 제한적인데, 그 이유는 아마도 학교제도의 변화와 프로젝트가 시작한 이후의 연구설계 변화와 관련이 있을 것이다. 학교경영 부문에서 변화가 있었고, 일부학교가 폐교되거나 통합되고, 연구기간 동안에 일부 프로그램이 제대로 시행되지 못했는데, 프로젝트가 보다 안정된 환경에서 시행되었더라면 보다 좋은 결과를 얻을 수 있었을 것이다(D. Gottfredson, 1986b).

웹 자료

전인교육을 통한 긍정적 행동함양(PATHE) 프로젝트에 대한 보다 많은 정보들은 다음 주소에서 찾을 수 있다.

http://www.nationalgangcenter.gov/SPT/Programs/136

공동의사결정을 통해 교육환경을 개선하려는 시도는 최근에 한 평가연구가 핵심적으로 다루었던 사항이었다. 랩과 클라크(Lab and Clark, 1996)는 44개의 중학교와 고등학교를 대상으로 평가연구를 실시하였다. 연구결과, 학교에서 질서와 통제를 가장 효과적으로 유지할 수 있었던 방법은 학생, 교사진, 학교 관리자들 간의 연합체계를 구축하는 것이었다. 학생들에 대한 전통적인 규제방법이었던 엄격한 통제와 엄한 처벌은 효과를 거두지 못하였다(Lab and Clark, 1996). 이 연구에서 교내피해사례나 문제행동이 감소한 학교는 대부분 교내처벌과 통제를 "규범적" 접근방법으로 실시한 것으로 나타났다. 즉 처벌과 통제방법에 대해서 교내구성원들 사이에 합의가 있었던 학교는 그렇지 못한 학교에 비해서 문제행동의 발생이 적었다(Lab and Clark, 1996). 따라서 학교에서 교내구성원들이 의사결정과정에 참여하여 합의를 도출하려는 노력에 많은 관심이 필요하다는 사실을 알 수 있다.

샬럿 학교안전프로그램(Charlotte School Safety Program)은 학생, 교직원, 그리고 경찰이 참여하는 협력적 문제해결과정을 통해서 학교의 안전을 다루는 것을 목적으로 한다(Kenney and Watson, 1998). 이 프로그램은 지역사회 경찰활동에서 발견되는 것과 유사한 기법들을 이용하여 학교환경을 변화시키는 데 역점을 둔다. 문제의 발견과 해결은 중요한 개입의 요소들로서 평범한 교과과정에 이러한 활동을 통합하려고 한다. 학생의 태도를 변화시키고 학생 전체를 학교에서 긍정적인 변화의 주체로 탈바꿈시키는 게 중요하다(Kenney and Watson, 1998). 이 프로그램은 1994-1995 학년도에 샬럿 고등학교의 11학년 사회수업에서 테스트되었다. 이 문제해결활동은 6~10명의 소규모 학생집단 내에서 매주 1, 2일 행해졌다.

샬럿프로그램에 대한 한 평가는 매칭된 통제학교에 비해서 실험학교에서 긍정적인 변화를 보여줬다. 그 평가는 양측 학교 학생에 대한 설문조사, 교직원 면접, 학교 내에서의 관찰, 그리고 학생문제해결 검사지(student problem-solving worksheets)에 대한 조사를 통해 이루어졌다. 첫 번째 성공의 증거는 학생들이 학교 내 문제들을 찾아내 동의하고, 학교의 절차에서 변화를 제안하고 시행할 수 있는 능력을 갖추게 된 점이다. 케니와 왓슨(Kenney and Watson, 1998)은 또한 학교에서 범죄의 두려움과 싸움이 감소되고 교사에 대한 위협, 폭력으로 인해 정학 처분된 학생 숫자, 경찰 도움을 요청한 횟수가 줄어들었다고 지적한다. 반면에 통제집단에서는 이러한 변화가 거의 나타나지 않았다(Kenney and Watson, 1998). 이 평가에서 가장 큰 우려 사항은 단 한 학교에서 11학년 사회수업을 듣는 학생으로 대상을 한정했다는 점이다. 일반적으로, 학교환경을 변화시키는 프로그램에 대한 연구결과는 이 프로그램들이 학교에 긍정적인 변화를 가져온다고 주장한다.

갈등관리/해소

학생들이 (약물을 사용하거나 범죄를 하라는 친구의 압력과 같은) 어려운 상황에 직면할 때 갈등을 관리하고 적절한 선택을 하는 방법을 가르치는 것은 인기 있는 개입 프로그램으로서 다양한 형태로 나타난다. 갈등관리/해소기법은 학교에서 자주 보이는 프로그램이다. 이러한 프로그램은 분쟁해결, 분쟁조정, 갈등해소, 갈등관리 등 다양한 명칭으로 소개되었다. 명칭은 달랐지만 프로그램들은 공통적으로 교내에서의 갈등이 심각한 문제(예를 들어 물리적 충돌)로 발전하기 전에 해결하는 것을 목적으로 한다. 학교프로그램들은 갈등을 정상적이고 다양한 방법으로 해결할 수 있다는 점을 학생들이 인식하도록 하는 학습과정을 포함하는 게 전형적이다(Ohio Commission, 1993). 여러 프로그램들에서 가장 핵심적인 사항은 급우중재(peer mediation)과정이다. 이 과정을 통하여 학생들은 모든 당사자들이 해결책을 수긍할 수 있는 방식으로 분쟁을 해결할 수 있게끔 서로 도움을 주도록 훈련받는다. 학교기반프로그램에서 활용하는 여러 요소들은 지역사회의 중재나 분쟁해결 프로그램들에서도 찾아볼 수 있다(프로그램에 대한 자세한 사항은 Garofalo and Connelly, 1980a; Garofalo and Connelly, 1980b을 보라). 사실 학교기반프로그램의 도입을 촉진한 배경에는 지역사회에서 이러한 프로그램의 활용빈도가 증가하고 그 평가결과가 일반적으로 긍정적이었던 점이(예를 들어, Bridenback et al., 1980; Coates and Gehm, 1989; Reichel and Seyfrit, 1984; Roehl and Cook, 1982) 중요하게 작용하였다.

뉴욕시에서 만들어진 창조적 갈등해소 프로그램(Resolving Conflict Creatively Program, RCCP)은 핵심요소로서 학생중재프로그램을 포함하고 있다. 이 프로그램은 학생중재프로그램과 부모프로그램을 별도로 운영하였으며 이와 더불어 기초교육, 이차교육, 특별교육 등에 관한 교육과정을 실시하였다(DeJong, 1993). 기초교육과정은 의사소통, 협조구축, 감정관리, 다양성인식, 평화유지, 갈등해소 등에 대한 12개 강좌로 구성되었다. 드종(DeJong, 1993)의 연구에 의하면 학생들은 교육과정을 성공적으로 이수하였으며, 프로그램에 참여한 후, 폭력사건에 개입하는 빈도가 감소하였으며, 문제를 스스로 처리할 수 있다고 믿게 된 것으로 조사되었다. 이 프로그램의 효과는 수업의 수가 많을수록, 그리고 교사훈련의 질이 높을수록 커졌다(Samples and Aber, 1998).

유사하게, 평화적/긍정적 방식의 대응프로그램(Responding in Peaceful and Positive Ways, RIPP)은 6학년을 대상으로 하며, 갈등상황에 대한 적절한 대응과 폭력을 피하는 방법에 대한 수업을 포함한다(Farrell and Meyer, 1997). 이 프로그램에 대한 평가에 따르면, 프로그램에 참가한 학생들은 규율문제와 정학이 줄어들었고 싸움도 감소하였다. 오하이오 주는 학생들의 문제해결능력을 배양하고 친구중재프로그램을 도입할 목적으로 학교를 대상으로 여러 종류의 시범프로젝트를 실시하였다. 프로그램이 실시된 이후 3년 동안을 살펴보았을 때에, 프로그램에 참여한 학교들에서는 정학이 감소한 반면에 중재절차를 통해 문제를 해결한 사례는 증가한 것으로 나타났다. 또한 프로그램의 영향으로 학생들은 이전에 비하여 싸우지 않고 대화로써 문제해결을 시도하고자 하는 경향이 증가하였다(Ohio Commission, 1993). 그러나 이 프로그램에 대한 엄격한 평가 연구는 없다.

학교에서의 갈등관리/해소 프로그램의 성장은, 많은 프로그램들이 엄격한 평가를 받지 않았고 많은 연구들이 그러한 접근이 큰 효과가 없을 수 있다고 제시함에도 불구하고, 많은 지역에서 하나의 중요한 시도로 남아있다(Bynum, 1996). 이것의 한 이유는, 많은 프로그램들이 충분히 큰 규모의 학생들을 대상으로 하지 않은 상태이고, 또 다른 학교의 활동과 잘 통합되지 않는다는 사실 탓일 수 있다. 학교기반의 갈등관리 프로그램들은 아직 상대적으로 새롭고 보다 많은 평가를 받을 필요가 있다.

친구 압력

갱 저항교육 및 훈련(Gang Resistence Education and Training, GREAT)프로그램은 갱과 갱 활동을 대상으로 하는 잘 알려진 프로그램이다. 약물남용저항교육(DARE)프로그램과는 달리, GREAT는 중학교에서 지역경찰관들이 시행한다. 9개의 수업으로 구성된 초기 교과과정은 이후 1시간짜리 수업 13개로 확장되어 중학교에서 시행되었다(표 14.5를 보라). 이 프로그램의 목표는 청소년 범죄, 폭력 그리고 갱 활동 참여를 예방하는 것이다(Bureau of Justice Assistance, 2005) 이 프로그램의 요지는 청소년들에게 위험이 많은 상황을 구별하고 갱과 갱 활동에 참여하라는 압력이나 유혹을 떨쳐버리는 데에 필수적인 기술을 가르치는 것이다. 교과과정은 갱 활동만 목표로 하지 않고 자존감을 증진시키고, 태도를 변화시키고, 그리고 폭력행동에 참여하지 않도록 하는 것을 목표로 한다. GREAT의 주요 요소는 청소년들에게 비폭력적인 갈등해결기법을 가르친다.

웹 자료

GREAT와 그것의 개별 구성요소에 대한 보다 자세한 내용은 다음 주소에서 찾을 수 있다.
http://www.great-online.org

표 14.5 GREAT 중학교 교과과정

1. 환영: 갱 및 폭력 예방 프로그램
•강의목표: 갱, 폭력, 약물, 그리고 범죄 사이의 관계를 파악
2. 진정한 타협이란 무엇인가?: 갱 및 폭력에 대한 진정한 타협
•강의목표: 갱과 폭력에 관한 진실과 허구를 파악
3. 우리들에 대하여: 지역사회의 한 부분이 되기
•강의목표: 가족, 학교, 지역사회에서 자신의 역할과 책임을 파악
4. 여기에서 우리는 어디로 갈 수 있는가?: 목표를 세우는 방법
•강의목표: 현실적이고 성취가능한 목표의 설정
5. 의사결정, 의사결정, 의사결정: 옳은 선택을 하기
•강의목표: 의사결정 기술의 연습
6. 당신은 내가 말하고 있는 것을 듣는가?: 효과적인 의사소통 방법
•강의목표: 효과적인 의사소통 기술을 연습
7. 다른 사람의 신발로 걷기: 다른 사람의 생각
•강의목표: 적극적인 듣기 기술, 다른 사람의 감정상태 식별, 그리고 범죄 및 폭력 피해자에 대해 공감을 전하기
8. 당신이 의도하는 것과 동일하게 말하라: 거부의 몇몇 방법
•강의목표: 효과적인 거부기술 연습
9. 함께 하지 않고도 사이좋게 지내기: 친구 다루기
•강의목표: 효과적인 거부기술 연습
10. 냉정함의 유지: 분노관리
•강의목표: 분노조절기술 연습, 분노를 가라앉히는 연습
11. 협력하기: 다른 사람을 진정시키는 방법
•강의목표: 분노조절기술이 어떻게 폭력과 갈등을 예방하는데 도움을 줄 수 있는지 인지하기
12. 문제를 해결하기: 갈등을 해결하는 방법
•강의목표: 갈등해결기법 연습
13. 향후 GREAT의 활용: 자신의 GREAT 기술의 적용
•강의목표: GREAT 프로젝트가 학교와 지역사회에 대한 헌신과 주인의식을 개발하는데 어떻게 도움을 주는지 설명하기

출처: Bureau of Justice Assistance (2014).

갱 저항교육 및 훈련(GREAT) 프로그램은 광범위한 평가를 받았다. 에스벤슨과 오스굿(Esbensen and Osgood, 2004)은, 프로그램 참가 후 4년 간의 자료를 분석한 후, GREAT 과정에 참여한 청소년들이 범죄피해가 적고, 위험한 행동을 적게 하며, 경찰에 대한 태도가 개선되었고, 친사회적인 친구들이 늘어났으며, 그리고 갱에 대해 보다 부정적인 태도를 갖게 되었다고 보고했다. 불행히도, 이 평가는 이 프로그램의 보다 중요한 목표인 갱 참여도를 낮추는 데 있어서는 아무런 효과도 없었다는 점에서 실망스럽긴 하지만 희망적인 결과는 GREAT 프로그램의 후원자들이 교육과정을 개편해 13개 수업계획으로 늘리도록 만들었다는 점이다.

바뀐 교과과정은 엄격한 전국단위의 평가의 결과물이다. 이 평가는 총 7개 도시의 31개 학교, 195개 학급의 학생 3800여명을 분석 대상으로 삼았다. 130개 학급이 GREAT 프로그램 훈련을 받았고 93개 학급은 통제 학급 역할을 했다. 프로그램 참여 후 4년을 포함해 5년간에 걸친 자료가 수집되었다(Esbensen et al., 2011). 추적조사의 첫 번째 해의 자료에 기초한 예비적 평가는 전반적으로 긍정적인 결과를 나타냈다. 이 결과에 따르면, 참가자들은 경찰에 더 긍정적이었지만 갱에 대해서는 덜 긍정적이었다. 학습한 거절기술을 더욱 자주 사용하고 급우 압력에 더 효과적으로 저항했으며, 갱에 참여하는 일도 줄어들었다(Esbensen et al., 2011). 가장 중요한 것은 자료상으로 GRTEAT 참가자들 중에 갱단 가입이 39% 낮아진 점이다(Esbensen et al., 2013). 이 긍정적인 결과는 참여한 지 4년이 지나서도 지속된 것으로 나타났다. GRTEAT 참가자들의 갱 가입비율은 계속해서 24% 낮아졌고 경찰에 긍정적인 태도를 보이는 한편 거절의 기술을 사용했고 갱에 더 부정적인 태도를 유지했다(Esbensen et al., 2013). 이런 모든 결과가 매우 의미 있다.

이러한 긍정적인 결과에도 불구하고, 평가연구는 범죄나 폭력행동에 대한 아무런 효과를 보여주지 않는다((Esbensen et al., 2013; Pyrooz, 2013). 이 GREAT 프로그램이 전체 학급을 대상으로 하면서 갱 가입 위험이 낮거나 높은 양쪽 모두의 청소년을 포함한 결과로 보인다. GREAT 프로그램이 갱 멤버로서 청소년의 자아의식에 영향을 미쳤을지라도 갱 가입 수준이나 갱단 가입자들의 범죄 활동에는 영향을 미치지 못했을 수 있다(Pyrooz, 2013). GREAT는 유망한 프로그램이지만, 그것의 행동에 대한 완전한 효과는 알려져 있지 않다.

집단괴롭힘 근절 노력(Anti-Bullying Efforts)

괴롭힘 예방은 청소년의 폭력예방을 위한 한 모범적인 프로그램이라고 할 수 있다(Elliott, 2000). 이러한 노력의 효과가 가장 두드러지게 나타나는 연구는 올위어스와 동료들(Olweus et al., 1994; 1995; Olweus and Limber, 2000)의 것이다. 괴롭힘 행동은 신체적, 언어적 공격을 모두 포함하는데, 상당기간 반복되고 의도적으로 피해자에게 해를 끼친다(Olweus and Limber, 2000). 노르웨이, 스웨덴, 그리고 미국의 학교를 연구한 결과에서는 적어도 15%의 학생들이 괴롭힘을 당하거나 괴롭히는 것으로 나타난다(Melton et al., 1998; Olweus, 1993).

노르웨이에서 개발된 괴롭힘 근절프로그램은 전체 학교를 대상으로 하고, 학생, 교사, 학부모의 적극적인 참여를 통해 이루어진다. 이 프로그램은 괴롭힘 문제에 대한 경각심을 높이고 괴롭힘을 규제하는 규칙과 규제를 확립하며 범죄에 대응하도록 한다. 또한 괴롭힘에 관한 논의를 어떻게 교육 과정으로 통합할지를 직원들에게 교육하고 부모들과 교사들 간 모임을 갖도록 요청하고 괴롭히는 학생과 피해자들 간 모임을 주최한다. 이 프로그램은 또한 학교 밖에서의 문제를 다루기 위해 범죄자들의 가족들과 협력한다. 이 프로그램의 시작 전에 수집한 조사자료와 2년의 추적조사를 통해 정기적으로 수집된 자료에 근거하여, 올위어스(Olweus, 1994; 1995)는 이 프로그램의 시행 후 괴롭힘, 교실소란, 그리고 일반적인 비행이 유의미하게 감소했다고 보고한다. 이 프로그램과 유사한 영국의 프로그램에 대한 평가에서, 위트니와 동료들(Whitney et al., 1994)은 유사한 긍정적인 결과들을 보고했는데, 이 프로그램은 특히 낮은 학년의 학생들에게 더 효과적이었다. 이는 이 프로그램이 괴롭힘 행동이 나타나기 전의 어린 학생들을 대상으로 시행해야 한다는 것을 보여준다. 마지막으로, 멜튼과 동료들(Melton et al., 1998)은 사우스캐롤라이나의 초등학교에서 이 프로그램을 테스트한 후, 손괴, 비행, 그리고 무례한 행동뿐만 아니라, 괴롭힘이 유의미하게 감소한 것을 발견했다.

이 결과들을 보면, 괴롭힘 근절프로그램이 초기의 공격행동과 이후의 범죄와 반사회적 행동 모두를 예방하는 수단으로서 가능성이 있는 것으로 보인다. 그러나 올위어스와 림버(Olweus and Limber, 2000)는 이 프로그램의 수행에서 몇 가지 주의해야 할 사항을 제시했다. 첫째, 이 프로그램은 중학교나 고등학교보다는 초등학교에 알맞다. 일찍 개입할수록 더 낫다는 것을 보여준다. 둘째, 이 프로그램은 교사와 학부모의 입장에서 볼 때 상당한 시간과 노력을 필요로 한다. 셋째, 이 프로그램이 성공하기 위해서는 교사와 학부모에 대한 상당한 훈련이 요구된다. 마지막으로, 학교는 이 프로그램의 수행을 위해서 교직원, 학부모, 그리고 학생들을 적극적으로 참여시킬 필요가 있다.

웹 자료

올위어스 집단괴롭힘 예방 프로그램은 폭력예방을 위한 청사진으로 여겨져 왔고, 밝혀진 효과에 기초하여 세계 도처에서 채용되었다. 이 프로그램에 대한 보다 자세한 내용은 다음의 주소에서 볼 수 있다.

http://www.colorado.edu/cspv/blueprints/modelprograms/BPP.html

대안학교

많은 학교프로그램은 학교 전체보다는 특정집단의 소년들을 대상으로 한다. 이러한 프로그램은 크게 두 유형으로 나눌 수 있는데 그 중의 하나는 문제 학생들만을 대상으로 하는 특수학교를 운영하는 것이며 다른 하나는 일반학교 내에서 별도의 학급이나 프로그램을 운영하는 형태이다. 대안학교는 문제 학생들의 경우 흔히 겪는 부정적 경험을 방지하기 위한 가장 대표적 시도이다. 대안학교의 기본이념은 문제소년들에게 긍정적인 학습 분위기를 제공하여 이들이 따뜻하고 호의적인 환경에서 성취감을 맛볼 수 있게 하려는 것이다(Gold, 1978). 대안학교의 운영은 먼저 개별 학생들을 대상으로 문제의 원인을 파악하고 다음 단계에서는 1 대 1 수업, 비구조화된 성적평가, 학생관심에 맞춘 수업, 학생과 교사와의 밀접한 관계 형성, 학생참여에 의한 수업계획수립, 개인별 향상에 따른 진급 등의 다양한 방법을 통하여 문제원인을 해결하는 방식으로 진행한다.

대안교육프로그램은 최근에 들어 널리 활용되고 있지만, 비행행위 특히 학교 외부에서 저질러지는 행동에 어떤 효과를 미쳤는지에 관한 평가연구는 거의 없었다. 초기에 실시되었던 한 평가연구는 이 프로그램으로 차후의 비행을 감소시킬 수 있을 것이라고 시사하였다. 데니스 갓프레드슨(D. Gottfredson, 1987)은 15곳의 범죄다발지역을 대상으로 17개의 학교기반 비행예방프로그램의 효과를 검토하였다. 대부분의 개입은 대안학교를, 또는 정규학교 내 대안학급을 활용해 이뤄졌다. 학교 내에서 활용한 프로그램들은 개별교습, 의사결정과정에의 학생참여, 비공식 통제방법의 활용, 친구지원체계의 활용 등이었다. 프로그램을 실시했던 지역에서는 전반적으로 비행이 감소하였고, 학교가 더 안전해졌고, 교내 범죄피해경험이 줄어들었으며, 학교에 대한 애정이 늘어났고, 비행친구들과의 상호작용이 감소하였다(D. Gottfredson, 1987). 물론 모든 프로젝트가 똑같이 성공적이지는 못했지만, 연구결과들을 살펴볼 때, 일반적으로 대안교육활동은 효과가 있었던 것으로 나타났다. 그럼에도 불구하고 이러한 결과는 적절한 비교집단을 설정하지 않았고, 또한 이후의 다른 요인들이 연구결과에 영향을 미칠 수 있기 때문에 다소 주의 깊게 해석되어야 할 것이다. 그러나 연구결과들이 일치된다는 점을 고려할 때에 이런 문제는 그다지 심각하지 않다.

콕스(Cox, 1999)는 중학생(6~8학년)들에 대한 대안학교 프로그램의 효과를 살펴봤다. 청소년들은 한 학기 동안 대안학교에 참석한 뒤 다시 그들의 정규학교로 되돌아갔는데, 대안학교에 있는 동안 비행을 줄였을 뿐만 아니라 학업성취와 자존감 개선 활동에 참여했다. 프로그램 평가는 대안학교와 통제집단에 무작위로 배정된 학생들을 비교하는 식으로 이뤄졌다. 그 결과는 자존감과 성적에서 즉각적인 효과가 있는 것으로 나타났다. 불행히도, 자기보고된 비행에는 아무런 효과가 없었고, 긍정적인 변화들은 그들의 정규학교에 돌아왔을 때 사라졌다. 콕스(1999)는 한 학기 프로그램이 장기간의 변화를 만들어내기에는 짧다고 주장한다. 학생들이 대안학교환경에 더 많이 노출될 필요가 있다.

한 메타분석(meta-analysis)에 따르면, 비행문제의 해결에 대안학교는 거의 영향을 미치는 못한다. 메타분석은 기존의 다른 연구결과들을 직접 비교하기 위하여 연구에서 사용한 자료를 재분석하는 연구방법이다. 콕스와 동료들(Cox et al., 1995)은 1966년부터 1993년까지의 57개 연구결과를 분석하였다. 이들은 대안학교프로그램으로 학업능력, 학교에 대한 태도, 기타 유사한 결과들에서 향상이 있었다는 것을 알 수 있었다. 그러나 불행히도, 대상자들의 비행행위에서는 주목할 만한 영향을 찾아볼 수 없었다. 연구결과의 해석을 더욱 어렵게 하는 것은 방법론적으로 엄격한 절차를 따른 믿을만한 연구 대부분에서 프로그램의 효과가 적었다는 사실이다. 따라서 차후 비행의 예방에 미치는 대안학교의 효과에 관한 명확한 판단을 하기 위해서는 이러한 형태의 대처방안에 대해 더 많은 연구와 실험이 있어야 할 것이다.

학교 경찰(스쿨 폴리스)

학교에서 경찰관 활용은 1990년대 초반 이후 비교적 늘어났다. 언론에 자주 소개되는 총기사격 뿐만 아니라 폭력 범죄와 약물 범죄, 무기금지규정 위반, 괴롭힘이 관심사로

떠오르면서 학교 내 경찰관에 대한 요구가 높아졌다(Booth et al., 2011. 학생 설문조사를 보면 학생의 70% 이상이 학교에 보안요원이나 경찰관이 배치됐다고 응답한 것으로 나타난다.(Robers et al., 2014). 표 14.6을 볼 것.

학교안전담당관(school resource officers, SROs)의 배치는 보편적이다. 2005년 미 전역의 1400개 학교를 설문조사한 결과 48%가 SRO를 배치했고 76%가 공공법집행에 의존하는 것으로 나타났다(Travis and Coon, 2005). 제임스와 맥캘리온(2013)은 미국에 SRO로 19,000명의 경찰관과 부관들이 배치돼 있다고 보고했다. 대부분의 학교 경찰은 순찰과 체포, 안전보장과 같은 전통적인 경찰 기능을 담당한다. 동시에 많은 학교 내 경찰관들이, 특히 SRO 임무를 담당하는 이들이 멘토링과 소개, 교사 및 학부모 훈련을 제공하고 DARE과 같은 프로그램을 가르치며 학교 행사를 지원한다(Travis and Coon, 2005). 사실 맥데빗과 핀(McDevitt and Finn, 2005)은 SRO에 대한 설문조사에서 ⅓ 이하가 학교에서 멘토링이나 상담 같은 활동을 하는 데 반해 ⅔는 법집행을 수행한다고 보고했다고 소개했다. 메이와 동료들(May et al., 2014)은 대부분의 SRO 활동이 캠퍼스 감시와 관련된다고 지적했다.

표 14.6 학교에서의 법집행 활동

법집행	조언/멘토	교육
순찰	직원 조언	DARE
금속탐지	분쟁 중재	갱-예방 교육
안전지도	학생 조언	증오-예방 교육
검열	학부모-교사와 공동작업	법 교육
범죄/무질서 대응 신고	운동부 조언	화재예방교육
검거	학생 멘토링	범죄예방교육
보고서 작성	이벤트 보호	갈등해소교육
약물근절활동	상 수여	문제해결교육

학교 내 경찰관 도입을 놓고 논쟁이 없었던 건 아니다. 일부 관찰자는 SRO들이 법집행자로서 역할과 멘토/지휘자/문제해결사로서 역할과 균형을 유지하게 노력한다고 주장한다. 다른 이들은 학교에 광범위하게 경찰관을 배치함으로써 학교 규율을 범죄의 관점에서 다룰 수 있다고 지적한다.

학교에 경찰을 두게 됨과 동시에, 강경대응 정책을 갖게 되었고, 이에 따라 학생들은 무기를 소지한 채 등교하는 등의 행동 때문에 정학이나 퇴학을 당한다(Rich-shea and Fox, 2014). 다시 말해서 이런 관행은, 학생문제를 교사나 교장이 해결해야 하는 훈육문제로 보기보다는, 학생을 유사범죄자로 취급하고 유사형사사법적 해결책을 강제하고, 그렇게 함으로써 청소년들을 범죄자로 낙인찍게 만든다. 비평가들은 이것을 빈곤과 지역슬럼화라는 문제를 무시하는 보다 일반적인 경향의 한 부분으로 본다. 예를 들어, 경찰이 학교에서 문제행동의 심리적, 사회적 근본원인을 인식하고 다룰 수 있는 준비가 되어 있지 않다고 가정할 때, "훈육적 책임을 학교전문가들에서 경찰로 이전시키는 것은 또한 이런 경향을 잘 보여준다"(Hirschfield and Celinska, 2011:7)

효과적인 학교-경찰 파트너십에 대한 평가연구들은 단지 학교에 경찰관을 배치하는 것 이상의 조치가 필요하다는 사실을 보여준다. 첫째, 경찰관은 과밀학급, 낮은 출석률, 높은 소수집단비율, 그리고 자금부족의 문제들을 다룰 수 없다. 둘째, 평가연구들은 학부모들의 협조가 본질적이며 어떤 경찰력의 존재는 "강한 모니터링, 상담, 그리고 다른 지역사회기반의 집단들과의 협조와 협력을 강화시키는 다른 관련된 서비스"(Brady et al., 2007)가 동반되어야 한다는 것을 보여준다.

다른 개입조치들

다양한 형태의 개입방법이 학교와 지역사회에서 청소년의 행동을 교정하기 위해 사용되었다. 미국 교육부는 최근에 두 가지의 프로그램들을 시작했는데, 모두 청소년들의 범죄와 다른 문제들을 다룬다. 이들은 안전 및 약물 없는 학교 프로그램(Safe and Drug Free School program)과 안전한 학교/건강한 어린이 운동(Safe School/Healthy Children initiative)이다. 두 프로그램은 법적 의무사항으로 행해지는데, 개입 방식에서 종류와 범위가 다양하다. 이 다양성은 대부분 학군이 다르다보니 생긴다. 학군마다 프로그램의 계획에 누가(예를 들어 부모, 경찰, 등등) 참여할지 그리고 어떤 프로그램을 시행할지가 다르다. 이 프로그램을 통해 많은 자금을 제공하고, 학교의 교육과정에 큰 영향을 주었다. (미국 소년사법 비행예방국을 포함한) 다른 기관들과 함께 교육부는 이 프로그램들에 대해 다양한 평가연구를 수행하였다. 불행히도, 연구는 주로 두 영역에 집중됐다. 학교에서의 범죄피해와 두려움의 정도를 측정하는 것과 프로그램 수행에 대한 과정평가를 하는 것이다. 보다 포괄적인 성과에 대한 평가는 상대적으로 거의 행해지지 않았다.

최근에 많은 지역에서 결석방지프로그램에 대한 관심이 증가하고 있다. 이런 많은 노력은 무단결석하는 청소년을 잡아서 학교로 돌려보내는 (또는 시설에 가두거나) 것과 그들의 부모들이 자녀들에게 책임감을 가지도록 하는 것, 두 가지를 결합한다. 첫째, 거리에서 무단결석한 청소년들을 제거함으로써 이 청소년들이 학교 밖에 있는 동안 저지를 수 있는 범죄를 없앤다. 학교는 청소년들이 학교에 있는 동안 감시를 하여 범죄를 감소시킨다. 둘째, 무단결석을 감소시켜 교육적 성취를 높이고 졸업률을 높인다. 이것은 (의미있는 형태의) 고용기회를 늘리고, 미래에 범죄로 돌아갈 가능성을 낮춘다. 분명히, 이 프로그램의 가정은 이해 가능하고 쉽게 반무단결석프로그램으로 도출될 수 있다. 그러나 범죄에 대한 이 프로그램들의 (단기적, 장기적) 효과는 알려져 있지 않다. 대부분의 무단결석방지프로그램들은 과정평가만이 행해졌는데, 참가한 학생 숫자와 그 사건들에 대한 처분건수만을 살펴보는 식이었다.

또 다른 최근의 움직임은 청소년들에 대한 방과 후 프로그램이다. 다른 프로그램들처럼, 이러한 노력들은 다면적인 목표를 갖는다. 아마도, 이 움직임 이면에 놓여있는 가장 공통적인 주장은 청소년들을 바쁘게 하고 방과 후 감독 아래에 놓으면 그들이 문제를 일으킬 가능성이 줄어들 수 있다는 것이다. 실제로, 청소년들의 범죄는 늦은 오후와 이른 저녁에 피크를 이루는데, 특히 주중에 그러하다. 모든 청소년 폭력범죄의 약 20%는 주중 3시에서 7시 사이에 발생한다(OJJDP, 1999). 따라서 방과후 청소년들을 바쁘게 유지할 수 있는 프로젝트는 지역사회에서 범죄를 감소시킬 수 있다. 이 같은 주장은 감독되지 않는 자유시간에 행할만한 심야 농구리그 등의 프로그램이 필요하다고 강조한다. 여러 방과후 프로그램들을 지지하는 데 쓰이는 두 번째 주장은 참여 청소년들의 학업성취를 높일 수 있다는 점이다. 흥미롭게, 이러한 종류의 프로그램에 대해 관심이 매우 높은데도 불구하고 여기에 대해 거의 아무런 평가연구가 이뤄지지 않았다. 기존 대부분의 문헌들은 이 프로그램들이 의도한 목표를 달성했는지 아닌지 보다는 이 프로그램이 무엇과 유사하며, 이 프로그램을 어떻게 시작하는지에 초점을 맞추고 있다. 이것은 범죄와 교육적 성과 모두에서 사실로 나타난다.

이 프로그램에 대해서는 많은 추가적인 연구들이 필요하다. 이 프로그램을 개발하고 시행하기 위해 구체적인 노력들이 있었지만, 비행과 청소년불량행동에 미치는 효과에 대해서는 상대적으로 거의 연구가 이루어지지 않았다. 대부분의 평가는 단지 과정평가로서, 프로그램을 어떻게 시작하고, 누가 참여하고, 얼마나 많은 모임을 가지며, 그리고 얼마나 많은 돈이 필요한가에 대해서만 거론하고 있다. 지금 필요한 건 얼마나 많은 비행을 막을 수 있고 학교가 얼마나 안전한 곳이 될 수 있는지를 확인하는 일이다.

범죄예방에 있어 학교/교육 프로그램의 미래

소년들의 발전과 성장에서 학교가 중요한 역할을 담당한다는 사실은 의심의 여지가 없다. 학교란 거의 모든 소년이 자신들의 발전에 있어 가장 중요한 시기 접하는 사회기관이다. 최근 개인이 사회의 주류로 진입하는 것을 지연시키고 청소년기로 불리는 기간이 점차 늘어나는 추세이다. 이 결과 학교는 소년들을 사회화하는 부분에서 보다 중요한 책임을 지게 되었다. 청소년관리에서 책임성의 증가는 축복할 만한 일이면서 더불어 비난의 대상이 될 수 있음을 의미한다. 학교는 지금까지 학교 안팎에서 발생하는 청소년의 비행문제에 적절히 대처하지 못하였다. 학교에 떠맡긴 역할을 충분히 고려하지 않은 채 학교를 일방적으로 비난하는 것은 올바른 자세가 아니다. 학교는 원래 비행예방을 주된 역할로 설립한 기관이 아니다. 학교가 비행예방에 실패했다고 비난하는 사람들은 이 사실과 함께 온갖 역할을 적절히 수행할 수 있게끔 학교에 충분한 자원이 제공되지 않았다는 사실을 망각한 것이다. 그렇더라도 학교는 비행문제에 대처하기에 적절한 장소임에는 틀림없다.

학교에서 시도된 프로그램들의 평가결과를 살펴보면, 학교를 통해 비행을 예방할 수 있다는 일말의 희망을 가지지 않을 수 없다. 앞에서 검토한 프로젝트들에서 활용한 일부 대처방안이 재범감소에 효과적이었다는 것은 분명한 사실이다(표 13.4). 평가결과를 판단하는 가장 문제가 되었던 사항은 프로그램들이 운영된 기간이 그리 오래되지 않고 대부분 단기간이었다는 것이다. 문제행동의 예방이 목표인 학교프로그램은 효과가 있다고 또는 없다고 판단하기 전에 먼저 충분히 운영할 수 있도록 시간이 주어져야 한다. 한 개인에 대한 사회교육이 짧은 기간에 완료되리라고 기대하지 않듯이, 수십 년 동안에 걸쳐 진행되어온 추세들을 단기간의 프로그램으로 뒤바꿀 수 있다고 기대하지 말아야 한다. 예를 들어, 우열반 편성으로 인한 낙인은 1년 동안의 대안학급으로 극복될 수 없다. 일부 프로그램의 긍정적 결과를 통해, 전반적인 교육체계를 확대하고 수정해야 할 것이다. 여기에 수반되는 문제는 많은 학교프로그램들과 개입조치들이 비행에 미치는 효과를 평가하지 않았다는 사실이다. 안전하고 약물로부터 자유로운 학교(The

Safe and Drug Free Schools) 프로그램, 안전한 학교/건강한 아동을 위한 예방조치(Safe Schools/Healthy Children initiatives), 무단결석 감소를 위한 노력, 그리고 대부분의 방과 후 프로그램들은 범죄와 비행에 미치는 영향에는 관심을 거의 가지지 않고 과정평가만이 이루어져 왔다. 이러한 프로그램들에 대해 더 많은 평가가 이루어져야 할 것이다.

앞으로 학교체계는 행동수정이나 일탈행위의 예방을 도모하는 핵심제도로서 계속적으로 운영되어야 한다. 교사나 교육관계자들은 청소년들의 행동을 관찰하고, 이들에게 필요한 도움을 제공하고, 다른 사회 성원에게 문제발전의 개연성을 주지시키는 데 가장 이상적 지점에 있다. 학교와 교육체계를 비행예방에 포함하지 않는다면 이는 문제해결의 가능성이 높은 수단을 무시하는 것이다. 학교와 형사사법체계가 함께 노력할 수 있다는 사실은 실제 두 제도가 협조체계를 구축한 여러 프로그램들을 통해 쉽게 알 수 있다(Lindsey and Kurtz, 1987; Rubel, 1989). 그렇다고 이러한 사실이 범죄문제의 해결책을 찾았다는 것을 의미하지는 않는다. 단지 범죄예방에 가장 중요한 요인들이 아직까지 제대로 이용되지 않고 있음을 시사하고 있을 뿐이다.

주요 용어

- 대안학교
- 정신박약자
- 메타분석
- 창의적 갈등해소 프로그램(RCCP)
- 학교보안관(SROs)
- 전인교육을 통한 긍정적 행동함양 프로젝트(PATHE)
- 괴롭힘
- 갱 저항교육과 훈련(GREAT)
- 또래중재
- 평화적/긍정적 방식의 대응 프로그램
- 우열반편성

제3부

3차적 범죄예방

제15장 특별억제와 무력화
제16장 사회복귀
제17장 범죄예방과 미래에 대한 맺음말

제3부 3차적 범죄예방

이후의 세 장에서는 3차적 예방들을 개관한다. 3차적 범죄예방은 범죄자의 측면에서 재범행위의 배제를 목적으로 한다. 3차적 범죄예방이 강조하는 활동내역은 과거에 범죄전력을 가진 사람들이 더 이상 사회에 해악을 끼치지 못하도록 하는 방안이다. 3차적 예방대책이 개입할 대상자를 선정하는 것은 복잡한 일은 아니지만(예를, 과거의 일탈행위), 예측은 여러 3차 예방 프로그램들에서 예측은 중요한 구성요소이다. 이 단계에서 예측하려는 사항은 최초 범행여부가 아니라 재범가능성을 사전에 예견하는 것이다.

3차 예방의 대부분은 공식적인 사법체계가 관장하는 영역이다. 15장은 특별억제와 무력화 전략이 범죄와 재범현상에 미치는 영향을 분석하였다. 특별억제란 특정한 개인에게 처벌을 부과함으로써 처벌이 종료된 후에도 이 처벌로 인해 더 이상 범죄를 저지르지 않으리라는 기대를 바탕으로 한다. 이러한 방안으로 가장 쉽게 볼 수 있는 사례는 범죄자들이 출소 이후에 다른 범죄를 저지르는 것을 방지할 목적으로 범죄별 그리고 행위자별로 교도소 수용기간을 달리하는 방법일 것이다. 무력화 전략은 특히 수용기간 자체를 변화시킴으로써 범죄를 감소시키려는 방안이다. 어떤 사람의 행위를 물리적으로 통제하면 일반 사회에서 범죄를 저지르는 일을 불가능하게 할 것이다. 무력화전략은 또한 전자감시를 통한 새로운 기술을 통해서도 달성될 수 있다. 특별억제와 무력화전략은 모두 범죄자의 교도소 수감과 관련한 방안들이다. 이러한 방안들이 재범문제나 전체 범죄율에 미치는 효과 그리고 소요되는 비용문제 등을 이 장에서 검토한다.

16장은 범죄자에 대응하는 과정에서 형사사법기관이 추구하는 또 다른 목적, 즉 사회복귀에 관한 것이다. 사회복귀는 20세기의 대부분 기간에 걸쳐 공식 사법체계의 교정측면을 지배했던 이념이다. 그러나 사회복귀이념은 흔한 미사여구에도 불구하고 실제로는 그렇게 성공적이지 못하였다. 그동안 범죄자를 사회에 복귀시킬 목적으로 다양한 사회복귀방안들이 실시되었다. 그러나 사회복귀에 대한 가장 일반적인 평가는 "아무런 효과가 없다"는 것이다. 이러한 평가가 1970년대 중반에 내려진 이후로 그간 많은 논란이 있었는데, 이 장의 기본주제로 다룬다. 부정적인 결과에도 불과하고, 아직도 사회복귀이념은 형사사법체계가 추구하는 중요한 목표 중의 하나이다. 많은 혁신적인 접근이 최근에 출현했는데, 이것은 사회복귀의 아이디어를 더 나아가게 하는 것이다. 이들 중 두 가지, 즉 회복적 사법과 약물법원이 이 장에서 검토된다.

앞으로의 논의들은 모두 그 범위와 깊이에서 제한적이다. 특별억제, 무력화, 사회복귀이념, 각각에 대해서는 지금까지 무수한 관련 문헌이 있다. 여기서는 각각의 영역에서 지금까지 거론되었던 문제들과 논쟁들을 모두 다루기보다는, 이 프로그램들이 범죄와 재범현상에 미치는 영향에 대해 유용한 문헌만을 요약할 것이다.

제15장 특별억제와 무력화

장 개요

- 형사제재의 특별억제효과
  - 교도소 구금에 관한 연구
  - 가정폭력범의 검거
  - 요약
- 무력화
  - 집단적 무력화
  - 선택적 무력화
  - 전자감시
  - 요약
- 미래에 대한 함의

학습 목표

이 장을 읽은 후 여러분은 다음을 할 수 있어야 한다.

- 특별억제와 무력화 사이의 차이점을 설명한다.
- 특별억제효과와 관련하여 구금의 효과성에 대해 논한다.
- 미니애폴리스 가정폭력실험과 그 결과를 살펴보고, 다른 유사실험의 결과에 대해 논한다.
- 집단적 무력화와 선택적 무력화를 비교한다.
- 무력화 이면에 놓인 가정을 열거하고 정의한다.
- 구금을 통한 집단적 무력화에 대한 연구결과들을 살펴본다.
- 집단적 무력화효과를 얻기 위한 비용에 대해 논한다.
- 선택적 무력화나 구금의 효과에 대해 약술한다.
- 선택적 무력화와 관련된 문제점들에 대해 지적한다.
- 능동형 및 수동형 전자감시시스템을 비교한다.
- 전자감시의 잠재적 이점에 대해 열거하고 논한다.
- 전자감시가 재범예방 및 다른 효과들에 대해 갖는 효과성에 대해 설명한다.
- 전자감시의 사용과 관련한 문제점과 우려에 대해 논한다.

제15장 특별억제와 무력화

특별억제와 무력화는 유죄가 확정된 범죄자들이 또 다른 범죄를 저지르지 않도록 하는 두 가지 대표적 방법이다. 두 가지 방법 모두 이미 사회에 해를 끼친 경험이 있거나 일탈성향을 가진 사람들에 개입하여 범죄를 예방하려는 시도다. 이러한 유형의 범죄예방은 가해자의 처벌을 중심으로 실시된다. 특별억제와 무력화를 평가하는 데 가장 많이 고려되는 처벌형태는 교도소 수용이다. 처벌의 형태면에서는 유사하지만, 특별억제와 무력화가 범죄예방에 영향을 미치는 과정은 매우 다르다.

특별억제가 목표로 하는 대상은 가해자 개인과 그 사람의 차후 행위이다. 9장에서 처벌의 일반억제 효과를 살펴보았다. 일방예방이 강조했던 것은 형법과 법적 제재를 통하여 아직 형법을 위반하지 않았지만 차후에 그럴 수 있는 개연성을 가진 사람들로 하여금 법률효과이건 아니면 사실적 효과이건 이들의 행위를 억제하는 것이었다. 특별억제가 주목하는 대상은 범죄를 저지르지 않은 일반인들이 아니라 범죄자들이다. 특별억제는 또한 실제적인 법집행과 처벌의 부과에 대한 것이다. 이러한 점에서 특별억제는 범죄를 저질렀을 때에 가해자가 얻을 수 있는 즐거움이나 이익을 상쇄할만한 처벌을 부과함으로써 가해자들이 앞으로 또 다른 일탈 행동을 저지르지 않도록 하는 방안임을 알 수 있다.

무력화 전략도 가해자를 대상으로 차후 범죄를 예방하기 위한 방안이다. 무력화 전략으로 범죄를 예방하는 방법은 간단히 가해자를 통제하여 차후 범죄를 저지를 수 있는 가능성을 아예 차단하는 것이다. 예를 들어, 가해자를 구금하고 완벽한 물리적 통제를 가한다면 그 사람이 사회에서 범죄를 저지르는 것 자체가 물리적으로 불가능하다. 무력화 전략으로 가장 많이 논의되는 형태는 교도소 수용이다. 무력화 전략에서는 가해자들이 시설로부터 석방되었을 때에 더 이상 범죄를 저지르지 않을 것이라고 가정하지 않는다. 유일한 고려사항은 가해자를 일정기간 수감했을 때에 예방할 수 있는 범죄의 규모이다. 무력화의 또 다른 형태로는 가해자에 대한 전자감시이다.

형사제재의 특별억제효과

특별억제에 관한 연구는 다른 부분에 비해서 상대적으로 많은 연구가 되지 않았다.

형벌의 억제효과에 대한 관심은 주로 법과 처벌이 일반 시민들에 미치는 영향에 대한 것이었지, 형사사법체계가 개입하였던 사람들에 대한 효과는 아니었다. 단순히 생각하면, 특별억제는 형사사법체계가 개입하는 경우에 발생하는 논리적 결과이다. 형사사법체계가 범죄자를 관리하는 목적 중의 하나는 이들이 앞으로 더 이상 범죄를 저지르지 않게 하기 위함이다. 처벌은 범죄의 유형, 그리고 범죄와 처벌의 쾌락주의적 가정에 기초하기 때문에 범죄에 따라 서로 다르게 부과된다. 처벌은 범죄로부터 얻게 되는 이익의 양을 상쇄한다. 이렇게 함으로써, 그 사람은 앞으로 불법행위를 하더라도 어떠한 이득이나 혜택도 없다는 사실을 알게 될 것이다. 일반억제와 같이, 특별억제에서도 범죄자를 손익계산을 바탕으로 의사결정을 하는 합리적 인간으로 가정하고 있다.

형사사법체계는 여러 유형의 처벌을 부과하지만, 그 중에서도 범죄자들로 하여금 차후 범죄행위를 저지르지 않게 하는 데 가장 큰 잠재력을 가진 것으로 가정하는 처벌방법은 교도소 수용이다. 물론 그렇다고 벌금, 보호관찰, 지역사회 봉사명령, 금지와 중지명령, 기타의 다른 처벌들이 범죄예방효과가 없다는 것은 아니다. 그러나 이러한 처벌들은 범죄자가 자유롭게 생활하는 것을 허용하며 또한 일반적으로 문제되는 행위에 대해서 보다 관대한 처벌이라는 인식이 있다. 이러한 처벌들은 주로 경미한 범죄에 활용되기 때문에 나름대로 어느 정도 범죄예방 효과가 있으리라고 생각할 수 있다. 교도소 수용이란 범죄의 내용이 잔혹한 것이거나 또는 이전에 경미하게 처벌했는데도 기대한 만큼 범죄예방효과가 없는 상습범죄자에게 활용하는 처벌이다. 그러나 처벌로부터 기대하는 범죄예방 효과는 처벌의 종류와 관계없이 분명하지 않다.

교도소 구금에 관한 연구

특별억제효과에 대한 대부분의 연구는 교도소 수용이 향후의 범죄행위에 미친 영향을 평가한 것이다. 가장 손쉬운 평가방법은 교도소에서 일정기간 수용되었던 사람들의 재범률을 분석하는 것이다. 이러한 연구들은 특별억제효과에 대해 비관적인 모습을 보여준다. 글레이서(Glaser, 1964)는 교도소 출소자들의 1/3 가량이 이후 언젠가 재수감된다고 보고하였다. 이러한 수치는 범죄자에 대한 처벌이 재범을 억제하지 못한다는 사실을 의미한다. 연구결과 자체가 다소 당혹스럽다. 그러나 교도소 수용의 특별억제 효과는 아마도 이보다 더욱 부정적일 수 있다. 글레이서는 재수감 여부만을 주목하였는데, 범죄 사건들 중에서 교도소 판결을 받는 사건은 그다지 많지 않다는 사실을 고려하면 그렇다. 교도소 출소 이후에 다른 일탈행위를 저질렀지만 교도소에 수용되지 않은 많은 사례가 그의 재범연구에서 다뤄지지 않았다. 차후 범죄를 저지른 실제 수치는 이보다 훨씬 많을 것이다. 깁스(Gibbs, 1975)는 교도소 출소자들 중에서 재범을 저지르는 사람은 50% 이상이라고 보았다. 실제, 노스캐롤라이나(North Carolina)주에서, 교도소 출소자 641명을 연구했더니 80%가 이후 3년 이내에 또 다시 체포된 것으로 조사되었다(Witte, 1980).

그러나 집적된 형태의 재범 자료를 활용하는 것은 사실을 왜곡할 여지가 있다. 흔히 나타나는 오류는 아주 위험한 범죄자들과 그렇지 않은 사람 혹은 서로 다른 전과경력의 범죄자들을 구분하지 않는다는 것이다. 재범률은 흔히 전과경력이 오래되었거나 엄중한 처벌을 받은 사람들한테서 높게 나타난다(Gibbs, 1975). 따라서 처벌의 유형별로 연구대상자들을 무작위로 할당하지 않거나, 또는 재소자들의 특성이 유사하지 않은 상태에서 집단 단위의 재범률을 해석하는 것은 매우 의심스러운 결과를 낳을 수 있다. 그럼에도 불구하고, 이러한 결과들은 흔히 수용시설 수감집단의 대표적 재범률로 흔히 인용되고 있는 실정이다.

특별억제에 대한 또 다른 분석방법은 수용기간에 따른 가석방 결과를 검토하는 것이다. 이러한 연구들은 주로 교도소에서 서로 다른 기간 동안 복역한 가석방자를 대상으로 재범률을 비교한다. 밥스트와 동료들(Babst et al., 1972)은 1968년과 1969년에 가석방된 15,000명의 절도범을 분석하였다. 이들은 절도범을 22개 범주로 구분하고 각 범주에 속한 절도범들의 재범률을 살펴보았다. 각 범주는 연구대상자들의 약물사용여부. 음주여부, 전과경력, 석방 시 연령을 중심으로 구분하였다. 유사한 특성을 가지지만 수용기간이 다른 연구집단을 가석방된 1년 후에 비교했을 때, 수용기간과 가석방 결과와는 일관된 관계를 찾아볼 수 없었다. 수용기간에 따라 가석방의 결과가 달라지는 경우가 몇 개 있기는 하였지만, 이 경우 집단의 사례수가 너무 적어서 믿을만하지 않았다(Babst et al., 1972).

벡과 호프만(Beck and Hoffman, 1976)과 갓프레드슨과 동료들(Gottfredson et al., 1977)의 연구는 또한 가석방결과에 대해 구금형 기간의 효과를 살펴봤다. 첫 번째 연구는 가석방 동안의 재범위험에 기초하여 연구대상자를 5개 집단으로 구분하였다. 가석방 후 2년간 추적조사를 하였는데, 일반적으로 교도소 수용기간이 길수록 성공적인 가석방이 감소하는(즉, 높은 재범률) 것으로 나타났다(Beck and Hoffman, 1976). 가석방하면 성공할 것이라고 자신 있게 예측된 사람일지라도 교도소 수용기간이 오래되면 재범률이 더 높았다. 갓프레드슨과 그의 동료들(Gottfredson et al., 1977)은 여러 판별요인을 기준으로 연구대상자들을 9개의 범주로 구분하였다. 재범의 정도는 가석방자로 구성된 4개 범주에서는 교도소 수용기간이 재범에 아무런 영향을 미치지 않았지만, 조사대상자 중 세 집단은 구금된 기간이 49개월까지 길어지게 됨에 따라 높은 재범률을 보였다. 그러나 교도소 수용기간이 50개월이 넘는 경우는 다시 가석방 성공률이 증가하였다. 이러한 결과를 통하여 수용기간은 상이한 집단에 따라서 서로 다른 영향을 미친다는 것을 알 수 있다.

앞서 검토한 연구들의 가장 큰 문제는 가석방자들을 서로 다른 수용기간에 무작위로 할당하지 못한 채 가석방 결과를 비교했다는 것이다. 그러나 베레코체아와 자만(Berecochea and Jaman, 1981)은 서로 다른 수용기간으로 무작위로 조사대상자들을 할당할 수 있었다. 무작위할당을 통하여 연구자들은 두 집단(단기형과 장기형을 받은 사람)이 수용기간을 제외하고 모든 측면에서 유사하다는 것을 확신할 수 있었다. 또한 이들은 조사대상자들을, 추가로 6개월 동안 더 구금된 하나의 집단 외에, 다양한 구금기간을 갖도록 무작위로 배치할 수 있었다. 12개월에서 24개월까지를 추적했을 때에 교도소 재수감 혹은 새로운 범죄로 재수감되는 정도에 있어 두 집단 간에 통계적으로 유의미한 차이를 찾아볼 수 없었다. 이를 기초로 연구자들은 처벌의 강도는 재범과 무관하다고 결론지었다(Berecochea and Jaman, 1981). 이 연구의 가장 큰 문제는 두 집단이 경험하는 수용기간의 차이가 크지 않다는 점이다. 실험집단과 통제집단으로 구분한 것은 단지 6개월의 수용경험이었다. 특별억제가 범죄예방효과를 발휘하기는 충분한 시간이 아니었을 수 있다.

최근의 연구에서, 웨이스버드와 그의 동료들(Weisburd et al., 1995)은 화이트칼라 범죄자들에 대한 특별억제효과를 조사하였다. 이들은 한 개 지역이 아니라 여러 지역을 대상으로 수용된 범죄자들을 10년간 추적조사한 자료를 사용하였다. 기대와 달리, 교도소에 수용하면 이후에 범죄를 예방할 수 있다는 주장을 입증할 수 없었다(Weisburd et al., 1995). 오히려 교도소에 수용된 사람들은 통제집단에 비해 재범률이 다소 높은 것으로 나타났다. 이러한 결과에 대해서 연구자들은 교도소 수용경험은 화이트칼라 범죄자들이 체포, 기소, 유죄판결 등으로 입은 충격에 별로 더한 것이 없었기 때문이라고 설명하였다. 따라서 수용경험이 없었던 통제집단도 비록 교도소에 가지는 않았지만 이전

단계의 효과로 인해 교도소 수용자들과 같은 수준의 억제효과가 있었다는 것이다.

수용기간과 억제효과에 대한 연구들에는 다양한 문제들이 있다. 네긴과 동료들(Nagin et al., 2009)은 구금이 억제효과보다는 오히려 범죄를 더 늘릴 수 있다고 주장한다. 따라서 특별억제 효과를 위해 구금을 이용하는 것은 실제로 출소 후 더 많은 범죄를 낳을 수 있다. 둘째, 재소자들이 접하는 사회복귀 프로그램을 고려하지 못하는 것은 연구결과를 의심스럽게 만들 수 있다.

가정폭력범의 검거

경찰재량이 이후의 배우자 학대에 미치는 차별적 영향을 검증함으로써 특별억제 효과를 분석하고자 한 연구들이 있었다. 미니애폴리스(Minneapolis) 가정폭력실험(Sherman and Berk, 1984)은 경범죄 수준의 배우자 학대사건에 체포, 격리, 경찰상담 등이 미치는 억제효과를 분석한 것이다. 이 실험에서 현장 경찰관들은 배우자 학대사건들에 대해 무작위로(연구자들이 무작위화 과정을 결정하였다) 서로 다른 대처방법을 활용하도록 지시받았다. 이러한 과정에서 경찰관이 위협받거나, 한쪽에서 체포요구가 있던가, 가해행위로 상처가 생겼던 경우는 예외로 처리하였다. 연구는 17개월 동안 발생한 314건을 대상으로 하였다. 6개월 후의 추적조사결과를 살펴보았을 때에 경찰체포는 공식자료이건 아니면 자기보고자료이건 간에 향후의 재범행동을 낮추는 효과가 있었다(Sherman and Berk, 1984). 긍정적 결과가 있었지만 이 연구에는 여러 문제가 있다(Binder and Meeker, 1988). 첫째, 무작위화 노력에도 불구하고 경찰관들은 실험과정에서 할당되는 처벌형태를 항상 따를 수 없었고 또한 지키려고 하지 않았다. 둘째, 이 연구에 실제 참여한 경찰관이 극소수에 불과하다는 사실이다. 경찰관은 자원해서 실험에 참여하였는데 몇몇 경찰에게 사건의 대부분이 배당되었다. 셋째, 전체 사례들의 과반수에 못 미치는 사람만이 자기보고방식의 추적조사에 응하였다. 끝으로 연구대상자들이 배우자 학대가 있었지만 경찰에 신고하지 않거나 자기보고에 제대로 응답하지 않을 수도 있다.

미니애폴리스(Minneapolis) 연구가 발표된 이후 나온 후속연구의 결과는 다르다. 던포드(Dunford., 1990)는 네브래스카(Nebraska)주의 오마하(Omaha)에서 같은 연구를 하였는데 경찰체포는 사건당사자를 분리하거나 상담한 것에 비해서 향후행동에 별다른 차이가 없었다. 흥미롭게도, 용의자가 현장에 부재한 사건들 중에서 체포영장을 발부하였을 때에, 체포영장이 발부되지 않은 사례들에 비해서, 이후 다시 체포되거나 자기보고조사에서 문제가 있다고 응답한 비율이 낮았다. 던포드(Dunford, 1990)는 이러한 긍정적 효과가 있었던 까닭은 아마도 경찰이 도착했을 때에 현장에 있었던 사람보다 도주하였던 사람이 경찰개입에 더욱 민감했기 때문이라고 주장했다. 노스캐롤라이나(North Carolina)주의 샬럿(Charlotte)에서 실시한 두 번째 유사연구(Hirschel et al., 1991; 1992)의 결과도 오마하(Omaha)에서 밝혀진 사실과 비슷했다. 차후의 행위를 억제하는데 경찰체포의 효과는 출두명령서 발부, 조언, 당사자의 격리 등과 별반 다르지 않았다. 이러한 결과는 공식자료나 자기보고자료된 범죄 모두에서 같았다. 두 가지의 평가연구는 셔먼과 버크(Sherman and Berk, 1984)의 연구가 지닌 문제들에 특별한 관심을 두고, 같은 잘못을 되풀이 하지 않으려 했다. 따라서 원래의 연구결과는 다소 조심스럽게 받아들여져야 할 것이다.

앞선 연구들이 검거의 효과를 살펴본 것과 달리 기소가 이후의 가정폭력에 미치는 영향을 살펴본 다른 연구도 있다. 시스트레스웨이트와 동료들(Thistlethwaite et al., 1998)은 오하이오의 해밀턴카운티에서의 경미한 가정폭력을 살펴보았다. 그들에 따르면, 보다 중한 처벌을 받은 범죄자들은 재범을 덜 하는 경향이 있다. 그러나 보호관찰이나 구치소에서 있었던 시간은 이후의 가정폭력과 별다른 관련이 없었다(Thistlethwaite et al., 1998). 반대로, 데이비스와 동료들(Davis et al., 1998)에 따르면, 밀워키카운티에서는 기소는 재범에 아무런 효과가 없었다. 확실히, 반복되는 가정폭력을 억제하는데 관련되는 요인은 아직 알려져 있지 않다.

요약

특별억제에 관한 연구는 교도소 수용과 가정폭력에 한정되지는 않는다. 음주운전 벌금에 관한 많은 연구(예를 들면 Broscoe, 2004; Moffat and Poynton, 2007; Wagenarr et al., 2007; Weatherburn and Moffat, 2011)를 통해 벌금이 거의 또는 전혀 억제 효과가 없음을 알 수 있다. 다른 분석들에 의하더라도 특별억제를 강력하게 지지하지 못한다. 앞서 언급했듯이 네긴과 동료들(Nagin et al., 2009)은 교도소 수용 연구들을 검토한 결과 벌금은 억제효과보다는 범죄 영향을 더욱 준다고 지적했다.

연구설계에서의 문제가 분석결과에 영향을 비칠 수 있다. 무작위로 처벌을 할당하거나 연구대상자를 무작위 추출하지 못한 것이 중요한 장애물일 수 있다. 평가연구들에서 두 번째로 지적할 수 있는 문제점은 연구대상자들이 받은 처우프로그램의 유무와 유형을 무시하였다는 것이다. 사실 특별억제의 많은 연구들이 교도소 수용이나 다양한 프로그램들 교화 효과에 대한 관심에서 싹텄다. 어떤 교화 프로그램에서도 (혹시 있을지도 모르는) 잠재적인 교란 요인을 보여주는 평가는 거의 없다. 현재 연구 수준으로써는 특별억제 효과를 강력히 지지할 수 있는 상태에 이르지 못했다.

무력화

교도소의 구금은 차후에 이들이 또 다른 일탈행위를 저지르는 것을 억제하기는 어렵겠지만, 최소한 교도소에 구금해 두는 동안에 해당 재소자가 사회를 대상으로 범죄를 저지르는 것은 제한할 수 있다. 간략히 말하자면 무력화란 한 개인에게 완전하고 항상적 통제를 가하는 것이다. 따라서 사회에 해악이 되는 행위를 원천봉쇄할 수 있다. 무력화에서는 범죄자가 교도소를 출소하거나 관련기관의 통제가 종료된 이후에 그 사람이 어떤 행동을 할 것인가에 대해서는 관심을 두지 않는다. 무력화는 크게 두 가지 - 집단적과 선택적 - 형태로 운용할 수 있다. 집단적 무력화(collective incapacitation)는 개인별로 차후의 범행가능성에 관계없이 동일한 행위를 저지른 모든 사람에 동일한 형량을 부과한다. 예를 들어, 절도죄를 저지른 절도범 모두에 같은 형량을 선고하는 식이다. 비록 같은 범죄를 저질렀지만 각자가 앞으로 다른 범죄를 또 저지를 가능성이 사람마다 다를 수 있지만 그러한 차이는 고려하지 않는다. 따라서 차후범행을 없애기 위해 유사한 범죄자 모두를 처벌하는 것을 목적으로 한다. 이때에 집단적 무력화에서 기본방침으로 하는 처벌기준은 과거범행에 대한 법적인 사실판단이다.

선택적 무력화(selective incapacitation)는 교도소 수용으로 범죄예방을 도모하는 두 번째 방안이다. 여기서는 위험성이 높은 범죄자를 판별하고 이 집단만을 선별적으로 장기수용하는 것을 강조한다. 같은 범죄를 저지른 범죄자 모두가 똑같이 처벌되지는 않는다. 사회에 보다 큰 위협을 가할 것으로 판단되는 사람만을 교도소에 장기적으로 엄격하게 수용한다. 사회에 위협이 거의 없다고 판단한 사람들은 교도소 수용을 단기간에 그치고 경우에 따라서 교도소 수용 이외의 다른 처벌방법을 활용한다. 선택적 무력화는 모든 범죄자를 교도소에 장기수용하지 않고도 무력화 효과를 극대화시키는 것을 목적으로 한다. 선택적 무력화의 한 좋은 예는 삼진법(three-strikes laws)인데, 이것은 세 번째 유죄판결을 받은 사람에게 장기간의 구금형 선고를 의무화한다.

무력화 효과를 평가했던 연구들은 범죄행위의 속성에 관하여 몇 가지 가정을 두었다. 그 중에서 가장 핵심적인 것은 범죄자들은 해마다 일정수의 범죄를 저지른다는 가정이다. 이러한 가정을 바탕으로, 무력화 연구들은 그 사람을 수용했을 때에 방지할 수 있는 범행 횟수를 계산하였다. 예를 들어. 어떤 사람이 1년에 10회의 범죄를 저지른다고 가정하면 그 사람을 1년간 교도소에 수용했을 때에 수용자 1명당 연간 10회 정도의 범죄를 감소시키는 무력화 효과가 있다는 것이다. 물론 이런 연구결과를 발표하기 위해서는 다른 관련요인들을 고려해야 할 것이다.

이와 같이 무력화 평가연구들은 범죄자들이란 일정 수준의 범죄경향을 갖고 있으며 시간적으로 이러한 경향은 변하지 않는다는 가정에 기초하였다. 대신에 각자의 범죄경력은 교도소에 수용되었다고 없어지는 것이 아니라고 가정한다. 이들 연구에서 교도소 수용기간은 그 사람의 전체 범죄기간 중에서 제외한다. 이 가정이 없다면 무력화 효과를 기대할 수 없다. 개인의 범죄성향은 교도소에 수용된 동안에는 단지 늦춰질 뿐 소멸되는 성질의 것이 아니기 때문이다. 이외에 무력화 연구들이 전제하는 가정으로는 어떤 범죄자가 교도소에 수용되었을 때에 다른 사람이 그 역할을 대신하지 않는다는 것이 있다. 어떤 범죄자가 다른 사람에 의해 쉽게 대체된다면 역시 사회에 발생하는 전체 범죄의 수준에는 변화가 없을 것이다. 실제 범죄자 전이는 두 가지 형태로 일어날 수 있다. 첫째, 집단으로 범죄를 저지른 사람이 교도소에 수용되었을 때에 집단의 다른 사람이 계속해 그 범죄를 저지를지 모른다. 둘째, 조직범죄와 같이 현재 영업 중인 기업의 이익을 위해 범죄가 저질러진 경우에 해당 기업은 교도소에 수용된 사람을 다른 사람으로 대체할 수 있다. 이런 가정들의 진위여부는 집단적 그리고 선택적 무력화에 관한 평가연구에 다양한 영향을 미칠 수 있다. 이제 두 가지 형태의 대처방안 - 교도소 수용과 전자 감시의 무력화 효과에 집중해 논의해 볼 것이다.

집단적 무력화

집단적 무력화의 경험적 증거는 다양하여 일부 연구에서는 효과가 없는 것으로 나타나고, 다른 일부에서는 범죄수준에 매우 강력한 효과가 있는 것으로 나타났다. 클라크(Clarke, 1974)는 필라델피아 코호트자료(Wolfgang et al., 1972)를 분석하여, 시설수용 소년들이 18세가 되기까지 지표범죄에 미치는 집단적 무력화 효과를 계산하였다. 클라크에 의하면 시설수용은 백인소년의 경우에 5%의 지표범죄를 감소시켰고, 유색인종 소년의 경우에는 15%의 지표범죄 감소가 있었다고 주장했다. 나아가 그는 소년범죄가 전체 범죄율에서 차지하는 비율을 고려하여 억제률을 다소 수정하였다. 청소년들이 해마다 전체 지표범죄에서 28%를 저지른다고 가정했을 때에, 클라크(1974)는 소년범죄가 전체 범죄율에서 차지하는 비율을 고려하여 수치를 조정한 결과 비행소년의 시설수용을 통하여 전체 지표범죄 발생률은 적게는 1%, 많게는 4%를 감소시켰다고 추론하였다. 그린버그(Greenberg, 1975)는 공식자료를 이용하여 성인범죄자의 범죄경력을 예측하고자 하였다. 연구결과 그린버그는 교도소 수용기간을 2배로 증가시킨다면 사회에서 범죄율을 단지 0.6%에서 4.0% 정도 감소시킬 것이라고 예측하였다. 반대로 교도소 수용인원을 50% 감축하는 경우 범죄율이 1.2%에서 8.0%까지 증가하는 것으로 예측하였다(Greenberg, 1975). 페터슨과 브레이커(Peterson and Braiker, 1980)는 교도소 수용 이전의 범죄에 관한 자기보고자료와 캘리포니아 재소자의 평균 개인범죄율을 바탕으로, 교도소 구금은 침입절도의 발생을 6% 감소시키고 자동차 절도를 7% 감소시킬 수 있다고 주장하였다(Peterson and Braiker, 1980). 이들은 무력화 효과가 훨씬 큰 범죄로 무장강도를 들었는데, 범죄자의 교도소 수용을 통하여 22%의 범죄를 억제한다고 예측하였다.

앞에서 검토한 연구들은 모두 모든 범죄자들이 일정한 범죄율을 공유할 것이라고 가정하였다. 그러나 실제개인의 범죄성향은 행위자별로 매우 다를 수 있다. 마쉬와 싱어(Marsh and Singer, 1972)는 범죄경향의 개인별 차이를 고려하기 위해 이 연구의 대상자였던 강도범들을 집단별 범죄율에 기초하여 6개 집단으로 구분하였다. 그리고 각 집단에 수용기간을 1년 증가시키면 어떤 효과가 있는지를 분석하였을 때에, 무력화효과는 35%부터 48%까지 분포하는 것으로 조사되었다(Marsh and Singer, 1972). 이러한 결과는 개인의 범죄성향을 동일한 것으로 가정하고 집적된 범죄율에 기초하였던 이전 연구의 수치와 많은 차이가 난다.

형사사법체계의 정책차이 역시 다양한 무력화 효과를 초래할 수 있다. 피터실리아와 그린우드(Petersilia and Greenwood, 1978)는 중범죄를 저지른 절도범에게 5년형 선고를 의무적으로 집행하면 폭력범죄의 경우 31%, 절도범죄의 경우 42%가 감소할 것으로 예상하였다. 5년간의 의무집행을 과거 중범죄 횟수가 2회인 사람으로 할 때에 무력화 효과는 폭력범죄의 경우 16%, 절도범죄의 경우 15%로 줄어든다. 반 딘과 동료들

(Van Dine et al., 1979)은 오하이오(Ohio)주의 콜럼버스(Columbus)에서 수집한 자료를 분석했는데, 만일 중범죄자에 5년간의 의무형을 집행하면 이들 범죄자들이 저지른 폭력성 지표범죄의 17.4%가 감소될 것이라고 예측하였다. 두 번째 범죄 이후에 의무형을 집행하면 무력화 효과는 6%로 줄어든다. 5년 의무형의 영향과 관련하여 코헨(Cohen, 1983)은 전과가 있었던 범죄자들에게 이러한 처벌을 집행하면 워싱턴 D.C(Washington)에서 발생하는 지표범죄의 13.7%를 감소할 수 있었을 것으로 예측하였다.

무력화의 비용은 교도소에 수용되어야 할 사람의 수와 이들을 수용할 때의 비용을 통하여 계산할 수 있다. 코헨(1978)은 지표범죄 발생률을 10%, 지표범죄 발생건수에서 100건, 폭력범죄의 10%를 감소시키기 위해서는 각각 교도소 수용인원을 얼마나 늘려야 하는지를 추정하였다. 미국의 여러 주를 대상으로 계산된 추정치는 표 15.1과 같다. 표에서 알 수 있듯이 적은 규모의 범죄를 감소시키려면 많은 수의 사람을 교도소 구금형에 처해야 한다. 예를 들어. 캘리포니아에서 지표범죄를 10% 감소하기 위해서는 교도소 수용인원을 157.2% 증가시켜야 한다. 지표범죄의 감소와 관련하여 변화가 가장 적은 지역은 미시시피(Mississippi)이지만, 이곳에서도 교도소 수용인원을 33.7% 증가시켜야 한다. 베르밍크와 동료들(Wermink et al., 2013)은 네덜란드 자료를 이용하여, 400건의 유죄선고를 없애려면 범죄라 5,707명을 추가로 무력화해야 한다고 주장했다. 이러한

표 15.1 무력화에 필요한 재소자 규모의 변화수준

	달성에 필요한 재소자 규모의 증가(%)		
	지표범죄 10% 감소	지표범죄 100건 감소	폭력범죄 10% 감소
California	157.2	36.1	22.8
New York	263.5	67.2	57.0
Massachusetts	310.5	103.4	26.6
Ohio	82.5	34.7	12.0
Kentucky	86.1	44.8	16.0
New Hampshire	118.0	98.9	8.4
Mississippi	33.7	39.1	13.0
North Dakota	122.0	144.2	19.6

출처: Adapted from J. Cohen(1978). "The Incapacitative Effect of Imprisonment : A Critical Review of the Literature." In A Blumstein et al. (eds), *Deterrence and Incapacitation : Estimating the Effects of Criminal Sanctions on Crime Rates*. Washinton, DC : National Academy Press.

점에서 무력화 전략은 교도소에 수용해야 할 재소자 규모의 측면에서 많은 비용이 든다는 것을 분명히 알 수 있다.

무력화는 또한 사회에 더 많은 금전적 부담을 지운다. 워커(Walker, 1985)는 무력화 전략과 관련한 여러 가지 예상치를 계산하였다. 워커는 교도소에 수용해야 할 재소자의 규모(Van Dine et al., 1979에 기초하여), 건축비용 그리고 운용비용을 다소 보수적으로 추정한 상태에서 무력화 전략을 사용하는 데 드는 비용을 제시하였다. 워커(1985)는 전국적으로 25%의 무력화 효과를 위해서는 현재보다 120만 명을 더 수용해야 한다고 보았다. 이 같은 규모의 신규 재소자를 위해 각각의 거실공간과 유지가 필요하므로 이 비용은 상당할 것이다. 헨릭슨과 드레이니(Henrichson and Delaney, 2012)는 재소자 1명의 연간 교도소 수용 비용이 3만 1,286달러에 이른다고 추산했다. 추가로 필요한 교도소 공간에 대한 워커의 추정에 근거할 때, 그 증가된 주교도소의 비용은 3,750억을 상회한다! 이것은 교도소 건축비용을 포함하지 않은 것이다.

무력화 전략의 비용, 즉 교도소 수용인원의 규모 그리고 이 위업을 완수하기 위해 필요한 금액은 이러한 노력을 통해 얻을 수 있는 이익보다 오히려 더 큰 듯하다. 이 문제를 해결하기 위해서는 아마도 사회에 미치는 해악이 분명한 사람들만을 수용하는 방안이 강구되어야 할 것이다. 이것은 선택적 무력화라고 하며, 범죄를 감소시키기 위해 교도소 수용인원을 증가시킬 필요가 없다.

선택적 무력화

선택적 무력화는 집단적 무력화와는 달리 일부 선택된 범죄자들에게만 처벌을 부과한다. 여기서 강조하는 사항은 위험성이 높은 범죄자를 판별하는 일이다. 높은 위험성이란 앞으로 범죄행위를 저지를 개연성을 의미한다. 앞으로 반사회적 행위를 할 가능성이 높은 즉 사회에 위해를 초래할 가능성이 높은 범죄자들은 그렇지 않은 사람들에 비해 보다 장기구금을 받게 된다. 선택적 무력화를 옹호하는 사람들은 범죄자들 중의 일부만을 구금하기 때문에 비용이 적게 들고 앞으로 발생할 범죄건수도 감소할 수 있다는 사실을 장점으로 거론한다.

선택적 무력화의 아이디어는 그린우드(Greenwood, 1982)가 집필한 랜드재단(Rand Corporation) 보고서를 계기로 활발한 논의 대상이 되었다. 그린우드는 교도소에 꼭 수용해야 할 집단을 판별할 목적으로 캘리포니아, 텍사스, 미시건주에서 절도나 강도사건으로 복역 중인 2,200명의 재소자를 조사하였다. 자기보고자료와 공식통계를 이용하여 과거 행동, 체포경험, 유죄경험, 수용경험 등을 조사한 후에 그는 높은 범죄율, 중간 범죄율, 낮은 범죄율의 범죄자로 구분할 수 있는 7개 항목의 척도를 개발하였다(그림 14.1 참조). 그린우드(1982)는 이 척도를 텍사스와 캘리포니아 재소자들에게 적용하여 척도의 무력화효과를 검증하였다.

그린우드(1982)는 낮은 위험과 중간위험 수준으로 분류된 재소자의 수용기간을 줄이고 대신에 높은 위험 범죄자의 수용기간을 늘리면 강도사건의 15%를 감소시킬 수 있고 캘리포니아의 전체 재소자 규모도 5% 감소할 것이라고 추정하였다. 그는 집단적 무력화를 통해 똑같이 강도사건의 15%를 줄이려면 교도소 수용 인원을 25% 늘려야 한다는 것과 비교해서 강조했다. 반면에 절도범죄를 15% 감소하기 위해서는 선택적 무력화 전략을 사용하더라도 캘리포니아 전체 재소자 규모를 7% 증가시켜야 하는 것으로 나타났다(Greenwood, 1982). 텍사스 주의 경우에 선택적 무력화 효과는 고무적이지 않다. 강도범죄의 10%를 줄이기 위해서는 교도소 인원을 30% 증가시켜야 하는 것으로 추정되었다. 절도범죄의 경우에 상응한 비율의 감소를 위해서는 교도소 수용규모를 15% 증가시켜야 한다. 캘리포니아와 텍사스에서 이런 차이가 발생하는 이유와 관련하여 그린우드(1982)는 텍사스 주가 선택적 무력화 효과의 추정치에 중요한 영향을 미치는 평균 범죄율이 월등히 낮기 때문인 것으로 설명하였다. 비록 지역별로 다소 모순적인 결과가 있었지만, 선택적 무력화를 옹호하는 사람들은 전체 교도소 수용규모의 5% 감소를 통하여 강도범죄를 15% 줄일 수 있다는 사실을 흔히 경험적 근거로 들고 있다(Greenwood, 1982).

표 15.2 그린우드의 선택적 무력화 예측 척도

1. 같은 범죄로 이전에 유죄평결을 받음
2. 이전 2년 동안 50% 이상 구금됨
3. 16세 이전에 유죄평결
4. 청소년시설에 수용경력
5. 이전 2년 동안 약물사용
6. 청소년기에 약물사용
7. 이전 2년 동안 50% 미만 동안 고용됨

출처: P.W. Greenwood (1982). Selective Incapacitation. Santa Monica, CA: RAND.

많은 학자들이 그린우드(1982)의 추정치를 신랄하게 비판하였다. 특히 비셔(Visher, 1986; 1987)는 그린우드가 사용한 자료에 심각한 문제가 있다고 지적하였다. 일부 재소자의 경우에 과거의 사건과 발생 시기를 정확하게 떠올릴 수 없고 교도소 수용 이전의 범죄수준을 추정하는 데에도 문제가 있다. 캘리포니아, 텍사스, 미시간에서 범죄율의 차이가 크다는 사실도 분석을 어렵게 하는 요인이었다(Visher, 1986). 자료를 재분석한 결과 비셔는 재소자들이 저지르는 범죄건수가 적은 숫자에 그쳤고 결과적으로 무력화 예측치도 낮게 나왔다고 주장했다. 재분석 결과에 따르면 선택적 무력화의 효과는 캘리포니아에서 단지 5%에서 10%에 머물렀고 텍사스와 미시간에서는 오히려 범죄를 증가시키는 경향이 나타났다. 이러한 새로운 예측치들은 선택적 무력화 전략의 효율성에 심각한 회의를 제기한다.

이외에도 여러 문제가 선택적 무력화와 관련하여 제기되었다. 그 중에서도 가장 핵심적인 문제는 과연 우리가 미래행동을 예측할 수 있는 능력이 있는가하는 점이다. 10장에서 논의한 바와 같이, 미래행동을 예측할 수 있는 우리의 능력은 매우 빈약한 수준이다. 둘째, 무력화는 연구대상자의 범죄율이 시간이 지나도 변하지 않을 것이라는 가정에 기초하고 있다. 이러한 가정에 의하면, 만약 범죄자의 범죄경력이 교도소에 있는 동안에 끝난다면, 무력화 효과는 사라진다. 셋째로, 그린우드의 연구에서 무력화 효과의 추정치는 일반적으로 형사사법체계가 범죄자에 개입한 수준에 차이가 없을 것이라는 가정에 기초하여 산출되었다. 따라서 경찰체포율, 유죄판결율, 교도소 수용률은 범죄자가 낮은 수준이건, 중간 수준이건, 높은 수준이건 구별 없이 같다고 가정한다. 이런 가정이 가능한지 매우 의심스럽다. 넷째, 교도소 재소자들은 전체 범죄자들을 대표할 수 있는 사람들이 아니다. 따라서 연구결과를 일반화하는 데는 문제가 있다. 끝으로 사회의 권리와 관련하여 심각한 문제가 있다. 즉 사회가 실제 행동이 아니라 단지 그 사람의 위험성에 기초하여 처벌할 수 있는가 하는 점이다. 어떤 범죄자가 사회에 석방되었을 때에 발생할지도 모르는 것을 예방하기 위하여 그 사람에게 장기간의 구금형을 선고하는 것이 선택적 무력화에 내재되어 있다. 그러나 실제 미래행위를 정확히 예측할 수 있는 우리능력이 충분하지 않다는 점을 상기할 때에, 이러한 접근방법은 많은 사람에게 불필요한 처벌을 받게 한다. 요약하면, 선택적 무력화는 언뜻 듣기에 설득력이 있지만, 이러한 방안을 바로 운용하기에는 지금으로서는 경험적 근거가 부족한 상태이다.

전자감시

무력화는 또한 구금을 하지 않고 가능할 수도 있다. 전자감시(electronic monitoring, EM)의 출현은 무력화를 위한 새로운 수단을 도입하게 하였다. 전자감시를 이용한 가택구금(home confinement)은 대개 다음의 두 가지 이유 때문에 번창했다. 첫째는 미국에서 교도소체제가 직면하는 과밀화의 문제점들 탓이며, 다른 하나는 지난 40년 동안에 기술의 큰 발전 탓이다. 많은 지역들은 현재 구치소와 교도소의 인구를 줄이라는 법원의 명령을 받고 있다. 처음에 이러한 요구에 대한 반응은 교도소를 더 건설하는 것이었다. 그러나 대중은 범죄자들에게 강경하게 대응할 것을 원하지만, 새로운 교도소의 공간을 확보하는데 비용을 지불하는 것은 꺼린다.

교도소의 과밀화, 법적 소송, 증가하는 범죄, 그리고 대중의 감정들로 인해서 다양한 구금의 대안들이 발전되었다. 전자감시는 범죄자들이 지역사회로 풀려날 때, 이들을 감시하고 이들로부터 사회를 보호하려는 요구에 대한 한 가능한 해결책이다. 전자기기 데이터를 이용하여 개인들의 행적을 추적하려는 생각은 슈비츠게벨과 동료들(Schwitgebel et al., 1964)로 거슬러 올라간다. 그들은 전자감시 시스템에 대해 서술하고 그것의 잠재적 용도에 대해 처음으로 논의하였다. 뉴멕시코의 판사인 잭 러브(Jack Love)는 1977년의 만화영화를 보고 범죄자들을 감시하는 아이디어를 떠올렸다. 스파이더맨이 손목의 송신기를 통해 추적되는 내용이었다. 그 장치는 종종 발명자인 마이클 고스(Michael Goss)의 이름을 따서 "고스링크(GOSSlink)"라고 불리는데, 뉴멕시코에서 소수의 범죄자들에게 1983년 처음으로 사용되었다(Niederberger and Wagner, 1985). 전자감시 시스템의 주된 목표는 통행금지와 가택구금을 잘 지키는지를 감시하는 것이었다(Vaughn, 1989). 이 참신한 기술에 대한 관심은 다양한 회사가 유사한 장치들을 개발하게 됐고, 미국 전역에서 이를 채택하거나 시험하도록 촉진했다.

초기의 전자감시 형태는 라디오 주파수(radio frequency, RF) 송수신기를 활용했다. 전자감시는 두 가지의 주된 시스템 또는 형태, 즉 능동형과 수동형(active and passive)이 있다. 능동형시스템(또는 연속신호시스템, continuous signaling system)은 연속적 기반 하에 범죄자들을 추적한다. 이 시스템은 송신기, 수신기, 그리고 중앙컴퓨터로 구성된다. 송신기는 작고, 부정조작이 불가능한 장치로서 종종 담뱃갑보다 작으며, 범죄자의 손목, 발목, 허리, 또는 목에 차게 되어 있다. 송신기는 끊임없는 신호를 보내며,

수신기는 그 신호를 포착한다. 초기 수신기는 집 전화에 부착되어 있었다. 오늘날에는 원격 무선시스템으로 수신이 이뤄진다. 만약 범죄자가 범위를 벗어났을 때, 수신기는 중앙컴퓨터에 위반사실을 알린다. 보호관찰관이나 다른 사람은 일반적으로 위반을 체크하는데, 이것은 정보를 확인하고 적절한 조치를 취하기 위해서이다. 컴퓨터 시스템은 범죄자가 직장에 가거나 학교에 출석하거나 또는 다른 활동에 참여하는 것을 허용하도록 프로그래밍 해 둘 수 있다. 시스템은 단지 범죄자가 집을 떠나고 돌아온 시간을 기록한다. 범죄자의 행동에 대한 연속적 컴퓨터 프린트결과물은 언제든지 조사가 가능하다.

수동형시스템은 유사한 장비로 구성되지만, 시스템은 주기적으로 활성화된다. 이 시스템은 또한 프로그램화된 접촉시스템(programed contact system)으로 불린다. 수동형시스템은 무작위로 범죄자들의 집에 전화를 걸어 개인의 존재를 확인한다. 전화가 오면, 범죄자는 송신기의 암호송출기를 수신기의 확인기에 갖다 대어야 하며, 또한 음성분석을 위한 질문에 대답할 것이 요구될 수도 있다. 이 시스템은 (차량에 의한) 이동모니터로 활성화될 수 있다. 수동형시스템은 초기에 보다 많이 범죄자를 체크하고, 위반 없이 보낸 시간이 늘어감에 따라 접촉의 빈도를 점진적으로 줄여나는 식의 등급화된 접촉스케줄로 설정된다(Gable, 1986; Maxfield and Baumer, 1990).

가장 최근의 혁신은 이 시스템을 GPS 기술과 결합한 것이다(Lilly, 2006). GPS 기술은 위성을 이용하여 어떤 사람의 위치를 알아내고 그 사람의 움직임을 감시한다. 이것은 연속형으로도 가능하고 주기적 접촉형으로도 가능하다. 주요 이점 중 하나는 가정의 감시도구나 전화선을 이용할 필요가 없다는 것이다. GPS 기술은 도난당한 차량을 찾는데 수 년 동안 사용되어 왔다. 전자감시에 GPS를 추가하는 것은 범죄자들이 도망가기 어렵게 만든다.

웹 자료

드미쉘과 페인(DeMichele and Payne, 2009)은 다음의 책에서 전자감시에 대한 광범위한 논의를 한다. 웹사이트에서도 이용가능하다.

Offender Supervision with Electronic Technology: Community Corrections Resources. 2nd. Edition. Washington, DCL Bureau of Justice Assistance.

전자감시를 지지하는 사람들은 전자감시를 이용함으로써 얻을 수 있는 다양한 이점들을 지적한다. 첫째, 전자감시는 교도소과밀화를 완화할 수 있다. 둘째, 전자감시를 이용하는 것은 지역사회에서 범죄자들을 보다 잘 감시할 수 있게 하며, 보호관찰이나 가석방에 비해 범죄자들을 더 많이 무력화할 수 있다. 셋째, 전자감시는 지역사회에서 범죄자들을 감시하는 비용을 줄인다. 넷째, 구금형 선고까지는 아니더라도 단순한 보호관찰 이상이 필요한 범죄자들에게 "중간 수준"의 처벌을 제공할 수 있다. 다섯째, 전자감시를 지지하는 사람들은 범죄자들을 구금하는 것에 비해 이 방법이 범죄자들에게 보다 인간적이라고 본다. 마지막으로, 전자감시는 범죄자들이 사회에 재통합되는 것을 도와준다. 그들을 지역사회에 남겨둠으로써 가족과 친구와의 유대를 유지하며 가족을 부양할 수 있도록 하기 때문이다.

전자감시의 사용실태

전자감시의 채택은 1983년 뉴멕시코에서 한 개인이 개발하여 처음으로 사용한 이래 지속적으로 증가해 왔다. 1986년에 미국에는 10개의 전자감시장비 업체가 있었고, 이것은 단지 10개의 사법관할구역에서만 이용되었다(Friel et al., 1987; Schmidt, 1986). 전자감시 프로그램의 수는 그 이후 크게 늘어났다. 전자감시 기술은 미국을 넘어 17개국 이상으로 퍼져나갔는데, 캐나다, 영국, 호주, 뉴질랜드, 독일, 아르헨티나, 이스라엘, 대만이 그것이다(Stacey, 2006). 미국에는 매일 11만 명 이상이 RF 시스템으로, 91,000명이 GPS로 감시를 받는 것으로 것으로 추정된다((Stacey, 2006). 하버캠프와 동료들(Haverkamp et al., 2004)은 다양한 유럽 국가들에서의 전자감시의 1년간의 업무량을 보여주는데(표 15.3를 보라), 영국은 대충 20,000건이며 스웨덴은 3,000건으로 나타난다.

표 15.3 유럽에서의 전자감시 사용건수의 추정치, 2004

국가	연간 전자감시 건수
영국	20,000
스웨덴	3,000
벨기에	2,100
네덜란드	390
프랑스	255
포르투갈	39

출처: Haverkamp et al. (2004).

전자감시는 모든 범죄자들을 목표로 하지 않는다. 전자감시와 가택구금의 시작이 구치소와 교도소의 과밀화문제에 뿌리를 두고 있다는 사실은 이 대안들이 보통 시설 내에 물리적으로 구금될 범죄자를 목표로 한다는 것을 보여준다. 따라서 누가 전자감시의 대상자로서 적격인가 하는 것은 전자감시 시스템에서 범죄자의 위치에 대한 고려에서 출발한다. 대부분의 프로그램들은 잠재적 고객들이 구치소, 교도소, 판결 전 구금 명령을 받은 범법자 또는 보석이 허용될 수 없는 사람들을 대상으로 한다(Charles, 1989; Ford and Schmidt, 1985; Maxfield and Baumer, 1990; Vaughn, 1989). 보통 최소한의 감시가 부과되거나 아무런 감시가 부과되지 않고 석방될 사람들을 전자감시 대상에서 배제함으로써, 이 새로운 프로그램을 전체 새로운 고객들에 대한 개입 수단으로 사용하는 문제에서 벗어날 수 있다. 전자감시 프로그램이 형사사법 시스템의 그물망 확대(net-widening, 더욱 많은 사람을 사회 통제의 우산 아래로 가져오는)의 한 형태로 비치지는 건 바람직하지 않다. 프로그램들은 또한 (음주운전 범죄자와 같이) 상대적으로 덜 심각한 범죄를 저지른 사람과 구금하기에 부적절한 것으로 평가되는 범죄자들을 대상으로 하는 경향이 있다. 일부 프로그램은 심각한 범죄자들(성범죄자와 폭력갱단멤버와 같이)을 대상으로 하기도 한다(Friel et al., 1987; Maxfield and Baumer, 1990; Padgett et al., 2006).(Friel et al., 1987; Maxfield and Baumer, 1990; Padgett et al., 2006).

범죄에 대한 영향과 기술적 위반

흥미롭게도, 전자감시와 전자감시 대상자들이 늘어났는데도 그 효과에 대한 연구는 비교적 거의 이뤄지지 않았다. 전자감시를 대상으로 실시된 평가는 기술적 위반과 추가 범행 두 가지 측면에서 모두 우호적인 결과를 보여준다. 켄터키 주의 켄턴 카운티(Kenton County)에서의 한 유죄평결 후 프로그램에 대한 평가에 따르면, 평가기간 동안, 대충 8%의 전자감시 대상자들이 준수사항을 위반하여 프로그램에서 제외되었다(Ball et al., 1988; Lilly et al., 1987). 보다 중요한 사실은 5% 이상의 대상자들이 재범을 했다는 것이다. 그러나 이 재범은 프로그램에 참가하지 않은 통제집단의 20% 재범률에 비하면 유의미하게 낮다. 팜비치카운티의 프로그램에 대한 평가는 10% 미만의 재범률로 유사한 긍정적 결과를 보여준다(Ball et al., 1988; Palm Beach County Sheriff's Department, 1987). 불행히도, 팜비치프로그램은 대안적이거나 전통적인 방법으로 처우를 받은 범죄자들과 비교할만한 아무런 수치를 제공하지 않는다. 이러한 통제집단의 결여는 이 프로그램의 실제효과에 있어 의문을 남긴다.

플로리다에서의 전자감시에 대한 두 개의 평가연구 결과는 전자감시를 지지한다. 파제트와 동료들(Padgett et al., 2006)은 1998년에서 2002년 동안의 자료를 조사하고, 전자감시가 위험성이 높은 대상자들에게 적용됨에도 불구하고, 재범과 기술적 위반을 낮춘다고 지적한다. 두 번째 평가(Bale et al., 2010)는, 2001년에서 2007년 사이에 시행된 전자감시 프로그램에 대한 것인데, 전자감시가 적용되지 않은 사람들에 비해서, 전자감시 대상자들의 실패율이 31%까지 감소했다는 것을 발견한다. 그 효과는 모든 유형(폭력, 재산, 약물)의 범죄자들에 있어서 유의미하다. 더우기, GPS[5] 시스템은 무선주파수(RF) 장비에 비해 더 효과적이다(Bale et al., 2010).

전자감시는 또한 보석을 할 수 없거나, 그렇지 않으면 그냥 석방될 사람들을 재판 전에 감시하는 한 형태로 사용된다. 쿠프라이더와 커비(Cooprider and Kerby, 1990)는 일리노이 주의 래이크 카운티(Lake County)에서 시행된 재판 전 프로그램에 대해 보고했는데, 전자감시로 석방된 사람들과 보석금으로 석방된 사람들을 비교한 바에 따르면, 전자감시로 석방된 사람들이 더 높은 위반율을 나타냈다(13%에 비교하여 19%). 그러나 두 집단의 위반율은 위반의 유형에 있어서 상이하다. 보석으로 석방된 사람들은 전자감시 대상자였던 사람들에 비해 많이 도망하거나 재범을 한 것으로 나타났다. 전자감시 대상자들은 주로 준수사항 위반을 한다. 재판 전 단계에서의 전자감시에 대한 두 번째의 평가에 의하면, 재판 전 전자감시 집단이 유죄판결 후의 전자감시 집단에 비해서 보다 높은 위반율을 나타냈다고 한다(Maxfield and Baumer, 1990). 재판 전 석방자들의 위반율은 27%로, 유죄판결 후 프로그램 대상자들의 19%에 비해 높다. 이러한 위반에는 새로운 기소, 도주 그리고 기술적 위반이 포함된다. 맥스필드와 바우머(Maxfield and Baumer, 1990)와 바우머와 동료들(Baumer et al., 1993)은 판결 전 프로그램의 대상자들이 보다 많은 위반을 하는 이유는 판결전 프로그램이 보다 다양한 대상자와 다양한 문제들을 다룬다는 사실과, 판결 전 프로그램의 대상자들에 비해 유죄판결 후 석방된 사람들은 미래가 보다 확실하다는 사실에서 기인한다고 주장한다. 일반적으로, 전자감시의 판결 전 사용을 다루는 연구들은 이 형태가 다른 형태에 비해 보통 상대적으로 위

---

5) 역주: 원문에는 GPA라고 되어 있으나, 오기라고 생각되어 수정

반수준이 낮다는데 동의한다.

전자감시의 한 새로운 형태는 가정폭력 예방명령의 시행과 관련하여 나타난 것이다. 에레즈와 동료들(Erez et al., 2004)은 가해자가 전자발찌를 차고 기본적인 감시기계는 피해자의 집에 설치되는 프로그램을 보고했다. 가해자가 피해자의 집 근처에 있을 때, 전자감시 시스템은 그의 출현을 기록하고 당국과 피해자에게 주의메시지를 보낸다(Erez et al., 2004). 피해자는 집을 떠날 때 보호를 위해 모니터를 가져갈 수도 있다(Erez et al., 2004). 전자감시가 사용되고 있는 600개 이상의 사례에 대한 분석은 위반사례가 거의 없다는 것을 보여줬다. 위반의 대부분은 단순히 피해자의 집 방향으로 운전해 간 것이었을 뿐 실제로 피해자를 접촉하려고 한 시도는 없었다(Erez et al., 2004).

GPS 감시를 통한 전자감시는 또한 뉴저지에서 가석방된 성범죄자에게 사용된다. 뉴저지 주 가석방위원회(NJPB, 2007)에 따르면, 그 기술이 225명의 위험한 성범죄자들에게 적용되었다. 캘리포니아주 교정부는 2011년 7,000명의 성범죄자들에게 GPS 감시를 사용한 결과를 보고했다(Gies et al., 2013). GPS의 사용은 다양한 이점을 제공하는데, 그 중 범죄가 저질러진 시각에 범행장소 주변에 어떤 범죄자가 있었는지를 파악할 수 있다는 점이 가장 두드러진다. 이것은 사건 해결률을 높이고 유죄를 받을 가능성을 크게 높인다. 전자감시 대상자의 첫 해의 자료에 기초하여, GPS 감시 하에 있는 225명 중 단지 1명만이 새로운 성범죄를 저질렀고, 19건의 기술적 위반을 했다(NJBP, 2007). 이것은 미국의 성범죄 재범율을 크게 낮춘 것이다.

과밀화 해소 효과

전자감시를 통한 가택구금의 도입으로 과밀화를 해소하고, 교도소를 줄이려는 중요한 목표는 실현되지 않았다. 대부분의 프로그램이 어떤 한 시점에서 적은 수의 대상자들만을 다룬다는 사실은, 구치소와 교도소의 과밀화를 해결하는는데 거의 도움이 되지 않을 것임을 의미한다. 전자감시의 증가에도 불구하고, 교도소와 구치소 인구는 지속적으로 증가했다는 사실은 전자감시가 교도소과밀화에 아무런 효과가 없다는 것을 보여주는 적절한 증거이다. 그러나 시설 외부에서 보낸 날짜 숫자를 조사한 결과는 몇몇 잠재력을 가진다는 것을 보여준다. 켄턴카운티의 대상자들은 1,712일을 집에 구금당한 채 보냈다. 팜비치 카운티의 대상자들은 지역사회에서 10,716일 동안 구금되었다(Ball et al., 1988). 범죄자들의 수가 많지 않은 곳에서 전자감시 대상자가 시설 외부에서 보낸 각

날들은 과밀화를 어느 정도 개선했다는 것을 나타낸다.

쟁점과 우려 사항

전자감시의 큰 성장과 지지에도 불구하고, 많은 문제와 우려들이 다양한 사람들에 의해 개진되었다. 우려 사항 중 하나는 기술을 적용하는 부서가 직면하는 운영상 쟁점들이다. 본(Vaughn, 1989)은 전자감시가 24시간 운영해야 하는, 노동 강도가 높은 시스템이라는 사실을 지적한다. 이 24시간 연속되는 감시는 행정기관의 인건비를 증가시키는데, 특히 그 기관이 전통적으로 낮 시간대에 근무했던 기관이라면 더 심각하다(Friel and Vaughn, 1986). 게다가 많은 범죄자들은 그들이 완전히 석방되거나 다른 프로그램으로 옮겨가기 이전에, 단지 짧은 기간만을 전자감시시스템 하에서 보낸다. 이 거대한 인계과정은, 새로운 대상자들이 오게 될 때, 선별과정, 데이터입력, 프로그램설치, 그리고 다른 임무들이 연속적인 토대에서 수행되어야 한다는 것을 의미한다. (Vaughn, 1989).

둘째, 전자감시를 비판하는 사람들은 기술의 잠재력이 단지 형사사법체계가 개입하는 범위를 확대시킬 뿐이라는 점을 지적한다. 그들은 개입의 규모와 범위를 줄이려는 것을 목표로 하는 대부분의 혁신들이 실제로는 더 많은 사람들을 어떤 형태의 통제 하에 두게 된다고 지적한다(그물망 확대). 전자감시가 기존제도의 공간을 제거하거나 줄이는 것이 아니기 때문에, 기술이 형사사법시스템이나 청소년사법시스템에 의해 매일 감시되는 사람들의 수를 증가시킬 것이라는 주장은 일리가 있다. 볼과 그의 동료들(Ball et al., 1988)과 릴리와 그의 동료들(Lilly et al., 1987), 그리고 맥스필드와 바우머(Maxfield and Baumer, 1990)는 그물망 확대가 크게 발생하지는 않는다는 예비적 증거를 제공한다.

또 다른 우려는 전자감시의 사용이 일반 시민을 보다 큰 위험 속에 놓이게 할 수 있다는 것이다. 전자감시 프로그램들은 범죄자들이 지역사회에 있는 동안 추가적인 범죄를 범하지 못하도록 보증하지 않는다. 물리적으로 범죄자들이 추가적인 범죄를 저지르지 못하도록 하거나 잠적하지 못하도록 할 수 있는 건 없다. 어떤 범죄자가 학교나 직장에 있을 때와 같이 그가 감시되지 않고 있는 시간들이 존재한다. 장비가 위반사항을 제대로 식별하지 못하는 경우 사회를 위험에 빠뜨리게 된다.

마지막으로, 많은 사람들은 전자감시를 오웰주의적(Owellian) 수단으로 본다. 정부는 감시국가(Big Brother)라는 이미지 - 우리가 선을 넘을 때마다 우리 행동을 교정하기 위해 항상 우리를 감시한다 - 를 갖는다. 범죄자들이 24시간 내내 GPS 기술을 통하여 감시되고 있다는 점에서 그 정도의 가능성은 명확히 존재한다. 전자감시를 통해 정부가 우리 가정으로, 일상생활로 개입을 확대할 수 있다. 전자감시가 대상자의 전 가족에게 프로그램에 순응하도록 요구하는 것은 이러한 통제의 느낌을 더하게 한다. 많은 사람들은 가정의 신성함과 과도한 정부 간섭에 대한 두려움에 근거하여 그러한 개입을 반대한다. 기술과 감시가 합법적일지 몰라도, 지역사회에 대한 정부의 개입이 어느 선에서 이루어져야 하는지에 대해서는 보다 큰 사회적 의문이 존재한다.

요약

범죄자를 감시하기 위한 전자장비 사용은 많은 형사사법기관들의 일상 업무에서 일찍 나타났다. 1980년대 초 이후 전자감시는 만화영화의 한 장면으로부터 모든 주와 다른 나라들에 있는 프로그램으로 성장해 왔다. 그러한 성장의 원인은 교도소의 과밀화, 기술발전, 범죄자들을 개선하기 위해 뭔가 해보려는 욕구, 그리고 형사사법기관의 구성원과 대중의 지지라고 할 수 있다. 이 리뷰는 전자감시가 유죄평결 후, 그리고 판결 전 단계에서 성인과 청소년들 모두에게 적용될 수 있는 실용적인 방법이라는 것을 제시한다. 위반사례가 별로 없으며, 그것도 기술적 위반이 대부분이라는 점은 전자감시에 대한 지지근거이다. 이러한 단점에도 불구하고, 전자감시는 형사사법의 감시수단 중에서 오래 동안 시행될 프로그램이 될 것 같다.

미래에 대한 함의

특별억제와 무력화에 대한 연구들은 엇갈린 평가를 내놓는다. 특별억제에 관한 연구들은 처벌의 억제효과에 대한 모순적인 결과를 제시한다. 사회가 더 강한 처벌을 요구하지만, 이러한 대책은 일탈행동을 더 심화시키는 역할을 할 수 있다. 범죄자는 가혹한 처벌을 전통사회와 유대를 깨는 시점으로 여기고 추가적인 일탈행동을 하게 만드는 기회로 볼 수 있다. 어떤 개인을 창살 속에 넣는 것은 범죄를 억제한다기보다는 오히려 범죄를 만들어낼 수 있다. 사람이 쾌락주의적 성격을 갖는지에 대한 지식이 불확실하다보니 억제를 위해 처벌을 선택하고 부과하는 것을 어렵게 만든다. 특별억제에 대한 관심의 부족과, 처벌로부터 사회복귀효과를 분리하기 힘들어 이 접근에 대한 평가가 어렵다.

무력화는, 그것이 집단적이든 선택적이든, 사회를 위한 직관적 호소력을 크게 얻는다. 어떤 해악을 저지른 이를 처벌하자는 아이디어는 일탈행동을 다루기 위한 하나의 용인된 방법이다. 어떤 사람이 또 다른 범죄를 하지 못하도록 처벌의 기간을 연장하는 것은 쉽게 받아들일만한 조치이다. 그러나 그러한 정책의 비용이 비쌀 수 있다. 범죄를 조금 감소시키기 위해 많은 사람들을 구금하는 조치를 취하는 것은 가장 보수적인 계산에서 나온 비용만 하더라도 충격적이다. 이 부분을 돈으로 환산하면 대중이 기꺼이 받아들일 수 없는 예산수준이다. 특별억제와 같이, 지금으로선 무력화전략을 수용하는 데 희망적인 결과를 보여주는 문헌이 거의 없다.

또 다른 가능한 대안은 전자감시를 이용하여 지역사회 내에서 범죄자들을 무력화시키는 것이다. 전자감시는 대상자들을 어느 정도 통제하면서 지역사회에서 처우하는 비용효율적인 수단이다. 전자감시에 대한 평가연구들은 대상자들의 준수사항위반과 재범률이 상대적으로 낮다고 한다. 전자감시의 문제점과 일부 우려에도 불구하고, 구금을 통한 무력화를 대체할 수 있는, 실행가능한 대안으로 보인다.

주요 용어

- 능동형(연속신호)시스템
- 집단적 무력화
- GPS 감시
- 미네아폴리스 가정폭력실험
- 수동형 시스템
- 무선(RF) 송신기
- 특별억제
- 감시국가(빅브라더)
- 전자감시
- 무력화
- 그물망확대
- 프로그램화된 접촉 시스템
- 선택적 무력화
- 삼진법

제16장 사회복귀

장 개요

- "무슨 효과가 있는가?"라는 주장
  - 이후의 분석들
  - 성과측정
  - 평가의 수준
  - 요약
- 사회복귀 프로그램들에 대한 평가들
  - 인지-행동 프로그램
  - 집중감시
  - 회복적 사법
  - 요약
  - 전문법원
  - 요약
- 사회복귀와 범죄예방에 대한 평가

학습 목표

이 장을 읽은 후 여러분은 다음을 할 수 있어야 한다.

- "아무런 효과가 없다"는 논쟁의 두 진영의 주장을 제시한다.
- 처우효과에 관한 연구에서 사용되는 상이한 성과 측정방법에 대해 나열하고 논한다.
- 집적된 수준과 개인적 수준에서의 평가를 비교한다.
- 인지적 행동개입프로그램의 예를 제시하고, 그것이 이러한 접근과 어떻게 관련되는지, 그리고 그들이 얼마나 효과적인지에 대해 설명한다.
- ISP 프로그램이 무엇이며, 어떤 효과를 갖는지에 대해 설명한다.
- 회복적 사법을 정의하고 세 가지의 상이한 유형들을 나열한다.
- 피해자-가해자 중재를 약술한다.
- 가족집단회합이 어떻게 작동하는지에 대해 설명한다.
- 양형써클에 대해 논한다.
- 회복적 사법 참가자의 만족도와 재범의 측면에서 그것의 효과를 논한다.
- 약물법원이 그것의 대상자들에게 어떤 영향을 미치는지를 설명한다.
- 약물법원 프로그램들의 공통요소들에 대해 간략하게 논의한다.
- 약물법원의 이점을 열거한다.
- 약물법원과 관련된 문제 및 쟁점에 대해 살펴본다.

제16장 사회복귀

20세기 대부분에 걸쳐 3차적 예방의 주요방법은 범죄자에 대한 사회복귀(rehabilitation)였다. 일탈행동에 대처하기 위한 다양한 처우프로그램들의 전 목록을 마련하고 이들을 간단히 설명하려면 매우 방대한 양이 될 것이다. 1970년대 이후 처벌지향적인 경향이 증가했음에도 불구하고, 사회복귀는 교정분야에서 여전히 중요한 관심의 대상으로 남았다. 이 점을 감안하면 성공적인 개입의 확실한 증거가 있다고 가정할지 모른다. 그러나 이 증거는 그렇게 명확하지 않다. 이 장은 사회복귀 논쟁에 대한 보다 최근의 논쟁을 살펴보면서 연구와 논쟁에 내재한 문제들을 논의하고, 몇 가지 유망한 사회복귀 접근을 검토해 볼 것이다. 시간과 공간 상 제약으로 어렵지만, 모든 것을 다룰 수는 없더라도 특정 개입에 대해서 간략하게 살펴볼 수 있을 것이다. 사회복귀만을 다룬 책은 많다.

"무슨 효과가 있는가?"라는 주장

사회복귀에 대한 연구에 진정으로 관심이 있는 사람 중에 "지금까지 알려진 사회복귀 프로그램은, 몇몇 예외를 제외하고, 재범에 대해 이렇다 할만한 효과가 아무 것도 없었다"(Martinson, 1974)는 평가를 모르는 사람은 없다. 이 한 문장으로 인해 교정을 통한 개입의 기초는 흔들렸다. 이 평가에 기초가 된 것은 1945년에서 1967년 사이에 나타난 사회복귀에 대한 문헌들을 검토한 자료들이다(Lipton et al., 1975). 립튼과 동료들(Lipton et al., 1975)은 통제 그룹과의 처우 평가, 처우에 기여할만한 결과 측정, 판단하기에 충분한 정도의 개입과 평가에 관한 정보, 추론이 가능할 정도로 충분히 큰 규모의 표본, 보편타당한 방법론에서 기준에 부합한다고 평가되는 231개의 연구들을 검토했다. 그들은 상담, 학과훈련 및 직업훈련, 의료처우, 심리요법, 보호관찰, 가석방, 그리고 지역사회 프로그램과 같은 다양한 개입기법들의 효과를 분석했다. 이미 언급된 바와 같이, 이 다양한 프로그램들이 재범에 미치는 효과는 거의 없었다(Martinson, 1974). 교도소에 대한 적응, 태도의 개선, 그리고 교육적 개선과 같은 다른 성과변수들은 범죄자에 대해 몇몇 긍정적인 효과를 보여줬다. 그러나 이러한 변화들은 차후의 범죄행동을 예방하려는 주목적에 비해 상대적으로 덜 중요하다.

이후의 분석들

사회복귀 프로그램들이 재범에 대해 거의 또는 아무런 효과가 없다는 발견은 립튼과 동료들(1975)과 마틴슨(1974)의 연구 이후 다양한 다른 연구에서도 나타난다. 라이트와 딕슨(Wright and Dixon, 1977)은 1965년과 1974년 사이 기간에 이뤄진 96개의 연구들을 개관한 후, 그들이 조사한 10개 종류의 처우 중 어떤 것도 재범에 대해 거의 효과가 없었다고 보고했다. 그들은 나아가 대부분의 평가연구들이 부실한 연구 설계를 채택하고, 무작위로 피험자들을 배치하지 못했을 뿐 아니라, 차후의 분석을 위한 적절한 정보를 제공하지 않는다고 지적했다. 이 연구와 함께 뉴욕시에서 시행된 18개의 사회복귀 프로그램에 대한 또 다른 평가가 있었다(Fishman, 1977). 피쉬맨은 프로그램을 시행하기 전과 시행 후의 일탈의 수준을 비교하고, 통제집단과 프로그램 대상자 간의 비교를 통해서, 18세 미만의 대상자들은 재범률이 상대적으로 높지만, 19세와 20세, 그리고 40세 이상의 대상자들은 아무런 차이가 없었으며, 21세에서 39세의 젊은 성인대상자들은 보다 낮은 재범률을 나타냈다고 보고했다. 다양한 프로그램에 대한 재범률의 비교연구는 사회복귀 기법들 사이에서 어떤 중요한 차이점을 밝혀내지 못했다.

미국학술원(National Academy of Science)은 립튼과 동료들(1975)의 자료를 재분석한 결과 그들이 "합리적으로 정확하고 공정한 평가를 내렸다"고 결론내렸다(Sechrest et al., 1979). 그 재분석에서 나온 유일한 차이점은, 초기연구들이 평가 대상 프로그램에 대해 '프로그램의 효율성을 과장했다'는 느낌과 관련된 것이다. 세크레스트와 동료들(Sechrest et al., 1979)은 초기 연구들은 허점이 매우 많다고 주장한다. 립튼과 동료들의 개관은 연구보고서 내에 존재하고 있는 다양한 중요 문제들 -특히 방법론적 약점과 평가결과에 관한 - 을 간과했다. 보다 최근의 리뷰연구들도 사회복귀를 강하게 지지하는 증거를 찾지 못한다. 겐샤이머와 그의 동료들(Gensheimer et al., 1986)에 의하면, 1967년에서 1983년에 걸쳐 나타난 사회복귀프로그램에 대한 44개의 연구들을 살펴보면, 이 프로그램이 효과가 있다는 증거는 없다. 마지막으로, 랩과 화이트헤드(Lab and Whitehead, 1988)는 1975년에서 1984년 사이에 전문 학술지에 발표된 55개의 연구들을 조사한 결과 실험집단과 통제집단 사이에 아무런 재범율의 차이가 없거나 실험집단에서 재범률이 더 높아진 연구가 33개에 달했다고 밝혔다. 프로그램이 긍정적인 결과를 보인 연구는 15개였다. 다양한 기간에 걸쳐 사회복귀의 효과를 살펴 본 이런 문헌 검토를 통해 사회복귀가 재범을 감소시키는 데 큰 효과가 없다는 결론이 가능하다.

그러나 모든 학자들이 사회복귀에 대해서 조종(death knell)을 울리지는 않는다. 사회복귀에 대해 선구적인 옹호자(Palmer, 1975)는 마틴슨(1974)으로, 그는 어떤 특정한 상황 하에서 어떤 특정한 사람들에 대해 긍정적인 효과를 갖는다고 지적한다. 따라서 전체의 모든 범죄자들에 대해 단일한 만병통치약을 찾는데 초점이 주어져서는 안 된다(Palmer, 1975). 실제로, 마틴슨(1979)은 후에 사회복귀가 개인의 행동에 대해 긍정적인 효과를 가진 예들이 있다는 데 동의한다. 그럼에도 불구하고, 대부분의 프로그램들이 거의 또는 전혀 성공적이지 않다는 전반적인 발견은 아직까지 사실이다(Martinson, 1979). 어떤 프로그램들은 어떤 선택된 사람들에게 효과가 있다는 주장은 평가연구들에 대한 최근의 리뷰에서도 발견된다(Graziano and Mooney, 1984, Garrett, 1985, and Mayer et al., 1986). 어떤 프로그램들로 인해 어떤 실험집단에서 재범의 감소가 일부 나타나지만, 가장 큰 변화는 다른 성과요인들(예를 들어 심리적 적응, 학업성취도의 개선, 시설에의 적응)에서 나타난다. 그러나 연구방법론의 측면에서 보다 엄격하게 수행된 연구들은 그렇지 않은 연구들에 비해서 재범에 대해 보다 적은 효과를 보여주는 경향이 있다.

앤드류스와 동료들(Andrews et al., 1990)은 교정처우가 재범에 결정적으로 긍정적인 효과를 가진다고 주장한다. 그들은 '위험(risk), 필요성(need), 그리고 반응성(responsivity)'의 원칙에 관심을 기울이는 (기본적으로 적절한 대상자에게 적절한 개입을 하는) 처우는 재범에 유의미한 효과를 가질 수 있다고 주장한다(Andrews et al., 1990). 그들은 화이트헤드와 랩(1989)의 자료에 대한 재분석과 성인자료의 분석을 통해서 그들의 주장을 증명한 것으로 알려져 있다. 그러나 랩과 화이트헤드(1990)는, 앤드류스와 동료들이 그들의 주장을 검증할 수 있도록 그들의 용어를 정의하지 못했고, 프로그램의 대상자와 연구들을 분류할 때 자신들의 기준을 따르는 데 실패했다고 주장한다. 보다 중요한 것은 그들의 주장은 '동어 반복적'이라는 것이다. 다시 말해서, 그들은 위험, 필요성, 그리고 감응성을 식별하기 위해 기존 문헌을 사용하는 순환 논법을 썼고 그들의 입장이 옳음을 증명하기 위해 똑같은 문헌을 데이터로 사용했다(Lab and Whitehead, 1990; Logan and Gaes, 1993). 이미 존재하고 있는 것은 누구라도 증명할 수 있다.

립시(Lipsey, 1990; 1999; Lipsey and Wilson, 1993; 1998)는 아마도 사회복귀 연구들에 대한 가장 광범위한 평가를 했다. 그는 교정처우가 긍정적인 효과가 있음을 발견한다. 예를 들면 립시와 윌슨(Lipsey and Wilson, 1998)은 200개의 연구들에서 실험집단과 통제집단 사이에 재범률이 전체적으로 6% 차이가 난다고 보고한다. 그러나 연구들 간에는 다른 효과를 지닌 다른 처우 종류와 더불어 매우 많은 상이성이 존재한다는 사실을 이해하는 것이 중요하다. 대인관계기술, 인지행동적 개입, 다양한 형태의 접근과 지역사회에 기초한 프로그램에 초점을 맞춘 처우들은 일반적으로 다른 프로그램에 비해 더 큰 효과를 갖는다(Lipsey and Wilson, 1998; Losel, 1995). 립시(Lipsey, 1990)는 사회복귀의 효과에 대한 연구들이 처우의 유형, 그것이 시행된 환경, 평가방법, 그리고 결론에 도달할 때의 다른 요인들을 고려할 필요가 있다고 주장한다. 로웬캠프와 동료들(Lowenkamp et al., 2006)은 보다 강한 프로그램의 통합성(다시 말해서 강한 프로그램의 시행, 정확한 범죄자에 대한 평가 등)을 가진 프로그램이 통합성이 약한 프로그램에 비해서 재범을 줄이는 데 효과가 있다고 지적한다.

사회복귀의 효과에 관해서 통일된 견해는 있을 수 없다는 것은 분명하다. 이러한 혼란스러운 상태는 "무슨 효과가 있는가?" 논쟁에 참가한 사람들의 생각 속에 존재하는 개념적 차이에 기인하는 것인지 모른다. 의견이 갈리는 두 가지의 주요한 지점은 성과측정을 어떻게 할 것인지와 평가의 수준이다. 이 각각의 요인들은 평가와 리뷰의 결과를 바꿀 수 있다.

성과측정

사회복귀에서의 성공의 전통적 측정수단은 일탈행동을 하지 않는 것이었다. 보통 이것은 재범률을 낮추는 것을 의미한다. 그러나 재범을 측정하는 것은 매우 어려울 수 있다. 재범은 재구금(매우 엄격한 기준)에서 어떤 단순한 조력 프로그램에 맡겨지는 것에 이르기까지(매우 느슨한 기준) 다양하게 정의되어 왔다. 각각의 정의는 문제가 있다. 예를 들어, 재구금은 일부 유형의 범죄자들에게는 상대적으로 드문 사건인데, 이 경우 재범의 수준은 매우 낮을 수 있다. 대안으로 경찰과 단순히 접촉만 했더라도 재범으로 판단할 경우에는 재범률이 크게 부풀려질 수 있다. 어떤 재범 측정 수단을 쓸지가 다른 보고들의 결과를 검토하고 정리하는 시도에서 주요 문제다.

사회복귀 연구 문헌들에서 가장 보편적인 결과 측정은 아마도 재범이나 일탈행위를 살펴보지 않는 것이다. 이 측정은 교육적, 직업적 성취, 자아존중감에서의 변화, 태도변화, 심리적 적응, 지역사회 적응, 그리고 개입의 비용과 같은 것을 포함한다. 사회복귀의 효율성을 지지하는 많은 사람들은 프로그램 효율성의 증거로서 이러한 차원에서의 개선에 대해 주목한다. 불행히도, 많은 성과들이 문헌에서 발견되지만, 이러한 변화는 종종 프로그램에 참가하는 기간 동안에만 나타나고 프로그램에서 석방된 후 오래 지속되지는 않는다. 그러나 대안적인 성과측정수단은 범죄행동의 예방에 비해서는 부차적인 관심사가 될 수밖에 없다. 사회복귀에 있어서 중요한 문제는 미래의 일탈행동이다. 대안적인 성과들과 낮은 재범률 간에 명확한 어떤 관계가 없다면, 그러한 성과는 사회복귀 프로그램들의 평가에서 부차적인 것으로 남을 수밖에 없다. 실제로, 3차적 범죄예방에서 강조되는 것은 이후 재범의 수준이다.

평가의 수준

사회복귀를 비판하는 사람들과 지지하는 사람들 간의 논쟁은 종종 평가에서 채택된 적절한 분석수준에 관한 것이다. 보통 집적된 자료를 이용하여 평가하는 경우 사회복귀프로그램이 효과가 없다고 보고한다. 집적된 수준의 평가(Aggregate-level evaluation)는 대규모 집단대상자들에서 나타나는 변화를 본다. 범죄나 재범률에서의 변화는 프로그램의 효과로 판단하는 일반적인 기준이다. 전체 범죄율에서 변화가 적거나 없다면 개입이 실패했다는 것을 나타낸다. 본질적으로, 집적된 수준의 평가는 행동에서의 양적인 변화에 주목한다. 앞서 살펴본 바와 같이 거의 효과가 없다고 보여준 리뷰연구들(예를 들어 Gensheimer et al., 1986; Lab and Whitehead, 1988; Lipton et al., 1975; Martinson, 1974; Sechrest et al., 1979; Whitehead and Lab, 1989; Wright and Dixon, 1977)은 모두 사회복귀 프로그램이 재범률을 변화시키지 못한다는 사실에 근거한다.

개별수준의 평가(individual-level evaluation)는 사회복귀의 지지자들이 선호한다. 개별수준의 평가는 범죄에서의 양적인 변화보다는 질적인 변화에 초점을 맞춘다. 이러한 질적인 변화는 단순히 범죄유형에서의 적응으로 보일 수도 있다. 예를 들어 범죄자는 물리적 대결을 요하는 강도에서 침입절도나 절도와 같은 재산범죄로 옮겨갈 수 있다. 이것은 특정 범죄유형의 범죄율에 영향을 주겠지만, 전체 범죄율에서는 거의 영향을 미치지 않을 것이다. 개별수준의 분석은 또한 다른, 비범죄적인 변화의 측정수단에 초점을 맞출 수 있다. 태도변화, 심리적 적응, 다른 사람과 관계를 맺는 능력, 그리고 삶의 기술의 증가는 대안적 성과의 예들인데, 이러한 성과들은 개별적 과정을 봐야 발견할 수 있다. 사실상 어떤 프로그램의 성공의 기준이 이러한 질적인 차원 중에 어떤 것을 변화시키는 것이라면, 적어도 몇몇은 성공적인 결과를 보여준다. 팔머(Plamer, 1975; 1983), 마틴슨(Martinson, 1979), 가렛(Garrett, 1985), 그리고 다른 사람들이 이러한 개별적인 수준의 평가를 통해 어떤 사회복귀 프로그램들이 일부 대상자들에게 효과가 있었다고 주장하고 있다.

요약

대부분의 사회복귀연구에 대한 리뷰들이 적어도 약간의 긍정적인 사회복귀효과를 발견하지만, 재범에 대한 효과의 측면에서는 여전히 큰 논쟁 상태에 있다. 사회복귀가 성공적인지에 대한 중요한 열쇠는 (재범 외의) 대안적 성과측정수단이나 몇몇 제한적인 대상자에 대한 긍정적인 효과를 성공으로 받아들일 것인지에 달려 있다. 실제로 연구대상자들을 무작위적으로 배치하지 않고 엄격한 방법론적 기법을 따르지 않는 평가연구들은 보다 효과가 있다는 분석결과를 보여준다(Garrett, 1985; Mayer et al., 1986). 프로그램의 개발과 시행에 대한 강한 통제가 부여되는 시범프로그램의 평가는 대부분 이런 결과를 보여준다(예를 들어 Lipsey et al., 2001을 보라). 아마도 효과적인 프로그램을 개발하는 열쇠는 적절한 처우에 적절한 대상자를 선택하는 것이다. 앤드류스와 동료들(Andrews et al., 1990)은 이것을 위험, 욕구 그리고 반응성에 대한 토론에 포함시켰다. 안타깝게도, 앞서 이 책 여러 곳에서 살펴본 것처럼 위험을 정확하게 식별하기란 찾기 힘든 목표이다. 대다수의 프로그램은 어떤 대상자들이 그 처우에서 가장 도움을 받았는지 모르고, 또한 그들이 일단 프로그램의 차별적 효과에 대해 안다 하더라도 적절한 대상자를 어떻게 선별해야 할지를 모른다. 결과적으로, 3차적 범죄 예방은 제한된 방식으로만 달성할 수 있다.

사회복귀 프로그램들에 대한 평가들

사회복귀의 노력은 그것에 대한 많은 비판에도 불구하고 지속된다. 다양한 개입프로그램들이 계속 시행되고 몇몇은 희망적인 결과를 보여준다. 몇몇 프로그램들은 앤드류와 동료들(Andrew et al., 1990)이 제시한 위험, 욕구, 그리고 반응성이라는 기본적 전제를 고수하려고 한다. 다른 프로그램들은 (보호관찰의 진전된 형태인) 집중감시보호관찰(ISP)과 같은 기존의 교정프로그램이 성장한 것이다. 다음의 논의는 최근에 나타난 모든 유형의 프로그램을 논의하지도 않고 대표하지도 않는다. 독자들이 최근의 몇몇 접근들에 대해 익숙하도록 간략히 살펴볼 것이다.

인지-행동 프로그램

치료프로그램에 대한 메타분석 결과와 교정처우의 효과에 대한 논쟁을 통해 미래에 사용할 적절한 처우에 필요한 몇 가지 제안이 도출되었다. 컬렌과 젠드류(Cullen and Gendreau, 2000)는 효과적 프로그램들의 기초가 될 수 있을 것으로 보이는 몇 가지 일반적인 원칙들을 제시한다. 첫째, 프로그램은 일탈행동과 재범의 알려진 예측인자를 대상으로 삼아야 한다. 둘째, 그리고 아마 가장 중요한 것은, 프로그램은 행동에 관한 것이어야 하고 반사회적 행위를 이끌어내는 인지적 과정들을 다루어야 한다. 그러한 프로그램은 의사결정들을 바꿔 범죄자들이 추구할만한 친사회적 반응들을 찾고 문제행동을 피하는 방법과 기술을 발전시키도록 해야 한다. 셋째, 성공적인 프로그램들은 잘 훈련된 스탭과 범죄자의 욕구에 부합되는 조치들을 통해, 지역사회 환경 속에서 높은 위험군의 범죄자들을 대상으로 삼을 것이다. 이 프로그램들은 일반적으로 이런 프로그램은 인지-행동 요법(CBT)로 집약된다. 컬렌과 젠드류(Cullen and Gendreau, 2000)는 이러한 지침을 따르는 프로그램은 긍정적 결과를 얻을 수 있을 것이라고 주장한다.

CBT와 관련해 다양한 프로그램들이 있다. 다체계적(multisystemic) 치료요법과 인지적 사고기술 프로그램(Cognitive Thinking Skills Program)이 두 가지 예이다. 광범위한 사회적 그리고 환경적 요인들이 행동에 영향을 미친다는 것이 다체계적 치료요법(*Mutisystemic Therapy, MST*)의 근간이다(Cullen and Gendreau, 2000). MST는 가족, 친구, 학교, 지역사회, 그리고 비행행동을 촉진하거나 유도하는 다른 요인들을 차단하려는 지역사회에 기초한 프로그램이다. 실제 프로그램은 개인의 욕구에 따라 달라질 것이며 대상자의 욕구와 진도에 따라 변화할 것이다. 각각의 대상자들은 프로그램의 성공과 실패에 관한 책임을 지고 있는 치료 팀으로부터 지역사회에서 강도 높은 서비스를 받는다(Cullen and Gendreau, 2000). MST에 관한 평가연구는, 이 프로그램의 참가자들의 비행이 감소하고 위험과 관련된 행동이 호전되었다고 한다(Borduin et al., 1995; Brown et al., 1999).

인지적 사고기술 프로그램(CTSP)은 또한 다차원적인 프로그램이다. 이것은 인지-행동적 문제들에 초점을 맞춘다(Gaes, et al., 1999). CTSP는 인지적 약점과 개인들의 부적절한 의사결정을 판별하는데 초점을 맞춘다. 전형적인 문제점들에는 충동적인 행동, 자기중심적 행동, 이기심, 그리고 자기를 표현하는 능력의 부족이 포함된다(Gaes et al., 1999). 잘 훈련된 프로그램 스태프들이 고객들에게 70시간의 기술훈련을 제공한다. CTSP는 미국의 몇 개 주, 그리고 영국뿐만 아니라 캐나다에까지 걸쳐 채택되었다. 게스와 동료들은 CTSP에 대한 증거를 살펴보고, 처우를 받지 않은 통제고객들보다 처우를 받은 대상자들 재범이 적었다고 보고한다. 이 차이가 통계적으로 유의미한 정도이지만, 대부분 차이가 적다. 가장 긍정적인 발견들은 지역사회 환경에서의 CTSP에서 나왔다(Gaes et al., 1999).

인지-행동적 개입프로그램들이 증가하면서 메타-분석 리뷰가 이뤄졌다. 립시와 동료들(Lipsey et al., 2001)은 재범에 집중한 실험설계 또는 의사실험설계가 있는 14개 연구들만 대상으로 삼았다. 그 결과는 한 연구만을 제외하고 모두 실험집단의 청소년에게서 낮은 재범이 보고되었지만, 13개의 긍정적 결과들 중에서 오직 3개만이 실험집단과 통제집단 사이에서의 차이가 통계적으로 유의미하였다(Lipsey, et al., 2001). 이러한 사실에도 불구하고, 이들은 전체적인 평균의 차이(즉, 모든 연구들에 걸친 결과들)는 통계적으로 유의미하였으며, 이 결과는 소수의 평가사례에 의해 큰 영향을 받았음을 의미한다고 지적한다. 특히 중요한 것은 특별히 검증과 평가를 목적으로 시행된 시범프로젝트에서 가장 최상의 성과들이 나타난다는 사실이다. 이런 경우는 프로그램이 보다 잘 이행되고 잘 전달되었다고 믿을 만하다(Lipsey, 1999; Lipsey et al., 2001). 청소년에 대한 지역사회 프로그램을 다룬 연구들에서 더 나은 결과가 나타난다.

립튼과 동료들(Lipton et al., 2002)은 세계 도처에서 행해진 프로그램에 대한 44개의 평가들을 연구했다. 전반적으로 인지행동개입(CBI)은, 그 효과의 크기에서는 다양했지만 유의미하게 재범을 감소시켰다. 마지막으로 립시와 란덴버그(Lipsey and Landenburger, 2006)는, 미국과 캐나다의 14개의 평가결과를 분석한 후, 통계적으로 유의미한 혼재된 결과가 나타나지만, 인지행동개입이 긍정적인 효과가 있는 경우가 더 많았다고 보고했다. 불행히도, 모든 14개의 연구들은 긍정적인 결과를 보고했지만, 단지 4개의 평가만이 통계적으로 유의미하였다. 이는 전체적인 결과가 단지 소수의 연구결과에 의해서 만들어졌음을 보여준다.

집중감시

사회복귀를 지지하는 많은 사람들은 차후의 일탈행동을 감소시키는 수단으로서 보호관찰 대상자나 가석방자에 대한 집중감시에 주목한다. '집중감시프로그램(intensive supervision program, ISP)'은 모든 주에서 제도화되어 있다. 일반적인 집중감시프로그램의 특징으로는 팀감시(team supervision), 대상자와 공무원의 매우 잦은 접촉, 통행금지 또는 가택구금, 원상회복, 직장이나 학교에의 출석, 약물검사, 사회봉사, 상담, 그리고 치료와 같은 것들이다(Byrne, 1990; Petersilia and Turner, 1993).

뉴저지 주의 집중감시프로그램은 그것의 한 좋은 예이다. 이 프로그램은 상대적으로 위험하지 않은 비폭력범죄자로서 교도소에서 보낸 시간이 짧은 사람들을 대상으로 한다. 보호관찰관의 평균 담당업무건수는 16건인데, 이 수치는 그들이 (직접 또는 전화로) 거의 매일 대상자들과 접촉할 것이라고 기대할 수 있는 수준이다(Pearson, 1985). 접촉의 수는 대상자가 믿을만하고 위반사항이 탐지되지 않았을 때 줄어든다. 뉴저지 프로그램에 대한 평가는 집중감시프로그램의 대상자들이 교도소 출소자에 비해 (새로운 입건을 기준으로 했을 때) 보다 낮은 재범률을 나타낸다는 것을 보여준다(Pearson, 1988; Pearson and Harper, 1990). 그러나 낮은 재범률은 위험이 낮은 사람들을 집중감시의 대상자로 선정했기 때문일 수 있다(Pearson, 1988). 실제로, 집중감시 프로그램이 (구금형을 받는 사람들에 비해) 경미한 범죄자들을 다룬다는 사실은 프로그램의 성공을 인위적으로 과장할 수 있다(Clear and Hardyman, 1990).

다른 집중감시프로그램들에 대한 평가는 다양한 결과들을 보여준다. 어윈(Erwin, 1990)은 조지아 주의 대상자 2,322명에 대한 자료를 이용하여, 집중감시프로그램의 대상자들이 차후에 덜 심각한 범죄를 저지른다는 것을 지적한다. 불행히도, 3년과 5년의 추적기간 동안 재구금률에서는 집중감시대상자와 교도소에서만 복역한 사람들 사이에 차이가 없었다(Erwin, 1990). 이 결과들은 프로그램이 실제로 낮은 위험을 가진 범죄자들이라는 사실을 감안하면 훨씬 더 실망스럽다(Morris and Tonry, 1990). 세 개의 캘리포니아 집중감시프로그램들은 이후의 입건이나 구금에 있어서 아무런 차이가 없다고 보고했는데, 이들은 무작위적으로 대상자들을 배치한 프로그램들이었다(Petersilia and Turner, 1990). 동시에, 그 연구는 집중감시 대상자들이 보다 많은 폭력범죄를 저지른다고 보고했다. 이것은 아마도 다른 연구에서 발견되는 사람들에 비해 보다 심각한 범죄자들이라는 점과 대상자들이 무작위로 배치되었다는 사실에 기인할 것이다. 미국의 지역 간 평가연구는 또한 재범에 어떤 강한 효과를 발견하지 못한다(Gowdy, 1993; Petersilia and Turner, 1993; Turner et al., 1992를 보라). 집중감시프로그램에 기대된 바와 같이, 대부분의 연구들은 상대적으로 기술적 위반의 비율이 높다고 보고한다(Erwin, 1990; Gowdy, 1993; Pearson, 1988; Pearson and Harper, 1990; Petersilia and Turner, 1990. 1993; Turner et al., 1992). 라테사와 앨런(Latessa and Allen, 2003)은 ISP에 대한 평가연구들을 리뷰하고 난 후, 4개의 연구에서 집중감시대상자들이 통제집단보다 재범을 덜 하였고, 6개의 연구에서 재범을 더 많이 하였고, 그리고 다른 6개의 연구에서 통제집단과 유사한 정도로 재범을 하였다고 보고했다.

집중감시에 대한 연구의 결과는 다양한 효과를 나타낸다. 이들은 범죄자 유형과 재범의 측정방법에 대한 효과에 따라서 다소 다르다. 대중이 유지할만한 프로그램으로서 집중감시프로그램을 받아들인다는 사실은 (아마도 증가된 감시로 인해 안전하다는 지각을 가진 탓인 것으로 보이는데) 이 프로그램에 대한 지속적인 관심을 갖게 하는 이유가 될 수 있다.

회복적 사법

범죄행동을 설명하는 데 있어서 점점 중요해지는 최근의 한 접근은 회복적 사법이다. 법을 어기고 억제, 보복, 또는 처벌을 위해 제재를 부과하는 것에 초점을 맞추는 응보적 사법에서와는 반대로, 회복적 사법은 피해자와 지역사회 모두에 대해 끼친 피해의 복구를 추구한다. 동시에 가해자가 이 회복적 사법의 과정에 참여함으로써 이익을 얻거나 복구될 수 있다는 가정을 갖는다. 이를 위해서 가해자와 피해자를 포함하여 일련의 이해당사자들을 비대결적인 분위기에서 함께 모이게 할 뿐만 아니라, 가족구성원 또는 친구, 형사사법공무원, 그리고 지역사회의 일반적인 구성원들을 모두 참여시킨다. 한 집단으로서 참가자들은 범죄 또는 반사회적 행동에 이르게 된 행위를 이해하며, 모든 당사자들에 대한 느낌과 우려를 밝히고, 모든 사람들이 동의할 수 있는 어떤 해결책을 협상하고 중재하며, 그리고 그 해결책이 잘 이행되도록 도우려고 노력한다(Bazwmore and Maloney, 1994). 커키(Kurki, 2000:266)는 회복적 사법이 관계들에 관한 것이라고 지적한다. 다시 말해서 범죄의 발생에 의해 어떤 관계가 망가지며, 범죄의 영향을 받은 사람들의 회복과 치유를 촉진하도록 그 관계들이 어떻게 재건될 수 있는가에 관한 것이 회복적 사법이다.

회복적 사법(restorative justice)이란 용어는 상대적으로 새롭지만, 회복적 사법의 요소들은 오랫동안 여기저기서 발견된다. 브레이스웨이트(1999:2)에 따르면, "회복적 사법은 모든 세계인들에게 인류의 대부분의 역사에서 형사사법의 지배적인 모델이 되어 왔다." 웨이트캠프(Weitekamp, 1999)에 따르면, 오늘날 이용되는 많은 회복적 사법절차들은 토착원주민 문화에서 남아 있는 역사적 전통으로 거슬러 올라가는 것이다. 특히 호주원주민, 이누이트, 그리고 미국과 캐나다 인디언 부족의 관습은 언급할만하다.

회복적 사법은 몇몇 기본적인 원리를 가지지만, 실제에서는 다양한 형태로 나타난다. 실제로 회복적 사법은 종종 "변화의 사법", "사회적 사법", "균형적 및 회복적 사법", "평화추구" 등의 다양한 용어로 불린다. 브레이스웨이트(2002)에 따르면, 많은 이러한 용어들과 프로그램들이 회복적 사법의 보다 일반적인 아이디어에 의해 체현되어 왔다고 한다. 회복적 사법에 대한 대부분의 논의들은 네 가지 유형의 프로그램들을 지적한다. 이들은 피해자-가해자 중재, 가족집단회합, 지역배상위원회, 그리고 평화실현/양형서클이다. 이들 각각은 아래에 논의된다.

웹 자료

다양한 조직들은 상이한 형태의 회복적 사법과 그것의 운영형태에 대한 정보를 제공한다. 그런 정보원으로서, 국제회복적실천연구소(http://iirp.edu)와 회복적 사법 온라인 블로그(http://restorativejustice.org)가 유용하다.

피해자-가해자 중재

피해자-가해자 중재는 또한 피해자-가해자 화해 프로그램(Victim-Offender Reconcilation Programs, VORP)으로도 불리는데, 이것은 1970년대 초의 초기의 논쟁해결/논쟁중재 프로그램(dispute resolution/dispute mediation program)에서 직접적으로 발전한 것이다(Umbreit, 1999). 피해자-가해자 중재(VOM)는 전형적인 유죄평결 후 프로그램인데, 피해자와 가해자가 폭넓은 쟁점들을 함께 모여서 논의한다는 점에서 그러하다. 어떤 훈련된 중재자가 또한 이런 만남에 참여한다. 피해자-가해자 중재에서 참여는 피해자에게는 자발적이지만, 가해자는 판결과정의 한 부분으로서 의무적으로 요구받는다(Umbreit, 1999). 피해자-가해자 중재 프로그램들은 공식적인 형사사법체계의 한 부분일 수도 있고, 아니면 형사사법체계와 직접적으로 연결되지 않은 다른 기관들에 의해 운영될 수도 있다.

피해자-가해자 중재 모임에서 다루는 가장 중요한 고려사항은 범죄의 결과로 피해자가 받은 피해의 유형과 수준을 가해자에게 인식하게 하는 것이다. 동시에, 가해자는 왜 그가 그런 행동을 했고 그의 행동 아래 놓인 상황에 대해 설명할 기회가 주어진다. 그 모임의 초점은 피해자의 피해를 복구하고 피해자의 상처를 물리적, 감정적으로 치료하는 데 도움을 주며, 지역사회를 범죄가 일어나기 이전의 상태로 복구하고, 그리고 가해자를 사회로 재통합하는 것이다(Umbreit et al., 2003). 양 당사자들은 그 과정의 동등한 참여자들로 여겨지며, 그들이 범죄 당시의 감정을 표현할 시간이 주어진다. 이러한 모임의 성과는 상호 동의할만한 해결책이어야 한다. 피해자에 대한 해결책으로는 가해자가 금전적 배상을 하고 피해를 복구하기 위해 노력하는 것이다. 아마도 양 당사자들이 서로에 대한 이해도의 변화와 가해자 쪽에서의 행동과 태도의 변화는 동등한 중요성을 갖는다.

가족집단회합

가족집단회합(Family Group Conferencing, FGC)은 뉴질랜드의 마오리족의 관습에 기초한다. 가족집단회합과 피해자-가해자 중재 사이의 가장 큰 차이점은 가족구성원, 친한 친구, 그리고 다른 피해자와 가해자의 지지집단을 회합에 포함하는 것이다. 또한 여기에는 사회사업가, 경찰관, 그리고 가해자의 변호사와 같은 형사사법기관의 인력을 포함할 수도 있다(Van Ness and Strong, 2015). 이러한 참가자의 확대는 가족과 지지집단들이 가해자를 감시하고 회합 후에 만들어진 어떤 약속이 확실히 이행되도록 하기 위해서 매우 중요하다(Kurki, 2000).

가족집단 회합은 뉴질랜드에서 1989년에 처음으로 나타났는데, 14세에서 17세의 청소년 연령대만을 대상으로 하였다(Kurki, 2000). 대부분의 회합들이 주로 사소한 청소년의 잘못된 행동들을 다루지만, 중범죄나 상습적인 범죄자를 다룰 수도 있다. 피해자-가해자 중재와 유사하게, 가족집단회합의 강조점은 당사자들 사이에 어떤 일이 발생했고, 왜 일어났으며, 그리고 그러한 피해를 다루는 가장 적절한 조치가 무엇인지에 대해 논의하게 한다는데 있다. 피해자-가해자 중재와는 달리, 그러한 회합들은 어떤 공식적인 중재자를 요하지 않는다. 오히려 가족집단회합에는 모든 당사자들에 의해 합의가 이루어질 때까지 토론이 긍정적인 방향으로 진행되도록 도움을 주는 사람이 있다. 회합은 재판전이나 재판 후에 언제든지 열 수 있고, 미국(McGarrell et al., 2000)과 호주(Moore and

O'Connell, 1994)에서 경찰과 재판 전 다이버전 프로그램의 한 부분이 되어 왔다.

지역배상회원회

지역배상위원회(neighborhood reparative boards, NRBs)는 지역책무위원회(neighborhood accountability boards)로도 불리는데, 이것은 1990년 중반에 만들어졌고 일반적으로 비폭력 청소년범죄자들을 다룬다. 다른 회복 조치들과 달리 NRB는 피해자와 지역사회를 범행 이전 상태로 되돌리고 범법자에게 개선을 요구하며, 범법자에게 그의 행동이 피해자와 지역사회에 미친 영향을 이해하도록 돕는 것을 목표로 한다. 사건들은 법원에 의해 위원회에 회부되는데, 종종 공식적인 판결 이전에 이뤄진다. 지역배상위원회와 다른 유형의 회복적 회합들 사이에 철학적 유사성이 있지만, 이들이 실제로 운영되는 방식에는 몇몇 차이가 있다. 첫째, 피해자가 참여할 것이 요구되지 않는다. 실제로 많은 초기 위원회는 피해자의 참여에 대해 난색을 표했었지만(Strickland, 2004), 점점 피해자의 참여가 일반화되고 있다. 둘째, 회합은 종종 대중에게 공개되지만, 실제의 참여는 이야기를 듣고 싶은 사람으로 위원회가 제한을 한다. 위원회는 가해자에게 질문을 하고, 가해자의 가족과 사건에 대해 아는 다른 사람들의 진술을 조사한다(Bazemore and Umbreit, 2001). 셋째, 이 위원회는 심리과정을 수행하고 적절한 제재를 강구하는 데 특별히 훈련받은 소규모의 시민들로 구성된다.

이 심리의 결론에서, 위원회는 비공개로 숙고를 하고 가해자가 따라야 할 일련의 행동들을 제안한다. 만약 가해자가 그 계획에 동의하면, 위원회는 가해자가 그 조건을 순응하는지 감독하고 법원에 가해자의 성공 또는 실패에 대한 보고를 한다(Bazemore and Umbreit, 2001). 전형적으로 만들어지는 조건은 배상, 사과, 그리고 사회봉사이다(Karp, 2001).

평화실현/양형써클

양형써클(Sentencing Circle)은 북미 인디언의 절차에 기초하는데, 모든 이해당사자들을 가해자에 대한 적절한 제재를 결정하는 데에 참여하게 한다(Van Ness and Strong, 2002). 가족집단회합에서 전형적으로 발견되는 그러한 사람들이 모두 집단에 포함되며, 또한 참여하고자 하는 지역사회의 다른 구성원들도 포함된다. 양형써클에 의해 다루어지는 대부분의 사건들은 사소한 범죄들이지만, 어떤 프로그램은 보다 중한 범죄들을 다루기도 한다(Stuart, 1996). 양형집단과 다른 회복적 사법의 다른 형태들 사이의 한 중요한 차이점은 양형집단이 주로 성인과 청소년 모두에게 사용된다는 점이다 (Kurki, 2000).

모든 양형서클 참가자들은 범죄에 대해 말하고 자기 감정을 표현하며, 그 토론의 결과에 대해 의견과 근거를 제공할 기회가 주어진다. 그 집단들이 (잠재적으로) 넓은 범위의 참가자들을 포함한다는 사실은 실제의 모임 전에 많은 계획과 준비가 필요하다는 것을 의미한다(Kurki, 2000). 집단의 의도된 도출 결과는 어떤 행동계획에 대한 합의인데, 재판판사나 일련의 지역사회에 기초한 개입에 대한 명시적인 양형권고들(잠재적으로 구치소나 감옥)을 포함할 수 있다(Van Ness and Strong, 2002). 집단의 권고는 구치소나 교도소에 구금되어 있을 때의 권고사항들을 포함할 수도 있다(Sturt, 1996). 집단의 결정은 종종 가해자에게 구속력이 있고(특히 공식적인 법원 기록으로 만들어질 수 있다), 그러한 결정을 지키지 않으면 형사사법기관이나 그 집단의 추가적인 개입을 가져올 수 있다(Van Ness and Strong, 2015).

회복적 사법의 효과

회복적 사법 프로그램들은 다수 상이한 성과들을 목표로 하는데, 피해자의 피해를 복구하고 가해자를 사회로 복귀시키는 것이 포함된다. 많은 평가들은 그러한 과정에서의 피해자와 가해자가 얼마나 만족하는지와, 그들이 해결책에 대해 얼마나 순응하고 이행을 잘 했는지에 초점을 맞춘다. 거의 예외 없이, 피해자와 가해자는 모두 그들이 참여한 회복적 사법 과정에 만족을 표한다(Braithwaite, 1999). 피해자–가해자 중재에 대한 평가에 따르면, 일반적으로 75%에서 100% 정도의 참여자가 중재에 대해 만족감을 표현했다(Kurki, 2000). 유사하게 높은 수준의 만족도는 가족집단회합에서 나타난다(Bazemore and Umbreit, 2001; Moore and O'Connell, 1994; Umbreit et al., 2003). 또한 만족도의 수준은 그 과정이 공정하다는 참여자의 느낌을 반영한다(McGarrell et al., 2000; Umbreit, 1999; Umbreit and Coates, 1992; Umbreit et al., 2003).

만족도에 영향을 미치는 것 중의 하나는 그 모임이 해결책에 대한 합의를 이끌어 낼 수 있는지와 당사자들이 그 합의에 대해 얼마나 납득을 하는가이다. 다시 말해서, 대부분의 모임들은 어떤 합의에 이르고 대부분의 당사자들은 그러한 해결책을 따른다는 증거가 있다(Brathwaith, 1999; Kurki, 2000; Schiff, 1999; Umbreit and Coates, 1993). 배상은 많은 합의에서 일반적으로 포함되는 요소이며, 평가연구들은 가족집단회합에 참여하는 90% 이상의 가해자들이 명령받은 배상을 했다(Wachtel, 1995). 맥가렐과 그의 동료들(McGarrell et al., 2000)에 따르면, 회합프로그램의 참가자들은 보통 집단의 대상자들보다 상당히 더 높은 이행률을 나타냈다.

참가자들이 이 프로그램에 자발적으로 참여한다는 사실을 감안할 때, 높은 만족도와 순응도를 그대로 믿기는 어렵다. 이것은 특히 피해자에게 사실이지만, 많은 지역에서 가해자는 그 과정을 탈퇴할 수 있다. 그 프로그램에 자원해 참여한다는 사실은 그 과정을 시작하는 것에 보다 고분고분한 개인들이 그 프로그램에 포함된다는 것을 의미할지도 모른다. 회복적 사법 프로그램을 긍정적으로 평가하게 하는 태생적인 편견이 있을 수 있다. 예를 들어 엄브레이트와 동료들(Umbreit et al., 2003)은 피해자-가해자 중재에 참여하도록 요구받은 피해자와 가해자의 단지 40~60%만이 참여했다고 지적했다. 유사하게 맥콜드와 와쉬텔(McCold and Wachtel, 1998)은 10개의 가족집단 회합 사례들 중에서 6개는 참여거부 때문에 아예 회합이 이루어지지 않았다고 보고했다.

프로그램 이후 범죄의 감소는 회복적 사법 프로그램들이 희망하는 범죄예방의 목표이지만, 회복적 사법 문헌에서 가해자의 재범에 대한 연구는 상대적으로 거의 없다. 엄브레이트와 코트스(Umbreit and Coates, 1993)는 세 주에서 피해자-가해자 중재프로그램에 참여한 청소년들을 일반적인 청소년 사법과정을 경험한 사람들과 비교했는데, 피해자-가해자 중재 프로그램에 참여한 사람들이 유의미하게 낮은 재범률을 나타냈다. 맥가렐과 동료들(McGarrell et al., 2000)에 따르면, 일반적인 사법과정을 거친 청소년들에 비해 피해자-가해자 중재프로그램에 참여한 청소년들이 40%의 재범의 감소가 나타났다고 한다. 엄브레이트와 동료들(Umbreit et al., 2001)에 따르면, 오레건주의 두 카운티에서 피해자-가해자 중재 프로그램을 완수한 청소년들은 개입 이전의 연도에 비하여 프로그램 참여 후에 적어도 68% 비행을 적게 했다. 칼훈과 펠리치(Calhoun and Pelech, 2010)는 캐나다의 캘거리(Calgary)에서의 회합은 가해자가 더 많은 책임을 떠맡게 만들고 피해자-가해자 관계를 복구했다고 지적했다. 다른 연구들(Hayes and Daley, 2004; Rodriguez, 2005)은 회합 후 재범이 감소했는데, 이것은 범죄유형과 가해자의 유형에 따라서 달라진다는 것을 보여준다. 마지막으로, 레티머와 동료들(Latimer et al., 2005)은 메타분석을 수행한 후, 회복적 사법이 전통적인 형사사법 프로그램보다 재범을 줄이는 데 더 효과적이라고 보고했다. 회복적 사법 프로그램들이 효과가 있게 하거나, 효과가 없게 만드는 조건들을 찾아내고 이해할 필요성은 아직 남아 있다(Brathwaite, 2002).

요약

최근에 회복적 사법에 대한 관심의 증가는 세계 도처에서 이 프로그램의 성장을 이끌었다. 회복적 사법 접근들이 점점 인기를 얻고 있음에도 불구하고, 그것의 효과, 특히 양형써클과 관계에서 훨씬 더 많은 연구가 이뤄질 필요가 있다. 개입 조치들의 예방적 효과에 대한 양질의 평가도 여전히 부족한 상태다. 대부분의 프로그램에서 어느 정도 기본 수준의 강요가 있고 많은 프로그램이 피의자 측 변호사의 참석을 허용하지 않고 (적어도 난색을 표하고) 따라서 피의자의 헌법적 권리와 절차적 안전판의 쟁점을 만들어내고 있다(Feld, 1999; Leverant et al., 1999). 펠드(Feld, 1999)는 대부분의 회복적 사법 프로그램에서, 두드러지는 권력의 불균형이 존재한다는 점을 지적한다. 이것은 청소년 가해자가 피해자뿐만 아니라 피해자의 지지집단, 형사사법기관의 구성원, 그리고 일반적인 지역사회로부터의 낯선 사람들을 접해야 할 때 특히 문제가 된다.

전문법원

전문화된 유형의 범죄자와 범죄를 다루는 전문법원(specialized courts)은 미국 도처에서 일반적인 상황이 되고 있다. 여기서는 약물법원, 또래법원, 정신건강법원의 세 가지 전문법원을 고려한다.

약물법원

약물법원은 아마도 가장 널리 퍼져있는 전문법원이다. (물론 또래법원이 전문법원의 효시라는 주장은 있다.) 1980년대 후반과 1990년대 초반의 약물범죄의 엄청난 증가는 범죄에 대한 강경대응(get tough) 정책과 의무적 양형법으로 이어졌고 법원소송과 교정시설의 과밀화 원인이 되었다. 이 문제를 다루기 위해서, 플로리다의 데이드(Dade) 카운티 법원들은 1989년에 약물범죄자들을 심리하기 위한 어떤 분리된 법원을 처음으로 건설할 것을 결정했다. 약물법원이 근거하는 철학은 법원의 권위를 이용하여, 약물사용과 관련된 범죄행동을 감소시키기 위해 치료에 참여하게 하고 이것을 성공적으로 완료하도록 촉진하는 것이다. 약물법원은 검사, 경찰, 보호관찰관, 판사, 치료전문가, 사회서비스요원, 그리고 다른 지역사회의 집단들이 범법자가 약물을 끊도록 함께 일하는 협력의 표본이다(Drug Courts Program Office, 2000). 법원은 가해자들이 프로그램에 참여하게 하고 약물을 절제하도록 하는데 강제력을 이용할 수 있다. 법원은 가해자가 약물법원프로그램에 참여하여 이 과정을 완료한다면 가해자의 양형을 유예하거나 형사책임의 면제시켜줌으로써 참여를 유도할 수 있다. 약물법원은 형사사법 판결 전 단계 또는 판결 후 단계에서 모두 이용된다.

대부분의 약물법원 프로그램에서 발견되는 일련의 공통적인 핵심요소들이 있다. 그러한 공통요소들 중에는 잦은 법원출석, 주기적인 약물테스트, 치료평가, 적어도 한 번의 치료프로그램 참가, 그리고 사후지도가 있다. 법원출석은 일반적으로 프로그램 초기에 보다 많은 출석을 하고 대상자가 과정을 이수함에 따라 점점 적게 출석하는 형태의 점진적인 패턴을 띤다. 초기의 출석은 한 주에 두 번 정도로 잦지만, 한 달에 2, 3번 정도로 줄어들 수 있다. 이러한 출석을 통해 판사는 대상자를 칭찬하고 지지하거나, 만약 대상자의 행동과 과정이 나아지지 않는다면 잘 하라고 경고하거나 제재로써 위협할 수 있다(Gottfredson et al., 2003). 주기적인 약물테스트는 약물법원의 중요한 두 번째 구성요소이다. 광범위한 기간 동안 주기적으로 대상자들을 테스트한다는 것을 아는 것은 그러한 전체 과정에 대한 책임감을 높인다.

세 번째 공통요소인 치료평가는 개별적 범죄자들의 욕구를 알아내고 그 범죄자들에게 적절한 프로그램을 부여하는 데 도움을 준다. 공통적인 치료프로그램들은 해독법, 메타돈 유지법, 지지집단, 상담, 그리고 약물문제와 직접적으로 관련된 다른 활동들을 포함할 수 있다. 치료는 교육프로그램, 직업훈련, 고용지원, 거처마련지원, 그리고 일상의 생활체험과 유사한 도움들의 형태를 취할 수 있다(Drug Courts Program Office, 1998). 그러한 의무적인 치료는 일반적으로 적어도 1년 동안 지속되지만, 그러한 치료의 구체적인 요법은 그 기간 동안 변할 수 있다. 마지막 주요 구성요소는 개인에 대한 사후지도계획이다. 단지 개인을 약물법원과 치료프로그램에서 무방비상태로 종료시키기보다는, 대부분의 프로그램들은 몇몇 유형의 사후지원을 제공하는데, 추가적인 치료부터 지지집단에 이르기까지 다양하다.

웹 자료

약물법원에 대한 보다 많은 정보는 미국사법연구소(National Institute of Justice)의 웹사이트(http://www.nij.gov/topics/courts/drug-court.Pages/welcome.aspx)와 약물법원관계자협회(National Association of Drug Court Professionals)의 웹사이트(http://www.nadcp.org)에서 찾을 수 있다.

미국사법연구소(National Institute of Justice, 2015)에 따르면, 전국에 3,400개 이상의 약물법원이 운용되고 있고 매 주에 한 개는 있다. 1,500여곳은 성인을, 433곳은 청소년을 위한 법원이고, 300곳은 가족이나 나머지 목표 집단을 집중적으로 다룬다. 약물법원의 급성장은 부분적으로 1994년의 폭력범죄통제지원법(Violent Crime Control and Law Enforcement Act) 통과에 기여했다. 이 법은 약물법원 프로그램에 연방정부 자금을 제공하도록 하고 있다.

약물법원프로그그램의 효과성에 대한 문헌은 혼재된 그림을 보여준다. 대부분의 분석들은 약물법원참여자들이 비교집단에 비해 유의미하게 낮은 수준으로 재범을 한다고 보고했다(Brewster, 2001; Goldkamp and Wieland, 1993; Gottfredson et al., 2003; Harrell, 1998; Henggeler et al., 2006; Listwas et al., 2003; McKenzie, 2006; Marlowe, 2010; Spohn et al., 2001). 미국 전역에 걸친 성인 약물법원에 대한 5년 간의 종단적 분석은, 약물법원 참여자들이 유의미하게 더(17%까지) 약물을 하지 않았고, 또 12% 더 적게 범죄를 저질렀다고 보고한다(Rossman and Zweig, 2012). 많은 분석에서 하나의 중요 이슈는 치료 프로그램을 마치지 않은 이들을 고려하지 않거나 프로그램을 마치지 않은 이들을 통제집단으로 이용해서 평가한다는 점이다. 이 상황은 두 가지의 동등하지 않은 집단들, 즉 성공한 사람들과 실패한 사람들의 비교를 하게 만든다. 그 프로그램을 이수한 사람들이 재범을 덜 한다는 것은 놀랍지 않다. 왜냐하면 그들은 우선 첫 단계에서 성공하기 때문이다. 반면에 프로그램을 완료하지 못한 사람들은 평가의 착수부터 실패하고 보다 많은 범죄를 저지를 것이다. 그러한 동등하지 못한 통제집단과 실험집단의 문제는 이러한 상황에서 사라지지 않을 것이다. 두 번째 문제점은 많은 평가들이 단지 프로그램에 참여하는 동안에만 재범을 측정한다는 것이다(GAO, 1997).

약물법원의 수는 매년 증가하고 있고, 그 아이디어는 음주운전자, 퇴역군인, 사회재진입자, 그리고 다른 전문법원으로 확대되고 있다. 그 움직임 위에 놓여있는 추진력으로는 연방과 주의 자금지원, 약물법원 지지자들의 큰 목소리, 구금에 비한 비용절감, 그리고 치료를 법원의 제재와 결합하는 것이 소송 진행의 최선의 방식이라는 데 대한 공감대와 같은 것들이 있다.

또래법원

또래법원(teen court or youth court)은 전통적인 소년법원(juvenile court) 환경에

서 청소년들을 다루는 대안으로 부상하고 있다. 또래법원은 철학적으로 회복적 사법에 근거하고, 청소년이 판사, 검사 및 변호사, 그리고 배심원으로 역할을 한다. 여기에 회부되는 사건은 지위비행, 경미범죄, 그리고 때로는 낮은 수준의 중범죄이다. 가장 일반적인 벌은 사회봉사이다. 다른 제재로는 또래법원의 배심원으로 참여하기, 반성문쓰기, 사회봉사, 그리고 금전적 배상이 있다. 미국 49개 주와 컬럼비아 특별주(D.C.)에서 운영되는 또래법원은 1,050개가 넘고, 한 해에 110,000건 이상을 다루며, 1차적인 다이버전을 한다(National Association of Youth Courts, 2015).

웹 자료

전국또래법원협회는 다음 주소에서 또래법원에 대한 풍부한 정보를 제공한다.
http://www.youthcourt.net

또래법원의 효과에 대한 연구는 이 프로그램이 유망하지만 그 효과가 확실치는 않다고 지적한다. 일리노이주의 또래법원에 대한 최근의 한 연구는 재범률이 1년 후 단지 12%, 2년 후에는 19%라는 것을 발견했다(Rasmussen, 2004). 알래스카, 애리조나, 메릴랜드, 그리고 미저리주의 또래법원에 대한 한 연구는 4개 지역 중 2개 지역에서 또래법원 청소년이 통계적으로 재범이 적다는 것을 발견했다. 알래스카주에서 또래법원 청소년의 6%가 재범을 했는데, 이것은 비교집단의 23%와 비교해서 낮았다. 미저리주에서는 또래법원 청소년의 9%가 재범을 한 데 비해서 비 또래법원 청소년의 28%가 재범을 했다. 이 평가의 연구자들은 "또래법원이 전통적인 소년법원에 대해 희망적인 대안"이라고 결론내렸다(Butts et al., 2002:34). 다른 두 연구는 대상자들을 무작위로 배치하여 평가를 했다. 이 연구들은 또래법원에서 아무런 유의미한 효과를 발견할 수 없었다.(Patrick and Marsh, 2005 Stickle et al., 2008). 마지막으로, 오하이오주의 제니아(Xenia)의 또래법원 프로그램에 대한 한 연구는 재범에 아무런 효과가 없다는 것을 발견했다. 이들은 효과를 발견하지 못함으로써 또래법원이 "전통적인 소년법원과 별 차이가 없거나 단지 약간 더 나은 정도다"(Norris et al., 2011:215)고 결론내렸다.

또래법원은 심각한 비행을 다루려고 만들어진 것이 아니다. 또래법원의 2/3가 폭행을 다루기는 하지만, 여기서 다루는 대부분의 범죄는 상점절도, 통행금지 위반, 대마초 소지, 그리고 무질서행동과 같은 낮은 수준의 위반이다(National Association of Youth

Courts, 2015). 또래법원이 자원봉사자를 이용하고 예산규모가 크지 않다는 점은 비용이 적게 든다는 것을 의미한다. 누가 말한 것처럼, 또래법원은 "초범 청소년에 대해 '꾸지람을 하는 것' 이상의 어떤 것을 하지 못하는 소년법원 체계의 실패에 대한 하나의 부분적인 대안"일 수 있다(Rasmussen, 2004:615).

정신건강법원

마지막 다룰 전문법원은 정신건강법원이다. 앞의 전문법원과 같이 정신건강법원(mental health courts)은 형사법원에 피고로 온, 정신적으로 문제가 있는 개인들의 욕구와 상황을 전문적으로 다룬다. 지난 30년 이상 정신적으로 문제가 있는 사람들의 탈시설화가 진행되었고, 이러한 추세로 인해 이들이 검거되고 형사법원에서 다뤄지는 일이 증가했다. 이것은 정신적인 문제가 있는 사람과 접하는 개인이나 가족이 가진 욕구나 문제에 보다 잘 맞는 어떤 대안적 개입이 부족했던 탓이다. 정신건강법원은 1990년에 거의 없었지만, 오늘날 청소년을 대상으로 하는 것까지 포함하여 250개 이상이 존재한다(Cocozza and Shufelt, 2006).

정신건강법원의 주요 목표는 정신적으로 문제가 있는 많은 사람들이 형사법원으로 넘겨지지 않도록 하고, 교정시설에 보내지는 걸 막는 것이다(MHA, 2009). 다른 목표는 지역사회의 안전을 증진하고, 대상자의 생활조건을 개선하며, 정신적으로 문제가 있는 사람들이 필요로 하는 서비스와 자원을 통합하고, 그들에게 필요한 치료를 제공하는 것이다. 이 목표는 전문화된 법원 심리예정표를 만듦으로써 가능한데, 정신건강전문가, 사회복지사, 그리고 형사사법기관 직원의 전문적인 의견서를 모아야 한다. 법원은 검사하고 평가하며, 치료가 잘 이루어지는지 감독을 한다(Council of State Governments Justice Cnter, 2008). 도움을 필요로 하는 많은 사람들은 심각한 정신병으로 고통을 받고, 이와 관련된 문제들, 특히 약물남용문제를 갖고 있다(Council of State Governments Justice Cnter, 2008; MHA, 2009).

웹 자료

미국정신건강(Mental Health America)는 정신건강 욕구와 정신건강법원을 포함한 개입에 관해 많은 유용한 정보들을 제공한다.
http://www.nmha.org/

정신건강법원에 대한 평가는, 그 수에서 적지만, 긍정적인 결과를 제시한다. 주정부사법센터위원회(Council of State Government Justice Center, 2008)의 법원 운영과 성과에 대한 한 평가는 이 법원을 거쳐 간 사람들은 거의 재입건되지 않으며, 거의 새로 고소당하지도 않고, 구치소에서 보내는 기간도 보다 적다는 것을 발견했다. 이것은 대상자를 위해 보다 더 독립적인 역할을 한다. 뉴욕의 브롱크스(Bronx)와 브루클린(Brooklyn)에서의 법원에 대한 한 분석은 유사한 긍정적인 결과를 보고한다. 3개년 동안의 평가에서, 로스만과 동료들(Rossman et al., 2012)은 매칭된 일반법원 대상자들에 비해서 정신건강법원의 대상자들이 유의미하게 보다 낮은 재범률(재입건과 재유죄판결 기준)을 발견했다. 이 결과는 정신건강법원이 특별한 욕구를 가진 사람들을 돕는데 효과적이라는 사실을 보여준다.

웹 자료

여러분은 다음 문서를 다운로드함으로써 뉴욕의 정신건강법원에 대한 자세한 평가결과를 볼 수 있다.
http://www.ncjrs.gov/pdffiles1/NIJ/grants/238264.pdf

요약

전문법원의 증가는 문제 있는 개인과 상황에 개입하는 새로운 장을 연다. 이 법원들에 내재한 그 유연성은 그들이 다루어야 하는 독특한 상황과 사람들을 감당할 수 있게 한다. 약물법원의 큰 성장과 성공은 또래법원과 정신건강법원의 발전을 위한 준비가 되었다. 다양한 유형의 전문법원의 효과성에 대한 증거는 대개 긍정적이다.

사회복귀와 범죄예방에 대한 평가

이 책에서 제시된 다양한 요약과 프로그램들의 결과는 범죄예방의 도구로서 사회복귀를 이용하는 것에 대해서 희망과 우려를 모두 제기한다. 심지어 많은 특수한 사회복귀 프로그램들이 필요에 의해 현재의 논의에서 제외되었다고 하더라도, 많은 리뷰들과 논의된 프로그램들에서 재범 효과를 똑 부러지게 말할 수 없다. 이런 결과가 많은 연구자들로 하여금 사회복귀 프로그램을 범죄 예방의 가능한 형태로 보는 걸 포기하게 만든다. 그러나 일부의 프로그램들이 긍정적인 결과를 보여준다는 것을 아는 것은 중요하다. 이러한 유망한 프로그램들 중에는 인지행동요법과 다차원적 개입이 있는데, 둘 다 특히 지역사회 내에서 집중적 과정을 통해 범죄자에게 맞는 치료를 제공한다.

사회복귀 프로그램에 대한 가장 큰 지지는 대안적 성과 측정방식을 이용하는 연구들에서 찾아볼 수 있다. 사회복귀가 개인의 사고방식과 자부심을 개선할 수 있다는 명확한 증거가 있다. 다양한 프로그램들은 교육적 직업적 달성을 촉진하는 데 성공적이었다. 심리적 적응의 정도는 많은 개입에 의해 개선되어 왔다. 그러나 이러한 성과와 다른 성과들은 3차적 예방의 중심적인 관심사와는 관련이 없다. 3차적 예방은 이후의 비행이나 범죄의 수준을 감소시키거나 없애는 것에 초점이 맞추어져 있다. 사회복귀에 대한 평가연구들이 제한된 성공을 했다는 이유는 여기에 있다.

사회복귀를 지지하는 사람들은, 프로그램을 지속하는 이론적 근거로서 프로그램의 큰 비용절감과 함께 대안적 형태의 성공에 주목한다. 실제로, 사회복귀 프로그램의 해로운 효과를 보여주는 연구는 거의 없다. 대상자들은 단지 그들이 전통적인 과정과 구금을 통해서 처우되는 경우에 비해 별 차이가 없을 뿐이다. 사회에 대한 어떤 위험이 없이 전통적인 방식을 뛰어넘는 사회복귀의 비용 절감 효과는 다양한 개입에 대한 실험을 계속하기에 충분한 이유가 될 수 있다. 또한 과거 프로그램들의 실패는 우리에게 효율적인 프로그램에 대한 정보를 제공할 것이다. 적절한 대상자에게 적절한 프로그램을 짝지으려는 많은 시도들에서 점점 더 새로운 정보가 나타나고 있다.

흥미롭게도, 집중감시보호관찰, 회복적 사법, 그리고 약물법원처럼 가장 최근의 사회복귀 노력 상당수가 개입을 위한 자원이나 환경의 원천을 지역사회에서 찾는다. 집중감시는 주거환경 밖에 있는 대상자들과 협력한다. 회복적 사법은 시행을 위해 폭넓은 지역사회의 구성원과 집단들을 참여시켜야 한다. 특별법원은 지역사회 환경에서 사회복귀와 치료를 모색한다. 이것은 부분적으로 지역사회의 영향과 분위기가 사회복귀와 범죄예방의 중요한 측면이라는 인식과 믿음 때문이다. 지역사회의 자원을 찾고 이용하려는 아이디어는 1차적 예방과 2차적 예방에서 발견되는 아이디어와 다르지 않다. 이러한 사회복귀의 노력들이 재범률에서 큰 감소를 가져오지는 않았지만, 이용가능한 긍정적 결과들은 이들이 3차 예방이 추구하는 유익한 방향이다.

주요 용어

- 집적된 수준의 평가
- 인지행동 요법(CBI)
- 약물법원
- 개인적 수준의 평가
- 정신건강법원
- 지역배상위원회(NPBs)
- 회복적 사법
- 동어반복
- 피해자–가해자 중재(VOM)
- 양형써클
- 인지적 사고 기술(CTSP)
- 가족집단 회합
- 집중감시보호관찰
- 다체계적 치료요법(MST)
- 평화실현/양형써클
- 위험, 욕구, 반응성
- 또래법원

제17장 범죄예방과 미래에 대한 맺음말

장 개요

- 범죄예방효과에 대한 현재의 지식수준
- 바람직한 평가연구의 조건
- 범죄예방에서 다양성의 인식
- 요약

학습 목표

이 장을 읽은 후 여러분은 다음을 할 수 있어야 한다.

- 범죄예방에 대한 증거들을 리뷰한다.
- 미래의 분석에서 다룰 필요가 있는 평가의 문제들을 찾는다.

제17장 범죄예방과 미래에 대한 맺음말

범죄예방은 매우 다양한 아이디어와 접근들을 포함한다. 실제로, 범죄예방에 대해 정확히 똑같이 정의하거나 이해하는 사람은 없다. 그것은 시각장애인 몇 명에게 코끼리 앞으로 가서 그들의 앞에 있는 것을 설명하라고 한 우화와 다름이 없다. 코끼리의 몸통을 만지는 사람은 다리나 꼬리를 만지는 사람과는 다르게 정의할 것이다. 통찰력 있는 사람들은 보다 쉽고 완벽하게 묘사하겠지만, 몇몇 사람은 코끼리의 다른 측면을 강조하거나 고집할 수 있다. 범죄예방 논의도 종종 이런 식의 다양한 설명을 낳는다. 정보를 설명하는 사람과 그것을 듣는 사람, 둘 다 다소 다른 것을 마음속에 그릴 수 있다. 내재적으로 어떤 것이 옳고 그른 게 아닌데도 그들의 결론은 정확히 같지는 않다.

이 책을 통해 범죄예방에 대한 다양한 시각들을 제시하고자 하였다. 본질적으로, 필자는 다양한 다른 면에서 코끼리를 만지고 각각에 대한 중요한 사실을 연관 지어 설명하려고 노력해 왔다. 동시에, 다양한 부분들을 또 다른 부분과 관련시켜 설명하려고 의식적으로 노력했다. 그 부분들이 어떻게 보다 의미 있는 전체를 구성할 수 있는지를 보여주기 위해서였다. 각 장은 독자적으로 존재가능하다. 그들은 모두 범죄예방의 몇몇 단면을 보여준다. 그러나 그들을 함께 묶어 논의하는 것은 범죄예방의 많은 가능한 모습 중에서 보다 완전한 형태를 보여준다. 필자가 곳곳에서 코끼리 다리나 귀에 대해 놓쳤다는 것을 역시 인정한다. 이 짧은 결론 장의 균형을 위해서, 범죄예방에 대한 몇가지 요약 의견을 제시하고, 빠뜨리거나 단지 대략적으로만 언급한 영역이나 아이디어를 지적할 생각이다.

범죄예방효과에 대한 현재의 지식수준

범죄예방프로그램이 효과가 있다는 것은 의심의 여지가 없다. 효과적인 프로그램들을 앞의 장 곳곳에서 언급해 왔다. 그러나 범죄예방효과의 정도는 시간과 공간에 따라서 변하며, 이것은 효과를 분석하는 접근 방법에 따라 변한다. 실제로, 모든 프로그램이 모든 상황에서 동일한 효과를 갖는 것은 아니다. 범죄의 두려움에 대해서는 아무런 효과가 없지만 한 지역에서 범죄가 감소될 수 있다. 같은 프로그램을 다른 지역에서 시행하면 반대의 결과를 가져올 수도 있다. 즉 범죄는 그대로인데 두려움이 감소할 수 있다. 모든 상황에 적용 가능하다고 증명된, 단일한 범죄예방 접근은 없다. 대부분의 개입은 상이한 유형의 범죄자와 문제들에 한정된 환경에서 효과가 있는 것으로 나타난다. 그러므로 가장 위대한 도전은 효과의 인과적 메커니즘을 알아내어 효과적인 프로그램이 다른 지역에서 그리고 다른 시대에 시행될 수 있도록 하는 것이다.

전통적으로, 1차적 예방에 속하는 조치들은 범죄예방을 거론할 때마다 대부분의 사람이 생각하는 보편적인 것들이다. 물리적 보안장치와 이웃범죄예방프로그램이 여러 논의에서 주로 다뤄졌다. 빌딩이나 어떤 지역의 물리적 설계의 변화가 범죄의 형태와 정도를 변화시킨다는 것은 거의 의심할 여지가 없다. 적어도 이러한 조치들은 잠재적인 범죄자가 성공적으로 범행하는 것을 보다 어렵게 만든다. 시민들은 또한 그러한 설계변화의 결과로 보다 안전해졌다는 느낌을 갖는다. 이웃감시와 다른 협동적인 시민프로그램들은 또한 범죄건수와 여기에 대한 시민의 지각을 변화시킨다는 점에서 희망적이다. 중요한 장애 요인은 두려워하는 시민들을 그들의 집 밖으로 나오게 만들고 범죄예방프로그램에 참여하게 만드는 것이다. 프로그램들과 캠페인들은 거의 30년 이상 그러한 풀뿌리 조직을 만들어내기 위해 집중적인 노력을 해 왔고, 아직도 시민의 참여를 위해서 투쟁하고 있다.

모든 범죄가 전이되지는 않지만, 전이가 대부분의 분석에서 실질적으로 가능하다는 것을 보여주는 많은 증거들이 있다. 그러므로 한 중요한 도전과제는 전이를 만들어내는 메커니즘을 더 조사하고 그러한 발생의 정도를 완화시키는 조치를 밝혀내는 것이다.

상황적 범죄예방을 향한 움직임의 변화는 예방조치들이 보다 구체적이고 보다 잘 정의된 문제들을 목표로 할 필요가 있고, 그리고 프로그램이 상이한 개인과 집단들 사이에서 서로 협조하는 모험적 사업이 될 필요가 있음을 인정하는 증거가 된다. 많은 경우 이러한 상황적 예방조치들은 1차적 예방프로그램들에서 발견되는 것들과 같다. 상황적 예방과 지역사회 경찰활동은 아마도 2차적 예방들 중에서 가장 인정할만한 아이디어들이다. 동시에 문제청소년들을 다루기 위해 학교에서 시행되는 것과 같은 프로그램들은 2차적 예방기법들로 평가될 수 있다. 이러한 다양한 아이디어들을 한 데 묶는 것은, 이들이 모두 후에 범죄를 발생시킬 가능성이 큰 개인, 집단 또는 장소들에 대처하는 시도들이기 때문이다. 어떤 문제에 대해 세심히 고려해야 효과적인 해결책의 도출에 도움이 되는 게 명백하다. 여기서 핵심적인 문제들은 미래의 범죄를 예측하는 어려움, 다른 개인이나 집단들로부터 지지를 이끌어내는 문제, 그리고 형사사법체계가 혼자서는 그 일을 할 수 없다는 사실을 사람들에게 인식시키는 것 등이다. 많은 2차적 예방이 프로그램들을 만드는 경찰과 형사사법체계에 의존하지만, 해결책은 종종 형사사법기관 인력의 훈련과 능력 밖에 존재한다. 해당 지역사회가 범죄예방에 개입해야만 한다.

시민과 지역사회 참여에 초점을 맞추는 예방활동의 증가에도 불구하고, 공식적인 형사사법시스템은 범죄예방에서 한 중요한 당사자로 남는다. 아직 아무도 비공식적인 조치를 더 선호하니까 형사사법체계를 없애라고 요구하지 않는다. 실제로, 형사사법체계는 이미 범죄가 발생한 사람과 상황을 다루는 데 있어 중요하다. 특별억제, 무력화, 그리고 사회복귀는 형사사법체계가 아직 주된 책임을 갖고 있는 기능들이다. 사회가 공식적인 사회통제기관들에 이러한 활동을 맡기지만 동시에 지역사회도 3차적 예방에서 역할을 하는 게 분명하다. 범죄자들을 지역사회 내에 유지하려는 움직임은, 그것이 집중감시, 전자감시, 또는 약물법원 등의 어떤 것이든 간에, 증가하고 있다. 범죄자들을 처벌하고 사회복귀시키려는 노력들은 또한 점점 더 지역사회를 개입시키고 있다. 3차적 예방이 공식적인 형사사법체계의 한 부분으로서 남아 있는 곳에서, 개입을 위한 보다 넓은 기반이 나타나고 있다는 증거가 있다.

일반적으로, 범죄예방은 넓은 범위의 아이디어와 활동들을 포괄한다. 보다 중요하게, 많은 노력들은 범죄와 범죄의 두려움을 감소시키는 데 성공적이었다. 안타깝게도, 효과를 내는 그러한 정확한 메커니즘을 밝혀내는 게 쉽지 않아 지속적인 노력이 이러한 분야에서 필요하다.

바람직한 평가연구의 조건

많은 범죄예방조치들이 성공적으로 범죄와 두려움을 감소시켰다는 명백한 증거가 있지만, 동일한 노력이더라도 상이한 지역이나 시대에 따라서는 미미한 효과를 보여준다는 상반되는 자료가 존재한다. 그러므로 중요한 쟁점은 상이한 환경에서 효과가 있는 상이한 메커니즘을 밝혀내는 것이다. 일반적으로 범죄예방프로그램의 평가요소에 대해 더 많은 주의가 주어질 필요가 있다. 첫째, 많은 프로그램이 개최된 회의의 횟수와 참석수준에 관해 그러한 프로세스의 개입과 성공을 확립하는 데 사용된 과정을 단순히 설명하는 것을 넘어서는 어떤 평가도 받지 않았다. 그런 프로그램들은 종종 프로그램의 조직에 대한 노력 덕분에 성공적인 것으로 극찬을 받지만, 이러한 형태의 평가는 범죄와 범죄의 두려움에 대한 효과에 대해 아무 것도 말해주지 못한다. 두 번째 평가문제는 그 연구에서 충분한 통제나 비교집단의 부족이다. 범죄의 감소가 정말로 있는 지역에서, 연구들은 종종 개입의 대상이 아닌 지역이나 집단과 관계 속에서의 변화를 충분히 측정하지 못했다. 따라서 그러한 프로젝트의 성공이나 실패를 충분히 판단하는 게 어렵거나 불가능하다. 이러한 실패의 이유는 종종 많은 평가가 그 프로젝트가 만들어진 이후에 고안되었기 때문이다. 그러한 평가가 프로젝트가 시작한 뒤에 평가가 추가되면 충실한 연구설계를 하는 것을 보다 어렵게 만든다. 그 점에서 실험설계를 하는 것은 불가능하며, 충실한 의사실험설계를 하는 것도 어렵다.

이 평가문제는 동시에 많은 프로그램들이 행해짐으로써 더 복잡해진다. 예를 들어 물리적 설계변화, 이웃감시, 시민순찰, 재물표시, 그리고 대중매체 캠페인은 종종 중첩된다. 어떤 프로그램이, 효과가 있더라도, 범죄에 긍정적인 (또는 부정적인) 효과를 냈다고 평가하는 것이 불가능해진다. 긍정적인 결과(다시 말해서 범죄나 두려움의 감소)가 나타날 때 대부분의 관찰자들은 전체 패키지가 가져온 성공이라고 추정한다. 안타깝지만, 하나의 요소가 그 결과를 가져오는 것이어서 대규모의, 아마도 비용이 많이 드는, 패키지 프로그램을 시행할 필요가 없을 수도 있다. 따라서 그 프로젝트 중에서 어떤 부분이 가장 효과가 큰 것인지를 아는 것은 중요한 정보의 한 부분이다. 반대로 패키지 프로그램의 효과가 거의 또는 아예 없다는 점을 발견하면 평가자들로 하여금 전체적인 실패라는 결론을 내리게 만들 수 있다. 개별적인 프로그램들이 서로에 대해 영향을 미치고 있는데도 그런 결론을 도출할 수 있다. 예를 들어 가정보안장비의 설치는 거주자들을 그들의 요새로 몰아넣을 수 있지만, 동시에 이웃감시가 주민들로 하여금 함께 그러한 노력을 하도록 하는 것일 수도 있다. 어떤 평가연구는 범죄에 대한 아무런 효과도 보여주지 않을 수 있고, 그 프로젝트를 실패라고 평가할 수도 있다. 그러나 이 두 조치들을 분리할 수 있는 어떤 평가연구는 이웃감시를 조직하는 것은 긍정적인 효과를 가지지만, 물리적 보안은 긍정적인 변화에 방해가 된다는 것을 보여줄 수 있다. 평가연구들은 동시적인 범죄예방 프로그램들의 효과를 분리하는 데 초점을 맞출 필요가 있다.

네 번째 평가쟁점은 모든 범죄예방 기법들이 모든 상황에서 동일하거나 긍정적인 효과를 가질 수 없다는 것을 인식하는 것이다. 몇몇 기법들은 특정 문제와 특정 지역에서 잘 맞는다. 이것은 상황적 예방과 지역사회 경찰활동의 중심원리 중의 하나이다. 따라서 평가연구는 예방기법과 지역 및 시행시점 사이의 어울림에 대해 주의 깊게 평가할 필요가 있다. 이러한 우려는 1차적 예방과 2차적 예방에서 자명할 뿐만 아니라 3차적 예방에서도 핵심적인데, 특히 사회복귀와 치료노력과의 관계에서 그렇다. 연구결과는 특정의 프로그램이 적절한 조건이 주어질 때 특정의 사람들에 어떤 긍정적인 효과를 갖는다는 것을 보여준다. 주요문제는 잠재적 범죄자들을 예측하고 상이한 개입들에 순응할만한 사람들을 가려내는 데 있다. 범죄예방프로그램들의 많은 긍정적인 결과들은 개별적 상황에 적절한 특정 접근들을 이용했기 때문에 나왔을 수 있다.

평가에서 마지막 우려사항은 어떤 기법들이 어떤 차이를 만들 것으로 기대되는 시간틀(time frame)에 대한 것이다. 많은 개입들은 프로그램의 시행 직후 평가된다. 프로그램이 범죄, 두려움 그리고 다른 요소들에 즉각적인 효과를 가진다고 기대하는 셈이다. 그러나 실제로 많은 경우에 효과가 나타나기 위해서는 시간을 요한다. 이것은 다음의 몇 가지 요인 때문일 수 있다. 첫째, 어떤 개입이 완전한 효과를 발휘하기 위해서는 오랜 지역사회 또는 개인의 행동에 변화를 만들어 낼 보다 긴 기간을 필요로 할 수 있다. 둘째, 변화는 점진적일 수 있으며, 긍정적인 성과의 시작은 프로그램이 시행된 직후에 수행된 평가에서는 밝혀지지 않을 수 있다. 세 번째 가능성은 단기간의 평가는 범죄의 두려움에서의 어떤 중요한 변화를 발견하지만, 불행히도 장기간의 평가에서 이런 효과가 감소하고 아마도 프로그램의 시행 이전의 수준으로 돌아갈 수도 있다. 각각의 경우에, 평가는 짧은 후속 조치 기간에 의해 도입된 혼란 가능성을 인식하고 있어야 한다.

범죄예방에서 다양성의 인식

이 책의 한 목표는 범죄예방기법의 다양성을 설명하는 것이다. 동시에, 이 책의 장들을 아우르는 주제와 문헌들은 다소 선택적이라는 것을 인식하는 것은 중요하다. 아직 설명되지 않은 많은 주제들이 있으며, 이 페이지에 나타나는 대부분의 것은 많은 관심을 받을 수 있다. 한 책에서 범죄예방을 구성하는 모든 상이한 주제들을 폭넓게 커버할 수 있는 방법은 없다. 다음의 단락은 독자들에게 범죄예방의 틀에 속하는 몇몇 다른 주제들에 대해 주지시키려는 의도를 담고 있다.

이 책에서 설명되지 않은 한 주요 주제는 범죄예방의 정치학이다. 크로포드(Crawford, 1998)와 길링(Gilling, 1997)은 모두 특히 영국에서 범죄예방 조치에 지향된 정치적 힘을 설명한다. 그들에 따르면, 많은 범죄예방프로그램들은 그 나라들 내의 지배적인 정치적 감정을 따른다. 따라서 이웃감시는 어떤 시점에서 장려되고, 물리적 설계는 또 다른 시점에서 지배적일 것이고, 범죄자들에 대한 예방효과의 강조가 언젠가 가까운 미래에 또 다른 시점에서 나타날 수 있다. 사회적 예방과 같은 큰 사회적 변화들은 어떤 중요한 변화가 나타나기 전에 적절한 정치적 기후가 존재해야 한다. 이러한 주장은 미국보다 더 정부가 정책에 대해 더 많은 영향을 미치는 영국이나 그 외의 다른 나라들에서 보다 두드러질 수 있지만, 이러한 시각은 연방정부가 자금을 제공하고 연구 주도권을 쥐고 있다는 점을 고려할 때 미국에서도 어느 정도 적용가능하다. 이것의 한 명확한 예는 지역사회 경찰활동이 미국의 수도 워싱턴에서 총애를 받았다는 사실이다. 대부분의 지역사회는 바와 피즈(Barra and Pease, 1990)가 명명한 "범죄퓨즈(crime fuse)"로서 작용하는 몇몇 지역을 갖고 있다는 사실은 이것의 한 명확한 예이다. 그러한 지역의 선택은, 그것이 의식적이든 무의식적이든, 정치적 고려사항에 달려 있다. 아마도 기억해야할 가장 중요한 쟁점은 범죄예방이 어떤 형태든 진공상태로 존재할 수 없다는 것이다. 범죄예방의 정치적 속성은 보다 많은 관심을 받을 수 있는 한 영역이다.

한 광범위한 다른 주제는 이 책에서 미미하거나 전혀 관심을 받지 못했다. 이들은 청소년 다이버전, 총기통제, 갱에 대한 개입, 삼진법, 범죄자들에 대한 수치부여(shaming), 그리고 민영경찰과 민간경비 등이다. 이 책은 또한 상이한 잠금장치, 문, 또는 경보장치와 같은 보안장비에 대한 기술적 논의들을 언급하지 않았다. 많은 다른 주제와 함께 이런 주제들은 범죄예방에 대한 논의에 포함될 수 있다. 실제로 이러한 영역에 초점을 맞춘 많은 다른 문헌들이 존재한다. 많은 주제들이 대부분의 사람들이 따라가기 어려울 정도로 빠르게 나타나고 있다. 개선된 기술은 이러한 변화의 한 중요한 예이다. 이 쟁점들은 다른 논의들을 위한 소재이다.

요약

이 책에서 다루어진 아이디어와 주제들은 사회에서 범죄와 범죄의 두려움이라는 지속되는 문제들을 다루기 위해 사용되고 있는 많은 범죄예방 접근들에서 나타난다. 그러한 노력들은 계속 증가할 것이다. 이러한 아이디어의 효과성은 그 프로그램들에 대한 평가와, 그것이 얼마나 적응하고 개선할 수 있는지에 달려 있다. 이 프로그램들이 효과적인 개입으로 발전할 수 있는 것은 단지 연구와 수정을 통해서이다. 범죄예방 기법들의 평가는 미래에도 범죄와 범죄의 두려움을 다룰 때 중요한 쟁점으로 남을 것이다.

INDEX

한글

가구감시 132
가로등 개선 93
가로의 폐쇄 102
가족집단회합 433, 435
갈등관리/해소기법 380
감독과 감시 43, 44
감시 장애물의 제거 303
감시 289
감시인의 부재 160
강경대응 정책 437
강력순찰 318
개인적 경비 143
거리감퇴 169
거리불량배소탕 351
거부기술훈련 360
검거의 확실성 235
경보기 100
경찰활동의 분권화 318
경험효과 245, 248
고함과 외침 43
골목통문 115
공간적 전이 153
공급원차단 338
공동의사결정 378
공익정보 캠페인 189
과밀화 416
과정 평가 70
교구경찰 43
교도소 수용 399
교도소 수용경험 401
교도소과밀화 412
교육/정보/지식 프로그램 359
구역감시 176
국제범죄해결사 197
권위갈등 267
규칙 제정 290
그물망 확대 414, 417
급우중재 380
긍정적인 자아개념 367
기능적 감시 99
기능적 전이 153, 174
기회의 단서 162
깃발설명 282
낙인 247
내적 타당성 68
노력의 증가 289
논쟁해결/논쟁중재 프로그램 432
능동형시스템 411
능력별 반편성 370
다면측정과 종합처우의 통합프로그램 356
다체계적 치료요법 428
대리 피해경험 34
대상물 강화 106
대상의 공고화 289
대안교육 386
대안적 성과 측정방식 443
대안학교 385
대안학급 385

대응 297, 320
대응의 일반화 201
대인접촉기술 훈련 356
대중매체 캠페인 449
도둑사냥꾼 44
도보순찰 136, 315
도주 98
동기화된 범죄자 160
마약과의 전쟁 338
막다른길 102
매체폭력 183
매칭 70
맥그러프 188
메타돈 354
모델링 185
목표물의 견고화 84, 101, 143, 171, 173, 173
목표물의 전이 173
목표의 재정립 319
목표의 전이 153
무단결석 감소를 위한 노력 391
무력화 398
무음경보기 100
무임승차효과 158
무작위화 70
무장 칙령 43
무질서 111, 265, 314
문제지향적 경찰활동 318
문제해결 317
물리적 무질서 111
물리적 설계 104, 118, 118
물리적 설계변화 449
미래감시프로젝트 339
민사중지 325
반억제 통제 291
방과 후 프로그램 391
방어공간 80
배우자 학대 402
범죄두려움 38
범죄로의 여행 178
범죄를 한 입 물기 180, 188
범죄예방 41, 75
범죄예방의 정치학 450
범죄와 무질서 330
범죄의 심각성 182
범죄의 전이 152
범죄자의 전이 153
범죄자의 전환 289
범죄재연프로그램 202
범죄퓨즈 157, 451
범죄해결사 180, 197
보상의 감소 290
보호막 이웃감시 132
부모프로그램 380
분석 297, 320
비문화성 111
비문화성 265
사회 응집력 135
사회복귀 422, 450
사회적 거부 247
사회적 무질서 111
사회적 범죄예방 171
상황범죄예방 52, 312
상황예방기법 291
상황적 범죄예방 284, 447
상황적 예방 292
생활기술훈련 360

선택적 무력화 404, 408, 409
수동형시스템 412
수용자 약물남용 감독 343
수호천사 136
승낙행동 248
시간적 전이 153, 172
시민순찰 50, 118, 124, 136, 449
시카고지역 프로젝트 45
신고 핫라인 122
신고율 141
신속성 232
실험연구설계 67
안전하고 약물로부터 자유로운 학교 390
안전한 이웃 프로젝트 327, 328, 332
안전한 학교/건강한 아동을 위한 예방조치 391
안한다고 말하기(Just Say No)운동 360
압력 292
야수화 효과 238
약물거점 134
약물남용신고프로그램 357
약물남용저항교육 360
약물법원 437, 448
약물사용예측 343
억제 230
억제효과 239, 245, 248
엄격성 232
열쇠(KEY) 프로그램 356
예방활동지원 84
예상적 이익 202
외래해소프로그램 352
외적 타당성 69
요새 114
요새지향적인 기법 114
용서의 제거 293
우열반편성 370
위험성 256
위험요인 262, 267
위험의 증가 289
유발 292
유발의 감소 293
유인 제거 290
유죄평결 후 프로그램 414
유지프로그램 352, 354
유형1 효과 93
유형2 효과 93
유형3 93
은밀한 행동 268
은폐 98
음란물 184
응보적 사법 431
이로운 전이 157
이미지 111
이웃감시 50, 118, 120, 123, 128, 310, 447
이웃범죄예방프로그램 447
이웃쉼터제도 122
이웃지원 118
이차적 예방대책 312
익명의 마약중독자들 356
인지적 사고기술 프로그램 428
인지적 신호주기 185
일반억제 231
일반예방 230
일방통행로 105
임상적 예측 258
입구/출구 검색 290
자극 292

자동차 절도 303
자아존중감 367
자연적 감시 82
자전거순찰 316
잘못된 긍정 257
잘못된 부정 257
재물표시 50
재판전의 공론화 200
적당한 목표물 160
전격작전 240
전술적 전이 153, 172
전이 447
전이현상 304, 312
전인교육을 통한 긍정적 행동함양 377, 378
전자감시 411, 413
전자표식 304
전자표지 304
접근통제 84, 101, 143, 143, 289
정보제공선 197
정서교육 358
조망 98
조명의 향상 303
조장요인 통제 289, 291
지각된 엄격성 246
지각된 확실성 244
지능지수 369
지렛대 당기기 329
지역사회 경찰활동 314, 316, 447, 451
지역사회 기반 318
지역사회 반-약물 프로그램 123, 134, 138
지역사회 안전운동에 관한 전략적 접근 327, 328
지역사회 파트너십 330
지역사회의 관여 316
지역사회의 동원 133
질서유지 318
질서유지활동 315
집단양형 434
집단적 무력화 404
집중감시 430
집중감시프로그램 430
집중단속 318
창조적 갈등해소 프로그램 380
처벌의 엄격성 234, 237
처벌의 확실성 235
청소년야간외출금지법 72
체계폭력 347
총기근절 329
취약물품 273
취약지역 271
치료공동체 352
친구중재프로그램 381
컬크홀트 침입절도 예방프로그램 278
탈리오법칙 42
탐색 297, 320
통계적 예측 259
특별억제 230
파트너십 322, 330
평가 297, 320
폐쇄회로TV 303
포괄적 지역사회 프로그램 327
피해자-가해자 중재 432
피해자-가해자 화해 프로그램 432
학생중재프로그램 380
합리적 선택이론 156
해독프로그램 352, 355

해로운 전이 157
허용가능성 292
허위부정 261
현출요인점수 260
혜택의 확산 152, 158, 176
호각정지 124
확산현상 303
확산효과 234
확실성 232
환경관리 289
환경설계 50
환경설계를 통한 범죄예방 76
환경적 배경막 178
황금기준 72
회귀효과 131
회복적 사법 431
회피 143

영문

ADAM 343, 345
Allatt 173, 174
Andenaes 243
Andison 184
Andrews et al 424
Anglin and Hser 354, 355, 356
Anglin and Speckart 347
Anglin과 Hser 356, 357
Anglin과 McGlothlin 357
Archer et al 234, 235, 236, 236, 237, 237, 237, 237, 238, 238, 238, 238, 238, 239, 239, 239, 252, 252, 252, 257, 257, 259, 259, 259, 260, 260, 260, 260, 260, 260, 261, 262, 262, 267, 267, 268
Armitage et al 171, 203
Atkins et al 95
Ball 347, 354, 417
Barclay et al 171, 172, 304, 304, 304, 304
Barr & Pease 153, 157
Barra and Pease 451
Barrile 183
Beck & Willis 96
Beck and Hoffma 400
Belenko 343, 352
Bellis 355
Belson 183
Bennet & Wright 101
Bennett & Lavrakas 138
Bennett 128, 131, 286, 333
Berecochea and Jaman 401
Bevis & Nutter 102
Bishop 245
Block and Block 272
Bolkcom 131
Botvin 358, 359
Botvin과 Dusenbury 361
Bowers & Johnson 172
Bowers and Pierce 237
Bowers et al 134, 276
Bowman 385
Braga et al 330
Braithwaite 435
Brantingham & Brantingham 154, 155

Brantingham and Brantingham 164
Brantingham 53
Brathwaite 436
Brodie & Sheppard 138
Brown 174, 202
Browning & Loeber 267
Burgess 260
Bursik & Grasmick 121
Bursik et al 240
CAD 123, 134
CCP 327
Chermak 182
Chiricos et al 186
Cirel et al 131
Clarke & Cornish 156
Clarke & Weisburd 158, 177
Clarke et al 278
Clarke 273, 284, 290
Clarke 405
Clarke와 Homel 291
Clayton et al 361
Cloward and Ohlin 366
cocoon 132
Cohen 366, 410
Coleman 367
Collins 347
Cook & Roehl 131, 137
Cordner 320
Cornish & Clarke 156
CPTED 76
CRASH 프로그램 351
Crawford 450
Cromwell et al 163
Cullen & Gendreau 428
Cusson 285
DARE 361
Davis and Lurigio 138
Davis et al 138
de Waard 53
DeJong 361, 380
Deschamps et al 301
Deutschmann 181
Ditton & Short 95
Dominick 181
Dunford et al 402
Eck 71, 175, 333
Ehrlich 234
Ekblom et al 133
Erickson et al 244
Fagan 351
Farrell et al 277
Farrington et al 304
Farrington 265, 266
Faust 53
Felson & Clarke 159
Felson et al 174, 177
Ferraro and LaGrange 29
FGC 433
Fisher & Nasar 98
Fishman 423
Forrester et al 132, 171
Fors and Rojek 342
Forst 235
Friel and Vaughn 417
Friel 414
Garofalo & McLeod 128

Geen and Thomas 185
Geerken and Gove 235
Gensheimer 423
Gerbner et al 183
Geva and Israel 192
Gibbs 400
Gill & Pease 277
Gilling 450
Gold 367, 371
Goldstein 346
Gottfredson and Gottfredson 372
Gottfredson 377, 401
Graber 181
GREAT 381, 383, 387
Green 177
Greenberg et al 105
Greenwood 408
Health 186
Hesseling 99, 172, 175
Hirschel 403
Hirschi and Hindelang 369
Hirschi 265
Hirshi 367
Hofstter 181
Hollinger and Clark 247
Hoover 318
Hope and Lab 144
Howell & Hawkins 267
Huba and Bentler 349
Hubbard et al 357
Huesmann and Malamuth 184
Huizinga et al 347, 348, 350
Inciardi 348, 356, 356
information lines 197
Jacobs 246
Jajoura 368
Jensen and Stitt 245
Jensen et al 244
Johnson & Bowers 202, 203, 203, 203, 203, 203, 203, 279
Johnson et al 276, 348
Johnson 351
Johnston et al 342
Kelly et al 267
Kendel et al 349
Kennedy et al 330
Kenneth Ferraro 28
Kenney 136
Kleiman and Smith 351
Kleinman 351
Klepper and Nagin 248
Kurki 433, 435
Kushmuk & Whittemore 84, 106
Lab and Clark 378
Lab and Whitehead 423
Lab 185
Latessa & Travis 130
Lavrakas & Lewis 143
Lavrakas and Herz 143
Lavrakas 196, 203
Laycock 99
Letkemann 174
Leverant 437
Lewis et al 129, 138
Lex talionis 42
Lichter et al 182

Lilly 417
Lipsey & Derzon 267
Lipsey 424, 429
Lipton et al 422
Liska and Baccaglini 186
LST 360
MaGarrell et al 36
Marsh and Singer 406
Martinson 422
Matthews 131
Maxfield and Baumer 414, 417
Mayer et al 424
McBride와 Schwartz 347
McCold and Wachtel 436
McCord 264
McGarrell 435
McGruff 188
Meier and Johnson 246
Merton 366
Miethe 173, 177
Moffitt et al 266
MST 428
Mustaine & Tewksbury 161
Nee & Taylor 162
Nelson 201
Newman & Wayne 102
Newman 80, 85
Nurco et al 349
O'Keefe and Mendelsohn 190
O'Keefe et al 191, 194
Painter & Farrington 94, 95
Palmer 424
Papagiannis 371
Passell and Taylor 237
Passell 236
Paternoster and Piquero 246
Paternoster 248
PATHE 프로젝트 378
PATHE 377
Pease 276
Pennell et al 136
Perry 129
Pestello 247
Petersilia and Greenwood 406
Peterson and Braiker 406
Phillips 183, 237
Piliavin et al 244
Polk and Hafferty 368
Polvi et al 274
Popkin et al 135, 138
Poyner 302
Poyner와 Webb 304
PSN 327
Pyle 170
Raine 266
Ratcliffe & McCullagh 278
RCCP 380
Reducing Provocations 293
Reiss and Rhodes 367
Rengert & Wasilchick, 162
Rengert 272
Reppetto 153
Rhodes and Conley 170
Rich 273
Ringwalt et al 361
Rosenbaum et al 129, 138, 138, 198, 361

Rosenbaum 145, 314, 333
Ross 239
Sacco and Trotman 193, 194
SACSI 327
Sampson 236
Schafer and Polk 371, 376
Schafer 370
Schaps et al 359
Scherdin 304
Sechrest 423
Shaw & McKay 265
Sherizan 182
Sherman and Berk 403
Sherman and Weisburd 240
Sherman et al 69
Sherman 158, 240
Sherman과 Berk 402
Show & McKay 121
Simpson and Sells 357
Skogan & Maxfield 32
Skogan and Maxfield 182
Sloan-Howitt와 Kelling 302
Smith et al 202
Sorenson 99
Spelman 271, 272
Stafford and Warr 246
Stephens 354
Surette 181
Sutton 133
Swartz et al 356
Taylor & Nee 162
Taylor et al 111
The Safe and Drug Free Schools 391
Thornberry et al 368
Tilley & Webb 133, 173
Tittle and Rowe 235
Tobler 360
Troyer & Wright 136
Umbreit and Coates 436
Van Andel 301, 302, 302
van Dijk 53
van Kammen and Loeber 349
Van Ness and Strong 433
Vaughn 417
Vinter와 Sarri 367
Visher 357, 410
VIVA 273
VORP 432
Wachtel 435
Walklate 331
Weisburd and Green 176
Weisburd 401
Weisel and Eck 317
Wertleib 371
White et al 349
White 345
Wilkinson & Rosenbaum 317
Williams and Dickinson 186
Williams and Hawkins 247
Winkel 201
Witte 400
Wolfer 138
Wortey et al 192
Wright & Decker 163, 286
Wright and Dixon 423
Wycoff 322

Wysong et al 361
Yagerlener 137
Yu and Liska 235
Zhao et al 322
Zimmer 351
Ziskin 259

숫자

1차적 예방 49
2차적 예방 256
2차적 예방 50
3차 예방 53
3차적 예방 50

참고문헌

Abadinsky, H. (1989). *Drug Abuse: An Introduction*. Chicago: Nelson Hall.

Akers, R.L., A.J. LaGreca, C. Sellers, and J. Cochran (1987). "Fear of crime and victimization among the elderly in different types of communities." *Criminology* 25:487–506.

Allatt, P. (1984). "Residential security: Containment and displacement of burglary." *Howard Journal* 23:99–116.

Amir, M. (1971). *Patterns of Forcible Rape*. Chicago: University of Chicago Press.

Andenaes, J. (1975). "General prevention revisited: Research and policy implications." *Journal of Criminal Law and Criminology* 66:338–365.

Anderson, D. and K. Pease (1997). "Biting back: Preventing repeat burglary and car crime in Huddersfield."

In Clarke, R.V. (ed.), *Situational Crime Prevention: Successful Case-Studies*, Second Edition. Guilderland, NY: Harrow and Heston.

Anderson, D.C. (1998). "Curriculum, culture, and community: The challenge of school violence." In Tonry, M. and M.H. Moore (eds.), *Youth Violence*. Chicago: University of Chicago Press.

Anderson, K.B. (2013) *Consumer Fraud in the United States, 2011: The Third FTC Survey*. Washington, DC: Federal Trade Commission. Retrieved from http://www.ftc.gov/os/2013/04/130419fraudsurvey.pdf

Anderton, K.J. (1985). *The Effectiveness of Home Watch Schemes in Cheshire*. Chester, U.K.: Cheshire Constabulary.

Andison, F.S. (1977). "TV violence and viewer aggression: A culmination of study results, 1956–1976." *Public Opinion Quarterly* 41:314–331.

Andresen, M. (2010). "Displacement." In Fisher, B.S. and S.P. Lab (eds.), *Encyclopedia of Victimology and Crime Prevention*. Thousand Oaks, CA: Sage.

Andresen, M.A. (2014). *Environmental Criminology: Evolution, Theory and Practice*. New York: Routledge.

Andrews, D.A., I. Zinger, R.D. Hoge, J. Bonta, P. Gendreau, and F.T. Cullen (1990). "Does correctional treatment work? A clinically relevant and psychologically informed meta-analysis." *Criminology* 28:369–404.

Anglin, M.D. (1988). "The efficacy of civil commitment in treating narcotics addiction." *Journal of Drug Issues* 18:527–546.

Anglin, M.D. (1990). "Treatment of drug abuse." In Tonry, M. and J.Q. Wilson (eds.), *Drugs and Crime*.

Chicago: University of Chicago Press.

Anglin, M.D. and Y. Hser (1987). "Addicted women and crime." *Criminology* 25:359-397.

Anglin, M.D. and Y. Hser (1990). "Treatment of drug abuse." In Tonry, M. and J.Q. Wilson (eds.), *Drugs and Crime*. Chicago, IL: University of Chicago Press.

Anglin, M.D. and W.H. McGlothlin (1984). "Outcome of narcotic addict treatment in California." In Times, F.M. and J.P. Ludford (eds.), *Drug Abuse Treatment Evaluation: Strategies, Progress and Prospects*. Washington, DC: National Institute on Drug Abuse.

Anglin, M.D. and G. Speckart (1988). "Narcotics use and crime: A multisample, multimethod analysis." *Criminology* 26:197-233.

Anglin, M.D., G.R. Speckart, M.W. Booth and T.M. Ryan (1989). "Consequences and costs of shutting off methadone." *Addictive Behaviors* 14:307-326.

Aos, S. (2003a). "Cost and benefits of criminal justice and prevention programs." In Kury, H, and J. Obergfell-Fuchs (eds.), *Crime Prevention: New Approaches*. Mainz, Germany: Weisser Ring.

Aos, S. (2003b). *The Criminal Justice System in Washington State: Incarceration Rates, Taxpayer Costs, Crime Rates, and Prison Economics*. Olympia: Washington State Institute for Public Policy.

Apel, R. (2013) Sanctions, perceptions, and crime: Implications for criminal deterrence. *Journal of Quantitative Criminology* 29:67-101.

Archer, D., R. Gartner and M. Beittel (1983). "Homicide and the death penalty: A cross-sectional test of a deterrence hypothesis." *Journal of Criminal Law and Criminology* 74:991-1013.

Armitage, R. (2000). *An Evaluation of Secured By Design Housing within West Yorkshire*. Briefing Note 7/00. London: Home Office.

Armitage, R. (2007). "Sustainability versus safety: Confusion, conflict and contradiction in designing out crime." In Farrell, G., K.J. Bowers, S.D. Johnson, and M. Townsley (eds.), *Imagination for Crime Prevention: Essays in Honour of Ken Pease*. Cullompton, Devon, U.K.: Willan.

Armitage, R., G. Smythe, and K. Pease (1999). "Burnley CCTV evaluation." In Painter, K. and N. Tilley (eds.), Surveillance of Public Space: CCTV, Street Lighting and Crime Prevention. Monsey, NY: Criminal Justice Press.

Armitage, R., I. Colquhoun, P. Ekblom, L. Monchuk, K. Pease, and M. Rogerson (2010) *Residential Design and Crime: Final Report*. London: CABE and Home Office.

Armitage, R. and L. Monchuk (2011). "Sustaining the crime reduction impact of designing out crime: Re-evaluating the Secured by Design scheme 10 years on." *Security Journal* 24:320-343.

Armitage, R., L. Monchuk, and M. Rogerson (2011). "It looks good, but what is it like to live there?: Exploring the impact of innovative housing design on crime." *European Journal of Criminal Police and Research* 17:29-54.

Arthur Young and Co. (1978). *Second Year Report for the Cabrini.Green High Impact Project*. Chicago: Chicago City Department of Development and Housing.

Association of Chief Police Officers (ACPO) (2009). *Secured By Design*. http://www.securedbydesign.com

Association of Chief Police Officers (ACPO) (2015). *Design Guides*. http://www.securedbydesign.com

Atkins, S., S. Husain, and A. Storey (1991). *The Influence of Street Lighting on Crime and the Fear of Crime*. London: Home Office.

Babst, D.V., M. Koval, and M.G. Neithercutt (1972). "Relationship of time served to parole outcome for different classifications of burglars based on males paroled in fifty jurisdictions in 1968 and 1969." *Journal of Research in Crime and Delinquency* 9:99–116.

Bachman, R., A. Randolph, and B.L. Brown (2011). "Predicting perceptions of fear at school and going to and from school for African American and White students: The effects of school security measures." *Youth & Society* 43:705–726.

Bailey, W.C. (1998). "Deterrence, brutalization, and the death penalty: Another examination of Oklahoma's return to capital punishment." *Criminology* 36:711–734.

Baker, G. and A. Gray (2005) *Research on the Effectiveness of Police Practice in Reducing Residential Burglary, Report 8: Victims of Burglary*. New Zealand: Ministry of Justice.

Bales, W., K. Mann, T. Blomberg, G. Gaes, K. Barrick, K. Dhungang, and B. McManus (2010). *A Quantitative and Qualitative Assessment of Electronic Monitoring*. Washington, DC: National Institute of Justice.

Ball, J.C., E. Corty, R. Bond, and A. Tommasello (1987). "The reduction of intravenous heroin use, nonopiate abuse and crime during methadone maintenance treatment: Further findings." Paper presented at the Annual Meeting of the Committee on Problems on Drug Dependency, Philadelphia.

Ball, J.C., E. Corty, S.P. Petroski, H. Bond, and A. Tommasello (1986). "Medical services provided to 2,394 patients at methadone programs in three states." *Journal of Substance Abuse Treatment* 3:203.209.

Ball, J.C., J.W. Shaffer, and D.N. Nurco (1983). "The day–to–day criminality of heroin addicts in Baltimore: A study in the continuity of offense rates." *Drug and Alcohol Dependence* 12:119–142.

Ball, R.A., C.R. Huff, and J.R. Lilly (1988). *House Arrest and Correctional Policy: Doing Time at Home*. Newbury Park, CA: Sage.

Barclay, P., J. Buckley, P.J. Brantingham, P.L. Brantingham, and T. Whinn–Yates (1996). "Preventing auto theft in suburban Vancouver commuter lots: Effects of a bike patrol." In Clarke, R.V. (ed.), *Preventing Mass Transit Crime*. Monsey, NY: Criminal Justice Press.

Barr, R. and K. Pease (1990). "Crime placement, displacement, and deflection." In Tonry, M. and N. Morris (eds.), *Crime and Justice*, vol. 12. Chicago: University of Chicago Press.

Barrile, L.G. (1980). "Television and attitudes about crime." Ph.D. dissertation, Boston College.

Barthe, E. (2010). "Crime newsletters." In Fisher, B.S. and S.P. Lab (eds.), *Encyclopedia of Victimology and Crime Prevention*. Thousand Oaks, CA: Sage.

Baum, K. (2007). *Identity Theft*, 2005. Washington, DC: Bureau of Justice Statistics.

Baumer, T.L. (1985). "Testing a general model of fear of crime: Data from a national survey." *Journal of Research in Crime and Delinquency* 22:239–255.

Baumer, T.L. and F. DuBow (1977). "Fear of crime in the polls: What they do and do not tell us." Paper presented at the American Association of Public Opinion Research Meeting.

Baumer, T.L., M.G. Maxfield, and R.I. Mendelsohn (1993). "A comparative analysis of three electronically monitored home detention programs." *Justice Quarterly* 10:121–142.

Bazemore, G. and D. Maloney (1994). "Rehabilitating community service: Toward restorative service in a balanced justice system." *Federal Probation* 58:24–35.

Bazemore, G. and M.S. Umbreit (2001). "A comparison of four restorative conferencing models." *Juvenile Justice Bulletin*. Washington, DC: Office of Juvenile Justice and Delinquency Prevention.

Beck, A. and A. Willis (1999). "Context-specific measures of CCTV effectiveness in the retail sector." In Painter, K. and N. Tilley (eds.), *Surveillance of Public Space: CCTV, Street Lighting and Crime Prevention*. Monsey, NY: Criminal Justice Press.

Beck, J.L. and P.B. Hoffman (1976). "Time served and release performance: A research note." *Journal of Research in Crime and Delinquency* 13:127–132.

Belenko, S. (1990). "The impact of drug offenders on the criminal justice system." In Weisheit, R. (ed.), *Drugs, Crime and the Criminal Justice System*. Cincinnati, OH: Anderson Publishing Co.

Bellis, D.J. (1981). *Heroin and Politicians: The Failure of Public Policy to Control Addiction in America*. Westport, CT: Greenwood.

Belson, W.A. (1978). *Television Violence and the Adolescent Boy*. Westmead, U.K.: Saxon House.

Bennett, R.R. and J.M. Flavin (1994). "Determinants of fear of crime: The effect of cultural setting." *Justice Quarterly* 11:357–382.

Bennett, S.F. and P.J. Lavrakas (1989). "Community-based crime prevention: An assessment of the Eisen-hower Foundation's neighborhood program." *Crime and Delinquency* 35:345.364.

Bennett, T. (1986). "Situational crime prevention from the offender's perspective." In Heal, K. and G. Laycock (eds.), *Situational Crime Prevention: From Theory into Practice*. London: Her Majesty's Stationery Office.

Bennett, T. (1987). *An Evaluation of Two Neighborhood Watch Schemes in London*. Cambridge: Institute of Criminology.

Bennett, T. (1989). "Factors related to participation in neighbourhood watch schemes." *British Journal of Criminology* 29:207–218.

Bennett, T. (1990). *Evaluating Neighborhood Watch*. Aldershot: Gower.

Bennett, T. (1994). "Community policing on the ground: Developments in Britain." In Rosenbaum, D.P. (ed.), *The Challenge of Community Policing: Testing the Promises*. Thousand Oaks, CA: Sage.

Bennett, T. and R. Wright (1984). *Burglars on Burglary*. Brookfield, VT: Gower.

Berecochea, J.E. and D.R. Jaman (1981). *Time Served in Prison and Parole Outcome: An Experimental Study. Report No. 2*. Sacramento: California Department of Corrections.

Berg, A. (2008). "Preventing identity theft through information technology." In McNally, M.M. and G.R.

Newman (eds.), *Perspectives on Identity Theft*. Monsey, NY: Criminal Justice Press.

Berk, R.A. and P.H. Rossi (1999). *Thinking About Program Evaluation*, Second Edition. Thousand Oaks, CA: Sage.

Bernasco, W. (2010). "A sentimental journey to crime: Effects of residential history on crime location choice." *Criminology* 48:389-416.

Berrueta-Clement, J.R., L.J. Schweinhart, W.S. Barnett, A.S. Epstein, and D.P. Weikart (1984). *Changed Lives: The Effects of the Perry Preschool Program on Youths Through Age 19*. Ypsilanti, MI: High/Scope Press.

Bevis, C. and J.B. Nutter (1977). *Changing Street Layouts to Reduce Residential Burglary*. St. Paul, MN: Governor's Commission on Crime Prevention and Control.

Bicheler, G., C.A. Orosco, and J.A. Schwartz (2012). "Take the car keys away: Metropolitan structure and the long road to delinquency." *Journal of Criminal Justice* 40:83-93.

Biderman, A.D., L.A. Johnson, J. McIntyre, and A.W. Weir (1967). *Report on Victimization and Attitudes Toward Law Enforcement*. Washington, DC: U.S. Government Printing Office.

Big Brothers/Big Sisters of America (BB/BS) (2015). http://www.bbbs.org/site/c.9iILI3NGKhK6F/b.5962335/k.BE16/Home.htm

Binder, A. and J.W. Meeker (1988). "Experiments as reforms." *Journal of Criminal Justice* 16:347-358.

Bishop, D.M. (1984a). "Deterrence: A panel analysis." Justice Quarterly 1:311-328.

Bishop, D.M. (1984b). "Legal and extralegal barriers to delinquency: a panel analysis." *Criminology* 22: 403-319.

Bjørgo, T. (2013) *Strategies for Preventing Terrorism*. New York: Palgrave.

Blevins, K., J. Kuhns, and S. Lee (2012) *Understanding Decisions to Burglarize from the Offender's Perspective*. Charlotte: University of North Carolina at Charlotte, Department of Criminal Justice and Criminology. Retrieved from http://airef.org/wp-content/uploads/2014/06/BurglarSurveyStudyFinalReport.pdf

Block, R.L. and C.R. Block (1993). "Street Gang Crime in Chicago." *Research in Brief*. Washington, DC: National Institute of Justice.

Block, R.L. and C.R. Block (1995). "Space, place and crime: Hot spot areas and hot places of liquor-related crime." In Eck, J.E. and D. Weisburd (eds.), *Crime and Place*. Monsey, NY: Criminal Justice Press.

Blueprints for Healthy Youth Development (2015). *Communities that Care*. http://www.blueprintsprograms.com/evaluationAbstracts.php?pid=9a3e61b6bcc8abec08f195526c3132d5a4a98cc0

Boda, Z. and G. Szabo (2011). "The media and attitudes towards crime and the justice system: A qualitative approach." *European Journal of Criminology* 8:329-342.

Boggs, S.L. (1971). "Formal and informal crime control: An exploratory study of urban, suburban and rural orientations." *Sociological Quarterly* 12:319-327.

Bolkcom, C.A. (1981). *Rock Island Anti-Crime Block Club Organizing*. Washington, DC: National Criminal

Justice Reference Service.

Booth, B., V.B. Van Hasselt, and G.M. Vecchi (2011). "Addressing school violence." *FBI Law Enforcement Bulletin* 80(5):1–9.

Borduin, C.M., B.J. Mann, L.T. Cone, S.W. Henggeler, B.R. Fucci, D.M. Blaske, and R.A. Williams (1995). "Multi–systemic treatment of serious juvenile offenders: Long–term prevention of criminality and violence." *Journal of Consulting and Clinical Psychology* 63:569–578.

Botvin, G.J. (1990). "Substance abuse prevention: Theory, practice and effectiveness." In Tonry, M. and J.Q. Wilson (eds.), *Drugs and Crime*. Chicago: University of Chicago Press.

Botvin, G.J., E. Baker, N. Renick, A.D. Filazzola, and E.M. Botvin (1984). "A cognitive–behavioral approach to substance abuse prevention." *Addictive Behaviors* 9:137–147.

Botvin, G.J. and L. Dusenbury (1989). "Substance abuse prevention and the promotion of competence." In Bond, L.A. and B.E. Compas (eds.), *Primary Prevention and Promotion in the Schools*. Newbury Park, CA: Sage.

Botvin, G.J. and A. Eng (1980). "A comprehensive school–based smoking prevention program." *Journal of School Health* 50:209–213.

Botvin, G.J. and A. Eng (1982). "The efficacy of a multicomponent approach to the prevention of cigarette smoking." *Preventive Medicine* 11:199–211.

Botvin, G.J., N. Renick, and E. Baker (1983). "The effects of scheduling format and booster sessions on a broad spectrum psychological approach to smoking prevention." *Journal of Behavioral Medicine* 6:359–379.

Bowers, K.J., A. Hirschfield, and S.D. Johnson (1998). "Victimization revisited: A case study of non–residential repeat burglary on Merseyside." *British Journal of Criminology* 38:429–452.

Bowers, K.J. and S.D. Johnson (2003). "Measuring the geographical displacement and diffusion of benefit effects of crime prevention activity." *Journal of Quantitative Criminology* 19:275–301.

Bowers, K.J. and S.D. Johnson (2004). "Who commits near repeats? A test of the boost explanation." *Western Criminology Review* 5(3):12–24.

Bowers, K.J. and S.D. Johnson (2005). "Using publicity for preventive purposes." In Tilley, N. (ed.), *Handbook of Crime Prevention and Community Safety*. Portland, OR: Willan.

Bowers, K.J., S.D. Johnson, and A.F.G. Hirschfield (2003). *Pushing Back the Boundaries: New Techniques for Assessing the Impact of Burglary Schemes*. Home Office Online Report 24/03. London: Home Office.

Bowers, W.J. and J.H. Hirsch (1987). "The impact of foot patrol staffing on crime and disorder in Boston: An unmet promise." *American Journal of Police* 6:17–44.

Bowers, W.J. and G.L. Pierce (1975). "The illusion of deterrence in Isaac Ehrlich's research on capital punishment." *Yale Law Journal* 85:187–208.

Bowers, W.J. and G.L. Pierce (1980). "The illusion of deterrence in Isaac Ehrlich's research on capital punishment." *Yale Law Journal* 85:187–208.

Brady, K.P., S. Balmer, and D. Phenix (2007). "School–police partnership effectiveness in urban schools: An analysis of New York City's impact schools initiative." *Education and Urban Society* 39:455–478.

Braga, A.A. and B.J. Bond (2008). "Policing crime and disorder hot spots: A randomized controlled trial." *Criminology* 46:577–607.

Braga, A.A., D. Hureau, and C. Winship (2008). "Losing faith? Police, black churches, and the resurgence of youth violence in Boston." *Ohio State Journal of Criminal Law* 6:141–172.

Braga, A.A., D.M. Kennedy, A.M. Piehl, and E.J. Waring (2001). "Measuring the impact of Operation Ceasefire." In National Institute of Justice, *Reducing Gun Violence: The Boston Gun Project's Operation Ceasefire*. Washington, DC: National Institute of Justice.

Braga, A.A., A.W. Papachristos and D.M. Hureau (2014). "The effects of hot spots policing on crime: An updated systematic review and meta–analysis." *Justice Quarterly* 31:633–663.

Braga, A.A., D.L. Weisburd, E.J. Waring, L.G. Mazerolle, W. Spelman, and F. Gajewski (1999). "Problemoriented policing in violent crime places: A randomized controlled experiment." Criminology 37:541–580.

Braithwaite, J. (1999). "Restorative justice: Assessing optimistic and pessimistic accounts." In Tonry, M. (ed.), *Crime and Justice: A Review of Research*, vol. 25. Chicago: University of Chicago Press.

Braithwaite, J. (2002). *Restorative Justice and Responsive Regulation*. New York: Oxford University Press.

Brantingham, P.L. (2010). "Crime pattern theory." In Fisher, B.S. and S.P. Lab (eds.), *Encyclopedia of Victimology and Crime Prevention*. Thousand Oaks, CA: Sage.

Brantingham, P.L. and P.J. Brantingham (1981). "Notes on the geometry of crime." In Brantingham, P.J. and P.L. Brantingham (eds.), *Environmental Criminology*. Beverly Hills, CA: Sage.

Brantingham, P.L. and P.J. Brantingham (1984). "Burglar mobility and crime prevention planning." In Clarke, R. and T. Hope (eds.), *Coping with Burglary*. Boston: Kluwer–Nijhoff.

Brantingham, P.L. and P.J. Brantingham (1993a). "Nodes, paths and edges: Considerations on the complexity of crime and the physical environment." *Journal of Environmental Psychology* 13:3–28.

Brantingham, P.L. and P.J. Brantingham (1993b). "Environment, routine, and situation: Toward a pattern theory of crime." In Clarke, R.V. and M. Felson (eds.), *Routine Activities and Rational Choice*. New Brunswick, NJ: Transaction.

Brantingham, P.L. and P.J. Brantingham (1996). "Environmental criminology and violent choices." Paper presented at the American Society of Criminology Annual Meeting, Chicago.

Brantingham, P.L. and P.J. Brantingham (2003). "Anticipating the displacement of crime using the principles of environmental criminology." In Smith, M.J. and D.B. Cornish (eds.), *Theory for Practice in Situational Crime Prevention*. Monsey, NY: Criminal Justice Press.

Brantingham, P.J. and F.L. Faust (1976). "A conceptual model of crime prevention." *Crime & Delinquency* 22:284–296.

Brants, C. (1998). "Crime fighting by television in The Netherlands." In Fishman, M. and G. Cavender (eds.), *Entertaining Crime: Reality Television Programs*. New York: Aldine de Gruyter.

Brennan, P.A., B.R. Mednick, and S.A. Mednick (1993). "Parental psychopathology, congenital factors, and violence." In Hodgins, S. (ed.), *Mental Disorder and Crime*. Newbury Park, CA: Sage.

Brewer, D.D., J.D. Hawkins, R.F. Catalano, and H.J. Neckerman (1995). "Preventing serious, violent, and chronic offending: A review of evaluations of selected strategies in childhood, adolescence, and the community." In Howell, J.C., B. Krisberg, J.D. Hawkins, and J. Wilson (eds.), *Sourcebook on Serious, Violent, and Chronic Juvenile Offenders*. Thousand Oaks, CA: Sage.

Brewster, M.P. (2001). "An evaluation of the Chester County (PA) drug court program." *Journal of Drug Issues* 31:171-206.

Bridenback, M.L., P.L. Imhoff, and J.P. Blanchard (1980). *The Use of Mediation/Arbitration in the Juvenile Justice Process: A Study of Three Programs*. Tallahassee, FL: Office of the State Courts Administrator.

Briscoe, S. (2004). *The Impact of Increased Drink-driving Penalties on Recidivism Rates in NSW*. Alcohol Studies Bulletin 5. Sydney: NSW Bureau of Crime Statistics and Research.

Brodie, D.Q. and D.I. Sheppard (1977). "Neighbors Against Crime Together: A project evaluation." Paper presented at the National Conference on Criminal Justice Evaluation.

Brown, B. (1995). *CCTV in Town Centres: Three Case Studies*. London: Home Office Police Research Group.

Brown, E.J., T.J. Flanagan, and M. McLeod (1984). *Sourcebook of Criminal Justice Statistics*. Washington, DC: U.S. Government Printing Office.

Brown, L.P. and M.A. Wycoff (1987). "Policing Houston: Reducing fear and improving service." *Crime & Delinquency* 33:71-89.

Brown, R. (2004). "The effectiveness of electronic immobilization: Changing patterns of temporary and permanent vehicle theft." In Maxfield, M.G. and R.V. Clarke (eds.), *Understanding and Preventing Car Theft*. Monsey, NY: Criminal Justice Press.

Brown, R. (2006). "The role of project management in implementing community safety initiatives." In Knutsson, J. and R.V. Clarke (eds.), *Putting Theory to Work: Implementing Situational Prevention and Problem-Oriented Policing*. Monsey, NY: Criminal Justice Press.

Brown, T.L., S.W. Henggeler, S.K. Schoenwald, M.J. Brondino, and S.G. Pickerel (1999). "Multisystemic treatment of substance abusing and dependent juvenile delinquents: Effects on school attendance at posttreatment and 6-month follow-up." *Children's Services: Social Policy, Research and Practice* 2:81-93.

Browning, K. and R. Loeber (1999). "Highlights of findings from the Pittsburgh Youth Study." *OJJDP Fact Sheet*, No. 95. Washington, DC: Office of Juvenile Justice and Delinquency Prevention.

Buck, A.J., S. Hakim, and G.F. Rengert (1993). "Burglar alarms and the choice behavior of burglars: A suburban phenomenon." *Journal of Criminal Justice* 21:497-508.

Buerger, M.E. (1994). "The limits of community." In Rosenbaum, D.P. (ed.), *The Challenge of Community Policing: Testing the Promises*. Thousand Oaks, CA: Sage.

Bullock, H.A. (1955). "Urban homicide in theory and fact." *Journal of Criminal Law, Criminology and Police Science* 45:565–575.

Bullock, K. (2014). *Citizens, Community and Crime Control*. New York: Palgrave.

Bureau of Justice Assistance (1995). *Drug Abuse Resistance Education (DARE)*. Washington, DC: U.S. Department of Justice.

Bureau of Justice Assistance (1997). *Comprehensive Communities Program: Promising Approaches*. Washington, DC: Bureau of Justice Assistance.

Bureau of Justice Assistance (1998). *The Watch Your Car Program*. Washington, DC: U.S. Department of Justice.

Bureau of Justice Assistance (2001). *Comprehensive Communities Program: Program Account*. Washington, DC: U.S. Department of Justice.

Bureau of Justice Assistance (2005). *Gang Resistance Education and Training*. Washington, DC: Bureau of Justice Assistance. Retrieved from http://www.great-online.org

Bureau of Justice Assistance (2014). *Gang Resistance Education and Training*. http://great-online.org/Components/MiddleSchool.Aspx

Bureau of Justice Assistance (2015). *Neighborhood Watch Logic Model*. https://www.bja.gov/evaluation/programcrime-prevention/cbcp6.htm

Bureau of Justice Statistics. (2010). *Criminal Victimization in the United States, 2007, Statistical Tables*. Washington, DC: Bureau of Justice Statistics.

Burgess, E.W. (1928). "Factors influencing success or failure on parole." In Bruce, A.A., A.J. Harno, E.W. Burgess, and L. Landesco (eds.), *The Workings of the Indeterminate-sentence Law and the Parole System in Illinois*. Springfield, IL: Illinois State Board of Parole.

Bursik, R.J. and H.G. Grasmick (1993). *Neighborhoods and Crime: The Dimensions of Effective Community Control*. New York: Lexington.

Butts, J.A., J. Buck, and M.B. Coggershall (2002). *The Impact of Teen Court on Young Offenders*. Washington, DC: Urban Institute Press.

Bynum, T. (1996). "Reducing school violence in Detroit." Paper presented at the National Institute of Justice Crime Prevention Conference, Washington, DC.

Byrne, J.M. (1990). "The future of intensive supervision and the new intermediate sanctions." *Crime & Delinquency* 36:6–41.

Calhoun, A. and W. Pelech (2010). "Responding to young people responsible for harm: A comparative study of restorative and conventional approaches." *Contemporary Justice Review* 13:287–306.

Callanan, V.J. (2012). "Media consumption, perceptions of crime risk and fear of crime: Examining race/ethnic differences." *Sociological Perspectives* 55:93–115.

Capaldi, D.M. and G.R. Patterson (1996). "Can violent offenders be distinguished from frequent offenders? Prediction from childhood to adolescence." *Journal of Research in Crime and Delinquency* 33:206–

231.

Caplan, G. (1964). *Principles of Preventive Psychiatry*. New York: Basic Books.

Carmichael, S.E. and A.R. Piquero (2006). "Deterrence and arrest ratios." *International Journal of Offender Therapy and Comparative Criminology* 50:71–87.

Carpenter, C.S. and C. Pechmann (2011). "Exposure to the Above the Influence antidrug advertisements and adolescent marijuana use in the United States, 2006–2008." *American Journal of Public Health* 101:948–954.

Carter, D.L. (1995). "Community policing and D.A.R.E.: A practitioner's perspective." *BJA Bulletin (June)*. Washington, DC: U.S. Department of Justice.

Catalano, R.F. and J.D. Hawkins (1996). "The social development model: A theory of antisocial behavior." In Hawkins, J.D. (ed.), *Delinquency and Crime: Current Theories*. New York: Cambridge University Press.

Cedar Rapids Police Department (1975). *Installation, Testing, and Evaluation of a Large-scale Burglar Alarm System for a Municipal Police Department.A Second Phase Completion Report*. Cedar Rapids, IA: Cedar Rapids Police Department.

Chaiken, J.M. and M.R. Chaiken (1982). *Varieties of Criminal Behavior. Santa Monica*, CA: RAND.

Chaiken, J.M. and M.R. Chaiken (1990). "Drugs and predatory crime." In Tonry, M. and J.Q. Wilson (eds.), *Drugs and Crime*. Chicago: University of Chicago Press.

Chainey, S. (2012). "Repeat victimization: Summary (1 of 5)." Available at http://www.jdibrief.com

Challinger, D. (2003). *Crime Stoppers: Evaluating Victoria's Program. Canberra*, Australia: Australian Institute of Criminology.

Charles, M.T. (1989). "The development of a juvenile electronic monitoring program." *Federal Probation* 53(2):3–12.

Chermak, S.M. (1994). "Body count news: How crime is presented in the news media." *Justice Quarterly* 11:561–582.

Chermak, S.M. (1998). "Predicting crime story salience: The effects of crime, victim, and defendant characteristics." *Journal of Criminal Justice* 26:61–70.

Chermak, S.M. and N. Chapman (2007). "Predicting crime story salience: A replication." *Journal of Criminal Justice* 35:351–363.

Chiricos, T.G., S. Eschholz, and M. Gertz (1996). "Crime news and fear: Toward an identification of audience effects." Paper presented at the American Society of Criminology Annual Meeting.

Chiricos, T.G., M. Hogan, and M. Gertz (1997). "Racial composition of neighborhood and fear of crime." *Criminology* 35:301–324.

Cirel, P., P. Evans, D. McGillis, and D. Whitcomb (1977). *Community Crime Prevention Program, Seattle, Washington: An Exemplary Project*. Washington, DC: National Institute of Justice.

Cirino, R. (1972). *Don't Blame the People*. New York: Vantage Books.

Clarke, R.V. (1983). "Situational crime prevention: Its theoretical basis and practical scope." In Tonry, M. and N. Morris (eds.), *Crime and Justice*, vol. 4. Chicago: University of Chicago Press.

Clarke, R.V. (1992). *Situational Crime Prevention: Successful Case Studies*. Albany, NY: Harrow and Heston.

Clarke, R.V. (1993). "Fare evasion and automatic ticket collection on the London underground." In Clarke, R.V. (ed.), *Crime Prevention Studies*, vol. 1. Monsey, NY: Criminal Justice Press.

Clarke, R.V. (1995). "Situational crime prevention." In Tonry, M. and D.P. Farrington (eds.), *Building a Safer Society: Strategic Approaches to Crime Prevention*. Chicago: University of Chicago Press.

Clarke, R.V. (1996). *Preventing Mass Transit Crime*. Monsey, NY: Criminal Justice Press.

Clarke, R.V. (1999). *Hot Products: Understanding, Anticipating and Reducing Demand for Stolen Goods*. London: Home Office Policing and Reducing Crime Unit.

Clarke, R.V. (2005). "Seven misconceptions of situational crime prevention." In Tilley, N. (ed.), *Handbook of Crime Prevention and Community Safety*. Portland, OR: Willan.

Clarke, R.V. and D. Cornish (1985). "Modeling offenders' decisions: A framework for policy and research." In Tonry, M. and N. Morris (eds.), *Crime and Justice*, vol. 4. Chicago: University of Chicago Press.

Clarke, R.V. and J.E. Eck (2005). *Crime Analysis for Problem Solvers in 60 Small Steps*. Washington, DC: Office of Community Oriented Policing Services

Clarke, R.V. and R. Homel (1997). "A revised classification of situational crime prevention techniques." In Lab, S.P. (ed.), *Crime Prevention at a Crossroads*. Cincinnati, OH: Anderson Publishing Co.

Clarke, R.V. and P.M. Mayhew (1980). *Designing Out Crime*. London: Her Majesty's Stationery Office.

Clarke, R.V. and G.R. Newman (2005). "Modifying criminogenic products: What role for governments?" In Clarke, R.V. and G.R. Newman (eds.), *Designing Out Crime from Products and Systems*. Monsey, NY: Criminal Justice Press.

Clarke, R.V., E. Perkins, and D.J. Smith, Jr. (2001). "Explaining repeat residential burglaries: An analysis of property stolen." In G. Farrell and K. Pease (eds.), *Repeat Victimization*. Monsey, NY: Criminal Justice Press.

Clarke, R.V. and D. Weisburd (1994). "Diffusion of crime control benefits: Observations on the reverse of displacement." In Clarke, R.V. (ed.), *Crime Prevention Studies*, vol. 2. Monsey, NY: Criminal Justice Press.

Clarke, S. (1974). "Getting em out of circulation: Does incarceration of juvenile offenders reduce crime?" *Journal of Criminal Law and Criminology* 65:528–535.

Clayton, R.R., A. Cattarello, and K.P. Walden (1991). "Sensation seeking as a potential mediating variable for school-based prevention interventions: A two-year follow-up of DARE." *Journal of Health Communications* 3:229–239.

Clear, T.R. and P.L. Hardyman (1990). "The new intensive supervision movement." *Crime & Delinquency* 36:42–60.

Cloward, R. and L. Ohlin (1960). *Delinquency and Opportunity: A Theory of Delinquent Gangs*. New York, NY: The Free Press.

Coates, R.B. and J. Gehm (1989). "An empirical assessment." In Wright, M. and B. Galaway (eds.), *Mediation and Criminal Justice: Victims, Offenders and Community*. Newbury Park, CA: Sage.

Cochran, J.K. and M.B. Chamlin (2000). "Deterrence and brutalization: The dual effects of executions." *Justice Quarterly* 17:685–706.

Cochran, J.K., M.B. Chamlin, and M. Seth (1994). "Deterrence or brutalization?: An impact assessment of Oklahoma's return to capital punishment." *Criminology* 32:107–134.

Cocozza, J.J. and J.L. Shufelt (2006). *Juvenile Mental Health Courts: An Emerging Strategy*. Delmar, NY: The National Center for Mental Health and Juvenile Justice.

Cohen, A.L. (1955). *Delinquent Boys: The Culture of the Gang*. Glencoe, IL: The Free Press.

Cohen, J. (1978). "The incapacitative effect of imprisonment: a critical review of the literature." In Blumstein, A., J. Cohen, and D. Nagin (eds.), *Deterrence and Incapacitation: Estimating the Effects of Criminal Sanctions on Crime Rates*. Washington, DC: National Academy Press.

Cohen, J. (1983). "Incapacitation as a strategy for crime control: possibilities and pitfalls." In Tonry, M. and N. Morris (eds.), *Crime and Justice*, vol. 5. Chicago: University of Chicago Press.

Cohen, J. and J. Ludwig (2003). "Policing crime guns." In Ludwig, J. and P.J. Cook (eds.), *Evaluating Gun Policy: Effects on Crime and Violence*. Washington, DC: Brookings Institution Press.

Cohen, L.E. and M. Felson (1979). "Social change and crime rate trends: A routine activities approach." *American Sociological Review* 44:588–608.

Cohen, S. (1975). "The evidence so far." *Journal of Communication* 25:14–24.

Cohn, E.S., L. Kidder, and J. Harvey (1978). "Crime prevention vs. victimization: The psychology of two different reactions." *Victimology* 3:285–296.

Coleman, J.S. (1966). *Equality of Educational Opportunity*. Washington, DC: U.S. Government Printing Office.

Collins, J.J. (1989). "Alcohol and interpersonal violence: Less than meets the eye." In Weiner, N.A. and M.E. Wolfgang (eds.), *Pathways to Criminal Violence*. Newbury Park, CA: Sage.

Collins, J.J., R.L. Hubbard, and J.V. Rachal (1985). "Expensive drug use and illegal income: A test of explanatory hypotheses." *Criminology* 23:743–764.

Communities that Care (CTC) (2015). http://www.communitiesthatcare.net/how-ctc-works/social-development-strategy/

Conger, R.D. and R.L. Simons (1997). "Life-course contingencies in the development of adolescent antisocial behavior: A matching law approach." In T.P. Thornberry (ed.) *Advances in Criminological Theory*. New York: Aldine.

Conklin, J.E. (1975). *The Impact of Crime*. New York: Macmillan.

Conklin, J.E. (2003). *Why Crime Rates Fell*. Boston: Allyn & Bacon.

Coombs, R.H. (1981). "Back on the streets: Therapeutic communities' impact upon drug abusers." *American Journal of Alcohol Abuse* 8:185-201.

Cook, R.F. and J.A. Roehl (1983). *Preventing Crime and Arson: A Review of Community-based Strategies.* Reston, VA: Institute for Social Analysis.

Cook, T.D. and D.T. Campbell (1979). *Quasi-experimentation: Design and Analysis Issues for Field Settings.* Chicago: Rand McNally College.

Cooprider, K.W. and J. Kerby (1990). "A practical application of electronic monitoring at the pretrial stage." *Federal Probation* 54:28-35.

Coote, S. (2000) "Families and Schools Together (FAST)." Paper presented at the Reducing Criminality Conference, Perth, Australia.

Cordner, G.W. (1995). "Community policing: Elements and effects." *Police Forum* 5(3):1-8.

Cornish, D. (1994). "The procedural analysis of offending and its relevance for situational prevention." In Clarke R.V. (ed.), *Crime Prevention Studies*, vol. 3. Monsey, NY: Criminal Justice Press.

Cornish, D.B. and R.V. Clarke (1986a). *The Reasoning Criminal.* New York: Springer-Verlag.

Cornish, D.B. and R.V. Clarke (1986b). "Situational prevention, crime displacement and rational choice theory." In Heal, K. and G. Laycock (eds.), *Situational Crime Prevention: From Theory into Practice.* London: Her Majesty's Stationery Office.

Cornish, D.B. and R.V. Clarke (2003). "Opportunities, precipitators and criminal decisions: A reply to Wortley's critique of situational crime prevention." In Smith, M.J. and D.B. Cornish (eds.), *Theory for Practice in Situational Crime Prevention.* Monsey, NY: Criminal Justice Press.

Cornish, D.B. and R.V. Clarke (2008). "The rational choice perspective." In Wortley, R. and L. Mazerolle (eds.) *Environmental Criminology and Crime Analysis.* Cullompton, Devon, U.K.: Willan.

Corsaro, N. and E. McGarrell (2009). "Testing a promising homicide reduction strategy: Rassessing the impact of Indianapolis' 'pulling levers' intervention." *Journal of Experimental Criminology* 5:63-82.

Corsaro, N. and E. McGarrell (2010). "Reducing homicide risk in Indianapolis between 1997 and 2000." *Journal of Urban Health* 87:851-864.

Council of State Governments Justice Center (2008). *Mental Health Courts: A Primer for Policymakers and Practitioners.* Washington, DC: Bureau of Justice Assistance. Retrieved from http://www.bja.gov/publications/mhc_primer.pdf

Covington, J. and R.B. Taylor (1991). "Fear of crime in urban residential neighborhoods: Implications of between- and within-neighborhood sources for current models." *Sociological Quarterly* 32:231-249.

Cox, S.M. (1999). "An assessment of an alternative education program for at-risk delinquent youth." *Journal of Research in Crime and Delinquency* 36:323-336.

Cox, S.M., W.S. Davidson, and T.S. Bynum (1995). "A meta-analytic assessment of delinquency-related outcomes of alternative education programs." *Crime & Delinquency* 41:219-234.

Coyne, S.M. (2007). "Does media violence cause violent crime?" *European Journal of Criminal Policy and*

Research 13:205–211.

Cozens, P.M. (2014) Think Crime! Using Evidence, Theory and Crime Prevention Through Environmental Design (CPTED) for Planning Safer Cities. *Quinns Rocks*, Australia: Praxis Education.

Cozens, P.M. and T. Davies (2013). "Crime and residential security shutters in an Australian suburb: Exploring perceptions of 'eyes on the street,' social interaction and personal safety." *Crime Prevention and Community Safety* 15:175–191.

Cozens, P.M., G. Saville and D. Hillier (2005). "Crime prevention through environmental design (CPTED): A review and modern bibliography." *Property Management* 23:328–356.

Crawford, A. (1998). *Crime Prevention and Community Safety: Politics, Policies and Practices*. London: Longman.

Crawford, A. (2001). "Joined-up but fragmented: Contradiction, ambiguity and ambivalence at the heart of New Labour's 'Third Way'." In Matthews, R. and J. Pitts (eds.), *Crime, Disorder and Community Safety*. New York: Routledge.

Crawford, A. (2007). "Crime prevention and community safety." In Maguire, M., R. Morgan, and R. Reiner (eds.) *The Oxford Handbook of Criminology*, Fourth Edition. Oxford: Oxford University Press

Crime Stoppers International (2015). http://csiworld.org/

Cristall, J., and Forman-Echols, L. (2009). *Property Abatements.The Other Gang Injunction: Project T.O.U.G.H.* Washington, DC: Bureau of Justice Assistance. National Gang Center Bulletin 2.

Cromwell, P.F., J.N. Olson, and D.W. Avary (1991). Breaking and Entering: An Ethnographic Analysis of Burglary. *Newbury Park*, CA: Sage.

Cullen, F.T. and P. Gendreau (2000). "Assessing correctional rehabilitation: Policy, practice and prospects." In Horney, J. (ed.), *Policies, Processes, and Decisions of the Criminal Justice System. Criminal Justice 2000*. Washington, DC: National Institute of Justice.

Cusson, M. (1993). "A strategic analysis of crime: Criminal tactics as responses to precriminal situations." In Clarke, R.V. and M. Felson (eds.), *Routine Activity and Rational Choice*. New Brunswick, NJ: Transaction.

Dadds, M.R., S.H. Spence, D.E. Holland, P.M. Barrett, and K.R. Laurens (1997). "Prevention and early intervention for anxiety disorders: A controlled trial." *Journal of Consulting and Clinical Psychology* 65:627–635.

Dallas Area Criminal Justice Council (1975). *Geographic Crime Displacement in the Dallas Area. Dallas*, TX: Dallas Area Criminal Justice Council.

Davis, R.C. and A.J. Lurigio (1996). *Fighting Back: Neighborhood Antidrug Strategies*. Thousand Oaks, CA: Sage.

Davis, R.C. and A.J. Lurigio (1998). "Civil abatement as a tool for controlling drug dealing in rental properties." *Security Journal* 11:45–50.

Davis, R.C., A.J. Lurigio, and D.P. Rosenbaum (1993). *Drugs and the Community: Involving Community*

Residents in Combating the Sale of Illegal Drugs. Springfield, IL: Charles C Thomas.

Davis, R.C., B.E. Smith, A.J. Lurigio, and W.G. Skogan (1991). *Community Response to Crack: Grassroots Anti-Drug Programs*. Washington, DC: National Institute of Justice.

Davis, R.C., B.E. Smith, and L.B. Nickles (1998). "The deterrent effect of prosecuting domestic violence misdemeanors." *Crime & Delinquency* 44:434-442.

Decker, S.H., G.D. Curry, S. Catalano, A. Watkins, and L. Green (2005). *Strategic Approaches to Community Safety Initiative (SACSI) in St. Louis*. Washington, DC: National Institute of Justice.

DeJong, W. (1993). "Building the peace: The resolving conflict creatively program (RCCP)." *NIJ Program Focus*. Washington, DC: Department of Justice.

DeLeon, G. (1984). "Program-based evaluation research in therapeutic communities." In Tims, F.M. and J.P. Ludford (eds.), *Drug Abuse Treatment Evaluation: Strategies, Progress and Prospects*. Washington, DC: National Institute on Drug Abuse.

DeLeon, G. and M.S. Rosenthal (1989). "Treatment in residential therapeutic communities." In Kleber, H. (ed.), *Treatment of Psychiatric Disorders: A Task Force Report of the American Psychiatric Association*, vol. 2. Washington, DC: American Psychiatric Association.

del Frate, A.A. (1998). *Preventing Crime: Citizens' Experiences Across the World*. UNICRI Issues and Reports No. 9. New York: United Nations.

DeLong, J.V. (1972). "Treatment and rehabilitation." *Dealing with Drug Abuse: A Report to the Ford Foundation*. New York: Praeger.

DeMichele, M. and B. Payne (2009). *Offender Supervision with Electronic Technology: Community Corrections Resources*, Second Edition. Washington, DC: Bureau of Justice Assistance. Retrieved from http://www.appa-net.org/eweb/docs/APPA/pubs/OSET_2.pdf

Denno, D.W. (1990). *Biology and Violence: From Birth to Adulthood*. Cambridge: Cambridge University Press.

DesChamps, S., P.L. Brantingham, and P.J. Brantingham (1991). "The British Columbia transit fare evasion audit: A description of a situational prevention process." *Security Journal* 2:211-218.

Deutshmann, P.J. (1959). *News-page Content of Twelve Metropolitan Dailies*. Cincinnati, OH: Scripps-Howard Research Center.

Dezhbakhsh, H., P.H. Rubin, and J.M. Shepherd (2003). "Does capital punishment have a deterrent effect?: New evidence from postmoratorium panel data." *American Law and Economics Review* 52:344-376.

DiBlasio, N. (2012). "YouTube: The latest crime solver." *USA Today July* 5:A1.

Ditton, J. and J. Duffy (1983). "Bias in the newspaper reporting of crime news." *British Journal of Criminology* 23:159-165.

Ditton, J. and E. Short (1999). "Yes, it works, no, it doesn't: Comparing the effects of open-street CCTV in two adjacent Scottish town centres." In Painter, K. and N. Tilley (eds.), *Surveillance of Public Space: CCTV, Street Lighting and Crime Prevention*. Monsey, NY: Criminal Justice Press.

Dobash, R.E., P. Schlesinger, R. Dobash, and C.K. Weaver (1998). " 'Crimewatch UK': Women's interpretation of televised violence." In Fishman, M. and G. Cavender (eds.), *Entertaining Crime: Television Reality Programs*. New York: Aldine de Gruyter.

Dominick, J.R. (1978). "Crime and law enforcement in the mass media." In Winick, C. (ed.), *Deviance and Mass Media*. Beverly Hills, CA: Sage.

Donnelly, P. and C. Kimble (1997). "Community organizing, environmental change, and neighborhood crime." *Crime & Delinquency* 43:493–511.

Donohue, J.J. (2009). "Assessing the relative benefits of incarceration: The overall change over the previous decades and the benefits on the margin." In Raphael, S. and M.A. Stoll (eds.), *Do Prisons Make Us Safer?: The Benefits and Costs of the Prison Boom*. New York: Sage.

Donohue, J.J. and J. Wolfers (2005). "Uses and abuses of empirical evidence in the death penalty debate." *Stanford Law Review* 58:791–846.

Donovan, P. (1998). "Armed with the power of television: Reality crime programming and the reconstruction of law and order in the United States." In Fishman, M. and G. Cavender (eds.), Entertaining Crime: *Reality Television Programs*. New York: Aldine de Gruyter.

Doob, A.N. and G.E. Macdonald (1979). "Television viewing and fear of victimization: Is the relationship causal?" *Journal of Personality and Social Psychology* 37:170–179.

Doran, B.J. and M.B. Burgess (2012). *Putting Fear of Crime on the Map: Investigating Perceptions of Crime Using Geographic Information Systems*. New York: Springer.

Drug Courts Program Office (1998). *Looking at a Decade of Drug Courts*. Washington, DC: U.S. Department of Justice.

Drug Courts Program Office (2000). *About the Drug Courts Program Office*. Washington, DC: U.S. Department of Justice.

DuBois, D.L., N. Portillo, J.E. Rhodes, N. Silverthorn, and J.C. Valentine (2011). "How effective are mentoring programs for youth?: A systematic assessment of the evidence." P*sychological Science in the Public Interest* 12:57–91.

DuBois, D.L., B.E. Holloway, J.C. Valentine, and H. Cooper (2002). "Effectiveness of mentoring programs for youth: A meta-analytic review." *American Journal of Community Psychology* 30:157–197.

Dunford, F.W. (1990). "System initiated warrants for suspects of misdemeanor domestic assault: A pilot study." *Justice Quarterly* 7:631–654.

Durose, M.R., A.D. Cooper, and H.N. Snyder (2014). *Recidivism of Prisoners Released in 30 States in 2005: Patterns from 2005 to 2010*. Washington, DC: Bureau of Justice Statistics. Retrieved from http://www.bjs.gov/content/pub/pdf/rprts05p0510.pdf

Eck, J.E. (1993). "The threat of crime displacement." *Criminal Justice Abstracts* 25:527–546.

Eck, J.E. (1994). "Drug Markets and Drug Places: A Case-control Study of the Spatial Structure of Illicit Drug Dealing." P*h.D. dissertation*, College Park, MD: University of Maryland.

Eck, J.E. (1998). "Preventing crime by controlling drug dealing on private rental property." *Security Journal* 11:37–43.

Eck, J.E. (2002). "Learning from experience in problem-oriented policing and situational prevention: The positive functions of weak evaluations and the negative functions of strong ones." In N. Tilley (ed.), *Analysis for Crime Prevention*. Monsey, NY: Criminal Justice Press.

Eck, J.E. and D.P. Rosenbaum (1994). "The new police order: Effectiveness, equity, and efficiency in community policing." In Rosenbaum, D.P. (ed.), *The Challenge of Community Policing: Testing the Promises*. Thousand Oaks, CA: Sage.

Eck, J.E. and W. Spelman (1989). "A problem-oriented approach to police service delivery." In Kenney, D. (ed.), *Police and Policing: Contemporary Issues*. New York: Praeger.

Eck, J.E. and J. Wartell (1998). "Improving the management of rental properties with drug problems: A randomized experiment." In Mazerolle, L.G. and J. Roehl (eds.), *Civil Remedies and Crime Prevention*. Monsey, NY: Criminal Justice Press.

Eck, J.E. and J. Wartell (1999). "Reducing crime and drug dealing by improving place management: A randomized experiment." *NIJ Research Preview*. Washington, DC: National Institute of Justice.

Ehrlich, I. (1975). "The deterrent effects of capital punishment: A question of life and death." *American Economic Review* 65:397–417.

Ehrlich, I. (1977). "Capital punishment and deterrence: Some further thoughts and additional evidence." *Journal of Political Economy* 85:741–788.

Eiser, C. and J.R. Eiser (1988). *Drug Education in Schools*. New York: Springer–Verlag.

Ekblom, P. (1993). "Scoping and scoring: Linking measures of action to measures of outcome in a multi–scheme, multi–site crime prevention programme." In Zahm, D. and P. Cromwell (eds.), *Proceedings of the International Seminar on Environmental Criminology and Crime Analysis*. Coral Gables, FL: Florida Criminal Justice Executive Institute.

Ekblom, P. (2002). "From the source to the mainstream is uphill: The challenge of transferring knowledge of crime prevention through replication, innovation and anticipation". In N. Tilley (ed.), *Analysis for Crime Prevention*. Monsey, NY: Criminal Justice Press.

Ekblom, P. (2005). "Designing products against crime." In Tilley, N. (ed.), *Handbook of Crime Prevention and Community Safety*. Portland, OR: Willan.

Ekblom, P. (2008). "Designing products against crime." In Wortley, R. and L. Mazerolle (eds.), *Environmental Criminology and Crime Analysis*. Cullompton, Devon, U.K.: Willan.

Ekblom, P. (2011a). Crime Prevention, *Security and Community Safety using the 5Is Framework*. New York: Palgrave Macmillan.

Ekblom, P. (2011b). "Deconstructing CPTED … and reconstructing it for practice, knowledge management and research." *European Journal of Criminal Policy and Research* 17:7–28.

Ekblom, P., K. Bowers, L. Gamman, A. Sidebottom, C. Thomas, A. Thorpe, and M. Willcocks (2012). "Reducing handbag theft." In Ekblom, P. (ed.), *Design Against Crime: Crime Proofing Everyday Products*. Boulder, CO: Lynne Rienner.

Ekblom, P. and A. Hirschfield (2014). "Developing an alternative formulation of SCP principles.the Ds(11 and counting)." *Crime Science* 3:2.

Ekblom, P., H. Law, and M. Sutton (1996a). *Safer Cities and Domestic Burglary*. London: Home Office Research and Statistics Directorate.

Ekblom, P., H. Law, and M. Sutton (1996b). *Domestic Burglary Schemes in the Safer Cities Programme*. Research Findings No. 42. London: Home Office Research and Statistics Directorate.

Ekblom, P. and K. Pease (1995). "Evaluating crime prevention." In Tonry, M. and N. Morris (eds.), *Crime and Justice: A Review of Research*, vol. 19. Chicago: University of Chicago Press.

Elder, R., R. Shults, D. Sleet, J.L. Nichols, R.S. Thompson, and W. Rajab (2004). "Effectiveness of mass media campaigns for reducing drinking and driving and alcohol-involved crashes: A systematic review." *American Journal of Preventive Medicine* 27:57-65.

Elfers, H., D. Reynald, M. Averdijk, W. Bernasco, and R. Block (2008). "Modelling crime flow between neighbourhoods in terms of distance and of intervening opportunities." *Crime Prevention and Community Safety* 10:85-96.

Ellingworth, D., G. Farrell, and K. Pease (1995). "A victim is a victim is a victim? Chronic victimization in four sweeps of the British Crime Survey." *British Journal of Criminology* 35:360-365.

Elliott, D.S. (1994). "Serious, violent offenders: Onset, developmental course, and termination." *Criminology* 32:1-21.

Elliott, D.S. (2000). "Editor's introduction." In Olweus, D. and S. Limber (eds.), *Bullying Prevention Program: Blueprints for Violence Prevention*. Boulder, CO: Institute of Behavioral Science.

Elliott, D.S. and S.S. Ageton (1981). *The Epidemiology of Delinquent Behavior and Drug Use Among American Adolescents, 1976-1978*. Boulder, CO: Behavioral Research Institute.

Elliott, D.S., S.S. Ageton, and R.J. Canter (1979). "An integrated theoretical perspective on delinquent behavior." *Journal of Research in Crime and Delinquency* 16:3-27.

Elliott, D.S.and D.H. Huizinga. (1984). *The Relationship Between Delinquent Behavior and ADM Problems*. Boulder, CO: Behavioral Research Institute.

Elliott, D.S., D.H. Huizinga, and S.S. Ageton (1985). *Explaining Delinquency and Drug Use*. Beverly Hills, CA: Sage.

Elliott, D.S., D.H. Huizinga, and S. Menard (1989). Multiple Problem Youth: Delinquency, *Substance Use and Mental Health Problems*. New York: Springer-Verlag.

Elliott, D.S. and S. Menard (1996). "Delinquent friends and delinquent behavior: Temporal and developmental patterns." In Hawkins, J.D. (ed.), *Delinquency and Crime: Current Theories*. Cambridge: Cambridge University Press.

Ellis, E., J. Fortune and G. Peters (2007). "Partnership problems: Analysis and re-design." *Crime Prevention and Community Safety* 9:34–51.

Empey, L.T. and S.G. Lubbeck (1971). *Explaining Delinquency.* Lexington, MA: Lexington Books.

Ennis, B.J. and T.R. Litwack (1974). "Psychiatry and the presumption of expertise: Flipping coins in the courtroom." *California Law Review* 62:693–752.

Ennis, P.H. (1967). *Criminal Victimization in the U.S.: A Report of a National Survey. President's Commission on Law Enforcement and the Administration of Justice. Field Surveys II.* Washington, DC: U.S. Government Printing Office.

Erez, E., P. Ibarra, and N.A. Lurie (2004). "Electronic monitoring of domestic violence cases: A study of two bilateral programs." *Federal Probation* 68(1). Retrieved from http://www.uscourts.gov/fedprob/June_2004/monitoring.html

Erickson, M.L., J.P. Gibbs, and G.F. Jensen (1977). "The deterrence doctrine and the perceived certainty of legal punishments." *American Sociological Review* 42:305–317.

Erwin, B.E. (1990). "Old and new tools for the modern probation officer." Crime & Delinquency 36:61–74.

Esbensen, F. (1987). "Foot patrols: Of what value?" *American Journal of Police* 6:45–65.

Esbensen, F. and D. Huizinga (1993). "Gangs, drugs and delinquency in a survey of urban youth." *Criminology* 31:565–589.

Esbensen, F., D.W. Osgood, D. Peterson, T.T. Taylor, and D.C. Carson (2013). "Short– and long–term outcome results from a multisite evaluation of the G.R.E.A.T. program." *Criminology and Public Policy* 12, 375–412.

Esbensen, F., D. Peterson, T.J. Taylor, A. Freng, and D.W. Osgood (2004). "Gang prevention: A case study of a primary prevention program." In F. Esbensen, S.G. Tibbetts and L. Gaines (eds.), *American Youth Gangs at the Millennium.* Long Grove, IL: Waveland Press.

Esbensen, F., D. Peterson, T.J. Taylor, A. Freng, D.W. Osgood, D.C. Carson, and K.N. Matsuda (2011). "Evaluation and evolution of the gang resistance education and training (G.R.E.A.T.) program." *Journal of School Violence* 10:53–70.

Everson, S. and P.F. Woodhouse (2007). "Designing out crime: Has section 17 of the UK's Crime and Disorder Act 1998 been effective?" In Farrell, G., K.J. Bowers, S.D. Johnson and M. Townsley (eds.), *Imagination for Crime Prevention: Essays in Honour of Ken Pease. Cullompton, Devon,* U.K.: Willan.

Fabricant, R. (1979). "The distribution of criminal offenses in an urban environment: A spatial analysis of criminal spillovers and of juvenile offenders." *American Journal of Economics and Society* 38:31–47.

Fagan, J. (1989). "The social organization of drug use and drug dealing among urban gangs." *Criminology* 27:633–670.

Fagan, J., and J.G. Weis (1990). *Drug Use and Delinquency Among Inner City Youth.* New York: Springer–Verlag.

Fagan, J., F.E. Zimring, and A. Geller (2006). "Capital punishment and capital market: Market share and the deterrent effects of the death penalty." *Texas Law Review* 84:1803–1867.

Families and Schools Together (FAST) (2015). http://www.familiesandschools.org/

Fareed, A., Vayalapalli, S., Stout, S., Casarella, J., Drexler, K., and Bailey, S. P. (2011). "Effect of methadone maintenance treatment on heroin craving: A literature review." *Journal of Addictive Diseases* 30:27–38.

Farrell, A.D. and A.L. Meyer (1997). "The effectiveness of a school-based curriculum for reducing violence among urban sixth-grade students." *American Journal of Public Health* 87:979–988.

Farrell, G. (2005). "Progress and prospects in the prevention of repeat victimization." In Tilley, N. (ed.), *Handbook of Crime Prevention and Community Safety*. Portland, OR: Willan.

Farrell, G. and K. Pease (2006). "Preventing repeat residential burglary victimization." In Welsh, B.C. and D.P. Farrington (eds.), *Preventing Crime: What Works for Children, Offenders, Victims and Places*. New York: Springer.

Farrell, G. and K. Pease (2014). "Repeat victimization." In Bruinsma, G. and D. Weisburd (eds.), *Encyclopedia of Criminology and Criminal Justice*. New York: Springer.

Farrell, G., C. Phillips, and K. Pease (1995). "Like taking candy: Why does repeat victimization occur?" *British Journal of Criminology* 33:384–399.

Farrell, G., A. Tseloni, and K. Pease (2005). "Repeat victimization in the ICVS and the NCVS." *Crime Prevention and Community Safety* 7(3):7–18.

Farrington, D.P. (1985). "Predicting self-reported and official delinquency." In Farrington, D.P. and R. Tarling (eds.), *Prediction in Criminology*. Albany, NY: SUNY Press.

Farrington, D.P. (1989). "Early predictors of adolescent aggression and adult violence." *Violence and Victims* 4:79–100.

Farrington, D.P. (1996). "The explanation and prevention of youthful offending." In Hawkins, J.D. (ed.), *Delinquency and Crime: Current Theories*. Cambridge: Cambridge University Press.

Farrington, D.P. (1997). "The relationship between low resting heart rate and violence." In Raine, A., P.A. Brennan, D.P. Farrington and S.A. Mednick (eds.), *Biosocial Bases of Violence*. New York: Plenum.

Farrington, D.P. (2007). "Childhood risk factors and risk-focused prevention." In Maguire, M., R. Morgan and R. Reiner (eds.) *The Oxford Handbook of Criminology, Fourth Edition*. Oxford: Oxford University Press.

Farrington, D.P., T.H. Bennett, and B.C. Welsh (2007). "The Cambridge evaluation of the effects of CCTV on crime." In Farrell, G., K.J. Bowers, S.D. Johnson, and M. Townsley (eds.), *Imagination for Crime Prevention: Essays in Honour of Ken Pease*. Cullompton, Devon, U.K.: Willan.

Farrington, D.P., S. Bowen, A. Buckle, T. Burns-Howell, J. Burrows, and M. Speed (1993). "An experiment on the prevention of shoplifting." In Clarke, R.V. (ed.), *Crime Prevention Studies*, vol. 1. Monsey, NY: Criminal Justice Press.

Farrington, D.P. and R. Loeber (1998). "Transatlantic replicability of risk factors in the development of delinquency." *In Cohen, P., C. Slomkowski, and L.N. Robbins (eds.), Where and When: Geographic and Generational Influences on Psychopathology*. Mahwah, NJ: Erlbaum.

Farrington, D.P. and K.A. Painter (2003). "How to evaluate the impact of CCTV on crime." *Crime Prevention and Community Safety* 5(3):7-16.

Federal Bureau of Investigation (FBI) (2014). *Crime in the United States*, 2013. https://www.fbi.gov/about-us/cjis/ucr/crime-in-the-u.s/2013/crime-in-the-u.s.-2013

Feeney, F. (1986). "Robbers as decision makers." In Cornish, D.B. and R.V. Clarke (eds.), *The Reasoning Criminal: Rational Choice Perspectives on Offending*. New York: Springer-Verlag.

Feinberg, M.E., M.T. Greenberg, D.W. Osgood, J. Sartorius, and D. Bontempo (2007). "Effects of the Communities that Care model in Pennsylvania on youth risk and problem behaviors." *Prevention Science* 8:261-270.

Feld, B.C. (1999). "Rehabilitation, retribution and restorative justice: Alternative conceptions of juvenile justice." In G. Bazemore and L. Walgrave (eds.), *Restorative Juvenile Justice: Repairing the Harm of Youth Crime*. Monsey, NY: Criminal Justice Press.

Felson, M., M.E. Belanger, G.M. Bichler, C.D. Bruzinske, G.S. Campbell, C.L. Fried, K.C. Grofik, I.S. Mazur, A.B. O'Regan, P.J. Sweeney, A.L. Ullman, and L.M. Williams (1996). "Redesigning hell: Preventing crime and disorder at the port authority bus terminal." *In Clarke, R.V. (ed.), Preventing Mass Transit Crime*. Monsey, NY: Criminal Justice Press.

Felson, M. and R.V. Clarke (1998). *Opportunity Makes the Thief: Practical Theory for Crime Prevention*. London: Home Office Police and Reducing Crime Unit.

Ferguson, C.J. (2013). Adolescents, *Crime and the Media: A Critical Analysis*. New York: Springer.

Ferguson, K.M. and C.H. Mindel (2007). "Modeling fear of crime in Dallas neighborhoods: A test of social capital theory." *Crime & Delinquency* 53:322-349.

Ferraro, K.F. (1995). *Fear of Crime: Interpreting Victimization Risk*. Albany, NY: SUNY Press.

Ferraro, K.F. and R.L. LaGrange (1987). "The measurement of fear of crime." *Sociological Inquiry* 57:70-101.

Ferraro, K.F. and R.L. LaGrange (1988). "Are older people afraid of crime?" *Journal of Aging Studies* 2:277-287.

Figgie International (1983). *The Figgie Report, Part IV: Reducing Crime in America, Successful Community Efforts*. Willoughby, OH: Figgie International.

Finch, E. (2011). "Strategies of adaptation and diversification: The impact of chip and PIN technology on the activities of fraudsters." *Security Journal* 24:251-268.

Fisher, B.S. (1989). "The 'community hypothesis' revisited: The effects of participation after controlling for self-selection bias." *Paper presented at the American Society of Criminology Annual Meeting*, Washington, DC.

Fisher, B.S. and J.L. Nasar (1992). "Fear of crime in relation to three exterior site features: Prospect, refuge, and escape." *Environment and Behavior* 24:35–65.

Fishman, R. (1977). "An evaluation of criminal recidivism in projects providing rehabilitation and diversion services in New York City." *Journal of Criminal Law and Criminology* 68:283–305.

Fleming, Z., P. Brantingham, and P. Brantingham (1994). "Exploring auto theft in British Columbia." In Clarke, R.V. (ed.), *Crime Prevention Studies*, vol. 3. Monsey, NY: Criminal Justice Press.

Flexon, J.L. and R.T. Guerette (2009). "Differential effects of an offender–focuses crime prevention media campaign." *Journal of Criminal Justice* 37:608–616.

Flynn, R.J. (2008). "Communities that Care: A comprehensive system for youth prevention and promotion, and Canadian applications to date." *IPC Review* 2:83–106.

Foglia, W.D. (1997). "Perceptual deterrence and the mediating effect of internalized norms among inner–city teenagers." *Journal of Research in Crime and Delinquency* 34:414–442.

Ford, D. and A. Schmidt (1985). *Electronic Monitored Home Confinement. National Institute of Justice Research in Action*. Washington, DC: National Institute of Justice.

Forrester, D.H., M.R. Chatterton, and K. Pease (1988). "The Kirkholt Burglary Prevention Demonstration Project." *Home Office Crime Prevention Paper No. 13*. London: Her Majesty's Stationery Office.

Forrester, D.H., S. Frenz, M. O'Connell, and K. Pease (1990). *The Kirkholt Burglary Prevention Project: Phase II*. London: Home Office.

Fors, S.W. and D.G. Rojek (1991). "A comparison of drug involvement between runaways and school youths." *Journal of Drug Education* 21:13–25.

Forst, B.E. (1977). "The deterrent effect of capital punishment: A cross–state analysis of the 1960s." *Minnesota Law Review* 61:743–767.

Fowler, F. and T.W. Mangione (1982). *Neighborhood Crime, Fear and Social Control: A Second Look at the Hartford Program*. Washington, DC: National Institute of Justice.

Fowler, F., M.E. McCalla, and T.W. Mangione (1979). *Reducing Residential Crime and Fear: The Hartford Neighborhood Crime Prevention Program*. Washington, DC: National Institute of Law Enforcement and Criminal Justice.

Friel, C.M. and J.B. Vaughn (1986). "A consumer's guide to the electronic monitoring of probationers." *Federal Probation* 50(3):3–14.

Friel, C.M., J.B. Vaughn, and R. del Carmen (1987). *Electronic Monitoring and Correctional Policy: The Technology and its Application*. Washington, DC: National Institute of Justice.

FRIENDS (2015). *The FRIENDS Program*. http://friendsprograms.com/

Furstenburg, F.F. (1972). "Fear of crime and its effects on citizen behavior." In A. Biderman (ed.), *Crime and Justice: A Symposium*. New York: Nailburg.

Gable, R.K. (1986). "Application of personal telemonitoring to current problems in corrections." *Journal of Criminal Justice* 14:167–176.

Gabor, T. (1981). "The crime displacement hypothesis: An empirical examination." *Crime & Delinquency* 27:390–404.

Gabor, T. (1990). "Crime displacement and situational prevention: Toward the development of some principles." *Canadian Journal of Criminology* 32:41–73.

Gaes, G.G., T.J. Flanagan, L.T. Motiuk, and L. Stewart (1999). "Adult correctional treatment." *In Tonry, M. and J. Petersilia (eds.),* Prisons. Chicago: University of Chicago Press.

Gamoran, A., R.N. Lopez Turley, A. Turner, and R. Fish (2012). "Differences between Hispanic and non-Hispanic families in social capital and child development: First-year findings from an experimental study." *Research in Social Stratification and Mobility* 30:97–112.

Garofalo, J. (1979). "Victimization and the fear of crime." *Journal of Research in Crime and Delinquency* 16:80–97.

Garofalo, J. (1981). "Crime and the mass media: A selective review of research." *Journal of Research in Crime and Delinquency* 18:319–350.

Garofalo, J. and K.J. Connelly (1980). "Dispute resolution centers, part I: major features and processes." *Criminal Justice Abstracts* 12:416–436.

Garofalo, J. and M. McLeod (1988). "Improving the use and effectiveness of neighborhood watch programs." *NIJ Research in Action. Washington*, DC: National Institute of Justice.

Garrett, C.J. (1985). "Effects of residential treatment on adjudicated delinquents: A meta-analysis." *Journal of Research in Crime and Delinquency* 22:287–308.

Gates, L.B. and W.M. Rohe (1987). "Fear and reactions to crime: A revised model." *Urban Affairs Quarterly* 22:425–453.

Geen, R.G. and S.L. Thomas (1986). "The immediate effects of media violence on behavior." *Journal of Social Issues* 42:7–27.

Geerken, M.R. and W.R. Gove (1977). "Deterrence, overload, and incapacitation: An empirical evaluation." *Social Forces* 56:424–447.

General Accounting Office (GAO) (1997). *Drug Courts: Overview of Growth, Characteristics, and Results.* Washington, DC: U.S. Government Printing Office.

Gensheimer, L.K., J.P. Mayer, R. Gottschalk, and W.S. Davidson (1986). "Diverting youth from the juvenile justice system: A meta-analysis of intervention efficacy." In Apter, S.J. and A.P. Goldstein (eds.), *Youth Violence: Programs and Prospects.* New York: Pergamon.

Gerbner, G., L. Gross, M.F. Eleey, M. Jackson-Beeck, S. Jeffries-Fox, and N. Signorielle (1977). "TV violence no. 8: The highlights." *Journal of Communication* 27:171–180.

Gerbner, G., L. Gross, M. Jackson-Beeck, S. Jeffries-Fox, and N. Signorielle (1978). "Cultural indicators: Violence profile no. 9." *Journal of Communication* 28:176–207.

Gerbner, G., L. Gross, N. Signorielle, and M. Morgan (1980). "Television violence, victimization, and power." *American Behavioral Scientist* 23:705–716.

Gerbner, G., L. Gross, N. Signorielle, M. Morgan, and M. Jackson-Beeck (1979). "The demonstration of power: Violence profile no. 10." *Journal of Communication* 29:177-196.

Geva, R. and I. Israel (1982). "Anti-burglary campaign in Jerusalem: Pilot project update." Police Chief 49:44-46.

Gibbs, J.P. (1968). "Crime, punishment, and deterrence." *Social Science Quarterly* 48:515-530.

Gibbs, J.P. (1975). *Crime, Punishment and Deterrence*. New York: Elsevier.

Gies, S.V., R. Gainey, M.I. Cohen, E. Healy, M. Yeide, A. Bekelman and A. Bobnis (2013). *Monitoring High-risk Gang Offenders with GPS Technology: An Evaluation of the California Supervision Program Final Report*. Washington, DC: Department of Justice.

Gill, M. and R. Matthews (1994). "Robbers on robbery: Offenders' perspectives." In Gill, M. (ed.), *Crime at Work: Studies in Security and Crime Prevention*. Leicester, U.K.: Perpetuity Press.

Gill, M. and K. Pease (1998). "Repeat robbers: Are they different?" In Gill, M. (ed.), *Crime at Work: Increasing the Risk for Offenders. Leicester*, U.K.: Perpetuity Press.

Gill, M. and A. Spriggs (2005). *Assessing the Impact of CCTV*. London: Home Office.

Gilling, D. (1997). *Crime Prevention: Theory, Policy and Politics*. London: UCL Press.

Gilling, D. (2005). "Partnerships and crime prevention." In Tilley, N. (ed.), *Handbook of Crime Prevention and Community Safety*. Portland, OR: Willan.

Glaser, D. (1964). *The Effectiveness of a Prison and Parole System*. Indianapolis, IN: Bobbs-Merrill.

Gold, M. (1978). "Scholastic experiences, self-esteem, and delinquent behavior: A theory for alternative schools." *Crime & Delinquency* 24:290-308.

Gold, M. and D. Mann (1972). "Delinquency as defense." *American Journal of Orthopsychiatry* 42:463-477.

Gold, M. and D. Mann (1983). "Alternative schools for troublesome youths." *Urban Review* 14:305-316.

Goldkamp, J.S. and D. Weiland (1993). "Assessing the impact of Dade County's felony drug court." *NIJ Research in Brief*. Washington, DC: U.S. Department of Justice.

Goldstein, P.J. (1989). "Drugs and violent crime." In Weiner, N.A. and M.E. Wolfgang (eds.), *Pathways to Criminal Violence*. Newbury Park, CA: Sage.

Goldstein, P.J., H.H. Brownstein, and P.J. Ryan (1992). "Drug-related homicide in New York: 1984 and 1988." *Crime & Delinquency* 38:459-476.

Gomme, I.M. (1986). "Fear of crime among Canadians: A multi-variate analysis." *Journal of Criminal Justice* 14:249-258.

Gomme, I.M. (1988). "The role of experience in the production of fear of crime: A text of a causal model." *Canadian Journal of Criminology* 30:67-76.

Gordon, M.T., J. Reiss, and T. Taylor (1979). *Crime in the Newspapers and Fear in the Neighborhoods: Some Unintended Consequences. Evanston*, IL: Center for Urban Affairs, Northwestern University.

Gorman-Smith, D., P.H. Tolan, A. Zelli, and L.R. Huesmann (1996). "The relation of family functioning to violence among inner-city minority youths." *Journal of Family Psychology* 10:115-129.

Gottfredson, D.C. (1986a). "An empirical test of school-based environmental and individual interventions to reduce the risk of delinquent behavior." *Criminology* 24:705–731.

Gottfredson, D.C. (1986b). *An Assessment of a Delinquency Prevention Demonstration with both Individual and Environmental Interventions.* Baltimore: Johns Hopkins University.

Gottfredson, D.C. (1987). "Examining the potential of delinquency prevention through alternative education." *Today's Delinquent* 6:87–100.

Gottfredson, D.M., M.R. Gottfredson, and J. Garofalo (1977). "Time served in prison and parole outcomes among parolee risk categories." *Journal of Criminal Justice* 5:1–12.

Gottfredson, D.M., P.B. Hoffman, M.H. Sigler, and L.T. Wilkins (1975). "Making paroling policy explicit." *Crime & Delinquency* 21:34–44.

Gottfredson, D.M., S.S. Najaka, and B. Kearley (2003). "Effectiveness of drug treatment courts: Evidence from a randomized trial." *Criminology and Public Policy* 2:171–198.

Gottfredson, G.D. and D.C. Gottfredson (1985). *Victimization in Schools.* New York: Plenum.

Gottfredson, M.R. and T. Hirschi (1990). *A General Theory of Crime.* Stanford, CA: Stanford University Press.

Gowdy, V.B. (1993). "Intermediate sanctions." *NIJ Research in Brief.* Washington, DC: U.S. Department of Justice.

Graber, D. (1977). "Ideological components in the perceptions of crime and crime news." Paper presented at the Meeting of the Society for the Study of Social Problems.

Graber, D. (1980). *Crime News and the Public.* New York, NY: Praeger.

Graziano, A.M. and K. Mooney (1984). *Children and Behavior Therapy.* New York: Aldine.

Green, D.E. (1989a). "Past behavior as a measure of actual future behavior: An unresolved issue in perceptual deterrence research." *Journal of Criminal Law and Criminology* 80:781–804.

Green, D.E. (1989b). "Measures of illegal behavior in individual-level deterrence research." *Journal of Research in Crime and Delinquency* 26:253–275.

Green, L. (1995a). "Cleaning up drug hot spots in Oakland, California: The displacement and diffusion effect." *Justice Quarterly* 12:737–754.

Green, L. (1995b). "Policing places with drug problems: The multi-agency response team approach." In Eck, J.E. and D. Weisburd (eds.), *Crime and Place.* Monsey, NY: Criminal Justice Press.

Greenberg, D. (1975). "The incapacitative effect of imprisonment: some estimates." *Law and Society Review* 9:541–580.

Greenberg, M.T. and C. Kusche (1996). The PATHS Project: Preventive Intervention for Children: Final Report. Washington, DC: National Institute of Mental Health.

Greenberg, M.T. and C. Kusche (1997). "Improving children's emotion regulation and social competence: The effects of the PATHS curriculum." *Paper presented at the Society for Research in Child Development Meeting,* Washington, DC.

Greenberg, M.T. and C. Kusche (1998). *Promoting Alternative Thinking Strategies (PATHS): Blueprints for Violence Prevention.* Boulder, CO: Institute of Behavioral Science.

Greenberg, M.T., C. Kusche, E.T. Cook, and J.P. Quamma (1995). "Promoting emotional competence in school-aged children: The effects of the PATHS curriculum." *Development and Psychopathology* 7:117-136.

Greenberg, S.W., W.M. Rohe, and J.R. Williams (1982). Safe and Secure Neighborhoods: Physical Characteristics and Informal Territorial Control in High and Low Crime Neighborhoods. Washington, DC: National Institute of Justice.

Greenberg, S.W., W.M. Rohe, and J.R. Williams (1985). *Informal Citizen Action and Crime Prevention at the Neighborhood Level: Synthesis and Assessment of the Research.* Washington, DC: National Institute of Justice.

Greene, J.R. and S.D. Mastrofski (1988). *Community Policing: Rhetoric or Reality?* New York: Praeger.

Greenwood, P.W. (1982). *Selective Incapacitation.* Santa Monica, CA: RAND Corp.

Greer, C. and R. Reiner (2012). "Mediated mayhem: Media, crime, criminal justice." In Maguire, M., R. Morgan, and R. Reiner (eds.), *The Oxford Handbook of Criminology.* Oxford: Oxford University Press.

Gresham, P., J. Stockdael, I. Bartholomew, and K. Bullock (2001). An Evaluation of the Impact of Crimestoppers. *Briefing Note 10/01.* London: Home Office.

Groff, E.R., J.H., Ratcliffe, C.P. Haberman, E.T. Sorg, N.M. Joyce, and R.B. Taylor (2015). "Does what police do at hot spots matter? The Philadelphia policing tactics experiment." *Criminology* 53:23-53.

Grogger, J. (2002). "The effects of civil gang injunctions on reported violent crime: Evidence from Los Angeles County." *Journal of Law and Economics* 4, 69-90.

Grohe, B., M. DeValve, and E. Quinn (2012). "Is perception reality?: The comparison of citizens' levels of fear of crime versus perception of crime problems in communities." *Crime Prevention and Community Safety* 14:196-211.

Grossman, J.B. and J.P. Tierney (1998). "Does mentoring work?: An impact study of the Big Brothers Big Sisters program." *Evaluation Review* 22:403-426.

Grove, L. and G. Farrell (2012). "Once bitten, twice shy: Repeat victimization and its prevention." In B.C. Welsh and D.P. Farrington (eds.), *The Oxford Handbook of Crime Prevention.* Oxford: Oxford University Press.

Guerette, R.T (2009). *Analyzing Crime Displacement and Diffusion*, Tool Guide No. 10. Centre for Problem-Oriented Policing. Available at http://www.popcenter.org/tools/pdfs/displacement.pdf

Guerette, R.T. and K.J. Bowers (2009). "Assessing the extent of crime displacement and diffusion of benefits: A review of situational crime prevention evaluations." *Criminology* 47:1331-1368.

Gunter, B. (1987). *Television and the Fear of Crime.* London: Libby.

Hamilton-Smith, N. (2002). "Anticipated consequences: Developing a strategy for the targeted measurement of displacement and diffusion of benefits." In Tilley, N. (ed.), *Evaluation for Crime Prevention*. Monsey, NY: Criminal Justice Press.

Handford, M. (1994). "Electronic tagging in action: A case study in retailing." In Gill, M. (ed.), *Crime at Work: Studies in Security and Crime Prevention*. Leicester, U.K.: Perpetuity Press.

Hanson, D.J. (1980). "Drug education: Does it work?" In Scarpitti, F.S. and S.K. Datesman (eds.), *Drugs and the Youth Culture*. Beverly Hills, CA: Sage.

Harrell, A. (1998). "Drug courts and the role of graduated sanctions." *NIJ Research Preview*. Washington, DC: National Institute of Justice.

Harrell, E. and L. Langton (2013). *Victims of Identity Theft, 2012*. Washington, DC: Bureau of Justice Statistics.

Harrison, L. and J. Gfroerer (1992). "The intersection of drug use and criminal behavior: Results from the national household survey on drug abuse." *Crime and Delinquency* 38:422–443.

Hartnagel, T.F., T.J. Teevan, and J.J. McIntyre (1975). "Television violence and violent behavior." *Social Forces* 54:341–351.

Hartnett, S.M. and W.G. Skogan (1999). "Community policing: Chicago's experience." *National Institute of Justice Journal* (April):3–11.

Hartstone, E.C. and D.M. Richetelli (2005). *Final Assessment of the Strategic Approaches to Community Safety Initiative in New Haven*. Washington, DC: National Institute of Justice.

Haverkamp, R., M. Mayer and R. Levy (2004). "Electronic monitoring in Europe." *European Journal of Crime, Criminal Law and Criminal Justice* 12:36–45.

Hawkins, J.D. (1999). "Preventing crime and violence through Communities that Care." *European Journal on Criminal Policy and Research* 7: 443–458.

Hawkins, J.D., M.W. Arthur, and R.F. Catalano (1995). "Preventing substance abuse." In Tonry, M. and D.P. Farrington (eds.), *Building a Safer Society: Strategic Approaches to Crime Prevention*. Chicago: University of Chicago Press.

Hawkins, J.D., E.C. Brown, S. Oesterle, M.W. Arthur, R.D. Abbott, and R.F. Catalano (2008). "Early effects of Communities that Care on targeted risks and initiation of delinquent behavior and substance use." *Journal of Adolescent Health* 43:15–22.

Hawkins, J.D., S. Oesterle, E.C. Brown, R.D. Abbott, and R.F. Catalano (2014). "Youth problem behaviors 8 years after implementing the Communities that Care prevention system: A community-randomized trial." *JAMA Pediatrician* 168:122–129.

Hawkins, J.D., B.H. Smith, K.G. Kosterman, and R.F. Catalano (2007). "Promoting social developments and preventing health and behavior problems during the elementary grades: Results from the Seattle Social Development Project." *Violence and Offenders* 2:161–181.

Hawkins, J. D., and J.G. Weis (1985). "The social development model: An integrated approach to delinquency prevention." *Journal of Primary Prevention* 6:73–97.

Hayes, H. and K. Daly (2004). "Conferencing and reoffending in Queensland." *Australian and New Zealand Journal of Criminology* 37:167–191.

Hayes, J.G. (1982). *The Impact of Citizen Involvement in Preventing Crime in Public Housing*. Charlotte, NC: Charlotte Housing Authority.

Hayes, R. and D.M. Downs (2011). "Controlling retail theft with CCTV domes, CCTV public view monitors, and protective containers: A randomized controlled trial." *Security Journal* 24:237–250.

Haywood, J., P. Kautt, and A. Whitaker (2009). "The effects of 'alley-gating' in an English town." *European Journal of Criminology* 6:361–381.

Hearnden, I. and C. Magill (2004) *Decision-making by House Burglars: Offenders' Perspectives*. London: Home Office.

Heath, L. (1984). "Impact of newspaper crime reports on fear of crime: Multimethodological investigations." *Journal of Personal and Social Psychology* 47:263–276.

Hedderman, A. and C. Williams (2001). *Making Partnerships Work: Emerging Findings from the Reducing Burglary Initiative*. Briefing Note 1/01. London: Home Office.

Helland, E. and A. Tabarrok (2007). "Does three strikes deter? A nonparametric estimation." *Journal of Human Resources* 42:309–330.

Heller, N.B., W.W. Stenzel, A.D. Gill, R.A. Kolde, and S.R. Shimerman (1975). *Operation Identification Projects: Assessment of Effectiveness*. Washington, DC: Law Enforcement Assistance Administration.

Henggeler, S.W., C.A. Halliday-Boykins, P.B. Cunningham, J. Randall, S.B. Shapiro, and J.E. Chapman (2006). "Juvenile drug court: Enhancing outcomes by integrating evidence-based treatments." *Journal of Consulting and Clinical Psychology* 74:42–54.

Henig, J.R. (1984). *Citizens against crime: An assessment of the neighborhood watch program in Washington, D.C.* Washington, DC: George Washington University, Center for Washington Area Studies.

Henrichson, C. and R. Delaney (2012). *The Price of Prisons: What Incarceration Costs Taxpayers*. New York: Vera Institute of Justice. Retrieved from http://www.pewstates.org/uploadedFiles/PCS_Assets/2012/http___www.vera.org_download_file=3495_the-price-of-prisons-updated.pdf

Hesseling, R.B.P. (1994). "Displacement: A review of the empirical literature." In Clarke, R.V. (ed.), *Crime Prevention Studies*, vol. 3. Monsey, NY: Criminal Justice Press.

Hesseling, R.B.P. (1995a). "Theft from cars: Reduced or displaced?" *European Journal on Criminal Policy and Research* 3:79–92.

Hesseling, R.B.P. (1995b). "Functional surveillance in The Netherlands: Exemplary projects." *Security Journal* 6:21–25.

Higgins, P.B. and M.W. Ray (1978). *Television's Action Arsenal: Weapon Use in Prime Time*. Washington, DC: U.S. Conference of Mayors.

Hill, P.L., B.W. Roberts, J.T. Grogger, J. Guryan, and K. Sixkiller (2011). "Decreasing delinquency, criminal behavior, and recidivism by intervening on psychological factors other than cognitive ability: A review of the intervention literature." In Cook, P.J., J. Ludwig, and J. McCrary (eds.) *Controlling Crime: Strategies and Tradeoffs*. Chicago: University of Chicago Press.

Hindelang, M. (1975). *Public Opinion Regarding Crime, Criminal Justice, and Related Topics*. Washington, DC: Department of Justice.

Hindelang, M., M.R. Gottfredson, and J. Garofalo (1978). *Victims of Personal Crime: An Empirical Foundation for a Theory of Personal Victimization*. Cambridge, MA: Ballinger.

Hirschel, J.D., I.W. Hutchinson, C.W. Dean, J.J. Kelly, and C.E. Pesackis (1991). *Charlotte Spouse Assault Replication Project: Final Report*. Charlotte, NC: University of North Carolina at Charlotte.

Hirschel, J.D., I.W. Hutchinson, and C.W. Dean (1992). "The failure of arrest to deter spouse abuse." *Journal of Research in Crime and Delinquency* 29:7–33.

Hirschfield, P.J. and K. Celinska (2011). "Beyond fear: Sociological perspectives on the criminalization of school discipline." *Sociological Compass* 5:1–12.

Hirschi, T. (1969). *Causes of Delinquency*. Berkeley: University of California Press.

Hirschi, T. and M. Hindelang (1977). "Intelligence and delinquency: A revisionist review." *American Sociological Review* 42:571–587.

Hofstetter, C.R. (1976). *Bias in the News. Columbus*, OH: Ohio State University Press.

Holcomb, J.E. and S.P. Lab (2003). "Evaluation: Building knowledge for crime prevention." In Kury, H. and J. Obergfell–Fuchs (eds.), *Crime Prevention: New Approaches*. Mainz, GER: Weisser Ring.

Holden, R.N. (1992). *Law Enforcement: An Introduction*. Englewood Cliffs, NJ: Prentice Hall.

Hollinger, R.C. and J.P. Clark (1983). "Deterrence in the workplace: perceived certainty, perceived severity of employee theft." *Social Forces* 62:398–419.

Hollis–Peel, M.E., D.M. Reynald, M. van Bavel, H. Elffers, and B.C. Welsh (2011). "Guardianship for crime prevention: A critical review of the literature." *Crime, Law and Social Change* 56:53–70.

Holloway, K. and T. Bennett (2004). "The results of the first two years of the NEW–ADAM Programme". *Home Office Online Report 19/04*. London: Home Office.

Holloway, K., T. Bennett, and D.P. Farrington (2008). *Crime Prevention Research Review No. 3: Does Neighborhood Watch Reduce Crime?* Washington, DC: U.S. Department of Justice Office of Community Oriented Policing Services.

Holt, T. and J. Spencer (2005). "A little yellow box: The targeting of automatic teller machines as a strategy in reducing street robbery." *Crime Prevention and Community Safety* 7(2):15–28.

Home Office (2001). *Installing Alley–gates: Practical Lessons from Burglary Prevention Projects*. Briefing Note 2/01. London: Home Office.

Home Office (2003a). *Reducing Burglary Initiative Project Summary.Fordbridge, Solihull*. Supplement 2 to Findings #204. London: Home Office.

Home Office (2003b). Reducing Burglary Initiative Project Summary.Stirchley, Birmingham. Supplement 4 to Findings #204. London: Home Office.

Home Office (2003c). *Reducing Burglary Initiative Project Summary. Rochdale*. Supplement 1 to Findings #204. London: Home Office.

Home Office (2003d). *Reducing Burglary Initiative Project Summary. Yew Tree, Sandwell*. Supplement 3 to Findings #204. London: Home Office.

Home Office (2004). *Safer Places: The Planning System and Crime Prevention*. London: Home Office.

Homel, P., S. Nutley, B. Webb, and N. Tilley (2004). *Investing to Deliver: Reviewing the Implementation of the UK Crime Reduction Program*. London: Home Office.

Honig, A.S., J.R. Lally, and D.H. Mathieson (1982). "Personal and social adjustment of school children after five years in the Family Development Research Program." *Child Care Quarterly*, 11:136–146.

Hoover, L.T. (1992). "Police mission: An era of debate." In Hoover, L.T. (ed.), *Police Management: Issues and Perspectives*. Washington, DC: Police Executive Research Forum.

Hope, T. (1994). "Problem-oriented policing and drug market locations: Three case studies." In Clarke, R.V. (ed.), *Crime Prevention Studies*, vol. 2. Monsey, NY: Criminal Justice Press.

Hope, T. and S.P. Lab (2001). "Variation in crime prevention participation: Evidence from the British Crime Survey." *Crime Prevention and Community Safety: An International Journal* 3(1):7–22.

Hough, M. (1995). *Anxiety about Crime: Findings from the 1994 British Crime Survey*. London: Home Office.

Howell, J.C. and J.D. Hawkins (1998). "Prevention of youth violence." In Tonry, M. and M.H. Moore (eds.), *Youth Violence*. Chicago: University of Chicago Press.

Hser, Y., M.D. Anglin, and C. Chou (1988). "Evaluation of drug abuse treatment: A repeated measure design assessing methadone maintenance." *Evaluation Review* 12:547–570.

Huba, G.J. and P.M. Bentler (1983). "Causal models of the development of law abidance and its relationship to psycho-social factors and drug use." In Laufer, W.S. and J.M. Day (eds.), *Personality Theory, Moral Development and Criminal Behavior*. Lexington: D.C. Heath.

Hubbard, R.L., J.V. Rachal, S.G. Craddock, and E.R. Cavanaugh (1984). "Treatment outcome prospective study (TOPS): Client characteristics and behaviors before, during and after treatment." In Tims, F.M. and J.P. Ludford (eds.), *Drug Abuse Treatment Evaluation: Strategies, Progress and Prospects*. Washington, DC: National Institute on Drug Abuse.

Huesmann, L.R. and N.M. Malamuth (1986). "Media violence and antisocial behavior: An overview." *Journal of Social Issues* 42:1–6.

Huizinga, D.H., R. Loeber, and T. Thornberry (1994). *Urban Delinquency and Substance Abuse: Initial Findings: Research Summary*. Washington, DC: Office of Juvenile Justice and Delinquency Prevention.

Huizinga, D.H., S. Menard, and D.S. Elliott (1989). "Delinquency and drug use: Temporal and developmental patterns." *Justice Quarterly* 6:419–456.

Hughes, G. (2002). "Crime and disorder reduction partnerships: The future of community safety?" In

Hughes, G., E. McLaughlin, and J. Muncie (eds.), *Crime Prevention and Community Safety: New Directions*. Thousand Oaks, CA: Sage.

Hughes, G., E. McLaughlin, and J. Muncie (2002). *Crime Prevention and Community Safety: New Directions*. Thousand Oaks, CA: Sage.

Hunt, D.E. (1990). "Drugs and consensual crimes: Drug dealing and prostitution." In Tonry, M. and J.Q. Wilson (eds.), *Drugs and Crime*. Chicago: University of Chicago Press.

Hunter, A. (1978). "Symbols of incivility: Social disorder and fear of crime in urban neighborhoods." Paper presented at the American Society of Criminology Annual Meeting, Dallas.

Hunter, A. (1985). "Private, parochial and public school orders: The problem of crime and incivility in urban communities." In Suttles, G.D. and M.N. Zald (eds.), *The Challenge of Social Control: Citizenship and Institution Building in Modern Society*. Norwood, NJ: Ablex Pub.

Hunter, R. (2010). "Crime prevention: Micro, meso, and macro levels." In Fisher, B.S. and S.P. Lab (eds.), *Encyclopedia of Victimology and Crime Prevention*. Thousand Oaks, CA: Sage.

Inciardi, J.A. (1996). "A corrections-based continuum of effective drug abuse treatment." *NIJ Research Preview*. Washington, DC: U.S. Department of Justice.

Inciardi, J.A., R. Horowitz, and A.E. Pottieger (1993). *Street Kids, Street Drugs, Street Crime: An Examination of Drug Use and Serious Delinquency in Miami*. Belmont, CA: Wadsworth.

Incredible Years (2012). *Incredible Years: Parents, Teachers and Children's Training Series*. Retrieved from http://www.incredibleyears.com/program/Incredible-Years_factsheet.pdf

International Association of Chiefs of Police (IACP) (2012). *Social Media and Crime Prevention, Fact Sheet*. Retrieved from https://www.google.com/url?q=http://www.iacpsocialmedia.org/Portals/1/documents/Fact%2520Sheets/Crime%2520Prevention%2520Fact%2520Sheet.pdf&sa=U&ei=eGuNVYnkOZSXoQTCxJToAg&ved=0CAYQFjAB&client=internal-uds-cse&usg=AFQjCNEf_SiggsW9zNhzXQowtBDD7C9kgw

International Association of Chiefs of Police (IACP) (2014). *2013 Social Media Survey Results*. Retrieved from http://www.iacpsocialmedia.org/Portals/1/documents/2013SurveyResults.pdf

International Association of Chiefs of Police (IACP) (2015). *IACP Center for Social Media*. http://www.iacpsocialmedia.org/

Internet Crime Complaint Center (2013). *2012 Internet Crime Report*. Retrieved from http://www.ic3.gov/media/annualreport/2012_ic3report.pdf

Jackson, J. and E. Gray (2009). "Functional fear and public insecurities about crime." *British Journal of Criminology* 49:1-22.

Jackson, J. and E. Gray (2010). "Functional fear and public insecurities about crime." *British Journal of Criminology* 50:1-22.

Jacobs, B.A. (1996). "Crack dealers and restrictive deterrence: Identifying narcs." *Criminology* 34:409-432.

Jacobs, J. (1961). *The Death and Life of Great American Cities*. New York: Random House.

James, N. and G. McCallion (2013). *School Resource Officers: Law Enforcement Officers in Schools*.

Washington, DC: Congressional Research Service

Jarjoura, G.R. (1993). "Does dropping out of school enhance delinquent involvement?: Results from a largescale national probability sample." *Criminology* 31:149–172.

Jeffery, C.R. (1971). *Crime Prevention Through Environmental Design*. Beverly Hills, CA: Sage.

Jenkins, A.D. and I. Latimer (1987). *Evaluation of Merseyside Home Watch*. Liverpool: Merseyside Police.

Jensen, G.F., M.L. Erickson, and J.P. Gibbs (1978). "Perceived risk of punishment and self-reported delinquency." *Social Forces* 57:57–78.

Jensen, G.F. and B.G. Stitt (1982). "Words and misdeeds: Hypothetical choices versus past behavior as measures of deviance." *In Hagan, J. (ed.), Deterrence Reconsidered: Methodological Innovations*. Beverly Hills, CA: Sage.

Jerse, F.W. and M.E. Fakouri (1978). "Juvenile delinquency and academic deficiency." *Contemporary Education* 49:108–109.

Jewkes, Y. (2011). *Media and Crime, Second Edition*. Los Angeles: Sage.

Johnson, B.D., K. Anderson, and E.D. Wish (1988). "A day in the life of 105 drug addicts and abusers: Crimes committed and how the money was spent." *Sociology and Social Research* 72:185–191.

Johnson, B.D., P.J. Goldstein, E. Prebel, J. Schmeidler, D.S. Lipton, B. Sprunt, and T. Miller (1985). *Taking Care of Business: The Economics of Crime by Heroin Abusers*. Lexington, MA: Lexington Books.

Johnson, B.D., T. Williams, K.A. Dei, and H. Sanabria (1990). "Drug abuse in the inner city: Impact on hard-drug users and the community." In Tonry, M. and J.Q. Wilson (eds.), *Drugs and Crime*. Chicago: University of Chicago Press.

Johnson, D., V. Gibson and M. McCabe (2014). "Designing in crime prevention, designing out ambiguity: Practice issues with the CPTED knowledge framework available to professionals in the field and its potentially ambiguous nature." *Crime Prevention and Community Safety* 16:147–168.

Johnson, S.D. and K.J. Bowers (2002). "Domestic burglary repeats and space-time clusters: The dimensions of risk." *European Journal of Criminology* (forthcoming).

Johnson, S.D. and K.J. Bowers (2003). "Opportunity is in the eye of the beholder: The role of publicity in crime prevention." *Criminology and Public Policy* 2:497–524.

Johnson, S.D. and K.J. Bowers (2004). "The burglary as a clue to the future: The beginnings of prospective hot-spotting." *The European Journal of Criminology* 1:237–255.

Johnson, S.D. and K.J. Bowers (2010). "Permeability and burglary risk: Are cul-de-sacs safer?" *Journal of Quantitative Criminology* 26:89–111.

Johnson, S.D., K. Bowers, and A. Hirschfield (1997). "New insight into the spatial and temporal distribution of repeat victimization." *British Journal of Criminology* 37:224–241.

Johnson, S.D., K.J. Bowers, and K. Pease (2005). "Predicting the future or summarizing the past? Crime mapping as anticipation." In Smith, M.J. and N. Tilley (eds.), *Crime Science: New Approaches to*

Preventing and Detecting Crime. Portland, OR: Willan.

Johnson, S.D., S.P. Lab, and K.J. Bowers (2008). "Stable and fluid hotspots of crime: Differentiation and identification." *Built Environment* 34:32–45.

Johnston, L.D., P.M. O'Malley, and J.G. Bachman (1989). *Drug Use, Drinking, and Smoking: National Survey Results from High School, College, and Young Adult Populations*. Washington, DC: U.S. Government Printing Office.

Johnston, L.D., P.M. O'Malley, J.G. Bachman, J.E. Schulenberg, and R.A. Miech (2014). *Monitoring the Future National Survey Results on Drug Use, 1975–2013. Volume 2: College Students and Adults Ages 19–55*. Ann Arbor: Institute for Social Research, University of Michigan. Retrieved from http://monitoringthefuture.org/pubs.html

Johnston, L.D., P.M. O'Malley, and L.K. Eveland (1978). "Drugs and delinquency: A search for causal connections." *In Kandel, D.B. (ed.), Longitudinal Research on Drug Use: Empirical Findings and Methodological Issues*. Washington, DC: Hemisphere Pub.

Jones, J. (2010). "Americans still perceive crime as on the rise." *Gallup Politics*. Retrieved from http://www.gallup.com/pool/144827/americans-perceive-crime-rise.aspx

Kandel, D.B., O. Smicha-Fagan, and M. Davies (1986). "Risk factors for delinquency and illicit drug use from adolescence to young adulthood." *Journal of Drug Issues* 16:67–90.

Kandel, E. and S.A. Mednick (1991). "Perinatal complications predict violent offending." *Criminology* 29:519–529.

Kaplan, H.M., K.C. O'Kane, P.J. Lavrakas, and E.J. Pesce (1978). *Crime Prevention Through Environ-mental Design: Final Report on Commercial Demonstration; Portland, Oregon*. Arlington, VA: Westinghouse Electric Corp.

Karp, D.R. (2001). "The offender/community encounter: Stakeholder involvement in the Vermont reparative boards." In Karp, D.R. and T. Clear (eds.), *What Is Community Justice? Case Studies of Restorative Justice and Community Supervision*. Thousand Oaks, CA: Sage.

Katz, L., S.D. Levitt, and W. Shustorovich (2003). "Prison conditions, capital punishment, and deterrence." *American Law and Economics Review* 5:318–343.

Kaufman, P., X. Chen, S.P. Choy, K.A. Chandler, C.D. Chapman, M.R. Rand, and C. Ringel (1998). *Indicators of School Crime and Safety, 1998*. Washington, DC: Office of Educational Research and Improvement and Office of Justice Programs.

Keane, C. (1995). "Victimization and fear: Assessing the role of offender and offence." *Canadian Journal of Criminology* 37:431–455.

Kellermann, A.L., D. Fuqua-Whitley, and C.S. Parramore (2006). *Reducing Gun Violence: Community Problem Solving in Atlanta*. Washington, DC: National Institute of Justice.

Kelley, J. (1997). "Police lines often clogged with false, unreliable clues." *USA Today Jan*. 31:1–2.

Kelling, G.L. (1978). "Police field services and crime: The presumed effects of a capacity." *Crime & Delinquency* 24:173–184.

Kelling, G.L. (1998). *Columbia's Comprehensive Communities Program: A Case Study*. Washington, DC: BOTEC Analysis Corporation.

Kelling, G.L. (2005). "Community crime reduction: Activating formal and informal control." In Tilley, N. (ed.), *Handbook of Crime Prevention and Community Safety*. Portland, OR: Willan.

Kelly, B.T., R. Loeber, K. Keenan, and M. DeLamatre (1997). "Developmental pathways in boys' disruptive and delinquent behavior." *Juvenile Justice Bulletin*. Washington, DC: Office of Juvenile Justice and Delinquency Prevention.

Kelly, D.H. and R. Balch (1971). "Social origins and school failure: A re-examination of Cohen's theory of working class delinquency." *Pacific Sociological Review* 14:413–430.

Kelly, D.H. and W.T. Pink (1975). "Status origins, youth rebellion, and delinquency: A reexamination of the class issue." *Journal of Youth and Adolescence* 4:339–347.

Kennedy, D. (2008). *Deterrence and Crime Prevention*. London: Routledge.

Kennedy, D.M., A.A. Braga, and A.M. Piehl (2001). "Developing and implementing operation ceasefire." *In National Institute of Justice, Reducing Gun Violence: The Boston Gun Project's Operation Ceasefire*. Washington, DC: National Institute of Justice.

Kennedy, L.W. and H. Krahn (1984). "Rural.urban origin and fear of crime: The case for rural baggage." *Rural Sociology* 49:247–260.

Kennedy, L.W. and R.A. Silverman (1985). "Perception of social diversity and fear of crime." *Environment and Behavior* 17:275–295.

Kenney, D.J. (1986). "Crime on the subways: Measuring the effectiveness of the Guardian Angels." *Justice Quarterly* 3:481–498.

Kenney, D.J. and T.S. Watson (1998). *Crime in the Schools: Reducing Fear and Disorder with Student Problem Solving*. Washington, DC: Police Executive Research Forum.

Kinder, B.N., N.E. Pape, and S. Walfish (1980). "Drug and alcohol education programs: A review of outcome studies." *International Journal of the Addictions* 15:1035–1054.

Kleck, G., B. Sever, S. Li, and M. Gertz (2005). "The missing link in general deterrence research." *Criminology* 43:623–659.

Kleemans, E.R. (2001). "Repeat burglary victimisation: Results of empirical research in the Netherlands." In G. Farrell and K. Pease (eds.), *Repeat Victimization. Monsey*, NY: Criminal Justice Press.

Kleiman, M.A.R. (1988). "Crackdowns: The effects of intensive enforcement on retail heroin dealing." *In Chaiken, M. (ed.), Street Level Drug Enforcement: Examining the Issues*. Washington, DC: National Institute of Justice.

Kleiman, M.A.R. and K.D. Smith (1990). "State and local drug enforcement: In search of a strategy." In Tonry, M. and J.Q. Wilson (eds.), *Drugs and Crime*. Chicago: University of Chicago Press.

Kleinig, J. (2000). "The burdens of situational crime prevention: An ethical commentary." In von Hirsch, A., D. Garland, and A. Wakefield (eds.), *Ethical and Social Perspectives on Situational Crime Prevention*.

Oxford: Hart.

Klepper, S. and D.S. Nagin (1989). "The deterrent effect of perceived certainty and severity of punishment revisited." *Criminology* 27:721–746.

Klockars, C.B. (1985). The Idea of Police. *Beverly Hills*, CA: Sage.

Kodz, J. and K. Pease (2003). *Reducing Burglary Initiative: Early Findings on Burglary Reduction.* Findings #204. London: Home Office.

Kohfeld, C.W., B. Salert, and S. Schoenberg (1981). "Neighborhood associations and urban crime." *Community Action* (Nov/Dec):37–44.

Kovandzic, T.V., L.M. Vieraitis, and D.P. Boots (2009). "Does the death penalty save lives? New evidence from state panel data, 1977–2006." *Criminology and Public Policy* 8:803–844.

Kratochwill, T.R., L. McDonald, J.R. Levin, P.A. Scalia, and G. Coover (2009). "Families and schools together: An experimental study of multi-family support groups for children at risk." *Journal of School Psychology* 47:245–265.

Kurki, L. (2000). "Restorative and community justice in the United States." In Tonry, M. (ed.), *Crime and Justice: A Review of Research*, vol. 27. Chicago: University of Chicago Press.

Kushmuk, J. and S.L. Whittemore (1981). *A Reevaluation of the Crime Prevention Through Environmental Design Program in Portland*, Oregon. Washington, DC: National Institute of Justice.

Lab, S.P. (1984). "Police productivity: The other eighty percent." *Journal of Police Science and Administ–ration* 12:297–302.

Lab, S.P. (1987). "Pornography and aggression: A response to the U.S. Attorney General's commission." *Criminal Justice Abstracts* 19:301–321.

Lab, S.P. (1990). "Citizen crime prevention: Domains and participation." *Justice Quarterly* 7:467–492.

Lab, S.P. and R.D. Clark (1996). *Discipline, Control and School Crime: Identifying Effective Intervention Strategies. Final Report.* Washington, DC: National Institute of Justice.

Lab, S.P. and T. Hope (1998). "Assessing the impact of area context on crime prevention behavior." *Paper presented to the Environmental Criminology and Crime Analysis Conference, Barcelona*, Spain.

Lab, S.P. and J.T. Whitehead (1988). "An analysis of juvenile correctional treatment." *Crime & Delinquency* 34:60–85.

Lab, S.P. and J.T. Whitehead (1990). "From 'nothing works' to 'the appropriate works': The latest stop on the search for the secular grail." *Criminology* 28:405–418.

Lab, S.P. and J.T. Whitehead (1994). "Avoidance behavior as a response to in–school victimization." *Journal of Security Administration* 17(2):32–45.

Lacoste, J. and P. Tremblay (2003). "Crime and innovation: A script analysis of patterns in check forgery." In Smith, M.J. and D.B. Cornish (eds.), *Theory for Practice in Situational Crime Prevention.* Monsey, NY: Criminal Justice Press.

LaGrange, R.L. (1993). *Policing American Society.* Chicago: Nelson–Hall.

Lally, J.R., P.L. Mangione, and A.S. Honig (1987). *The Syracuse University Family Development Research Program: Long-range Impact of an Early Intervention with Low-income Children and Their Families.* New York: W.T. Grant Foundation.

Lally, J.R., P.L. Mangione, and A.S. Honig (1988). "The Syracuse University Family Development Research Program: Long-range impact on an early intervention with low-income children and their families," in Powell, D. R. and I. E. Sigel (eds.), *Parent Education as Early Childhood Intervention: Emerging Direction in Theory, Research, and Practice. Annual Advances in Applied Developmental Psychology.* Norwood, NJ: Ablex.

Land, K.C., R.H.C. Teske, and H. Zheng (2009). "The short-term effects of executions on homicides: Deterrence, displacement, or both?" *Criminology* 47:1009-1044.

Land, K.C., R.H.C. Teske, and H. Zheng (2012). "The differential short-term impacts of executions on felony and non-felony homicides." *Criminology and Public Policy* 11:541-564.

Lane, J. (2002). "Fear of gang crime: A qualitative examination of the four perspectives." *Journal of Research in Crime and Delinquency* 39:437-471.

Lane, J. and K. Fox (2012). "Fear of crime among gang and non-gang offenders: Comparing the effects of perpetration, victimization, and neighborhood factors." *Justice Quarterly* 29:491-523.

Lane, J. and J.W. Meeker (2000). "Subcultural diversity and the fear of crime and gangs." *Crime & Delinquency* 46:497-521.

Lane, J. and J.W. Meeker (2003a). "Fear of gang crime: A look at three theoretical models." *Law and Society Review* 37:425-456.

Lane, J. and J.W. Meeker (2003b). "Ethnicity, information, sources and fear of crime." *Deviant Behavior* 24:1-26.

Lane, J. and J.W. Meeker (2005). "Theories and fear of gang crime among whites and Latinos: A replication and extension of prior research." *Journal of Criminal Justice* 33:627-641.

Lane, J. and J.W. Meeker (2011). "Combining theoretical models of perceived risk and fear of gang crime among whites and Latinos." *Victims and Offenders* 6:64-92.

Langan, P.A. and D.J. Levin (2002). *Recidivism of Prisoners Released in 1994.* Washington, DC: Bureau of Justice Statistics.

Langworthy, R.H. and L.F. Travis III (1994). *Policing in America: A Balance of Forces.* New York, NY: Macmillan.

Lasley, J. (1998). " 'Designing out' gang homicides and street assaults." *NIJ Research in Brief.* Washington, DC: National Institute of Justice.

Latessa, E., P. Smith, R. Lemke, M. Makarios, and C. Lowenkamp (2009). *Creation and Validation of the Ohio Risk Assessment System: Final Report.* Cincinnati, OH: University of Cincinnati.

Latessa, E.J. and H.E. Allen (1980). "Using citizens to prevent crime: An example of deterrence and community involvement." *Journal of Police Science and Administration* 8:69-74.

Latessa, E.J. and H.E. Allen (2003). *Corrections in the Community, Third Edition*. Cincinnati, OH: Anderson.

Latessa, E.J. and L.F. Travis (1987). "Citizen crime prevention: Problems and perspectives in reducing crime." *Journal of Security Administration* 10:38–50.

Latimer, J., C. Dowden, and D. Muise (2005). "The effectiveness of restorative justice practices: A meta-analysis." Ottawa, Canada: Canada Department of Justice. Cited in Rodriguez, N. (2007). "Restorative Justice at Work: Examining the impact of restorative justice resolutions on juvenile recidivism." *Crime & Delinquency* 53:355–379.

Lauritsen, J.L., J.G. Owens, M. Planty, M.R. Rand, and J.L. Truman (2012). *Methods for Counting High-frequency Repeat Victimizations in the National Crime Victimization Survey*. Washington: Bureau of Justice Statistics.

LaVigne, N.G., S.S. Lowry, J.A. Marksman and A.M. Dwyer (2011) *Evaluating the Use of Public Surveillance Cameras for Crime Control and Prevention.A Summary*. Washington, DC: Urban Institute.

Lavrakas, P.J. (1986). "Evaluating police-community anticrime newsletters: The Evanston, Houston, and Newark field studies." In Rosenbaum, D.P. (ed.), *Community Crime Prevention: Does It Work? Beverly Hills*, CA: Sage.

Lavrakas, P.J. (1997). "Politicians, journalists, and the rhetoric of the 'crime prevention' public policy debate." In Lab, S.P. (ed.), *Crime Prevention at a Crossroads*. Cincinnati, OH: Anderson Publishing Co.

Lavrakas, P.J. and E.J. Herz (1982). "Citizen participation in neighborhood crime prevention." *Criminology* 20:479–498.

Lavrakas, P.J. and D.A. Lewis (1980). "The conceptualization and measurement of citizens' crime prevention behaviors." *Journal of Research in Crime and Delinquency* 17:254–272.

Lavrakas, P.J., J. Normoyle, W.G. Skogan, E.J. Herz, G. Salem, and D. Lewis (1981). *Factors Related to Citizen Involvement in Personal, Household, and Neighborhood Anti-Crime Measures: Executive Summary*. Washington, DC: National Institute of Justice.

Lavrakas, P.J., D.P. Rosenbaum, and F. Kamiski (1983). "Transmitting information about crime and crime prevention to citizens: The Evanston newsletter quasi-experiment." *Journal of Police Science and Administration* 11:463–473.

Lawton, B.A., R.B. Taylor, and A.J. Loungo (2005). "Police officers on drug corners in Philadelphia, drug crime, and violent crime: Intended, diffusion and displacement impacts." *Justice Quarterly* 22:427–451.

Laycock, G. (1984). *Reducing Burglary: A Study of Chemist's Shops*. London: Home Office.

Laycock, G. (1985). *Property Marking: A Deterrent to Domestic Burglary? Crime Prevention Planning Unit: Paper 3*. London: Home Office.

Laycock, G. (1990). "Operation identification: How much of a solution?" *Paper presented at the American Society of Criminology Annual Meeting*, Baltimore.

Laycock, G. (2002). "Methodological issues in working with policy advisers and practitioners." In Tilley, N. (ed.), *Analysis for Crime Prevention*. Monsey, NY: Criminal Justice Press.

Laycock, G. (2005). "Defining crime science." In Smith, M.J. and N. Tilley (eds.), *Crime Science: New Approaches to Preventing and Detecting Crime*. Portland, OR: Willan.

Laycock, G. and G. Farrell (2003). "Repeat victimization: Lessons for implementing problem-oriented policing." In Knutsson, J. (ed.), *Problem-oriented Policing: From Innovation to Mainstream*. Monsey, NY: Criminal Justice Press.

Laycock, G. and N. Tilley (1995a). "Implementing crime prevention." In Tonry, M. and D.P. Farrington (eds.), *Building a Safer Society: Strategic Approaches to Crime Prevention*. Chicago: University of Chicago Press.

Laycock, G. and N. Tilley (1995b). *Policing and Neighbourhood Watch: Strategic Issues*. London: Home Office Police Research Group.

Lazar, I., R. Darlington, H. Murray, J. Royce, and A. Snipper (1982). "Lasting effects of early education: A report from the Consortium for Longitudinal Studies." *Monographs of the Society for Research in Child Development*, no. 47.

Learmont, S. (2005). "Promoting design against crime." In Clarke, R.V. and G.R. Newman (eds.), *Designing Out Crime from Products and Systems*. Monsey, NY: Criminal Justice Press.

Leavell, H.R. and E.G. Clarke (1965). *Preventive Medicine for the Doctor in His Community: An Epidemiological Approach, Third Edition*. New York, NY: McGraw-Hill.

Lee, M. (2007). *Inventing Fear of Crime: Criminology and the Politics of Anxiety*. Cullompton, Devon, U.K.: Willan.

Leishman, F. and P. Mason (2003). *Policing and the Media: Facts, Fictions and Factions*. Cullompton, Devon, U.K.: Willan.

Lester, A. (2001). *Crime Reduction through Product Design*. Canberra, Australia: Australian Institute of Criminology.

Letkemann, P. (1973). *Crime as Work*. Englewood Cliffs, NJ: Prentice Hall.

Levi, M. (2008). "Combating identity and other forms of payment fraud in the UK: An analytical history." In McNally, M.M. and G.R. Newman (eds.), *Perspectives on Identity Theft*. Monsey, NY: Criminal Justice Press.

Levrant, S., F.T. Cullen, B. Fulton, and J.F. Wozniak (1999). "Reconsidering restorative justice: The corruption of benevolence revisited?" *Crime & Delinquency* 45:3-27.

Lewis, D.A., J.A. Grant, and D.P. Rosenbaum (1988). *The Social Construction of Reform*. Evanston, IL: Northwestern University Press.

Lewis, D.A. and G. Salem (1986). *Fear of Crime: Incivility and the Production of a Social Problem*. New Brunswick, NJ: Transaction.

LexisNexis Risk Solutions (2014). *Survey of Law Enforcement Personnel and Their Use of Social Media*.

http://www.lexisnexis.com/investigations

Lichter, S.R., L.S. Lichter, and S. Rothman (1994). *Prime Time: How TV Portrays American Culture.* Washington, DC: Regnery.

Lilly, J.R. (2006). "Issues beyond empirical EM reports." *Criminology and Public Policy* 5:93–102.

Lilly, J.R., R.A. Ball, and J. Wright (1987). "Home incarceration with electronic monitoring in Kenton County, Kentucky: An evaluation." *In McCarthy, B.R. (ed.), Intermediate Punishments: Intensive Supervision, Home Confinement and Electronic Surveillance.* Monsey, NY: Criminal Justice Press.

Lindsey, E.W. and P.D. Kurtz (1987). "Evaluation of a school–juvenile court team approach to delinquency prevention." *Children and Youth Services Review* 9:101–115.

Lipsey, M.W. (1990). "Juvenile delinquency treatment: A meta–analytic inquiry into the variability of effects." *Paper presented at the American Society of Criminology Annual Meeting,* Denver.

Lipsey, M.W. (1999). "Can rehabilitative programs reduce the recidivism of juvenile offenders? An inquiry into the effectiveness of practical programs." *Virginia Journal of Social Policy and Law* 6:611–641.

Lipsey, M.W., G.L. Chapman, and N.A. Landenberger (2001). "Cognitive–behavioral programs for offenders." *Annals of the American Academy of Political and Social Sciences* 578:144–157.

Lipsey, M.W. and J.H. Derzon (1998). "Predictors of violent or serious delinquency in adolescence and early adulthood: A synthesis of longitudinal research." In Loeber, R. and D.P. Farrington (eds.), *Serious and Violent Juvenile Offenders: Risk Factors and Successful Interventions.* Thousand Oaks, CA: Sage.

Lipsey, M.W. and N.A. Landenberger (2006). "Cognitive–behavioral interventions." In Welsh, B.C. and D.P. Farrington (eds.), *Preventing Crime: What Works for Children, Offenders, Victims, and Places.* New York: Springer.

Lipsey, M.W. and D.B. Wilson (1993). "The efficacy of psychological, educational, and behavioral treatment." *American Psychologist* 48:1181–1209.

Lipsey, M.W. and D.B. Wilson (1998). "Effective interventions for serious juvenile offenders: A synthesis of research." In Loeber, R. and D.P. Farrington (eds.), *Serious and Violent Juvenile Offenders: Risk Factors and Successful Interventions.* Thousand Oaks, CA: Sage.

Lipton, D., R. Martinson, and J. Wilks (1975). *The Effectiveness of Correctional Treatment: A Survey of Treatment Evaluation Studies.* New York: Praeger.

Lipton, D., F.S. Pearson, C.M. Cleland, and D. Yee (2002). "The effectiveness of cognitive–behavioural treatment methods on recidivism." *In McGuire, J. (ed.), Offender Rehabilitation and Treatment: Effective Programmes and Policies to Reduce Re–offending.* Chichester, West Sussex, U.K.: John Wiley & Sons.

Liska, A.E. and W. Baccaglini (1990). "Feeling safe by comparison: Crime in the newspapers." *Social Problems* 37:360–374.

Liska, A.E., J.L. Lawrence, and A. Sanchirico (1982). "Fear of crime as a social fact." *Social Forces* 60:760–770.

Listwan, S.J., J.L. Sundt, A.M. Holsinger, and E.J. Latessa (2003). "The effects of drug court programming on recidivism: The Cincinnati experience." *Crime & Delinquency* 49:389–411.

Lizotte, A.J., J.M. Tesoriero, T.P. Thornberry, and M.D. Krohn (1994). "Patterns of adolescent firearms ownership and use." *Justice Quarterly* 11:51–73.

Lloyd, S., G. Farrell, and K. Pease (1994) *Preventing Repeated Domestic Violence: A Demonstration Project on Merseyside*. London: Home Office.

Lochner, L. (2007). "Individual perceptions of the criminal justice system." *American Economic Review* 97:444–460.

Lockwood, D. (1997). "Violence among middle school and high school students: Analysis and implications for prevention". *NIJ Research in Brief*. Washington, DC: National Institute of Justice.

Loeber, R. (1988). "Natural histories of conduct problems, delinquency and related substance abuse." In Lahey, B.B. and A.E. Kazdin (eds.), *Advances in Clinical Child Psychology*, vol. 11. New York: Plenum Press.

Loeber, R. (1990). "Development and risk factors of juvenile antisocial behavior and delinquency." *Clinical Psychology Review* 10:1–41.

Loeber, R., S.M. Green, K. Keenan, and B.B. Lahey (1995). "Which boys will fare worse? Early predictors or the onset of conduct disorder in a six-year longitudinal study." *Journal of the American Academy of Child and Adolescent Psychiatry* 34:499–509.

Loeber, R. and M. Stouthamer-Loeber (1986). "Family factors as correlates and predictors of juvenile conduct problems and delinquency." In Tonry, M. and N. Morris (eds.), *Crime and Justice: An Annual Review of Research*, vol. 7. Chicago: University of Chicago Press.

Loeber, R., P. Wung, K. Keenan, B. Giroux, M. Stouthamer-Loeber, W.B. VanKammen, and B. Maughan (1993). "Developmental pathways in disruptive child behavior." *Development and Psychopathology* 5:103–133.

Logan, C.H. (1972). "General deterrence effects of imprisonment." *Social Forces* 51:63–72.

Logan, C.H. and G.G. Gaes (1993). "Meta-analysis and the rehabilitation of punishment." *Justice Quarterly* 10:245–264.

Lonczak, H.S., R.D. Abbott, J.D. Hawkins, R. Kosterman, and R.F. Catalano (2002). "Effects of the Seattle Social Development Project on sexual behavior, pregnancy, birth, and STD outcomes by age 21." *Archives of Pediatrics and Adolescent Medicine* 156:438–447.

Loney, J., M.A. Whaley-Klahn, T. Kosier, and J. Conboy (1983). "Hyperactive boys and their brothers at 21: Predictors of aggressive and antisocial outcomes." In Van Dusen, K.T. and S.A. Mednick (eds.), *Prospective Studies of Crime and Delinquency*. Boston: Kluwer-Nijhof.

Losel, F. (1995). "The efficacy of correctional treatment: A review and synthesis of meta-evaluations." In McGuire, J. (ed.), *What Works: Reducing Reoffending*. Chichester, West Sussex, U.K.: John Wiley & Sons.

Loughran, T.A., A.R. Piquero, J. Fagan, and E.P. Mulvery (2012). "Differential deterrence: Studying heterogeneity and changes among serious youthful offenders." *Crime & Delinquency* 58:3–27.

Lowenkamp, C.T., E.J. Latessa, and P. Smith (2006). "Does correctional program quality really matter?: The impact of adhering to the principles of effective intervention." *Criminology and Public Policy* 5:575–594.

Lowrey–Webster, H.M., P.M. Barrett, and M.R. Dadds (2001). "A universal prevention trial of anxiety and depressive symptomatology in childhood: Preliminary data from an Australian study." *Behavior Change* 18:36–50.

Lowry, D. (1971). "Greshaw's law and network TV news selection." *Journal of Broadcasting* 15:397–408.

Luepker, R.V., C.A. Johnson, D.M. Murray, and T.F. Pechacek (1983). "Prevention of cigarette smoking: Three year follow–up of educational programs for youth." *Journal of Behavioral Medicine* 6:53–61.

Lumb, R.C., R.D. Hunter, and D.J. McLain (1993). "Fear reduction in the Charlotte Housing Authority." In Zahm, D. and P. Cromwell (eds.), Proceedings of the International Seminar on Environmental *Criminology and Crime Analysis*. Coral Gables, FL: Florida Criminal Justice Executive Institute.

Lurigio, A.J. and R.C. Davis (1992). "Taking the war on drugs to the streets: The perceptual impact of four neighborhood drug programs." *Crime & Delinquency* 38:522–538.

Luxenburg, J., F.T. Cullen, R.H. Langworthy, and R. Kopache (1994). "Firearms and Fido: Ownership of injurious means of protection." *Journal of Criminal Justice* 22:159–170.

Lynch, J. and D. Cantor (1992). "Ecological and behavioral influences on property victimization at home: Implications for opportunity theory." *Journal of Research in Crime and Delinquency* 29:335–362.

MacKenzie, D.L. (2006). *What Works in Corrections: Reducing the Criminal Activities of Offenders and Delinquents*. New York: Cambridge University Press.

Maddux, J.F. (1988). "Clinical experience with civil commitment." In Leukefeld, C.G. and F.M. Tims (eds.), *Compulsory Treatment of Drug Abuse: Research and Clinical Practice*. Washington, DC: National Institute on Drug Abuse.

Madensen, T.D. and J.E. Eck (2008). *Spectator Violence in Stadiums*. Problem–specific Guide Series #54. Washington, DC: Office of Community Oriented Policing.

Maggin, D.M. and A.H. Johnson (2014). "A meta–analytic evaluation of the FRIENDS program for preventing anxiety in student populations." *Education and Treatment of Children* 37:277–306.

Maguin, E. and R. Loeber (1996). "Academic performance and delinquency." In Tonry, M. and N. Morris (eds.), *Crime and Justice*, vol. 20. Chicago: University of Chicago Press.

Maguire, K. (2011). *Sourcebook of Criminal Justice Statistics*. Washington, DC: Bureau of Justice Statistics. Retrieved from http://www.albany.edu/sourcebook

Maguire, K. and A.L. Pastore (1995). *Sourcebook of Criminal Justice Statistics*, 1994. Washington, DC: Bureau of Justice Statistics.

Marlowe, D.B. (2010). *The Facts on Juvenile Drug Treatment Courts*. Alexandria, VA: National Association of Drug Court Professionals. Retrieved from http://www.ndrc.org

Marsh, H.L. (1991). "A comparative analysis of crime coverage in newspapers in the United States and other countries from 1960–1989: A review of the literature." *Journal of Criminal Justice* 19:67–80.

Marsh, M. and M. Singer (1972). *Soft Statistics and Hard Questions*. Croton-on-Hudson, NY: Hudson Institute.

Martinson, R. (1974). "What works? Questions and answers about prison reform." *The Public Interest* 35:22–54.

Martinson, R. (1979). "New findings; new views: A note of citation regarding sentencing reform." *Hofstra Law Review* 7:243–258.

Massey, J.L. and M.D. Krohn (1986). "A longitudinal examination of an integrated social process model of deviant behavior." *Social Forces* 65:106–134.

Mawby, R.I. (2001). *Burglary*. Portland, OR: Willan.

Maxfield, M.G. and T.L. Baumer (1990). "Home detention with electronic monitoring: Comparing pretrial and postconviction programs." *Crime & Delinquency* 36:521–536.

Maxson, C.L., K.M. Hennigan, D.C. Sloane, and K.A. Kolnick (2004). *Can Civil Gang Injunctions Change Communities?: A Community Assessment of the Impact of Civil Gang Injunctions*. Washington, DC: National Institute of Justice.

May, D.C., B. Wright, G. Cordner, and S. Fessel (2014). "School resource officers: Effective tools when used properly?" In D.C. May (ed.) *School Safety in the United States: A Reasoned Look at the Rhetoric*. Durham, NC: Carolina Academic Press.

Mayer, J.P., L.K. Gensheimer, W.S. Davidson, and R. Gottschalk (1986). "Social learning treatment within juvenile justice: a meta-analysis of impact in the natural environment." In Apter, S.J. and A.P. Goldstein (eds.), *Youth and Violence: Problems and Prospects*. New York: Pergamon.

Mayhew, P., R.V. Clarke, and D. Elliot (1989). "Motorcycle theft, helmet legislation and displacement." *Howard Journal* 28:1–8.

Mayhew, P., R.V. Clarke, A. Sturman, and J.M. Hough (1976). *Crime as Opportunity*. London: Her Majesty's Stationery Office.

Mazerolle, L.G. and J.A. Roehl (1998). "Civil remedies and crime prevention: An introduction." In Mazerolle, L.G. and R. Roehl (eds.), *Civil Remedies and Crime Prevention*. Monsey, NY: Criminal Justice Press.

Mazerolle, L.G. and J.A. Roehl (1999). "Controlling drug and disorder problems: Oakland's Beat Health Program." *NIJ Research in Brief*. Washington, DC: National Institute of Justice.

Mazerolle, L.G., J. Roehl, and C. Kadleck (1998). "Controlling social disorder using civil remedies: Results from a randomized field experiment in Oakland, California." In Mazerolle, L.G. and J. Roehl (eds.), *Civil Remedies and Crime Prevention*. Monsey, NY: Criminal Justice Press.

McAlister, A., C.L. Perry, J. Killen, L.A. Slinkard, and N. Macoby (1980). "Pilot study of smoking, alcohol, and drug abuse prevention." *American Journal of Public Health* 70:719–721.

McBride, D.C. and J.A. Schwartz (1990). "Drugs and violence in the age of crack cocaine." In Weisheit, R. (ed.), *Drugs, Crime and the Criminal Justice System*. Cincinnati, OH: Anderson Publishing Co.

McCleary, R., B.C. Nienstedt, and J.M. Erven (1982). "Uniform crime reports as organizational outcomes: Three time series experiments." *Social Problems* 29:361–371.

McCold, P. and B. Wachtel (1998). *Restorative Policing Experiment: The Bethlehem, Pennsylvania, Police Family Group Conferencing Project*. Pipersville, PA: Community Service Foundation.

McCollister, K.E., M.T. French and H. Fang (2010). "The cost of crime to society: New crime-specific estimates for policy and program evaluation." *Drug and Alcohol Dependence* 108:98–109.

McCord, J. (1977). "A comparative study of two generations of native Americans." In Meier, R.F. (ed.), *Theory in Criminology: Contemporary Views*. Beverly Hills, CA: Sage.

McCord, J. (1979). "Some child-rearing antecedents of criminal behavior in adult men." *Journal of Personality and Social Psychology* 37:1477–1486.

McCoy, H.V., J.D. Wooldredge, F.T. Cullen, P.J. Dubeck, and S.L. Browning (1996). "Lifestyles of the old and not so fearful: Life situation and older persons' fear of crime." *Journal of Criminal Justice* 24:191–205.

McDevitt, J. and P. Finn (2005). *National Assessment of School Resource Offers Programs: Survey of Students in Three Large New SRO Programs*. Washington, DC: National Institute of Justice.

McDonald, L., S. FitzRoy, I. Fuches, I. Fooken, and H. Klasen (2012). "Strategies for high retention rates of low-income families in FAST (Families and Schools Together): An evidence-based parenting programme in the USA, UK, Holland, and Germany." *European Journal of Developmental Psychology* 9:75–88.

McDonald, L. and T.V. Sayger (1999). "Impact of family and school based prevention program on protective factors for high risk youth." *Drugs and Society* 12:61–85.

McGahey, R.M. (1980). "Dr. Ehrlich's magic bullet: Economic theory, econometrics, and the death penalty." *Crime & Delinquency* 26:485–502.

McGarrell, E.F., S. Chermak, J. Wilson and N. Corsaro (2006). "Reducing homicide through a 'level-pulling' strategy." *Justice Quarterly* 23:214–231.

McGarrell, E.F., N. Corsaro, N.K. Hipple, and T.S. Bynum (2010). "Project safe neighborhoods and violent crime trends in US cities: Assessing violent crime impact." *Journal of Quantitative Criminology* 26:165–190.

McGarrell, E.F., N. Corsaro, C. Melde, N.K. Hipple, J. Cobbina, T.S. Bynum, and H. Perez (2012). *An Assessment of the Comprehensive Anti-gang Initiative: Final Project Report*. Washington, DC: National Institute of Justice.

McGarrell, E.F., A.L. Giacomazzi, and Q.C. Thurman (1997). "Neighborhood disorder, integration, and the fear of crime." *Justice Quarterly* 14:479–500.

McGarrell, E.F., K. Olivares, K. Crawford, and N. Kroovand (2000). *Returning Justice to the Community: The Indianapolis Juvenile Restorative Justice Experiment*. Indianapolis, IN: Hudson Institute.

McGlothlin, W.H. and M.D. Anglin (1981). "Shutting off methadone: Costs and benefits." *Archives of General Psychiatry* 38:885–892.

McLean, S.J., R.E. Worden and M. Kim (2013). "Here's looking at you: An evaluation of public CCTV cameras and their effects on crime and disorder." *Criminal Justice Review* 38:303–334.

McLennan, D. and A. Whitworth (2008). *Displacement of Crime or Diffusion of Benefits: Evidence from the New Deal for Communities Programme*. Wetherby, West Yorkshire, U.K.: Communities and Local Government Publications. Retrieved from http://www.communities.gov.uk/documents/communities/pdf/737988.pdf

Meehl, P.E. (1954). *Clinical vs. Actuarial Prediction*. Minneapolis: University of Minnesota Press.

Meier, R.F. and W.T. Johnson (1977). "Deterrence as social control: The legal and extralegal production of conformity." *American Sociological Review* 42:292–304.

Melton, G.B., S.P. Limber, P. Cunningham, D.W. Osgood, J. Chambers, V. Flerx, S. Henggeler, and M. Nation (1998). *Violence Among Rural Youth: Final Report*. Washington, DC: Office of Juvenile Justice and Delinquency Prevention.

Menard, S. and H.C. Covey (1987). "Patterns of victimization, fear of crime, and crime precautions in nonmetropolitan New Mexico." *Journal of Crime and Justice* 10:71–100.

Mental Health America (MHA) (2009). *Position Statement #53: Mental Health Courts*. Retrieved from http://www.nmha.org/go/position-statements/53

Merry, S.E. (1981). "Defensible space undefended: Social factors in crime control through environmental design." *Urban Affairs Quarterly* 16:397–422.

Merton, R.K. (1968). *Social Theory and Social Structure*. New York: Macmillan.

Metropolitan Life (1993). *Violence in America's Public Schools*. New York: Louis Harris and Assoc.

Metropolitan Life (1994). *Violence in America's Public Schools: The Family Perspective*. New York: Louis Harris and Assoc.

Miethe, T.D. (1991). "Citizen-based crime control activity and victimization risks: An examination of displacement and free-rider effects." *Criminology* 29:419–440.

Millie, A. and M. Hough (2004). "Assessing the impact of the reducing burglary initiative in southern England and Wales." *Home Office Online Report 42/04*. London: Home Office.

Miller, T.R., M.A. Cohen and B. Wiersma (1996). *Victim Costs and Consequences: A New Look*. Washington, DC: National Institute of Justice. Retrieved from https://www.ncjrs.gov/pdffiles/victcost.pdf

Ministry of Justice (2005). *Crime Prevention Through Environmental Design Principles*. New Zealand Ministry of Justice. http://www.justice.govt.nz/policy/crime-prevention/environmental-design

Moffat, S. and S. Poynton (2007) "The deterrent effect of higher fines on recidivism: Driving offences." *Crime and Justice Bulletin 106*. Sydney: NSW Bureau of Crime Statistics and Research.

Moffitt, T.E. (1997). "Adolescence-limited and life-course-persistent offending: A complementary pair of developmental theories." *In Thornberry, T.P. (ed.), Developmental Theories of Crime and Delinquency.* New Brunswick, NJ: Transaction.

Moffitt, T.E., A. Caspi, P. Fawcett, G.L. Brammer, M. Raleigh, A. Yuwiler, and P.A. Silva (1997). "Whole blood serotonin and family background relate to male violence." In Raine, A., P.A. Brennan, D.P. Farrington, and S.A. Mednick (eds.), *Biosocial Bases of Violence.* New York: Plenum.

Monahan, J. (1981). *The Clinical Prediction of Violent Behavior.* Washington, DC: U.S. Department of Health and Human Services.

Moore, D. and T. O'Connell (1994). "Family conferencing in Wagga Wagga: A communitarian model of justice." In C. Adler and J. Wundersitz (eds.), *Family Conferencing and Juvenile Justice: The Way Forward or Misplaced Optimism?* Canberra, Australia: Australian Institute of Criminology.

Moore, M.H. (1994). "Research synthesis and policy implications." In Rosenbaum, D.P. (ed.), *The Challenge of Community Policing: Testing the Promises.* Thousand Oaks, CA: Sage.

Morris, N. and M. Tonry (1990). *Between Prison and Probation: Intermediate Punishments in a Rational Sentencing System.* New York: Oxford University Press.

Morrison, S.A. and I. O'Donnell (1996). "An analysis of the decision-making practices of armed robbers." In Homel, R. (ed.), *The Politics and Practice of Situational Crime Prevention.* Monsey, NY: Criminal Justice Press.

Morselli, C. and M.N. Royer (2008). "Criminal mobility and criminal achievement." *Journal of Research in Crime and Delinquency* 45:4-21.

Mumola, C. and J. Karberg (2006). *Drug Use and Dependence, State and Federal Prisoners, 2004.* Washington, DC: U.S. Department of Justice, Office of Justice Programs.

Mustaine, E.E. and R. Tewksbury (1998). "Predicting risks of larceny theft victimization: A routine activity analysis using refined lifestyle measures." *Criminology* 36:829-858.

Nagin, D.S. (1998). "Criminal deterrence research at the outset of the twenty-first century." *Crime and Justice* 23:1-42.

Nagin, D.S., F.T. Cullen, and C.L. Jonson (2009). "Imprisonment and reoffending." In Tonry, M. (ed.) *Crime and Justice: A Review of Research*, vol. 38. Chicago: University of Chicago Press.

Nagin, D.S. and G. Pogarsky (2004). "Time and punishment: Delayed consequences and criminal behavior." *Journal of Quantitative Criminology* 20:295-317.

Nasar, J.L. and B.S. Fisher (1993). " 'Hot spots' of fear and crime: A multi-method investigation." *Journal of Environmental Psychology* 13:187-206.

National Association of Town Watch (2015). *About.* https://natw.org/about

National Association of Youth Courts (2015). *Facts and Stats.* http://www.youthcourt.net/?page_id=24

National Audit Office. (2004). *Reducing Crime.* London: Her Majesty's Stationery Office.

National Crime Prevention Council (NCPC) (2015). http://www.ncpc.org

National Institute of Justice (1990). *Drugs and Crime: 1989 Drug Use Forecasting Report*. Washington, DC: National Institute of Justice.

National Institute of Justice (2015). *Drug Courts*. http://www.nij.gov/topics/courts/drug-courts/Pages/welcome.aspx

National Institute on Drug Abuse (NIDA) (2012). *Principles of Drug Addiction Treatment: A Research-based Guide*, Third Edition. Washington, DC: National Institute on Drug Abuse. Retrieved from http://www.drugabuse.gov/publications/principles-drug-addiction-treatment-research-based-guide-third-edition/frequently-asked-questions/what-drug-addiction-treatment

National Institute on Drug Abuse (NIDA) (2014). *Drug Facts: Lessons from Prevention Research*. Washington, DC: National Institute on Drug Abuse. Retrieved from http://www.drugabuse.gov/publications/drugfacts/lessons-prevention-research

National Neighborhood Watch (NNW) (2015) *USAonWatch*. http://nnw.org/

Nee, C. and M. Taylor (1988). "Residential burglary in the Republic of Ireland: A situational perspective." *Howard Journal of Criminal Justice* 27:105-116.

Neighborhood and Home Watch Network (2015). *The History of Neighborhood and Home Watch*. http://www.ourwatch.org.uk/about_us/our_history/

Nelson, S. (1989). "Crime-time television." *FBI Law Enforcement Bulletin* 58:1-9.

New Jersey State Parole Board (NJPB) (2007). *Report on New Jersey's GPS Monitoring of Sex Offenders*. Trenton, NJ: New Jersey State Parole Board.

New South Wales (2015). *Safer By Design*. http://www.police.nsw.gov.au/community_issues/crime_prevention/safer_by_design

Newburn, T. (2002). "Community safety and policing: Some implications of the Crime and Disorder Act 1998." In Hughes, G., E. McLaughlin, and J. Muncie (eds.), *Crime Prevention and Community Safety: New Directions*. Thousand Oaks, CA: Sage.

Newcomb, M.D. and P.M. Bentler (1988). *Consequences of Adolescent Drug Use*. Newbury Park, CA: Sage.

Newman, O. (1972). *Defensible Space: People and Design in the Violent City*. New York: Macmillan.

Newman, O. (1996). *Creating Defensible Space*. Washington, DC: Department of Housing and Urban Development.

Newman, O. and K.A. Franck (1980). *Factors Influencing Crime and Instability in Urban Housing Developments*. Washington, DC: National Institute of Justice.

Newman, O. and F. Wayne (1974). *The Private Street System in St. Louis*. New York, NY: Institute for Community Design Analysis.

Nichols, W.W. (1980). "Mental maps, social characteristics, and criminal mobility." In Georges-Abeyie, D.E. and K.D. Harries (eds.), *Crime: A Spatial Perspective*. New York: Columbia University Press.

Niederberger, W.V. and W.F. Wagner (1985). *Electronic Monitoring of Convicted Offenders: A Field Test Report*. Washington, DC: National Institute of Justice.

Norris, C. and M. McCahill (2006). "CCTV: Beyond penal modernism?" *British Journal of Criminology* 46(1):97–118.

Norris, M., S. Twill, and C. Kim (2011). "Smells like teen spirit: Evaluating a midwestern teen court." *Crime & Delinquency* 57:199–221.

Novotney, L.C., E. Mertinko, J. Lange, and T.K. Baker (2000). *Juvenile Mentoring Program: A Progress Review.* Washington, DC: Office of Juvenile Justice and Delinquency Prevention.

Nubani, L. and J. Wineman (2009). "The role of space syntax in identifying the relationship between space and crime." Paper presented at the 5th Space Syntax Symposium, Delft, Holland.

Nurco, D.N., T.W. Kinlock, T.E. Hanlon, and J.C. Ball (1988). "Nonnarcotic drug use over an addiction career: A study of heroin addicts in Baltimore and New York City." *Comprehensive Psychiatry* 29:450–459.

O'Brien, R.M. (1985). *Crime and Victimization Data.* Beverly Hills, CA: Sage.

O'Deane, M.D. (2012) *Gang Injunctions and Abatement: Using Civil Remedies to Curb Gang-related Crimes.* Boca Raton, FL: CRC Press.

Oesterle, S., J.D. Hawkins, A.A. Fagan, R.D. Abbott, and R.F. Catalano (2014). "Variation in the sustained effects of the Communities that Care prevention system on adolescent smoking, delinquency, and violence." *Prevention Science* 15:138–145.

Office of Community Oriented Policing Services (2006). http://www.cops.usdoj.gov

Office of Juvenile Justice and Delinquency Prevention (OJJDP) (1999). *Violence after School.* Washington, DC: Office of Juvenile Justice and Delinquency Prevention.

Office of National Drug Control Policy (2012). *ADAM II: 2011 Annual Report.* Washington, DC: The White House.

Ohio Commission on Dispute Resolution and Conflict Management (1993). *Conflict Management in Schools: Sowing Seeds for a Safer Society.* Columbus, OH: Ohio Commission on Dispute Resolution and Conflict Management.

O'Keefe, G.J. and H. Mendelsohn (1984). *"Taking a Bite Out of Crime": The Impact of a Mass Media Crime Prevention Campaign.* Washington, DC: National Institute of Justice.

O'Keefe, G.J., D.P. Rosenbaum, P.J. Lavrakas, K. Reid, and R.A. Botta (1996). *Taking a Bite Out of Crime: The Impact of the National Citizens' Crime Prevention Media Campaign.* Thousand Oaks, CA: Sage.

Olds, D., J. Eckenrode, C.R. Henderson, H. Kizman, J. Powers, R. Cole, K. Sidora, P. Morris, L.M. Pettitt, and D.W. Luckey (1997). "Long-term effects of nurse home visitation on maternal life course and child abuse and neglect: 15 year follow-up of a randomized controlled trial." *JAMA* 278:637–643. Olds, D., C.R. Henderson, R. Cole, J. Eckenrode, H. Kitzman, D. Luckey, L. Pettitt, K. Sidora, P. Morris,

and J. Powers. (1998). "Long-term effects of nurse home visitation on children's criminal and antisocial behavior: 15 year follow-up of a randomized controlled trial." *JAMA* 280:1238–1244.

Oliver, M.B. (1994). "Portrayals of crime, race, and aggression in 'reality-based' police shows: A content analysis." *Journal of Broadcasting and Electronic Media* 38:179–192.

Oliver, M.B. and G.B. Armstrong (1998). "The color of crime: Perceptions of caucasians' and African-Americans' involvement in crime." In Fishman, M. and G. Cavender (eds.), *Entertaining Crime: Television Reality Programs*. New York: Aldine de Gruyter.

Oliver, W.M. (1998). *Community-Oriented Policing: A Systemic Approach to Policing*. Upper Saddle River, NJ: Prentice Hall.

Olweus, D. (1993). "Victimization by peers: Antecedents and long-term outcomes." In K.H. Rubin and J.B. Asendorf (eds.), *Social Withdrawal, Inhibition, and Shyness*. Hillsdale, NJ: Erlbaum.

Olweus, D. (1994). "Bullying at school: Basic facts and effects of a school-based intervention program." *Journal of Child Psychology and Psychiatry and Allied Disciplines* 35:1171–1190.

Olweus, D. (1995). "Bullying or peer abuse at school: Facts and intervention." *Current Directions in Psychological Science* 4:196–200.

Olweus, D. and S. Limber (2000). *Bullying Prevention Program, Blueprints for Violence Prevention*. Boulder, CO: Institute of Behavioral Science.

Ortega, S.T. and J.L. Myles (1987). "Race and gender effects on fear of crime: An interactive model with age." *Criminology* 25:133–152.

Otto, H.A. (1962). "Sex and violence on the American newsstand." *Journalism Quarterly* 40:19–26.

Padgett, K.G., W.D. Bailes, and T.G. Blomberg (2006). "Under surveillance: An empirical test of the effectiveness and consequences of electronic monitoring." *Criminology and Public Policy* 5:61–92.

Painter, K. and D.P. Farrington (1997). "The crime reducing effect of improved street lighting: The Dudley project." In Clarke, R.V. (ed.), *Situational Crime Prevention: Successful Case Studies*, Second Edition. Gulderland, NY: Harrow and Heston.

Painter, K. and D.P. Farrington (1999a). "Improved street lighting: Crime reducing effects and cost-benefit analysis." *Security Journal* 12:17–32.

Painter, D. and D.P. Farrington (1999b). "Street lighting and crime: Diffusion of benefits in the Stoke-on-Trent project." In Painter, K. and N. Tilley (eds.), *Surveillance of Public Space: CCTV, Street Lighting and Crime Prevention*. Monsey, NY: Criminal Justice Press.

Palm Beach County Sheriff's Department (1987). "Palm Beach County's in-house arrest work release program." In McCarthy, B.R. (ed.), *Intermediate Punishments: Intensive Supervision, Home Confinement and Electronic Surveillance*. Monsey, NY: Criminal Justice Press.

Palmer, T. (1975). "Martinson revisited." *Journal of Research in Crime and Delinquency* 12:133–152.

Palmer, T. (1983). "The effectiveness issue today: An overview." *Federal Probation* 46:3–10.

Papachristos, A.V., T.L. Meares, and J. Fagan (2007). "Attention felons: Evaluating Project Safe Neighborhoods in Chicago." *Journal of Empirical Legal Studies* 4:223–272.

Papachristos, A.V., C.M. Smith, M.L. Scherer, and M.A. Fugiero (2011). "More coffee, less crime?: The relationship between gentrification and neighborhood crime rates in Chicago, 1991 to 2005." *City and Community* 10:215–240.

Papagiannis, G.J., R.N. Bickel, and R.H. Fuller (1983). "The social creation of school dropouts: Accomplishing the reproduction of an underclass." *Youth and Society* 14:363–392.

Parker, K.D. (1988). "Black.white differences in perceptions of fear of crime." *Journal of Social Psychology* 128:487–494.

Parker, K.D. and M.C. Ray (1990). "Fear of crime: An assessment of related factors." *Sociological Spectrum* 10:29–40.

Passell, P. (1975). "The deterrent effect of the death penalty: A statistical test." *Stanford Law Review* 28:61–80.

Passell, P. and J.B. Taylor (1977). "The deterrent effect of capital punishment: Another view." *American Economic Review* 65:445–451.

Pate, A., M. McPherson, and G. Silloway (1987). *The Minneapolis Community Crime Prevention Experiment*. Washington, DC: Police Foundation.

Paternoster, R. (1989a). "Decisions to participate in and desist from four types of common delinquency: Deterrence and the rational choice perspective." *Law and Society Review* 23:7–40.

Paternoster, R. (1989b). "Absolute and restrictive deterrence in a panel of youth: Explaining the onset, persistence/desistance, and frequency of delinquent offending." *Social Problems* 36:289–309.

Paternoster, R. and A. Piquero (1995). "Reconceptualizing deterrence: An empirical test of personal and vicarious experiences." *Journal of Research in Crime and Delinquency* 32:251–286.

Paternoster, R., L.E. Saltzman, G.P. Waldo, and T.G. Chiricos (1982). "Causal ordering in deterrence research: An examination of the perceptions–behavior relationship." In Hagan, J. (ed.), *Deterrence Reconsidered: Methodological Innovations*. Beverly Hills, CA: Sage.

Paternoster, R., L.E. Saltzman, G.P. Waldo, and T.G. Chiricos (1985). "Assessments of risk and behavioral experience: An exploratory study of change." *Criminology* 23:417–436.

Patrick, S. and R. Marsh (2005). "Juvenile diversion: Results of a 3-year experimental study." *Criminal Justice Policy Review* 16:59–73.

Pawson, R. and N. Tilley (1997). *Realistic Evaluation*. London: Sage.

Pearson, F.S. (1985). "New Jersey's intensive supervision program: A progress report." *Crime & Delinquency* 31:393–410.

Pearson, F.S. (1988). "Evaluation of New Jersey's intensive supervision program." *Crime & Delinquency* 34:437–448.

Pearson, F.S. and A.G. Harper (1990). "Contingent intermediate sentences: New Jersey's intensive supervision program." *Crime & Delinquency* 36:75–86.

Pease, K. (1998). *Repeat Victimization: Taking Stock*. London: Home Office Police Research Group.

Pease, K. (1999). "A review of street lighting evaluations: Crime reduction effects." In Painter, K. and N.

Tilley (eds.), *Surveillance of Public Space: CCTV, Street Lighting and Crime Prevention*. Monsey, NY: Criminal Justice Press.

Pennell, F.E. (1978). "Private vs. collective strategies for coping with crime: The consequences for citizen perceptions of crime, attitudes the police and neighborhood activity." *Journal of Voluntary Action Research* 7:59–74.

Pennell, S., C. Curtis, and J. Henderson (1986). Guardian Angels: An Assessment of Citizen Response to Crime. Washington, DC: National Institute of Justice.

Perkins, D.G. and R.B. Taylor (1996). "Ecological assessments of community disorder: Their relationship to fear of crime and theoretical implications." *American Journal of Community Psychology* 24:63–107.

Perry, K. (1984). "Measuring the effectiveness of neighborhood crime watch in Lakewood, Colorado." *Police Journal* 57:221–233.

Pestello, H.F. (1984). "Deterrence: A reconceptualization." *Crime & Delinquency* 30:593–609.

Petersilia, J. and P.W. Greenwood (1978). "Mandatory prison sentences: Their projected effects on crime and prison populations." *Journal of Criminal Law and Criminology* 69:604–615.

Petersilia, J. and S. Turner (1990). "Comparing intensive and regular supervision for high-risk probationers: Early results from an experiment in California." *Crime & Delinquency* 36:87–111.

Petersilia, J. and S. Turner (1993). "Intensive probation and parole." In Tonry, M. (ed.), *Crime and Justice*, vol. 17. Chicago: University of Chicago Press.

Peterson, M.A. and H.B. Braiker (1980). *Doing Crime: A Survey of California Prison Inmates*. Santa Monica, CA: RAND Corp.

Petrosino, A.J. and D. Brensilber (2003). "The motives, methods and decision making of convenience store robbers: Interviews with 28 incarcerated offenders in Massachusetts." In Smith, M.J. and D.B. Cornish (eds.), *Theory for Practice in Situational Crime Prevention*. Monsey, NY: Criminal Justice Press.

Pfohl, S.J. (1978). *Predicting Dangerousness*. Lexington, MA: Lexington Books.

Phillips, C. (2002). "From voluntary to statutory status: Reflecting on the experience of three partnerships established under the Crime and Disorder Act 1998." In Hughes, G., E. McLaughlin and J. Muncie (eds.), *Crime Prevention and Community Safety: New Directions*. Thousand Oaks, CA: Sage.

Phillips, D.P. (1980). "The deterrent effect of capital punishment." *American Journal of Sociology* 86:139–148.

Phillips, D.P. (1982). "The impact of fictional television stories on US adult fatalities: New evidence on the effect of the mass media on violence." *American Journal of Sociology* 87:1340–1359.

Phillips, D.P. (1983). "The impact of mass media violence on US homicides." *American Sociological Review* 48:560–568.

Phillips, J.C. and D.H. Kelly (1979). "School failure and delinquency: Which causes which?" *Criminology* 17:194–207.

Phillips, L., S. Ray, and H.L. Votey (1984). "Forecasting highway casualties: The British Road Safety Act and a sense of deja vu." *Journal of Criminal Justice* 12:101–114.

Phillips, P.P. (1980). "Characteristics and typology of the journey to crime." In Georges–Abeyie, D.E. and K.D. Harries (eds.), *Crime: A Spatial Perspective*. New York: Columbia University Press.

Piliavin, I., C. Thornton, R. Garten, and R.L. Matsueda (1986). "Crime, deterrence, and rational choice." *American Sociological Review* 51:101–119.

Piquero, A. and R. Paternoster (1998). "An application of Stafford and Warr's reconceptualization of deterrence to drunk driving." *Journal of Research in Crime and Delinquency* 35:3–39.

Piquero, A. and G.F. Rengert (1999). "Studying deterrence with active residential burglars: A research note." *Justice Quarterly* 16:451–472.

Piquero, A.R., D.P. Farrington, B.C. Welsh, R. Tremblay, and W.G. Jennings (2009). "Effect of early family/parent training programs on antisocial behavior and delinquency." *Journal of Experimental Criminology* 5:83–120.

Piquero, A.R. and G. Pogarski (2002). "Beyond Stafford and Warr's reconceptualization of deterrence: Personal and vicarious experiences, impulsivity, and offending behavior." *Journal of Research in Crime and Delinquency* 39:153–186.

Podolefsky, A. and F. DuBow (1980). *The Reactions to Crime Papers, Vol. II: Strategies for Community Crime Prevention*. Evanston, IL: Northwestern University.

Pogarski, G., K. Kim, and R. Paternoster (2005). "Perceptual change in the national youth survey: Lessons for deterrence theory and offender decision–making." *Justice Quarterly* 22:1–29.

Pogarski, G. and A.R. Piquero (2003). "Can punishment encourage offending? Investigating the 'resetting' effect." *Journal of Research in Crime and Delinquency* 40:95–120.

Police Foundation (1981). The Newark Foot Patrol Experiment. Washington, DC: Police Foundation.

Polk, K., D. Frease, and L. Richmond (1974). "Social class, school experience, and delinquency." *Criminology* 12:84–96.

Polk, K. and D. Hafferty (1966). "School culture, adolescent commitments, and delinquency." *Journal of Research in Crime and Delinquency* 4:82–96.

Polk, K. and W.E. Schafer (1972). *Schools and Delinquency*. Englewood Cliffs, NJ: Prentice Hall.

Polvi, N., T. Looman, C. Humphries, and K. Pease (1990). "Repeat break and enter victimization: Time course and crime prevention opportunity." *Journal of Police Science and Administration* 17:8–11.

Popkin, S.J., V.E. Gwiasda, D.P. Rosenbaum, J.M. Amendolia, W.A. Johnson, and L.M. Olson (1999). "Combating crime in public housing: A qualitative and quantitative longitudinal analysis of the Chicago Housing Authority's anti–drug initiative." *Justice Quarterly* 16:519–558.

Popkin, S.J., L.M. Olson, A.J. Lurigio, V.E. Gwiasda, and R.G. Carter (1995). "Sweeping out drugs and crime: Residents' views of the Chicago Housing Authority's Public Housing drug elimination program." *Crime & Delinquency* 41:54–72.

Poyner, B. (1988). "Video cameras and bus vandalism." *Security Administration* 11:44–51.

Poyner, B. (1991). "Situational crime prevention in two parking facilities." *Security Journal* 2:96–101.

Poyner, B. (1994). "Lessons from Lisson Green: An evaluation of walkway demolition on a British housing estate." In Clarke, R.V. (ed.), *Crime Prevention Studies*, vol. 4. Monsey, NY: Criminal Justice Press.

Poyner, B. and B. Webb (1992). "Reducing theft from shopping bags in city center markets." In Clarke, R.V. (ed.), *Situational Crime Prevention: Successful Case Studies*. Albany, NY: Harrow and Heston.

Pratt, T.C., F.T. Cullen, K.R. Blevins, L.E. Daigle, and T.D. Madensen (2006). "The empirical states of deterrence theory: A meta-analysis." In Cullen, F.T., J.P. Wright, and K.R. Blevins (eds.), *Take Stock: The Status of Criminological Theory*. New Brunswick, NJ: Transaction.

President's Commission on Law Enforcement and the Administration of Justice (1967). *Task Force Report: Juvenile Delinquency and Youth Crime*. Washington, DC: U.S. Government Printing Office.

Project Safe Neighborhoods (PSN) (2003). *Fact Sheet, Project Safe Neighborhoods: America's Network Against Gun Violence*. Retrieved from http://psn.gov/crime.asp

Puzzanchera, M. and S. Hockenberry (2013). *Juvenile Court Statistics 2010*. Pittsburgh, PA: National Center for Juvenile Justice.

Pyle, G.F. (1974). *The Spatial Dynamics of Crime*. Chicago: University of Chicago, Department of Geography Research Paper #159.

Pyrooz, D.C. (2013). "Gangs, criminal offending, and an inconvenient truth: Considerations for gang prevention and intervention in the lives of youth." *Criminology and Public Policy* 12:427–436.

Raine, A. (1993). *The Psychopathology of Crime: Criminal Behavior as a Clinical Disorder*. San Diego, CA: Academic Press.

Ramey, D.M. (2013). "Immigrant revitalization and neighborhood violent crime in established and new destination cities." *Social Forces* 92:597–629.

Ramey, D.M. and E.A. Shrider (2014). "New parochialism, sources of community involvement, and the control of street crime." *Criminology and Public Policy* 13:193–216.

Rand, M.R. (2009). *Criminal Victimization, 2008*. Washington, DC: Bureau of Justice Statistics.

Rand, M.R., J.P. Lynch, and D. Cantor (1997). *Criminal Victimization, 1973–1995*. Washington, DC: Bureau of Justice Statistics.

Rasmussen, A. (2004). "Teen Court referral, sentencing, and subsequent recidivism: Two proportional hazards models and a little speculation." *Crime & Delinquency* 50:615–635.

Rasmussen, M., W. Muggli, and C.M. Crabill (1979). *Evaluation of the Minneapolis Community Crime Prevention Demonstration*. St. Paul, MN: Crime Control Planning Board.

Ratcliffe, J. and M. McCullagh (1999). "Burglary, victimization and social deprivation." *Crime Prevention and Community Safety: An International Journal* 1:37.46.

Ratcliffe, J.H., T. Taniguchi and R.B. Taylor (2009). "The crime reduction effects of public CCTV cameras: A multi-method spatial approach." *Justice Quarterly* 26:746-770.

Reichel, P. and C. Seyfrit (1984). "A peer jury in the juvenile court." *Crime & Delinquency* 30:423-438.

Reid, A.A. and M.A. Andresen (2012). "The impact of closed-circuit television in a car park on the fear of crime: Evidence from a victimization survey." *Crime Prevention and Community Safety* 14:293-316.

Reiner, R., S. Livingstone, and J. Allen (2000). "No more happy endings? The media and popular concern about crime since the Second World War." In Hope, T. and R. Sparks (eds.), *Crime, Risk and Insecurity*. New York: Routledge.

Reiss, A.J. and A.L. Rhodes (1959). *A Sociopsychological Study of Adolescent Conformity and Deviation*. Washington, DC: U.S. Office of Education.

Reiss, A.J. and A.L. Rhodes (1961). "The distribution of juvenile delinquency in the social class structure." *American Sociological Review* 26:720-732.

Reiss, A.J. and J.A. Roth (1993). *Understanding and Preventing Violence*. Washington, DC: National Academy Press.

Rengert, G.F. (1997). "Auto theft in central Philadelphia." In Homel, R. (ed.), *Policing for Prevention: Reducing Crime, Public Intoxication and Injury*. Monsey, NY: Criminal Justice Press.

Rengert, G.F. and J. Wasilchick (1985). *Suburban Burglary: A Time and a Place for Everything*. Springfield, IL: Thomas.

Rennison, C.M. and M.R. Rand (2003). *Criminal Victimization, 2002*. Washington, DC: Bureau of Justice Statistics.

Reppetto, T.A. (1974). *Residential Crime*. Cambridge, MA: Ballinger

Reppetto, T.A. (1976). "Crime prevention and the displacement phenomenon." *Crime & Delinquency* 22:166-177.

Reynald, D.M. (2011). *Guarding Against Crime: Measuring Guardianship within Routine Activities Theory*. Burlington, VT: Ashgate.

Rhodes, W., J. Norman, and R. Kling (1997). *An Evaluation of the Effectiveness of Automobile Parts Marking on Preventing Theft*. Washington, DC: Abt Assoc.

Rhodes, W.M. and C. Conley (1981). "Crime and mobility: An empirical study." In Brantingham, P.J. and P.L. Brantingham (eds.), *Environmental Criminology*. Beverly Hills, CA: Sage.

Rich, T.F. (1995). "The use of computerized mapping in crime control and prevention programs." *NIJ Research in Action*. Washington, DC: U.S. Department of Justice.

Rich-Shea, A.M. and J.A. Fox (2014). "Zero-tolerance policies." In Muschert, G.W., S. Henry, N.L. Bracy, and A.A. Peguero (eds.), *Responding to School Violence: Confronting the Columbine Effect*. Boulder, CO: Lynne Rienner.

Rifai, M.Y. (1982). "Methods of measuring the impact of criminal victimization through victimization surveys." In H.J. Schneider (ed.), *The Victim in International Perspective*. New York: de Gruyter.

Riger, S., M.T. Gordon, and R. LeBailly (1978). "Women's fear of crime: From blaming to restricting the victim." *Victimology* 3:274–284.

Riley, D. (1980). "An evaluation of a campaign to reduce car thefts." In Clarke, R.V.G. and P. Mayhew (eds.), *Designing Out Crime*. London: Her Majesty's Stationery Office.

Riley, D. and P. Mayhew (1980). *Crime Prevention Publicity: An Assessment*. London: Home Office.

Ringwalt, C.L., S.T. Ennett, and K.D. Holt (1991). "An outcome evaluation of project D.A.R.E." *Health Education Research: Theory and Practice* 6:327–337.

Ringwalt, C.L., P. Messerschmidt, L. Graham, and J. Collins (1992). *Youth's Victimization Experiences, Fear of Attack or Harm, and School Avoidance Behaviors. Final Report*. Washington, DC: National Institute of Justice.

Robers, S., Kemp, J., Rathbun, A., and Morgan, R. (2014). *Indicators of School Crime and Safety: 2013*. Washington, DC: National Center for Education Statistics, U.S. Department of Education, and Bureau of Justice Statistics, Office of Justice Programs, U.S. Department of Justice. Retrieved from http://nces.ed.gov/pubs2012/2012002.pdf

Robers, S., J. Zhang, J. Truman, and T.D. Snyder (2012). *Indicators of School Crime and Safety, 2011*. Washington, DC: Bureau of Justice Statistics. Retrieved from http://nces.ed.gov/pubs2012/2012002.pdf

Robinson, M. (1998). "Burglary revictimization: The time period of heightened risk." *British Journal of Criminology* 38:78–87.

Robinson, M.B. (2011). *Media Coverage of Crime and Criminal Justice*. Durham, NC: Carolina Academic Press.

Rodgers, A. and S. Dunsmuir (2015). "A controlled evaluation of the 'FRIENDS for Life' emotional resiliency programme on overall anxiety levels, anxiety subtype levels and school adjustment." *Child and Adolescent Mental Health* 20:13–19.

Rodriguez, N. (2005). "Restorative justice, communities, and delinquency: Whom do we reintegrate?" *Criminology & Public Policy* 4:103–130.

Roehl, J.A. and R.F. Cook (1982). "The neighborhood justice centers field test." In Tomasic, R. and M.M. Feeley (eds.), *Neighborhood Justice: Assessment of an Emerging Idea*. New York: Longman.

Roehl, J.A. and R.F. Cook (1984). *Evaluation of the Urban Crime Prevention Program: Executive Summary*. Washington, DC: National Institute of Justice.

Roehl, J.A., H. Wong, R. Huitt, and G.E. Capowich (1995). *A National Assessment of Community-based Anti-drug Initiatives: Final Report*. Pacific Grove, CA: Institute for Social Analysis.

Rogers, C. (2013). "Alley-gates in urban South Wales: Six years down the road. *Crime Prevention and Community Safety* 15:106–126.

Rosenbaum, D.P. (1987). "The theory and research behind neighborhood watch: Is it sound fear and crime reduction strategy?" *Crime & Delinquency* 33:103–134.

Rosenbaum, D.P (1988). "Community crime prevention: Review and synthesis of the literature." *Justice Quarterly* 5:323-396.

Rosenbaum, D.P (2002). "Evaluating multi-agency anti-crime partnerships: Theory, design and measure ment issues." In Tilley, N. (ed.), *Evaluation for Crime Prevention*. Monsey, NY: Criminal Justice Press.

Rosenbaum, D.P, R.L. Flewelling, S.L. Bailey, C.L. Ringwalt, and D.L. Wilkinson (1994). "Cops in the classroom: A longitudinal evaluation of Drug Abuse Resistance Education (DARE)." *Journal of Research in Crime and Delinquency* 31:3-31.

Rosenbaum, D.P. and G.S. Hanson (1998). "Assessing the effects of school-based drug education: A six-year multilevel analysis of project D.A.R.E." *Journal of Research in Crime and Delinquency* 35:381-412.

Rosenbaum, D.P. and S.L. Kaminska-Costello (1998). *Salt Lake City's Comprehensive Communities Program: A Case Study*. Washington, DC: BOTEK Analysis Corporation.

Rosenbaum, D.P., P.J. Lavrakas, D.L. Wilkinson, and D. Faggiani (1997). *Community Responses to Drug Abuse National Demonstration Program: An Impact Evaluation*. Washington, DC: National Institute of Justice.

Rosenbaum, D.P., D.A. Lewis, and J.A. Grant (1985). *The Impact of Community Crime Prevention Programs in Chicago: Can Neighborhood Organizations Make a Difference?* Evanston, IL: Northwestern University.

Rosenbaum, D.P., D.A. Lewis, and J.A. Grant (1986). "Neighborhood-based crime prevention: Assessing the efficacy of community organizing in Chicago." In Rosenbaum, D.P. (ed.), *Community Crime Prevention: Does It Work?* Beverly Hills, CA: Sage.

Rosenbaum, D.P., A.J. Lurigio, and P.J. Lavrakas (1989). "Enhancing citizen participation and solving serious crime: A national evaluation of Crime Stoppers programs." *Crime & Delinquency* 35:401-420.

Rosenbaum, D.P. and J. Roehl (2010). "Building successful anti-violence partnerships: Lessons from the strategic approaches to community safety initiative (SACSI)." In Klofas, J.M., N.K Hipple, and E.F. McGarrell (eds.), *The New Criminal Justice: American Communities and the Changing World of Crime Control*. New York: Routledge.

Ross, H.L. (1982). "Interrupted time series studies of deterrence of drinking and driving." In Hagan, J. (ed.), *Deterrence Reconsidered: Methodological Innovations*. Beverly Hills, CA: Sage.

Rossman, S.B., J.B. Willison, D. Mallik-Kane, K. Kim, S. Debus-Sherrill, and P.M. Downey (2012). *Criminal Justice Interventions for Offenders with Mental Illness: Evaluation of Mental Health Courts in Bronx and Brooklyn, New York*. Retrieved from https://www.ncjrs.gov/pdffiles1/nij/grants/238264.pdf

Rossman, S.B. and J.M. Zweig (2012). *The Multisite Adult Drug Court Evaluation. National Association of Drug Court Professionals*. Retrieved from http://nadcp.org/sites/default/files/nadcp/Multisite

%20Adult%20Drug%20Court%20Evaluation%20–%20NADCP.pdf

Roundtree, P.W. (1998). "A reexamination of the crime–fear linkage." *Journal of Research in Crime and Delinquency* 35:341–372.

Rubel, R.J. (1989). "Cooperative school system and police responses to high risk and disruptive youth." *Violence, Aggression and Terrorism* 3:295–325.

Rubenstein, H., C. Murray, T. Motoyama, and W.V. Wourse (1980). *The Link Between Crime and the Built Environment: The Current State of Knowledge.* Washington, DC: National Institute of Justice.

Sacco, V.F. and M. Trotman (1990). "Public information programming and family violence: Lessons from the mass media crime prevention experience." *Canadian Journal of Criminology* 32:91–105.

Sadd, S. and R. Grinc (1994). "Innovative neighborhood oriented policing: An evaluation of community policing programs in eight cities." In Rosenbaum, D.P. (ed.), *The Challenge of Community Policing: Testing the Promises.* Thousand Oaks, CA: Sage.

Sadd, S. and R. Grinc (1996). "Implementation challenges in community policing: Innovative neighborhood–oriented policing in eight cities." *NIJ Research in Brief.* Washington, DC: U.S. Department of Justice.

Saltzman, L., R. Paternoster, G.P. Waldo, and T.G. Chiricos (1982). "Deterrent and experiential effects: The problem of causal order in perceptual deterrence research." *Journal of Research in Crime and Delinquency* 19:172–189.

SAMHSA (2012). *Incredible Years.* http://www.nrepp.samhsa.gov/ViewIntervention.aspx?id=93#std174

SAMHSA (2014). *Results from the 2013 National Survey on Drug Use and Health: Detailed Tables.* Washington, DC: U.S. Department of Health and Human Services.

Samples, F. and L. Aber (1998). "Evaluations of school–based violence prevention programs." In Elliott, D.S., D.P. Farrington, and K.R. Williams (eds.), *Violence in American Schools.* Cambridge: Cambridge University Press.

Sampson, R. and J.E. Eck (2008). "Super controllers: Can I be your superman?" *Paper presented at the POP Conference.* Retrieved from http://www.popcenter.org/conference/conferencepapers/2008/supercontrollers.pdf

Sampson, R., J.E. Eck, and J. Dunham (2010). "Super controllers and crime prevention: A routine activity explanation of crime prevention success and failure." *Security Journal* 23:37–51.

Sampson, R.J. (1986). "Crime in cities: the effects of formal and informal social control." In Reiss, A.J. and M. Tonry (eds.), *Communities and Crime. Crime and Justice*, vol. 8. Chicago: University of Chicago Press.

Sampson, R.J. and J.H. Laub (1993). "Crime in the making: Pathways and turning points through life." *Cambridge: Harvard University Press.*

Sampson, R.J. and J. Lauritsen (1994). "Violent victimization and offending: Individual–, situational–, and community–level risk factors." In Reiss, A.J. and J.A. Roth (eds.), *Understanding and Preventing Violence, Vol. 3: Social Influences.* Washington, DC: National Academy Press.

Saville, G. and G. Cleveland (2003). "An introduction to 2nd generation CPTED: Parts 1 and 2." *CPTED Perspectives* 6(1):7–9; 6(2):4–8.

Schafer, W.E., C. Olexa, and K. Polk (1971). "Programmed for social class: Tracking in high school." In Polk, K. and W.E. Schafer (eds.), *Schools and Delinquency*. Englewood Cliffs, NJ: Prentice Hall.

Schafer, W.E. and K. Polk (1967). "Delinquency and the schools." *In President's Commission on Law Enforcement and the Administration of Justice. Task Force Report: Juvenile Delinquency and Youth Crime*. Washington, DC: U.S. Government Printing Office.

Schaps, E., J.M. Moskowitz, J.H. Malvin, and G.A. Schaeffer (1986). "Evaluation of seven school-based prevention programs: A final report of the Napa project." *International Journal of the Addictions* 21:1081–1112.

Scheff, T.J. (1966). *Being Mentally Ill: A Sociological Theory*. Chicago: Aldine Press.

Scheff, T.J. (1967). *Mental Illness and the Social Processes*. New York: Harper and Row.

Scherdin, M.J. (1986). "The halo effect: Psychological deterrence of electronic security systems." *Information Technology and Libraries* (Sept.):232–235.

Schiff, A. (1999). "The impact of restorative interventions on juvenile offenders." In Bazemore, G. and L. Walgrave (eds.), *Restorative Juvenile Justice: Repairing the Harm of Youth Crime*. Monsey, NY: Criminal Justice Press.

Schlossman, S. and M. Sedlak (1983). *The Chicago Area Project Revisited*. Santa Monica, CA: RAND.

Schmidt, A. (1986). "Electronic monitors." *Federal Probation* 50(2):56–59.

Schweinhart, L.J. (1987). "Can preschool programs help prevent delinquency?" In Wilson, J.Q. and G.C. Lowrey (eds.), *From Children to Citizens, Vol. 3: Families, Schools and Delinquency Prevention*. New York: Springer-Verlag.

Schweinhart, L.J., H.V. Barnes, and D.P. Weikart (1993). *Significant Benefits*. Ypsilanti, MI: High/Scope Press.

Schweinhart, L.J. and D.P. Weikart (1989). "Early childhood experience and its effects." In Bond, L.A. and B.E. Compas (eds.), *Primary Prevention and Promotion in the Schools*. Newbury Park, CA: Sage.

Schweinhart, L.J. and Z. Xiang (2003). "Evidence that the High/Scope Perry Preschool program prevents adult crime." *Paper presented at the American Society of Criminology Annual Meeting*, Denver, CO.

Schwitzgebel, R.K., R.L. Schwitzgebel, W.N. Pahnke, and W.S. Hurd (1964). "A program of research in behavioral electronics." *Behavioral Science* 9:233–238.

Scott, M.S. (2006). "Implementing crime prevention: Lessons learned from problem-oriented policing projects." In Knutsson, J. and R.V. Clarke (eds.), *Putting Theory to Work: Implementing Situational Prevention and Problem-Oriented Policing*. Monsey, NY: Criminal Justice Press.

Seattle Law and Justice Planning Office (1975). *Evaluation Report: Target Hardening*. Washington, DC: Law Enforcement Assistance Administration.

Sechrest, L., S.O. White, and E.D. Brown (1979). *The Rehabilitation of Criminal Offenders: Problems and Prospects*. Washington, DC: National Academy Press.

Segato, L. (2012). "Packaging against counterfeiting." In Ekblom, P. (ed.), *Design Against Crime: Crime Proofing Everyday Products*. Boulder, CO: Lynne Rienner.

Shadish, W., T. Cook and D. Campbell (2002). *Experimental and Quasi-experimental Designs for Generalized Causal Inference*. Boston: Houghton Mifflin.

Shah, S.A. and L.H. Roth (1974). "Biological and psychophysiological factors in criminality." In Glaser, D., (ed.), *Handbook of Criminology*. Chicago: Rand-McNally.

Shannon, L.W. (1991). *Changing Patterns of Delinquency and Crime: A Longitudinal Study in Racine*. Boulder, CO: Westview.

Shapland, J. (1988). "Policing with the public?" In Hope, T. and M. Shaw (eds.), *Communities and Crime Reduction*. London: Her Majesty's Stationery Office.

Shaw, C.R. and H.D. McKay (1931). *Social Factors in Juvenile Delinquency*, vol. 2, no. 13. Washington, DC: U.S. Government Printing Office.

Shaw, C.R. and H.D. McKay (1942). *Juvenile Delinquency in Urban Areas*. Chicago: University of Chicago Press.

Sheley, J.F., Z.T. McGee, and J.D. Wright (1995). *Weapon-related Victimization in Selected Inner-city High School Samples*. Washington, DC: National Institute of Justice.

Sheley, J.F. and J.D. Wright (1995). *In the Line of Fire: Youth, Guns and Violence in Urban America*. New York: Aldine de Gruyter.

Shepherd, J.M. (2004). "Murders of passion, execution delays and the deterrence of capital punishment." *Journal of Legal Studies* 33:283-322.

Shepherd, J.M. (2005). "Deterrence versus brutalization: Capital punishment's differing impacts among states." *Michigan Law Review* 104:203-255.

Sherizan, S. (1978). "Social creation of crime news: All the news fitted to print." In Winick, C. (ed.), *Deviance and Mass Media*. Beverly Hills, CA: Sage.

Sherman, L.W. (1990). "Police crackdowns: Initial and residual deterrence." In Tonry, M. and N. Morris (eds.), *Crime and Justice*, vol. 12. Chicago: University of Chicago Press.

Sherman, L.W. (1995). "Hot spots of crime and criminal careers of places." In Eck, J.E. and D. Weisburd (eds.), *Crime and Place*. Monsey, NY: Criminal Justice Press.

Sherman, L.W. and R.A. Berk (1984). "The specific deterrent effect of arrest for domestic assault." *American Sociological Review* 49:261-272.

Sherman, L.W., D.P. Farrington, B.C. Welsh, and D.L. MacKenzie (2002). *Evidence-based Crime Prevention*. New York: Routledge.

Sherman, L.W., P.R. Garten, and M.E. Buerger (1989). "Hot spots of predatory crime: Routine activities and the criminology of place." *Criminology* 27:27-56.

Sherman, L.W., D.C. Gottfredson, D.L. MacKenzie, J. Eck, P. Reuter, and S.D. Bushway (1997). *Preventing Crime: What Works, What Doesn't, What's Promising*. Washington, DC: National Institute of Justice.

Sherman, L.W., D.C. Gottfredson, D.L. MacKenzie, J. Eck, P. Reuter, and S.D. Bushway (1998). "Preventing crime: What works, what doesn't, what's promising." *Research in Brief*. Washington, DC: National Institute of Justice.

Sherman, L.W. and D.P. Rogan (1995). "Effects of gun seizures on gun violence: 'Hot spots' patrol in Kansas City." *Justice Quarterly* 12:673-694.

Sherman, L.W. and D. Weisburd (1995). "General deterrent effects of police patrol in crime 'hot spots': A randomized, controlled trial." *Justice Quarterly* 12:625-648.

Shernock, S.K. (1986). "A profile of the citizen crime prevention activist." *Journal of Criminal Justice* 14:211-228.

Short, J.F. and F.L. Strodbeck (1965). *Group Process and Gang Delinquency*. Chicago: University of Chicago Press.

Shover, N. (1991). "Burglary." In Tonry, M. (ed.), *Crime and Justice: A Review of Research*, vol. 14. Chicago: University of Chicago Press.

Sickmund, M., T.J. Sladky,W. Kang, and C. Puzzanchera (2013). "Easy access to the census of juveniles in residential placement." Retrieved from http://www.ojjdp.gov/ojstatbb/ezacjrp/

Sidebottom, A., P. Guillaume, and T. Archer (2012). "Supermarket carts to reduce handbag theft." In Ekblom, P. (ed.), *Design Against Crime: Crime Proofing Everyday Products*. Boulder, CO: Lynne Rienner.

Silloway, G., and M. McPherson (1985). "The limits to citizen participation in a government-sponsored crime prevention program." *Paper presented at the American Society of Criminology Annual Meeting*.

Simpson, D.D. and S.B. Sells (1982). *Highlights of the DARP Follow-up Research on the Evaluation of Drug Abuse Treatment Effectiveness*. Washington, DC: National Institute on Drug Abuse.

Skogan, W.G. (1981). "On attitudes and behaviors." In Lewis, D.P. (ed.), *Reactions to crime*. Beverly Hills, CA: Sage.

Skogan, W.G. (1987). "The impact of victimization on fear." *Crime & Delinquency* 33:135-154.

Skogan, W.G. (1988). "Community organizations and crime." In Tonry, M. and N. Morris (eds.), *Crime and Justice, vol. 10*. Chicago: University of Chicago Press.

Skogan, W.G. (1989). "Communities, crime, and neighborhood organization." *Crime & Delinquency* 35:437-357.

Skogan, W.G. (1990). *Disorder and Decline: Crime and the Spiral of Decay in American Neighborhoods*. New York: Free Press.

Skogan, W.G. (1995). "Community policing in Chicago: Year two." *NIJ Research Preview*. Washington, DC: U.S. Department of Justice.

Skogan, W.G. (1996). "The community's role in community policing." *NIJ Journal* 231:31-34.

Skogan, W.G. and K. Frydl (eds.), Committee on Law and Justice, Division of Behavioral and Social Sciences and Education, National Research Council (2004). *Fairness and Effectiveness in Policing: The Evidence*. Washington, DC: National Academies Press.

Skogan, W.G. and S.M. Hartnett (1997). *Community Policing: Chicago Style*. New York: Oxford University Press.

Skogan, W.G. and A.J. Lurigio (1992). "The correlates of community antidrug activism." *Crime & Delinquency* 38:510-521.

Skogan, W.G. and M.G. Maxfield (1981). *Coping with Crime: Individual and Neighborhood Reactions*. Beverly Hills, CA: Sage.

Skogan, W.G. and M.A. Wycoff (1986). "Storefront police offices: The Houston field test." In Rosenbaum, D.P. (ed.), *Community Crime Prevention: Does It Work?* Beverly Hills, CA: Sage.

Skolnick, J.H. and D.H. Bayley (1988). "Theme and variation in community policing." In Tonry, M. and M. Morris (eds.), *Crime and Justice, vol. 10. Chicago: University of Chicago Press*.

Slater, M.D., K.J. Kelly, F.R. Lawrence, L.R. Stanley, and M.L.G. Comello (2011). "Assessing media campaigns linking marijuana non-use with autonomy and aspirations: 'Be Under Your own Influence' and ODNCP's 'Above the Influence'." *Prevention Science* 12:12-22.

Sloan-Howitt, M. and G. Kelling (1990). "Subway graffiti in New York City: 'getting' up' vs. 'meaning it and cleaning it'." *Security Journal* 1:131-136.

Smith, B.E. and R.C. Davis (1998). "What do landlords think about drug abatement laws?" In Mazerolle, L.G. and J. Roehl (eds.), *Civil Remedies and Crime Prevention*. Monsey, NY: Criminal Justice Press.

Smith, C. and T.P. Thornberry (1995). "The relationship between childhood maltreatment and adolescent involvement in delinquency." *Criminology* 33:451-481.

Smith, C.J. and G.E. Patterson (1980). "Cognitive mapping and the subjective geography of crime." In Georges-Abeyie, D.E. and K.D. Harries (eds.), *Crime: A Spatial Perspective*. New York: Columbia University Press.

Smith, D.R. and G.R. Jarjoura (1988). "Social structure and criminal victimization." *Journal of Research in Crime and Delinquency* 25:27-52.

Smith, G.B and S.P. Lab (1991). "Urban and rural attitudes toward participating in an auxiliary policing crime prevention program." *Criminal Justice and Behavior* 18:202-216.

Smith, M.J., R.V. Clarke, and K. Pease (2002). "Anticipatory benefits in crime prevention." In N. Tilley (ed.), *Analysis for Crime Prevention*. Monsey, NY: Criminal Justice Press.

Smith, W.R. and M. Torstensson (1997). "Gender differences in risk perception and neutralizing fear of crime: Toward resolving the paradoxes." *British Journal of Criminology* 37:608-634.

Snook, B. (2004). "Individual differences in distance travelled by serial burglars." *Journal of Investigative*

Psychology and Offender Profiling 1:53–66.

Social Development Research Group (SDRG) (2012). http://www.sdrg.org

Sorenson, J., R. Wrinkle, V. Brewer, and J. Marquart (1999). "Capital punishment and deterrence: Examining the effect of executions on murder in Texas." *Crime & Delinquency* 45:481–493.

Sorenson, S.L. (1998). "Empowering capable guardians in high crime and low income settings." *Security Journal* 11:29–35.

Spelman, W. (1993). "Abandoned buildings: Magnets for crime?" *Journal of Criminal Justice* 21:481–296.

Spelman, W. (1995). "Criminal careers of public places." In Eck, J.E. and D. Weisburd (eds.), *Crime and Place*. Monsey, NY: Criminal Justice Press.

Spergel, I.A., K.M. Wa, and R.V. Sosa (2001). *Evaluation of the Bloomington–Normal Comprehensive Gang Program. Final Report*. Washington, DC: Office of Juvenile Justice and Delinquency Prevention.

Spergel, I.A., K.M. Wa, and R.V. Sosa (2002). *Evaluation of the Mesa Gang Intervention Program (MGIP). Final Report*. Washington, DC: Office of Juvenile Justice and Delinquency Prevention.

Spergel, I.A., K.M. Wa, and R.V. Sosa (2003). *Evaluation of the Riverside Comprehensive Community-wide Approach to Gang Prevention, Intervention and Suppression. Final Report*. Washington, DC: Office of Juvenile Justice and Delinquency Prevention.

Spergel, I.A., K.M. Wa, and R.V. Sosa (2004a). *Evaluation of the Tucson Comprehensive Community-wide Approach to Gang Prevention, Intervention and Suppression. Final Report*. Washington, DC: Office of Juvenile Justice and Delinquency Prevention.

Spergel, I.A., K.M. Wa, and R.V. Sosa (2004b). *Evaluation of the San Antonio Comprehensive Communitywide Approach to Gang Prevention, Intervention and Suppression. Final Report*. Washington, DC: Office of Juvenile Justice and Delinquency Prevention.

Spohn, C., R.K. Piper, T. Martin, and E.D. Frenzel (2001). "Drug courts and recidivism: The results of an evaluation using two comparison groups and multiple indicators of recidivism." *Journal of Drug Issues* 31:149–176.

Stacey, T. (2006). "Electronic tagging of offenders: A global view." *International Review of Law Computers and Technology* 20:117–121.

Stafford, M. and M. Warr (1993). "A reconceptualization of general and specific deterrence." *Journal of Research in Crime and Delinquency* 30:123–135.

Stallard, P., N. Simpson, S. Anderson, T. Carter, C. Osborn, and S. Bush (2005). "An evaluation of the FRIENDS programme: A cognitive behavior therapy intervention to promote emotional resilience." *Archives of Disease in Childhood* 90:1016–1019.

State of Victoria Department of Sustainability and Environment (2005). *Safe Design Guidelines for Victoria*. East Melbourne: Department of Sustainability and Environment.

Stead, P.J. (1983). *The Police of France*. New York, NY: Macmillan.

Stempl, G. (1962). "Content patterns of small metropolitan dailies." *Public Opinion Quarterly* 39:88–90.

Stephens, R.C. (1987). *Mind-Altering Drugs: Use, Abuse, and Treatment*. Newbury Park, CA: Sage.

Stickle, W.P., N.M. Connell, D.M. Wilson, and D. Gottfredson (2008). "An experimental evaluation of teen courts." *Journal of Experimental Criminology* 4:137-163.

Stott, M. (1967). "A content comparison of two evening network television programs with four morning Ohio daily newspapers". Master's thesis, The Ohio State University.

Stouthamer-Loeber, M. and R. Loeber (1989). "The use of prediction data in understanding delinquency." In Bond, L.A. and B.E. Compas (eds.), *Primary Prevention and Promotion in the Schools*. Newbury Park, CA: Sage.

Strickland, R.A. (2004). *Restorative Justice*. New York: Peter Lang.

Stuart, B. (1996). "Circle sentencing: Turning swords into ploughshares." In B. Galaway and J. Hudson (eds.), *Restorative Justice: International Perspectives*. Monsey, NY: Criminal Justice Press.

Surette, R. (1992). *Media, Crime and Criminal Justice: Images and Realities*. Pacific Grove, CA: Brooks/Cole.

Surette, R. (1998). *Media, Crime and Criminal Justice: Images and Realities, Second Edition*. Pacific Grove, CA: Brooks/Cole.

Sutton, M. (1996). Implementing Crime Prevention Schemes in a Multi-agency Setting: Aspects of Process in the Safer Cities Programme. London: Home Office Research and Statistics Directorate.

Swadi, H. and H. Zeitlin (1987). "Drug education to school children: Does it really work?" *British Journal of Addiction* 82:741-746.

Swartz, J.A., A.J. Lurigio, and S.A. Slomka (1996). "The impact of IMPACT: An assessment of the effectiveness of a jail-based treatment program." *Crime & Delinquency* 42:553-573.

Synovate (2007). *Federal Trade Commission: 2006 Identity Theft Survey Report*. McLean, VA: Synovate.

Tay, R. (2005). "The effectiveness of enforcement and publicity campaigns on serious crashes involving young male drivers: Are drink driving and speeding similar?" *Accident Analysis and Prevention* 37:922-929.

Taylor, B., C.S. Koper, and D.J. Woods (2011). "A randomized controlled trial of different policing strategies at hot spots of violent crime." *Journal of Experimental Criminology* 7:149-181.

Taylor, D.G., R.P. Taub, and B.L. Peterson (1987). "Crime, community organization, and causes of neighborhood decline." In Figlio, R.M., S. Hakim, and G.F. Rengert (eds.), *Metropolitan Crime Patterns*. Monsey, NY: Criminal Justice Press.

Taylor, M. and C. Nee (1988). "The role of cues in simulated residential burglary." *British Journal of Criminology* 28:396-407.

Taylor, R.B. (1988). *Human Territorial Functioning*. New York: Cambridge University Press.

Taylor, R.B. (1997). "Crime, grime and responses to crime: Relative impacts of neighborhood structure, crime, and physical deterioration on residents and business personnel in the twin cities." In Lab, S.P. (ed.), *Crime Prevention at a Crossroads*. Cincinnati, OH: Anderson Publishing Co.

Taylor, R.B. and S. Gottfredson (1986). "Environmental design, crime, and prevention: An examination of community dynamics." In Reiss, A.J. and M. Tonry (eds.), *Communities and Crime. Chicago: University of Chicago Press.*

Taylor, R.B., B.A. Koons, E.M. Kurtz, J.R. Greene, and D.D. Perkins (1995). "Street blocks with more nonresidential land use have more physical deterioration: Evidence from Baltimore and Philadelphia." *Urban Affairs Review* 31:120–136.

Teedon, P., T. Reid, P. Griffiths, K. Lindsay, S. Glen, A. McFadyen, and P. Cruz (2009) *Secured By Design Impact Evaluation: Key Findings.* Glasgow: Caledonian Environment Centre.

Teedon, P., T. Ried, P. Griffiths, and A. McFayden (2010). "Evaluating Secured by Design door and window installations." *Crime Prevention and Community Safety* 12:246–262.

Telch, M.J., J.D. Killen, A.L. McAlister, C.L. Perry, and N. Macoby (1982). "Long-term follow-up of a pilot project on smoking prevention with adolescents." *Journal of Behavioral Medicine* 5:1–8.

Telep, C.W., R.J. Mitchell, and D. Weisburd (2014). "How much time should the police spend at crime hot spots?: Answers from a police agency directed randomized field trial in Sacramento, California." *Justice Quarterly* 31:905–933.

Thistlethwaite, A., J. Wooldredge, and D. Gibbs (1998). "Severity of dispositions and domestic violence recidivism." *Crime & Delinquency* 44:388–398.

Thornberry, T.P. (1998). "Membership in youth gangs and involvement in serious and violent offending." In Loeber, R. and D.P. Farrington (eds.), *Serious and Violent Juvenile Offenders: Risk Factors and Successful Interventions.* Thousand Oaks, CA: Sage.

Thornberry, T.P., D. Huizinga, and R. Loeber (1995). "The prevention of serious delinquency and violence: Implications from the program of research on the causes and correlates of delinquency." In Howell, J.C., B. Krisberg, J.D. Hawkins, and J.J. Wilson (eds.), *Sourcebook on Serious, Violent, and Chronic Juvenile Offenders.* Thousand Oaks, CA: Sage.

Thornberry, T.P., M.D. Krohn, A.J. Lizotte, and D. Chard-Wierschem (1993). "The role of juvenile gangs in facilitating delinquent behavior." *Journal of Research in Crime and Delinquency* 30:55–87.

Thornberry, T.P., A.J. Lizotte, M.D. Krohn, M. Farnsworth, and S.J. Jang (1994). "Delinquent peers, beliefs, and delinquent behavior: A longitudinal test of interactional theory." *Criminology* 32:47–84.

Thornberry, T.P., M. Moore, and R.L. Christiansen (1985). "The effect of dropping out of high school on subsequent criminal behavior." *Criminology* 23:3–18.

Thorpe, A., S.D. Johnson, and A. Sidebottom (2012). "Designing against bicycle theft." In Ekblom, P. (ed.) *Design Against Crime: Crime Proofing Everyday Products.* Boulder, CO: Lynne Rienner.

Tien, J.M., V.F. O'Donnell, A.I. Barnett, and P.B. Mirchondani (1977). *Street Lighting Projects: National Evaluation Program, Phase I Summary Report.* Washington, DC: National Institute of Law Enforcement and Criminal Justice.

Tierney, J. (2001). "Audits of crime and disorder: Some lessons from research." *Crime Prevention and Community Safety: An International Journal* 3(2):7–18.

Tilley, N. (1992). "Safer cities and community safety strategies." *Crime Prevention Unit Paper 38*. London: Home Office.

Tilley, N. (1993). *Understanding Car Parks, Crime and CCTV: Evaluation Lessons from Safer Cities*. London: Home Office Police Research Group.

Tilley, N. (2002). "Introduction: Evaluation for crime prevention." In Tilley, N. (ed.), *Analysis for Crime Prevention*. Monsey, NY: Criminal Justice Press.

Tilley, N. (2004). "Using crackdowns constructively." In Hopkins Burke, R. (ed.), *Hard Cop, Soft Cop*. Cullompton, Devon, U.K.: Willan.

Tilley, N. (2005). "Introduction: Thinking realistically about crime prevention." In Tilley, N. (ed.), *Handbook of Crime Prevention and Community Safety*. Portland, OR: Willan.

Tilley, N. (2009). *Crime Prevention*. Cullompton, Devon, U.K.: Willan.

Tilley, N. and J. Webb (1994). *Burglary Reduction: Findings from Safer Cities Schemes*. London: Home Office Police Research Group.

Tita, G.E., K. J. Riley, G. Ridgeway, and P.W. Greenwood (2005). *Reducing Gun Violence: Operation Ceasefire in Los Angeles*. Washington, DC: National Institute of Justice.

Tittle, C.R. (1969). "Crime rates and legal sanctions." *Social Problems* 16:408–423.

Tittle, C.R. and A.R. Rowe (1974). "Certainty of arrest and crime rates: A further test of the deterrence hypothesis." *Social Forces* 52:455–462.

Titus, R.M. (1984). "Residential burglary and the community response." In Clarke, R. and T. Hope (eds.), *Coping with Burglary: Research Perspectives on Policy*. Boston: Kluwer–Nijhoff.

Tobler, N.S. (1986). "Meta–analysis of 143 adolescent drug prevention programs: Quantitative outcome results of program participants compared to a control or comparison group." *Journal of Drug Issues* 16:537–567.

Tolan, P.H., D.B Henry, M.S. Schoeny, P. Lovegrove, and E. Nichols (2014). "Mentoring programs to affect delinquency and associated outcomes of youth at risk: A comprehensive meta–analytic review." *Journal Experimental Criminology* 10:179–206.

Tonry, M. (2008). "Learning from the limitations of deterrence research." In Tonry, M. (ed.), *Crime and Justice: A Review of Research*. Chicago: University of Chicago Press.

Tonry, M. and D.P. Farrington (1995). "Strategic approaches to crime prevention." In Tonry, M. and D.P. Farrington (eds.), *Building a Safer Society: Strategic Approaches to Crime Prevention*. Chicago: University of Chicago Press.

Toseland, R.W. (1982). "Fear of crime: Who is most vulnerable?" *Journal of Criminal Justice* 10:199–210.

Townsley, M. and K. Pease (2002). "Hot spots and cold comfort: The importance of having a working thermometer." In Tilley, N. (ed.), *Analysis for Crime Prevention*. Monsey, NY: Criminal Justice Press.

Travis, L.F. and J.K. Coon (2005). *The Role of Law Enforcement in Public School Safety: A National*

Survey. Washington, DC: National Institute of Justice.

Tremblay, P. (2008). "Convergence settings for non-predatory 'boy lovers'." In Wortley, R. and S. Smallbone (eds.), *Situational Prevention of Child Sexual Abuse*. Monsey, NY: Criminal Justice Press.

Tremblay, R.E. and W.M. Craig (1997). "Developmental juvenile delinquency prevention." *European Journal on Criminal Policy and Research* 5(2):33-49.

Trojanowicz, R. (1983). *An Evaluation of the Neighborhood Foot Patrol Program in Flint, Michigan*. East Lansing: Michigan State University.

Trojanowicz, R. and B. Bucqueroux (1989). *Community Policing: A Contemporary Perspective*. Cincinnati, OH: Anderson Publishing Co.

Troyer, R.J. and R.D. Wright (1985). "Community response to crime: Two middle-class anti-crime patrols." *Journal of Criminal Justice* 13:227-242.

Truman, J.L. and L. Langton (2014). *Criminal Victimization, 2013*. Washington, DC: Bureau of Justice Statistics.

Tunnell, K.D. (1992). *Choosing Crime: The Criminal Calculus of Property Offenders*. Chicago: Nelson-Hall.

Turner, S., J. Petersilia, and E.P. Deschenes (1992). "Evaluating intensive supervision probation/parole (ISP) for drug offenders." *Crime & Delinquency* 38:539-556.

U.K. Office of Fair Trading (2006). *Research on Impact of Mass Marketed Scams: A Summary of Research into the Impact of Scams on UK Consumers*. London: Office of Fair Trading.

Umbreit, M.S. (1999). "Avoiding the marginalization and 'McDonaldization' of victim.offender mediation: A case study of moving toward the mainstream." In Bazemore, G. and L. Walgrave (eds.), *Restorative Juvenile Justice: Repairing the Harm of Youth Crime*. Monsey, NY: Criminal Justice Press.

Umbreit, M.S. and R.B. Coates (1993). "Cross-site analysis of victim offender mediation in four states." *Crime & Delinquency* 39:565-585.

Umbreit, M.S., R.B. Coates, and B. Vos (2001). *Juvenile Victim Offender Mediation in Six Oregon Counties*. Salem: Oregon Dispute Resolution Commission.

Umbreit, M.S., B. Vos, R.B. Coates, and K.A. Brown (2003). *Facing Violence: The Path of Restorative Justice and Dialogue*. Monsey, NY: Criminal Justice Press.

United Nations Interregional Crime and Justice Research Institute (UNICRI) (2011). *Improving Urban Security Through Green Environmental Design*. Retrieved from http://www.unicri.it/news/files/2011-04-01_110414_CRA_Urban_Security_sm.pdf

U.S. Attorney General's Commission on Pornography (1986). *Final Report*. Washington, DC: U.S. Government Printing Office.

van Andel, H. (1989). "Crime prevention that works: The care of public transport in the Netherlands." *British Journal of Criminology* 29:47-56.

Van Daele, S. and T. Vander Beken (2011). "Outbound offending: The journey to crime and crime sprees." *Journal of Environmental Psychology* 31:70–78.

van Dijk, J.M. (1978). "Public attitudes toward crime in the Netherlands." *Victimology* 3:265–273.

van Dijk, J.M. and J. deWaard (1991). "A two-dimensional typology of crime prevention projects." *Criminal Justice Abstracts* 23:483–503.

Van Dine, S., J.P. Conrad, and S. Dinitz (1979). *Restraining the Wicked: The Dangerous Offender Project.* Lexington, MA: Lexington Books.

van Kammen, W.B. and R. Loeber (1994). "Are fluctuations in delinquent activities related to the onset and offset in juvenile illegal drug use and drug dealing?" *Journal of Drug Issues* 24:9–24.

Van Ness, D.W. and K.H. Strong (2015). *Restoring Justice: An Introduction to Restorative Justice, Fifth Edition.* New York: Routledge (Anderson).

van Steden, R., B. van Caem, and H. Boutellier (2011). "The 'hidden strength' of active citizenships: The involvement of local residents in public safety projects." *Criminology and Criminal Justice* 11:433–450.

Vandeviver, C., S. Van Daele, and T. Vander Beken (2015). "What makes long crime trips worth undertaking?: Balancing costs and benefits in burlgars' journey to crime." *British Journal of Criminology* 55:399–420.

Vaughn, J.B. (1989). "A survey of juvenile electronic monitoring and home confinement programs." *Juvenile and Family Court Journal* 40:1–36

Velez, M.B. and K. Richardson (2012). "The political economy of neighborhood homicide in Chicago." British *Journal of Criminology* 52:490–513.

Villetaz, P., M. Killias, and I. Zoder (2006). *The Effects of Custodial vs. Noncustodial Sentences on Re-offending: A Systematic Review of the State of the Evidence.* Retrieved from http://campbell collaboration.org/lib/project/22/

Vinter, R.D. and R.S. Sarri (1965). "Malperformance in the public school: A group work approach." *Social Work* 10:3–13.

Visher, C.A. (1986). "Incapacitation and crime control: Does a 'lock 'em up' strategy reduce crime?" *Justice Quarterly* 4:513–544.

Visher, C.A. (1987). "The Rand inmate survey: A reanalysis." In Blumstein, A., J. Cohen, J.A. Roth, and C.A. Visher (eds.), *Criminal Careers and "Career Criminals."* Washington, DC: National Academy Press.

Visher, C.A. (1990). "Incorporating drug treatment in criminal sanctions." *NIJ Reports No. 221.* Washington, DC: National Institute of Justice.

von Hirsch, A. (2000). "The ethics of public television surveillance." In A. von Hirsch, D. Garland, and A. Wakefield (eds.), *Ethical and Social Perspectives on Situational Crime Prevention.* Oxford: Hart.

Wachtel, T. (1995). "Family group conferencing: Restorative justice in practice." *Juvenile Justice Update*

1(4):1–2, 13–14.

Wagenarr, C., M. Maldonado–Molina, D.J. Ericson, L. Ma, A.L. Tobeler, and K.A. Konro (2007). "General deterrence effects of U.S. statutory DUI fine and jail penalties: Long–term follow–up in 32 states." *Accident Analysis and Prevention* 39:982–994.

Walker, S. (1983). *The Police in America: An Introduction*. New York: McGraw–Hill.

Walker, S. (1985). *Sense and Nonsense About Crime: A Policy Guide*. Monterey, CA: Brooks/Cole.

Walker, S. (1999). *The Police in America: An Introduction*, Third Edition. Boston: McGraw–Hill.

Walklate, S. (1999). "Some questions for and about community safety partnerships and crime." *Crime Prevention and Community Safety: An International Journal* 1(3):7–16.

Waples, S. and M. Gill (2006). "The effectiveness of redeployable CCTV." *Crime Prevention and Community Safety* 8(1):1–16.

Warr, M. (1984). "Fear of victimization: Why are some women and the elderly more afraid?" *Social Science Quarterly* 65:681–702.

Watson, E.M., A.R. Stone, and S.M. DeLuca (1998). *Strategies for Community Policing*. Upper Saddle River, NJ: Prentice Hall.

Weatherburn, D. and S. Moffatt (2011). "The specific deterrent effect of higher fines on drink–driving offenders." *British Journal of Criminology* 51:789–803.

Webb, B. (1994). "Steering column locks and motor vehicle theft: Evaluations from three countries." In Clarke, R.V. (ed.), *Crime Prevention Studies, vol. 3*. Monsey, NY: Criminal Justice Press.

Webster–Stratton, C. (2001). "The Incredible Years: Parent, teacher and child training series." *Blueprints for Violence Prevention*. Boulder: University of Colorado.

Webster–Stratton, C. and M. Hammond (1997). "Treating children with early–onset conduct problems: A comparison of child and parent training interventions." *Journal of Consulting and Clinical Psychology* 65:93–109.

Weidner, R.R. (1996). "Target hardening at a New York City subway station: Decreased fare evasion.at what price?" In Clarke, R.V. (ed.), *Preventing Mass Transit Crime*. Monsey, NY: Criminal Justice Press.

Weis, J.G. (1973). "Delinquency Among the Well–to–do." *Ph.D. dissertation. University of California at Berkeley.*

Weisburd, D., S. Bushway, C. Lum, and S. Yang (2004). "Trajectories of crime at places: A longitudinal study of street segments in the city of Seattle." *Criminology* 42:283–322.

Weisburd, D. and L. Green (1995). "Measuring immediate spatial displacement: Methodological issues and problems." In Eck, J.E. and D. Weisburd (eds.), *Crime and Place*. Monsey, NY: Criminal Justice Press.

Weisburd, D., E.R. Groff, and S. Yang (2012). *The Criminology of Place: Street Segments and Our Understanding of the Crime Problem*. Oxford: Oxford Univ. Press.

Weisburd, D., C. Telep, J. Hinkle, and J. Eck (2010). "Is problem–oriented policing effective in reducing crime and disorder? Findings from a Campbell systematic review." *Criminology and Public Policy* 9:139–172.

Weisburd, D., E. Waring, and E. Chayet (1995). "Specific deterrence in a sample of offenders convicted of white-collar crime." *Criminology* 33:587–607.

Weisburd, D., L.A. Wyckoff, J. Ready, J.E. Eck, J.C. Hinkle, and F. Gajewski (2006). "Does crime just move around the corner? A controlled study of spatial displacement and diffusion of crime control benefits." *Criminology* 44:549–592.

Weisel, D.L. (2005). *Analyzing Repeat Victimization. Problem Oriented Guides for Police.* Washington, DC: Office of Community-Oriented Policing Services.

Weisel, D.L. and J.E. Eck (1994). "Toward a practical approach to organizational change: Community policing initiatives in six cities." In Rosenbaum, D.P. (ed.), *The Challenge of Community Policing: Testing the Promises.* Thousand Oaks, CA: Sage.

Weisheit, R.A. (1983). "The social context of alcohol and drug education: Implications for program evaluations." *Journal of Alcohol and Drug Education* 29:72–81.

Weitekamp, E.G.M. (1999). "The history of restorative justice." In Bazemore, G. and L. Walgrave (eds.), *Restorative Juvenile Justice: Repairing the Harm of Youth Crime.* Monsey, NY: Criminal Justice Press.

Weitzer, R. and C.E. Kubrin (2004). "Breaking news: How local TV news and real-world conditions affect fear of crime." *Justice Quarterly* 21:497–520.

Wells, L.E. and J.H. Rankin (1988). "Direct parental controls and delinquency." *Criminology* 26:263–285.

Welsh, B.C. and D.P. Farrington (2009). *Making Public Places Safer: Surveillance and Crime Prevention.* New York: Oxford University Press.

Wermink, H., R. Apel, R. Nieuwbeerta, and A.A.J. Blokland (2013). "The incapacitation effect of first-time imprisonment: A matched samples comparison." *Journal of Quantitative Criminology* 29:579–600.

Wertleib, E.L. (1982). "Juvenile delinquency and the schools: A review of the literature." *Juvenile and Family Court Journal* 33:15–24.

West, D.J. (1973). *Who Becomes Delinquent?* London: Heinemann.

West, D.J. and D.P. Farrington (1973). *The Delinquent Way of Life.* New York: Crane Russack.

West, S.G., J.T. Hepworth, M.A. McCall, and J.W. Reich (1989). "An evaluation of Arizona's July 1982 drunk driving law: Effects on the city of Phoenix." *Journal of Applied Social Psychology* 19:1212–1237.

White, H.R. (1990). "The drug use-delinquency connection in adolescence." In Weisheit, R. (ed.), Drugs, *Crime and the Criminal Justice System.* Cincinnati, OH: Anderson Publishing Co.

White, H.R., R.J. Pandina, and R.L. LaGrange (1987). "Longitudinal predictors of serious substance use and delinquency." *Criminology* 25:715–740.

White, R.C. (1932). "The relation of felonies to environmental factors in Indianapolis." *Social Forces* 10:498–509.

Whitehead, J.T. and S.P. Lab (1989). "A meta-analysis of juvenile correctional treatment." *Journal of Research in Crime and Delinquency* 26:276–295.

White House Office of National Drug Control Policy (2012). *Drug Free Communities Support Program.* http://www.whitehouse.gov/ondcp/Drug-Free-Communities-Support-Program

White House Office of National Drug Control Policy (2015). *Drug Free Communities Support Program.* http://www.whitehouse.gov/ondcp/Drug-Free-Communities-Support-Program

Whitney, I., I. Rivers, P. Smith, and S. Sharp (1994). "The Sheffield project: Methodology and findings." In Smith, P. and S. Sharp (eds.), *School Bullying: Insights and Perspectives.* London: Routledge.

Widom, C.S. (1989). "The cycle of violence." Science 244:160–166.

Wilbanks, W.L. (1985). "Predicting failure on parole." In Farrington, D.P. and R. Tarling (eds.), *Prediction in Criminology.* Albany, NY: SUNY Press.

Wilkinson, D.L. and D.P. Rosenbaum (1994). "The effects of organizational structure on community policing: A comparison of two cities." In Rosenbaum, D.P. (ed.), *The Challenge of Community Policing: Testing the Promises.* Thousand Oaks, CA: Sage.

Will, J.A. and J.H. McGrath (1995). "Crime, neighborhood perceptions, and the underclass: The relationship between fear of crime and class position." *Journal of Criminal Justice* 23:163–176.

Williams, F.P. (1983). "Deterrence and social control: Rethinking the relationship." *Journal of Criminal Justice* 13:141–151.

Williams, H. and A.M. Pate (1987). "Returning to first principles: Reducing fear of crime in Newark." *Crime & Delinquency* 33:53–70.

Williams, K.R. and R. Hawkins (1986). "Perceptual research on general deterrence: A critical review." *Law and Society Review* 20:545–572.

Williams, P. and J. Dickinson (1993). "Fear of crime: Read all about it?" *British Journal of Criminology* 33:33–56.

Wilson, J.Q. (1968). *Varieties of Police Behavior.* New York: Harvard University Press.

Wilson, J.Q. and G. Kelling (1982). "Broken windows." *Atlantic Monthly* (March):29–38.

Winge, S. and J. Knutsson (2003). "An evaluation of the CCTV scheme at Oslo central railway station." *Crime Prevention and Community Safety* 5(3):49–59.

Winkel, F.W. (1987). "Response generalization in crime prevention campaigns." *British Journal of Criminology* 27:155–173.

Wolfer, L. (2001). "Strengthening communities: Neighborhood watch and the elderly in a Pennsylvania town." *Crime Prevention and Community Safety: An International Journal* 3(3):31–40.

Wolfgang, M.E., R.M. Figlio, and T. Sellin (1972). *Delinquency in a Birth Cohort.* Chicago: University of Chicago Press.

Wood, E. (1961). *Housing Design, A Social Theory.* New York: Citizens' Housing and Planning Counsel of New York.

World Health Organization (2004). *Prevention of Mental Disorders: Effective Interventions and Policy Options*. Geneva: WHO.

Wortley, R. (1996). "Guilt, shame and situational crime prevention." In Homel, R. (ed.), *The Politics and Practice of Situational Crime Prevention*. Monsey, NY: Criminal Justice Press.

Wortley, R. (2001). "A classification of techniques for controlling situational precipitators of crime." *Security Journal* 14:63–82.

Wortley, R., R. Kane, and F. Gant (1998). "Public awareness and auto-theft prevention: Getting it right for the wrong reason." *Security Journal* 10:59–64.

Wortley, R. and S. Smallbone (2008). "Applying situational principles to sexual offenses against children." In Wortley, R. and S. Smallbone (eds.), *Situational Prevention of Child Sexual Abuse*. Monsey, NY: Criminal Justice Press.

Wright, R., M. Heilweil, P. Pelletier, and K. Dickinson (1974). "The impact of street lighting on street crime." Ann Arbor, MI: University of Michigan.

Wright, R.T. and S.H. Decker (1994). *Burglars on the Job: Streetlife and Residential Break-ins*. Boston: Northeastern University Press.

Wright, W.E. and M.C. Dixon (1977). "Community prevention and treatment of juvenile delinquency." *Journal of Research in Crime and Delinquency* 14:35–67.

Wycoff, M.A. (1995). "Community policing strategies." *NIJ Research Preview*. Washington, DC: U.S. Department of Justice.

Wysong, E., R. Aniskiewicz, and D. Wright (1994). "Truth and DARE: Tracking drug education to graduation and as symbolic politics." *Social Problems* 41:448–472.

Yagerlener, W.G. (1980). *Crime Prevention Project of the Walter P. Reuther Senior Centers*. Washington, DC: National Criminal Justice Reference Service.

Yang, B. and D. Lester (2008). "The deterrent effect of executions: A meta-analysis thirty years after Ehrlich." *Journal of Criminal Justice* 36:453–460.

Yin, R.K., M.E. Vogel, J.M. Chaiken, and D.R. Both (1977). *Citizen Patrol Projects, National Evaluation Program, Phase I Summary Report*. Washington, DC: National Institute of Law Enforcement and Criminal Justice.

Yu, J. and A.E. Liska (1993). "The certainty of punishment: A reference group effect and its functional form." *Criminology* 31:447–464.

Zhao, J.S., B. Lawton, and D. Longmire (2015). "An examination of the micro-level crime-fear of crime link." *Crime & Delinquency* 61:19–44.

Zhao, J.S., M.C. Scheider, and Q. Thurman (2002). "Funding community policing to reduce crime: Have COPS grants made a difference?" *Criminology and Public Policy* 2:7–32.

Zhao, J.S., M.C. Scheider, and Q. Thurman (2003). "A national evaluation of the effect of COPS grants on police productivity (arrests). 1995–1999." *Police Quarterly* 6:387–409.

Zimmer, L. (1987). "Operation Pressure Point: The disruption of street-level drug trade on New York's lower east side." Occasional paper. New York: New York University School of Law.

Zimring, F.E., G. Hawkins, and S. Kamin (2001). *Punishment and Democracy: Three Strikes and You're Out in California*. New York: Oxford University Press.

Ziskin, J. (1970). *Coping with Psychiatric and Psychological Testimony*. Beverly Hills, CA: Sage.

저자소개

• 이순래

고려대학교 사회학과 학사
미국 플로리다 대학교(University of Florida) 사회학석사, 박사
한국형사정책연구원 책임연구원
현재, 원광대학교 경찰행정학과 교수

[주요연구]
Reintegrating Youthful Offenders into Communities(1993)
Recent Trends of Crime and Countermeasures to Deal with Crime Problems in Korea(2000)
형사정책(한국형사정책연구원, 공저)
현대사회와 범죄(청목, 공저)
후기산업사회의 문화적 성격과 형사정책의 발전방향(2008)
청소년의 재범예방프로그램 개발에 관한 연구(2009)
한국청소년패널조사에서의 종단적 최초표본이탈에 영향을 미치는 표본특성요인(2017)

• 박정선

고려대학교 사회학과 학사, 석사
미국 시카고대학교 (The University of Chicago) 박사
한국형사정책연구원 부연구위원
경찰대학교 행정학과 교수
신시내티대학교(University of Cincinnati) 방문교수
대한범죄학회 회장

[주요연구]
청소년 모바일매체 이용상의 문자폭력 원인 : 세 주요 요인들의 통합적 모색, 한국범죄학, 2014(공저)
Lifestyles/Routine Activities and Bullying among South Korean Youths, Victims and Offenders, 2015 (공저)
유형별 범죄발생에 영향을 미치는 사회구조적, 환경적 요인에 관한 연구, 2018(공저)
청소년비행론 (청목: 공저)
범죄학, 경찰학 및 형사사법학의 형성과정에 대한 역사적 고찰(2019)

• 박철현

고려대학교 사회학과 학사, 석사, 박사
한국형사정책연구원 부연구위원
University of Cincinnati, Visiting Scholar
동의대학교 경찰행정학과 교수
동의대 지방자치연구소 소장

[주요연구]
범죄경력의 발전과 합리성의 성장(한국학술정보)
사회문제론(박영사)
청소년비행론(청목, 공저)
서울시 강남구의 CCTV 설치가 범죄예방에 미치는 효과(2009)
방범용 CCTV와 범죄예방효과: 안산시 통합관제센터 개소를 중심으로(2013)
기초자치단체의 방법용 CCTV의 범죄예방효과: 강남구 논현동의 시범설치를 중심으로(2013)
지하철 객실 내의 CCTV와 범죄예방 효과(2014)

도서출판
그린

범죄예방론 9판

Green Pub.

1판1쇄	2019년 3월 4일
역 자	이순래, 박정선, 박철현
발행처	도서출판 **그린**
발행인	윤 덕 우
출판등록	제8-161호(1995. 5. 3.)
주소	서울특별시 서대문구 연희로5길 50(연희동) (우) 03716
전화	02)333-2574, 2575
Fax	02)333-2561
E-mail	greenpress@greenpress.co.kr
Homepage	http://www.greenpress.co.kr

정가 : 30,000원

ISBN : 978-89-5727-287-9 (93350)